수능 국어를 시작하는 모두의 기본서 2022 개정 교육과정

수능 국어
트레이닝북
GYM

3 ZONE
3 TEACHER
3 COACHING

독서

독해 원리 10강

문장 독해, 문단 독해, 구조 독해
유형 독해 원리 이해하기

● ON

10개의 단계별 독해 원리로 기본기 다지기
글 읽기의 기본이 되는 문장 독해 방식부터 문종에 따른 유형 독해 비법까지 기출 예문을 통해 알기 쉽게 이해할 수 있습니다.

키워드 추리를 통한 학습 효과 높이기
괄호 안의 키워드를 추론해 가며 읽는 방식을 통해 자칫 지루할 수 있는 개념 설명을 집중하여 이해할 수 있습니다.

독해 원리 트레이닝

원리 습득에 적합한 예문을 모아
몰입(FLOW) 연습으로 체화하기

● ON

독해 원리를 익히기 위한 예문 트레이닝
기출 예문들에 독해 원리를 적용하는 학습을 통해 문장·문단 분석 능력 및 글의 구조 등을 파악하는 훈련을 할 수 있습니다.

몰입(Flow)을 돕는 반복적인 문제 트레이닝
다양한 문장과 지문을 바탕으로 한 문제들을 반복적으로 풀어봄으로써 독해 원리를 온전히 체득할 수 있습니다.

워밍-UP

학습한 원리를 적용하여
실전 지문을 분석적으로 독해하기

● ON

독해 원리를 적용한 온 지문 읽기
실전에 출제된 적이 있는 온 지문에 문장별 또는 문단별로 학습한 독해 원리를 적용해 보고, 내용을 분석하며 읽는 훈련을 해 볼 수 있습니다.

독해를 바탕으로 한 실전 문제 풀이
독해 원리를 적용하여 지문의 내용을 분석적으로 파악한 후에 그에 관한 실전 문제를 풀어봄으로써 실전 독해에 대한 자신감을 기를 수 있습니다.

진짜 실력을 기르는 수능 국어의 시작!
3개의 Zone에서 3명의 선생님과 함께 하는 3가지 코칭!

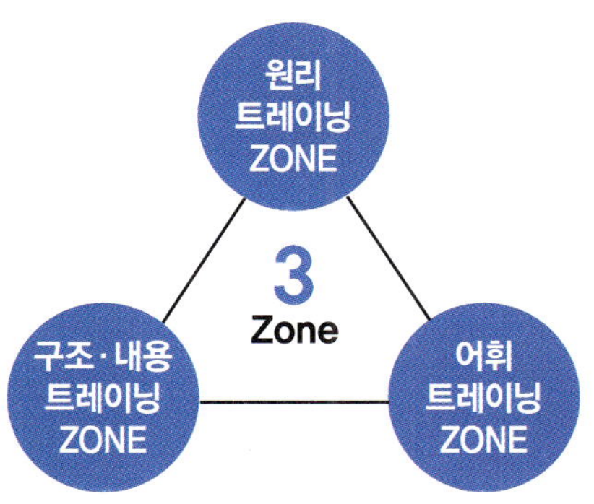

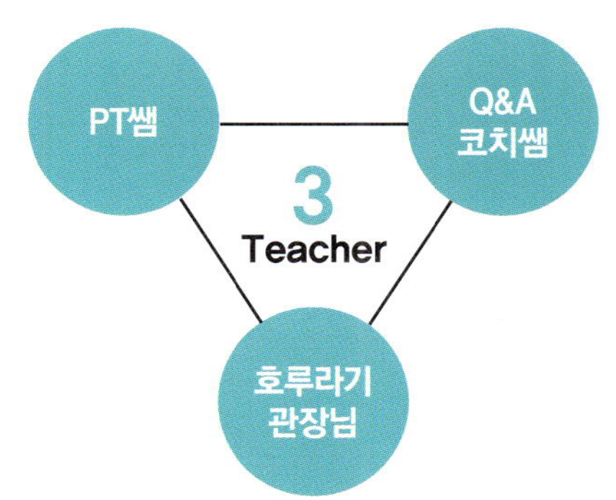

독해 주제 25강

영역별 빈출 주제의
기초 지식이 되는 지문 분석하기

● ON

25개의 주제로 기초 지식 익히기
학력평가·모의평가·수능에서 빈출되는 주제들을
확인하고, 각 지문을 독해하는 과정에서 주제별
기초 개념들을 학습할 수 있습니다.

셀프 구조 트레이닝 & 내용 트레이닝
도표의 빈칸을 채우며 지문 전체의 구조와 내용
을 머릿속에 정리할 수 있습니다. 또한 ○·× 문
제를 통해 세부 정보를 한 번 더 확인할 수 있습
니다.

워밍/펌핑/벌크-UP

독해력 향상과 배경지식 확장을
위한 난도별 지문 분석과 문제 풀기

● ON

단계별 심화 지문으로 실력 점검
난도별로 구성된 실전 세트를 단계별로 접근하여
스스로 지문을 독해하고 문제를 푸는 과정을 통
해 실전에 대한 실력을 쌓을 수 있습니다.

독해 코칭 & 주제 코칭
독해 코칭을 통해 문단별 주요 내용을 시각적으
로 이해할 수 있습니다. 또한 주제 코칭을 통해
지문의 내용과 관련한 다양한 배경지식들을 접
할 수 있습니다.

어휘 트레이닝

기출 지문에서 뽑은 어휘의
사전적 의미 학습으로 어휘력 강화하기

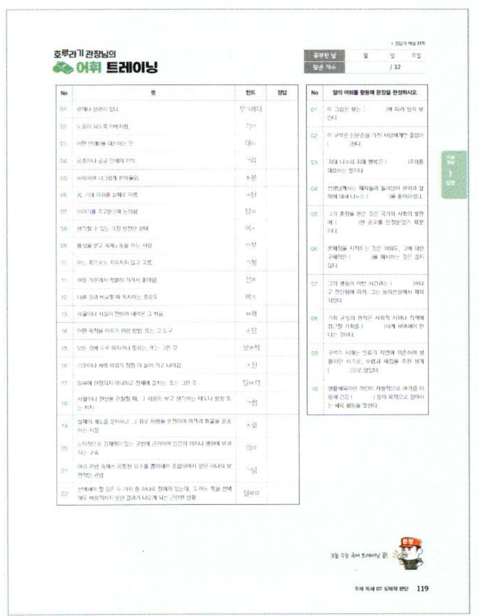

● ON

낯선 개념 어휘와 빈출 학습 도구어 정리
어휘의 사전적 의미를 학습하고, 실제 문장에서
의 쓰임을 확인하는 연습을 통해 국어 실력의 향
상을 위한 필수 어휘들을 익힐 수 있습니다.

차례

원리 독해

주제 독해

Ⅰ 인문

나의 공부 계획

📋 이렇게 활용할 수 있어요!

1. 이 교재를 **몇 달** 또는 **몇 주** 동안 공부할지 정하세요.
2. 일주일에 **며칠** 또는 **몇 회**를 공부할지 정하세요.
3. 하루 중 **몇 시**에 **몇 시간** 동안 공부할지 정하세요.
4. 공부 계획에 공부할 날짜와 요일을 적으세요.
5. 실제로 공부를 한 후 공부한 날짜와 요일을 적으세요.
6. 성취도에 맞게 기호를 쓰세요.
7. 실제로 공부하는 데 걸린 시간을 적으세요.

나와의 약속

나 ______________은/는

〈수능 국어 트레이닝북, GYM – 독서편〉을

_______월 ______일부터

______월 ______일까지

_______주 동안

주 _______회 공부하겠습니다.

원리 독해

○ 완료　△ 미완　→ 진행 중

일차	공부 내용	공부 계획			공부한 날			성취도	시간	
01	**원리 01** 문장의 구조 파악 **원리 02** 필수 요소와 보충 요소 찾기	월	일	요일	월	일	요일		시간	분
02	**원리 03** 접속어의 기능 파악하기 **원리 04** 지시어와 기능어 파악하기	월	일	요일	월	일	요일		시간	분
03	**원리 05** 설명 방법 파악하기 ❶ **원리 06** 설명 방법 파악하기 ❷	월	일	요일	월	일	요일		시간	분
04	**원리 07** 설명 방법 파악하기 ❸ **원리 08** 문단의 핵심 파악하기	월	일	요일	월	일	요일		시간	분
05	**원리 09** 문단 간의 관계 파악하기 **원리 10** 글에 따른 독해 방법 찾기	월	일	요일	월	일	요일		시간	분

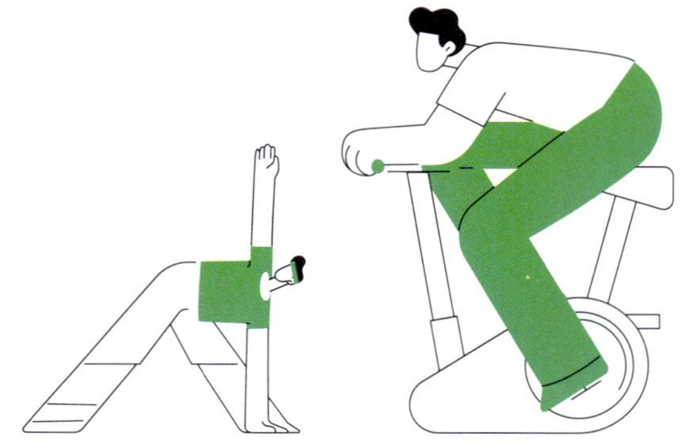

📋 이렇게 활용할 수 있어요!

1. 이 교재를 **몇 달** 또는 **몇 주** 동안 공부할지 정하세요.
2. 일주일에 **며칠** 또는 **몇 회**를 공부할지 정하세요.
3. 하루 중 **몇 시**에 **몇 시간** 동안 공부할지 정하세요.
4. 공부 계획에 공부할 날짜와 요일을 적으세요.
5. 실제로 공부를 한 후 공부한 날짜와 요일을 적으세요.
6. 성취도에 맞게 기호를 쓰세요.
7. 실제로 공부하는 데 걸린 시간을 적으세요.

나와의 약속

나 ______________은/는

〈수능 국어 트레이닝북, GYM – 독서편〉을

______월 ______일부터

______월 ______일까지

______주 동안

주 ______회 공부하겠습니다.

○ 완료　△ 미완　→ 진행 중

공부 내용	공부 계획			공부한 날			성취도	시간	
원리 01 문장의 구조 파악	월	일	요일	월	일	요일	☐	시간	분
원리 02 필수 요소와 보충 요소 찾기									
원리 03 접속어의 기능 파악하기	월	일	요일	월	일	요일	☐	시간	분
원리 04 지시어와 기능어 파악하기									
원리 05 설명 방법 파악하기 ❶	월	일	요일	월	일	요일	☐	시간	분
원리 06 설명 방법 파악하기 ❷									
원리 07 설명 방법 파악하기 ❸	월	일	요일	월	일	요일	☐	시간	분
원리 08 문단의 핵심 파악하기									
원리 09 문단 간의 관계 파악하기	월	일	요일	월	일	요일	☐	시간	분
원리 10 글에 따른 독해 방법 찾기									

○ 완료   △ 미완   → 진행 중

공부 내용	공부 계획			공부한 날			성취도	시간	
주제 01 동양 ❶ – 인간의 본성	월	일	요일	월	일	요일		시간	분
주제 02 동양 ❷ – 조선의 성리학	월	일	요일	월	일	요일		시간	분
주제 03 형이상학 – 우주와 실재	월	일	요일	월	일	요일		시간	분
주제 04 인식론 – 진리 탐구	월	일	요일	월	일	요일		시간	분
주제 05 논리 – 타당한 논증	월	일	요일	월	일	요일		시간	분
주제 06 언어 – 언어의 이해	월	일	요일	월	일	요일		시간	분
주제 07 윤리 – 도덕적 판단	월	일	요일	월	일	요일		시간	분
주제 08 법 ❶ – 계약	월	일	요일	월	일	요일		시간	분
주제 09 법 ❷ – 법 해석	월	일	요일	월	일	요일		시간	분
주제 10 법 ❸ – 저작권·소유권	월	일	요일	월	일	요일		시간	분
주제 11 경제 ❶ – 가격과 전략	월	일	요일	월	일	요일		시간	분
주제 12 경제 ❷ – 국제 무역	월	일	요일	월	일	요일		시간	분
주제 13 경제 ❸ – 통화 정책	월	일	요일	월	일	요일		시간	분
주제 14 경제 ❹ – 환율	월	일	요일	월	일	요일		시간	분
주제 15 생물 – 자극 반응	월	일	요일	월	일	요일		시간	분
주제 16 생물 – 면역 반응	월	일	요일	월	일	요일		시간	분
주제 17 천문 – 천문 관측	월	일	요일	월	일	요일		시간	분
주제 18 물리 ❶ – 역학 에너지	월	일	요일	월	일	요일		시간	분
주제 19 물리 ❷ – 핵분열과 핵융합	월	일	요일	월	일	요일		시간	분
주제 20 화학 – 원자의 실체	월	일	요일	월	일	요일		시간	분
주제 21 기술 ❶ – 데이터 전송 기술	월	일	요일	월	일	요일		시간	분
주제 22 기술 ❷ – 측정 기술	월	일	요일	월	일	요일		시간	분
주제 23 기술 ❸ – 딥러닝	월	일	요일	월	일	요일		시간	분
주제 24 예술 ❶ – 예술사	월	일	요일	월	일	요일		시간	분
주제 25 예술 ❷ – 미학	월	일	요일	월	일	요일		시간	분

📋 이렇게 수업 계획을 세워요!

1. 이 교재를 **몇 달** 또는 **몇 주** 동안 수업할지 정하세요.

2. 일주일에 **며칠** 또는 **몇 회**를 수업할지 정하세요.

3. 실제로 수업 한 후 수업한 날짜와 요일을 적으세요.

4. 수업 진행 상황에 맞게 기호를 쓰세요.

5. 제시한 과제를 적고 다음 수업 시간에 확인하세요.

원리 독해　　　　　　　　　○ 완료　△ 미완　→ 진행 중

일차	수업 내용	반				반			
		수업한 날		진행	과제	수업한 날		진행	과제
01	원리 01　문장의 구조 파악 원리 02　필수 요소와 보충 요소 찾기	월　일　요일				월　일　요일			
02	원리 03　접속어의 기능 파악하기 원리 04　지시어와 기능어 파악하기	월　일　요일				월　일　요일			
03	원리 05　설명 방법 파악하기 ❶ 원리 06　설명 방법 파악하기 ❷	월　일　요일				월　일　요일			
04	원리 07　설명 방법 파악하기 ❸ 원리 08　문단의 핵심 파악하기	월　일　요일				월　일　요일			
05	원리 09　문단 간의 관계 파악하기 원리 10　글에 따른 독해 방법 찾기	월　일　요일				월　일　요일			

수능 독서 영역 코칭

독서 독해 단계별 학습 코칭

기본 이해

중심 화제로 핵심 내용 파악

중심 화제를 찾아 핵심 내용을 파악한다.
글의 내용을 이해하기 위해서는 우선 중심 화제를 파악해야 한다. 중심 화제는 한 편의 글에서 대체로 반복적으로 언급되므로, 반복되는 단어가 없는지 살펴보고 이를 토대로 글에서 이야기하고자 하는 내용이 무엇인지를 생각해 본다.

중심 문장으로 내용 이해

문단의 중심 문장을 찾아 글 전체 내용을 이해한다.
각 문단의 중심 문장을 찾은 다음, 이것을 글쓴이의 관점, 입장, 의도 등과 관련지으면 글에서 말하고자 하는 바가 무엇인지 알 수 있다. 인과의 접속어나 환언·요약의 접속어를 포함한 문장이 중심 문장일 가능성이 높다.

접속어와 지시어로 내용 구조 파악

접속어와 지시어의 쓰임을 주목한다.
접속이나 지시어는 문장, 문단들을 긴밀하게 연결하고 관계를 나타내는 역할을 하므로, 접속어와 지시어를 통해 글의 흐름을 파악하는 것은 글 전체의 논지를 파악하는 데 많은 도움이 된다.

심화 이해

보이지 않는 정보 추론

추론의 근거는 글에 드러난 단서에서 찾는다.
글쓴이의 의도, 목적, 숨겨져 있는 주제 등 생략된 내용을 추론하거나 앞으로 제시될 내용을 예측하는 유형의 문제를 해결하기 위해서는 글의 세부 내용을 파악하여 추론을 위한 근거를 찾고, 그것을 토대로 숨겨진 정보를 논리적으로 추론해야 한다.

새로운 정보와의 비교·확장

새로운 정보와 대응 또는 상응하는 내용에 주목한다.
〈보기〉의 형태로 새로운 정보를 제시하며, 글에 소개된 관점과 또 다른 관점을 비교하게 한다든지 글의 내용을 구체적 상황에 적용하여 그에 대한 비판적 사고를 하게 하는 유형의 문제를 해결하기 위해서는 글에서 언급된 개념, 관점과 〈보기〉의 내용 간에 대응 또는 상응하는 요소들을 연결 지어 사고할 수 있어야 한다.

원리 독해

01 문장의 구조 파악

🏋️ '주어'와 '서술어' 찾기

'문장'은 생각이나 감정을 (¹ ㅁ)과 (² ㄱ)로 표현할 때 완결된 내용을 나타내는 최소의 언어 형식이다. 문장은 다음과 같이 주어와 서술어를 바탕으로 한 기본 골격을 이루고 있다.

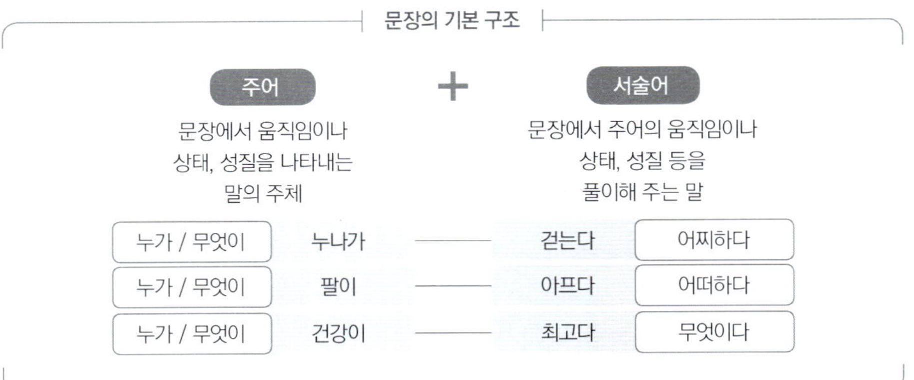

문장의 의미를 이해하려면 그 문장의 대상, 즉 '누구/무엇'에 관해 이야기하고 있는지를 찾을 수 있어야 하며, 그 '누구/무엇'의 행동 또는 상태에 대해 파악할 수 있어야 한다. 여기서, '누구/무엇'은 문장의 (³ ㅈㅇ), 그 주어의 행동이나 상태는 문장의 (⁴ ㅅㅅㅇ)를 통해 드러난다.

🏋️ 문장의 유형 파악하기

문장은 주어와 서술어의 관계가 몇 번 나타나느냐에 따라 홑문장과 겹문장으로 나눌 수 있다. 주어와 서술어의 관계가 (⁵ ㅎ) 번 나타나면 홑문장, (⁶ ㄷ) 번 이상이 나타나면 겹문장이라고 한다. 겹문장은 연결된 두 개 이상의 문장이 앞뒤로 뚜렷하게 구분되는 경우와 그렇지 않은 경우로 나누어 볼 수 있다.

🔹 문장이 앞뒤로 뚜렷이 구분되는 경우

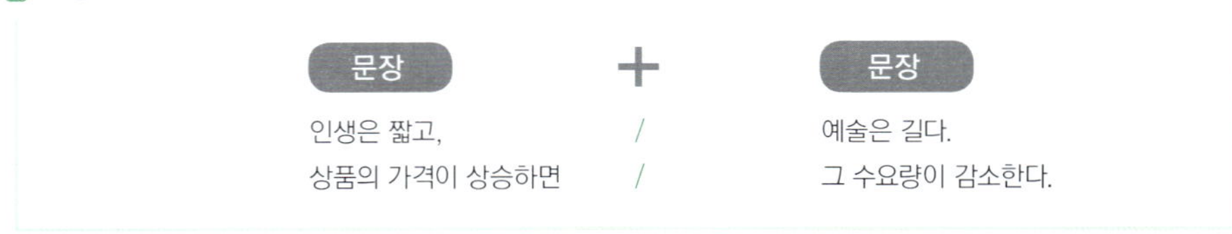

위와 같은 이어진문장들은 두 개 이상의 문장이 (⁷ ㅇㄱ ㅇㅁ)를 통해 이어진 것으로, 이를 기준으로 앞뒤 문장의 의미 관계를 파악하는 데 집중해야 한다.

🔹 문장 속에 문장이 포함된 경우

위와 같은 문장들의 관계는 하나의 문장 속에 다른 문장이 절로서 (⁸ ㅍㅎ)되어 있는 경우로, '전체 주어'와 그 주체의 행동과 상태를 설명해 주는 '전체 서술어'를 찾아보면, 문장의 (⁹ ㄱㅈ)를 좀 더 명확하게 확인할 수 있다. 이때는 문장 속에 포함된 문장의 내용을 이해하는 데 주의를 기울일 필요가 있다.

💓 주어, 서술어 찾기가 왜 중요한가요?

문장이 복잡하여 그 의미를 이해하기 어려운 경우에, 주어와 서술어를 찾아 대응시켜 보면, 대략적이나마 대상의 행동이나 상태 등을 파악해 볼 수 있습니다. 또한 문장의 구조가 드러나게 되므로, 문장의 의미를 이해하는 데도 도움이 됩니다.

📋 예문이 읽히는 코칭

❶ 문장에서 서술어를 먼저 찾는다.
❷ 서술어에 호응하는 주어를 찾는다.

개념 알통

겹문장은 이어진문장과 안은문장으로 나눌 수 있다. 둘 이상의 문장이 연결 어미에 의해 결합된 문장을 이어진문장이라고 한다. 한편, 하나의 문장이 다른 문장의 한 성분이 될 때, 이를 포함하고 있는 전체 문장을 안은문장이라고 한다.

💓 전체 서술어, 전체 주어가 무엇인가요?

'전체 서술어'는 문장을 대표하는 서술어를 지칭하는 말입니다. 겹문장에서 문장들이 뚜렷이 구분되는 경우에 각 문장의 서술어들을 전체 서술어로 봅니다. 한편 한 문장 속에 다른 문장이 포함된 경우에는 그 안은문장의 서술어를 전체 서술어로 봅니다. 그리고 전체 주어는 그 전체 서술어에 대응하는 주어를 말해요. 전체 서술어는 일반적으로 문장의 끝부분에 제시되는 경우가 많아요.

【초성 답】 1 말 2 글 3 주어 4 서술어 5 한 6 두 7 연결 어미 8 포함 9 구조

독해 원리
트레이닝 ZONE

⬦ 다음 문장에서 밑줄 친 서술어에 호응하는 주어를 찾아 빈칸에 쓰시오.

01
철학자들은 기억을 중요한 사유로 인식하며 <u>논의해 왔다.</u>

· ________________ ~ 논의해 왔다.

02
우리 몸은 단백질의 합성과 분해를 끊임없이 <u>반복한다.</u>

· ________________ ~ 반복한다.

03
정부는 국내 산업을 보호하기 위한 목적으로 관세를 <u>부과한다.</u>

· ________________ ~ 부과한다.

04
과학기술의 발전을 통해 유례없는 풍요를 누리고 있는 현대인은 과연 <u>행복한가?</u>

· ________________ ~ 행복한가?

05
과학자들은 탐사선의 속도 증가에 행성의 중력도 영향을 미친다고 <u>생각했다.</u>

· ________________ ~ 생각했다.

⬦ 다음 문장을 두 부분으로 나눈다고 할 때, 그 기준점의 앞 어절과 뒤 어절을 쓰시오.

06
흄은 지식의 근원을 경험으로 보고 이를 인상과 관념으로 구분하였다.

앞 어절	뒤 어절

07
막스 뮐러는 에우다이모니아에 시간적 속성을 부여하여 이를 세 가지 측면으로 설명하였다.

앞 어절	뒤 어절

⬦ 다음 문장의 전체 주어와 전체 서술어를 찾아 쓰시오.

08
수직적 공평은 소득이 높거나 재산이 많을수록 세금을 많이 부담해야 한다는 원칙이다.

전체 주어	전체 서술어

09
전국 시대의 사상계가 양주와 묵적의 사상에 경도되어 유학의 영향력이 약화되고 있다고 판단한 맹자는 다른 학파의 사상적 도전에 맞서 유학 사상의 이론화 작업을 전개하였다.

전체 주어	전체 서술어

⬦ 다음 문장에서 밑줄 친 주어에 호응하는 서술어를 찾아 빈칸에 쓰시오.

10
경매를 통한 가격 결정 방식을 사용하는 또 다른 <u>이유는</u> 구매자와 판매자의 숫자가 극단적으로 불일치할 때 가격을 결정하는 유용한 방법이기 때문이다.

· 이유는 ~ ________________ .

11
내면화된 <u>천은</u> 비도덕적 행위에 대한 제어 장치 역할을 하는 양심의 근거로도 수용되어 천의 도덕적 의미는 더욱 강조되었다.

· 천은 ~ ________________

12
식사를 통해 몸으로 들어온 <u>단백질은</u> 위나 장에서 아미노산의 형태로 분해되어 혈액과 함께 간으로 이동된다.

· 단백질은 ~ ________________
· 단백질은 ~ ________________

13
<u>성선설이</u> 국가 공권력에 저항하기 위해 호족들 및 지주들이 선한 본성을 갖춘 자신들을 간섭하지 말라는 이념적 논거로 사용되었다면, <u>성악설은</u> 군주가 국가 공권력을 정당화할 때 그 논거로서 사용되었다.

· 성선설이 ~ ________________ /
· 성악설은 ~ ________________

워밍-UP

🎧 '원리가 읽히는 독해 코칭'의 물음에 답하면서, 다음 글을 읽으시오.

1 무엇인가를 알아내는 사고 방법에는 여러 가지가 있는데 그중 하나가 유추이다.

2 유추란 어떤 사물이나 현상의 성질을 그와 비슷한 다른 사물이나 현상에 기초하여 미루어 짐작하는 것을 말한다.

2 에서 전체 주어와 전체 서술어를 찾아 쓰시오.

3 이는 학문 또는 예술 활동에서뿐만 아니라 일상생활에서도 흔히 행하고 있는 사고법이다.

4 유추는 '알고자 하는 특성의 확정–알고 있는 대상과의 비교–결론 내리기'의 과정을 통해 이루어진다.

5 동물원에 가서 '백조'를 처음 본 어린아이가 그것이 날 수 있는가의 여부를 판단하는 과정을 생각해 보자.

5 에서 서술어 '판단하는'과 호응하는 주어를 찾아 써 보자.

6 이 경우 '알고자 하는 대상'과 그 '알고자 하는 특성'을 확정하면 '백조가 날 수 있는가?'가 된다.

7 그런데 그 아이가 자신이 이미 알고 있는 '비둘기'를 떠올리고는 백조와 비둘기 사이에 '깃털이 있다', '다리가 둘이다', '날개가 있다' 등의 공통점을 발견하였다.

7 을 둘로 나눈다고 할 때, 서술어 2개를 찾아 쓰시오.

8 이렇게 공통점을 발견하는 것이 바로 비교이다.

9 그 다음에 '비둘기는 난다'는 특성을 다시 확인한 후 '백조가 날 것이다'고 결론을 내리면 유추가 끝난다.

10 많은 논리학자들은 유추가 판단을 그르치게 한다고 폄하한다.

10 에서 안긴문장을 찾아 쓰시오(관형절 제외).

11 유추를 통해 알아낸 것이 옳다는 보장이 없기 때문이다.

12 위의 경우 '백조가 난다'는 것은 옳다.

13 그런데 똑같은 방법으로 '타조'에 대해 '타조가 난다'라는 결론을 내렸다면, 이는 사실에 어긋난다.

13 을 둘로 나눈다고 할 때, 뒷문장의 주어와 서술어를 찾아 쓰시오.

14 이는 공통점이 가장 많은 대상을 비교 대상으로 선택하지 못했기 때문이다.

15 이렇게 유추를 통해 알아낸 것은 옳을 가능성이 있다고는 할 수 있어도 틀림없다고는 할 수 없다.

16 결국 ㉠유추를 통해 옳은 결론을 내릴 가능성을 높이는 것이 중요한데, '범위 좁히기'의 과정을 통해 비교할 대상을 선정함으로써 그 가능성을 높일 수 있다.

17 만약 어린아이가 수많은 새 중에서 비둘기 말고, 타조와 더 많은 공통점을 갖고 있는 것, 예를 들면 '몸통에 비해 날개 크기가 작다'는 공통점을 하나 더 갖고 있는 '닭'을 가지고 유추를 했다면 '타조는 날지 못할 것이다'는 결론을 내렸을 것이다.

17 의 후반부 '예를 들면 ~ 내렸을 것이다.'를 둘로 나누고, 나뉜 문장의 전체 주어와 전체 서술어를 찾아 쓰시오.

18 옳지 않은 결론을 내릴 가능성을 항상 안고 있음에도 불구하고 유추는 필요하다.

19 우리 인간은 모든 것을 알고 태어나지 않을 뿐만 아니라 어느 한 순간에 모든 것을 알아내지는 못한다.

19 에서 '알아내지는 못한다'와 호응하는 전체 주어를 찾아 쓰시오.

20 그런데도 인간이 많은 지식을 갖게 된 것은 유추와 같은 사고법을 가지고 있기 때문이다.

01

윗글에 대한 설명으로 가장 적절한 것은?

① 유추의 활용 사례들을 분석하면서 그 유형을 소개하고 있다.

② 유추의 방법과 효용을 알려 주면서 그 유용성을 강조하고 있다.

③ 유추에 대한 학문적 논의의 과정을 시간 순서대로 소개하고 있다.

④ 유추의 문제점을 지적하면서 새로운 사고 방법의 필요성을 역설하고 있다.

⑤ 유추와 여타 사고 방법들과의 차이점을 부각하면서 그 본질을 이해시키고 있다.

02

윗글의 내용을 바탕으로 판단할 때, ㉠을 위해 할 일로 가장 적절한 것은?

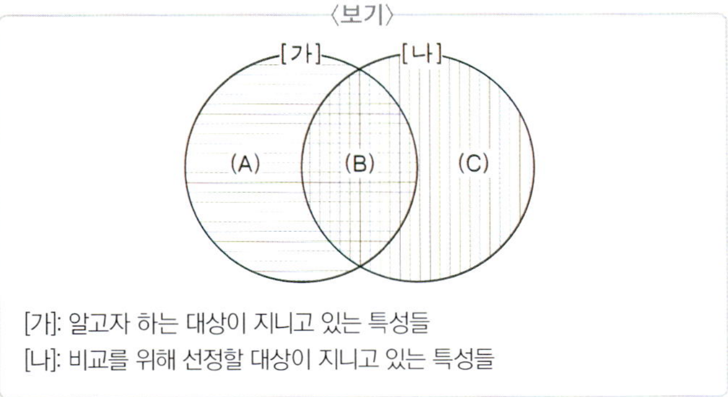

[가]: 알고자 하는 대상이 지니고 있는 특성들
[나]: 비교를 위해 선정할 대상이 지니고 있는 특성들

① (A)의 범위가 가장 넓은 대상을 선택해야 한다.

② (B)의 범위가 가장 넓은 대상을 선택해야 한다.

③ (C)의 범위가 가장 넓은 대상을 선택해야 한다.

④ (A)와 (C)의 면적 차이가 가장 큰 대상을 선택해야 한다.

⑤ (A), (B), (C)의 면적이 동일한 대상을 선택해야 한다.

03

윗글을 바탕으로 〈보기〉의 내용을 이해한 것으로 적절하지 <u>않은</u> 것은?

〈보기〉

화성에도 생명체가 존재할까? 이에 대한 답을 얻기 위해서는 우리가 가장 잘 알고 있는 행성인 지구와 비교함으로써 둘 사이의 공통점을 찾아보는 것이 필요할 것이다. 태양계의 다른 행성들에 비해 화성은 태양과의 거리가 지구와 가장 비슷하다. 화성은 대기 온도가 영하 76℃까지 떨어지기도 하지만 지구의 최저 기온과 크게 차이가 없는 편이다. 또한 화성에서는 지구에서와 같이 암석과 물의 존재가 확인되었다. 그런데 지구에는 생명체가 존재한다. 그러므로 화성에도 생명체가 존재할 가능성이 높다.

① '화성과 태양의 거리'를 확인함으로써 '알고자 하는 특성'을 확정했다.

② 비교할 대상으로 '지구'를 선택했다.

③ '암석과 물의 존재' 등의 특성은 비교의 결과 확인한 공통점이다.

④ 결론을 내리기 전에 '생명체가 존재한다'는 '지구'의 특성을 다시 확인하고 있다.

⑤ 최종적으로 내린 결론은 '화성에 생명체가 존재할 가능성이 높다'이다.

02 필수 요소와 보충 요소 찾기

문장의 필수 요소 찾기

서술어가 다른 문장 요소를 필요로 하는 경우에 주어와 서술어를 확인하는 것만으로는 문장의 의미를 정확하게 파악할 수 없다.

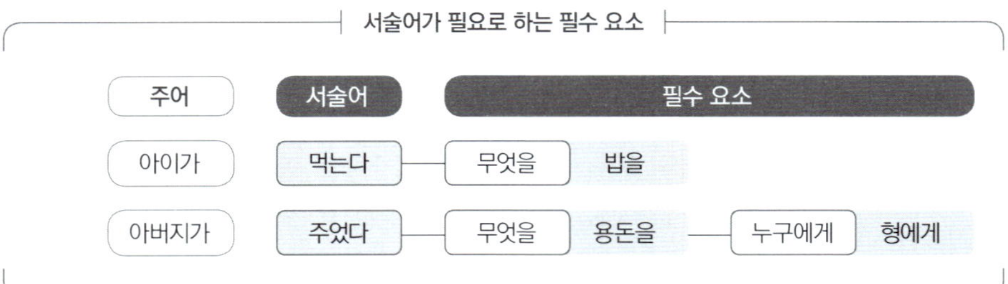

주어와 서술어의 조합인 '아이가 먹는다.'라는 문장이 완결된 문장이 되기 위해서는 서술어 '먹는다'에 대해 '무엇'을 먹는지에 대한 설명이 필요하다. 여기서 목적어 '밥을'은 서술어 '먹는다'가 필요로 하는 (^{1} ㅍㅅ ㅇㅅ)라고 할 수 있다. 또한 '아버지가 주었다'라는 문장이 완결된 의미를 가지려면 '(^{2} ㅁㅇㅇ)'과 '누구에게'에 대한 필수 요소가 갖추어져야 한다. 정리하자면, 주어와 서술어, 그리고 서술어가 필요로 하는 필수 요소를 찾아야 문장의 의미를 제대로 이해할 수 있다.

문장의 보충 요소 찾기

주어와 서술어, 그리고 서술어가 요구하는 필수 요소를 찾는 것만으로 대략적인 문장의 구조와 의미를 이해할 수 있다. 하지만 문장을 완벽하게 이해하기 위해서는, 꾸미는 말인 '보충 요소'에도 주의를 기울일 필요가 있다. 보충 요소는 (^{3} ㅎㅈ)의 속성을 드러내는 경우가 많으며, 이는 세부 정보를 묻는 문제에 활용될 가능성이 크다.

기출로 뽑은 예문

우리 몸에는 [외부의 환경이나 미생물로부터 스스로를 지키기 위한] 자기 방어 시스템이 있다.
필수 요소   보충 요소   전체 주어
전체 서술어

위 문장에서 주어와 서술어, 필수 요소로만 문장을 구성해 보면, '우리 몸에는 자기 방어 시스템이 있다.'라고 정리해 볼 수 있다. 여기서 문장의 화제는 (^{4} ㅈㅇ)에 해당하는 '자기 방어 시스템'이라고 할 수 있는데, 이 자기 방어 시스템은 '외부의 환경이나 미생물로부터 스스로를 지키기 위한' 것이라고 설명하고 있다. 꾸미는 말인 (^{5} ㄱㅎㅈ)을 통해 화제에 대한 속성이 드러낸 것이라고 할 수 있다.

보충 요소는 화제의 속성 외에 서술어를 구체화하는 (^{6} ㅇㅎ)을 하기도 한다.

기출로 뽑은 예문

[모든] 영화는 [명시적이거나 우회적인 방법으로] 역사를 증언한다.
보충 요소 주어   보충 요소   필수 요소 서술어

위 문장에서 주어와 서술어, 필수 요소만을 추리면 '영화는 역사를 증언한다.'라고 정리할 수 있다. 하지만 (^{7} ㅂㅊ ㅇㅅ)까지 파악하면 영화가 역사를 어떤 방식으로 증언하는지 알 수 있게 된다.

필수 요소를 쉽게 찾는 방법은 없을까요?

주어와 서술어를 찾아 문장을 구성해 보고, 의미상 문장이 성립하지 않을 때에는 문장이 성립하기 위한 요소, '무엇을', '무엇으로', '누구에게', '어디로' 등에 해당하는 문장 성분을 찾아보도록 합니다.

예문이 읽히는 코칭

❶ 의미를 파악하기 어려운 문장은, 전체 주어와 전체 서술어, 필수 요소만으로 대략적인 의미를 파악하도록 한다.

❷ 주어나 목적어 또는 서술어를 꾸미는 말인 보충 요소를 구별하여 표시해 두면 선택지의 적절성 여부를 판단하는 데 도움이 될 수 있다.

개념 알통

관형절은 관형사형 어미 '-(으)ㄴ', '-는', '-(으)ㄹ', '-던'이 붙어서 관형어의 자리에 쓰일 수 있는 절이다.

보충 요소는 상대적으로 중요도가 떨어지는 정보들을 말하는 것 아닌가요?

시험에서는 지문의 세부 정보를 활용하여 선택지를 구성하는 경우가 많습니다. 대부분의 세부 정보는 보충 요소를 통해 표현되므로, 선택지의 적절성 여부를 판단하기 위해서는 보충 요소를 눈여겨 볼 필요가 있어요.

【초성 답】 1 필수 요소 2 무엇을 3 화제 4 주어 5 관형절 6 역할 7 보충 요소

독해 원리 트레이닝 ZONE

다음 문장에서 밑줄 친 서술어가 요구하는 필수 요소를 찾아 빈칸에 쓰시오.

01

그는 문명 중심의 역사를 이해하기 위한 몇 가지 가설들을 <u>세웠다</u>.

• 그는 _________________ 세웠다.

02

맹자는 인간이라면 누구나 도덕 행위를 할 수 있는 선한 마음이 선천적으로 내면에 갖춰져 있다는 도덕 내재주의를 <u>주장하였다</u>.

• 맹자는 _________________ 주장하였다.

03

명시적 인센티브 계약은 근로자들이 보상을 잘 받기 위한 노력에 치중하도록 하는 인센티브 왜곡 문제를 <u>발생시킨다</u>.

• 명시적 인센티브 계약은 _________________ 발생시킨다.

04

대표적인 통화정책 수단인 '공개 시장 운영'은 중앙은행이 민간 금융 기관을 상대로 채권을 매매해 금융 시장의 이자율을 정책적으로 결정한 기준 금리 수준으로 <u>접근시키는</u> 것이다.

• 중앙은행이 _________________ 접근시킨다.

05

세계를 해석하고 평가하는 준거인 세계관은 우리 사고의 토대가 <u>되므로</u>, 우리는 최대한 정합성과 근거를 갖추도록 노력해야 한다.

• 세계관은 _________________ 된다.

다음 문장에서 전체 주어, 필수 요소, 전체 서술어를 찾아 쓰시오.

06

'가능세계'의 개념은 일상 언어에서 흔히 쓰이는 필연성과 가능성에 관한 진술을 분석하는 데 중요한 역할을 한다.

전체 주어	필수 요소	전체 서술어

07

이 과정에서 그들은 특정한 금속의 스펙트럼에서 띄엄띄엄 떨어진 밝은 선의 위치는 그 금속이 홑원소로 존재하든 다른 원소와 결합하여 존재하든 불꽃의 온도에 상관없이 항상 같다는 결론에 도달하였다.

전체 주어	필수 요소	전체 서술어

08

보험 가입자들이 자신이 가진 위험의 정도에 대해 진실한 정보를 알려 주지 않는다면, 보험사는 보험 가입자 개개인이 가진 위험의 정도에 상응하는 보험료를 책정할 수 없다.

전체 주어	필수 요소	전체 서술어

다음 문장에서 밑줄 친 부분의 속성을 드러내는 보충 성분을 찾아 쓰시오.

09

예술가의 독창적인 감정 표현을 중시하는 한편 외부 세계에 대한 왜곡된 표현을 허용하는 <u>낭만주의 사조</u>가 18세기 말에 등장하면서, 모방론은 많이 쇠퇴했다.

•
•

10

구체적인 법 조항을 통해 광고를 규제하는 법적 규제는 광고 또한 사회적 활동의 일환이라는 <u>점</u>에 근거한다.

•

11

법적으로 예약은 당사자들이 합의한 내용대로 권리가 발생하는 계약의 일종으로, 재화나 서비스 제공을 급부 내용으로 하는 다른 계약인 <u>본계약</u>을 성립시킬 수 있는 권리 발생을 목적으로 한다.

•

12

충분한 속도를 얻게 된 전자는 애벌랜치 영역의 반도체 물질을 구성하는 <u>원자</u>들과 충돌하여 속도가 줄어들며 새로운 전자–양공 쌍을 만드는데, 이 현상을 충돌 이온화라 부른다.

•

워밍-UP

'원리가 읽히는 독해 코칭'의 물음에 답하면서, 다음 글을 읽으시오.

<table>
<tr><td>

1 울산 울주에는 한국 미술사의 첫 장을 장식하는 암각화가 있다.

2 이것에는 넓고 평평한 돌 위에 상징적인 기호와 사실적으로 표현된 동물들의 모습이 새겨져 있다.

3 한편 한국 조형 미술을 대표하는 것으로 금강역사상과 같은 석굴암의 부조상들이 있다.

4 이것들 또한 돌에 형상을 새긴 것이다.

5 이들의 표현 방법에 대해 살펴보도록 하자.

6 암각화에는 선조와 요조가 사용되었다.

7 선조는 선으로만 새긴 것을 말하며, 요조는 형태의 내부를 표면보다 약간 낮게 쪼아 내어 형태의 윤곽선을 표현한 것이다.

8 이러한 점에서 요조는 쪼아 낸 면적만 넓을 뿐이지 기본적으로 선조의 범주에 든다고 하겠다.

9 따라서 선으로 대상을 표현했다는 점에서 암각화는 조각이 아니라 회화라고 볼 수 있다.

10 한편 조각과 회화의 성격을 모두 띠고 있는 것으로 부조가 있다.

11 부조는 벽면 같은 곳에 부착된 형태로 도드라지게 반입체를 만드는 것이다.

12 평면에 밀착된 부분과 평면으로부터 솟아오른 부분 사이에 생기는 미묘하고도 섬세한 그늘은 삼차원적인 공간 구성을 통한 실재감을 주게 된다.

13 빛에 따라 질감이 충만한 부분과 빈 부분이 드러나서 상대적인 밀도를 지각할 수 있게 되는 것이다.

14 이처럼 부조는 평면 위에 입체로 대상을 표현하므로 중량감을 수반하게 되고 공간과 관련을 맺는다.

15 이것이 부조에서 볼 수 있는 조각의 측면이다.

16 이러한 부조의 특성을 완벽하게 소화하여 평면에 가장 입체적으로 승화시킨 것이 석굴암 입구 좌우에 있는 금강역사상이다.

17 팔이 비틀리면서 평행하는 사선의 팽팽한 근육은 힘차고, 손가락 끝은 오므리며 온 힘이 한곳에 응결된 왼손의 손등에 솟은, 방향과 높낮이를 달리하는 다섯 갈래 뼈의 강인함은 실로 눈부시다.

18 부조는 신전의 벽면을 장식하기 위한 목적으로 제작되기 시작했다.

19 그리스 신전과 이집트 피라미드 등에서는 부조로 벽면을 장식하여 신비스러운 종교적 분위기를 형성하고 있다.

20 이처럼 이차원적 제한성에도 불구하고 삼차원적 효과를 극대화한 부조는 제작 환경과 제작 목적에 맞게 최적화된 독특한 조형 미술의 양식이다.

</td><td>

원리가 읽히는 독해 코칭

1 에서 '암각화'의 속성을 드러내는 보충 요소를 찾아 쓰시오.

3 에서 '한국 조형 미술을 대표하는 것'이 지시하는 대상을 찾아 쓰시오.

7 에서 '요조'가 형태의 윤곽선을 표현하는 방법을 찾아 쓰시오.

9 에서 '암각화'는 무엇이라고 규정하고 있는지 찾아 쓰시오.

12 에서 전체 주어 '그늘'의 속성을 설명하는 보충 요소의 첫 어절과 끝 어절을 쓰시오.

14 를 세 부분으로 나눈다고 할 때, 전체 주어 '부조는'과 호응하는 서술어 세 개를 찾아 쓰시오.

20 에서 '조형 미술의 양식'을 꾸며 주는 보충 요소를 찾아 쓰시오.

</td></tr>
</table>

01

윗글의 서술 방식을 〈보기〉에서 모두 고른 것은?

〈보기〉
ㄱ. 구체적인 사례를 들어서 대상의 특성을 설명하고 있다.
ㄴ. 묘사를 통해 대상의 면모를 효과적으로 전달하고 있다.
ㄷ. 현상의 원인을 분석하여 다양한 이론을 소개하고 있다.
ㄹ. 전문가의 의견을 인용해 대상의 변화를 제시하고 있다.

① ㄱ, ㄴ ② ㄱ, ㄷ ③ ㄴ, ㄷ
④ ㄴ, ㄹ ⑤ ㄷ, ㄹ

02

윗글의 내용과 일치하지 않는 것은?

① 선조는 입체감을 강조한 조형 양식이다.
② 요조는 표면보다 낮게 표현한다.
③ 요조는 표현 방법 면에서 회화에 가깝다.
④ 부조는 공간과 관련을 맺어 조각의 성격을 띤다.
⑤ 부조는 종교 건축물의 장식에 사용되었다.

03

〈보기〉와 '금강역사상'을 비교하여 이해한 내용으로 적절하지 않은 것은?

〈보기〉

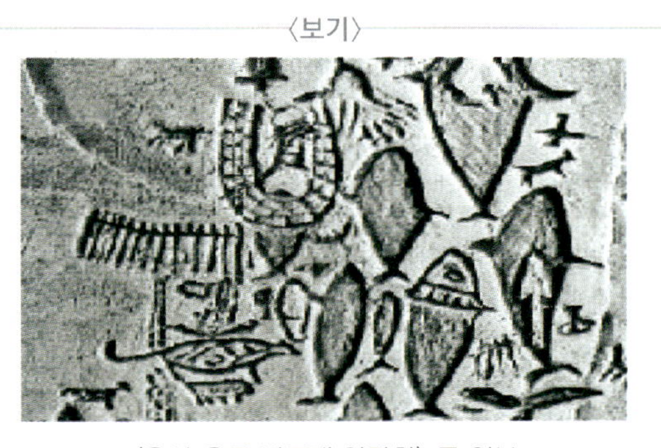

〈울산 울주 반구대 암각화〉 중 일부

① 금강역사상이 〈보기〉보다 빛에 비춰 봤을 때 실재감이 더 크겠어.
② 금강역사상보다 〈보기〉가 회화의 특징이 더 두드러진다고 하겠어.
③ 금강역사상은 〈보기〉와 달리 형상을 평면보다 돌출시켜 역동성을 표현하려 했군.
④ 금강역사상과 〈보기〉는 모두 이차원적인 성질을 지니고 있겠군.
⑤ 금강역사상과 〈보기〉는 모두 배경이 되는 면에 붙여서 작품을 제작하였겠군.

03 접속어의 기능 파악하기

🏋 문장 간의 의미 관계를 나타내는 접속어의 기능

문단을 이루는 문장과 문장은 의미 관계를 이루며 정렬되어 있다. 이러한 의미 관계는 문장과 문장을 이어 주는 구실을 하는 (¹ ㅈㅅㅇ)를 통해 드러나기도 한다.

1. 역접(그러나, 그런데, 하지만, 이에 반해, …)

앞서 나온 내용과 (² ㅅㅂ)된 맥락이 이어질 때 쓰여요.

🔰 기출로 뽑은 예문

> 20세기 초에는 이성적 존재인 인간이 모든 문제를 합리적으로 해결할 수 있다는 모더니즘이 지배적이었다. <u>그러나</u> 합리성에는 한계가 있음이 곧 밝혀졌고, 이로부터 벗어나야 한다는 생각이 <u>포스트모더니즘으로 발전하게 되었다.</u>
> 20세기 초 사상의 흐름 / 20세기 이후 사상의 흐름

2. 첨가(또한, 그리고, 게다가, 아울러, 더구나, 뿐만 아니라, …)

앞 문장에 또 다른 (³ ㅅㅁ)을 덧붙일 때 쓰여요.

🔰 기출로 뽑은 예문

> 2차적 저작물이 되려면 원저작물을 기초로 하여야 한다. <u>또한</u> 원저작물과 실질적 유사성을 유지하여야 한다.
> 2차적 저작물이 되기 위한 요건 ① / 2차적 저작물이 되기 위한 요건 ②

3. 인과(따라서, 그래서, 그러므로, …)

앞 문장과 뒷문장의 내용이 '(⁴ ㅇㅇ)'과 '(⁵ ㄱㄱ)'에 해당할 때 쓰여요.

🔰 기출로 뽑은 예문

> 만약 어떤 비트에 오류가 발생하면 그 비트가 포함된 행과 열에서 모두 오류가 검출된다. <u>따라서</u> 오류가 발생한 위치를 알 수 있다.
> 오류 검출 검사 시행(원인) / 오류 검출 검사 결과

4. 전환(한편, 그런데, …)

(⁶ ㅎㅈ)를 바꿀 때 쓰여요.

🔰 기출로 뽑은 예문

> <u>인간은 누구나 행복을 추구하며 살아간다.</u> <u>그런데</u> 과학기술의 발전을 통해 유례없는 풍요를 누리고 있는 <u>현대인은 과연 행복한가?</u>
> 인간이 지향하는 삶의 방향 / 현대인의 현 상태에 대한 물음

5. 환언(즉, 요컨대, 결국, 다시 말해, …)

앞서 나온 내용을 다시 진술하거나 (⁷ ㅈㄹ)할 때 쓰여요.

🔰 기출로 뽑은 예문

> 우리가 냄새를 맡으려면 공기 중에 <u>취기재의 분자가 충분히 많아야</u> 한다. <u>다시 말해,</u> <u>취기재의 농도가 어느 정도에 이르러야</u> 냄새를 탐지할 수 있다.
> 같은 의미

❤ 독해에 접속어를 어떻게 활용하면 되나요?

접속어를 중심으로 앞 문장과 뒤 문장의 의미 관계를 생각하여 읽으면 글의 내용을 보다 명확하게 이해할 수 있어요. 역접을 나타내는 접속어 뒤에 이어지는 문장은 글쓴이가 말하고자 하는 핵심 내용일 가능성이 높으므로 좀 더 주의를 기울여 내용을 이해할 필요가 있어요.

개념 알통

- **역접**: 문장 또는 구의 접속 방법으로, 앞의 글에서 서술한 사실과 서로 반대되거나 그와 일치하지 아니하는 사태가 뒤의 글에서 성립함을 나타내는 일
- **첨가**: 이미 있는 것에 덧붙이거나 보탬.
- **인과**: 원인과 결과를 아울러 이르는 말
- **전환**: 다른 방향이나 상태로 바뀌거나 바꿈.
- **환언**: 앞서 한 말에 대하여 표현을 달리 바꾸어 말함.

📋 예문이 읽히는 코칭

읽기 과정에서 접속어를 발견했을 때, 그 접속어의 역할을 다음과 같은 기호로 표시해 두면, 맥락을 이해하는 데 도움이 된다.

역접	↔
첨가	+
인과	→
전환	//
환언	=

【초성 답】 1 접속어 2 상반 3 설명 4 원인 5 결과 6 화제 7 정리

독해 원리 트레이닝 ZONE

원리 독해

🏋 다음 밑줄 친 접속어의 역할로 알맞은 것에 ✔표 하세요.

01

뿌리털을 둘러싼 세포막을 경계로 안쪽은 땅에 비해 여러 가지 유기물과 무기물들이 더 많이 섞여 있어서 뿌리 바깥보다 용액의 농도가 높다. <u>다시 말해</u> 뿌리털 안은 농도가 높은 반면, 흙 속에 포함되어 있는 물은 농도가 낮다.

☐ 역접 ☐ 첨가 ☐ 인과 ☐ 전환 ☐ 환언

02

존재적 실존양식 아래에서 사람들은 자신이 세계와 긴밀하게 결합해 있다고 느끼므로 가진 것을 잃을 수 있다는 불안에 시달리지 않는다. <u>그래서</u> 다른 존재에 대해 호의적이다.

☐ 역접 ☐ 첨가 ☐ 인과 ☐ 전환 ☐ 환언

03

속된 일상에서 사람들은 가치를 추구하기보다는 자기 이해관계를 구체화한 목표와 이의 실현을 안내하는 규범에 따라 살아간다. <u>하지만</u> 위기 시기에는 사람들의 관심이 자신들의 특수한 이해관계에서 보편적인 가치로 상승한다.

☐ 역접 ☐ 첨가 ☐ 인과 ☐ 전환 ☐ 환언

04

지표를 기준으로 한 이동 속력이 빠를수록 전향력이 커지며, 지표상에 정지해 있는 물체에는 전향력이 나타나지 않는다. <u>한편</u> 전향력은 운동하는 물체의 진행 방향이 북반구에서는 오른쪽으로, 남반구에서는 왼쪽으로 편향되게 한다.

☐ 역접 ☐ 첨가 ☐ 인과 ☐ 전환 ☐ 환언

05

피해자에게 공해와 손해 발생 사이의 인과 관계를 하나하나의 연결 고리까지 자연 과학적으로 증명하도록 요구한다면, 사실상 사법적 구제를 거부하는 일이 될 수 있다. <u>더구나</u> 관련 기업은 월등한 지식과 기술을 가지고 훨씬 더 쉽게 원인 조사를 할 수 있는 상황이기에, 피해자인 상대방에게만 엄격한 부담을 지우는 데 대한 형평성 문제도 제기된다.

☐ 역접 ☐ 첨가 ☐ 인과 ☐ 전환 ☐ 환언

🏋 다음 글의 빈칸에 들어갈 알맞은 접속어에 ✔표 하세요.

06

과거제는 왕조의 교체와 같은 변화에도 불구하고 동질적인 엘리트층의 연속성을 가져왔다. ☐☐☐☐☐ 이러한 연속성은 관료 선발 과정뿐 아니라 관료제에 기초한 통치의 안정성에도 기여했다.

☐ 다만 ☐ 그리고 ☐ 그런데 ☐ 그래서 ☐ 다시 말해

07

전동킥보드는 현행 법규상 원동기장치자전거에 해당하기 때문에 도로교통법을 준수해야 한다. 우선 전동킥보드를 이용하기 위해서는 원동기 면허 이상의 운전면허를 소지해야 한다. ☐☐☐☐☐ 관련 면허를 소지할 수 없는 만 16세 미만의 청소년은 전동킥보드를 이용해서는 안 된다.

☐ 그리고 ☐ 그런데 ☐ 게다가 ☐ 그리하여 ☐ 다시 말해

08

형광등은 필라멘트에서 직접 빛을 얻는 것이 아니므로 가열 온도를 낮출 수 있어서 백열전구에 비해 30% 정도의 전력 소비로 같은 밝기의 빛을 낼 수 있다. ☐☐☐☐☐ 백열전구에 비해 적외선 방출도 적고 수명도 5~6배 정도 길다.

☐ 또한 ☐ 그런데 ☐ 요컨대 ☐ 따라서 ☐ 이에 반해

09

작업큐에 등록된 프로그램의 수가 많아지면 각 프로그램의 대기 시간은 그에 비례하여 늘어난다. ☐☐☐☐☐ 작업큐에 등록할 수 있는 프로그램의 수를 제한해 대기 시간이 일정 수준 이상으로 길어지는 것을 막을 필요가 있다.

☐ 한편 ☐ 또한 ☐ 그리고 ☐ 따라서 ☐ 다음으로

10

사진은 19세기 초까지만 해도 근대 문명이 만들어 낸 기술적 도구이자 현실 재현의 수단으로 인식되었다. ☐☐☐☐☐ 점차 여러 사진작가들이 사진을 연출된 형태로 찍거나 제작함으로써 자기의 주관을 표현하고자 하는 시도를 하였다.

☐ 결국 ☐ 한편 ☐ 그리고 ☐ 따라서 ☐ 하지만

워밍-UP

🏋 **'원리가 읽히는 독해 코칭'의 물음에 답하면서, 다음 글을 읽으시오.**

1 주희는 인간의 본성을 '본연지성(本然之性)'과 '기질지성(氣質之性)'으로 설명하였다.

2 '본연지성'은 인간이 하늘로부터 부여받은 순수하고 선한 본성이고, '기질지성'은 본연지성에 사람마다 다른 기질이 더해진 것으로 사람에 따라 다양하게 나타난다.

3 그래서 주희는 인간의 기질이 맑으면 선한 행위를 하고 탁하면 악한 행위를 할 수 있다고 보았다.

4 그러나 정약용은 선한 행위와 악한 행위의 원인을 기질이라는 선천적 요인으로 본다면 행위에 인간의 의지가 개입되지 않으므로 악한 행위를 한 사람에게 윤리적 책임을 물을 수 없다고 주희의 관점을 비판하였다.

5 정약용은 인간의 본성을 '기호(嗜好)'라고 보았다. 기호란 즐기고 좋아한다는 뜻으로, 생명이 있는 모든 존재는 각각의 기호를 본성으로 갖는다고 보았다.

6 정약용은 인간에게 ㉠'감각적 욕구에서 비롯된 기호'와 ㉡'도덕적 욕구에서 비롯된 기호'가 있다고 보았다.

7 먼저, 감각적 욕구에서 비롯된 기호는 생명이 있는 모든 존재가 지니는 육체의 경향성으로, 맛있는 것을 좋아하고 맛없는 것을 싫어하는 것을 예로 들 수 있다.

8 다음으로, 도덕적 욕구에서 비롯된 기호는 인간만이 지니는 영혼의 경향성으로, 선을 좋아하거나 악을 싫어하는 것을 예로 들 수 있다.

9 정약용은 감각적 욕구가 생존에 필요하고 삶의 원동력이 된다는 점에서 일부 긍정했으나, 감각적 욕구에서 비롯된 기호를 제어하지 못할 경우 악한 행위가 나타날 수 있고, 도덕적 욕구에서 비롯된 기호를 따를 경우 선한 행위가 나타난다고 보았다.

10 정약용은 선한 행위를 하거나 악한 행위를 하는 것이 온전히 인간의 자유 의지에 달려 있으므로, 악한 행위를 한 사람에게 윤리적 책임을 물을 수 있다고 보았다.

11 그래서 정약용은 자유 의지로 선한 행위를 선택하고 이를 실천하는 것이 중요하다고 보았는데, 구체적인 실천 원리로 '서(恕)'를 강조하였다.

12 그는 '서'를 용서(容恕)와 추서(推恕)로 구분하고, 추서를 특히 강조하였다.

13 친구가 거짓말을 했을 때 잘못을 덮어 주는 행위는 용서이고, 내가 아우의 존중을 받고 싶을 때 내가 먼저 형을 존중하는 모습을 보여 주는 행위는 추서인 것이다.

14 그런데 용서는 타인의 악한 행위를 용인해 주는 문제가 발생할 수 있지만, 추서는 자신의 마음을 미루어 타인의 마음을 이해할 수 있으므로, 정약용은 추서에 따라 선한 행위를 실천해야 한다고 보았다.

---

3 의 접속어 '그래서'의 역할이 무엇인지 쓰시오.

4 에 쓰인 접속어를 고려할 때 '정약용'은 '주희'의 관점에 어떤 태도를 취하고 있는지 쓰시오.

7, **8** 의 '먼저'와 '다음으로'라는 표지를 통해 이 문장들에서 설명하고자 하는 화제 두 개를 찾아 쓰시오.

9 에서 정약용이 감각적 욕구에 대해 긍정한 측면이 무엇인지 찾아 쓰시오.

11 의 접속어 '그래서'와 같은 기능을 가진 접속어를 두 개 이상 쓰시오.

14 의 접속어 '그런데'의 기능이 무엇인지 두 음절로 쓰시오.

01

윗글의 내용 전개 방식으로 가장 적절한 것은?

① 인간의 본성에 대한 여러 관점이 사회에 미친 영향을 설명하고 있다.

② 인간의 본성에 대한 기존의 관점을 비판하는 다른 관점을 소개하고 있다.

③ 인간의 본성에 대한 관점의 타당성 여부를 다양한 입장에서 분석하고 있다.

④ 인간의 본성에 대한 상반된 관점을 절충한 새로운 관점의 특징을 밝히고 있다.

⑤ 인간의 본성에 대해 대비되는 관점이 등장하게 된 시대적 배경을 설명하고 있다.

02

윗글의 내용과 일치하지 <u>않는</u> 것은?

① 주희는 인간에게 하늘로부터 부여 받은 본연지성이 있다고 보았다.

② 주희는 기질의 맑고 탁함에 따라 선하거나 악한 행위가 나타날 수 있다고 보았다.

③ 정약용은 추서에 따라 선한 행위를 실천하는 것이 중요하다고 보았다.

④ 정약용은 감각적 욕구가 악한 행위를 유도하므로 제거해야 한다고 보았다.

⑤ 정약용은 주희의 관점으로는 악한 행위를 한 사람에게 윤리적 책임을 물을 수 없다고 보았다.

03

㉠과 ㉡에 대한 이해로 가장 적절한 것은?

① ㉠은 인간이 제어할 수 없는 기호이다.

② ㉡은 생존에 필요한 욕구에서 비롯된 것이다.

③ ㉠은 ㉡과 달리 생명이 있는 모든 존재가 지닌다.

④ ㉡은 ㉠과 달리 욕구를 즐기고 좋아하는 경향성이다.

⑤ ㉠과 ㉡은 모두 타인의 잘못을 덮어 주는 행위와 직결된다.

04

윗글을 바탕으로 〈보기〉를 이해한 내용으로 적절하지 <u>않은</u> 것은?

〈보기〉

학급에서 복도 청소를 맡은 학생 A와 B가 있었다. A는 평소 청소를 잘 하지 않았고, B는 항상 성실히 청소를 하였다. 복도가 깨끗한 것을 본 선생님이 복도 청소 담당인 두 학생을 모두 칭찬하였는데, 이때 A는 자신이 B보다 더 열심히 청소를 했다고 거짓말을 하였다. B는 A가 거짓말을 했다는 것을 알고 있었지만 이를 내색하지 않고 평소대로 열심히 청소하였고 A는 그러한 B를 보면서 부끄러움을 느꼈다. 이후, A는 B에게 자신의 행동을 사과하였으며, 책임감을 갖고 청소하였다.

① 주희는 거짓말을 한 것과 무관하게 A에게는 순수하고 선한 본성이 있다고 보겠군.

② 주희는 평소 청소를 잘 하지 않는 A와 항상 성실히 청소하는 B의 기질이 서로 다르다고 보겠군.

③ 정약용은 A가 책임감 있게 청소하게 된 것이 A의 자유 의지에 의한 것이라고 보겠군.

④ 정약용은 A가 도덕적 욕구에서 비롯된 기호를 따랐기 때문에 행동의 변화가 나타났다고 보겠군.

⑤ 정약용은 B가 추서로 A의 마음을 이해해 주었기 때문에 A의 거짓말을 용인하게 되었다고 보겠군.

원리 독해 04 지시어와 기능어 파악하기

🔊 지시어가 가리키는 대상 파악

앞의 단어나 어구, 문장 등을 가리킬 때 쓰이는 '이것, 그것, 저것'과 같은 (¹ ㅈㅅㅇ)는 표현의 효율성을 높이고 문장과 문장을 내용적으로 긴밀하게 (² ㅇㄱ)시키는 역할을 한다.

기출로 뽑은 예문

> 아퀴나스에 따르면 인간의 욕구는 감각적 욕구와 지적 욕구로 구별되는데,
>
> 이는 선을 추구한다는 점에서는 동일하지만 크게 두 가지 차이점이 있다.
> 두 욕구를 가리키는 지시어

위 문장에서 지시어 '(³ ㅇ)'는 '감각적 욕구'와 '지적 욕구'를 가리키는 말로 사용되었다.

기출로 뽑은 예문

> "고래는 포유동물이다."라는 일상 언어의 문장은 모든 고래에 대한 긍정을 뜻하는
>
> 것이므로 이것을 표준 형식의 명제로 고치면 "모든 고래는 포유동물이다."가 된다.
> 앞서 언급한 문장을 지시하는 말로 쓰임.

위 문장에서 지시어 '이것'은 앞의 "고래는 포유동물이다."라는 문장을 가리키는 말로 쓰였다.

🔊 기능어로 내용 확인

기능어란, 앞뒤 말의 내용을 확인·정리해 주는 문법적 역할을 하는 표현을 말한다. 예를 들어 앞 문장의 내용을 지시하면서 '이러한 목적은 ~ 위한 것이다.'라는 문장이 제시되었다면, 앞 문장의 내용이 화제의 '(⁴ ㅁㅈ)'에 대한 것임을 알 수 있다. 이와 같은 기능어들은 앞뒤 내용을 연쇄적으로 이어 주는 역할을 하여, 글의 응집성과 (⁵ ㅌㅇㅅ)을 갖추는 데 기여한다.

기출로 뽑은 예문

> 앞 문장이 광고의 효과에 관한 것임을 드러냄.
> 광고가 독점적 경쟁 시장의 판매자 간 경쟁을 촉진할 수 있다. 이러한 효과는
> 광고의 효과
> 광고를 통해 상품 정보에 노출된 구매자가 상품의 품질이나 가격에 예민해질 때
>
> 발생한다.

위의 두 번째 문장 '이러한 효과는 ~'에서 '효과'라는 기능적 어휘는 앞 문장의 내용이 '광고의 (⁶ ㅎㄱ)'에 대한 것임을 나타내는 기능어라고 할 수 있다.

기출로 뽑은 예문

> 충전지의 만충전 상태를 추정하여 충전을 중단하는 방식에는 몇 가지가 있다.
> 충전을 중단하는 '방식' '몇 가지'를 소개할 것임을 드러냄.
> 최대 충전 시간 방식에서는 … 완전 방전에서 만충전될 때까지 소요될 것으로 추
> 충전을 중단하는 방식 ①
> 정되는 시간이 경과하면 무조건 충전 전원을 차단한다. 전류 적산 방식에서는 일
> 충전을 중단하는 방식 ②
> 정한 시간 간격을 충전 전류의 세기를 측정하여, … 충전 전원을 차단한다.

위의 첫 번째 문장에서는 '방식'과 '몇 가지'라는 기능어가 사용되었는데, 이는 뒷부분에서 충전을 중단하는 몇 가지 (⁷ ㅂㅅ)이 소개될 것임을 알려 주는 역할을 한다.

💗 지시어가 가리키는 대상을 꼭 확인할 필요가 있나요?

지시어가 가리키는 대상을 잘못 파악할 경우, 글이 의미하는 바를 오독할 가능성이 있습니다. 글을 읽을 때 지시어를 발견한다면 그 지시어가 가리키는 대상이 무엇인지를 생각하며 독해해야 글의 내용을 보다 정확하게 이해할 수 있습니다.

📋 예문이 읽히는 코칭

지시어가 가리키는 대상이 무엇인지 모호할 때에는 앞에 언급된 단어나 어구, 문장 등을 지시어 대신 넣어 보도록 한다.

💗 독해에 기능어를 어떻게 활용하면 되나요?

기능어는 글쓴이가 글을 읽는 독자들이 내용을 잘 이해할 수 있도록 남겨 놓은 이정표와 같다고 할 수 있습니다. 글 속에 제시된 기능어를 찾아보고 그 앞뒤에 제시된 내용이 무엇에 관해 기술한 것인지 확인 또는 짐작해 보도록 하세요.

📋 예문이 읽히는 코칭

앞뒤 내용을 정리해 주는 기능어를 활용하면 문단 내용을 쉽게 요약할 수 있다.

【초성 답】 1 지시어 2 연결 3 이 4 목적 5 통일성 6 효과 7 방식

독해 원리 트레이닝 ZONE

🔹 **다음 글에 밑줄 친 지시어가 가리키는 대상을 찾아 쓰시오.**

01

북아메리카 원주민들에게는 독특한 방식으로 선물을 주는 '포틀래치(potlatch)'라는 관습이 있다. 행사를 연 마을의 수장은 자신이 쌓아온 재물을 초대받은 다른 마을의 수장들에게 무료로 나누어 주기도 하고, 심지어 <u>그것</u>을 파괴하기도 한다.

02

자유의 욕구와 힘의 욕구 모두가 강한 사람은 자신이 선호하는 것을 우선시하고 <u>이것</u>이 방해받으면 불편해하며 주변 사람들과 갈등을 일으킬 수 있다.

03

건물이 수평 하중을 견디기 위해서는 기본적으로 뼈대에 해당하는 보와 기둥을 아주 단단하게 붙여야 하지만, 초고층 건물의 경우 <u>이것</u>만으로는 수평 하중을 견디기 힘들다.

04

융은 자아가 성찰을 통해 무의식의 심연에 존재하는 자기를 발견하면, 인간은 비로소 타인과 구별되는 고유한 존재가 된다고 보고 이를 개별화라고 불렀다. <u>이</u>는 의식에 존재하는 자아가 무의식과 끊임없이 상호작용하며 무의식의 영역을 의식으로 통합하는 과정, 즉 무의식을 의식화하는 과정을 통해 이루어진다.

05

자동 조종 장치에서 관성 항법 장치라고 불리는 감지 센서는, 다양한 비행 상황에 대응하기 위해 비행기의 이동 방향, 이동 거리, 속도 등을 지속적으로 정확하게 측정하는 역할을 한다. 이 장치의 핵심은 가속도 센서와 자이로스코프인데, <u>이</u>를 통해 측정된 값을 계산하여 운항 정보를 파악함으로써 비행기가 정해진 경로로 운항할 수 있게 되는 것이다.

🔹 **다음 글의 빈칸에 들어갈 알맞은 말에 ✔표 하세요.**

06

대문호 〈빅토르 위고〉가 내려다보고 있는 가운데 로댕은 〈생각하는 사람〉과 마주하여 자신도 〈생각하는 사람〉이 된 양, 같은 자세로 묵상하는 모습을 취하고 있다. 원경에서 희고 밝게 빛나는 〈빅토르 위고〉는 근경에 있는 로댕과 〈생각하는 사람〉의 어두운 모습에 대비되어 창조의 영감을 발산하는 모습으로 나타난다. 이러한 ☐는 로댕의 작품도 문학 작품과 마찬가지로 창작의 고뇌 속에서 이루어진 것이라는 메시지를 주고 있다.

☐ 구도　　☐ 솜씨　　☐ 변수　　☐ 위치　　☐ 주제

07

광고는 광고주인 판매자의 이윤 추구 수단으로 기획되지만, 그러한 광고가 광고주의 의도와 상관없이 시장에 영향을 끼치기도 한다. 우선 광고가 독점적 경쟁 시장의 판매자 간 경쟁을 촉진할 수 있다. 이러한 ☐는 광고를 통해 상품 정보에 노출된 구매자가 상품의 품질이나 가격에 예민해질 때 발생한다.

☐ 기획　　☐ 불화　　☐ 시도　　☐ 폐해　　☐ 효과

08

명암비는 휘도를 측정하는 ☐에 따라 암실 명암비와 명실 명암비로 구분된다. 암실 명암비는 햇빛과 같은 외부광 없이 오로지 화면에서 나오는 빛만을 인식할 수 있는 조건에서의 명암비를, 명실 명암비는 외부광이 존재하는 조건에서의 명암비를 의미한다.

☐ 환경　　☐ 시간　　☐ 기기　　☐ 정도　　☐ 방향

09

골전도 이어폰은 일반적인 이어폰과 달리 귀를 막지 않고 사용하기 때문에 다양한 ☐이 있다. 우선 귀 내부가 습해지는 것을 방지할 수 있고 고막을 직접 자극하지 않는다. 또 야외 활동 시 착용해도 주변 소리를 들을 수 있어 위험 상황에 잘 대처할 수 있다.

☐ 단점　　☐ 장점　　☐ 차이점　　☐ 문제점　　☐ 주의점

워밍-UP

'원리가 읽히는 독해 코칭'의 물음에 답하면서, 다음 글을 읽으시오.

1 경매를 통한 가격 결정 방식은 수요자들이 해당 재화의 가치를 서로 다르게 평가하고 있거나, 해당 재화의 가치를 정확히 가늠할 수 없을 때 주로 사용된다.

2 경매를 통한 가격 결정 방식을 사용하는 또 다른 이유는 구매자와 판매자의 숫자가 극단적으로 불일치할 때 가격을 결정하는 유용한 방법이기 때문이다.

3 특정 재화의 판매자가 한 명인데, 이를 구매하고자 하는 사람이 여러 명이라면 경매를 통해 가장 높은 가격을 지불하고자 하는 사람에게 판매할 수 있다.

4 최고급 커피 생두 역시 이러한 이유에서 경매로 가격을 결정한다.

5 이와는 반대로 특정 재화의 구매자는 한 명인데, 이를 판매하고자 하는 사람이 여러 명일 경우에도 경매는 유용한 방식이다.

6 경매는 입찰 방식의 공개 여부에 따라 공개 구두 경매와 밀봉 입찰 경매로 구분할 수 있다.

7 먼저 공개 구두 경매는 경매에 참여하는 사람들을 모두 한 자리에 모아 놓고 누가 어떠한 조건으로 경매에 응하는지를 공개적으로 진행하는 방식을 말한다.

8 이러한 공개 구두 경매는 다시 영국식 경매와 네덜란드식 경매로 구분할 수 있다.

9 ㉠영국식 경매는 오름 경매 방식으로, 우리가 가장 흔히 접하는 낮은 가격부터 시작해서 가장 높은 가격을 제시한 사람이 낙찰자가 되는 방식을 말한다.

10 이러한 영국식 경매를 통해 가격을 결정하고 있는 대표적인 품목으로는 와인과 앞서 소개한 최고급 생두가 여기에 해당한다.

11 이와는 반대로 판매자가 높은 가격부터 제시해 가격을 점점 낮추면서 가장 먼저 응찰한 사람을 낙찰자로 정하는 방식이 ㉡네덜란드식 경매다.

12 이것이 내림 경매 방식이다.

13 내림 경매 방식은 튤립 재배로 유명한 네덜란드에서 오래 전부터 이용해 오던 방식이며, 국내에서도 수산물 도매시장에서 생선 가격을 결정할 때 이 방식을 통해 가격을 결정한다.

14 공개적으로 진행되는 경매와는 달리 경매 참여자들이 서로 어떠한 가격에 응찰했는지를 확인할 수 없는 밀봉 입찰 경매가 있다.

15 밀봉 입찰 경매는 낙찰자가 지불하는 금액을 어떻게 결정하느냐에 따라 최고가 밀봉 경매와 차가 밀봉 경매로 구분된다.

16 최고가 밀봉 경매는 응찰자 중 가장 높은 가격을 적어 냈을 때 낙찰이 되는 것으로 낙찰자는 자신이 적어 낸 금액을 지불한다.

17 차가 밀봉 경매의 낙찰자 결정 방식은 최고가 밀봉 경매와 동일하다.

18 그러나 낙찰자가 지불하는 금액은 자신이 적어 낸 금액이 아니라 응찰자가 적어 낸 금액 중 두 번째로 높은 금액이다.

---

3 에서 지시어 '이'가 가리키는 바가 무엇인지 찾아 쓰시오.

____

5 의 '이와는 반대로'에서 지시어 '이'가 나타내는 상황은 무엇인지 쓰시오.

____

10 에서 지시어 '여기'가 가리키는 바가 무엇인지 쓰시오.

____

12 에서 지시어 '이것'이 가리키는 바가 무엇인지 쓰시오.

____

13 에서 '이 방식'이 가리키는 말을 앞에서 찾아 쓰시오.

____

01

윗글의 '경매'에 대한 설명으로 적절하지 않은 것은?

① 재화의 가치를 정확하게 평가할 수 없을 때 주로 쓴다.

② 오름 경매 방식에서는 최고가를 제시한 사람에게 낙찰된다.

③ 수요자가 재화의 가치를 서로 다르게 평가할 때 주로 쓴다.

④ 구매자와 판매자의 수가 극단적으로 불일치할 때 유용하다.

⑤ 내림 경매 방식은 구매자가 입찰금액을 제시해 경매가 시작된다.

02

㉠과 ㉡에 대한 이해로 적절하지 않은 것은?

① ㉠은 경매에 참여한 사람이 경쟁자가 제시한 입찰 금액을 알 수 있다.

② 희소성이 있는 최고급 생두는 ㉠의 방식을 통해 가격을 결정하는 대표적 품목이다.

③ ㉡ 방식에서 낙찰 가격은 경매에서 최초로 제시된 금액보다 높아질 수 없다.

④ ㉠과 ㉡ 모두 경매에 나온 재화의 낙찰 가격을 알 수 있다.

⑤ 경매에 참가한 사람이 다수일 경우 ㉠과 ㉡ 모두 가장 먼저 응찰한 사람이 낙찰자가 된다.

03

윗글을 바탕으로 할 때, 〈보기〉의 ㉠~㉣에 들어갈 내용으로 적절한 것은?

〈보기〉

'밀봉 입찰 경매'로 진행되는 경매에 A, B, C 세 사람이 각각 10만 원, 8만 원, 6만 원으로 입찰에 참가하였다. 이 경매가 '최고가 밀봉 경매'라면 낙찰자는 (㉠)이며 낙찰자가 지불할 금액은 (㉡)이다. '차가 밀봉 경매'라면 낙찰자는 (㉢)이며 낙찰자가 지불할 금액은 (㉣)이다.

	㉠	㉡	㉢	㉣
①	A	10만 원	A	10만 원
②	A	10만 원	A	8만 원
③	A	8만 원	B	10만 원
④	B	8만 원	B	6만 원
⑤	B	8만 원	C	6만 원

05 설명 방법 파악하기 ①

🏋 상하 관계와 구체성을 바탕으로 한 설명 방식

1. 정의

어떤 말이나 사물의 (1 ㄸ   )을 명백히 밝혀 규정하는 서술 방식을 말한다. '종개념(하위 개념) = 종차(속성) + 유개념(상위 개념)'의 (2 ㅎㅅ   )으로 구성된다.

기출로 뽑은 예문

의사능력이란 '자기의 행위의 의미나 결과를 합리적으로 예견할 수 있는 정신적
피정의항   종차
인 능력 내지 지능'을 의미한다.
유개념

2. 예시

어떤 주장 또는 진술에 대해 구체적인 (3 ㅅㄹ   )를 들어 설명하는 방식이다.

3. 구분

일정한 (4 ㄱㅈ   )에 따라 상위 개념(유개념)을 하위 개념(종개념)으로 나누는 방법이다.

기출로 뽑은 예문

탄수화물은 섬유소와 비섬유소로 구분된다.
유개념   종개념 ①   종개념 ②

4. 분석

하나의 대상을 여러 부분이나 (5 ㄱㅅ ㅇㅅ   )로 나누어 서술하는 방법이다.

기출로 뽑은 예문

박테리오파지는 머리와 꼬리, 꼬리 섬유로 구성되어 있다.
요소 ①   요소 ②   요소 ③

개념 알통

유개념, 종개념, 종차의 개념을 수학적으로 설명하면 좀 더 이해하기 수월하다. 유개념이 전체의 집합 A일 때, 종개념은 집합 A의 부분 집합 B이다. 그리고 A의 부분 집합 중에서 집합 B와는 다른 집합 C가 있다고 한다면, 이때 집합 B와 C를 구분해 주는 요소가 종차이다.

📋 예문이 읽히는 코칭

'정의'의 설명 방식을 통해 제시된 개념어는 글에서 화제 또는 주요한 핵심어일 가능성이 높다. 따라서 정의를 통해 설명되는 개념어에는 ☐ 와 같은 표지를 달아 구분해 두도록 한다. 이는 그와 관련한 선택지의 적절성 여부를 판단한다는 데 도움이 된다.

💓 '구분'과 '분류'는 같은 설명 방식인가요?

구분은 여러 가지 대상을 기준에 따라 나눌 때 주로 쓰이는 방법이에요. 이에 반해 분류는 여러 가지 대상을 기준에 따라 묶을 때 주로 쓰이는 방법입니다. 다시 말해 구분이 유개념을 종개념으로 가르는 것이라면, 분류는 종개념을 유개념으로 묶어 가는 방식을 말해요.

💓 '구분'과 '분석'의 차이는 무엇인가요?

햄버거를 예로 들어 설명해 볼까요? 햄버거를 치즈 버거, 불고기 버거 등으로 나누어 설명하는 것은 구분이고, 햄버거가 빵, 고기, 양상추, 토마토 등으로 이루어져 있다고 설명하는 것은 분석이에요.

【초성 답】 1 뜻 2 형식 3 사례 4 기준 5 구성 요소

독해 원리 트레이닝 ZONE

다음 글에 사용된 설명 방식으로 알맞은 것에 ✔표 하세요.

01

증여는 당사자의 일방이 자기의 재산을 무상으로 상대방에게 줄 의사를 표시하고 상대방이 이를 승낙함으로써 성립하는 계약이다.

☐ 정의　　☐ 예시　　☐ 구분　　☐ 분석

02

예를 들어 목수는 이성을 통해 침대의 형상을 인식하고 그것을 모방하여 침대를 만든다. 그리고 화가는 감각을 통해 이 침대를 보고 그림을 그린다.

☐ 정의　　☐ 예시　　☐ 구분　　☐ 분석

03

전기레인지는 용기를 가열하는 방식에 따라 하이라이트 레인지와 인덕션 레인지로 나눌 수 있다.

☐ 정의　　☐ 예시　　☐ 구분　　☐ 분석

04

물 1 분자는 1개의 산소 원자(O)와 2개의 수소 원자(H)가 공유 결합을 이루고 있는데, 2개의 수소 원자는 약 $104.5°$의 각도로 산소와 결합한다.

☐ 정의　　☐ 예시　　☐ 구분　　☐ 분석

05

양면시장은 플랫폼 사업자가 서로 구분되는 두 개의 이용자 집단에 플랫폼을 제공하고 이용자들은 플랫폼을 통해 상대 집단과 거래하면서 경제적 가치나 편익을 창출하는 시장을 의미한다.

☐ 정의　　☐ 예시　　☐ 구분　　☐ 분석

06

액체 추진제 로켓은 산화제와 액체 연료를 추진제로 사용한다. 액체 추진제 로켓의 엔진은 일반적으로 산화제 탱크, 연료 탱크, 분사기, 연소실, 노즐 등으로 구성되어 있다.

☐ 정의　　☐ 예시　　☐ 구분　　☐ 분석

07

'공유경제'는 한번 생산된 상품이나 서비스를 여럿이 공유해 사용하는 협력 소비를 통해 비용을 줄이고 소비자의 만족도를 높이는 경제 모델이다.

☐ 정의　　☐ 예시　　☐ 구분　　☐ 분석

다음 글은 무엇에 대해 정의하고 있는지 모두 찾아 쓰시오.

08

원초아는 성적 에너지를 바탕으로 본능적인 욕구를 충족하려는 선천적 정신 요소이다. 반면 자아는 외적 상황으로 인해 충족되지 못하고 지연되거나 좌절된 원초아의 욕구를 사회적으로 용인될 수 있는 방법으로 충족하려는 정신 요소이다. 마지막으로 초자아는 도덕률에 따라 원초아의 욕구를 억제하고 양심에 따라 행동하도록 하는 정신 요소이다.

다음 글의 ㉠, ㉡에 알맞은 말을 찾아 쓰시오.

09

개념적 차이란 개념적 종차를 통해 파악될 수 있는, 어떤 대상과 다른 대상의 상대적 다름을 의미하며, 차이 자체란 개념으로 드러낼 수 없는 대상 자체의 절대적 다름을 의미한다. 예를 들어 소금의 보편적 특성은 짠맛이나 흰색 등으로 볼 수 있는데 이러한 특성은 소금과 설탕의 맛을 비교하거나, 소금과 숯의 색깔을 비교함으로써 파악될 수 있다. 즉 소금과 다른 대상들과의 상대적인 비교를 통해 소금의 ㉠ 가 형성되는 것이다. 그런데 소금이라는 개념으로 동일하게 분류되는 각각의 입자들은 그 입자마다의 염도와 빛깔 등이 다를 수밖에 없다. 이때 각 소금 입자가 가지는 염도, 빛깔의 고유한 정도 차이에 해당하는 특성이 바로 개별 소금 입자의 ㉡ 인 것이다.

• ㉠ :

• ㉡ :

다음 글에서 논리실증주의자와 포퍼가 분석 명제와 종합 명제를 구분하는 기준이 무엇인지 쓰시오.

10

논리실증주의자와 포퍼는 수학적 지식이나 논리학 지식처럼 경험과 무관하게 참으로 판별되는 분석 명제와, 과학적 지식처럼 경험을 통해 참으로 판별되는 종합 명제를 서로 다른 종류라고 구분한다.

워밍-UP

🎧 '원리가 읽히는 독해 코칭'의 물음에 답하면서, 다음 글을 읽으시오.

1 동물은 다양한 방식으로 중요한 장소의 위치를 기억하고 이를 활용하여 자신의 은신처까지 길을 찾아올 수 있다. 동물의 길찾기 방법에는 '장소기억', '재정위', '경로적분' 등이 있다.

2 '장소기억'은 장소의 몇몇 표지만을 영상 정보로 기억해 두었다가 그 영상과의 일치 여부를 확인하며 길을 찾는 방법이다. 기억된 영상은 어떤 각도에서 바라보는지에 따라 달라지기에, 이 방법을 활용하는 꿀벌은 특정 장소를 특정 각도에서 본 영상으로 기억해 두었다가 다시 그곳으로 갈 때는 자신이 보는 영상과 기억된 영상이 일치하도록 비행한다. 장소기억은 곤충과 포유류를 비롯한 많은 동물이 길찾기에 활용한다.

3 '재정위'는 방향 기억이 헝클어진 상황에서도 장소의 기하학적 특징을 활용하여 방향을 다시 찾는 방법이다. 예를 들어, 직사각형 방에 갇힌 배고픈 흰쥐에게 특정 장소에만 먹이를 두고 찾게 하면, 긴 벽이 오른쪽에 있었는지와 같은 공간적 정보만을 활용하여 먹이를 찾는다. 이런 정보는 흰쥐의 방향 감각을 혼란시킨 상황에서도 보존되는데, 흰쥐는 재정위 과정에서 장소기억 관련 정보를 무시한다. 하지만 최근 연구에 따르면, 원숭이는 재정위 과정에서 벽 색깔과 같은 장소기억 정보도 함께 활용한다는 점이 밝혀졌다.

4 '경로적분'은 곤충과 새의 가장 기본적인 길찾기 방법으로 이를 활용하는 능력은 타고나는 것으로 알려졌다. 예를 들어 먹이를 찾아 길을 나선 ㉠사하라 사막의 사막개미는 집 근처를 이리저리 탐색하다가 일단 먹이를 찾으면 집을 향해 거의 일직선으로 돌아온다. 사막개미는 장소기억 능력이 있지만 눈에 띄는 지형지물이 거의 없는 사막에서는 장소기억을 사용할 수 없기 때문에 경로적분을 활용한다.

5 사막개미의 이러한 놀라운 집찾기는 집을 출발하여 먹이를 찾아 이동하면서 자신의 위치에서 집 방향을 계속하여 다시 계산함으로써 가능하다. 가령, 그림에서 이동 경로를 따라 A에 도달한 사막개미가 먹이를 찾았다면 그때 파악한 집 방향 $\overrightarrow{AN}$으로 집을 향해 갈 것이다. 만약 A에서 먹이를 찾지 못해 B로 한 걸음 이동했다고 가정하자. 이때 사막개미는 A에서 B로의 이동 방

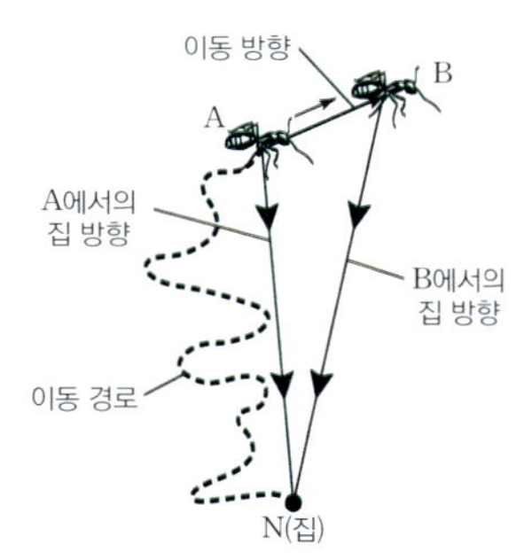

향과 거리에 근거하여 새로운 집 방향 $\overrightarrow{BN}$을 계산한다. 사막개미는 먹이를 찾을 때까지 이러한 과정을 반복하여 매 위치에서의 집 방향을 파악한다.

6 한편, 이동 경로상의 매 지점에서 사막개미가 방향을 결정하기 위해서는 기준이 있어야 한다. 이 기준을 정하기 위해 사막개미는 태양의 위치와 산란된 햇빛을 함께 이용한다. 태양의 위치는 태양이 높이 떠 있거나 구름에 가려 보이지 않을 때는 유용하지 않다. 이때 결정적 도움을 주는 것이 산란된 햇빛 정보이다. 사막개미는 마치 하늘을 망원경으로 관찰하는 천문학자처럼 하늘을 끊임없이 관찰하고 있는 셈이다.

---

1 에서 구분한 동물의 길찾기 방식 세 가지를 쓰시오.

2 에서 '정의'하고 있는 길찾기 방식과 그 '예시'로 언급하고 있는 동물을 찾아 순서대로 쓰시오.

3 에서 '정의'하고 있는 길찾기 방식과 '예시'를 나타내는 표지를 찾아 순서대로 쓰시오.

4 에서 사막개미가 활용할 수 있는 길찾기 방식 두 가지를 쓰시오.

5 에서 '예시'를 나타내는 표지를 찾아 쓰시오.

6 에서 사막개미가 이동 경로상의 매 지점에서 방향을 결정하기 위해 사용하는 기준 두 가지를 찾아 쓰시오.

01

윗글에 대한 이해로 가장 적절한 것은?

① 곤충은 길찾기 과정에서 경로적분을 사용하지 않는다.

② 새는 길찾기 과정에서 장소기억을 기본적으로 사용한다.

③ 흰쥐는 재정위 과정에서 산란된 햇빛 정보를 활용한다.

④ 원숭이는 재정위 과정에서 기하학적 정보도 활용한다.

⑤ 꿀벌은 특정 장소를 여러 각도에서 바라본 영상을 기억하여 길을 찾는다.

02

윗글을 바탕으로 할 때, ㉠의 길찾기에 대한 추론으로 가장 적절한 것은?

① 사막개미는 암흑 속에서도 집 방향을 계산할 수 있겠군.

② 사막개미의 경로적분 능력은 학습을 통해 얻어진 것이겠군.

③ 지형지물이 많은 곳에서 사막개미는 장소기억을 활용하겠군.

④ 사막개미가 먹이를 찾은 후 집으로 되돌아갈 때는 왔던 경로를 따라 가겠군.

⑤ 사막개미는 한 걸음씩 이동하면서 그때마다 집까지의 직선 거리를 다시 계산하겠군.

03

윗글을 바탕으로 할 때, 〈보기〉의 상황에서 병아리가 보일 행동에 대한 추론으로 가장 적절한 것은?

〈보기〉

병아리가 재정위 과정에서 기하학적 특징만을 활용한다고 가정하자. 아래 그림의 직사각형 모양의 상자에서 먹이는 A에만 있다. 병아리가 A, B, C, D를 모두 탐색하여 먹이가 어디에 있는지 학습하게 한 후, 상자에서 꺼내 방향을 혼란시킨 다음 병아리를 상자 중앙에 놓고 먹이를 찾도록 한다. 이와 같은 실험을 여러 번 수행하여 병아리가 A, B, C, D를 탐색하는 빈도를 측정한다.

① A를 높은 빈도로 탐색하고 B, C, D를 비슷한 정도의 낮은 빈도로 탐색한다.

② A, B를 비슷한 정도의 높은 빈도로 탐색하고 C, D를 비슷한 정도의 낮은 빈도로 탐색한다.

③ A, C를 비슷한 정도의 높은 빈도로 탐색하고 B, D를 비슷한 정도의 낮은 빈도로 탐색한다.

④ A, D를 비슷한 정도의 높은 빈도로 탐색하고 B, C를 비슷한 정도의 낮은 빈도로 탐색한다.

⑤ A, B, C, D를 비슷한 정도의 빈도로 탐색한다.

06 설명 방법 파악하기 ②

🏋 공통점과 차이점을 바탕으로 한 설명 방식

1. 비교

둘 이상의 대상을 견주어 (¹ ㄱㅌㅈ)이나 유사점을 밝히는 방법이다.

> 대상 1 ---- 대상 2
> 공통점
> A와 B는 모두 ~하다.

기출로 뽑은 예문

이 둘의 또 다른 공통점으로 '비대칭성'을 들 수 있다. 패놉티콘에 죄수는 볼 수 없고 간수만 볼 수 있게 만든 시선의 비대칭성이 있다면 전자 패놉티콘에는 수집 된 정보에 대한 접근의 비대칭성이 존재한다.

（패놉티콘이 가진 비대칭성 / 전자 패놉티콘이 가진 비대칭성）

2. 대조

둘 이상의 대상의 (² ㅊㅇㅈ)을 중심으로 설명하는 방법이다.

> 대상 1 ◀----▶ 대상 2
> 차이점
> A는 ~한 데 반해, B는 ~하다.

기출로 뽑은 예문

물건을 빌려 쓰거나 보관하고 있는 것을 포함하여 물건을 물리적으로 지배하는 상태를 직접점유라고 한다. 이에 비해 어떤 물건을 빌려 쓰거나 보관하는 사람에 게 그 물건의 반환을 청구할 수 있는 권리를 가진 사람도 사실상의 지배를 한다고 볼 수 있다. 이와 같이 반환청구권을 가진 상태를 간접점유라고 한다.

（직접 점유의 의미 / 간접점유의 의미）

3. 유추

같은 종류나 비슷한 것에 기초하여 다른 사물의 (³ ㅌㅈ)을 미루어 추측하는 설명 방법이다.

> 대상 1 대상 2
> 공통점
> A는 ~한 데 반해, B도 ~할 것이다(하다).

기출로 뽑은 예문

동물 실험의 유효성을 주장하는 쪽은 인간과 실험동물이 유사성을 보유하고 있기 때문에 신약이나 독성 물질에 대한 실험동물의 반응 결과를 인간에게 안전하 게 적용할 수 있다고 추론한다.

（피가 순환하고 허파로 호흡한다는 유사성 / 인간과 실험동물의 유사성에 기초한 유추）

🩺 '비교하다'라는 말에 '대조하다'의 의미가 포함된 것 아닌가요?

넓은 의미에서 '비교'는 '대조'의 의미를 포함한다고 볼 수 있습니다. 다만 현장에서는 설명 방식의 개념을 구분하여 '비교'를 공통점 중심의 설명 방식으로, '대조'를 차이점 중심의 설명 방식으로 다루고 있습니다. 두 개념을 뚜렷이 구분할 것을 요구하는 경우가 아니라면, '대조'를 '비교'로 바꾸어 써도 문제가 되지 않습니다.

📋 예문이 읽히는 코칭

'비교'나 '대조'의 설명 방식이 사용될 때에는 '공통점' 또는 '차이점'과 같은 기능어가 등장하는 경우가 많다. 이 설명 방식들은 문장 형식을 통해 드러나기도 하는데, 'O은 ~하다면, △은 ~하다.'나 'O과 △은 모두 ~하다.'와 같은 형태의 문장이 쓰인다.

💪 개념 알통

유추는 유비 추리의 준말로, 어느 특수한 사실을 바탕으로 그와 유사한 다른 특수한 사실을 가정하여 추론하는 방법이다. 유추가 성립하려면 서로 다른 대상들 사이에 대등하거나 유사하거나 일치하는 등의 유비 관계가 있어야 한다.

【초성 답】 1 공통점 2 차이점 3 특징

독해 원리 트레이닝 ZONE

💪 다음 글에 사용된 설명 방식으로 알맞은 것에 ✔표 하세요.

01

혀로 소금의 '짠맛'을 느끼는 것은 인상이고, 머릿속으로 '짠맛'을 떠올리는 것은 관념이다.

☐ 대조　　☐ 분류　　☐ 분석　　☐ 유추

02

태양계의 다른 행성들에 비해 화성은 태양과의 거리가 지구와 가장 비슷하다. 화성은 대기 온도가 영하 76℃까지 떨어지기도 하지만 지구의 최저 기온과 크게 차이가 없는 편이다. 또한 화성에서는 지구에서와 같이 암석과 물의 존재가 확인되었다. 그런데 지구에는 생명체가 존재한다. 그러므로 화성에도 생명체가 존재할 가능성이 높다.

☐ 분류　　☐ 비교　　☐ 유추　　☐ 정의

03

맹자는 공자와 마찬가지로 혈연관계에서 자연스럽게 드러나는 도덕 감정인 '인'의 확산이 필요함을 강조하였다.

☐ 분류　　☐ 비교　　☐ 유추　　☐ 정의

04

상속과 증여는 모두 재산을 주는 이의 의지에 따라 재산을 받는 이가 결정되고, 재산을 받는 이가 세금 납부 의무자가 된다.

☐ 대조　　☐ 분류　　☐ 비교　　☐ 유추

05

에피쿠로스는 원자들이 수직 낙하 운동이라는 법칙에서 벗어나기도 하여 비스듬히 떨어지고 충돌해서 튕겨 나가는 우연적인 운동을 한다고 본다. 그리고 우주는 이러한 원자들에 의해 이루어졌으므로, 우주 역시 우연의 산물이라고 본다.

☐ 구분　　☐ 대조　　☐ 예시　　☐ 유추

06

고주파는 직진성이 강하고 작은 물체에도 반사파가 잘 생기며 물에 흡수되는 양이 많아 수중에서의 도달 거리가 짧다. 반면, 저주파는 직진성이 약하고 작은 물체에는 반사파가 잘 생기지 않으며 물에 흡수되는 양이 적어 수중에서의 도달 거리가 길다.

☐ 대조　　☐ 분류　　☐ 비교　　☐ 유추

💪 다음 글의 ㉠, ㉡에 사용된 설명 방식을 쓰시오.

07

㉠포토리소그래피는 반도체 기판 위에 패턴을 형성하는 기술을 의미하는데 이는 판화를 만들어 내는 과정과 유사성이 있다. 원판으로부터 수없이 많은 판화를 종이 위에 찍어 낼 수 있듯이 포토리소그래피의 경우 마스크라는 하나의 원판을 제작한 후, 빛을 사용하여 같은 모양의 패턴을 기판 위에 반복 복사하여 패턴을 대량으로 만든다. ㉡판화의 원판은 조각칼을 이용하여 만드는 데 비해, 포토리소그래피의 경우 마스크 패턴의 크기가 매우 작기 때문에 레이저를 이용하여 만든다.

• ㉠: ＿＿＿＿＿　　　• ㉡: ＿＿＿＿＿

08

㉠주희와 정약용은 모두 개인의 인격 완성과 인류 공동체의 실현을 이상으로 하였다. 하지만 그 이상의 실현 방법에 있어서는 생각이 달랐다. ㉡주희는 개인이 마음을 어떻게 수양하여 도덕적 완성에 이를 것인가에 관심을 둔 반면, 정약용은 당대의 학자들이 마음 수양에 치우쳐 개인과 사회를 위한 구체적인 덕행의 실천에는 한 걸음도 나아가지 못하는 문제를 바로잡고자 하는 데 관심이 있었다.

• ㉠: ＿＿＿＿＿　　　• ㉡: ＿＿＿＿＿

💪 다음 글의 내용을 표로 정리한다고 할 때, 빈칸에 알맞은 말을 쓰시오.

09

팝아트는 주로 대상의 현실성을 추구하지만, 하이퍼리얼리즘은 대상의 현실성뿐만 아니라 트롱프뢰유의 흐름을 이어 표현의 사실성도 추구한다. 팝아트는 대상의 정확한 재현보다는 대중과 쉽게 소통할 수 있는 인쇄 매체를 주로 활용한 반면에, 하이퍼리얼리즘은 새로운 재료나 기계적인 방식을 적극 사용하여 대상을 정확히 재현하는 방법을 추구하였다.

구분	팝아트	하이퍼리얼리즘
공통점	（　　　　）을 추구함.	
차이점	（　　　　）를 주로 활용함.	·（　　　　）을 추구함. ·새로운 재료나 기계적인 방식을 적극 사용함.

'읽히는 독해 코칭'의 물음에 답하면서, 다음 글을 읽으시오.

1 산업화에 따라 사회가 분화되고 개인이 공동체적 유대로부터 벗어나게 되는 현상을 '개체화'라고 한다. 울리히 벡과 지그문트 바우만은 현대의 개체화 현상 을 사회적 위험 문제와 연관시켜 진단한 대표적인 학자들이다.

2 사실 사회 분화와 개체화는 자본주의적 산업화 이래로 지속된 현상이다. 그런데 20세기 중반 이후부터는 세계화를 계기로 개체화 현상이 과거와는 질적으로 달라진 양상을 보여 주고 있다. 교통과 통신 수단의 발달에 따라 국경을 넘나드는 자본과 노동의 이동이 가속화되었고, 개인에 대한 국가의 통제력도 현저하게 약화되고 있다. 또한 전 세계적인 노동 시장의 유연화 경향에 따라 정규직과 비정규직, 생산직과 사무직 등 다양한 형태로 분절화된 노동자들이 이제는 계급적 연대 속에서 이해관계를 공유하지 못하게 되었다. 핵가족화 추세에 더하여 일인 가구가 급속도로 늘어나는 등 가족의 해체 현상도 많이 나타나고 있다. 벡과 바우만은 개체화의 이러한 가속화 추세에 대해서 인식의 차이를 보이지 않는다.

3 그런데 현대의 위기와 관련해서 그들이 개체화를 바라보는 시선은 사뭇 다르다. 먼저 벡은 과학 기술의 의도하지 않은 결과로 나타난 현대의 위기가 개체화와는 별개로 진행된 현상이라고 본다. 벡은 핵무기와 원전 누출 사고, 환경 재난 등 예측 불가능한 위험이 현실화될 가능성이 있는데도 삶의 편의와 풍요를 위해 이를 ⓐ방치(放置)함으로써 위험이 체계적이고도 항시적으로 존재하게 된 현대 사회를 ㉠'위험 사회'라고 규정한 바 있다. 현대의 위험은 과거와 달리 국가와 계급을 가리지 않고 파괴적으로 영향을 미친다는 것이 벡의 관점이다. 그런데 벡은 현대인들이 개체화되어 있다는 바로 그 조건 때문에 오히려 전 지구적 위험에 의한 불안에 대응하기 위해 초계급적, 초국가적으로 ⓑ연대(連帶)할 가능성이 있다고 보았다. 특히 벡은 그들이 과학 기술의 발전뿐 아니라 그 파괴적 결과까지 인식하여 대안을 모색하는 '성찰적 근대화'의 실천 주체로서 일상생활에서의 요구를 모아 정치적으로 ⓒ표출(表出)하는 등 행동에 나서야 한다고 주장한다.

4 한편 바우만은 개체화된 개인들이 삶의 불확실성 속에서 생존을 모색하게 된 현대를 ㉡'액체 시대'로 정의하였다. 현대인의 삶과 사회 전체가, 형체는 가변적이고 흐르는 방향은 유동적인 액체와 같아졌다고 보았던 것이다. 그런데 그는 액체 시대라는 개념을 통해 핵 확산이나 환경 재앙 등 예측 불가능한 전 지구적 위험 요인의 항시적 존재만이 아니라 삶의 조건을 불확실하게 만드는 개체화 현상 자체를 위험 요인으로 본다는 점에서 벡과 달랐다. 바우만은 우선 세계화의 흐름 속에서 소수의 특권 계급을 제외한 대다수의 사람들이 무한 경쟁에 내몰리고 빈부격차에 따라 생존 자체를 위협받는 등 잉여 인간으로 ⓓ전락(轉落)하고 있다고 본다. 그러나 그가 더 치명적으로 본 것은 협력의 고리를 찾지 못하게 된 현대인들이 개인 수준에서 위기에 대처해야 하는 상황에 빠져 버렸다는 점이다. 더구나 그는 위험에 대한 공포가 내면화되면 사람들은 극복 의지도 잃고 공포로부터 도피하거나 소극적 자기 방어 행동에 ⓔ몰두(沒頭)하게 된다고 보았다. 그렇기 때문에 바우만은 일상생활에서의 정치적 요구를 담은 실천 행위도 개체화의 흐름에 놓여 있기 때문에 현대의 위기에 대한 해결책이 될 수 없다고 판단하고 있다.

1의 화제가 무엇인지 찾아 쓰시오.

____

2에서 개체화에 대해 벡과 바우만의 견해가 일치하는 바가 무엇인지 쓰시오.

____

3에서 현대 위기와 관련하여 개체화를 바라보는 벡의 관점을 빈칸에 알맞은 말을 넣어 정리하시오.

개체화에 대한 벡의 관점
• 현대사회를 '(　　　　)'로 규정함.
• 현대의 위기는 개체화와는 (　　　)로 진행됨.
• 전 지구적 위험에 의한 불안에 대응하기 위해 초계급적, 초국가적으로 (　　　)할 가능성이 있음.

4에서 현대 위기와 관련하여 개체화를 바라보는 바우만의 관점을 빈칸에 알맞은 말을 넣어 정리하시오.

개체화에 대한 바우만의 관점
• 현대사회를 '(　　　　)'로 정의함.
• 개체화 현상 자체를 (　　　　)으로 봄.
• 현대인들이 (　　　) 수준에서 위기에 대처해야 하는 상황에 빠짐.

01

윗글의 논지 전개 방식으로 가장 적절한 것은?

① 개체화 현상의 다양한 양상들을 하나의 기준에 따라 분류하였다.

② 개체화 현상에 대한 통념을 비판하며 그 개념을 새롭게 규정하였다.

③ 개체화 현상에 대한 서로 다른 두 견해의 공통점과 차이점을 설명하였다.

④ 개체화 현상의 역사적 기원에 대한 다양한 가설들의 한계와 의의를 평가하였다.

⑤ 개체화 현상에 대한 정의를 바탕으로 이와 유사한 사회적 개념들을 비교하였다.

02

현대의 개체화 현상 에 대해 추론한 내용으로 적절하지 <u>않은</u> 것은?

① 노동자들이 계급적 동질성을 갖지 못하게 한다.

② 국가의 통제력 강화를 통해 개인의 자율성 약화를 초래한다.

③ 개인의 거주 공간이 가족 공동의 거주 공간에서 분리되는 추세도 포함한다.

④ 벡의 관점에서는 현대인들로 하여금 새로운 방식의 유대를 모색하게 하는 조건이다.

⑤ 바우만의 관점에서는 현대인들로 하여금 서로 연대하기 어렵게 하는 위험 요인이다.

03

㉠과 ㉡에 대한 이해로 적절하지 <u>않은</u> 것은?

① ㉠은 위험 요소의 성격이 과거와 달라진 현대 사회의 특성을 드러내기 위한 개념이다.

② ㉡은 현대 사회의 불확실성을 강조하기 위해 물체의 속성에서 유추하여 사회에 적용한 개념이다.

③ ㉠과 ㉡은 모두 인간관계의 유연한 확장 가능성을 비관적으로 보는 개념이다.

④ ㉠과 ㉡은 모두 재난의 현실화 가능성이 일상화되어 있다는 점을 전제로 하는 개념이다.

⑤ ㉠과 ㉡은 모두 위험의 공간적 범위가 전 지구적으로 확장되어 있음을 내포하는 개념이다.

04

ⓐ~ⓔ의 사전적 의미로 적절하지 <u>않은</u> 것은?

① ⓐ: 쫓아내거나 몰아냄.

② ⓑ: 여럿이 함께 무슨 일을 하거나 함께 책임을 짐.

③ ⓒ: 겉으로 나타냄.

④ ⓓ: 나쁜 상태나 타락한 상태에 빠짐.

⑤ ⓔ: 어떤 일에 온 정신을 다 기울여 열중함.

07 설명 방법 파악하기 ③

🏋️ 시간의 흐름과 관계있는 설명 방식

1. 과정

어떤 작용을 (1 ㅅㅅ)대로 서술하는 설명 방식으로 사건이나 현상이 어떻게 일어났는지를 보여 준다. 일이 일어나는 순서나 절차를 제시할 때 쓰인다.

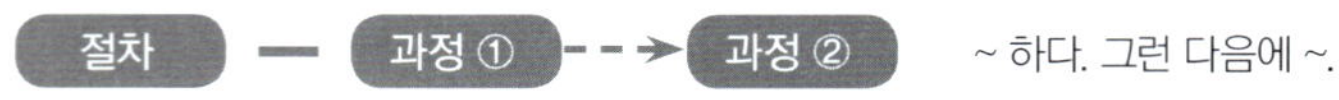

~ 하다. 그런 다음에 ~.

🔗 기출로 뽑은 예문

혈액의 순환 과정은 다음과 같다. 혈액은 몸 전체의 세포와 조직에 산소를 공
혈액의 순환 과정 ①
급하고 이들로부터 이산화탄소를 받은 후 우심방, 우심실을 거쳐 폐동맥을 통해
혈액의 순환 과정 ②　　　혈액의 순환 과정 ③
폐로 이동된다. 이후 폐에서 산소를 공급받은 혈액은 ….
혈액의 순환 과정 ④

📋 예문이 읽히는 코칭

과정이 서술될 때에는 순서에 따라 번호를 매겨 두면 내용을 이해하기 수월하다.

2. 인과

어떤 사건이나 현상이 왜 일어났는지, 즉 (2 ㅇㅇ)이나 이유를 설명할 때 사용하는 방식이다. '원인–결과' 또는 '결과–원인'의 순서로 제시된다.

~ 하면, 그 결과 ~이 된다.

🔗 기출로 뽑은 예문

만일 경기가 침체되면 중앙은행은 기준 금리를 인하하는 정책을 도입하여 시중
상황 발생　　　　　중앙은행의 조치(원인)
금리를 낮추도록 유도한다. 그 결과 유동성이 증가하여 가계의 소비가 늘고 주식이
결과 ①　　　　　　　　결과 ②
나 부동산에 대한 투자가 확대된다.

🩺 '인과' 관계는 접속어로 알 수 있지 않나요?

'왜냐하면', '그래서', '따라서', '그 결과' 등의 접속어를 통해서 '인과' 관계를 파악할 수 있지만, 때에 따라서는 접속어가 생략되기도 합니다. 문장들 간의 관계를 파악하고자 할 때는 문장 사이에 적절한 접속어를 넣어 보는 것도 방법이 될 수 있습니다. 문장 간의 관계를 학습하는 목적은 내용의 논리적 흐름을 이해하는 데 있습니다. 따라서 실제 독해에서는 단순히 문장들이 어떤 관계로 엮여 있는지를 파악하는 것보다 그 내용의 흐름을 파악하는 데 초점을 두어야 합니다.

3. 서사

사건의 진행 과정이나 사물의 변화 등을 시간의 (3 ㅎㄹ)에 따라 구체적으로 풀어 (4 ㅇㅇㄱ)하는 방식이다. 주로 이야기 중심의 소설이나 기사, 기행문 등에 활용된다.

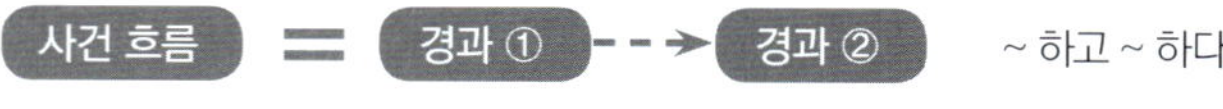

~ 하고 ~ 하다.

📋 예문이 읽히는 코칭

비문학에서 '서사'의 진술 방식은 주로 개념의 이해를 돕는 구체적 사례를 제시할 때 쓰인다. 따라서 내용 자체가 크게 어렵지는 않다. 이를 앞서 제시된 개념과 연관지어 이해할 수 있으면 된다.

🔗 기출로 뽑은 예문

갑과 을은 을이 소유한 그림 A를 갑에게 매도하는 것을 내용으로 하는 매매 계
사건의 진행 ①
약을 체결하였다. 〈중략〉 갑은 그림 A가 너무나 마음에 들었기 때문에 그것을 인
사건의 진행 ②
도받기 전에 대금 전액을 금전으로 지급하였다. 그런데 갑이 아무리 그림 A를 넘겨
사건의 진행 ③
달라고 청구하여도 을은 인도해 주지 않았다.

【초성 답】 1 순서 2 원인 3 흐름 4 이야기

독해 원리 트레이닝 ZONE

다음 글에 사용된 설명 방식으로 알맞은 것에 ✔표 하세요.

01

일반적으로 카메라는 렌즈를 통해 들어온 빛이 이미지 센서에 닿아 피사체의 상이 맺히고, 피사체의 한 점에 해당하는 위치인 화소마다 빛의 세기에 비례하여 발생한 전기 신호가 저장 매체에 영상으로 저장된다.

☐ 과정　　☐ 구분　　☐ 대조　　☐ 분석　　☐ 서사

02

들뢰즈는 개념적 차이로는 대상만의 고유한 가치나 절대적 다름이 파악될 수 없다고 하였다. 왜냐하면 개념적 차이는 다른 대상과의 비교를 통해 파악된 결과로 다른 대상에 의존하는 방식이어서, 그 과정에서 개별 대상의 고유한 특성이 무시되기 때문이다.

☐ 구분　　☐ 인과　　☐ 유추　　☐ 분석　　☐ 정의

03

변론술을 가르치는 프로타고라스(P)에게 에우아틀로스(E)가 제안하였다. "제가 처음으로 승소하면 그때 수강료를 내겠습니다." P는 이를 받아들였다. 그런데 E는 모든 과정을 수강하고 나서도 소송을 할 기미를 보이지 않았고 그러자 P가 E를 상대로 소송하였다. P는 주장하였다. "내가 승소하면 판결에 따라 수강료를 받게 되고, 내가 지면 자네는 계약에 따라 수강료를 내야 하네." E도 맞섰다. "제가 승소하면 수강료를 내지 않게 되고 제가 지더라도 계약에 따라 수강료를 내지 않아도 됩니다."

☐ 구분　　☐ 인과　　☐ 묘사　　☐ 분석　　☐ 서사

04

(광학식 지문 입력 장치에서) 프리즘의 반사면에 손가락을 고정시키면 융선 부분에 묻어 있는 습기나 기름이 반사면에 얇은 막을 형성한다. 조명에서 나와 얇은 막에 입사된 빛은 굴절되거나 산란되어 약해진 상태로 이미지 센서에 도달한다. 골 부분은 반사면에 닿아 있지 않으므로 빛이 굴절, 산란되지 않고 반사되어 센서에 도달한다. 이미지 센서는 빛의 세기를 디지털 신호로 변환하여 지문 영상을 만든다.

☐ 과정　　☐ 구분　　☐ 대조　　☐ 분석　　☐ 서사

다음 글의 내용을 표로 정리할 때, 빈칸에 알맞은 말을 쓰시오.

05

상대성 이론에 따르면 대상이 빠르게 움직일수록 시간은 느리게 흐르고, 대상에 미치는 중력이 약해질수록 시간은 빠르게 흐른다. 실제로 위성은 지구의 자전 속력보다 빠르게 지구 주변을 돌고 있기 때문에 지표면에 비해 시간이 느리게 흘러, 위성의 시간은 하루에 약 $7.2\mu s$씩 느려지게 된다. 또한 위성은 약 $20{,}000km$ 이상의 상공에 있기 때문에 중력이 지표면보다 약하게 작용해 지표면에 비해 시간이 하루에 약 $45.8\mu s$씩 빨라지게 된다. 그 결과 GPS 위성에 있는 원자시계의 시간은 지표면의 시간에 비해 매일 약 $38.6\mu s$씩 빨라진다.

현상	결과
위성은 지구의 자전 속력보다 빠르게 지구 주변을 돌고 있음.	위성의 시간이 지표면의 시간에 비해 하루에 약 $7.2\mu s$씩 (　　　)짐.
위성은 지표면보다 중력이 약하게 작용함.	위성의 시간이 지표면의 시간에 비해 하루에 약 $45.8\mu s$씩 (　　　)짐.

⇩

위성의 시간은 지표면의 시간에 비해 매일 약 (　　　)μs씩 빨라짐.

다음 글에 드러난 과정을 순서대로 정리하려고 할 때, 빈칸에 알맞은 말을 쓰시오.

06

OLED 스마트폰에서 야외 시인성을 높이는 기술을 설명하면 다음과 같다. 먼저 스마트폰 화면 안으로 들어오는 외부광은 편광판을 거치면서 일부가 차단되고 투과축과 평행한 방향으로 진동하는 선형 편광만 남게 된다. 그런 다음 이 선형 편광은 위상지연필름을 지나면서 회전하며 나아가는 빛인 원형 편광으로 편광의 형태가 바뀐다. 이 원형 편광은 스마트폰 화면의 내부 기판에 반사된 뒤, 다시 위상지연필름을 통과하며 선형 편광으로 바뀐다. 그런데 이 선형 편광의 진동 방향은 외부광이 처음 편광판을 통과했을 때 남은 선형 편광의 진동 방향과 수직을 이루게 되어 편광판에 가로막히게 된다. 그 결과 기판에 반사된 외부광은 화면 밖으로 빠져나가지 못하게 된다.

외부광이 편광판을 거치며 투과축과 (　　　)한 방향으로 진동하는 선형 편광만 남음. → 위상지연필름을 거치며 (　　　) 편광으로 바뀜.→ 스마트폰 화면의 내부 기판에 반사됨. → 위상지연필름을 지나며 (　　　) 편광으로 바뀜. → 스마트폰 화면을 빠져나가지 못함.

워밍-UP

🎧 **'원리가 읽히는 독해 코칭'의 물음에 답하면서, 다음 글을 읽으시오.**

1 종이가 개발되기 전, 인류는 동물의 뼈나 양피지 등에 필요한 정보를 기록해 왔다. 하지만 담긴 정보량에 비해 부피가 방대하였고 그로 인해 보존과 가독에 어려움을 겪었다. 그런데 종이의 개발로 부피가 줄어들면서 종이로 된 책이 주된 기록 매체가 되었고 책의 보존성과 가독성, 휴대성 등을 더욱 높이기 위한 제책 기술의 발달이 요구되었다.

2 서양은 종이 책을 만들기 시작했을 때 제지 기술이 동양에 비해 미숙했고 질 나쁜 종이로 책을 제작해야 했기에 책의 내구성을 높이기 위한 기술이 필요했다. 그래서 표지에 가죽을 씌우거나 나무판을 덧대는 방법을 개발했는데 이를 양장(洋裝)이라 한다. 양장은 내지 묶기와 표지 제작을 따로 한 후에 합치는 방법이다. 내지는 실매기 방식을 활용해 실로 단단히 묶고, 표지는 판지에 천이나 가죽 등의 마감 재료를 접착하여 만든다. 표지와 내지를 결합할 때는 책등*과 결합되는 내지 부분에 접착제를 발라 책등에 붙인다. 또한 내지보다 두껍고 질긴 종이인 면지를 표지와 내지 사이에 접착제로 붙여 이어 줌으로써 책의 내구성을 높인다. 표지 부착 후에는 가열한 쇠막대로 앞뒤 표지의 책등 쪽 가까운 부분을 눌러 홈을 만들어 책의 펼침성이 좋도록 한다.

3 18세기 말에 유럽은 산업혁명으로 인쇄가 기계화되면서 대량 생산을 위한 기반이 갖추어지고, 경제의 발전으로 일부 계층에만 국한됐던 독서 인구가 확대되어 제책 기술도 대량 생산이 가능한 방식으로 발전해야 했다. 이를 위해 간편하게 철사를 사용해 매는 제책 기술이 개발되었는데 처음에는 '옆매기'라 불리는 기술을 사용하였다. 그러나 옆매기는 책장 넘김이 용이하지 않아 '가운데매기'라 불리는 중철(中綴)이 주된 방식으로 자리 잡았다. 중철은 인쇄지를 포개놓고 책장이 접히는 한가운데 부분을 ㄷ자형 철침을 이용해 매었는데, 보통 2개의 철침으로 표지와 내지를 고정하지만 표지나 내지가 한가운데서부터 떨어지는 경우가 잦아 철침을 4개로 박기도 하였다. 중철은 광고지, 팸플릿 등 오랜 보관이 필요 없거나 분량이 적은 인쇄물에 사용해 왔으며, 중철된 책은 쉽게 펼치거나 넘길 수 있고 두루마리처럼 말아서 간편하게 휴대할 수도 있다.

4 20세기 중반에는 화학 접착제가 개발되며 무선철(無線綴)이라는 제책 기술이 등장했다. 이름처럼 실이나 철사 없이 화학 접착제만으로 책을 묶는 방식이다. 이 방법은 자동화가 가능해 대량 생산에 더욱 적합했고, 생산 단가가 낮아지면서 판매 가격을 낮출 수 있어 책의 대중화에 기여했다. 그리고 1990년대에는 습기경화형 우레탄 핫멜트가 개발되면서 개발 초보다 내구성이 더욱 강화된 책을 만들게 되었다. 무선철 기술은 지금도 계속 보완, 발전하고 있으며 그로 인해 오늘날 대부분의 책은 무선철 방식으로 제작되고 있다.

🍵 **원리가 읽히는 독해 코칭**

1 을 바탕으로 종이로 된 책이 주된 기록 매체로 대체될 수 있었던 이유를 쓰시오.

____

____

2 에서 설명하는 '양장'의 과정에 따라 빈칸에 알맞은 말을 쓰시오.

> 내지는 ( ) 방식으로 단단히 묶음.

↓

> 표지는 ( )에 천이나 가죽 등의 마감 재료를 접착하여 만듦.

↓

> 책등과 결합되는 내지 부분에 접착제를 발라 ( )에 붙임.

↓

> ( )를 표지와 내지 사이에 접착제로 붙여 이어 줌.

↓

> 가열한 쇠막대기로 앞뒤 표지의 책등 쪽 가까운 부분을 눌러 ( )을 만듦.

3 에서 설명한 중철로 책을 만들 때 철침을 4개로 늘려 박으면 얻을 수 있는 효과를 찾아 쓰시오.

____

____

4 에서 설명한 무선철 기술의 장점 두 가지를 찾아 쓰시오.

____

____

---

* **책등**: 책을 매어 놓은 쪽의 표지 부분

01

윗글의 표제와 부제로 가장 적절한 것은?

① 제책 기술의 발전과 한계
  – 문제점 진단과 보완 방안을 중심으로
② 제책 기술 현대화의 경향
  – 화학 접착제의 개발을 중심으로
③ 제책 기술의 등장 배경과 유형
  – 책 묶기 방식의 발전 과정을 중심으로
④ 제책 기술의 발전과 사회적 영향
  – 기술 개발의 방향과 문제점을 중심으로
⑤ 제책 기술의 필요성과 의의
  – 책의 내구성 향상 단계를 중심으로

03

윗글과 〈보기〉를 고려할 때, 제책 회사가 제시할 의견으로 가장 적절한 것은?

> 〈보기〉
>
> 　올해 문집 제작을 위한 요구 사항을 말씀드립니다. 작년에 제작된 문집은 간편하게 말아서 휴대가 가능했지만 표지의 한 가운데가 떨어지는 문제가 있었습니다. 이에 대한 보완이 필요하며 올해는 분량이 100쪽 이상 증가한 점과 학생들이 오래도록 문집을 보관하고 싶어 하는 점을 고려해 주시기 바랍니다. 또한 문집 제작 비용을 절감하는 방향으로 제안서를 보내 주시기 바랍니다.

① 표지가 쉽게 떨어지지 않게 철침으로 옆을 묶겠습니다.
② 분량이 증가한 점을 고려하여 내지와 표지를 별도로 제작한 후 묶겠습니다.
③ 표지와 내지의 결합력을 높이기 위해 철침을 2개에서 4개로 늘려 묶겠습니다.
④ 오래도록 보관할 수 있게 실매기를 한 후 튼튼한 면지를 접착제로 붙이겠습니다.
⑤ 책의 단가를 낮추고 내구성을 높이기 위해 성능이 좋은 화학 접착제를 사용하여 묶겠습니다.

02

〈보기〉는 양장에 따라 제작한 책의 단면이다. ㉠~㉤에 대한 설명으로 적절하지 <u>않은</u> 것은?

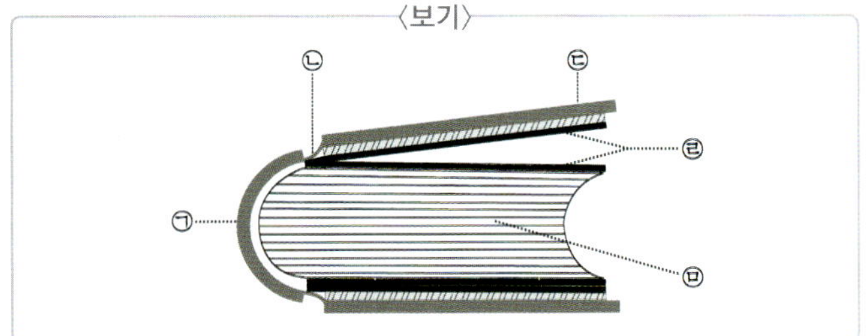

① ㉠은 접착제를 활용하여 ㉤과 결합되도록 하였다.
② ㉡은 가열한 쇠막대로 눌러 펼침성을 향상시켰다.
③ ㉢은 따로 제작한 뒤 실매기를 통해 ㉣과 결합시켰다.
④ ㉣은 ㉤보다 튼튼한 종이를 사용해 책의 내구성을 높였다.
⑤ ㉤은 실로 묶은 후 ㉣을 활용하여 ㉢과 결합시켰다.

원리 독해 08 문단의 핵심 파악하기

🏋 문단의 중심 화제 찾기

문단의 중심 화제는 글에서 주요하게 다루고 있는 '(¹ ㄷㅅ   )'을 가리킨다. 그렇다면 문단의 중심 화제는 여러 문장에 걸쳐 나타날 가능성이 높다.

🔗 기출로 뽑은 예문

어떤 부분들이 모여 하나의 개체를 이룬다고 할 때 이를 개체라고 부를 수 있는 조건은 무엇일까? 일단 부분들 사이의 유사성은 개체성의 조건이 될 수 없다. … 그래서 부분들의 강한 유기적 상호작용이 그 조건으로 흔히 제시된다.

위 문단에서는 '개체', '조건' 등의 어휘가 많이 (² ㅂㅂ   )되고 있는데, 이를 통해 이 문단의 중심 내용은 '개체의 조건'에 대한 것임을 인지할 수 있다.

🏋 문단의 중심 문장 찾기

중심 문장은 (³ ㅁㄷ   )을 대표하는 문장이므로 추상적·포괄적 성격을 띨 가능성이 높다.

🔗 기출로 뽑은 예문

동아시아에서 과거제가 천 년이 넘게 시행된 것은 <u>과거제의 합리성이 사회적 안정에 기여했음</u>을 보여 준다.
과거제의 합리성이 사회 안정에 끼친 영향
과거제는 왕조의 교체와 같은 변화에도 불구하고 <u>동질적인 엘리트층의 연속성을 가져왔다.</u>
과거제가 사회의 계층 구도에 미친 영향
그리고 <u>이러한 연속성은 관료 선발 과정뿐 아니라 관료제에 기초한 통치의 안정성에도 기여했다.</u>
동질적인 엘리트층의 연속성이 관료 사회에 미친 영향

위의 세 문장은 모두 과거제가 사회적 안정성에 기여했음을 서술하고 있으므로, 이를 모두 포괄할 수 있는 문장은 (⁴ ㅊㅉ   ) 문장이다.

🏋 문단의 핵심 내용 정리하기

중심 화제와 중심 문장의 (⁵ ㅅ[illegible]   )를 조합하여 명사구로 만들면 문단의 핵심 내용을 정리할 수 있다. 필요에 따라 내용을 포괄할 수 있는 상위어로 바꾸어 표현할 수 있어야 한다.

> 문단의 중심 화제 **+** 중심 문장의 서술부 ---▶ **문단의 핵심 내용**

🔗 기출로 뽑은 예문

<u>경기가 침체</u>되어 가계의 소비가 줄어들면 시중의 제품이 팔리지 않아 기업은 생
중심 화제
산 규모를 축소하게 된다. 그 결과 실업률이 증가하고 가계의 수입이 감소하면서
소비는 더욱 위축된다. 이와 같은 악순환으로 <u>경기 침체</u>가 심화되면 국가는 이를
중심 화제
벗어나기 위해 유동성을 늘리는 <u>통화 정책을 시행한다.</u>
중심 문장 서술부

위 문단은 '경기 침체'에 대해 설명하고 있으며, 문단의 중심 문장은 마지막에 제시되어 있다. 따라서 (⁶ ㅈㅅ ㅎㅈ   )인 '경기 침체'와 마지막 문장의 서술부인 '통화 정책을 시행한다'를 조합하면, 문장의 핵심 내용은 '경기 침체에 국가가 시행하는 통화 정책'으로 정리할 수 있다.

📋 예문이 읽히는 코칭

❶ 중심 문장은 문단의 내용을 모두 아우르는 내용이어야 한다.
❷ 중심 문장은 각 문단의 첫 문장 또는 마지막 문장일 가능성이 높다.
❸ '하지만', '그러나', '따라서', '그러므로' 등과 같은 접속 부사의 뒤에 붙는 문장이 중심 문장일 경우가 많다.
❹ 문단 내 문장들의 관계가 대등한 경우에 중심 문장이 2개인 경우도 있다.

💓 문단에서 중심 문장을 특정할 수 없는 경우에는 핵심 내용을 어떻게 정리하나요?

문단을 이루는 문장들이 중심 화제에 관한 여러 내용들을 언급하고 있어 중심 문장을 특정할 수 없을 때에는 각각의 문장들을 상위 개념으로 추상화·일반화하여 새로운 중심 문장을 만들어 낼 수 있어야 합니다.

【초성 답】 1 대상 2 반복 3 문단 4 첫째 5 서술부 6 중심 화제

독해 원리 트레이닝 ZONE

다음 문단에서 중심 화제를 찾아 ○표 하시오.

01

식물의 품종이란 같은 종류의 식물을 고유한 특징에 따라 나눈 것을 말한다. 예를 들어 딸기의 품종에는 과실이 단단하고 저장성이 좋은 매향, 수확기가 이르고 키우기 쉬운 설향, 당도가 높고 기형 과실의 발생이 적은 죽향 등이 있다. 품종의 개량은 이전 품종이 가진 단점을 보완하거나 장점을 더욱 부각하는 방향으로 이루어지는데, 품종의 개량이 판매 증대로 이어지면 큰 부가가치를 창출할 수 있다.

02

천(天)은 자연현상 가운데 인간에게 가장 크게 영향을 미치는 것이자 가장 크고 뚜렷하게 파악되는 현상으로 여겨졌다. 농경을 주로 하는 문화적 특성상 자연현상과 기후의 변화를 파악하는 것이 중시된 만큼 천의 표면적인 모습 외에 작용 면에서 천을 파악하려는 경향이 짙었다. 그래서 천은 자연적 현상과 작용 등을 포괄하는 '자연천(自然天)' 개념으로 자리를 잡았다.

03

평소에는 우리 몸이 항상성을 유지할 정도로 오토파지가 최소한으로 일어나는데, 인체가 오랫동안 영양소를 섭취하지 못하거나 해로운 균에 감염되는 등 스트레스를 받으면 활성화된다. 예를 들어 밥을 제때에 먹지 않아 영양분이 충분히 공급되지 않으면 우리 몸은 오토파지를 통해 생존에 필요한 아미노산과 에너지를 얻는다. 이 외에도 몸속에 침투한 세균이나 바이러스를 오토파지를 통해 제거하기도 한다.

다음 문단에서 중심 문장을 찾아 그 번호에 ✔표 하세요.

04

① 구성주의자들 역시 현실주의자들처럼 동맹관계가 고정된 약속이 아니라, 상황에 따라 변할 수 있는 약속이라고 본다. ② 구성주의자들은 무정부적 국제 사회를 힘의 분배와 균형 등의 요소로 분석할 수 없다고 비판하며, 관계에 주목한다. ③ 구성주의자들은 국제 사회의 구성원들이 상호 작용을 하여 상호 간 역할과 가치를 형성하면서 국제 사회 환경의 변화를 만들어낸다고 본다. ④ 상호 작용의 변화에 따라 동맹은 달라질 수 있는데, 타국이나 국제 사회에 대한 인식이 긍정적이고 국제 사회에서의 구성원들의 역할이 가치가 있다고 판단될 때, 긍정적인 동맹관계를 맺고 평화로울 수 있지만, 그렇지 않으면 동맹은 파기될 수 있다고 본 것이다.

05

① 수직 하중을 견디기 위해서 고안된 가장 단순한 구조는 보기둥 구조이다. ② 보기둥 구조는 기둥과 기둥 사이를 가로지르는 수평 구조물인 보를 설치하고 그 위에 바닥판을 놓은 구조이다. ③ 보기둥 구조에서는 설치된 보의 두께만큼 건물의 한 층당 높이가 높아지지만, 바닥판에 작용하는 하중이 기둥에 집중되지 않고 보에 의해 분산되기 때문에 수직 하중을 잘 견딜 수 있다.

다음 문단의 핵심 내용을 정리한다고 할 때, 빈칸에 알맞은 말을 쓰시오.

06

여기서 우리는 은행의 두 가지 기능을 알 수 있다. 첫째, 돈의 여유가 있는 사람으로부터 자금을 조성하여 이를 필요로 하는 사람에게 융통해 주는 금융 중개 기능이다. 은행은 금융 중개 기능을 통해 금융 시장의 거래 비용을 낮추고, 조성된 자금이 효율적으로 활용되도록 자금의 흐름을 조정하는 역할을 수행한다. 은행은 자금 수요자의 수익성과 안전성을 정확하게 평가할 수 있는 안목과 정보를 가지고 있어서, 조성된 자금이 한층 더 건전하고 수익성 높은 곳으로 투자되도록 유도하기도 한다.

중심 화제	
중심 문장의 서술부	금융 중개 기능이다
문단의 핵심 내용	

07

우리가 냄새를 맡으려면 공기 중에 취기재의 분자가 충분히 많아야 한다. 다시 말해, 취기재의 농도가 어느 정도에 이르러야 냄새를 탐지할 수 있다. 이처럼 냄새를 탐지할 수 있는 최저 농도를 '탐지 역치'라 한다. 탐지 역치는 취기재에 따라 차이가 있다. 우리가 메탄올보다 박하 냄새를 더 쉽게 알아챌 수 있는 까닭은 메탄올의 탐지 역치가 박하향에 비해 약 3,500배가량 높기 때문이다.

중심 화제	
중심 문장의 서술부	'탐지 역치'라 한다 / 취기재에 따라 차이가 있다
문단의 핵심 내용	

 워밍-UP

'원리가 읽히는 독해 코칭'의 물음에 답하면서, 다음 글을 읽으시오.

1 한옥 공간은 막히지 않고 순환한다. 이 방에서 저 방으로 가는 길은 좁은 복도 하나가 아니라 여러 갈래이며 그 형식도 여러 가지이다. 때로는 그 길이 방끼리 통하기도 하고 마당과 대청마루를 건너기도 한다. 막으면 방이 되지만 그 막음이란 것이 콘크리트 벽처럼 앙다문 것이 아니어서 언제든지 틀 수 있다. 방과 방 사이에 문이 난 경우도 제법 많아 문을 트면 길이 나게 되는 것이다. 이처럼 한옥은 사방으로 적당히 뚫려 있고 적당히 막혀 있다.

2 한옥 공간이 순환한다는 것은 시작과 끝이 없고 하나로 '통(通)'한다는 뜻이다. '원(圓)'은 완전 도형이라 해서 동서양 모두에서 최고의 상태로 간주했는데 한옥에서는 이를 공간에 적용해서 막힘없이 둥글둥글 도는 동선 구조로 만들어 냈다. '원'에 '통'을 결합해서 '원통'한 공간으로 만들어 낸 경우는 한옥밖에 없다. 원통은 원처럼 둥글어서 통한다는 뜻이다. 다시 말해 뒤돌아서는 일 없이 직각으로만 꺾다 보면 처음 출발했던 곳으로 되돌아올 수 있다는 의미이다. 가령 대청으로 오르면 방으로 들어간 뒤 옆방으로 이어 가거나 방 밖으로 빠져나오는 식으로 다시 대청 앞으로 돌아올 수 있다는 것이다. '원'한 공간은 자연히 '통'하게 되어 있으니, 한옥은 '원'이라는 것에서 기하학적 형상을 읽은 것이 아니라 '통'하는 가능성을 읽은 것이다.

3 한옥의 원통 구성은 ⑤'외파 증식'의 방식으로 발전해 온 한옥의 형성 과정과도 관련이 깊다. 한옥의 평면 구성을 보면 개별 채에서부터 한 번 꺾인 'ㄱ'자형, 두 번 꺾인 'ㄷ'자형, 세 번 꺾여 에워싸는 'ㅁ'자형, 에워싼 다음 한 번 더 뻗어나간 'ㅂ'자형 등 그 구성 방식이 다양하다. 이처럼 씨앗이 발아하듯 방 하나의 기본 공간 단위가 밖으로 증식하면서 분할하는 것이 외파 증식이다. 이는 윤곽을 먼저 정하고 안으로 잘라 들어가며 구성하는 서양의 ⑥'내파 분할' 구성과 반대되는 한옥만의 독특한 특징이라고 할 수 있다.

4 이러한 한옥 공간에서는 여러 공간을 거쳐 가는 돌아가기와 최단 거리로 가는 질러가기가 모두 가능하다. 돌아가는 동선은 여러 개인데, 이는 이동 과정을 선택할 수 있고 그 과정에서 느끼는 경험의 종류가 많다는 것이다. 이것은 이동의 목적과 성격, 이동하는 사람의 상황과 마음 상태 등의 여러 조건에 따라 동선을 선택할 수 있음을 의미한다. 또한 한옥에는 급할 때 이쪽에서 저쪽까지 한걸음에 달려갈 수 있는 지름길도 있다.

5 이처럼 한옥은 공간의 다양한 가능성을 보여 준다. 한옥은 서로의 개성을 존중하면서도 안팎의 분별을 없애 어울림을 추구하려는 한국인의 가치관을 구현하고 있는 것이다.

원리가 읽히는 독해 코칭

1 에서 설명하고 있는 화제가 무엇인지 쓰시오.

____

2 의 핵심 내용을 정리한다고 할 때, 빈칸에 알맞은 말을 쓰시오.

중심 화제	한옥의 (　　　　)한 공간
중심 문장	'원'한 공간은 자연히 ~ 가능성을 읽은 것이다.
문단의 핵심 내용	한옥의 '원'한 공간에 담긴 (　　　　)의 의미

3 의 핵심 내용을 정리한다고 할 때, 빈칸에 알맞은 말을 쓰시오.

중심 화제	한옥의 (　　　　), 외파 증식
중심 문장	한옥의 원통 구성은 ~ 한옥의 형성 과정과도 관련이 깊다.
문단의 핵심 내용	한옥의 원통 구성과 외파 증식의 (　　　　)과의 관련성

4 의 핵심 내용을 정리하시오.

____

5 의 핵심 내용을 정리하시오.

____

> 정답과 해설 8쪽

01

윗글의 표제와 부제로 가장 적절한 것은?

① 한옥 공간의 의미
　　– 안팎의 분별을 없앤 원통의 공간
② 한옥 구조의 특징
　　– 기하학적 형상을 중심으로
③ 주거 형태의 변화
　　– 한옥의 기능성을 중심으로
④ 한옥과 서양 건축
　　– 외파 증식과 내파 분할의 비교
⑤ 동선 구조의 효율성
　　– 돌아가기와 질러가기의 조화로움

02

㉠과 ㉡에 대한 설명으로 적절한 것은?

① ㉠은 꺾임의 방법에 따라 구성 방식이 다양하다.
② ㉠은 공간의 윤곽을 먼저 정한 뒤 내부를 구성한다.
③ ㉡은 기본 공간을 중심으로 공간이 증식하면서 분할한다.
④ ㉠은 ㉡과 달리 분할의 방식에 따라 건물의 구조가 결정된다.
⑤ ㉡은 ㉠과 달리 공간이 뻗어 나가는 방향에 따라 동선 구조가
　 생긴다.

03

윗글을 바탕으로 〈보기〉를 이해한 내용으로 적절하지 않은 것은?

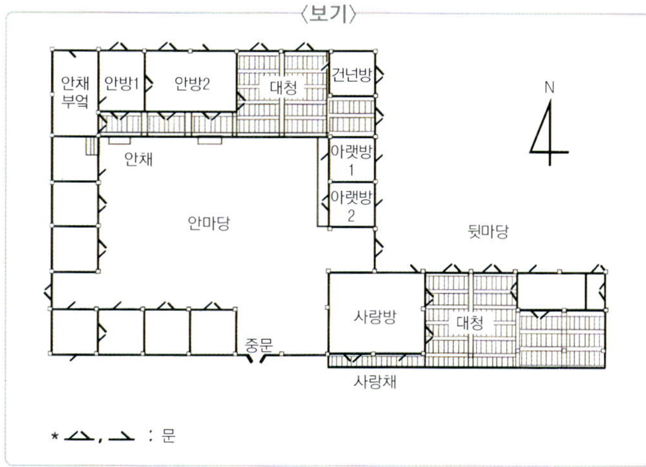

① 안방 1과 안방 2 사이는 상황에 따라 문을 트면 길이 날 수도
　 있겠군.
② 중문에서 안방 1로 가기 위해 안채의 대청에서 안방 2를 통해
　 가는 것은 질러가기에 해당하겠군.
③ 사랑방에서 뒷마당으로 나가 사랑채의 대청을 통해서 처음 출
　 발했던 위치로 돌아올 수 있겠군.
④ 안채 부엌에서 사랑방으로 가는 길은 이동하는 사람이 상황에
　 따라 다양하게 선택할 수 있겠군.
⑤ 안방 2는 대청, 안마당, 안방 1 등과 통할 수 있어 사방으로 적
　 당히 뚫려 있는 공간으로 볼 수 있겠군.

09 문단 간의 관계 파악하기

🔔 문단 간의 의미 관계

1. 종속적 관계

두 문단이 화제-구체화, 원리-적용 등의 의미 관계를 가지고 있을 때 글의 짜임은 한 문단이 다른 문단에 (¹ ㅈ ㅅ)된 구조를 띤다.

화제-구체화	앞 문단에서 화제를 제시하고, 뒤 문단에 그에 대한 구체적인 설명이 덧붙는 형태
원리-적용	앞 문단에서 원리를 설명하고, 뒤 문단에서 그 구체적 실현 방식 등이 제시되는 형태

🔌 기출로 뽑은 예문

도움이 필요한 할머니를 외면하고 약속 시간을 지키는 것이 옳은가, 아니면 늦더라도 할머니를 돕는 것이 옳은가? 이렇게 대립하는 가치들 중 … 도덕적 갈등 문제를 바라보는 다양한 관점이 있다. — 화제

먼저 도덕적 원칙주의자는 합리적인 이성을 통해 찾을 수 있는 선험적인 도덕 법칙이 존재한다고 본다. 그리고 모든 인간은 이를 반드시 따라야 한다고 주장한다. … — 관점 ① / 구체화

2. 대등적 관계

두 문단이 나열·열거, 비교·대조, 인과, 시간의 흐름의 의미 관계를 가지고 있을 때 글의 짜임은 (² ㅈㄹ) 또는 (³ ㅂㄹ)의 구조를 띤다.

나열·열거	각 문단에 대상의 종류, 특징, 요건, 조건 등이 대등하게 나열되어 기술되는 형태
비교·대조	앞 문단과 뒤 문단이 서로 상반되거나, 전환된 화제가 제시되는 형태
현상-이유	앞 문단에 현상에 대한 물음이 제기되고, 뒤 문단에 그에 대한 원인이나 이유, 조건 등이 기술되는 형태
과정·순서	각 문단에 어떤 과정이나 단계에 대해 순서대로 기술되는 형태

🔌 기출로 뽑은 예문

이식에는 많은 비용이 소요될 뿐만 아니라 이식이 가능한 동종 이식편의 수가 매우 부족하기 때문에 이를 대체하는 방법이 개발되고 있다. 우선 인공 심장과 같은 '전자 기기 인공 장기'를 이용하는 방법이 있다. … — 화제 / 방법 ①

다음으로는 사람의 조직 및 장기와 유사한 다른 동물의 이식편을 인간에게 이식하는 '이종 이식'이 있다. 그런데 이종 이식은 동종 이식보다 거부 반응이 훨씬 심하게 일어난다. … — 방법 ② / 방법 나열

📋 예문이 읽히는 코칭

문단 간의 의미 관계는 문단의 핵심 내용을 파악한 후 이를 바탕으로 그 관계를 따져 보면 된다. 문단 간의 의미 관계가 종속적 관계를 이루고 있는 경우, 그 상하 관계를 드러내는 방식은 다음과 같이 나타낼 수 있다.

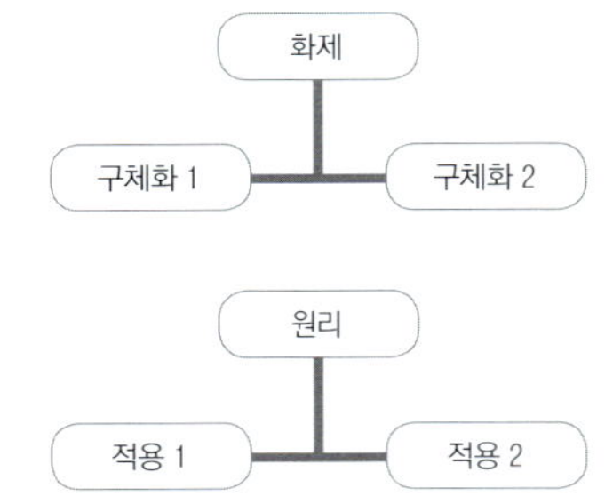

📋 예문이 읽히는 코칭

문단 간의 의미 관계가 대등한 관계를 이루고 있는 경우, 그 직렬 또는 병렬 관계를 드러내는 방식은 다음과 같이 나타낼 수 있다.

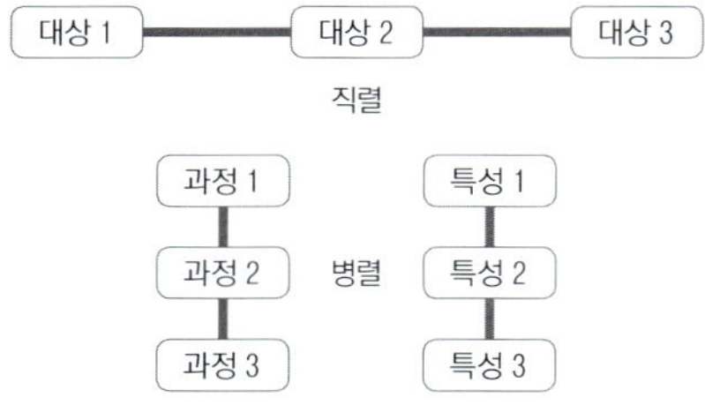

【초성 답】 1 종속 2 직렬 3 병렬

독해 원리
트레이닝 ZONE

다음 두 문단 간의 의미 관계가 적절한 것에 ✔표 하세요.

01

　회전체의 회전 관성은 회전체를 구성하는 질량 요소들의 회전 관성의 합과 같은데, 질량 요소들의 회전 관성은 질량 요소가 회전축에서 떨어져 있는 거리가 멀수록 커진다. 그러므로 질량이 같은 두 팽이가 있을 때 홀쭉하고 키가 큰 팽이보다 넓적하고 키가 작은 팽이가 회전 관성이 크다.

　각운동량 보존의 원리는 스포츠에서도 쉽게 확인할 수 있다. 피겨 선수에게 공중 회전수는 중요한데 이를 확보하기 위해서는 공중 회전을 하는 동안 각속도를 크게 해야 한다. 이를 위해 피겨 선수가 공중에서 팔을 몸에 바짝 붙인 상태로 회전하는 것을 볼 수 있다.

☐ 원리-적용　　☐ 과정·순서　　☐ 나열·열거　　☐ 비교·대조

02

　일반적으로 중력이 작용하는 지구에서는 폐수가 필터를 통해 아래로 이동하며 여과된다. 그렇다면 중력이 거의 없는 우주정거장에서는 어떻게 폐수를 여과할까?

　가장 좋은 방법은 중력처럼 작용하는 힘을 만들어 주는 것이다. 운동 방향에 수직으로 일정한 크기의 외부 힘이 작용하면 물체는 등속원운동을 하게 된다. 원심력은 원운동을 하는 물체가 중심 밖으로 나가려는 가상의 힘으로, 사람이 회전하는 물체 안에 있다면 원심력을 중력처럼 인식하게 된다. 중력이 거의 없는 우주 공간에서는 이 원심력을 이용해 물을 여과할 수 있다.

☐ 현상-이유　　☐ 나열·열거　　☐ 원리-적용　　☐ 과정·순서

03

　절대적 인도 거절 사유에는 대표적으로 다음과 같은 것들이 있다. 인도 청구된 범죄에 대하여 이미 피청구국에서 재판이 진행 중이거나 피청구국에서 확정 판결을 받은 경우는 중복 처벌을 피하기 위해 범죄인 인도가 허용되지 않는다. 그리고 피청구국에서 공소 시효가 끝난 경우에도 범죄인 인도가 거절된다.

　또한 정치범도 일반적으로 범죄인 인도가 불허된다. 정치 범죄의 판단 기준은 시대나 상황에 따라 달라질 수 있으므로 범죄인 인도 조약에 정치 범죄의 정의가 포함되는 경우는 찾기 어렵다. 결국 어떤 행위가 정치 범죄에 해당하는가의 판단은 피청구국에서 하게 된다.

☐ 원리-적용　　☐ 주장·근거　　☐ 나열·열거　　☐ 현상·이유

다음 글을 읽고 물음에 답하시오.

04

1 식물은 어떤 힘을 이용하여 뿌리에서부터 잎까지 물을 끌어 올릴까? 식물이 물을 뿌리에서 흡수하여 잎까지 보내는 데는 뿌리압, 모세관 현상, 증산 작용으로 생긴 힘이 복합적으로 작용한다.

2 호박이나 수세미의 잎을 모두 떼어 내고 뿌리와 줄기만 남기고 자른 후 뿌리 끝을 물에 넣어 보면, 잘린 줄기 끝에서는 물이 힘차게 솟아오르지는 않지만 계속해서 올라온다. 뿌리털을 둘러싼 세포막을 경계로 안쪽은 땅에 비해 여러 가지 유기물과 무기물들이 더 많이 섞여 있어서 뿌리 바깥보다 용액의 농도가 높다. 이때 농도의 균형을 맞추기 위해 흙속에 있는 물 분자는 뿌리털의 세포막을 거쳐 물 분자가 상대적으로 적은 뿌리 내부로 들어온다. 이와 같은 뿌리압은 뿌리에서 물이 흡수될 때 밀고 들어오는 압력으로, 물을 위로 밀어 올리는 힘이다.

3 물이 담긴 그릇에 가는 유리관을 꽂아 보면 유리관을 따라 물이 올라가는 것을 관찰할 수 있다. 이처럼 줄가는 관과 같은 통로를 따라 액체가 올라가거나 내려가는 것을 모세관 현상이라고 한다. 모세관 현상은 물 분자와 모세관 벽이 결합하려는 힘이 물 분자끼리 결합하려는 힘보다 더 크기 때문에 일어난다. 식물체 안에는 뿌리에서 줄기를 거쳐 잎까지 연결된 물관이 있다. 물관은 너무 가늘어 눈으로는 볼 수 없다. 이처럼 식물은 물관의 지름이 매우 작기 때문에 모세관 현상으로 물을 밀어 올리는 힘이 생긴다.

4 식물의 잎에는 기공이라는 작은 구멍이 있다. 기공을 통해 공기가 들락날락하거나 잎의 물이 공기 중으로 증발하기도 한다. 이처럼 식물체 내의 수분이 잎의 기공을 통하여 수증기 상태로 증발하는 현상을 증산 작용이라고 하는데, 이는 뿌리에서 흡수된 물이 줄기를 거쳐 잎까지 올라가는 원동력이다.

(1) 다음 빈칸을 채우면서 각 문단의 중심 내용을 요약하시오.

1 식물이 뿌리에서 잎까지 물을 끌어 올리는 데는 뿌리압, 모세관 현상, (　　　　)에 의한 힘이 복합적으로 작용한다.

2 뿌리털의 세포막 안과 바깥의 (　　　　) 차이로 인해 뿌리압이 발생한다.

3 식물은 (　　　　)의 지름이 매우 작아 모세관 현상이 발생한다.

4 식물체의 수분이 잎의 (　　　　)을 통해 증발하는 증산 작용이 발생한다.

(2) 문단 간의 의미 관계가 종속적이면 '종', 대등적이면 '대'라고 쓰시오.

· **1**-**2**:

· **2**-**3**:

· **3**-**4**:

워밍-UP

'원리가 읽히는 독해 코칭'의 물음에 답하면서, 다음 글을 읽으시오.

1 직장인 A 씨는 셔츠 정기 배송 서비스를 신청하여 일주일 간 입을 셔츠를 제공 받고, 입었던 셔츠는 반납한다. A 씨는 셔츠를 직접 사러 가거나 세탁할 필요가 없어져 시간을 절약할 수 있게 되었다. 이처럼 소비자가 회원 가입 및 신청을 하면 정기적으로 원하는 상품을 배송 받거나, 필요한 서비스를 언제든지 이용할 수 있는 경제 모델을 ㉠'구독경제'라고 한다.

2 신문이나 잡지 등 정기 간행물에만 적용되던 구독 모델은 최근 들어 그 적용 범위가 점차 넓어지고 있다. 이로 인해 사람들은 소유와 관리에 대한 부담은 줄이면서 필요할 때 사용할 수 있는 방식으로 소비를 할 수 있게 되었다. 이러한 구독경제에는 크게 세 가지 유형이 있다. 첫 번째 유형은 ⓐ정기 배송 모델인데, 월 사용료를 지불하면 칫솔, 식품 등의 생필품을 지정 주소로 정기 배송해 주는 것을 말한다. 두 번째 유형은 ⓑ무제한 이용 모델로, 정액 요금을 내고 영상이나 음원, 각종 서비스 등을 무제한 또는 정해진 횟수만큼 이용할수 있는 모델이다. 세 번째 유형인 ⓒ장기 렌털 모델은 구매에 목돈이 들어 경제적 부담이 될 수 있는 자동차 등의 상품을 월 사용료를 지불하고 이용하는 것을 말한다.

3 최근 들어 구독경제가 빠르게 확산되고 있는데, 그 이유는 무엇일까? 경제학자들은 구독경제의 확산 현상을 '합리적 선택 이론'으로 설명한다. 경제 활동을 하는 소비자가 주어진 제약 속에서 자신의 효용을 최대화하려는 것을 합리적 선택이라고 하는데, 이때 효용이란 소비자가 상품을 소비함으로써 얻는 만족감을 의미한다. 소비자들이 한정된 비용으로 최대한의 만족을 얻기 위해 노력한 결과가 구독경제의 확산으로 이어졌다는 것이다. 이것은 최근의 소비자들이 상품을 소유함으로써 얻는 만족감보다는 상품을 사용함으로써 얻는 만족감을 더 중요시한다는 것을 보여 준다고 할 수 있다.

4 구독경제는 소비자의 입장에서 소유하기 이전에는 사용해 보지 못하는 상품을 사용해 볼 수 있다는 장점이 있다. 구독경제를 이용하면 값비싼 상품을 사용하는 데 큰 비용을 들이지 않아도 되고, 상품 구매 행위에 들이는 시간과 구매 과정에 따르는 불편함 등의 문제를 해결할 수 있다. 생산자의 입장에서는 상품을 사용하는 고객들의 정보를 수집하고, 이를 통해 개별화된 서비스를 제공하여 고객과의 관계를 지속적으로 유지할 수 있다. 또한 매월 안정적으로 매출을 올릴 수 있다는 장점도 있다.

5 그러나 구독경제의 확산이 경제 활동의 주체들에게 긍정적인 면만 있는 것은 아니다. 소비자의 입장에서는 구독하는 서비스가 지나치게 많아질 경우 고정 지출이 늘어나 경제적으로 부담이 될 수 있다. 생산자의 입장에서는 상품이 소비자에게 만족감을 주지 못하거나 고객과의 관계를 지속적으로 유지하지 못할 경우 구독 모델 이전에 얻었던 수익에 비해 낮은 수익을 얻는 경우도 있다. 따라서 소비자는 합리적인 소비 계획을 수립하고 생산자는 건전한 수익 모델을 연구하여 자신의 경제 활동에 도움이 되는 방향으로 구독경제를 활용할 필요가 있다.

원리가 읽히는 독해 코칭

1 에서 설명하는 화제는 무엇인지 쓰시오.

____

2 가 앞 문단(01)과 어떤 의미 관계를 맺고 있는지 골라 ✔표 하시오.
- ☐ 화제-상세화
- ☐ 원리-적용
- ☐ 현상-이유

3 이 앞 문단(02)과 '종속적' 의미 관계를 맺고 있는지 '대등적' 의미 관계를 맺고 있는지 쓰시오.

____

4 가 앞 문단(03)과 '종속적' 의미 관계를 맺고 있는지 '대등적' 의미 관계를 맺고 있는지 쓰시오.

____

5 가 앞 문단(04)과 어떤 의미 관계를 맺고 있는지 골라 ✔표 하시오.
- ☐ 나열·열거
- ☐ 비교·대조
- ☐ 현상·이유
- ☐ 과정·순서

01

윗글의 내용과 일치하지 <u>않는</u> 것은?

① 생산자는 구독경제를 통해 이용 고객들에게 개별화된 서비스를 제공할 수 있다.

② 소비자는 구독경제를 이용함으로써 상품 구매 행위에 드는 시간을 줄일 수 있게 되었다.

③ 소비자는 구독경제를 통해 회원 가입 시 개인 정보를 제공해야 하는 부담을 없앨 수 있다.

④ 생산자는 구독경제를 통해 고객과의 관계를 지속적으로 유지할 경우 안정적으로 매출을 올릴 수 있다.

⑤ 한정된 비용으로 최대한의 만족을 얻으려는 소비자의 심리가 구독경제 확산에 영향을 미치게 되었다.

03

ⓐ~ⓒ에 해당하는 사례로 적절하지 <u>않은</u> 것은?

① ⓐ: 매월 일정 금액을 지불하고 정수기를 사용하는 서비스

② ⓐ: 월정액을 지불하고 주 1회 집으로 식재료를 보내 주는 서비스

③ ⓑ: 월 구독료를 내고 읽고 싶은 도서를 마음껏 읽을 수 있는 스마트폰 앱

④ ⓑ: 정액 요금을 결제하고 강좌를 일정 기간 원하는 만큼 수강할 수 있는 웹사이트

⑤ ⓒ: 월 사용료를 지불하고 정해진 기간에 집에서 사용할 수 있는 의료 기기

02

윗글의 ㉠과 〈보기〉의 ㉡을 비교한 내용으로 가장 적절한 것은?

〈보기〉

㉡'공유경제'는 한번 생산된 상품이나 서비스를 여럿이 공유해 사용하는 협력 소비를 통해 비용을 줄이고 소비자의 만족도를 높이는 경제 모델이다. 공유경제는 자원의 활용도를 높이고 자원의 불필요한 소비를 줄일 수 있어 친환경적이라는 평가를 받고 있다. 공유경제의 영역은 주택, 의류 등의 유형 자원에서 시간, 재능 등의 무형자원으로 확장되고 있다.

① ㉠은 ㉡과 달리 여러 사람이 서비스를 공유하는군.

② ㉠은 ㉡과 달리 자원의 불필요한 소비를 줄일 수 있다는 점에서 친환경적이군.

③ ㉡은 ㉠과 달리 소비자에게 서비스를 주기적으로 제공하여 구매 비용을 줄이는군.

④ ㉠과 ㉡은 모두 유형자원보다 무형자원을 더 많이 활용하는군.

⑤ ㉠과 ㉡은 모두 소비자의 부담은 줄이면서 상품을 사용함으로써 얻는 효용에 관심을 가지는군.

10 글에 따른 독해 방법 찾기

🏋 빈출되는 지문 유형

비문학에서 영역별로 빈출되는 대표적인 지문 유형을 정리하면 다음과 같다.

이론, 사상, 관점 등을 설명하는 글	인문, 사회, 예술 영역에서 주로 출제
현상, 체계, 제도 등에 대해 설명하는 글	사회, 과학 영역에서 주로 출제
작용 원리, 방법 등에 대해 소개하는 글	과학, 기술 영역에서 주로 출제

1. 이론, 관점 등을 설명하는 글

특정 학자나 예술가의 사상이나 견해, (¹ ㄱㅈ) 등을 설명하는 글의 유형이다. 이론이나 사상의 핵심 내용을 파악하는 데 중점을 두어야 한다.

🔎 기출로 뽑은 예문

경제학자 프리드먼은 중앙은행이 특정한 정책 목표나 운용 방식을 '준칙'으로 삼
준칙주의의 특징 ①
아 민간에 약속하고 어떤 상황에서도 이를 지키는 준칙주의를 주장한다.
준칙주의의 특징 ②
준칙주의와 대비되는 재량주의에서는 경제 여건 변화에 따른 신축적인 정책
재량주의의 특징 ①
대응을 지지하며 준칙주의의 엄격한 실천은 현실적으로 어렵다고 본다.
재량주의의 특징 ②

2. 현상, 체계, 제도 등에 대해 설명하는 글

과학 현상이나 사회 제도, 질서, 원칙 등에 대해 구체적 (² ㅅㄹ)를 들어 설명하는 글의 유형이다. 인과 관계를 중심으로 내용을 정리하는 것이 효과적이다.

🔎 기출로 뽑은 예문

ICT 다국적 기업 Z사는 법인세율이 매우 낮은 A국에 자회사를 세워 특허의 사
Z사의 전략 ①
용 권한을 부여한다. 그리고 법인세율이 A국보다 높은 B국에 설립된 Z사의 자회
Z사의 전략 ②
사에서 특허 사용으로 수입이 발생하면 Z사는 B국의 자회사로 하여금 A국의 자회
Z사의 전략 ③
사에 특허 사용에 대한 수수료인 로열티를 지출하도록 한다. 그 결과 Z사는 B국
의 자회사에 법인세가 부과될 이윤을 최소화한다.
Z사 법인세 감소(결과)

3. 작용 원리, 방법 등에 대해 소개하는 글

생물의 반응, 기술의 원리, 구체적 방법 등이 드러나는 글의 유형이다. 작용 (³ ㅈㄱ), 작용 과정이나 단계 등을 파악하는 데 중점을 두어야 한다.

🔎 기출로 뽑은 예문

렌즈를 움직이는 방법 중에는 보이스코일 모터를 이용하는 방법이 많이 쓰인
다. … 카메라가 흔들리면 제어 장치에 의해 코일에 전류가 흘러서 자기장과 전류
현상 발생　　　　　　　　　　　과정 ①
의 직각 방향으로 전류의 크기에 비례하는 힘이 발생한다. 이 힘이 렌즈를 이동시
켜 흔들림에 의한 영향이 상쇄되고 피사체의 상이 유지된다.
과정 ②

📋 예문이 읽히는 코칭

두 가지 이상의 이론이나 사상이 제시된 경우에는 반드시 그 관점을 비교하는 문제가 출제된다. '비교'를 할 때는 차이점 외에 공통점은 없는지도 살펴보아야 한다.

💓 인과 관계를 나타내는 표지들은 없나요?

'~하면 ~하다', '~할수록 ~하다', '~하기 위해서는 ~해야 한다' 등은 인과 관계를 나타내는 대표적인 문장 유형들입니다. 이와 같은 조건을 나타내는 표현들은 반드시 문제로 출제될 수 있으므로, 독해할 때 자신만의 표지로 지문에 표시해 두는 것이 좋습니다.

📋 예문이 읽히는 코칭

작용 원리나 방법 등을 소개하는 글에서 가장 중요한 것은 과정이나 방법, 단계에 대한 정리이다. 이를 지문에 번호를 매겨 표시해 두면, 문제를 이해하거나 선택지의 적절성을 판단하기 한결 수월해진다.

【초성 답】 1 관점 2 사례 3 조건

독해 원리 트레이닝 ZONE

다음 글에서 설명하는 철학자들의 차이점을 표로 정리하려고 한다. 빈칸에 알맞은 말을 쓰시오.

01

기술이라는 용어는 고대 그리스에서 사용된 '테크네'에서 유래하였다. 플라톤은 소크라테스의 영향을 받아 사물의 본질을 밝혀 내는 정신적인 활동을 에피스테메, 삶의 가치를 달성하는 데 필요한 도구를 생산해 내는 실용적인 활동을 테크네로 구분하였다. 아리스토텔레스도 이에 동의하였지만, 플라톤과 달리 정치, 법률 등은 어떤 이론을 지니고 있지 않은 실제적인 활동이라는 측면에서 테크네에 속한다고 보았다. 이러한 고대 그리스의 철학자들은 삶의 정신적 가치보다는 물질적인 가치를 더 중시한다는 이유로 기술을 부정적으로 간주하였다.

구분	플라톤	아리스토텔레스
차이점	정치, 법률을 포함한 (　　　)적인 활동을 에피스테메로 분류함.	정치, 법률 등을 (　　　)적인 활동인 테크네로 분류함.
공통점	정신적 가치보다 물질적 가치를 중시한다는 이유로 (　　　)을 부정적으로 간주함.	

다음 글의 내용과 일치하면 ○, 그렇지 않으면 ×에 표시하시오.

02

내용증명은 개인 간 채권·채무 관계나 권리·의무를 더욱 명확하게 할 필요가 있을 때 주로 이용된다. 예를 들어 방문 판매를 통해 충동적으로 구입한 화장품, 건강식품 등의 구매 계약을 철회 기간 내에 취소하고 싶을 때 사용할 수 있다. 특히 판매자와 연락이 되지 않는 등의 사유로 계약을 철회할 수 있는 기간 내에 철회가 불가능한 경우에도 사용된다.

내용증명은 다른 우편물과는 달리 우체국에 같은 내용의 문서 3부를 제출해야 한다. 이는 발신인, 수신인, 우체국 3자가 각각 동일한 내용의 문서를 소지하기 위함이다. 그 결과 발신인이 작성한 어떤 내용의 문서가 언제 누구에게 발송되었는지를 우체국장이 증명할 수 있게 되는 것이다. 그러나 이것이 문서의 내용이 맞다는 것까지 증명하는 것은 아니라는 점에 유의해야 한다. 내용증명 우편이 발송되었다는 사실은 입증하지만 문서 내용의 진위까지 입증하는 것은 아니므로 그 자체로 문제가 해결되는 것은 아니다.

(1) 계약을 철회할 수 있는 기간이 지난 경우에는 내용증명을 사용해도 소용이 없다. ○　×

(2) 내용증명을 위해서는 수신인에게 보내는 문서와 같은 내용의 문서를 발신인도 보관하고 있어야 한다. ○　×

(3) 우체국장이 내용증명 우편이 발송되었음을 증명했다는 것은 문서 내용의 진위를 입증하는 증거가 될 수 있다. ○　×

다음 글의 내용을 이미지로 정리하려고 한다. 빈칸에 알맞은 말을 찾아 쓰시오.

03

전자요금징수시스템이 작동되는 과정은 다음과 같다. 우선 차량이 요금소의 첫 번째 게이트를 통과할 때, 차량 단말기와 첫 번째 게이트에 설치된 제1기지국 간에 통신이 일어난다. 제1기지국은 차량단말기로부터 전송받은 요금 징수 관련 데이터를 잃어버리지 않도록 임시 저장소에 보관하면서 거의 동시에 지역 요금소 ETC 서버로 전송한다. 지역요금소 ETC 서버는 이 데이터를 분석한 후, 도로공사 요금정산센터의 서버로 전송해서 도로공사 요금정산센터의 서버가 징수할 요금에 관한 데이터를 찾도록 요청한다. 이렇게 찾아진 데이터는 다시 지역요금소 ETC 서버를 거쳐 두 번째 게이트에 설치된 제2기지국을 경유하여 차량 단말기로 전송된다. 이때 이 데이터가 수신되면 차량 단말기를 통해 요금이 징수되며, 그 후 요금 징수 결과가 안내 표시기를 통해 운전자에게 안내된다.

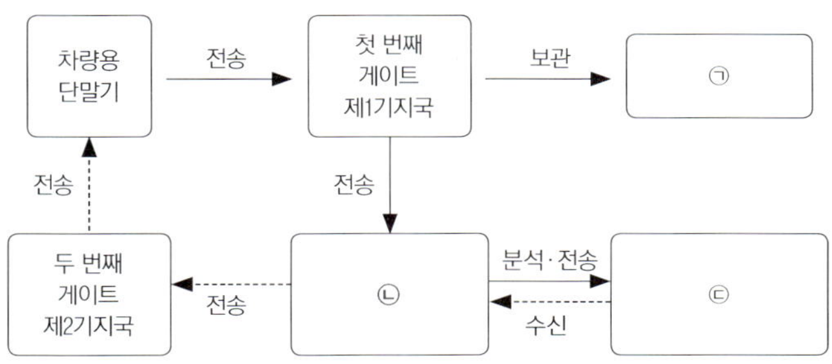

- ㉠: ______________________
- ㉡: ______________________
- ㉢: ______________________

 워밍-UP

🏋 '원리가 읽히는 독해 코칭'의 물음에 답하면서, 다음 글을 읽으시오.

1 자연에서 발생하는 모든 일은 목적 지향적인가? 자기 몸통보다 더 큰 나뭇가지나 잎사귀를 허둥대며 운반하는 개미들은 분명히 목적을 가진 듯이 보인다. 그런데 가을에 지는 낙엽이나 한밤중에 쏟아지는 우박도 목적을 가질까? 아리스토텔레스는 모든 자연물이 목적을 추구하는 본성을 타고나며, 외적 원인이 아니라 내재적 본성에 따른 운동을 한다는 목적론을 제시한다. 그는 자연물이 단순히 목적을 갖는 데 그치는 것이 아니라 목적을 실현할 능력도 타고나며, 그 목적은 방해받지 않는 한 반드시 실현될 것이고, 그 본성적 목적의 실현은 운동 주체에 항상 바람직한 결과를 가져온다고 믿는다. 아리스토텔레스는 이러한 자신의 견해를 "자연은 헛된 일을 하지 않는다!"라는 말로 요약한다.

2 근대에 접어들어 모든 사물이 생명력을 갖지 않는 일종의 기계라는 견해가 강조되면서, 아리스토텔레스의 목적론은 비과학적이라는 이유로 많은 비판에 직면한다. 갈릴레이는 목적론적 설명이 과학적 설명으로 사용될 수 없다고 주장하며, 베이컨은 목적에 대한 탐구가 과학에 무익하다고 평가하고, 스피노자는 목적론이 자연에 대한 이해를 왜곡한다고 비판한다. 이들의 비판은 목적론이 인간 이외의 자연물도 이성을 갖는 것으로 의인화한다는 것이다. 그러나 이런 비판과는 달리 아리스토텔레스는 자연물을 생물과 무생물로, 생물을 식물·동물·인간으로 나누고, 인간만이 이성을 지닌다고 생각했다.

3 일부 현대 학자들은, 근대 사상가들이 당시 과학에 기초한 기계론적 모형이 더 설득력을 갖는다는 일종의 교조적 믿음에 의존했을 뿐, 아리스토텔레스의 목적론을 거부할 충분한 근거를 제시하지 못했다고 비판한다. 이런 맥락에서 볼로틴은 근대 과학이 자연에 목적이 없음을 보이지도 못했고 그렇게 하려는 시도조차 하지 않았다고 지적한다. 또한 우드필드는 목적론적 설명이 과학적 설명은 아니지만, 목적론의 옳고 그름을 확인할 수 없기 때문에 목적론이 거짓이라 할 수도 없다고 지적한다.

4 17세기의 과학은 실험을 통해 과학적 설명의 참·거짓을 확인할 것을 요구했고, 그런 경향은 생명체를 비롯한 세상의 모든 것이 물질로만 구성된다는 물질론으로 이어졌으며, 물질론 가운데 일부는 모든 생물학적 과정이 물리·화학 법칙으로 설명된다는 환원론으로 이어졌다. 이런 환원론은 살아 있는 생명체가 죽은 물질과 다르지 않음을 함축한다. 하지만 아리스토텔레스는 자연물의 물질적 구성 요소를 알면 그것의 본성을 모두 설명할 수 있다는 엠페도클레스의 견해를 반박했다. 이 반박은 자연물이 단순히 물질로만 이루어진 것이 아니며, 또한 그것의 본성이 단순히 물리·화학적으로 환원되지도 않는다는 주장을 내포한다.

5 첨단 과학의 발전에도 불구하고 생명체의 존재 원리와 이유를 정확히 규명하는 과제는 아직 진행 중이다. 자연물의 구성 요소에 대한 아리스토텔레스의 탐구는 자연물이 존재하고 운동하는 원리와 이유를 밝히려는 것이었고, 그의 목적론은 지금까지 이어지는 그러한 탐구의 출발점이라 할 수 있다.

🍎 원리가 읽히는 독해 코칭

1 에 제시된 '목적론'의 개념이 요약적으로 설명된 문장을 찾아 첫 어절과 끝 어절을 쓰시오.

____

2 에서 아리스토텔레스의 목적론을 비판한 근대 철학자들을 찾아 쓰시오.

비판 내용	근대 철학자
목적에 대한 탐구는 과학에 무익함.	
목적론은 자연에 대한 이해를 왜곡함.	
목적론적 설명은 과학적으로 설명될 수 없음.	

3 에서 근대 철학자들을 비판한 현대 철학자들을 찾아 쓰시오.

비판 내용	근대 철학자
근대 과학은 자연에 목적이 없음을 보이지 못했음.	
목적론이 과학적 설명은 아니지만 그 옳고 그름을 확인할 수 없음.	

4 에서 엠페도클레스가 주장한 환원론의 내용을 간략하게 정리하시오.

____

____

5 에서는 목적론의 무엇에 관해 이야기하고 있는지 쓰시오.

____

01

윗글의 논지 전개 방식으로 가장 적절한 것은?

① 대립되는 두 이론을 소개하고 각 이론의 장단점을 비교하고 있다.

② 특정 이론에 대한 상반된 주장을 제시하여 절충 방안을 모색하고 있다.

③ 특정 이론에 대한 다양한 비판의 타당성을 검토한 후 새로운 이론을 도출하고 있다.

④ 특정 이론에 대한 비판들을 시대순으로 제시하여 그 이론의 부당성을 주장하고 있다.

⑤ 특정 이론에 대한 비판들을 검토하고 그 이론에 대한 해석을 제시하여 의의를 밝히고 있다.

02

윗글에 나타난 목적론에 대한 논의를 적절하게 진술한 것은?

① 갈릴레이와 볼로틴은 목적론이 근대 과학에 기초한 기계론적 모형이라고 비판한다.

② 갈릴레이와 우드필드는 목적론적 설명이 과학적 설명이 아니라는 데 동의한다.

③ 베이컨과 우드필드는 목적론적 설명이 교조적 신념에 의존했다고 비판한다.

④ 스피노자와 볼로틴은 목적론이 자연에 대한 이해를 확장한다고 주장한다.

⑤ 스피노자와 우드필드는 목적론이 사물을 의인화하기 때문에 거짓이라고 주장한다.

03

윗글에 나타난 아리스토텔레스의 견해에 대한 이해로 가장 적절한 것은?

① 개미의 본성적 운동은 이성에 의한 것으로 설명된다.

② 자연물의 목적 실현은 때로는 그 자연물에 해가 된다.

③ 본성적 운동의 주체는 본성을 실현할 능력을 갖고 있다.

④ 낙엽의 운동은 본성적 목적 개념으로는 설명되지 않는다.

⑤ 자연물의 본성적 운동은 외적 원인에 의해 야기되기도 한다.

04

윗글을 바탕으로 〈보기〉를 이해한 내용으로 가장 적절한 것은?

〈보기〉

생물학자 마이어는 생명체의 특징을 보여 주는 이론으로 창발론을 제시한다. 그는 생명체가 분자, 세포, 조직에서 개체, 개체군에 이르기까지 단계적으로 점점 더 복잡한 체계를 구성하며, 세포 이상의 단계에서 각 체계의 고유 활동은 미리 정해진 목적을 수행한다고 생각한다. 창발론은 복잡성의 수준이 한 단계씩 오를 때마다 구성 요소에 관한 지식만으로는 예측할 수 없는 특성들이 나타난다는 이론이다. 마이어는 생명체가 물질만으로 구성된다 보지만, 물리·화학적 법칙으로 모두 설명되지는 않는다고 본다.

① 마이어는 아리스토텔레스처럼, 엠페도클레스의 물질론적 견해가 적절하다고 보겠군.

② 마이어는 아리스토텔레스처럼, 자연물이 물질만으로 구성된다는 물질론에 동의하겠군.

③ 마이어는 아리스토텔레스처럼, 생명체의 특성들은 구성 요소들에 관한 지식만으로 예측할 수 없다고 보겠군.

④ 마이어는 아리스토텔레스와 달리, 모든 자연물이 목적 지향적으로 운동한다고 보겠군.

⑤ 마이어는 아리스토텔레스와 달리, 모든 자연물의 본성에 대한 물리·화학적 환원을 인정하겠군.

일상에 활력을 불어넣는 긍정적 생활 습관

리추얼 라이프와 엠제코

'리추얼 라이프(Ritual Life)'란 규칙적으로 행하는 의식, 의례를 뜻하는 '리추얼(Ritual)'과 일상을 뜻하는 '라이프(Life)'가 합쳐진 말로, 일상에 활력을 불어넣는 규칙적인 습관을 의미한다. MZ세대 사이에서 유행하는 하나의 트렌드로, 자기 계발을 중시하는 MZ세대의 특성을 잘 보여 주기도 하지만, 소소하지만 확실한 습관 실천을 통해 코로나 블루와 취업난, 주택난 등에서 오는 무력감을 극복하고, 심리적 만족감과 성취감을 얻으려는 MZ세대의 욕구가 반영된 라이프 스타일이다. 리추얼 라이프를 실천하는 예로는 미라클 모닝이라고 불리는 아침에 일찍 일어나기, 독서하기, 운동하기, 하루 2L 물 마시기 등이 있다.

이 중 '미라클 모닝'은 2000년대 초 유행한 '아침형 인간' 신드롬과 비슷하지만, 그 목적이 성공이 아니라 자기 계발이자 자기 돌봄이라는 점에서 차이가 있다. 불확실성이 커진 시대에 사소한 계획을 달성함으로써 성취감을 얻고 삶의 주도성을 지킬 수 있다는 것이 미라클 모닝의 장점으로 꼽힌다. 또한 MZ세대는 미라클 모닝을 통해 일상생활의 습관을 고치고 자신을 다잡으며 우울감을 극복하고자 한다.

'엠제코(MZ-ECO)'는 'MZ세대'와 'ECO(생태, 환경)'를 합친 말로, 환경을 중요한 가치관으로 삼아 환경 보호를 실천하는 MZ세대를 일컫는 말이다. 환경 파괴로 인한 기후 위기에 직접적으로 피해를 입은 세대가 환경 파괴와 기후 위기의 심각성을 인지하면서 긍정적 변화를 이끌기 위해 직접 행동에 나섬에 따라 엠제코가 등장하게 되었다. 엠제코는 친환경적인 소비 습관과 플로깅(조깅을 하면서 동시에 쓰레기를 줍는 운동) 문화, 제로 웨이스트 챌린지(환경을 보호하기 위해 쓰레기 배출량을 줄이는 캠페인) 등 다양한 환경 보호 캠페인을 주도하며 기성세대의 변화도 촉구하고 있다.

주제 독해 | Ⅰ 인문

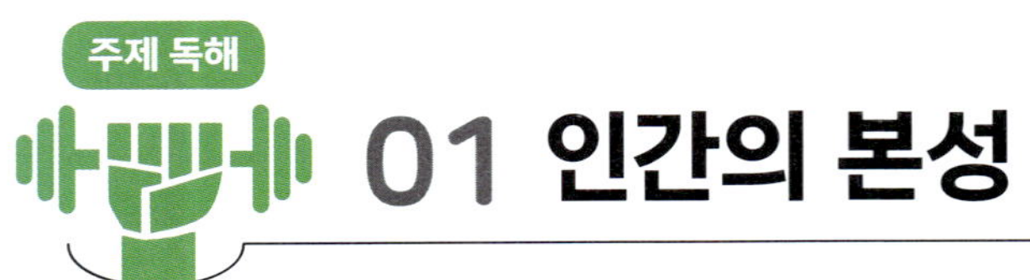

01 인간의 본성

🏋️ 다음 글을 읽고 내용을 정리하시오.

01　욕망은 무엇에 부족함을 느껴 이를 탐하는 마음이다. 춘추전국시대를 살았던 제자백가들에게 인간의 욕망은 커다란 화두였다. 그들은 권력과 부귀영화를 위해 전쟁을 일삼던 현실 속에서 인간의 욕망을 어떻게 바라볼 것인지, 그것에 어떻게 대처해야 할지를 탐구하였다.

02　먼저, 맹자는 인간의 욕망이 혼란한 현실 문제의 근본 원인이라고 보았다. 욕망이 과도해지면 사람들 사이에서 대립과 투쟁이 생기기 때문이다. 맹자는 인간이 본래 선한 본성을 갖고 태어나지만, 살면서 욕망이 생겨나게 되고, 그 욕망에서 벗어날 수 없다고 하였다. 그래서 그는 욕망은 경계해야 하지만 그 자체를 없앨 수는 없기에, 욕망을 제어하여 선한 본성을 확충하는 것이 필요하다고 보았다. 그가 욕망을 제어하기 위해 강조한 것이 '과욕(寡慾)'과 '호연지기(浩然之氣)'이다. 과욕은 욕망을 절제하라는 의미로, 마음의 수양을 통해 욕망을 줄여야 한다는 것이다. 호연지기란 지극히 크고 굳센 도덕적 기상으로, 의로운 일을 꾸준히 실천해야만 기를 수 있다는 것이다.

03　맹자보다 후대의 인물인 순자는 욕망의 불가피성을 인정하면서, 그것이 인간의 본성에서 우러나오는 것이라고 하였다. 인간은 태생적으로 이기적이고 질투와 시기가 심하며 눈과 귀의 욕망에 사로잡혀 있을 뿐만 아니라 만족할 줄도 모른다는 것이다. 또한 개인에게 내재된 도덕적 판단 능력만으로는 욕망을 완전히 제어하기 힘들다고 보았다. 더군다나 이기적 욕망을 그대로 두면 한정된 재화를 두고 인간들끼리 서로 다투어 세상을 어지럽히게 되므로, 왕이 '예(禮)'를 정하여 백성들의 욕망을 조절해야 한다고 생각하였다. 예는 악한 인간성을 교화하고 개조하는 방법이며, 사회를 바로잡기 위한 규범이라 할 수 있다. 그래서 순자는 사람들이 개인적으로 노력하는 동시에 나라에서 교육과 학문을 통해 예를 세워 인위적으로 선(善)이 발현되도록 노력해야 한다고 주장하였다. 이는 맹자의 주장보다 한 단계 더 나아간 금욕주의라 할 수 있다.

04　이들과는 달리 한비자는 권력과 재물, 부귀영화를 바라는 인간의 욕망을 부정적으로 바라보지 않았다. 인간의 본성이 이기적이라고 본 점에서는 순자와 같은 입장이지만, 그와는 달리 본성을 교화할 수 없다고 하였다. 오히려 욕망을 추구하는 이기적인 본성이 이익 추구를 위한 동기 부여의 원천이 되고, 부국강병과 부귀영화를 이루는 수단이 된다는 것이다. 그는 세상을 사람들이 이익을 위해 경쟁하는 약육강식의 장으로 여겼기에, 군신 관계를 포함한 모든 인간관계가 충효와 같은 도덕적 관념이 아니라 단순히 이익에 의해 맺어져 있다고 보았다. 따라서 그는 사람들이 자발적으로 선을 행할 것을 기대하기보다는 법을 엄격히 적용하는 것이 필요하다고 강조하였다. 그는 백성들에게 노력하면 부자가 되고, 업적을 쌓으면 벼슬에 올라가 출세를 하며, 잘못을 저지르면 벌을 받고, 공로를 세우면 상을 받도록 해서 특혜와 불로소득을 감히 생각하지 못하도록 하는 것이 올바른 정치라고 주장하였다.

🔖 지문이 읽히는 독해 코칭

빈칸을 채우며 각 문단별 내용을 완성하시오.

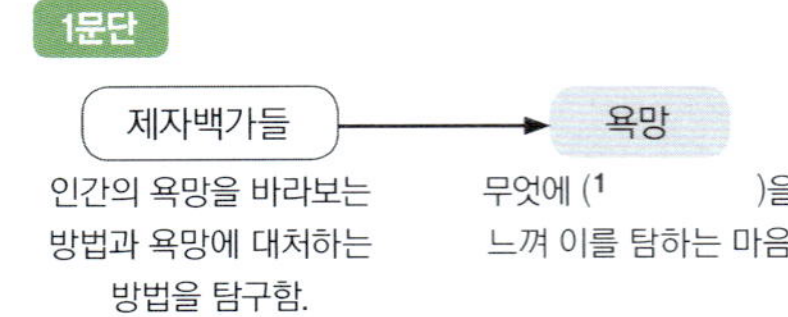

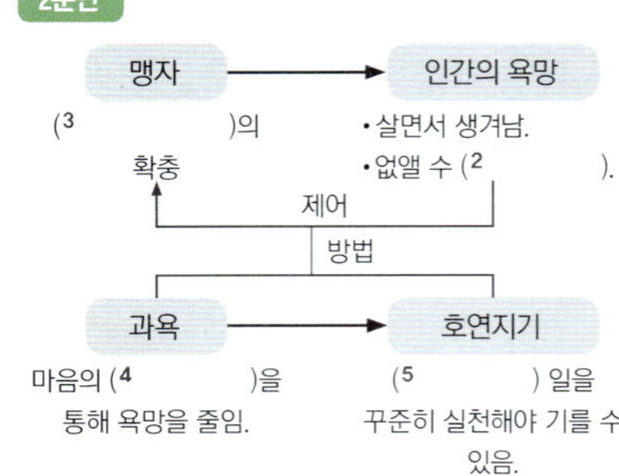

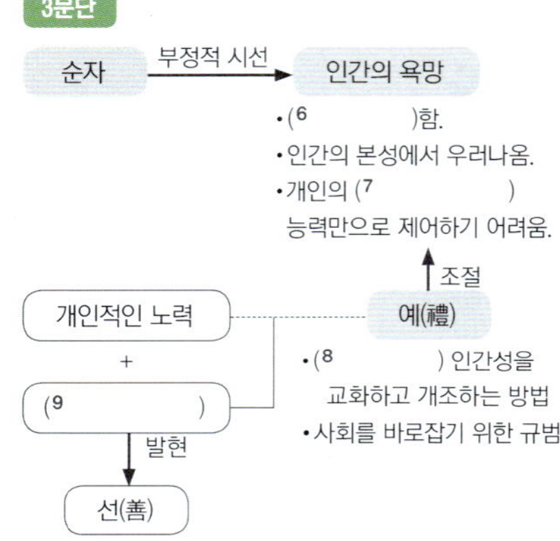

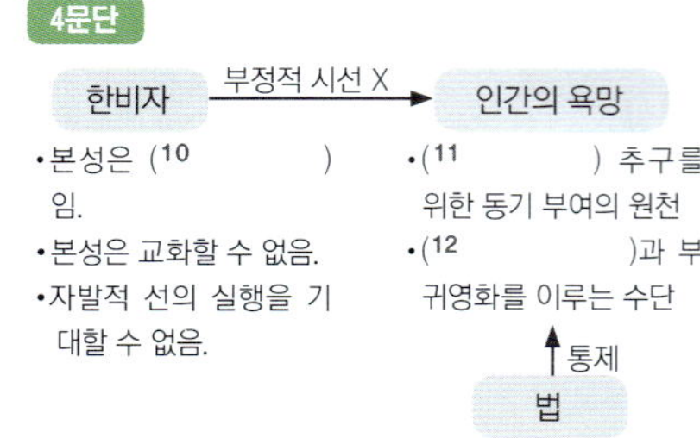

구조 트레이닝 ZONE

빈칸에 알맞은 말을 넣어 구조도를 완성하시오.

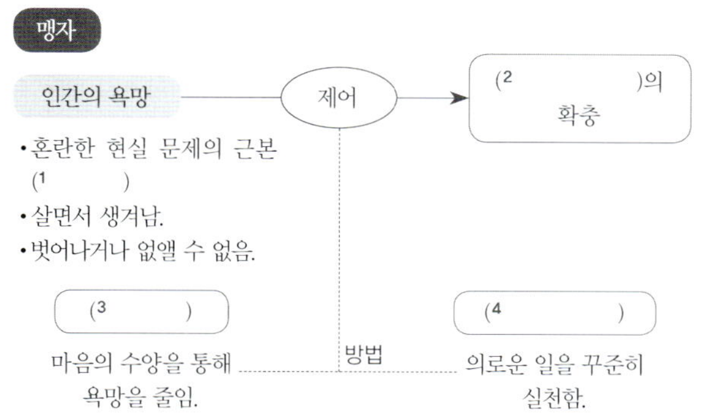

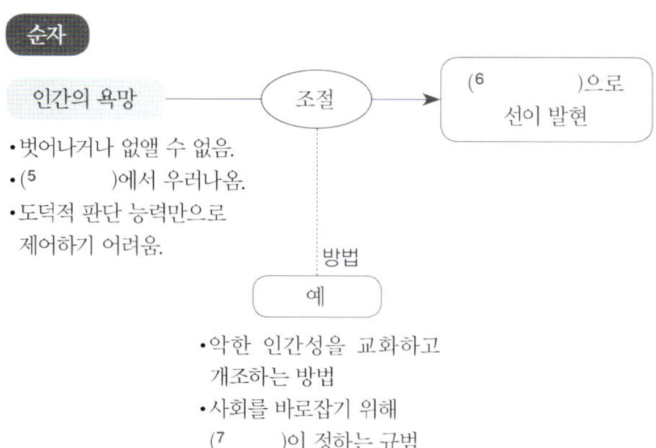

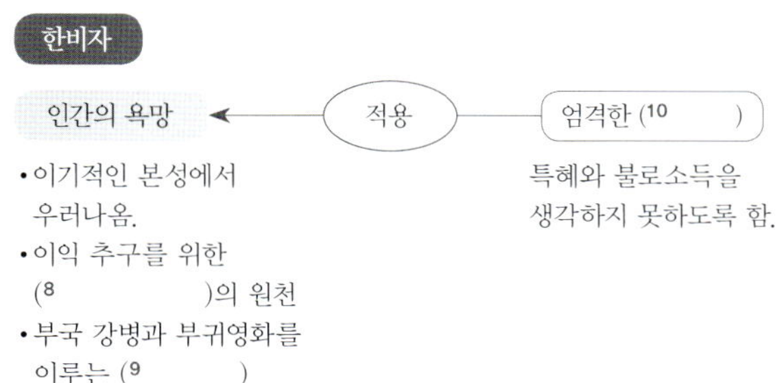

인간의 욕망을 바라보는 세 학자의 관점을 비교하여 정리할 수 있어야 합니다. 둘 이상의 관점이 제시된 지문에서는 그 관점의 공통점과 차이점이 무엇인지를 파악해야 지문을 완벽하게 이해했다고 할 수 있습니다.

내용 트레이닝 ZONE

글 내용과 일치하면 ○에, 그렇지 않으면 ✕에 체크하시오.

1문단

01 무엇에 부족함을 느껴 그것을 얻고자 하는 마음을 '욕망'이라고 한다. ○ ✕

02 춘추전국시대에는 욕망을 없애는 방법에 대해 탐구하려는 흐름이 생겨났다. ○ ✕

03 제자백가들이 살았던 현실은 권력과 부귀영화를 얻기 위해 전쟁을 하던 시대였다. ○ ✕

2문단

04 맹자는 혼란한 현실이 인간의 욕망을 일으키는 원인이라고 보았다. ○ ✕

05 맹자는 의로운 일을 꾸준히 실천하면 욕망을 제어할 수 있다고 보았다. ○ ✕

06 맹자는 인간의 욕망은 선천적으로 갖고 태어나는 본성 중 하나라고 보았다. ○ ✕

07 욕망이 지나치면 사람들 사이에 대립과 투쟁이 생겨 현실이 혼란해질 수 있다. ○ ✕

08 맹자는 욕망 자체를 없앨 수는 없기 때문에 수용하여 드러내려는 태도를 가져야 한다고 주장했다. ○ ✕

3문단

09 순자는 맹자와 같이 본성에서 우러나온 욕망은 피할 수 없다고 보았다. ○ ✕

10 순자는 인간이 날 때부터 자신만 생각하며 만족할 줄 모르는 존재라고 보았다. ○ ✕

11 순자는 어지러운 사회를 바로잡기 위해 예를 정하여 악한 인간성을 교화하는 방법을 제시하였다. ○ ✕

12 순자는 인간이 자신이 가진 도덕적 판단 능력으로 욕망을 완전히 제어하는 것이 가능하다고 주장하였다. ○ ✕

4문단

13 한비자는 순자와 달리 인간의 이기적인 본성은 교화할 수 있다고 보았다. ○ ✕

14 한비자는 부국강병과 부귀영화를 이루는 수단으로서의 욕망을 긍정적으로 바라보았다. ○ ✕

15 한비자는 인간관계가 이익을 기반으로 맺어져 있기 때문에 자발적인 선의 실천을 기대할 수 있다고 주장하였다. ○ ✕

워밍-UP

[01~04] 다음 글을 읽고 물음에 답하시오.

01 욕망은 무엇에 부족함을 느껴 이를 탐하는 마음이다. 춘추전국시대를 살았던 제자백가들에게 인간의 욕망은 커다란 화두였다. 그들은 권력과 부귀영화를 위해 전쟁을 일삼던 현실 속에서 인간의 욕망을 어떻게 바라볼 것인지, 그것에 어떻게 대처해야 할지를 탐구하였다.

02 먼저, 맹자는 인간의 욕망이 혼란한 현실 문제의 근본 원인이라고 보았다. 욕망이 과도해지면 사람들 사이에서 대립과 투쟁이 생기기 때문이다. 맹자는 인간이 본래 선한 본성을 갖고 태어나지만, 살면서 욕망이 생겨나게 되고, 그 욕망에서 벗어날 수 없다고 하였다. 그래서 그는 욕망은 경계해야 하지만 그 자체를 없앨 수는 없기에, 욕망을 제어하여 선한 본성을 확충하는 것이 필요하다고 보았다. 그가 욕망을 제어하기 위해 강조한 것이 '과욕(寡慾)'과 '호연지기(浩然之氣)'이다. 과욕은 욕망을 절제하라는 의미로, 마음의 수양을 통해 욕망을 줄여야 한다는 것이다. 호연지기란 지극히 크고 굳센 도덕적 기상으로, 의로운 일을 꾸준히 실천해야만 기를 수 있다는 것이다.

03 맹자보다 후대의 인물인 ㉠순자는 욕망의 불가피성을 인정하면서, 그것이 인간의 본성에서 우러나오는 것이라고 하였다. 인간은 태생적으로 이기적이고 질투와 시기가 심하며 눈과 귀의 욕망에 사로잡혀 있을 뿐만 아니라 만족할 줄도 모른다는 것이다. 또한 개인에게 내재된 도덕적 판단 능력만으로는 욕망을 완전히 제어하기 힘들다고 보았다. 더군다나 이기적 욕망을 그대로 두면 한정된 재화를 두고 인간들끼리 서로 다투어 세상을 어지럽히게 되므로, 왕이 '예(禮)'를 정하여 백성들의 욕망을 조절해야 한다고 생각하였다. 예는 악한 인간성을 교화하고 개조하는 방법이며, 사회를 바로잡기 위한 규범이라 할 수 있다. 그래서 순자는 사람들이 개인적으로 노력하는 동시에 나라에서 교육과 학문을 통해 예를 세워 인위적으로 선(善)이 발현되도록 노력해야 한다고 주장하였다. ⓐ이는 맹자의 주장보다 한 단계 더 나아간 금욕주의라 할 수 있다.

04 이들과는 달리 ㉡한비자는 권력과 재물, 부귀영화를 바라는 인간의 욕망을 부정적으로 바라보지 않았다. 인간의 본성이 이기적이라고 본 점에서는 순자와 같은 입장이지만, 그와는 달리 본성을 교화할 수 없다고 하였다. 오히려 욕망을 추구하는 이기적인 본성이 이익 추구를 위한 동기 부여의 원천이 되고, 부국강병과 부귀영화를 이루는 수단이 된다는 것이다. 그는 세상을 사람들이 이익을 위해 경쟁하는 약육강식의 장으로 여겼기에, 군신 관계를 포함한 모든 인간관계가 충효와 같은 도덕적 관념이 아니라 단순히 이익에 의해 맺어져 있다고 보았다. 따라서 그는 사람들이 자발적으로 선을 행할 것을 기대하기보다는 법을 엄격히 적용하는 것이 필요하다고 강조하였다. 그는 백성들에게 노력하면 부자가 되고, 업적을 쌓으면 벼슬에 올라가 출세를 하며, 잘못을 저지르면 벌을 받고, 공로를 세우면 상을 받도록 해서 특혜와 불로소득을 감히 생각하지 못하도록 하는 것이 올바른 정치라고 주장하였다.

춘추전국시대

BC 8세기에서 BC 3세기에 이르는 중국 고대의 변혁 시대를 말한다. 주왕조가 도읍을 옮긴 때로부터 진나라를 분할하여 제후로 독립할 때(기원전 403년)까지를 춘추시대라고 하며, 그 뒤 진나라가 중국을 통일하기까지를 전국시대라고 한다. 이때는 주나라의 봉건 제도가 해체되었으며, 중국 전통 사회의 기본적인 성격이 형성된 시기였다. 또한 정복 전쟁으로 여러 제후국들이 7개의 나라로 통합되었으며, 사상적으로는 제자백가가 등장하였다.

제자백가

춘추시대로부터 전국시대로 넘어가던 시기에 여러 사상가들이 내세웠던 다양한 학파와 학자들을 통칭하는 말이다. 이 시기에는 주나라 왕실이 약해지고 사회 질서가 점점 문란해졌으며, 새로운 선비 계층이 출현하였다. 이 선비들은 여러 계급과 계층의 이익을 대변하여 정치적 주장을 내세우고 학설을 체계화하였다. 그리고 부국강병을 추진하던 각 나라들은 능력 있는 인재와 현자를 우대했다. 그래서 제자백가들이 자신의 학설을 주장하는 책을 쓰고 학생들을 모아 학파를 형성할 수 있었다. 그러나 한나라 무제 때가 되면 백가(百家)가 정책적으로 배척되었고 오로지 유교만이 숭상되었다.

언젠간 출제각

욕망을 결핍으로 본 플라톤

욕망을 결핍으로 파악하는 흐름은 플라톤으로부터 시작되었다. 플라톤은 욕망을 "자신에게 결여되어 있는 대상에 대한 사랑"이라고 정의하였다. 플라톤의 이러한 견해는 서양 철학의 주요한 흐름을 이루었으며, 경험론자인 로크, 합리론자인 데카르트, 형이상학자인 헤겔도 욕망을 결핍으로 이해했다.

01

윗글에 대한 설명으로 가장 적절한 것은?

① 욕망에 대한 다양한 입장을 소개하고 그 입장들을 비교하고 있다.

② 욕망의 유형을 제시하고 그것을 일정한 기준에 따라 분류하고 있다.

③ 욕망을 보는 상반된 견해를 나열하고 그것의 현대적 의의를 밝히고 있다.

④ 욕망이 나타나는 사례들을 제시하여 욕망 이론의 타당성을 따지고 있다.

⑤ 욕망을 조절하는 여러 가지 방법을 보여 주고 각각의 장단점을 분석하고 있다.

02

ⓐ의 이유로 가장 적절한 것은?

① '과욕'과 '호연지기'를 통해 인간의 선한 본성이 확충되기에는 한계가 있기 때문이다.

② '예'가 '과욕'과 '호연지기'보다는 인간이 삶 속에서 실천하기 더 힘든 일이기 때문이다.

③ 개인적인 욕망과 사회적인 욕망을 모두 추구하는 인간의 본질을 파악하였기 때문이다.

④ 욕망 조절을 개인의 수양에만 맡기지 않고, 욕망을 외적 규범으로 제어해야 한다고 보았기 때문이다.

⑤ 무엇을 탐하는 마음이 생기는 것이 불가피함을 직시하고, 이것의 조절이 필요함을 강조하였기 때문이다.

03

〈보기〉를 맹자 의 입장에서 이해한 내용으로 가장 적절한 것은?

〈보기〉

A 음식점에서 판매하는 음식에 이물질이 들어있다는 소문으로 A 음식점은 손님이 줄어들어 매출에 타격을 입게 되었다. 이에 A 음식점 주인이 소문의 진상 파악을 경찰에 의뢰했고, 이를 조사한 결과 경쟁 관계에 있던 B 음식점 주인이 A 음식점에 빼앗긴 손님을 되찾고 싶은 마음에 허위 사실을 유포한 것으로 드러났다.

① A 음식점의 음식에서 이물질 발생의 진위 여부를 확인하지도 않고 이를 사실로 받아들인 손님들의 도덕성이 의심되는군.

② B 음식점 주인이 허위 사실을 유포한 일은 이기적 본성에서 비롯된 것이니 사회적 제재가 필요하겠군.

③ A 음식점 주인은 B 음식점 주인이 선한 본성을 회복할 수 있도록 기회를 주어야 할 의무가 있겠군.

④ A 음식점을 시기하는 마음이 B 음식점 주인에게 드는 것은 인간의 나쁜 본성 때문이니 의로운 일을 하면서 변화되어야겠군.

⑤ B 음식점 주인이 경쟁 관계인 A 음식점의 수익까지 욕심내는 마음이 생기는 것은 수양을 통해 절제해야겠군.

04

㉮와 ㉯의 공통된 견해로 적절한 내용을 모두 고른 것은?

ㄱ. 인간은 이기적 본성을 지니고 있다.

ㄴ. 백성의 욕망을 다스리는 방법을 제시하였다.

ㄷ. 사회적 규범으로 인간 본성을 교화할 수 있다.

ㄹ. 인간의 욕망은 부국강병과 부귀영화를 이루는 수단이 된다.

① ㄱ, ㄴ   ② ㄱ, ㄹ   ③ ㄴ, ㄷ

④ ㄴ, ㄹ   ⑤ ㄷ, ㄹ

[01~04] 다음 글을 읽고 물음에 답하시오.

01 〈전략〉 맹자와 순자를 비롯한 사상가들은 혼란한 정국을 수습하기 위한 대안으로 인간 본성에 대한 이론적 탐구에서 더 나아가 사회적·정치적 관점으로 인성론을 구성하고 변형시켜 왔다.

02 맹자의 성선설이 국가 공권력에 저항하기 위해 호족들 및 지주들이 선한 본성을 갖춘 자신들을 간섭하지 말라는 이념적 논거로 사용되었다면, 순자나 법가의 성악설은 군주가 국가 공권력을 정당화할 때 그 논거로서 사용되었다. 즉 선악이란 윤리적 개념이 정치적 개념과 불가분의 관계에 놓여 있다는 사실을 확인할 수 있다. 성선설에서 [A] 는 개체가 외부의 강제적인 간섭 없이도 '정치적 질서'를 낳고 유지할 수 있다고 본 반면, 성악설에서는 외부의 간섭이 없을 경우 개체는 '정치적 무질서'를 초래할 뿐인 존재라고 본 것이다.

03 한편 ㉠고자는 성무선악설을 통해 인간이 가지고 있는 식욕과 같은 자연적인 욕구가 본성이므로 이를 정치적이면서 동시에 윤리적인 범주로서의 선과 악의 개념으로 다룰 수 없다고 주장했다. 그는 인간의 본성을 '소용돌이치는 물'로 비유했는데, 이러한 관점은 소용돌이처럼 역동적인 삶의 의지를 지닌 인간을 규격화함으로써 그 역동성을 마비시키려는 일체의 외적 간섭에 저항하는 입장을 취하도록 하였다.

04 ㉡맹자는, 인간의 본성을 역동적인 것으로 간주한 고자의 인성론을 비판하였다. 맹자는 살아있는 버드나무와 그것으로 만들어진 나무 술잔의 비유를 통해, 나무 술잔으로 쓰일 수 있는 본성이 이미 버드나무 안에 있다고 보았다. 맹자는 인간이 선천적으로 지닌 이러한 본성을 인의예지 네 가지로 규정하였다. 고통에 빠진 타인을 측은히 여기는 동정심, 즉 측은지심은 인간이라면 누구나 갖고 있다고 보고, 측은한 마음은 인간의 의식적 노력에서 나온 것이 아니라 불쌍한 타인을 목격할 때 저절로 내면 깊은 곳에서 흘러나온다고 본 것이 맹자의 관점이었다. 다시 말해 인간은 스스로의 노력으로 본성을 실현할 수 있는 존재, 즉 타인의 힘이 아닌 자력으로 수양할 수 있는 존재라고 보았다. 이것이 바로 맹자 수양론의 기본 전제이다.

05 모든 인간은 선한 본성을 지니고 있고, 이 선한 본성의 실현은 주체 자신의 노력에 의해서만 가능하다는 맹자의 성선설을 순자는 사변적이고 낙관적이며 현실 감각이 결여된 주장으로 보았다. 선한 인간이 되기 위해서 인간은 국가 질서, 학문, 관습 등과 같은 외적인 것에 의존할 필요가 없다고 본 맹자의 논리는 현실 사회에서 국가 공권력과 사회 규범의 역할을 전적으로 부정하는 논거로도 사용될 수 있었기 때문이다. ㉢순자의 견해처럼 인간의 본성이 악하다고 전제할 때 그것을 교정하고 순치할 수 있는 외적인 강제력, 다시 말해 국가 권력이나 전통적인 제도들이 부각될 수 있다. 〈중략〉

06 순자는 인간의 욕망이 무한하지만 그것을 충족시켜줄 재화는 매우 한정되어 있다고 보고 이런 모순을 해결하기 위해서 국가에 의해 예(禮)가 만들어졌다는 입장을 견지하였다. 만약 인간에게 외적인 공권력과 사회 규범이 없는 경우를 가정한다면 인간들은 자신들의 욕망 충족에 있어 턱없이 부족한 재화를 놓고 일종의 전쟁 상태에 빠지게 될 것이고, 그 결과 사회는 걷잡을 수 없는 무질서 상태로 전락하게 될 것이다. 맹자의 성선설이 비현실적일 뿐만 아니라 정치적 질서를 해칠 가능성이 있다고 본 순자의 비판은, 바로 인간과 사회에 대한 이와 같은 견해로부터 나온 것이다.

지문이 읽히는 독해 코칭

빈칸을 채우며 각 문단별 내용을 완성하시오.

2문단

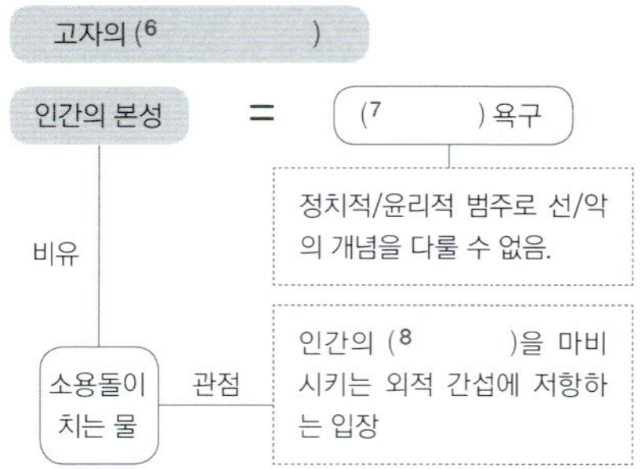

3문단

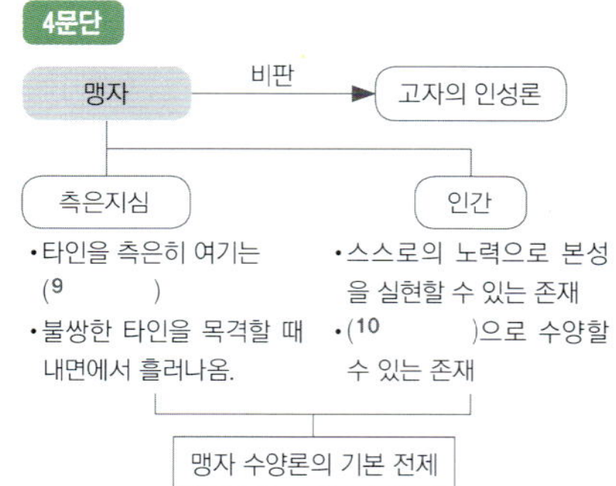

4문단

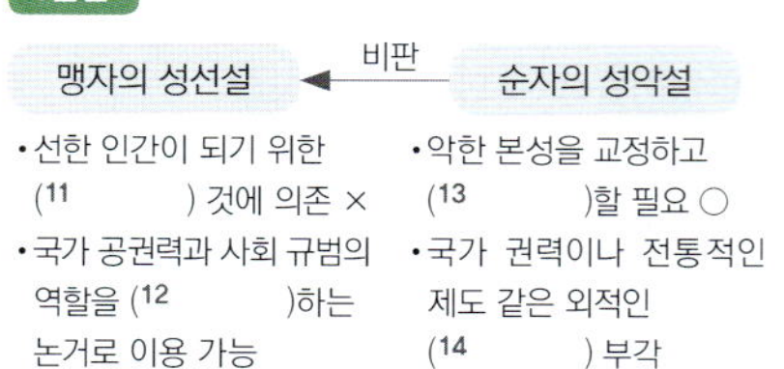

5문단

6문단

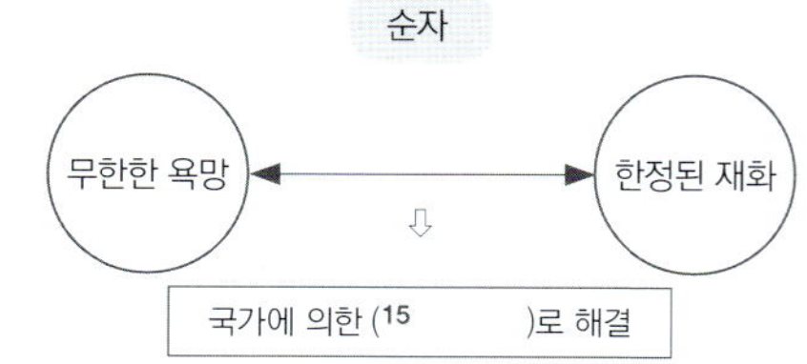

01

윗글에 대한 설명으로 가장 적절한 것은?

① 인성에 대한 세 견해의 장단점을 비교하고 있다.

② 인성론의 등장 배경과 다양한 견해를 소개하고 있다.

③ 인성론의 역사적 의의와 한계에 대해 분석하고 있다.

④ 인성론이 등장한 시대적 상황을 구체적 자료를 통해 제시하고 있다.

⑤ 인성에 대한 두 견해를 제시하며 이를 절충한 이론을 소개하고 있다.

02

윗글의 '순자'와 〈보기〉의 '홉스가 모두 동의할 만한 진술로 가장 적절한 것은?

〈보기〉

홉스의 리바이어던에 따르면, 인간은 본성이 이기적이므로 자신의 이익을 극대화하기 위해 '자연 상태'에서 '만인의 만인에 대한 투쟁' 상태로 비참하게 살아갈 수밖에 없다. 이를 극복하기 위해 공동의 권력을 만들었는데 이것이 바로 리바이어던이다. 이는 공동의 평화와 방어를 위해 필요한 모든 힘과 수단을 이용할 수 있는 절대 권력이다. 사람들은 리바이어던 같은 절대 통치자에게 복종을 약속하고 대신 통치자는 사람들의 안전을 보장해 주는데, 국가는 바로 이러한 계약에 따라 만들어졌다.

① 인간의 이기적 본성이 사회의 혼란과 무질서를 초래함을 인정해야 한다.

② 인간은 공동의 평화를 위해 국가 권력에 대해 비판적 태도를 지녀야 한다.

③ 통치자는 권력을 유지하기 위해 한정된 재화의 균등한 분배에 힘써야 한다.

④ 대립적 상황의 해결을 위하여 인간의 본성이 발현되는 자연 상태로 돌아가야 한다.

⑤ 사회의 질서를 유지하기 위한 제도와 규범은 구성원들의 계약에 의해 마련되어야 한다.

03

[A]를 통해 '인성론'에 대해 이해한 내용으로 가장 적절한 것은?

① 사회의 발전을 위한 갈등 유지의 당위성을 인정하였다.

② 권력자의 윤리 의식과 통치력이 상반된다고 판단하였다.

③ 정치적 입장을 정당화하는 이념적인 수단으로 사용되었다.

④ 초자연적 존재와 대비되는 인간 본성의 우위를 추구하였다.

⑤ 인간의 타고난 본성을 거스르는 인위적 노력을 배격하였다.

주제
독해
Ⅰ
인문

04

㉠~㉢의 관점에서 〈보기〉를 이해한 것으로 적절하지 않은 것은?

〈보기〉

가난과 배고픔 때문에 빵을 훔친 장발장은 체포되어 19년 동안 감옥 생활을 한다. 출소한 장발장은 신분증에 전과가 적혀 있어 잠잘 곳도, 일자리도 구할 수 없게 된다. 오직 미리엘 주교만은 이런 그를 따뜻하게 맞아주었으나, 장발장은 은촛대를 훔치다가 경관에게 붙잡힌다. 하지만 미리엘 주교는 은촛대는 장발장이 훔친 것이 아니라 선물로 준 것이라고 말하며 사랑을 베풀어 주었고, 이에 감동받은 장발장은 정체를 숨기고 선행을 베풀며 살아간다.

① ㉠: 장발장이 배가 고파 빵을 먹고 싶은 것은 인간의 자연스러운 욕구에서 비롯된 것으로 이해할 수 있다.

② ㉠: 미리엘 주교가 은촛대를 장발장에게 준 선물이라고 말한 것은 역동적 삶의 의지를 규격화하려는 행위로 볼 수 있다.

③ ㉡: 미리엘 주교가 장발장에게 편히 쉴 곳을 마련해 준 것은 불쌍한 사람을 측은히 여기는 마음에 따른 것으로 이해할 수 있다.

④ ㉡: 장발장이 선행을 베풀며 살아가는 모습은 스스로의 노력으로 선한 본성을 실현하는 것으로 볼 수 있다.

⑤ ㉢: 장발장이 체포되어 수감된 것은 본성을 바로잡기 위한 사회 규범에 의거한 것으로 볼 수 있다.

구조 트레이닝 ZONE

🔖 **빈칸에 알맞은 말을 넣어 구조도를 완성하시오.**

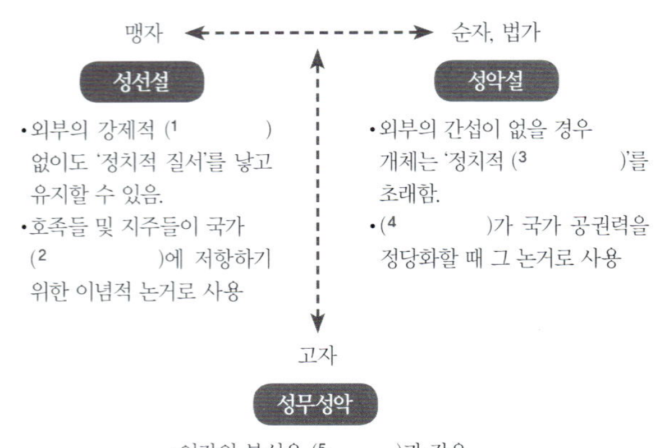

각 사상가들이 윤리적 범주로서의 인간의 본성을 어떻게 규정하고 있는지 확인하고, 그것이 정치적 관점에서 어떻게 활용되었는지를 이해해야 합니다. 특히 맹자와 순자가 국가 공권력과 사회 규범에 대해 어떤 입장을 취하고 있는지 파악하도록 합니다.

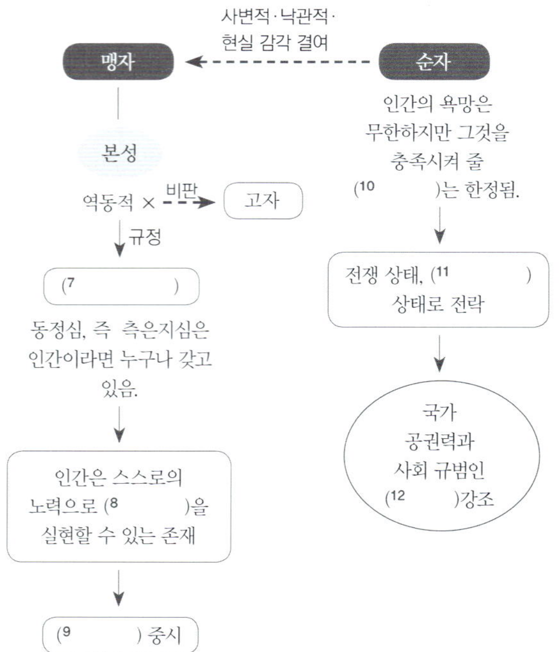

욕망을 세 가지 관점에서 구분한 공자

공자는 욕망의 문제를 세 가지의 관점으로 구분하여 보았다. 첫째는 '식욕'이고, 둘째는 '성욕'이며, 셋째는 '부귀와 명리'이다. 공자는 식욕이라는 것이 생명을 유지하는 데 필요한 본능적인 욕망이라 말하며, 그것을 부정적으로 생각하지 않았다. 다만 식욕에도 절도에 부합하는 자세가 필요함을 강조하였다. 공자는 성욕도 식욕과 마찬가지로 사람이 가지는 기초적인 욕망으로 보았기 때문에 부정적으로 보지 않았다. 하지만 이 역시 지나치게 탐닉하는 것을 경계하였다. 부귀와 명리에 대한 욕망에 대해서는 인간이 현실적 이로움을 위해 부귀를 추구하는 것은 자연스러운 것이지만 정당한 방법인 도를 통하지 않고 부귀를 꾀해서는 안 된다고 주장하였다. 이처럼 공자는 식욕과 성욕, 그리고 부귀와 명리에 대한 욕망의 추구를 인정하였다. 그렇지만 반드시 정도를 따라야 함을 강조하였다.

불가피한 욕망을 줄일 것을 주장한 맹자

맹자는 인간이 욕망에서 벗어날 수 없으며, 비록 욕망이 경계의 대상이 되더라도 우리는 욕망 자체를 없앨 수는 없다며 욕망의 존재를 인정하였다. 맹자는 욕망이 불가피하다고 보고 마음을 수양하는 방법으로서 과욕(寡慾)을 제시하였다. 과욕은 욕심을 적게 하는 것을 말한다. 또한 맹자는 욕망을 제어하여 선한 본성을 확충하는 방법으로 호연지기를 기를 것을 제안하였다. 맹자는 호연지기를 지극히 크고 굳센 도덕적 기상이자 하늘같이 넓고 큰 마음으로 설명하였다. 그는 도덕적 기상인 호연지기는 어느 날 갑자기 생겨나는 것이 아니고, 억지로 조장할 수 있는 것도 아니어서 의로운 일을 꾸준히 쌓아야만 기를 수 있다고 보았다.

호루라기 관장님의 어휘 트레이닝

공부한 날	월 일 요일
맞은 개수	/ 32

No	뜻	힌트	정답
01	사물의 근원	ㅇ천	
02	나눌 수가 없음.	ㅂ가ㅂ	
03	피할 수 없는 성질	불ㄱㅍ성	
04	고쳐 만들거나 바꿈.	ㄱ조	
05	견해나 입장을 굳게 지킴.	ㄱ지	
06	늘리고 넓혀 충실하게 함.	확ㅊ	
07	사람이 타고난 기개나 마음씨	ㄱ상	
08	힘차고 활발하게 움직이는 것	ㅇ동적	
09	나쁜 상태나 타락한 상태에 빠짐.	전ㄹ	
10	목적을 이루는 데 들인 노력과 수고	공ㄹ	
11	직접 일을 하지 아니하고 얻는 수익	불ㄹㅅㄷ	
12	속에 있거나 숨은 것이 밖으로 나타남.	발ㅎ	
13	어질고, 의롭고, 예의 바르고, 지혜로움.	ㅇ의예ㅈ	
14	강한 자가 약한 자를 희생시켜서 번영함.	약ㅇㄱ식	
15	하나도 남김없이 모두 다인. 또는 그런 것	ㅈ적	
16	사물이나 현상에 대한 자기의 의견이나 생각	ㄱ해	
17	사람이 바라는 바를 충족시켜 주는 모든 물건	재ㅎ	
18	재산이 많고 지위가 높으며 온갖 영광을 누림.	부ㄱㅇㅎ	
19	마땅히 있어야 할 것이 빠져서 없거나 모자람.	ㄱ여	
20	옳지 않은 일을 하지 않도록 타일러서 주의하게 함.	경ㄱ	
21	관심을 두어 중요하게 생각하거나 이야기할 만한 것	ㅎ두	
22	경험에 의하지 않고 순수한 이성에 의하여 인식하고 설명하는 것	ㅅ변적	

No	앞의 어휘를 활용해 문장을 완성하시오.
01	그가 가진 힘의 ( )은 타고난 뚝심이다.
02	이번 참사는 안전시설의 미비와 안전 의식의 ( )가 낳은 결과이다.
03	그의 무궁무진한 상상력은 잠재된 창조적 에너지가 ( )된 것이라 할 수 있다.
04	강물을 힘차게 거슬러 오르는 물고기들의 ( )적인 모습에서 생명력을 느꼈다.
05	욕망은 ( )해야 하지만 그 자체를 없앨 수는 없기에, 이를 제어할 수 있어야 한다.
06	이 글은 전문가의 ( )를 근거로 제시하여 자신의 주장이 타당함을 강조하고 있다.
07	사람들은 탁월한 풍채와 늠름한 ( )을 지닌 그의 모습을 보고 감탄해 마지않았다.
08	학생회는 학교에 부족한 휴게 시설이나 물품 보관소 등 편의 시설을 ( )해 줄 것을 건의하였다.
09	조선 사회에서는 노비가 더러 국가에 큰 ( )를 세워 정규 관직인 유품직을 받기도 하였다.
10	금융 위기 당시에는 하루 아침에 가진 돈을 모두 날리고 알거지 신세로 ( )한 사람들이 많았다.

주제
독해

Ⅰ
인문

오늘 수능 국어 트레이닝 끝!

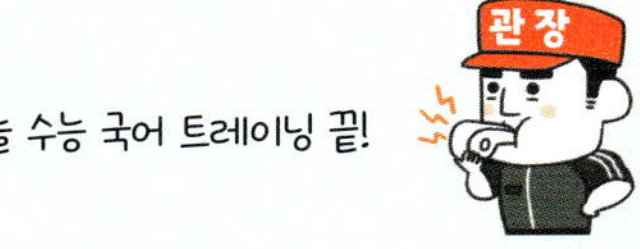

02 조선의 성리학

다음 글을 읽고 내용을 정리하시오.

01 중세 사회가 단일한 가치로 통일된 절대주의적 사회라면, 현대 사회는 다양한 가치의 공존을 인정하는 상대주의적 사회라고 할 수 있다. 조선의 건국과 함께 성리학이 통치 이념으로 자리 잡은 이래로 조선 성리학자들은 하늘이 인간에게 준 본성이 착하다는 성선(性善)을 절대적인 가치관으로 받아들이고 이것을 수양과 교화의 근거로 삼았다. 그러나 불교와 양명학은 이러한 인간관에 대해 의심을 품고 있었다. 만약 성선의 가치관이 파기된다면, 선악 판단이 불가능한 혼란으로 떨어지게 될 것이기 때문에 조선 성리학자들에게 상대주의적 가치관에 대한 대응은 조선 전기 동안 중요한 문제였다.

02 17세기말 시작된 호락논쟁(湖洛論爭)은 상대주의적 가치관에 대한 대응이면서 성리학이 태생적으로 안고 있던 가치 상대주의의 가능성에 대한 심각한 내부적 논쟁이었다. 이들은 인간의 본성인 인성과 타 존재의 본성인 물성이 다르다고 주장하는 인물성이론(人物性異論)의 호론과 근본적으로 서로의 본성은 같다는 인물성동론(人物性同論)의 낙론으로 나뉘었다. 호론은 불교, 양명학 등이 불러일으키는 성선의 절대성 약화를 우려하였다. 그래서 호론은 인성과 물성이 다르다는 입장을 기본으로 하여 인간 본성인 성선의 회복을 주장하였다.

03 반면 낙론은 현실적 대응 방법이 호론과 달랐다. 낙론의 선조격인 김창협은 호론의 주장을 따를 경우 발생할 도덕적 규율에 의한 억압과 욕망의 질식 상태를 인정할 수 없었다. 즉 욕망은 부정되어야 하지만 엄연한 현실이라고 본 것이다. 욕망을 인간 본성의 또 다른 모습으로 인정함으로써 결국 낙론은 모든 사물마다 고유한 각각의 가치가 있음을 인정하였다. 이러한 상대적 가치에 대한 인정으로 고유한 가치를 지닌 모든 사물을 관찰을 통해 새롭게 이해하려는 태도가 대두하였다.

04 19세기의 조선 성리학자에게 모든 것이 가치 있다는 낙론의 주장은 사물에 대한 관심을 불러일으켰다. 그래서 추사 김정희는 고증을 통해 과거의 사물에 대해 철저하게 탐구하고자 하였고, 최한기는 김정희와 달리 사물을 과학적이고 합리적으로 이해할 수 있는 방법으로 지리·천문·의학 등의 서양 학문에 관심을 가졌다.

05 스스로의 노력을 통해 조선 성리학자들은 근대의 상대주의적 가치관이 자리 잡을 수 있는 토대를 마련하는 데까지 나아갔다. 하지만 봉건적 사고에서 벗어나기 위한 마지막 탈피의 순간에 일본의 강점으로 역사적 학문적 단절을 맞게 됨으로써 이러한 노력은 더 이상의 발전을 보지 못하고 중단되고 말았다.

지문이 읽히는 독해 코칭

빈칸을 채우며 각 문단별 내용을 완성하시오.

1문단

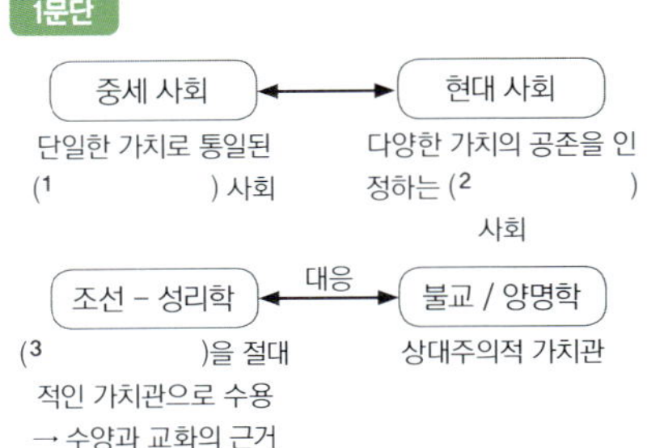

2문단

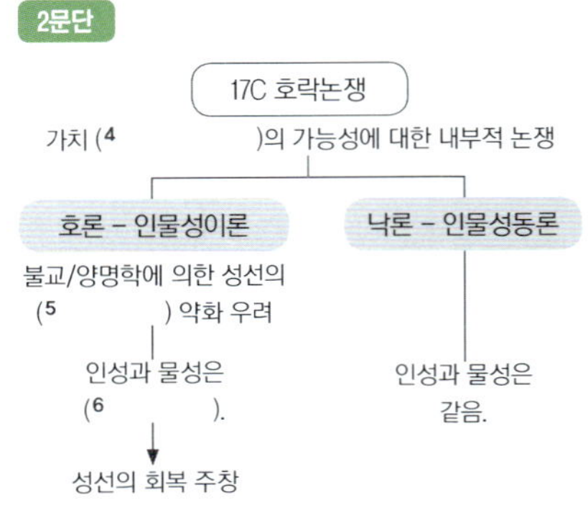

3문단

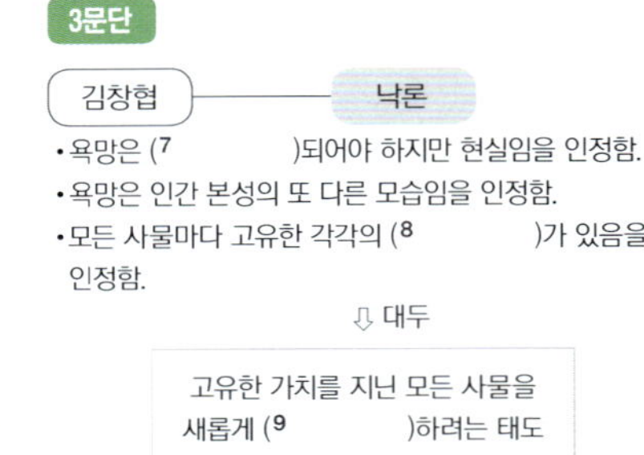

4문단

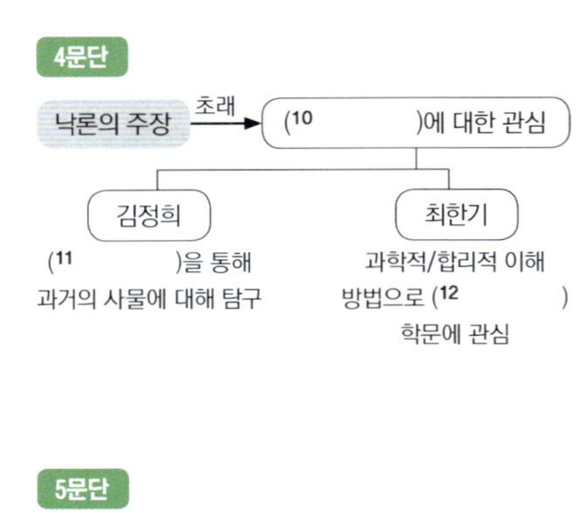

5문단

조선 성리학자들의 노력

근대의 상대주의적 가치관의 (13   ) 마련

구조 트레이닝 ZONE

빈칸에 알맞은 말을 넣어 구조도를 완성하시오.

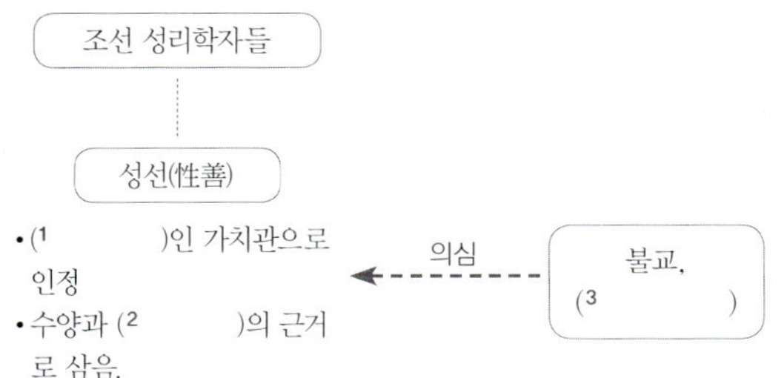

호락 논쟁이 발발하게 된 사회적 배경을 확인하고, 호론과 낙론이 주창하는 가치를 구분지어 이해할 수 있어야 합니다. 특히 낙론의 주장이 사회에 어떠한 변화를 초래했는지 파악해야 합니다.

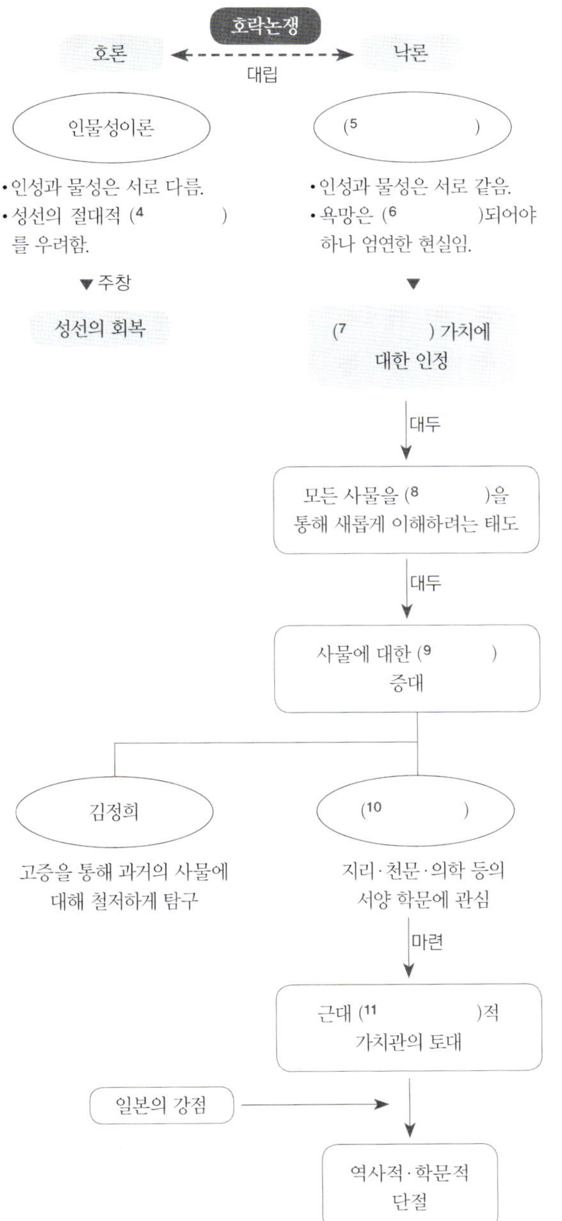

내용 트레이닝 ZONE

글 내용과 일치하면 ○에, 그렇지 않으면 ✕에 체크하시오.

1문단

01 조선의 성리학자들은 인간이 하늘에게 받은 착한 본성을 절대적 가치로 수용했다. ○ ✕

02 현대 사회는 서로 다른 가치가 존재하는 것을 인정하나 통일된 가치를 지향하는 사회이다. ○ ✕

03 조선의 성리학자들은 선악의 판단이 불가능한 상태를 혼란으로 보고 성선의 가치관을 지키고자 했다. ○ ✕

2문단

04 조선에서는 17세기 말에 양명학의 영향으로 호락논쟁이 일어났다. ○ ✕

05 성리학은 생겨날 때부터 가치 상대주의의 가능성을 내포하고 있었다. ○ ✕

06 낙론에서는 인간의 본성과 타 존재의 본성이 근본적으로 다르다고 주장하였다. ○ ✕

07 인성과 물성이 다르지 않다고 본 호론에서는 인간의 선한 본성이 회복되어야 한다고 주장하였다. ○ ✕

3문단

08 김창협은 욕망을 부정적으로 보아서는 안 된다고 생각하였다. ○ ✕

09 김창협은 낙론의 입장에서 도덕 규율에 의한 억압 상태를 인정하였다. ○ ✕

10 낙론은 인간 본성의 모습 중 하나가 욕망이라는 점과 사물의 고유한 가치가 있다는 점을 수용하였다. ○ ✕

11 낙론의 영향으로 사물의 상대적 가치를 인정하면서 사물을 관찰하여 이해하려는 태도가 새롭게 나타났다. ○ ✕

4문단

12 낙론의 주장은 사물에 대한 관심을 불러일으켰다. ○ ✕

13 김정희는 사물을 이해하는 수단으로 서양 학문을 이용하고자 하였다. ○ ✕

14 최한기는 과거의 사물에 대해 고증을 통해 과학적이고 합리적으로 이해하고자 하였다. ○ ✕

5문단

15 조선의 성리학자들은 스스로의 노력으로 봉건적 사고에서 완전히 벗어날 수 있었다. ○ ✕

워밍-UP

[01~03] 다음 글을 읽고 물음에 답하시오.

01 중세 사회가 단일한 가치로 통일된 절대주의적 사회라면, 현대 사회는 다양한 가치의 공존을 인정하는 상대주의적 사회라고 할 수 있다. 조선의 건국과 함께 성리학이 통치 이념으로 자리 잡은 이래로 조선 성리학자들은 하늘이 인간에게 준 본성이 착하다는 성선(性善)을 절대적인 가치관으로 받아들이고 ㉠이것을 수양과 교화의 근거로 삼았다. 그러나 불교와 양명학은 이러한 인간관에 대해 의심을 품고 있었다. 만약 성선의 가치관이 파기된다면, 선악 판단이 불가능한 혼란으로 떨어지게 될 것이기 때문에 조선 성리학자들에게 상대주의적 가치관에 대한 대응은 조선 전기 동안 중요한 문제였다.

02 17세기말 시작된 호락논쟁(湖洛論爭)은 상대주의적 가치관에 대한 대응이면서 성리학이 태생적으로 안고 있던 가치 상대주의의 가능성에 대한 심각한 내부적 논쟁이었다. 이들은 인간의 본성인 인성과 타 존재의 본성인 물성이 다르다고 주장하는 인물성이론(人物性異論)의 호론과 근본적으로 서로의 본성은 같다는 인물성동론(人物性同論)의 낙론으로 나뉘었다. 호론은 불교, 양명학 등이 불러일으키는 성선의 절대성 약화를 우려하였다. 그래서 호론은 인성과 물성이 다르다는 입장을 기본으로 하여 인간 본성인 성선의 회복을 주창하였다.

03 반면 낙론은 현실적 대응 방법이 호론과 달랐다. 낙론의 선조격인 김창협은 호론의 주장을 따를 경우 발생할 도덕적 규율에 의한 억압과 욕망의 질식 상태를 인정할 수 없었다. 즉 욕망은 부정되어야 하지만 엄연한 현실이라고 본 것이다. 욕망을 인간 본성의 또 다른 모습으로 인정함으로써 결국 낙론은 모든 사물마다 고유한 각각의 가치가 있음을 인정하였다. 이러한 상대적 가치에 대한 인정으로 고유한 가치를 지닌 모든 사물을 관찰을 통해 새롭게 이해하려는 태도가 대두하였다.

04 19세기의 조선 성리학자에게 모든 것이 가치 있다는 낙론의 주장은 사물에 대한 관심을 불러일으켰다. 그래서 추사 김정희는 고증을 통해 과거의 사물에 대해 철저하게 탐구하고자 하였고, 최한기는 김정희와 달리 사물을 과학적이고 합리적으로 이해할 수 있는 방법으로 지리·천문·의학 등의 서양 학문에 관심을 가졌다.

05 스스로의 노력을 통해 조선 성리학자들은 근대의 상대주의적 가치관이 자리 잡을 수 있는 토대를 마련하는 데까지 나아갔다. 하지만 봉건적 사고에서 벗어나기 위한 마지막 탈피의 순간에 일본의 강점으로 역사적 학문적 단절을 맞게 됨으로써 이러한 노력은 더 이상의 발전을 보지 못하고 중단되고 말았다.

호락논쟁

조선 후기 성리학이 발전하면서 '인성(人性)과 물성(物性)을 같은 것으로 보는가 다른 것으로 보는가' 하는 관념론적 문제를 놓고 논쟁이 발생하였다. 이 논쟁은 인간과 동물 혹은 식물의 본성이 같다고 주장하는 인물성동론과 서로의 본성은 근본적으로 다른 것이라고 주장하는 인물성이론으로 나뉘었다. 인물성동론을 주장하는 성리학자들은 대부분 서울 지방에 살고 있었기 때문에 낙학 또는 낙론이라 하였고, 인물성이론을 주장하는 학자들은 주로 충청도 지방에 살고 있어 호학 또는 호론이라고 칭하였다. 따라서 이들 사이에 벌어진 인물성동이론의 논쟁을 호락논쟁이라고 한다.

양명학

중국 명나라 중기에 양명 왕수인이 주자학을 비판하며 유학의 실천성을 회복하고자 제창한 학문이다. 왕수인은 인간 평등관에 바탕을 둔 주체성 존중의 철학을 확립하고, 만물이 하나가 된 이상 사회 실현을 지향하는 '심즉리', '치양지', '지행합일'을 주장하였다. '심즉리'는 주자의 성즉리(性卽理)에 대하여, 사람의 마음과 도리는 다른 것이 아니고 같은 것이라는 양명학의 근본 주장이자 세 가지 강령 가운데 하나이다. '치양지'는 모든 사람이 가지는 선천적·보편적 마음의 본체인 양지를 실현하는 일을 말한다. 즉 모든 인간의 마음속에 있는 하늘의 이치를 지극히 다해야 한다는 뜻이다. '지행합일'은 지식과 행동이 서로 맞는다는 말로, 아는 것이 행동하는 것의 시작이고, 행동하는 것이 아는 것의 완성이라는 뜻이다.

언젠간 출제각

인간의 본성에 대한 동양의 관점

동양 사상에서 인간의 본성을 바라보는 대표적인 관점으로 성선설, 성악설, 성무선악설 등이 있다. 성선설은 사람의 본성은 선천적으로 착하나 나쁜 환경이나 물욕으로 악하게 된다는 학설이고, 성악설은 인간의 본성은 이기적이고 악하므로 선한 행위는 후천적 습득에 의해서만 가능하다고 보는 학설이다. 성무선악설은 선과 악은 인간이 타고난 본성이 아니며, 본성은 선과 악으로 고정되어 있지 않고 후천적인 환경이나 행위에 따라 달라진다는 학설이다. 인간 본성에 관한 이 논의들은 관점은 서로 다르지만, 인간이 본질적으로 윤리적인 존재이며 선한 삶을 살기 위해 윤리적으로 노력해야 할 필요성을 언급하고 있다는 공통점이 있다.

01

윗글을 통해 이끌어 낸 내용으로 적절하지 <u>않은</u> 것은?

① 불교와 양명학에는 상대주의적 가치관이 들어 있다.
② 호론의 본성관은 전통 성리학자들의 태도와 상반된다.
③ 호락논쟁은 필연적인 성리학적 과제로부터 비롯하였다.
④ 낙론의 주장은 사물에 대한 학문적 탐구의 길을 열었다.
⑤ 조선 성리학의 근대적 발전은 외부의 힘에 의해 단절되었다.

02

㉠의 본질을 담고 있는 주장은?

> 1428년 진주에 사는 김화가 저지른 인륜을 어긴 범죄에 대하여 ①<u>김화를 엄벌하자</u>는 주장과 ②<u>제도를 정비해야 한다</u>는 주장이 대립되었다. 이때 세종은 ③<u>무엇보다 천성을 회복해야 한다</u>며 세상에 효행의 풍습을 널리 알릴 수 있는 서적을 간행해서 ④<u>백성들이 항상 읽게 하는 것이 좋겠다</u>는 취지에서 『삼강행실도』를 만들었다. 이 책에는 ⑤<u>모든 사람이 알기 쉽게 하자</u>며 매 편마다 그림을 넣었다.

03

윗글을 바탕으로 〈보기〉를 이해한 것으로 적절하지 <u>않은</u> 것은?

〈보기〉

> 연암 박지원은 「허생전」을 통해 당대 사회에 대한 자신의 가치관을 드러내고 있다. 글공부에 매진하던 허생은 상업 행위로 이룬 거대한 부를 바탕으로 사회적 문제를 해결하였다. 그리고 청나라를 오랑캐로 규정한 북벌론으로 기득권을 유지하던, 당대의 지배층을 맹공하였다. 특히 청나라의 선진 문물을 수용하자는 북학파의 주장에 이러한 박지원의 사고가 큰 영향을 주었다.

① 허생은 인물성동론의 태도로 청인을 인식하고 있었겠군.
② 북벌론은 낙론보다는 호론의 입장에 근거한 것이었겠군.
③ 북학파와 지배층은 사회적 문제 해결의 관점이 달랐겠군.
④ 지배층은 조선인과 청인의 본성을 모두 성선으로 보았겠군.
⑤ 박지원은 인간의 욕망에 대해 긍정적으로 인식하고 있었겠군.

주제 독해 I 인문

 펌핑-UP

[01~04] 다음 글을 읽고 물음에 답하시오.

01 〈전략〉 성리학에서 일반적으로 '이'는 만물에 ⓐ내재하는 원리이고, '기'는 그 원리를 현실에 드러내 주는 방식과 구체적인 현실의 모습이라 할 수 있다. '이'는 '기'를 통해서 드러난다. '이'는 언제나 한결같지만 '기'는 여러 가지 모습으로 존재하므로, 우주 만물의 원리는 그대로지만 형체는 다양하다. 이러한 '이'와 '기'를 어떻게 보는가에 따라 성리학자들이 현실을 해석하고 인식하는 자세가 달라진다.

02 '기'를 중시했던 대표적인 성리학자로 서경덕을 들 수 있다. 그는 '기'를 우주 만물의 근원이라고 보았다. 서경덕에 의하면, 태초에 '기'가 음기와 양기가 되고, 음기와 양기가 모이고 흩어지고를 반복하면서 하늘과 땅, 해와 달과 별, 불과 물 등의 만물이 만들어졌다. '기'는 어떤 외부의 원리나 힘에 의해 움직이는 것이 아니라 스스로 움직여 만물을 생성하고 변하게 한다. 하지만 '이'는 '기' 속에 있으면서 '기'가 작용하는 원리로 존재할 뿐 독립적으로 드러나거나 ⓑ작용하지 않는다. 즉, '이'와 '기'는 하나이며, 세계에 드러나는 것은 '기'뿐이라는 것이다. 이와 같은 입장을 '기일원론(氣一元論)'이라 한다. 〈중략〉

03 '이'를 중시했던 대표적인 성리학자는 이황이다. **이황**은 서경덕의 논의를 단호하게 ⓒ비판하며 '이'와 '기'는 하나가 아니라는 주장을 펼쳤다. 그는 '이'를 우주 만물의 근원이자 변하지 않는 절대적 가치이며 도덕 법칙이라고 보았다. '이'는 하늘의 뜻, 즉 천도(天道)이며, 만물이 선천적으로 지니고 태어나는 본성이라고 여겼다. 따라서 인간이 '이'를 깨우치고 실행하면 하늘이 부여한 본성을 회복하고, 인간 사회는 천도에 맞는 이상적이고 도덕적인 질서를 확립한다고 보았다. 현실 사회가 비도덕적이고 타락한 모습을 보이는 이유는 인간이 본성을 잃어버리고 사악한 마음을 따르기 때문인데, 이러한 사악한 마음은 인간의 생체적 욕구, 욕망 등인 '기'에서 나오는 것이다. 따라서 '이'와 '기'가 하나일 수는 없으며, 둘은 철저히 ⓓ구분되어야 한다는 것이 이황의 주장이다. 이러한 입장을 '이기이원론(理氣二元論)'이라 한다. 〈중략〉

04 한편, 이이는 서경덕과 이황의 논의가 양극단을 달리는 오류를 범하고 있다고 비판하면서, '이'와 '기'의 관계를 새롭게 ⓔ규정하였다. 이이는 '이'를 모든 사물의 근원적 원리로, '기'를 그 원리를 담는 그릇으로 보았다. 둥근 그릇에 물을 담으면 물의 모양이 둥글고 모난 그릇에 물을 담으면 물의 모양이 모나 보이지만, 그 속에 담긴 물의 속성은 달라지지 않는다.

05 이처럼 '기'는 현실에서 다양한 모습으로 존재하지만 그 속에 담겨 있는 '이'는 달라지지 않는다. 물이 그릇에 담겨 있지만 물과 그릇이 다른 존재이듯이, '이'와 '기'도 한 몸처럼 붙어 있지만 '이'와 '기'로 각각 존재한다는 것이다. 이이에 따르면, '이'는 현실에 아무 작용을 하지 않고 '기'만 작용한다. 현실의 모습이 문제를 드러내고 있다면, 이는 '이'가 잘못된 것이 아니라 '기'가 잘못된 것이다. 그러므로 '이'를 회복하기보다는 '기'로 나타난 현실의 모습 자체를 바꾸기 위해 싸워야 한다는 것이 이이의 주장이다. 이이가 조선 사회의 변화를 위한 여러 가지 개혁론을 펼칠 수 있었던 것은 이러한 사고가 바탕을 이루고 있었기 때문이다.

지문이 읽히는 독해 코칭

빈칸을 채우며 각 문단별 내용을 완성하시오.

1문단

성리학

이 | 기
- 만물에 내재하는 원리
- '기'를 통해 드러남.
- 언제나 (1   )같음.

- (2   )를 현실에 드러내 주는 방식 + 구체적인 현실의 모습
- 여러 가지 모습으로 존재

2문단

서경덕

이 | 기
- '기' 속에 있음.
- '기'가 작용하는 원리로 존재
- (3   )으로 드러나거나 작용 ×

- 우주 만물의 근원 + 스스로 움직여 만물 생성/변화
- '기'= 음기+양기
  → 모이고 흩어지고를 (4   )

기일원론

'(5   )'만 세계에 드러남.

3문단

이황

이 | 기
- 우주 만물의 (6   )
- 변하지 않는 절대적 가치
- 도덕 법칙
- 하늘의 뜻(천도)
- 만물의 (7   ) 본성

- 사악한 마음은 생체적 욕구, 욕망 등인 '(8   )'에서 비롯됨.

이기이원론

- '이'와 '기'의 철저한 (9   ) 필요
- '이'를 깨우치고 실행하면 (10   ) 회복

4문단

서경덕 / 이황 ←비판— 이이

이 | 기
- 만물의 근원적 원리
- 달라지지 (11   ).

- (12   )를 담는 그릇
- 달라짐.

5문단

- '이 – 기'는 한 몸
- '이'와 '기'로 각각 존재
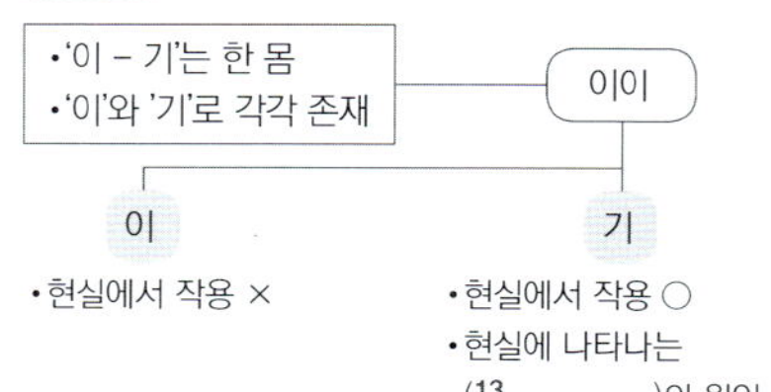

이이

이 | 기
- 현실에서 작용 ×

- 현실에서 작용 ○
- 현실에 나타나는 (13   )의 원인

01

윗글에 대한 설명으로 가장 적절한 것은?

① 철학적 용어의 현대적 의미를 재조명하고 있다.

② 철학적 용어에 대한 사회적 통념을 비판하고 있다.

③ 문답의 형식을 통해 철학적 용어의 개념을 드러내고 있다.

④ 현실을 해석하는 철학적 용어가 등장한 배경을 소개하고 있다.

⑤ 철학적 용어의 관계를 바라보는 다양한 관점을 나열하고 있다.

02

윗글을 참고할 때, 아래의 'ㄱ'과 'ㄴ'에 들어갈 내용으로 가장 적절한 것은?

	서경덕	이황
'이'와 '기'란 무엇인가?	'이'란 만물에 내재하는 원리이고, '기'란 '이'를 현실에 드러내 주는 방식과 구체적인 현실의 모습이다.	
'이'와 '기'의 성격은 어떠한가?	ㄱ	ㄴ

① ㄱ: '이'와 '기'는 하나이다.
　ㄴ: '이'와 '기'는 철저히 구분된다.

② ㄱ: '이'는 '기'와 별도로 작용한다.
　ㄴ: '이'는 '기'와 동시에 작용한다.

③ ㄱ: 현실로 나타나는 것은 '이'이다.
　ㄴ: 현실로 나타나는 것은 '기'이다.

④ ㄱ: '기'는 '이' 속에 포함되어 있다.
　ㄴ: '이'는 '기' 속에 포함되어 있다.

⑤ ㄱ: 생체적 욕구와 욕망을 '기'라고 본다.
　ㄴ: 생체적 욕구와 욕망을 '이'라고 본다.

03

윗글을 바탕으로 〈보기〉에 대해 '이이'가 할 수 있는 말로 가장 적절한 것은?

〈보기〉

양반이 되어야 군포를 면제받을 수 있기 때문에 백성들은 밤낮으로 양반이 되는 길을 모색한다. 고을 호적부에 기록되면 양반이 되고, 거짓 족보를 만들면 양반이 되고, 고향을 떠나 먼 곳으로 이사하면 양반이 되고, 두건을 쓰고 과거 시험장에 드나들면 양반이 된다. 몰래 불어나고, 암암리에 늘어나고, 해마다 증가하고, 달마다 불어나 장차 온 나라 사람들이 모두 양반이 되고 말 것이다.

— 정약용, 「신포의(身布議)」 —

① 양반이 되려는 백성들의 문제는 본성을 잃어버려서 생긴 문제이므로, 학문과 수양을 통해 본성을 회복해야 합니다.

② 편법으로 쉽게 양반이 될 수 있는 현실이 백성을 이렇게 만든 것이므로, 이러한 현실의 모습을 우선적으로 개선해야 합니다.

③ 백성들의 행동은 현실에 내재하는 원리가 잘못되어 나타난 현상이므로, 현실의 문제를 근본부터 해결하기 위해서는 이 원리부터 바꾸어야 합니다.

④ 양반이 되려는 백성들의 모습은 음양의 작용에 의해 생겨난 것이므로, 인위적인 노력보다는 음양의 또 다른 작용을 통해 해결되기를 기다려야 합니다.

⑤ 백성들이 양반이 되고자 하는 것은 군포를 면제받고자 하는 잘못된 욕구에서 나온 것이므로, 이러한 욕구를 따르지 않도록 천도에 맞는 질서를 확립해야 합니다.

04

ⓐ~ⓔ의 사전적 의미로 적절하지 <u>않은</u> 것은?

① ⓐ: 내부적으로 미리 정함.

② ⓑ: 어떤 현상을 일으키거나 영향을 미침.

③ ⓒ: 옳고 그름을 판단하여 밝히거나 잘못을 지적함.

④ ⓓ: 일정한 기준에 따라 갈라 나눔.

⑤ ⓔ: 내용이나 성격 따위를 밝혀 정함.

구조 트레이닝 ZONE

빈칸에 알맞은 말을 넣어 구조도를 완성하시오.

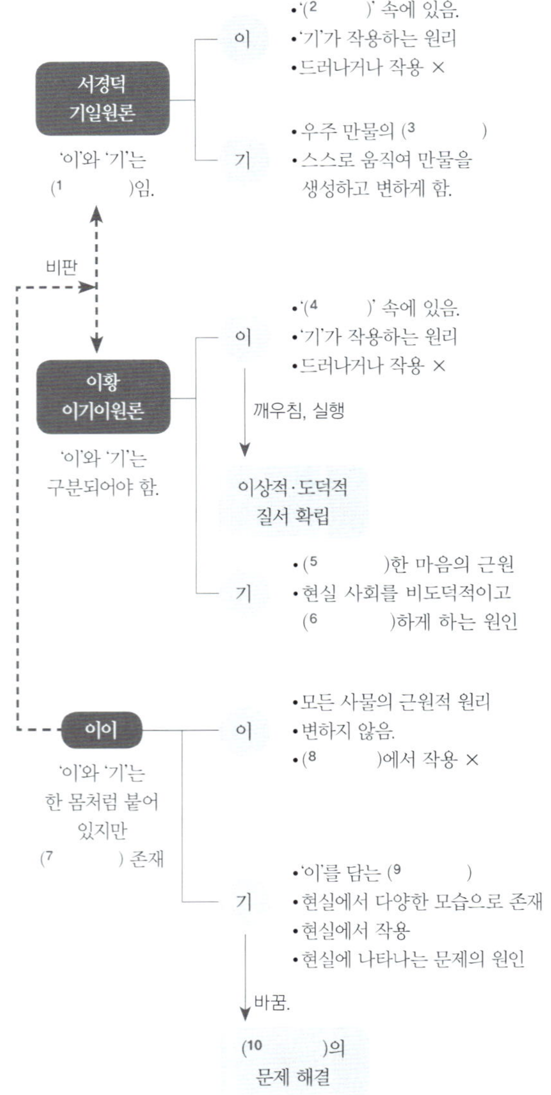

성리학의 이기론에 대한 세 학자의 주장을 소개하는 데 중점을 두고 있는 글이므로, 그 사상적 차이를 명확하게 구분하여 이해하는 것이 중요합니다.

조선 성리학의 계열

성리학은 유학의 한 형태로서, 중국 송대에 주희가 집대성하였다. 성리학이라고 한 것은 '성'(性)이나 '이'(理)를 논하는, 일종의 철학적 이론의 학문이라는 의미이다. 주자학으로서의 성리학은 고려 말 충렬왕 때 원나라로부터 안향에 의해 전래되었다. 고려 말의 성리학은 성균관을 중심으로 안향·이색·정몽주·길재 등에 의해서 계승되었다. 고려가 망하고 조선이 성립하는 과정에서 사상적 전환의 계기가 된 배불 숭유 정책(조선 전기에 유학자들이 주장한, 불교를 배척하고 유교를 숭상하던 정책)으로 성리학은 더욱 발전하게 되었다. 성리학은 고려 말에 이르러 2대 계열로 나누어졌다. 하나는 정몽주에서 시작된 의리학파이며, 인간의 내면적 본성을 강조하고 변하지 않는 도덕 의식을 개발하는 것을 중시하였다. 다른 하나는 정도전·권근 계열로 인간성의 개발보다는 상황에 대응하는 창조적 변혁을 강조하였다. 또한 관념적 의리나 도덕보다는 인간의 의지와 지식의 개발, 문화 의식을 고취하는 것을 중시하였다. 한편 이기론은 조선 전기에는 이·기의 조화를 추구하는 입장이 우세했던 반면, 중기 이후에는 그중 어느 한 면만을 강조하는 경향이 나타나 주리론(主理論)과 주기론(主氣論)을 주장하는 양파로 갈라졌다. 이러한 주리·주기의 논쟁은 조선 성리학의 양대 분파로 발전하였다.

조선 성리학의 절정기

조선의 성리학은 15~16세기에 이르러 절정기를 맞이 하였으며, 그 대표적인 학자로는 이황과 이이가 있다. 이황은 기대승과, 이이는 성혼과 더불어 사단칠정에 대한 논쟁을 활발히 전개하였다. 사단칠정론의 인성(仁性)에 대한 분석과 변론은 보편적 이념인 성품이 인간과 동물에 있어서 같은가 다른가를 물었던 호락 논쟁으로 발전하였다. 조선 성리학은 자연이나 우주의 문제보다 인간의 내면적 성정(性情)과 도덕적 가치의 문제를 추구한 것이 특징이다.

호루라기 관장님의
어휘 트레이닝

공부한 날	월　일　요일
맞은 개수	/ 32

No	뜻	힌트	정답
01	간사하고 악함.	사ㅇ	
02	세상에 있는 모든 것	만ㅁ	
03	사물의 근본이 되는 이치	원ㄹ	
04	유대나 연관 관계를 끊음.	ㄷ절	
05	사물을 분별하고 판단하여 앎.	ㅇ식	
06	계약, 약속 따위를 깨뜨려 버림.	ㅍ기	
07	사물이 비롯되는 근본이나 원인	근ㅇ	
08	주의나 사상을 앞장서서 주장함.	ㅈ창	
09	어떤 세력이나 현상이 새롭게 나타남.	대ㄷ	
10	어떠한 현상을 일으키거나 영향을 미침.	ㅈ용	
11	일정한 상태나 처지에서 완전히 벗어남.	탈ㅍ	
12	태어날 때부터 지니고 있는. 또는 그런 것	ㅅ천적	
13	남의 물건, 영토, 권리 따위를 강제로 차지함.	ㄱ점	
14	서로 매우 심하게 거리가 있거나 상반되는 것	양ㄱ단	
15	어떤 문제에 대하여 서로 의견을 내어 토의함.	논ㅇ	
16	올바른 길에서 벗어나 잘못된 길로 빠지는 일	타ㄹ	
17	두 가지 이상의 사물이나 현상이 함께 존재함.	공ㅈ	
18	가르치고 이끌어서 좋은 방향으로 나아가게 함.	ㄱ화	
19	어떠한 사실이나 현상이 부인할 수 없을 만큼 뚜렷하다.	ㅇ연하다	
20	다른 것과 관계가 있어서 그것과 떨어져 존재할 수 없는 것	ㅅ대	
21	몸과 마음을 갈고닦아 품성이나 지식 따위를 높은 경지로 끌어올림.	ㅅ양	
22	예전에 있던 사물들의 가치, 내용 따위를 옛 문헌 등에 기초하여 증거를 세워 이론적으로 밝힘.	ㄱ증	

No	앞의 어휘를 활용해 문장을 완성하시오.
01	인간의 본성은 (　　　)적으로 타고나는 것이다.
02	집단 이기심은 사회 발전을 저해할 요인으로 (　　　)한다.
03	이 문서는 토의 참여자들이 (　　　)해야 할 사안을 안내하고 있다.
04	19세기 근대법 체계가 정비되면서 법률 실증주의가 (　　　)되었다.
05	가진 자는 그렇지 못한 자와의 경쟁에서 (　　　)적으로 유리한 입장에 있다.
06	작가주의는 프랑스 영화에 만연했던 문학적, 연극적 색채에 대한 반발로 (　　　)되었다.
07	이 교도소에서는 범죄자들이 또 다시 범죄를 저지르지 않도록 (　　　)하는 데 중점을 두고 있다.
08	계약 과정에서 위법한 부분이 발견된다면, 그 계약은 언제든지 상대방에 의해 (　　　)될 수 있다.
09	법이 새롭게 제정됨에 따라 사회는 혼란과 무질서 상태를 (　　　)하여 안정을 유지할 수 있게 되었다.
10	연꽃 위에 도교 사상과 관련된 신선을 그렸는데, 이것은 불교와 도교 사상이 (　　　) 하던 당시의 상황이 반영된 것이다.

주제 독해 Ⅰ 인문

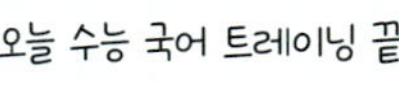

오늘 수능 국어 트레이닝 끝!

03 우주와 실재

다음 글을 읽고 내용을 정리하시오.

01 현대인들에게 무엇인가가 '있다/없다'라는 존재 여부에 대한 판단과 무엇인가가 '좋다/나쁘다'라는 존재에 대한 가치 판단은 서로 다른 차원의 문제이다. 특히 현대인들에게 '있다/없다'는 양자택일의 문제이다. 그러나 플라톤은 이와는 다른 관점을 보여 준다. 플라톤의 관점에는 무엇이 '있다/없다'라는 존재론적 판단과 무엇이 '좋다/나쁘다'라는 가치론적 판단이 하나로 일치되어 있다. 즉 플라톤에게 존재론적으로 '있다/없다'는 가치 판단의 문제인 것이다.

02 존재와 그 존재의 가치가 일치한다면, 특정한 존재를 판단하는 기준이 있어야 하는데 플라톤은 그것을 '있음'의 '정도'로 보았다. 이때 '있다'에는 '존재한다'라는 측면에서 실재성의 정도와 '가치 있다'라는 측면에서 완전성의 정도를 모두 포함하게 된다. 따라서 어떤 대상이 다른 대상보다 '더 존재한다'는 것은 그것이 상대적으로 더 완전한 대상이라는 것을 의미하며, 덜 존재한다'라는 것은 그 대상이 덜 완전한 대상이라는 것을 의미하는 것이다. 플라톤은 가장 실재하는 것, 가장 완전한 것을 '이데아'라고 규정하는데 이는 현실 세계를 초월한 차원에 존재한다. 반대로 세계에 존재하는 만물인 '현상'은, 이데아에 비해 덜 존재하는 것으로 규정한다.

03 플라톤은 현상을 만드는 창조자로 '데미우르고스'를 설정하고, 그 창조자가 외부의 이데아를 본으로 삼아 현상을 만든 것으로 보았는데, 플라톤은 이 과정을 '모방'이라고 한다. 모방을 통해 현상은 이데아의 본질을 나누어 갖게 된다. 그런데 현상은, 영원불변한 존재인 이데아의 본질을 모방했음에도 불구하고 끊임없이 변화하는 존재이다. 이데아와 현상의 관계에 대해 플라톤은 '관여(關與)' 또는 '임재(臨在)'라는 개념을 활용하여 설명했다. 이때 '관여'와 '임재'는 사실상 동일한 의미를 나타내는 개념으로서, 현상이 이데아의 본질과 유사한 정도를 '관여'의 정도라고 하고, 현상이 이데아의 본질을 가지고 있는 정도를 '임재'의 정도라고 한다. 플라톤에게 중요한 것은 개개의 현상들이 이데아에 얼마나 '관여'하는가 또는 이데아가 개개의 현상들에 얼마나 '임재'하는가의 문제이다. 즉 '관여' 혹은 '임재'의 정도가 그 사물의 존재론적이자 동시에 가치론적 위상이라고 할 수 있다. 왜냐하면 '관여'나 '임재'의 정도가 높다는 것은 그 현상이 이데아의 본질에 더 가깝다는 것을 의미하므로 완전성의 정도가 높다고 할 수 있기 때문이다. 예를 들어 '말'의 이데아가 지닌 본질 중의 하나가 빠르게 달리는 능력이라면 경주에서 빨리 달리는 말일수록 그렇지 못한 말들보다 이데아에 대한 '관여'나 '임재'의 정도가 높은 것이다. 이처럼 현상들에는 관여나 임재가 다양한 정도로 나타난다.

04 존재론적 판단과 가치론적 판단을 하나로 여기는 플라톤의 사유 방식은 당시 그리스 사람들의 보편적인 사유 방식을 반영하고 있었고, 더 나아가 서구의 고대와 중세의 사유 방식에 막대한 영향을 주었다.

지문이 읽히는 독해 코칭

빈칸을 채우며 각 문단별로 내용을 완성하시오.

1문단

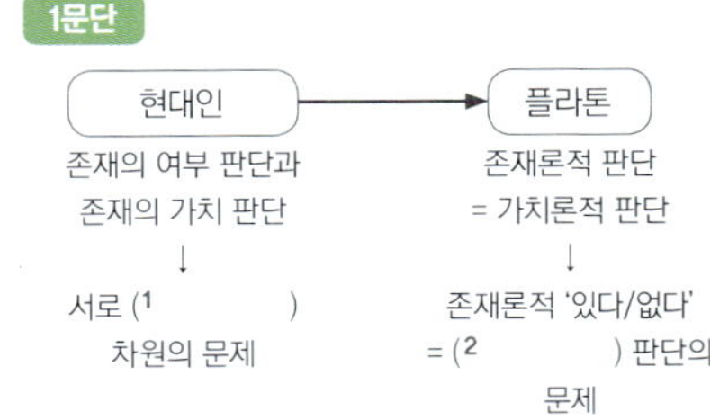

2문단

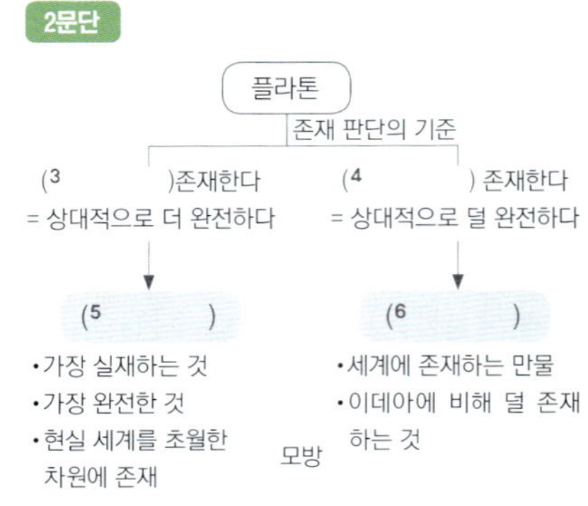

3문단

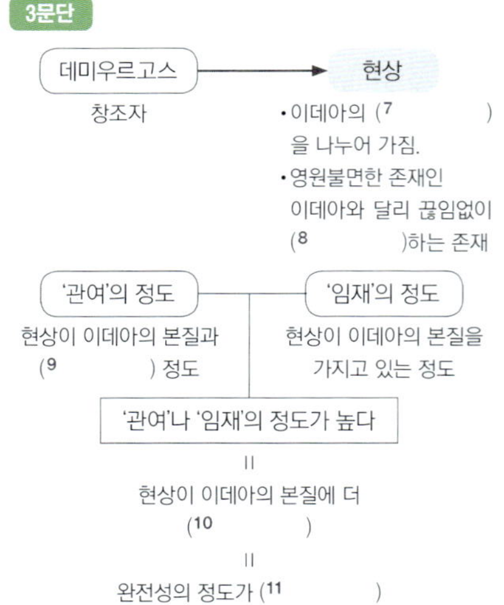

4문단

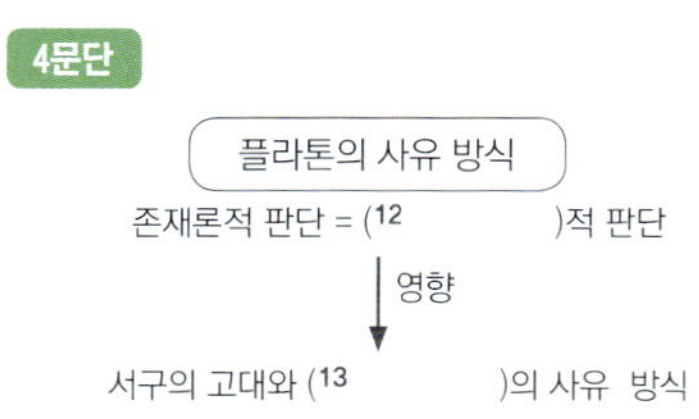

구조 트레이닝 ZONE

빈칸에 알맞은 말을 넣어 구조도를 완성하시오.

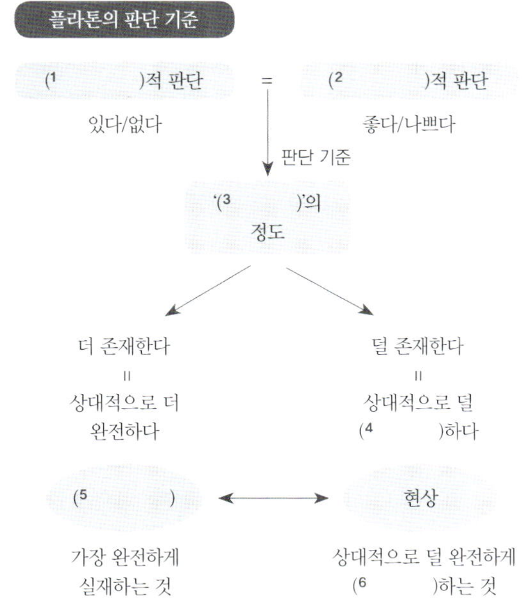

플라톤이 특정한 존재를 판단하는 기준으로 사용한, '더 존재한다'는 것과 '덜 존재한다'는 것의 의미를 파악하고, 플라톤이 '이데아'와 '현상'의 관계를 '관여'와 '임재'의 개념을 통해 어떻게 규정하고 있는지를 이해해야 합니다.

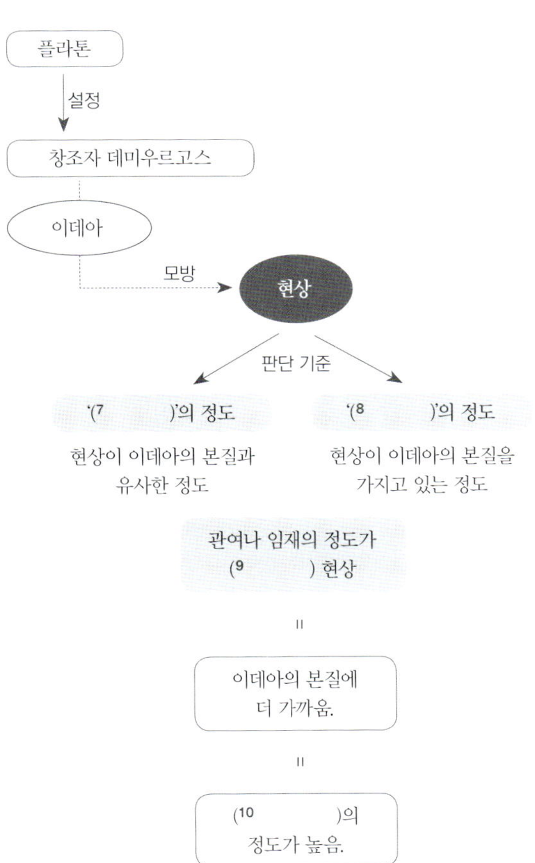

내용 트레이닝 ZONE

글 내용과 일치하면 ○에, 그렇지 않으면 ✕에 체크하시오.

1문단

01 플라톤은 '있다 / 없다'라는 존재 여부에 대해 판단하는 것은 무의미하다고 보았다. ○ ✕

02 플라톤은 '있다'와 '없다'를 판단하는 문제는 가치 판단에 해당한다고 보았다. ○ ✕

03 현대인들은 존재 여부에 대한 판단과 존재의 가치에 대한 판단은 다른 차원의 문제라고 본다. ○ ✕

2문단

04 플라톤은 '있음'의 정도를 기준으로 특정한 존재를 판단하고자 하였다. ○ ✕

05 플라톤은 현실 세계의 현상은 이데아에 비해 덜 존재하는 것이라고 생각하였다. ○ ✕

06 플라톤에게 '있다'는 존재한다는 측면의 완전성과 가치 있다는 측면의 실재성을 포함한다. ○ ✕

07 플라톤은 현실 세계를 초월한 차원에 있는 이데아가 가장 실재하며 완전한 것이라고 하였다. ○ ✕

08 플라톤에게 어떤 대상이 다른 대상보다 더 존재한다는 것은 상대적으로 덜 완전한 대상임을 의미한다. ○ ✕

3문단

09 플라톤은 데미우르고스가 모방의 방법으로 이데아를 만들었다고 하였다. ○ ✕

10 플라톤은 모방을 통해 현상이 이데아의 본질을 나누어 갖게 된다고 보았다. ○ ✕

11 플라톤은 현상이 영원불변한 성질을 갖는 것은 이데아의 본질을 모방했기 때문이라고 생각하였다. ○ ✕

12 현상이 이데아의 본질을 가지고 있는 정도를 '임재', 이데아의 본질과 현상의 유사성을 '관여'라고 한다. ○ ✕

13 '관여'나 '임재'의 정도는 현상이 이데아의 본질에 가까운 정도와 관련이 있으며, 완전성의 정도와 비례 관계에 있다. ○ ✕

4문단

14 플라톤은 당대 그리스인들의 보편적 사유 방식을 반영하여 존재론적 판단과 가치론적 판단을 동일하다고 보았다. ○ ✕

[01~04] 다음 글을 읽고 물음에 답하시오.

01 현대인들에게 무엇인가가 '있다/없다'라는 존재 ㉠여부에 대한 판단과 무엇인가가 '좋다/나쁘다'라는 존재에 대한 가치 판단은 서로 다른 차원의 문제이다. 특히 현대인들에게 '있다/없다'는 양자택일의 문제이다. 그러나 플라톤은 이와는 다른 ㉡관점을 보여 준다. 플라톤의 관점에는 무엇이 '있다/없다'라는 존재론적 판단과 무엇이 '좋다/나쁘다'라는 가치론적 판단이 하나로 일치되어 있다. 즉 플라톤에게 존재론적으로 '있다/없다'는 가치 판단의 문제인 것이다.

02 존재와 그 존재의 가치가 일치한다면, 특정한 존재를 판단하는 기준이 있어야 하는데 플라톤은 그것을 '있음'의 '정도'로 보았다. 이때 '있다'에는 '존재한다'라는 측면에서 실재성의 정도와 '가치 있다'라는 측면에서 완전성의 정도를 모두 포함하게 된다. 따라서 어떤 대상이 다른 대상보다 '더 존재한다'는 것은 그것이 상대적으로 더 완전한 대상이라는 것을 의미하며, '덜 존재한다'라는 것은 그 대상이 덜 완전한 대상이라는 것을 의미하는 것이다. 플라톤은 가장 실재하는 것, 가장 완전한 것을 '이데아'라고 ㉢규정하는데 이는 현실 세계를 초월한 차원에 존재한다. 반대로 세계에 존재하는 만물인 '현상'은, 이데아에 비해 덜 존재하는 것으로 규정한다.

03 플라톤은 현상을 만드는 창조자로 '데미우르고스'를 설정하고, 그 창조자가 외부의 이데아를 본으로 삼아 현상을 만든 것으로 보았는데, 플라톤은 이 과정을 '모방'이라고 한다. 모방을 통해 현상은 이데아의 본질을 나누어 갖게 된다. 그런데 현상은, 영원불변한 존재인 이데아의 본질을 모방했음에도 불구하고 끊임없이 변화하는 존재이다. 이데아와 현상의 관계에 대해 플라톤은 '관여(關與)' 또는 '임재(臨在)'라는 개념을 활용하여 설명했다. 이때 '관여'와 '임재'는 사실상 동일한 의미를 나타내는 개념으로서, 현상이 이데아의 본질과 유사한 정도를 '관여'의 정도라고 하고, 현상이 이데아의 본질을 가지고 있는 정도를 '임재'의 정도라고 한다. 플라톤에게 중요한 것은 개개의 현상들이 이데아에 얼마나 '관여'하는가 또는 이데아가 개개의 현상들에 얼마나 '임재'하는가의 문제이다. 즉 '관여' 혹은 '임재'의 정도가 그 사물의 존재론적이자 동시에 가치론적 ㉣위상이라고 할 수 있다. 왜냐하면 '관여'나 '임재'의 정도가 높다는 것은 그 현상이 이데아의 본질에 더 가깝다는 것을 의미하므로 완전성의 정도가 높다고 할 수 있기 때문이다. 예를 들어 '말'의 이데아가 지닌 본질 중의 하나가 빠르게 달리는 능력이라면 경주에서 빨리 달리는 말일수록 그렇지 못한 말들보다 이데아에 대한 '관여'나 '임재'의 정도가 높은 것이다. 이처럼 현상들에는 관여나 임재가 다양한 정도로 나타난다.

04 존재론적 판단과 가치론적 판단을 하나로 여기는 플라톤의 ㉤사유 방식은 당시 그리스 사람들의 보편적인 사유 방식을 반영하고 있었고, 더 나아가 서구의 고대와 중세의 사유 방식에 막대한 영향을 주었다.

데미우르고스(Demiurgos)

데미우르고스는 그리스어로 '제작자'라는 의미이다. 플라톤은 자신의 저서 『티마이오스』에서 세계를 만드는 거인에게 데미우르고스라는 이름을 부여하였다. 이는 최고의 선(善)을 본떠 선의 본질에 최대한 가깝게 세계를 창조한 초자연적인 존재를 말한다. 세계를 무(無)로부터 창조했다는 이전의 신과 달리, 데미우르고스는 세계를 만들 때 이데아라는 표준과 장소라는 재료가 미리 주어져 있었기 때문에 세계를 만드는 일에는 한계가 따른다고 보았다.

플라톤 철학의 중심 개념인 이데아(Idea)

플라톤은 소피스트들의 상대주의를 논박하기 위해 이데아 이론을 제시했다. 이데아는 '형태', '보이는 것'을 뜻하는 그리스어 idea에서 유래했다. 플라톤에 의하면 이데아는 감각 세계의 너머에 있는 실재이자 모든 사물의 원형이다. 이데아는 지각되거나 시간에 의해 변형되거나 사라지는 것이 아니라 경험의 세계를 넘어서서 이루어지는 인식의 최고 단계이다. 플라톤은 저서 『파르메니데스』에서 이데아는 사물들의 본성 속에 고정된 원형이며, 개별 사물들은 이데아들의 상에 따라 만들어졌기 때문에 모방이라고 하였다. 이데아를 개별적 사물에 대한 불변하는 절대적 순수 근원으로, 이데아와 개별 사물의 관계를 원형과 모방의 관계로 보았다.

언젠간 출제각

객관적 관념론과 주관적 관념론

관념론은 관념 또는 관념적인 것을 실재적 또는 물질적인 것보다 우선으로 보는 입장이다. 관념론은 정신과 의식에 대한 이해에 따라 두 가지로 구분된다. 먼저 객관적 관념론은 세계의 본질을 주관적 의식과는 독립해 있는 초자연적, 절대적 관념으로 보고 모든 현상을 이 관념이 드러난 것으로 보는 입장이다. 현실의 세계를 초월하여 이 세계의 원형인 이데아를 내세우고, 현실의 세계를 이데아의 그림자로서 보는 플라톤의 입장이나 절대 이념의 전개로서 세계를 설명하는 헤겔의 입장이 이에 속한다. 한편 주관적 관념론은 인간의 의식으로부터 독립하여 존재하는 객관 세계를 인정하지 않고 인간의 의식에 나타나는 한에서 객관적 세계의 존재를 인정한다. 주관적 관념론과 관련이 있는 것으로 불가지론(사물의 본질이나 궁극적 실재의 참모습은 사람의 경험으로는 결코 인식할 수 없다는 이론)이 있으며, 버클리와 흄이 그 대표적 학자이다.

01

윗글에 대한 설명으로 가장 적절한 것은?

① 개념들 간의 관계를 중심으로 특정 이론의 관점을 소개하고 있다.

② 비교되는 두 대상을 제시한 후 상반된 관점에서 각각을 평가하고 있다.

③ 문제를 제기한 후 그 원인을 다양한 측면에서 논리적으로 분석하고 있다.

④ 특정 개념에 대한 서로 다른 관점을 제시하고 이를 비판의 근거로 활용하고 있다.

⑤ 통념에 대한 의문을 제기하고 근거를 들어가며 특정 이론의 타당성을 검증하고 있다.

02

윗글의 이데아 에 관한 이해로 적절하지 <u>않은</u> 것은?

① 가장 완전하면서 현실 세계를 초월한 차원에 존재한다.

② 존재론적으로 모든 현상에 비해 가장 실재하는 것이다.

③ 관여에 의해서 생겨난 결과물로서 영원불변한 성격을 지닌다.

④ 현상이 모방하는 대상이자 현상에 임재의 정도가 결정되는 기준이다.

⑤ 현실 세계에 존재하는 현상들을 만들어 낼 때 창조자가 취하는 본이다.

03

윗글의 '플라톤'과 〈보기〉의 Ⓐ에 대해 보일 수 있는 학생의 반응으로 가장 적절한 것은?

〈보기〉

Ⓐ라이프니츠는 세상의 창조자인 신을 가장 완전한 존재로 보았다. 그는 신이 자신의 형상을 닮은 존재들을 창조했으며 그 존재들은 신의 형상과는 완전히 같지는 않기에 유한한 존재로 보았다. 따라서 그에게 신은 모든 사물의 근거로서 무한한 존재이다.

① Ⓐ가 신이 창조한 존재를 설명하면서 언급한 유한성은 플라톤의 '덜 존재한다'를 의미하는 것이겠군.

② Ⓐ가 말한 신은, 다른 존재들을 창조할 때 자기 외부의 형상을 본으로 삼았다는 점에서 '데미우르고스'와 동일하다고 할 수 있군.

③ 플라톤과 Ⓐ는 모두, 창조자와 존재들 간의 닮은 정도에 주목하고 있군.

④ Ⓐ와 달리, 플라톤은 창조자를 끊임없이 변화하는 무한한 존재로 보고 있군.

⑤ 플라톤과 달리, Ⓐ는 존재의 완전성을 정도의 문제로 파악했군.

04

㉠~㉤의 사전적 의미로 적절하지 <u>않은</u> 것은?

① ㉠: 틀리거나 의심할 여지

② ㉡: 사물이나 현상을 관찰할 때, 그 사람이 보고 생각하는 태도나 방향

③ ㉢: 내용이나 성격, 의미 따위를 밝혀 정함.

④ ㉣: 어떤 사물이 다른 사물과의 관계 속에서 가지는 위치나 상태

⑤ ㉤: 개념, 구성, 판단, 추리 따위를 행하는 인간의 이성 작용

 펌핑-UP

[01~03] 다음 글을 읽고 물음에 답하시오.

01 고대 그리스 철학자들은 「변화」에 대해 많은 관심을 가졌다. 그들은 변화라는 현상의 실재(實在) 자체에서부터 종류, 원인 등에 이르기까지 많은 의문을 제기하였고, 특히 아리스토텔레스에 이르러 학문적 성과를 이룰 수 있었다.

02 먼저 헤라클레이토스는 모든 것이 항상 변화하고 있다고 믿었다. 그는 그 믿음을 "같은 강물에 두 번 들어갈 수 없다."란 말로 표현했다. 새로운 강물이 끊임없이 흘러들기 때문에 같은 강물에 다시 들어가는 것은 불가능하다는 것이다. 또한 그는 불꽃이 끊임없이 흔들리듯이 항상 변화하고 있는 '불'을 세계의 근원적 요소로 보았다. 반면 파르메니데스는 변화라는 현상 그 자체를 부정했다. 그는 '존재하는 것은 이미 존재하고 있으며, 존재하지 않는 것은 아무것도 존재하지 않는 것'이라고 인식했으므로, 절대적인 무(無)에서의 생성과 절대적인 무로의 소멸과 같은 변화는 있을 수 없다고 주장했다. 〈중략〉

03 이와 같이 변화라는 현상의 실재성에 대한 상반된 견해가 제시된 이후, 후대에 이르러 플라톤과 아리스토텔레스는 변화의 문제에 대해 깊이 있는 논의를 펼쳤다. 그들은 변화에 대한 앞선 두 철학자의 견해를 받아들였지만 그 방식에는 서로 차이가 있었다. 플라톤은 모든 것이 항상 변화한다는 헤라클레이토스의 견해를 현실 세계에, 아무것도 변화하지 않는다는 파르메니데스의 견해를 이상 세계에 적용하여 이원론적 세계관을 확립했다. 하지만 아리스토텔레스는 플라톤이 주장하는 이상 세계를 거부했다. 그는 변화의 실재에 대한 헤라클레이토스와 파르메니데스의 상반된 견해를 어떤 방식으로든 현실 세계에 적용하려고 노력했다.

04 아리스토텔레스는 『자연학』에서 '기체(基體)'와 '형상(形相)'이라는 개념을 통해 변화의 문제를 설명하려고 했다. '기체'란 변화의 시작부터 끝까지 유지되는 변화의 토대를 의미한다. 그리고 '형상'이란 그런 토대 위에 구현되어 현실 세계에서 감각적으로 나타나는 것을 의미한다. 예를 들어 검은색의 머리카락이 흰색으로 변할 때 머리카락은 변화의 시작부터 끝까지 유지되는 기체이며, 검은색과 흰색과 같은 머리카락의 색깔이 형상에 해당한다. 이처럼 아리스토텔레스는, 변화란 현실 세계에서 실체의 기저에 깔린 머리카락이라는 기체 위에서 검은색의 형상이 흰색의 형상으로 대체되는 현상과 같은 것이라고 보았다.

05 또한 그는 변화의 종류와 성격에 대해서도 분석했는데, 먼저 변화를 실체적 변화와 비실체적 변화로 구분하였다. 실체적 변화란 실체의 변화 정도가 커서 기체가 무엇인지 분명하지 않은 변화를 가리킨다. 애벌레가 나비가 되는 것을 그 예로 들 수 있는데, 이는 변화의 전체 과정을 관찰하지 않는다면 마치 애벌레 자체가 소멸하고 나비가 생성되는 것으로 생각될 수도 있다. 그러나 아리스토텔레스는 파르메니데스와 마찬가지로 무에서의 생성과 무로의 소멸을 인정하지 않는데, 왜냐하면 모든 변화에서 기체가 유지된다는 것을 전제하기 때문이다. 따라서 실체적 변화는 변화의 시작부터 끝까지 유지되는 기체가 정확히 무엇인지 알 수 없다는 것을 의미할 뿐이지, 기체가 없이 무로부터의 생성이나 무로의 소멸이 일어난다는 것은 아니다. 비실체적 변화에는 얼굴이 빨개지는 등의 질적 변화, 작은 풍선이 커지거나 살이 찌거나 빠지는 등의 양적 변화, 이곳에서 저곳으로 장소를 이동하는 장소 변화가 있는데, 이들이 비실체적이라는 것은 실체가 전혀 또는 많이 변하지 않아서 기체가 분명하게 식별된다는 것을 의미한다. 특히 장소 변화의 경우 실체 자체는 아무런 변화를 겪지 않는다. 〈후략〉 [A]

1문단

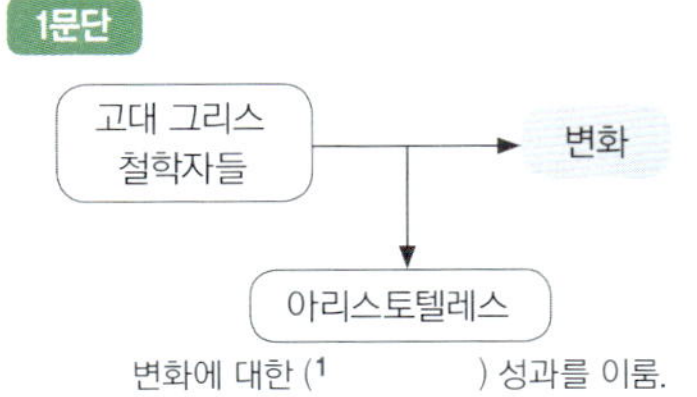

2문단

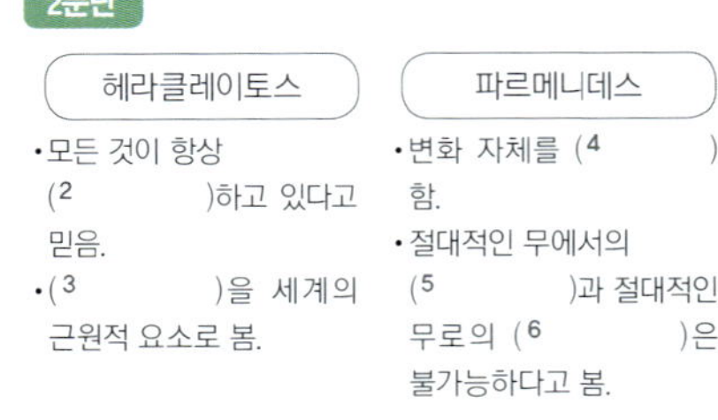

3문단

4문단

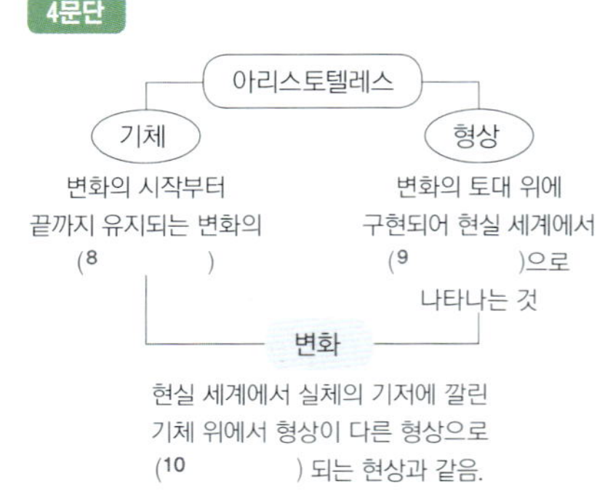

5문단

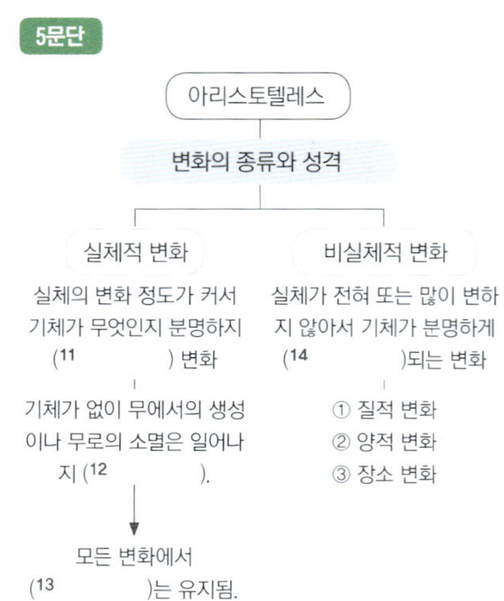

01

윗글을 읽고 변화에 대한 '플라톤'과 '아리스토텔레스'의 견해를 〈보기〉와 같이 정리했을 때, ㉮와 ㉯에 들어갈 내용으로 적절하지 <u>않은</u> 것은?

〈보기〉

변화의 실재에 대한 플라톤과 아리스토텔레스의 견해	
플라톤	아리스토텔레스
㉮	㉯

① ㉮: 아무것도 변화하지 않는다는 파르메니데스의 견해를 이상 세계에 적용함.

② ㉮: 모든 것이 항상 변화한다는 헤라클레이토스의 견해를 현실 세계에 적용함.

③ ㉯: 아무것도 변화하지 않는다는 파르메니데스의 견해를 현실 세계에 적용함.

④ ㉯: 모든 것이 항상 변화한다는 헤라클레이토스의 견해를 현실 세계에 적용함.

⑤ ㉯: 변화의 실재에 대한 파르메니데스의 견해와 헤라클레이토스의 견해를 이상 세계에 적용함.

02

[A]를 바탕으로 '아리스토텔레스'의 입장에서 〈보기〉를 이해한 내용으로 적절하지 <u>않은</u> 것은?

〈보기〉

구분	변화 전	→	변화 후
ㄱ		→	
ㄴ		→	
ㄷ		→	

① ㄱ에서 변화 전의 개구리가 다른 장소에서 이동해 왔다면 그것은 비실체적 변화라고 볼 수 있다.

② ㄱ에서 변화 전의 개구리의 피부색이 변화 후와 같이 바뀌었다면 색깔이라는 형상이 대체된 질적 변화가 나타났다고 볼 수 있다.

③ ㄴ은 실체의 변화 정도가 커서 기체가 무엇인지 분명하게 식별되는 변화라고 볼 수 있다.

④ ㄷ은 변화 전과 변화 후의 실체의 크기가 양적으로 증가한 비실체적 변화라고 볼 수 있다.

⑤ ㄱ, ㄴ, ㄷ은 모두 변화 과정에서 기체가 실체의 기저에 깔려 있다는 점에서 공통점을 갖는다고 볼 수 있다.

03

윗글과 〈보기〉를 읽은 학생이 보일 수 있는 반응으로 가장 적절한 것은?

〈보기〉

탈레스는 '물'을 만물의 근원이라고 보았다. 그는 물이 그 본성상 여러 가지로 변형되면서 다양한 형태의 사물들을 구성하므로, 현실에서 경험적으로 나타나는 변화를 인정할 수밖에 없다고 인식하였다. 그러나 근원적인 요소인 물 자체는 결코 변화지는 않는다고 보았다. 이처럼 그 자체는 변화하지 않으면서도 세계의 변화를 가능하게 해 주는 만물의 근원을 '아르케(arche)'라고 한다. 아르케를 주장한 그리스 철학자들은 절대적인 무에서의 생성과 절대적인 무로의 소멸을 인정하지 않았다.

① 헤라클레이토스와 탈레스는 모두 '불'을 통해 변화를 설명하려고 하였군.

② 탈레스는 아리스토텔레스와 달리 현실에서 경험적으로 나타나는 변화를 인정하였군.

③ 파르메니데스는 탈레스와 달리 만물의 근원적 요소 그 자체는 변할 수 없다고 여겼군.

④ 파르메니데스와 탈레스는 모두 '물'이 다양한 형태의 사물들을 구성한다고 인식하였군.

⑤ 아리스토텔레스와 탈레스는 모두 절대적인 무에서의 생성과 절대적인 무로의 소멸을 인정하지 않았군.

구조 트레이닝 ZONE

 글의 문장과 문단 구조를 고려하여 빈칸에 말을 쓰시오.

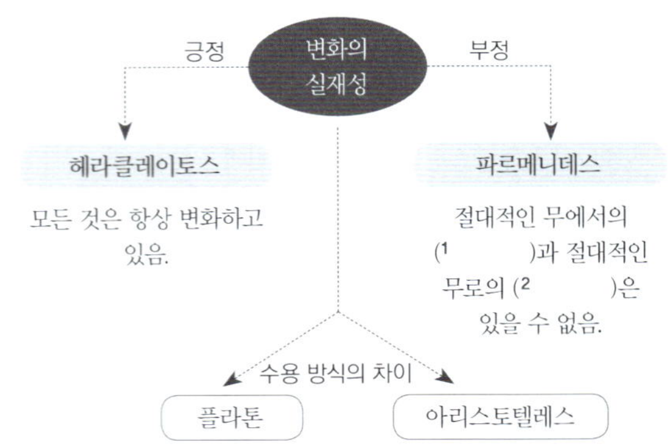

변화라는 현상의 실재성에 대한 두 고대 그리스 철학자의 견해를 플라톤과 아리스토텔레스가 어떻게 수용하여 자신의 이론으로 확립했는지에 초점을 두고 지문을 정리할 수 있어야 합니다.

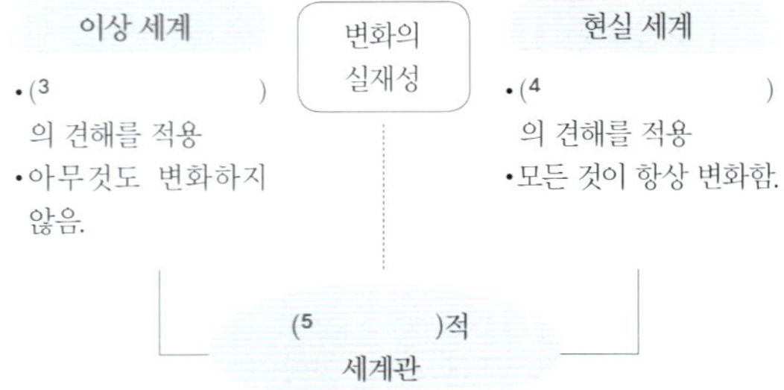

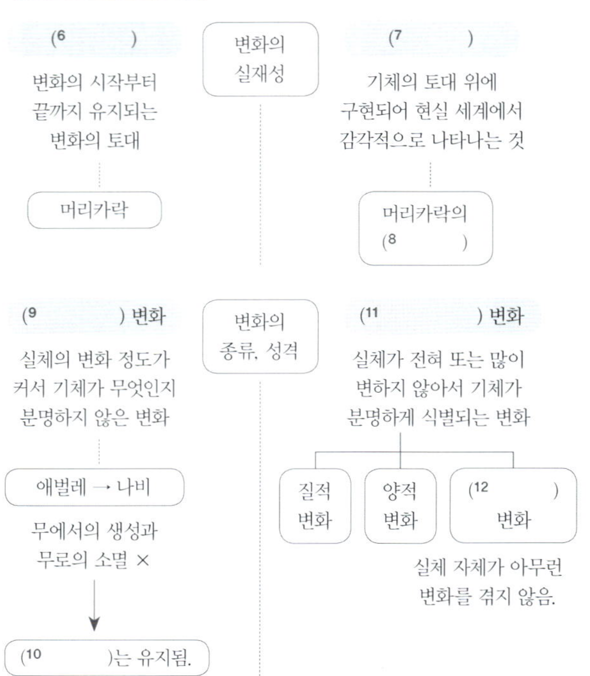

아리스토텔레스의 변화와 실체

『자연학』은 자연 철학에 관한 고대 그리스 철학자 아리스토텔레스의 저서로, 개별적 사물들의 운동과 변화에 대한 주제를 다루고 있다. 아리스토텔레스에 의하면 변화는 일정한 속도나 비율로 일어나지 않는 반면, 시간은 언제나 일정하므로 시간과 변화는 분리될 수 있는 개념이다. 한편 실체는 아리스토텔레스의 존재론의 중심 개념이다. 아리스토텔레스는 실체란 형상과 질료의 결합이라는 결론을 내렸다. '질료'란 어떤 것을 이루는 재료를 가리키고, '형상'이란 어떤 것을 어떤 것으로 만들어 주는 것을 가리킨다. 예를 들어, 화분이 있다고 할 때 화분의 재료인 흙은 질료, 식물을 심기 좋게 생긴 화분의 형태는 그것의 형상이다.

고대 그리스 철학의 흐름

고대 그리스 철학은 BC 585년부터 1000년 이상 지속된 고대의 철학을 말한다. 이 철학의 절정은 소크라테스·플라톤·아리스토텔레스가 속했던 시기로, 이 시기를 전후하여 고대 그리스 철학은 3기로 나눌 수 있다. 제1기는 소크라테스 이전의 철학이라고 불리는 필로소피아의 형성기이다. 이 시기의 관심은 인간을 둘러싼 자연의 근원이 무엇인가 하는 데 있었다. 제2기는 아테네 철학이라고 불리는 시기이다. 페르시아 전쟁(BC 492~448년까지 지속된 페르시아 제국의 그리스 원정 전쟁) 이후 아테네가 그리스 문화의 중심이 되면서 명성이 있는 사상가들이 대거 아테네에 몰려들어 그리스 철학이 꽃피우게 되었다. 이전 시기에 대우주인 자연에 쏠려 있던 관심이 이 시기에는 소우주인 인간에게 쏠리게 되었다. 제3기는 아리스토텔레스 이후의 시기를 말한다. 알렉산드로스 대왕(BC 336~BC 323)의 동방 원정이 있은 후 그리스 철학은 순수한 그리스인이 아닌 사람들에 의해 그리스의 특색을 상실하게 되었다.

[01~04] 다음 글을 읽고 물음에 답하시오.

자연에서 발생하는 모든 일은 목적 지향적인가? 자기 몸통보다 더 큰 나뭇가지나 잎사귀를 허둥대며 운반하는 개미들은 분명히 목적을 가진 듯이 보인다. 그런데 가을에 지는 낙엽이나 한밤중에 쏟아지는 우박도 목적을 가질까? 아리스토텔레스는 모든 자연물이 목적을 추구하는 본성을 타고나며, 외적 원인이 아니라 내재적 본성에 따른 운동을 한다는 목적론을 제시한다. 그는 자연물이 단순히 목적을 갖는 데 그치는 것이 아니라 목적을 실현할 능력도 타고나며, 그 목적은 방해받지 않는 한 반드시 실현될 것이고, 그 본성적 목적의 실현은 운동 주체에 항상 바람직한 결과를 가져온다고 믿는다. 아리스토텔레스는 이러한 자신의 견해를 "자연은 헛된 일을 하지 않는다!"라는 말로 요약한다.

근대에 접어들어 모든 사물이 생명력을 갖지 않는 일종의 기계라는 견해가 강조되면서, 아리스토텔레스의 목적론은 비과학적이라는 이유로 많은 비판에 직면한다. 갈릴레이는 목적론적 설명이 과학적 설명으로 사용될 수 없다고 주장하며, 베이컨은 목적에 대한 탐구가 과학에 무익하다고 평가하고, 스피노자는 목적론이 자연에 대한 이해를 왜곡한다고 비판한다. 이들의 비판은 목적론이 인간 이외의 자연물도 이성을 갖는 것으로 의인화한다는 것이다. 그러나 이런 비판과는 달리 아리스토텔레스는 자연물을 생물과 무생물로, 생물을 식물·동물·인간으로 나누고, 인간만이 이성을 지닌다고 생각했다.

일부 현대 학자들은, 근대 사상가들이 당시 과학에 기초한 기계론적 모형이 더 설득력을 갖는다는 일종의 교조적 믿음에 의존했을 뿐, 아리스토텔레스의 목적론을 거부할 충분한 근거를 제시하지 못했다고 비판한다. 이런 맥락에서 볼로틴은 근대 과학이 자연에 목적이 없음을 보이지도 못했고 그렇게 하려는 시도조차 하지 않았다고 지적한다. 또한 우드필드는 목적론적 설명이 과학적 설명은 아니지만, 목적론의 옳고 그름을 확인할 수 없기 때문에 목적론이 거짓이라 할 수도 없다고 지적한다.

17세기의 과학은 실험을 통해 과학적 설명의 참·거짓을 확인할 것을 요구했고, 그런 경향은 생명체를 비롯한 세상의 모든 것이 물질로만 구성된다는 물질론으로 이어졌으며, 물질론 가운데 일부는 모든 생물학적 과정이 물리·화학 법칙으로 설명된다는 환원론으로 이어졌다. 이런 환원론은 살아 있는 생명체가 죽은 물질과 다르지 않음을 함축한다. 하지만 아리스토텔레스는 자연물의 물질적 구성 요소를 알면 그것의 본성을 모두 설명할 수 있다는 엠페도클레스의 견해를 반박했다. 이 반박은 자연물이 단순히 물질로만 이루어진 것이 아니며, 또한 그것의 본성이 단순히 물리·화학적으로 환원되지도 않는다는 주장을 내포한다.

첨단 과학의 발전에도 불구하고 생명체의 존재 원리와 이유를 정확히 규명하는 과제는 아직 진행 중이다. 자연물의 구성 요소에 대한 아리스토텔레스의 탐구는 자연물이 존재하고 운동하는 원리와 이유를 밝히려는 것이었고, 그의 목적론은 지금까지 이어지는 그러한 탐구의 출발점이라 할 수 있다.

01

윗글의 논지 전개 방식으로 가장 적절한 것은?

① 대립되는 두 이론을 소개하고 각 이론의 장단점을 비교하고 있다.
② 특정 이론에 대한 상반된 주장을 제시하여 절충 방안을 모색하고 있다.
③ 특정 이론에 대한 다양한 비판의 타당성을 검토한 후 새로운 이론을 도출하고 있다.
④ 특정 이론에 대한 비판들을 시대순으로 제시하여 그 이론의 부당성을 주장하고 있다.
⑤ 특정 이론에 대한 비판들을 검토하고 그 이론에 대한 해석을 제시하여 의의를 밝히고 있다.

02

윗글에 나타난 아리스토텔레스의 견해에 대한 이해로 가장 적절한 것은?

① 개미의 본성적 운동은 이성에 의한 것으로 설명된다.
② 자연물의 목적 실현은 때로는 그 자연물에 해가 된다.
③ 본성적 운동의 주체는 본성을 실현할 능력을 갖고 있다.
④ 낙엽의 운동은 본성적 목적 개념으로는 설명되지 않는다.
⑤ 자연물의 본성적 운동은 외적 원인에 의해 야기되기도 한다.

03

윗글에 나타난 목적론에 대한 논의를 적절하게 진술한 것은?

① 갈릴레이와 볼로틴은 목적론이 근대 과학에 기초한 기계론적 모형이라고 비판한다.
② 갈릴레이와 우드필드는 목적론적 설명이 과학적 설명이 아니라는 데 동의한다.
③ 베이컨과 우드필드는 목적론적 설명이 교조적 신념에 의존했다고 비판한다.
④ 스피노자와 볼로틴은 목적론이 자연에 대한 이해를 확장한다고 주장한다.
⑤ 스피노자와 우드필드는 목적론이 사물을 의인화하기 때문에 거짓이라고 주장한다.

04

윗글을 바탕으로 〈보기〉를 이해한 내용으로 가장 적절한 것은?

〈보기〉

생물학자 마이어는 생명체의 특징을 보여 주는 이론으로 창발론을 제시한다. 그는 생명체가 분자, 세포, 조직에서 개체, 개체군에 이르기까지 단계적으로 점점 더 복잡한 체계를 구성하며, 세포 이상의 단계에서 각 체계의 고유 활동은 미리 정해진 목적을 수행한다고 생각한다. 창발론은 복잡성의 수준이 한 단계씩 오를 때마다 구성 요소에 관한 지식만으로는 예측할 수 없는 특성들이 나타난다는 이론이다. 마이어는 여전히 생명체가 물질만으로 구성된다고 보지만, 물리·화학적 법칙으로 모두 설명되지는 않는다고 본다.

① 마이어는 아리스토텔레스처럼, 엠페도클레스의 물질론적 견해가 적절하다고 보겠군.
② 마이어는 아리스토텔레스처럼, 자연물이 물질만으로 구성된다는 물질론에 동의하겠군.
③ 마이어는 아리스토텔레스처럼, 생명체의 특성들은 구성 요소들에 관한 지식만으로 예측할 수 없다고 보겠군.
④ 마이어는 아리스토텔레스와 달리, 모든 자연물이 목적 지향적으로 운동한다고 보겠군.
⑤ 마이어는 아리스토텔레스와 달리, 모든 자연물의 본성에 대한 물리·화학적 환원을 인정하겠군.

호루라기 관장님의 어휘 트레이닝

공부한 날	월 일 요일
맞은 개수	/ 32

No	뜻	힌트	정답
01	실제의 물체	실ㅊ	
02	실제로 존재함.	실ㅈ	
03	사라져 없어짐.	소ㅁ	
04	분별하여 알아봄.	ㅅ별	
05	다른 것으로 대신함.	ㄷ체	
06	영원히 변하지 아니함.	ㅇ원불ㅂ	
07	둘 중에서 하나를 고름.	ㅇ자택ㅇ	
08	의견이나 문제를 내어놓음.	제ㄱ	
09	다른 것을 본뜨거나 본받음.	모ㅂ	
10	사물의 뿌리나 밑바탕이 되는 기초	ㄱ저	
11	어떤 사실을 자세히 따져서 바로 밝힘.	규ㅁ	
12	사실과 다르게 해석하거나 그릇되게 함.	왜ㄱ	
13	겉으로 드러내지 아니하고 속에 간직함.	ㅎ축	
14	어떤 현상이 안에 존재하는. 또는 그런 것	ㄴ재적	
15	다른 것에 영향을 받아 어떤 현상이 나타남.	반ㅇ	
16	개념, 판단 따위를 행하는 인간의 이성 작용	ㅅ유	
17	본디부터 가지고 있는 사물 자체의 성질이나 모습	ㅂ질	
18	서로 대립되는 두 개의 원리로 사물을 설명하려는 태도	이원ㄹ	
19	어떤 사물이 다른 사물과의 관계 속에서 가지는 위치나 상태	위ㅅ	
20	모든 사물은 목적에 의하여 규정되고 실현하기 위하여 존재한다는 이론	ㅁ적ㄹ	
21	어떤 사물이나 사업의 밑바탕이 되는 기초와 밑천을 비유적으로 이르는 말	토ㄷ	
22	역사적 환경이나 구체적 현실과 관계없이 어떠한 상황에서도 절대로 변하지 않는 진리인 듯 믿고 따르는 것	교ㅈ적	

No	앞의 어휘를 활용해 문장을 완성하시오.
01	문학은 사회 현실을 ( )하는 거울이다.
02	그가 남긴 짧은 말 한마디는 여러 가지 의미를 ( )하고 있다.
03	두 대상의 형태는 비슷해 보이지만 실상 ( )이 다르다.
04	주민들의 협조로 베일에 싸여 있던 범인의 ( )가 드러났다.
05	그 사건의 원인은 외적인 것이 아니라 ( )적인 것에 있었다.
06	생명체의 존재 원리와 이유를 정확히 ( )하는 과제는 아직 진행 중이다.
07	현대 사회에 불거지고 있는 과소비 현상의 ( )에는 심리적인 요인이 자리하고 있다.
08	요즘 사극들은 극 중에 ( )하지 않았던 인물을 등장시켜 극적 긴장감을 더욱 높인다.
09	다산 정약용은 유가 경전을 철저하게 연구하고 재해석하면서 새로운 ( )를 전개하였다.
10	과거의 경험을 ( )로 같은 실수를 반복하지 않도록 부족한 부분을 꼼꼼하게 점검하였다.

오늘 수능 국어 트레이닝 끝!

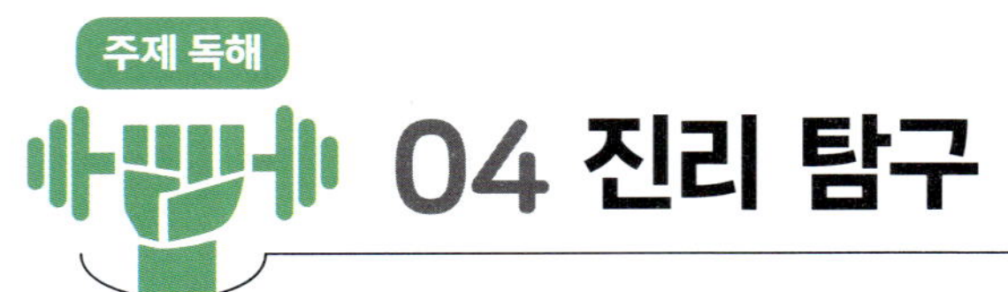

04 진리 탐구

인문 인식론

🎧 다음 글을 읽고 내용을 정리하시오.

01 상식적으로는 자신에게 보이고 들리고 느껴지는 그대로 세계가 존재할 것이라고 생각하지만, 회의론에서는 그 보고 듣고 느끼는 세계가 모두 환상일지도 모른다는 가정을 옹호한다. 가장 널리 알려진 회의론은 근세 철학의 창시자인 데카르트에 의해 제시되었는데, 그는 의심이 전혀 불가능한 확실한 지식을 찾기 위해 체계적으로 의심하는 방법을 만들었다. 즉 의심할 수 있는 이유를 더 이상 찾을 수 없을 때까지 의심할 수 있는 것은 모두 의심해 보는 것이다.

02 그가 의심한 첫 번째 범주의 지식은 감각에 의해 생긴 지식이다. 휴대 전화가 없는데도 벨소리가 들릴 때가 있는 것처럼, 감각은 우리를 종종 속이므로 감각적인 증거를 토대로 생긴 지식은 믿을 수 없다. 그렇지만 내가 지금 의자에 앉아 있다는 사실까지 의심하는 사람은 없다. 이에 대해서도 데카르트는 꿈에서 똑같은 종류의 감각을 한다는 점을 지적한다. 나는 의자에 앉아 있다고 느낄지도 모르지만 사실 나는 침대에서 깊은 잠에 빠져 있을 수 있다. 따라서 감각적인 증거를 토대로 생긴 지식은 믿을 수 없다.

03 감각적 지식만이 지식의 전부는 아니다. 예컨대 우리의 지식 중 수학의 지식은 감각에 의존하지 않으므로 데카르트의 의심에서 무사히 벗어날지 모른다. 내가 깨어 있을 때나 꿈속에서나 2 더하기 3은 5이기 때문이다. 그런데 데카르트는 수학의 지식마저도 의심이 가능하다고 말한다. 악마가 존재하여 사실은 2 더하기 3은 4인데 우리가 2에 3을 더할 때마다 5인 것처럼 속일 수 있기 때문이다. 그런 악마가 실제로 존재하지 않더라도 자체적으로 모순이 되지 않는다면 상상하는 데는 아무런 제약이 없다.

04 그러나 데카르트는 아무리 의심을 해도 의심하는 사람의 존재에 관한 의심은 가능하지 않다고 말한다. 왜냐하면 만약 그 자신이 존재하지 않는다면 어떠한 악마도 그를 속일 수 없기 때문이다. 그러므로 그가 의심하고 있다면 그는 존재함에 틀림없다. 그래서 데카르트는 다음과 같이 말한다. "나는 생각한다. 그러므로 나는 존재한다." 그 자신의 존재는 그 자신에게 절대적으로 확실한 것이다.

05 그런데 데카르트가 찾은 이러한 존재의 확실성의 토대는 그리 튼튼한 것 같지 않다. 그의 결론대로 생각하는 내가 존재한다고 하더라도, 생각하는 '나'가 항상 같은 '나'라는 보장이 있을까? 생각하는 '나'가 존재한다고 하면 지금 생각하는 '나'와 5분 전에 생각하던 '나'는 똑같은 사람으로 존재해야 한다. 그러나 지금 이 순간의 생각은 내가 하고 있는 것이 확실하지만 5분 전에도 '지금의 나'가 생각했다는 것이 확실하지 않으므로, 지금 생각하는 '나'와 5분 전에 생각하던 '나'가 동일하지 않을 수도 있다.

06 데카르트의 체계적 의심에 따르면 절대적으로 확실한 것은 오직 지금 이 순간의 나의 존재일 뿐이다. 그러나 좀 더 철저히 의심하면 영속적인 나의 존재는 보장되지 않는다. 그는 회의를 시작했지만 철저한 회의론자가 되지는 못했다.

📱 지문이 읽히는 독해 코칭

빈칸을 채우며 각 문단별 내용을 완성하시오.

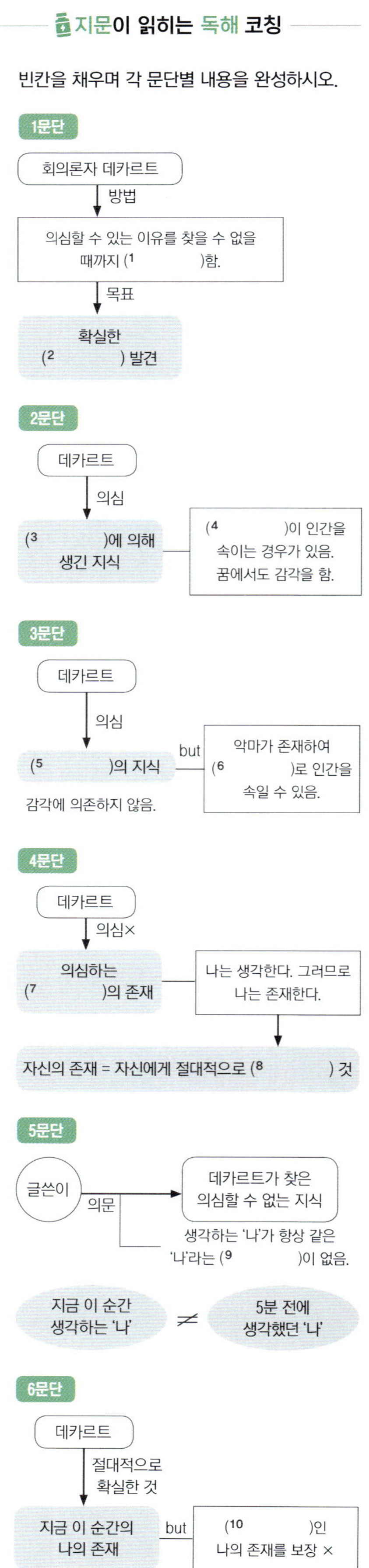

구조 트레이닝 ZONE

빈칸에 알맞은 말을 넣어 구조도를 완성하시오.

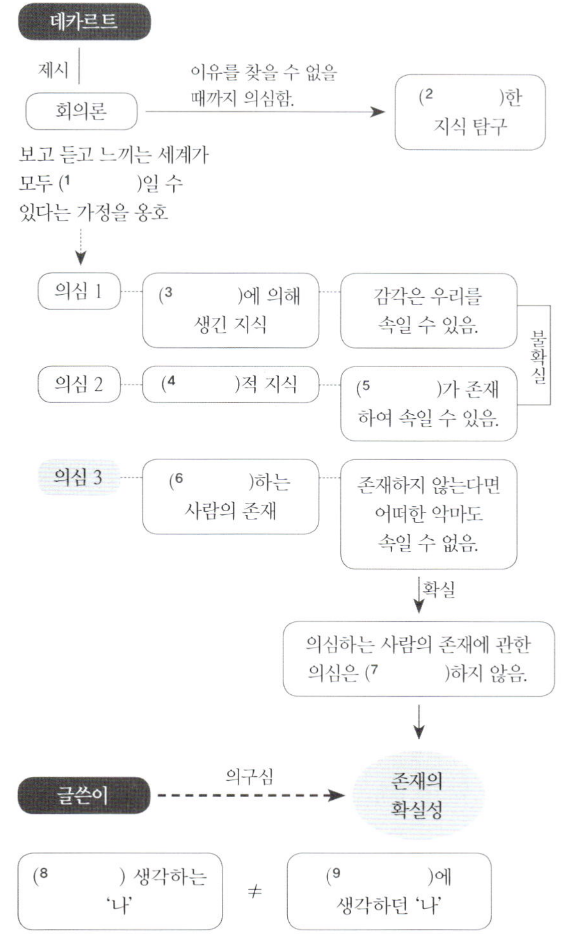

이 지문의 구조는 글쓴이가 데카르트의 회의론의 한계를 지적하는 형태로 이루어져 있습니다. 따라서 데카르트가 의심한 범주의 지식은 무엇이며, 글쓴이는 데카르트의 회의론에 대해 어떤 점을 한계로 지적하고 있는지를 파악하여 정리할 수 있어야 합니다.

내용 트레이닝 ZONE

글 내용과 일치하면 ○에, 그렇지 않으면 ✕에 체크하시오.

1문단

01 데카르트는 근세 철학과 회의론을 창시한 인물이다. ○ ✕

02 회의론은 인간이 보고 듣고 느끼는 세계가 그대로 존재할 것이라고 생각한다. ○ ✕

03 데카르트는 체계적으로 의심하는 방법을 통해 의심이 불가능한 확실한 지식을 찾고자 하였다. ○ ✕

2문단

04 데카르트는 감각으로 느낄 수 있다면 믿을 수 있는 지식이라고 보았다. ○ ✕

05 데카르트는 꿈에서도 현실에서와 동일한 감각을 느낄 수 있다고 주장하였다. ○ ✕

06 데카르트는 우리가 종종 감각에 의해 속을 수 있음을 근거로 감각으로 생긴 지식을 의심하였다. ○ ✕

3문단

07 데카르트는 감각에 의존하지 않는 지식은 의심의 범주에서 제외하였다. ○ ✕

08 데카르트는 악마의 존재 가능성을 염두에 두고 수학적 지식을 의심하였다. ○ ✕

09 악마의 실제 존재 여부와 상관없이 모순이 아니라면 제약 없이 상상할 수 있다. ○ ✕

4문단

10 데카르트는 의심하고 있는 사람의 존재 역시 의심할 수 있다고 보았다. ○ ✕

11 데카르트는 자신이 의심하고 있다면 자신이 존재한다는 것은 절대적으로 확실하다고 생각하였다. ○ ✕

5문단

12 존재의 확실성에 대한 데카르트의 생각은 존재가 항상 같다는 전제를 보장하지 않는다. ○ ✕

13 과거의 '나'는 현재의 '나'와 같은 존재이기 때문에 내가 생각하고 있다는 사실은 확실하다. ○ ✕

워밍-UP

[01~03] 다음 글을 읽고 물음에 답하시오.

01 상식적으로는 자신에게 보이고 들리고 느껴지는 그대로 세계가 존재할 것이라고 생각하지만, 회의론에서는 그 보고 듣고 느끼는 세계가 모두 환상일지도 모른다는 가정을 옹호한다. 가장 널리 알려진 회의론은 근세 철학의 창시자인 데카르트에 의해 제시되었는데, 그는 의심이 전혀 불가능한 확실한 지식을 찾기 위해 체계적으로 의심하는 방법을 만들었다. 즉 의심할 수 있는 이유를 더 이상 찾을 수 없을 때까지 의심할 수 있는 것은 모두 의심해 보는 것이다.

02 그가 의심한 첫 번째 범주의 지식은 감각에 의해 생긴 지식이다. 휴대 전화가 없는데도 벨소리가 들릴 때가 있는 것처럼, 감각은 우리를 종종 속이므로 감각적인 증거를 토대로 생긴 지식은 믿을 수 없다. 그렇지만 내가 지금 의자에 앉아 있다는 사실까지 의심하는 사람은 없다. 이에 대해서도 데카르트는 꿈에서 똑같은 종류의 감각을 한다는 점을 지적한다. 나는 의자에 앉아 있다고 느낄지도 모르지만 사실 나는 침대에서 깊은 잠에 빠져 있을 수 있다. 따라서 감각적인 증거를 토대로 생긴 지식은 믿을 수 없다.

03 감각적 지식만이 지식의 전부는 아니다. 예컨대 우리의 지식 중 수학의 지식은 감각에 의존하지 않으므로 데카르트의 의심에서 무사히 벗어날지 모른다. 내가 깨어 있을 때나 꿈속에서나 2 더하기 3은 5이기 때문이다. 그런데 데카르트는 수학의 지식마저도 의심이 가능하다고 말한다. 악마가 존재하여 사실은 2 더하기 3은 4인데 우리가 2에 3을 더할 때마다 5인 것처럼 속일 수 있기 때문이다. 그런 악마가 실제로 존재하지 않더라도 자체적으로 모순이 되지 않는다면 상상하는 데는 아무런 제약이 없다.

04 그러나 데카르트는 아무리 의심을 해도 의심하는 사람의 존재에 관한 의심은 가능하지 않다고 말한다. 왜냐하면 만약 그 자신이 존재하지 않는다면 어떠한 악마도 그를 속일 수 없기 때문이다. 그러므로 그가 의심하고 있다면 그는 존재함에 틀림없다. 그래서 데카르트는 다음과 같이 말한다. "나는 생각한다. 그러므로 나는 존재한다." 그 자신의 존재는 그 자신에게 절대적으로 확실한 것이다.

05 그런데 데카르트가 찾은 이러한 존재의 확실성의 토대는 그리 튼튼한 것 같지 않다. 그의 결론대로 생각하는 내가 존재한다고 하더라도, 생각하는 '나'가 항상 같은 '나'라는 보장이 있을까? 생각하는 '나'가 존재한다고 하면 지금 생각하는 '나'와 5분 전에 생각하던 '나'는 똑같은 사람으로 존재해야 한다. 그러나 지금 이 순간의 생각은 내가 하고 있는 것이 확실하지만 5분 전에도 '지금의 나'가 생각했다는 것이 확실하지 않으므로, 지금 생각하는 '나'와 5분 전에 생각하던 '나'가 동일하지 않을 수도 있다.

06 데카르트의 체계적 의심에 따르면 절대적으로 확실한 것은 오직 지금 이 순간의 나의 존재일 뿐이다. 그러나 좀 더 철저히 의심하면 영속적인 나의 존재는 보장되지 않는다. 그는 회의를 시작했지만 철저한 회의론자가 되지는 못했다.

지식을 넓히는 주제 코칭

회의론

회의론은 세계에 대하여 객관적으로 확실한 인식의 가능성을 의심하는 인식론의 한 종류이다. 회의론은 크게 절대적 회의와 방법적 회의로 나눌 수 있다. 절대적 회의는 보편타당한 진리 자체의 존재를 부정하거나 또는 그러한 진리 인식의 가능성을 인정하지 않는 태도를 가리킨다. 방법적 회의는 데카르트 철학의 바탕을 이루는 사유의 방법이다. 방법적 회의는 조금이라도 의심스러운 것은 모두 거짓으로 보고 전혀 의심할 수 없는, 절대적으로 확실한 것이 남는지를 살피는 태도를 말한다.

방법적 회의의 제1원리

"나는 생각한다. 고로 나는 존재한다."는 데카르트 철학의 근본 사상을 나타내는 말이다. 데카르트는 학문에서 확실한 기초를 발견하기 위해 의심할 이유가 있는 모든 사물의 존재를 의심하여 연구하였다. 방법적 회의는 의심을 하는 방법으로 진리에 도달하고자 하는 데카르트의 철학적 탐구 방법론이다. 이에 따르면 다른 모든 사물은 의심할 수 있어도 그와 같이 의심하고 있는 나의 존재는 의심할 수 없다. 의심하고 있는 순간에 내가 존재하지 않는다고 할 수는 없는 것이다. 따라서 데카르트는 "나는 생각한다, 고로 나는 존재한다."라는 제1원리에서 출발하여 모든 존재 인식을 이끌어 내려고 하였다.

언젠간 출제각

근대 철학의 회의주의 흐름

근대 철학에서의 회의주의는 데카르트의 방법론적 회의주의와 인간 이성 전반에 대한 회의주의인 데이비드 흄의 회의주의로 나눌 수 있다. 데카르트는 참되고 확실한 지식을 찾기 위한 방법으로서 회의주의를 도입하였고 그 결과 자신이 현재 존재한다는 사실이 확실하다는 인식에 도달하게 되었다. 반면 지식이란 오로지 감각 경험에 근거해야 한다고 믿었던 경험주의자 흄은 어떤 형이상학적인 원리도 경험적 믿음을 정당화시키지 않는다고 논증하였다.

흄의 회의주의로부터 영향을 받은 칸트는 형이상적 지식은 인간의 순수 이성에 의해 절대로 인식할 수 없는 것이라 인정하게 되었고, 실천 이성의 대상인 윤리학만이 지식을 가능하게 하는 분야라 주장하게 되었다. 반면에 헤겔은 칸트의 입장을 반박하며 인간은 유한한 개념뿐만 아니라 무한한 개념을 사유하고 이해할 수 있기 때문에 형이상학적 실제 세계에 대한 지식이 가능하다고 주장하였다.

01

윗글의 집필 의도로 가장 적절한 것은?

① 특정 학자가 의심하는 명제가 다른 학자들에게는 확실한 명제가 될 수 있음을 보여 주기 위해

② 구체적인 사례들을 통합하여 하나의 체계화된 이론을 정립할 수 있음을 보여 주기 위해

③ 상식적인 개념을 제시한 후 그 개념을 분석하여 대립되는 현상을 설명하기 위해

④ 어떤 학자가 주장한 이론을 소개하고 그 이론이 지니는 한계를 지적하기 위해

⑤ 대립하는 두 이론의 장점만을 취하여 하나의 새로운 이론을 정립하기 위해

03

윗글을 바탕으로 〈보기〉의 상황을 이해한 내용으로 적절하지 <u>않은</u> 것은?

〈보기〉

나의 뇌가 몸에서 분리되어 양분이 공급되는 큰 통 안에 둥둥 떠 있고 컴퓨터에 연결되어 있는 상황을 상상해 보자. '통 속의 뇌'에서는 나의 경험을 모두 컴퓨터가 조작해 내고 있다. 가령 나는 의자에 앉아 있다고 생각하지만 그것은 컴퓨터가 만들어 낸 환상이다.

① '통 속의 뇌'와 같은 상황은 우리가 체계적으로 의심한 끝에 도달할 수 있는 것이겠군.

② '통 속의 뇌'의 세계에서 보고 듣고 느끼는 것은 실재하지 않을 수도 있겠어.

③ '통 속의 뇌'를 조작하는 컴퓨터는 데카르트가 말한 '악마'에 해당하겠네.

④ '통 속의 뇌'의 세계에서는 2 더하기 3이 4이면서 동시에 5이겠어.

⑤ 우리도 그런 '통 속의 뇌'가 아니라고 확신할 수 없겠군.

02

윗글의 '데카르트'와 '철저한 회의론자'가 모두 동의할 수 있는 진술만을 〈보기〉에서 있는 대로 고른 것은?

〈보기〉

ㄱ. 꿈속의 지식 중에는 감각적 지식이 아닌 것도 있다.

ㄴ. 어떤 지식을 상상만으로 의심할 수 있다면 그 지식은 확실하지 않다.

ㄷ. 의심하기 위해서는 그 시점에서 의심하는 주체가 필요하다.

ㄹ. 무엇인가를 생각할 때 생각하고 있다는 사실 자체도 의심할 수 있다.

ㅁ. 영속적인 나의 존재를 의심할 수 있는 이유를 찾을 수 있다.

① ㄱ, ㄷ　　　　② ㄴ, ㄷ　　　　③ ㄱ, ㄴ, ㄷ

④ ㄱ, ㄹ, ㅁ　　　⑤ ㄴ, ㄹ, ㅁ

펌핑-UP

[01~04] 다음 글을 읽고 물음에 답하시오.

01 우리는 무엇을 알 수 있으며, 어떻게 알 수 있을까? 17~18세기의 경험주의 철학자들은 이에 대한 답을 경험에서 찾으려 하였다. 하지만 그들은 경험을 통해 알 수 있는 지식의 범주에 대해서는 의견을 달리했다.

02 로크는 경험하기 전에 정신에 내재하는 타고난 관념을 인정하지 않았는데, 우리는 경험을 통해서만 지식을 ㉠획득한다고 보았기 때문이다. 그는 우리가 태어났을 때의 정신은 그 어떤 관념도 없는 백지와 같은 상태인데 경험을 통해 물질에 대한 감각을 지각함으로써 관념이 생긴다고 보았다. 그리고 이 관념이 지식을 형성한다고 보았다. 이러한 사고 과정을 통해 로크는 물질을 지식의 근원으로 여겨야 한다는 결론을 이끌어 내었다. 로크는 물질의 실재(實在)를 ㉡인정하고 여기에서 비롯되는 감각, 관념 등의 사고 과정과 그 과정을 주관하는 정신의 실재도 인정하였다.

03 버클리는 로크의 인식 분석이 오히려 물질의 실재를 부정하게 된다고 주장했다. 버클리는 우리가 경험적으로 지각하는 것은 물질 그 자체가 아니라 '감각의 다발'일 뿐이라고 했다. 예컨대 우리가 먹는 밥은 우선 시각, 후각, 촉각, 다음에는 미각, 다음에는 체내의 ㉢포만감일 뿐이다. 만일 우리에게 감각이 없다면 우리에게 밥이라는 물질이 존재하지 않는다는 것이다. 결국 우리가 인식하는 밥은 감각의 다발 또는 기억의 다발이므로 정신의 상태라는 것이다. 이렇게 되면 우리가 알 수 있는 유일한 실재는 정신만이 남게 된다.

04 흄은 버클리가 외부의 물질을 부정한 방식을 그대로 우리 내부의 정신에 적용하여 사고 과정을 ㉣주관하는 정신도 부정하였다. 우리는 물질에 대한 경험으로부터 비롯된 감각, 기억, 개별적 관념만 지각할 수 있을 뿐이고 사고 과정을 주관하는 정신은 지각할 수 없기 때문이다. 사고 과정을 주관하는 정신은 실체가 없기 때문에 지각의 대상이 될 수 없다고 하였다. 결국 흄은 우리가 인식할 수 있는 대상을 감각, 기억, 개별적인 관념 등의 영역으로 한정하였다.

05 흄은 여기에서 더 나아가 과학적 지식마저도 알 수 없다고 하였다. 과학적 지식은 관찰과 실험을 통해 얻은 개별적 사실로부터 인과 관계나 법칙을 찾아내어 ㉤체계화한 결과이다. 우리는 과학적 추리를 할 때마다 자연이 한결같다는 점을 가정하고 있는데, 그 가정은 경험하지 않은 미래의 일이기 때문에 알 수가 없다는 것이다. 우리는 인과 관계나 법칙을 지각할 수 없고 다만 경험의 직접적인 대상인 특정 사건과 그런 사건의 연속만을 지각할 수 있을 뿐이라는 것이다. [A]

06 결국 흄에게 필연성을 갖고 있는 지식은 수학 공식만이 남는다. 수학 공식이 항상 참된 이유는 동어 반복—술어가 이미 주어에 포함되어 있는 것이기 때문이다. 3×3=9는 3×3과 9가 동일한 것을 다르게 표현한 것이기 때문에 필연적 지식이다. 따라서 지식은 수학적 지식과 직접적 경험에 엄격히 한정되어야 한다고 보았다.

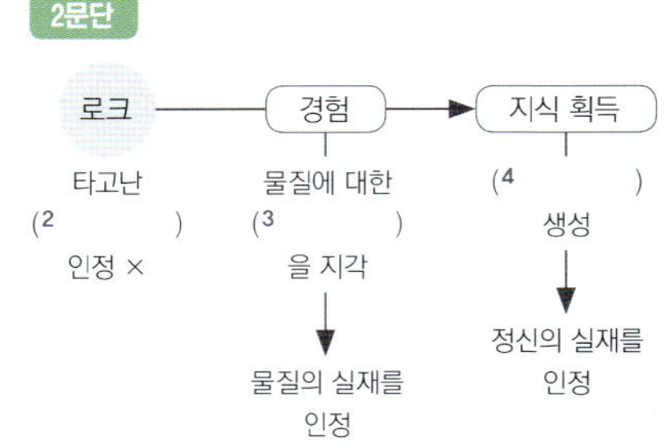
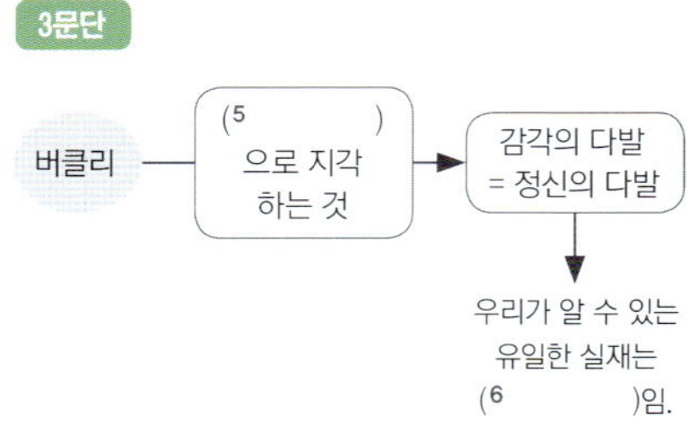
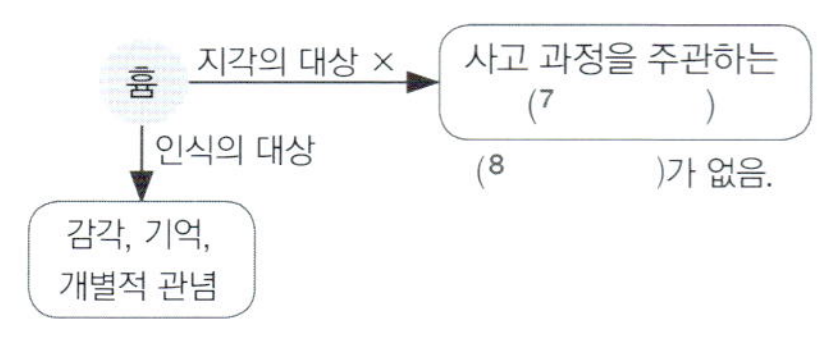
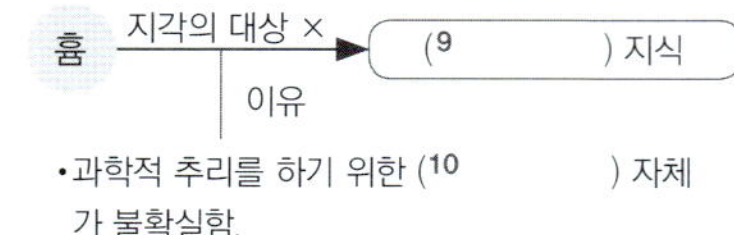
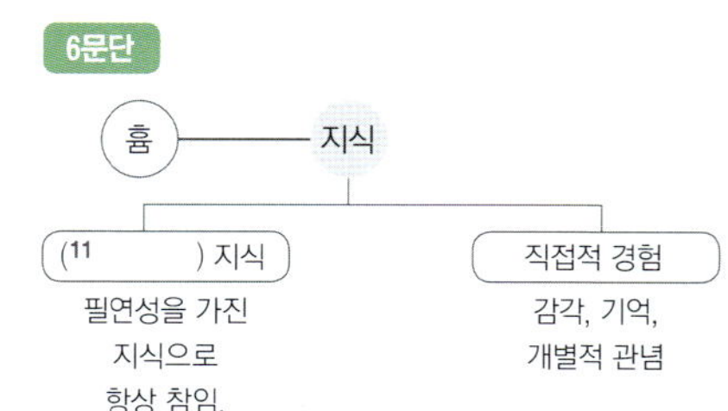

01

윗글의 표제와 부제로 가장 적절한 것은?

① 지식의 범주 – 경험주의 철학자들의 견해 차이를 중심으로

② 물질과 정신의 관계 – 경험주의 철학자 버클리를 중심으로

③ 인과 관계의 필연성 – 수학과 과학의 차이점을 중심으로

④ 경험의 의의 – 경험주의 철학에 대한 비판을 중심으로

⑤ 인식의 과정 – 서양 철학사의 흐름을 중심으로

03

[A]를 참고할 때, 〈보기〉의 ㉑에 대한 흄의 견해로 적절한 것은?

〈보기〉

지금까지 관찰한 결과 겨울에는 날씨가 추웠다. 자연은 한결같은 것이므로 ㉑겨울이 되면 항상 날씨가 추울 것이다.

① 한결같은 현상이므로 과학적 지식이다.

② 인과 관계로부터 추론한 사건의 연속이다.

③ 알 수 없는 가정으로부터 추론한 결과이다.

④ 관찰과 실험을 통해 얻은 개별적 사실이다.

⑤ 과학적 추리의 대상이므로 인식의 대상이다.

02

윗글의 내용과 일치하지 않는 것은?

① 로크는 지식의 근원인 물질의 실재를 인정하였다.

② 로크는 감각, 관념 등의 사고 과정을 주관하는 정신의 실재를 인정하였다.

③ 버클리는 물질에 대한 감각은 물질이 아니라 정신의 영역에 속한다고 생각하였다.

④ 버클리는 경험적으로 지각하지 않아도 물질의 실재를 인식할 수 있다고 생각하였다.

⑤ 흄은 사고 과정을 주관하는 정신은 실체가 없기 때문에 지각할 수 없다고 생각하였다.

04

㉠~㉤의 사전적 의미로 적절하지 않은 것은?

① ㉠ : 얻어 내거나 얻어 가짐.

② ㉡ : 확실히 그렇다고 여김.

③ ㉢ : 넘치도록 가득 차 있는 느낌.

④ ㉣ : 어떤 일을 책임을 지고 맡아 관리함.

⑤ ㉤ : 자기의 의견이나 주의를 굳게 내세움.

구조 트레이닝 ZONE

빈칸에 알맞은 말을 넣어 구조도를 완성하시오.

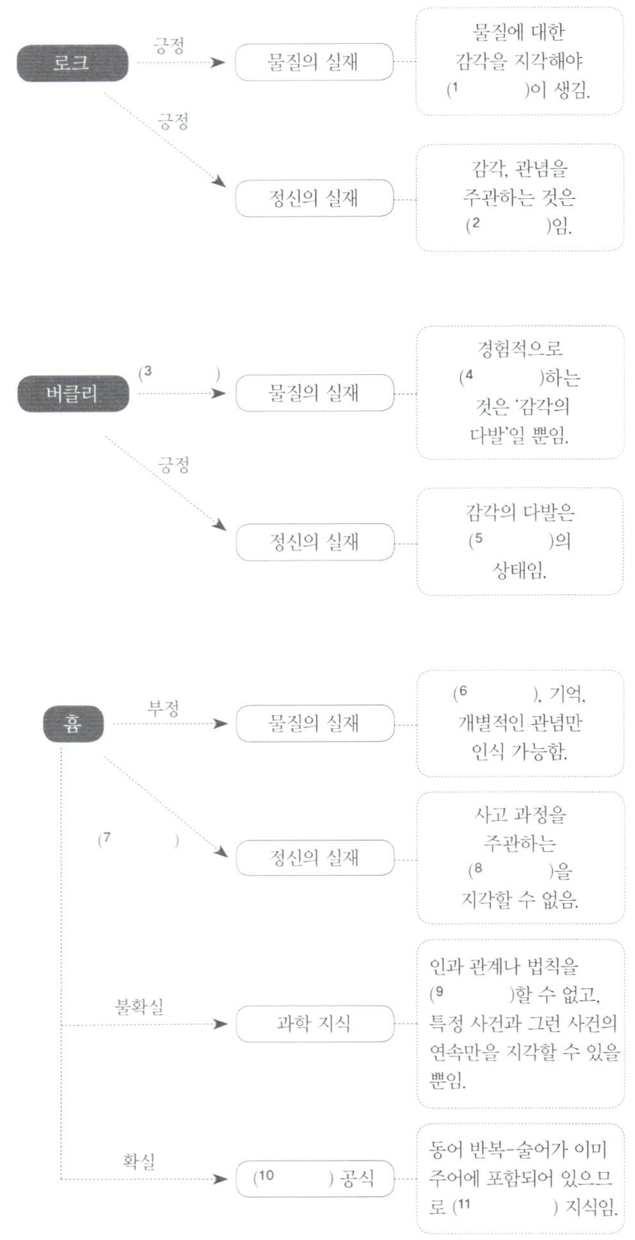

세 경험주의 철학자들의 입장, 즉 '물질의 실재'와 '정신의 실재'를 인정 또는 부정하는지를 중심으로 내용을 정리할 수 있어야 합니다. 그리고 흄이 인정하는 지식의 범주는 무엇인지도 파악할 수 있어야 합니다.

영국 경험론을 형성한 버클리

프랑스의 계몽사상을 낳은 로크의 정치론은 유럽 전역에 커다란 사상적 영향을 미쳤다. 영국에서는 로크의 사상이 정치론보다도 오히려 인식론의 형태로 전개되어 버클리와 흄으로 이어졌다. 버클리는 로크와 같이 물질적 세계의 인식은 감각의 관념에서 유래한다고 인정하였다. 하지만 로크와 달리 버클리는 존재하는 것은 관념과 관념을 지각하는 정신뿐이라고 보고, 물질적 실체의 존재를 부정하였다. 버클리는 존재한다는 것은 지각되는 것일 뿐만 아니라 지각하고 바라는 것이며 행동하는 것이라고 하였다. 또한 버클리는 결과 대 원인의 관계를 관념 대 정신의 관계에서 포착하고, 정신을 관념의 의지적 산출을 행하는 능동자로 봄으로써 신의 존재를 증명하고자 하였다. 즉 버클리는 감각의 관념을 지각할 수는 있지만 결코 만들어 낼 수는 없기 때문에, 감각의 관념은 인간의 유한한 정신을 넘어선 무한한 정신인 신이어야만 한다고 보았다.

불가지론을 주장한 흄

영국의 철학자인 흄은 로크에서 시작된 내재적 인식 비판의 입장을 받아들이고, 뉴턴 자연 철학의 실험적 방법을 인간적 영역에 적용한 인식론을 주장하였다. 흄은 인간의 인식이 오로지 인상과 관념의 범위 내에서 이루어지고 있는 이상, 그것의 외부에 객관적 실재가 존재하는지는 간단히 알 수 없다고 하였다. 흄에 의하면 모든 인간에게 존재하는 것은 직접적인 감각적 경험인 인상의 흐름이며, 인상의 흐름이 어떻게 일어나는지는 우리가 알 수 없다. 흄은 버클리의 물질적 실체의 부정에서 더 나아가 정신적 실체를 부정하는 데까지 나아갔다. 흄은 공리주의적 입장에서 도덕의 기초를 공공적 유용성에서 찾음으로써 애덤 스미스의 경제론에 커다란 영향을 미쳤다.

[01~04] 다음 글을 읽고 물음에 답하시오.

독일의 철학자 후설(Edmund Husserl)이 말하는 '의식 주체'는 서양 근대 철학의 형이상학적 사고방식을 잘 보여 준다. 후설에 의하면 의식 주체는 다른 것의 도움 없이 스스로 존재하는 것, 즉 현존하는 것이며, 사유의 대상인 객체에 비해 우월하며 본질적이다. 이와 같은 맥락에서 의식 주체인 정신은 곧 '나'의 본질로, 그 자체로 완전하고 절대적이며 어떤 상황에서도 변하지 않는 자기 동일성을 지닌 것으로 ⊙간주된다. 그런데 이러한 관점은 이원 대립적 사고방식을 바탕으로 주체와 객체가 우열 관계 내지 착취 관계에 있다고 보아 객체에 대한 주체의 지배를 정당화한다는 데 문제가 있다. 주체 개념의 정립이 17, 18세기 자본주의의 소유 이론과 맞물려 있다는 것은 우연이 아니다.

이와 같은 이원 대립과 위계의 가치 질서를 만들어 낸 후설의 의식 주체를 비판하는 입장에서, 데리다(Jacques Derrida)는 차연 이라는 개념을 ⓛ개진한다. '차연'을 뜻하는 신조어 '디페랑스(différance)'는 '차이(差異)'와 '연기(延期)'의 의미를 지닌다. 예를 들어 사전에서 어떤 단어(A)의 의미를 설명하기 위해 또 다른 단어(B)를 사용하는 경우가 있는데, 이때 단어의 의미는 고정되는 것이 아니라 또 다른 단어와의 차이에 의해 그 의미가 ⓒ구별되면서 끊임없이 연기된다. 이와 마찬가지로 데리다에게 주체란 그 자체로 완전하고 절대적인 의미를 갖고 있는 것이 아니라, 다른 대상들과의 차이에 의해 의미가 드러나고 그 의미에 대한 최종 해석은 계속 연기되는 것이다.

데리다가 말하는 차연은 단순히 의식 주체에 대한 대립 개념이 아니라, 의식 주체의 절대적 위상 속에 ⓔ은폐되어 있는 객체의 가치를 밝히는 새로운 개념이다. 데리다가 의식 주체 개념에 문제를 제기하는 이유는 형이상학적 전통 철학에서는 주체가 다른 것들과의 관계 속에서 그 의미가 드러난다는 것을 은폐하고 그 자체로 고정 불변의 가치를 지닌다고 믿었기 때문이다. 또한 그 믿음으로 인해 형이상학적 전통 철학은 차이와 다양성으로 이루어진 세계를 절대 주체를 중심으로 재편하려는 욕망을 합리화했기 때문이다.

이러한 차연 개념을 통해 데리다가 주장하는 바는 자기 동일성을 지닌 주체란 허구이자 환상에 불과하므로 이를 해체해야 한다는 것이다. 데리다는 절대적 진리나 절대적 주체의 부재를 확인하고, 주체는 다른 것들과의 차이에 의해 구성되는 것이지 자기 동일성을 지닌 우월한 대상이 아니라는 것을 강조한다. 데리다는 그 어느 것에도 특권을 부여하지 않음으로써 형이상학적 전통 철학에서 전제하고 있는 절대적 진리의 '있음'을 '없음'으로 ⓜ대체했다. 그의 사상은 대상마다 나름의 가치를 지니고 있다는 것을 강조함으로써 닫힌 세계에서 열린 세계로 나아가는 계기를 마련해 주며 다원적

사고에 대한 가능성을 제시해 준다는 점에서 그 의의를 찾을 수 있다.

01

윗글에서 언급된 내용으로 적절하지 <u>않은</u> 것은?

① 정신에 대한 후설의 인식
② 데리다의 사상이 갖는 의의
③ 의식 주체 개념이 지닌 문제점
④ 형이상학적 사고방식의 정립 계기
⑤ 주체의 자기 동일성에 대한 데리다의 견해

02

윗글의 차연 에 대한 이해로 가장 적절한 것은?

① 주체의 의미는 고정되지 않으며 다른 것들과의 관계 속에서 구성된다.
② 객체는 주체로부터 비롯되고 주체와의 본질적인 차이에 의해 의미가 결정된다.
③ 주체가 지닌 절대적 지위는 나머지 다른 것들을 구별하는 확고한 기준이 된다.
④ 주체가 그 자체로 완전해지기 위해서는 어떤 상황에서도 변하지 않아야 한다.
⑤ 주체의 의미를 변별하기 위해서는 의미의 모호성을 유발하는 요소들을 제거해야 한다.

03

데리다의 관점에서 〈보기〉에 대해 평가한 내용으로 적절하지 <u>않은</u> 것은?

〈보기〉

식민주의란 약육강식을 근간으로 삼는 차별적 이데올로기이다. 이는 힘이 센 나라(종주국)가 자신보다 약한 나라(식민국)를 무력으로 침략하여 물적·인적 자원을 약탈하고, 그곳을 지배하는 행위를 정당화한다. 서양 근대 철학은 이러한 식민주의의 이념적 뒷받침이 되었다.

① 식민국이 스스로 열등성을 극복할 수 있어야 식민주의를 해체할 수 있겠군.
② 종주국은 식민국과 대등하지 않다는 것을 근거로 식민 지배를 합리화하겠군.
③ 식민주의는 종주국을 절대적 주체로 설정하면서 식민국의 가치를 은폐하려는 이데올로기이군.
④ 종주국의 무력 침략은 종주국을 중심으로 세계를 재편하려는 욕망을 드러낸 것이라고 할 수 있겠군.
⑤ 식민주의의 문제는 상대적 차이를 지닌 나라들의 관계를 위계질서를 지닌 것으로 바라보는 것이겠군.

04

㉠~㉢의 사전적 의미로 적절하지 <u>않은</u> 것은?

① ㉠: 상태, 모양, 성질 따위가 그와 같다고 봄.
② ㉡: 주장이나 사실 따위를 밝히기 위하여 의견이나 내용을 드러내어 말하거나 글로 씀.
③ ㉢: 사물의 가치나 수준 따위를 평함.
④ ㉣: 덮어 감추거나 가리어 숨김.
⑤ ㉤: 다른 것으로 대신함.

호루라기 관장님의 어휘 트레이닝

공부한 날	월 일 요일
맞은 개수	/ 32

No	뜻	힌트	정답
01	다시 편성함.	재ㅍ	
02	현재에 있음.	ㅎ존	
03	나음과 못함.	ㅇ열	
04	고정되어 변함이 없음.	ㄱㅈ불변	
05	두둔하고 편들어 지킴.	옹ㅎ	
06	작용의 대상이 되는 쪽	객ㅊ	
07	어떤 일에 대한 견해나 생각	관ㄴ	
08	꽃이나 푸성귀, 돈 따위의 묶음.	ㄷ발	
09	영원히 계속되는. 또는 그런 것	ㅇ속적	
10	동일한 성질을 가진 부류나 범위	범ㅈ	
11	감각 기관을 통하여 대상을 인식함.	ㅈ각	
12	어떤 일을 책임을 지고 맡아 관리함.	주ㄱ	
13	상태, 모양, 성질 따위가 그렇다고 여김.	ㄱ주	
14	사물의 작용이나 어떤 행동의 주가 되는 것	주ㅊ	
15	사물을 형성하는 근원이 많은. 또는 그런 것	다ㅇ적	
16	눈, 코, 귀, 혀, 살갗을 통하여 바깥의 어떤 자극을 알아차림.	ㄱ각	
17	진리의 절대성을 의심하고 궁극적인 판단을 하지 않으려는 태도	회ㅇ론	
18	사물의 관련이나 일의 결과가 반드시 그렇게 될 수밖에 없는 요소나 성질	ㅍ연성	
19	낱낱의 부분이 짜임새 있게 조직되어 통일된 전체를 이루는 것	체ㄱ적	
20	어떤 사실의 앞뒤, 또는 두 사실이 이치상 어긋나서 서로 맞지 않음을 이르는 말	ㅁ순	
21	주장이나 사실 따위를 밝히기 위하여 의견이나 내용을 드러내어 말하거나 글로 씀.	ㄱ진	
22	정당성이 없거나 정당성에 의문이 있는 것을 무엇으로 둘러대어 정당한 것으로 만듦.	정ㄷ화	

No	앞의 어휘를 활용해 문장을 완성하시오.
01	법원은 그가 뇌물을 받았다고 ( )하고 유죄를 선고했다.
02	변호사는 기본적 인권을 ( )하는 것을 그 사명으로 한다.
03	시민들을 위해 마련한 문화 행사는 시의 ( )으로 마련되었다.
04	상호 간에 ( )을 가릴 수 없을 만큼 두 사람의 실력은 비등했다.
05	일기나 편지는 문학적인 글로서, 수필의 ( )에 속한다고 볼 수 있다.
06	위세 등등했던 집안이 하루아침에 망한 것을 보면 권세도 ( )적인 것이 아니다.
07	그는 학교 누리 게시판에 평소에 품고 있던 생각을 가감없이 글로 ( )하였다.
08	그는 그럴 수밖에 없었다고 변명을 늘어놓으며 자신이 저지른 실수를 ( )하였다.
09	이 작품에서 시인은 비판적 성찰을 통해 산업화 과정에서의 ( )과 부조리를 드러낸다.
10	고객의 요구에 발빠르게 대응하기 위해서 회사의 조직을 고객 중심으로 ( )하기로 하였다.

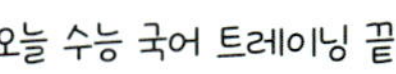

다음 글을 읽고 내용을 정리하시오.

01 　아리스토텔레스의 고전 논리학에서는 기본 명제를 네 가지로 분류하고 이를 각각 '전체 긍정 명제', '전체 부정 명제', '부분 긍정 명제', '부분 부정 명제'라고 이름을 붙였다. 삼단 논법에 이용되는 명제는 어떤 것이든 이 네 가지 기본 명제 중 어느 하나의 형식을 가져야 하며, 이 명제들은 그 뜻이 애매하다거나 모호하지 않아야 하므로 표준 형식으로 고쳐 주어야 한다.

02 　먼저, 전체 긍정을 뜻하는 명제의 표준 형식은 "모든 철학자는 이상주의자이다."와 같이 '모든 ~는 ~이다.'로 하면 된다. 전체 부정을 뜻하는 명제의 표준 형식의 경우, "모든 철학자는 이상주의자가 아니다."라는 말은 애매하다. 왜냐하면 "철학자는 한 사람도 이상주의자가 아니다."를 뜻하는 것인지, 아니면 "철학자 중에는 이상주의자가 아닌 사람도 있다."를 뜻하는 것인지 분명하지 않기 때문이다. 그러므로 '모든 ~는 ~가 아니다.'라는 형식은 전체 부정 명제의 표준 형식이 될 수 없다. 전체 부정의 뜻을 분명하게 나타내어 줄 수 있는 표준 형식은 "어느 철학자도 이상주의자가 아니다."와 같이 '어느 ~도 ~가 아니다.'로 하면 된다. 부분 긍정을 뜻하는 명제의 표준 형식은 "어떤 철학자는 염세주의자이다."와 같이 '어떤 ~는 ~이다.'라는 형식이면 된다. 〈중략〉 마지막으로, 부분 부정을 뜻하는 명제의 표준 형식은 "어떤 철학자는 도덕주의자가 아니다."에서와 같이 '어떤 ~는 ~가 아니다.'라는 형식이면 된다.

03 　"고래는 포유동물이다."라는 일상 언어의 문장은 모든 고래에 대한 긍정을 뜻하는 것이므로 이것을 표준 형식의 명제로 고치면 "모든 고래는 포유동물이다."가 된다. 그러나 "칼을 쓰는 자는 칼로 망한다."라는 말은 전체 긍정의 뜻으로 받아들일 수도 있고 부분 긍정의 뜻으로 받아들일 수도 있다. 이것을 "칼을 쓰는 모든 사람은 칼로 망하는 사람이다."라고 한다면 전체 긍정이 되지만, "칼을 쓰는 어떤 사람은 칼로 망하는 사람이다."라고 한다면 부분 긍정이 된다. 어느 쪽 해석이 옳은가라는 문제는 논리학의 관심 문제가 아니다. 그것을 사실의 서술로 보는 사람은 칼을 쓰는 사람들 중 일부분의 사람만 칼로 망하게 된다는 사실을 긍정하는 것으로 이해하는 것이며, 그 반면 그것을 하나의 교훈적인 말로 받아들이는 사람은 그것이 하나의 보편적인 법칙 같은 것을 뜻하는 것으로 이해하기 때문에 전체 긍정으로 읽게 되는 것이다.

04 　"대부분의 젊은이들은 현실 부정적이다."에서 '대부분'은 전체가 아니라는 뜻이므로 이런 경우는 '어떤'으로, 즉 부분 긍정이나 부분 부정으로 이해할 수밖에 없다. 전체 중에서 단 한 사람에 대한 긍정을 한 것도 부분 긍정으로 일반화시킬 수 밖에 없으며, 한 사람만 제외한 다른 모든 사람들에 대한 긍정도 부분 긍정으로 간주할 수밖에 없다. 명제의 양을 전체와 부분으로만 나누어 두었기 때문에 전체에 관한 것이 아닌 것은 모두 부분에 관한 것으로 표현되어야 한다는 뜻이다. 〈중략〉

05 　일상 언어의 문장은 그것이 어떤 사실을 긍정하는 것일지라도 위에서 검토해 본 예문들처럼 그것의 논리적 의미가 분명치 못한 것이 많다. 그것이 이용되는 경우에 따라서, 또 내용에 따라서 그 의미가 다르게 이해되어야 할 때가 많다. 이러한 문제는 논리학의 범위에 속하지 않는 것이므로 그것을 사용하는 사람이 자기대로 타당한 이해를 할 수밖에 없는 것이다. 그러한 문장을 표준 형식의 명제로 고치고자 할 때는 먼저 적절한 해석을 한 후 그것이 이해되는 뜻에 따라서 그것에 맞는 형식으로 고쳐 주면 된다.

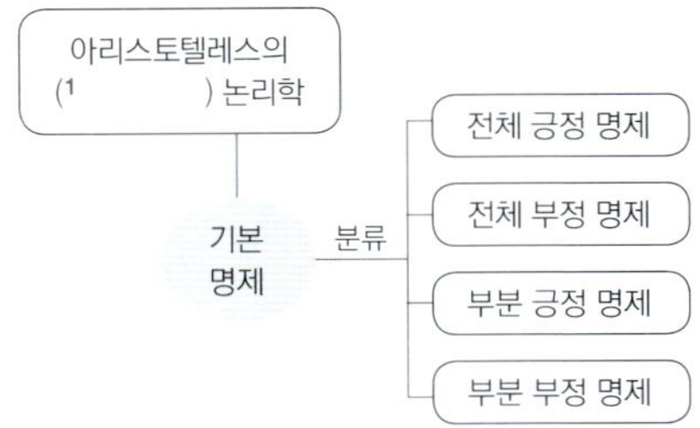

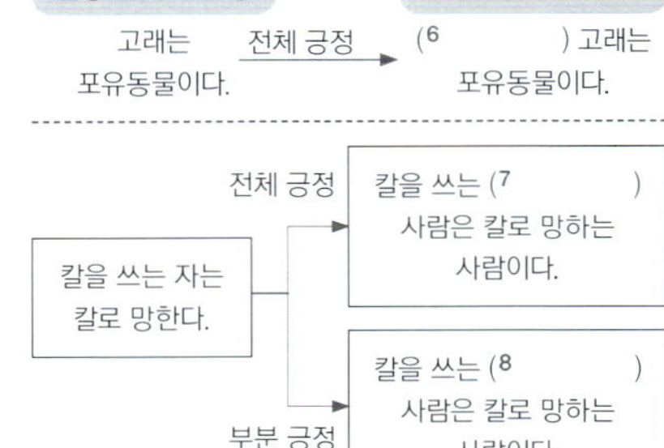

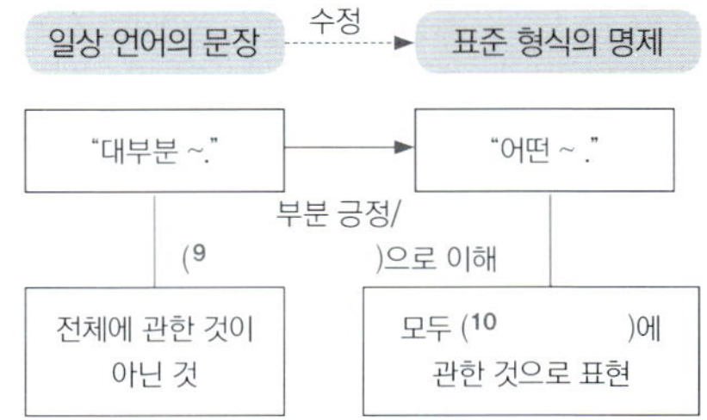

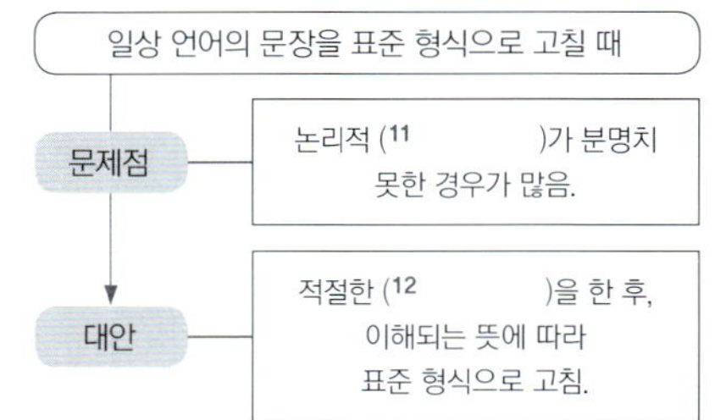

구조 트레이닝 ZONE

빈칸에 알맞은 말을 넣어 구조도를 완성하시오.

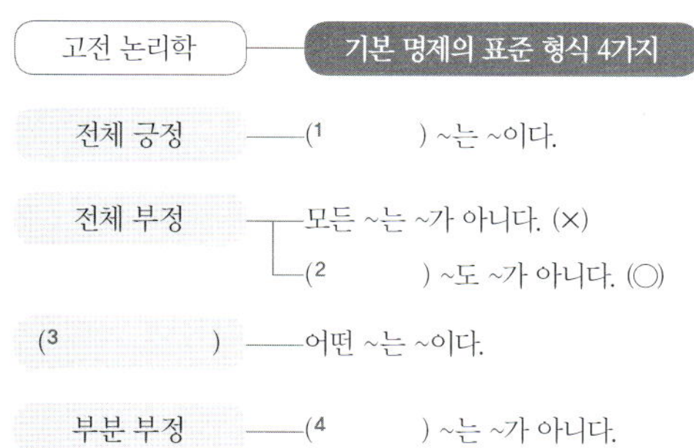

아리스토텔레스의 고전 논리학에서는 기본 명제로 4가지 표준 형식만이 쓰인다는 점을 기억하고, 일상의 언어를 이 표준 형식의 명제로 변환할 때의 문제점이 무엇인지 이해하는 데 중점을 두도록 합니다.

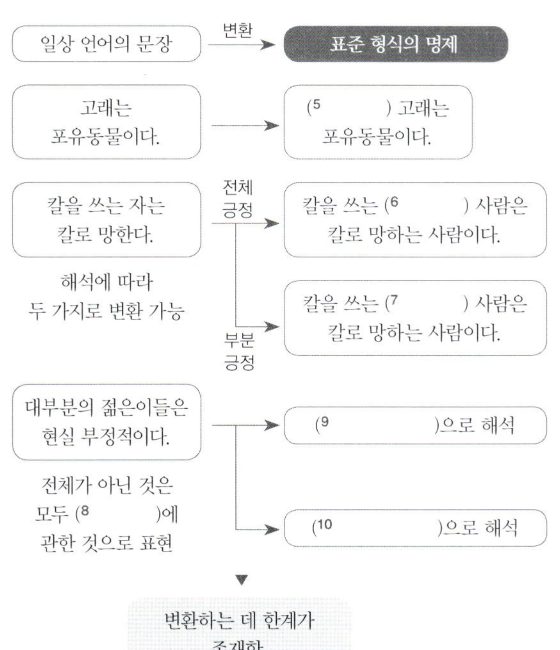

내용 트레이닝 ZONE

글 내용과 일치하면 ◯에, 그렇지 않으면 ✕에 체크하시오.

1문단

01 아리스토텔레스는 기본 명제를 세 가지로 분류하였다. ◯ ✕

02 삼단 논법의 명제는 아리스토텔레스가 분류한 기본 명제 중 하나의 형식을 가져야 한다. ◯ ✕

03 아리스토텔레스가 제안한 표준 형식으로 된 명제들만 삼단 논법의 명제가 될 수 있다. ◯ ✕

2문단

04 '어떤 ~는 ~이다.'라는 표준 형식으로 된 명제는 부분 긍정을 의미한다. ◯ ✕

05 '모든 ~는 ~이다.'와 같은 형식의 명제는 표준 형식으로서 그 뜻이 애매하지 않다. ◯ ✕

06 '모든 ~는 ~가 아니다.'라는 형식의 명제는 전체를 부정하는 표준 형식의 명제이다. ◯ ✕

07 '어떤 ~는 ~가 아니다.'라는 명제를 '어느 ~도 ~가 아니다.'라는 형식의 명제로 바꾸면 부분 부정의 의미를 나타낼 수 있다. ◯ ✕

3문단

08 '모든 고래는 포유동물이다.'는 전체 긍정을 의미하는 표준 형식의 문장이다. ◯ ✕

09 '칼을 쓰는 자는 칼로 망한다.'는 두 가지 의미로 해석될 수 있는 중의적 문장이다. ◯ ✕

10 논리적 의미가 분명하지 못한 문장에 대하여 어느 쪽 해석이 옳은가라는 문제는 논리학의 관심 문제이다. ◯ ✕

4문단

11 전체 중 단 한 사람에 대한 긍정을 나타내는 문장은 부분 긍정으로 일반화시킬 수 있다. ◯ ✕

12 고전 논리학에서는 명제의 양을 전체와 부분으로만 나누어 두었기 때문에 전체에 관한 것이 아닌 것은 모두 부분에 관한 것으로 표현된다. ◯ ✕

5문단

13 일상 언어의 문장들이 내용에 따라 의미가 다르게 이해되는 것을 방지하는 것이 논리학에서 다루는 일이다. ◯ ✕

[01~04] 다음 글을 읽고 물음에 답하시오.

01 아리스토텔레스의 고전 논리학에서는 기본 명제를 네 가지로 분류하고 이를 각각 '전체 긍정 명제', '전체 부정 명제', '부분 긍정 명제', '부분 부정 명제'라고 이름을 붙였다. 삼단 논법에 이용되는 명제는 어떤 것이든 이 네 가지 기본 명제 중 어느 하나의 형식을 가져야 하며, 이 명제들은 그 뜻이 애매하다거나 모호하지 않아야 하므로 표준 형식으로 고쳐 주어야 한다.

02 먼저, 전체 긍정을 뜻하는 명제의 표준 형식은 "모든 철학자는 이상주의자이다."와 같이 '모든 ~는 ~이다.'로 하면 된다. 전체 부정을 뜻하는 명제의 표준 형식의 경우, "모든 철학자는 이상주의자가 아니다."라는 말은 애매하다. 왜냐하면 "철학자는 한 사람도 이상주의자가 아니다."를 뜻하는 것인지, 아니면 "철학자 중에는 이상주의자가 아닌 사람도 있다."를 뜻하는 것인지 분명하지 않기 때문이다. 그러므로 '모든 ~는 ~가 아니다.'라는 형식은 전체 부정 명제의 표준 형식이 될 수 없다. 전체 부정의 뜻을 분명하게 나타내어 줄 수 있는 표준 형식은 "어느 철학자도 이상주의자가 아니다."와 같이 '어느 ~도 ~가 아니다.'로 하면 된다. 부분 긍정을 뜻하는 명제의 표준 형식은 "어떤 철학자는 염세주의자이다."와 같이 '어떤 ~는 ~이다.'라는 형식이면 된다. 〈중략〉 마지막으로, 부분 부정을 뜻하는 명제의 표준 형식은 "어떤 철학자는 도덕주의자가 아니다."에서와 같이 '어떤 ~는 ~가 아니다.'라는 형식이면 된다.

03 "고래는 포유동물이다."라는 일상 언어의 문장은 모든 고래에 대한 긍정을 뜻하는 것이므로 이것을 표준 형식의 명제로 고치면 "모든 고래는 포유동물이다."가 된다. 그러나 "칼을 쓰는 자는 칼로 망한다."라는 말은 전체 긍정의 뜻으로 받아들일 수도 있고 부분 긍정의 뜻으로 받아들일 수도 있다. 이것을 "칼을 쓰는 모든 사람은 칼로 망하는 사람이다."라고 한다면 전체 긍정이 되지만, "칼을 쓰는 어떤 사람은 칼로 망하는 사람이다."라고 한다면 부분 긍정이 된다. ㉠어느 쪽 해석이 옳은가라는 문제는 논리학의 관심 문제가 아니다. 그것을 사실의 서술로 보는 사람은 칼을 쓰는 사람들 중 일부분의 사람만 칼로 망하게 된다는 사실을 긍정하는 것으로 이해하는 것이며, 그 반면 그것을 하나의 교훈적인 말로 받아들이는 사람은 그것이 하나의 ⓐ보편적인 법칙 같은 것을 뜻하는 것으로 이해하기 때문에 전체 긍정으로 읽게 되는 것이다.

04 "대부분의 젊은이들은 현실 부정적이다."에서 '대부분'은 전체가 아니라는 뜻이므로 이런 경우는 '어떤'으로, 즉 부분 긍정이나 부분 부정으로 이해할 수밖에 없다. 전체 중에서 단 한 사람에 대한 긍정을 한 것도 부분 긍정으로 ⓑ일반화시킬 수 밖에 없으며, 한 사람만 제외한 다른 모든 사람들에 대한 긍정도 부분 긍정으로 ⓒ간주할 수밖에 없다. 명제의 양을 전체와 부분으로만 나누어 두었기 때문에 전체에 관한 것이 아닌 것은 모두 부분에 관한 것으로 표현되어야 한다는 뜻이다. 〈중략〉

05 일상 언어의 문장은 그것이 어떤 사실을 긍정하는 것일지라도 위에서 ⓓ검토해 본 예문들처럼 그것의 논리적 의미가 분명치 못한 것이 많다. 그것이 이용되는 경우에 따라서, 또 내용에 따라서 그 의미가 다르게 이해되어야 할 때가 많다. 이러한 문제는 논리학의 범위에 속하지 않는 것이므로 그것을 사용하는 사람이 자기대로 ⓔ타당한 이해를 할 수밖에 없는 것이다. 그러한 문장을 표준 형식의 명제로 고치고자 할 때는 먼저 적절한 해석을 한 후 그것이 이해되는 뜻에 따라서 그것에 맞는 형식으로 고쳐 주면 된다.

아리스토텔레스의 논리학

논리학을 처음 체계화한 사람은 아리스토텔레스이다. 그는 인간의 사고방식에 타당한 형식과 부당한 형식이 있다고 보고, 그 타당성을 식별해 줄 수 있는 방법을 체계화하였다. 그는 논리학을 체계화하는 과정에서 연역 추리의 타당성이 논증의 형식에 의존한다는 중요한 사실을 발견하였다. 아리스토텔레스의 논리학을 형식 논리학이라고도 부르는 이유가 여기에 있다. 논리학은 어떤 주장을 하는 명제들의 논리적인 연결 관계를 분별하는 원칙과 절차에 관한 학문이다. 그런데 논리학은 명제들의 연결 관계에만 주목할 뿐이지, 그 명제들의 참·거짓을 확인하지는 않는다. 그렇기 때문에 하나의 논증을 구성하고 있는 명제들의 일부 또는 전부가 거짓일지라도, 전체적으로는 타당한 논증이 되는 경우가 생기게 된다는 특징이 있다.

⏱ 언젠간 출제각

전형적 연역 추리, 삼단 논법

삼단 논법은 전통적 형식 논리학의 대표적인 간접 추리 논법이며 가장 전형적인 연역적 추리이다. 전제가 되는 2개의 판단 명제에서, 그 판단의 형식에만 기초하여 결론이 되는 제3의 판단을 이끌어 내는 추리이다. 예를 들면 "인간은 모두 죽는다.(대전제)", "소크라테스는 인간이다.(소전제)", "따라서 소크라테스는 죽는다.(결론)"라고 하는 논법이다. 여기서 결론은 소크라테스와 죽음의 관계를 말하며 대전제는 인간과 죽음의 관계, 소전제는 소크라테스와 인간의 관계를 말한다. 이것이 전통적 논리학에서 말하는 전형적인 추론법이며, 이는 정언 삼단 논법이라고도 한다.

01

㉠의 이유로 가장 적절한 것은?

① 일상 언어는 논리학의 표준 명제로 고칠 수 없기 때문이다.

② 논리학은 명제의 형식에 대해서는 문제로 삼지 않기 때문이다.

③ 일상 언어의 문장과 논리학의 문장은 본질적으로 다르기 때문이다.

④ 논리학은 일상 언어의 문장을 우선 네 가지 기본 명제의 형식으로 고친 후 해석해야 하기 때문이다.

⑤ 일상 언어의 문장들은 읽는 사람에 따라서 혹은 그것이 쓰이는 상황에 따라서 그것의 논리적 의미가 다르기 때문이다.

02

윗글을 참고하여 〈보기〉에 대해 판단한 내용으로 적절하지 않은 것은?

〈보기〉
"문제의식이 투철한 사람만 참석했다."

① '참석한 모든 사람은 문제의식이 투철한 사람이었다.'라는 뜻이군.

② '문제의식이 투철한 사람은 누구나 다 참석했다.'는 것을 뜻하지는 않는군.

③ '문제의식이 투철한 사람의 일부분이 참석했다.'라는 것을 긍정하지도 않는군.

④ 참석한 사람들만이 문제의식이 투철한 사람들인지 어떤지에 대한 긍정은 없군.

⑤ '문제의식이 투철한 사람만 참석했다.'는 하나의 표준 형식으로서 분명한 뜻을 지니는군.

03

윗글을 바탕으로, 〈보기〉의 문장들을 표준 형식의 명제로 고친 것으로 적절하지 않은 것은?

〈보기〉
㉮ 원숭이도 나무에서 떨어진다.
㉯ 소수의 사람들만이 특혜를 받았다.
㉰ 경마에 미친 사람은 경마만 좋아한다.
㉱ 비가 오는 날이면 언제나 그는 택시를 탄다.
㉲ 이번 여름은 피서지마다 초만원을 이루었다.

① ㉮: 어떤 원숭이는 나무에서 떨어지는 원숭이이다.

② ㉯: 어떤 사람은 특혜를 받은 사람이다.

③ ㉰: 경마에 미친 모든 사람은 경마를 좋아한다.

④ ㉱: 비가 오는 모든 날은 그가 택시를 타는 날이다.

⑤ ㉲: 이번 여름의 모든 피서지는 초만원을 이루는 곳이다.

04

ⓐ~ⓔ의 사전적 의미로 적절하지 않은 것은?

① ⓐ: 두루 널리 미치는

② ⓑ: 구체적인 것으로 됨.

③ ⓒ: 상태, 모양, 성질 따위가 그와 같다고 봄.

④ ⓓ: 사실이나 내용을 분석해 따짐.

⑤ ⓔ: 일의 이치로 보아 옳은

[01~04] 다음 글을 읽고 물음에 답하시오.

01 논리 실증주의에서는 어떠한 언명이 기존 이론의 영향을 받지 않고 오로지 객관적 관찰을 통해 참과 거짓으로 확실히 결정될 수 있으면 과학적으로 유의미하다고 보았다. 그리고 보편 언명이 단칭 언명의 누적을 통해 성립된다고 주장했다. 단칭 언명은 ⓐ특정 시공간에서 발생한 특정 사건을 언급한 것이고, 보편 언명은 단칭 언명들을 일반화한 것으로 과학 이론으로 성립될 수 있는 것을 말한다. 예컨대 '이 리트머스 시험지가 산에 담기면 붉어진다.'라는 단칭 언명이 예외 없이 관찰된다면 '모든 리트머스 시험지는 산에 담기면 붉어진다.'라는 보편 언명이 과학 이론으로 성립될 수 있다고 보았다.

02 그런데 ⓑ이러한 생각은 어떤 과학 이론이 지금까지 누적된 단칭 언명들을 통해 참으로 보장될지라도, 앞으로 보편 언명으로서 확실히 참이 될 수는 없다는 비판에 직면했다. 예컨대 지금까지 리트머스 시험지가 산에 담겼을 때 항상 붉어졌다는 관찰이, 앞으로 어떤 리트머스 시험지가 산에 담기면 붉어질 것임을 보장하지 않기 때문이다. 이 난점을 극복하기 위해 일부의 논리 실증주의자들은 단칭 언명이 누적될수록 과학 이론이 참으로 결정될 가능성이 점차 증가할 것이라는 ⓒ완화된 입장으로 바뀌었다. 하지만 지금까지의 단칭 언명들로 일반화된 언명이 ⓓ계속 참으로 남을 것인지는 알 수 없다는 문제를 해결할 수 없었다.

03 비판적 합리주의│는 논리 실증주의와 달리 단칭 언명이 기존 과학 이론과의 연관 속에서 형성된다고 보고, 현상을 있는 그대로 관찰하는 것은 거의 불가능하다고 주장했다. 그리고 참인 단칭 언명을 통해 가설이나 과학 이론이 참임을 확실히 알 수는 없지만 참인 단칭 언명을 통해 그것이 거짓임을 밝히는 것은 가능하다고 했다. 예컨대 '어떤 리트머스 시험지가 산에 담기면 그 시험지가 붉어지지 않는다.'라는 단칭 언명으로부터 '모든 리트머스 시험지는 산에 담기면 붉어진다.'라는 보편 언명이 거짓임을 확실히 알 수 있다. 이를 바탕으로 비판적 합리주의에서는 과학과 과학이 아닌 것을 구분하는 기준으로 반증 가능성을 제시하고, 관찰에 의해 반증될 수 있는 언명만을 과학적으로 의미 있는 언명으로 인정해야 한다고 보았다.

04 비판적 합리주의는 기존 과학 이론으로 설명할 수 없는 사실의 관찰로부터 새로운 과학 이론이 비롯된다고 보았다. 이때 기존 과학 이론은 즉시 버려지고 기존 과학 이론을 수정하여 쓸 수는 없다. 과학자들은 기존 과학 이론으로 설명할 수 없는 사실이 발견된 문제 상황을 해결하기 위한 가설을 새로 수립하고, 가설을 ⓔ시험할 수 있는 사례를 떠올린다. 만약 그러한 사례가 관찰되지 않는다면 그 가설은 잠정적 과학 이론의 지위를 부여받는다. 비판적 합리주의는 과학이 참된 진리에 도달할 수는 없으나 점진적으로 다가갈 수 있다고 주장했다. 모든 과학 이론은 잠정적이라는 것이다. 과학 이론은 거듭된 반증의 시도로부터 꾸준히 살아남을 수 있으나 언제라도 반증될 수 있기 때문이다. 하지만 실제 과학 현실에서는 그러한 사례가 발견되어 기존 과학 이론이 폐기되어야 함에도 기존 과학 이론을 폐기하지 않고 보완하려는 시도가 빈번하다는 점에서, ㉠비판적 합리주의는 실제 과학 현실을 정확하게 설명하고 있지 못하다는 문제가 있다.

지문이 읽히는 독해 코칭

빈칸을 채우며 각 문단별 내용을 완성하시오.

1문단

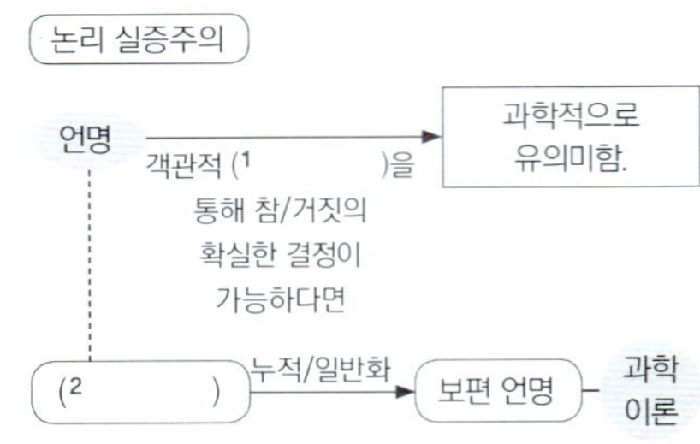

2문단

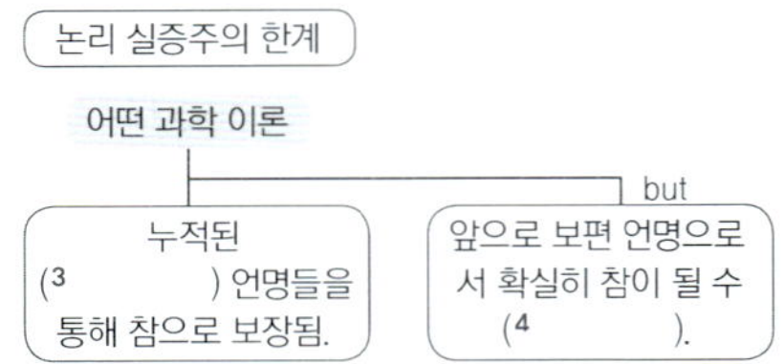

3문단

4문단

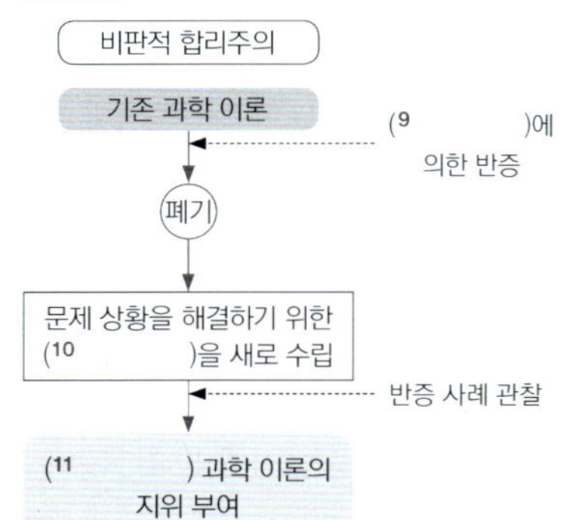

01

윗글을 통해 해결할 수 있는 의문이 <u>아닌</u> 것은?

① 비판적 합리주의에서는 과학과 과학이 아닌 것을 구분하는 기준을 무엇으로 보았는가?
② 논리 실증주의에서는 비판적 합리주의가 가지고 있는 문제점을 무엇으로 보았는가?
③ 비판적 합리주의에서는 과학이 어떻게 참된 진리에 다가갈 수 있다고 보았는가?
④ 비판적 합리주의에서는 새로운 과학 이론이 무엇으로부터 출발한다고 보았는가?
⑤ 논리 실증주의에서는 과학적으로 유의미한 언명의 조건을 무엇으로 보았는가?

02

윗글의 비판적 합리주의 의 입장에서 〈보기〉를 이해한 내용으로 가장 적절한 것은?

〈보기〉

물질의 존재와 무관하게 공간은 항상 같은 상태라는 과학 이론이 그 지위를 확고히 하고 있던 시기에 아인슈타인은 이 과학 이론으로 설명할 수 없는 현상을 새로운 가설로 설명하고자 했다. 그래서 아인슈타인은 태양처럼 질량이 큰 물체는 주변의 공간을 왜곡한다는 가설을 세웠다. 이후 에딩턴은 일식이 진행되는 동안 어떤 별의 사진을 찍었다. 이 사진들을 분석한 결과, 일식 때의 별빛 위치가 일식이 아닐 때의 별빛 위치와 다르다는 것을 알게 되었다. 이를 토대로 에딩턴은 이 별빛은 태양에 의해 왜곡된 공간을 따라 휘며 진행한 것이라고 보았다.

① 아인슈타인의 가설은 거듭된 반증의 시도로부터 꾸준히 살아남는다면 참된 진리에 도달하겠군.
② 태양처럼 질량이 큰 물체에 의해 공간이 왜곡된다는 아인슈타인의 가설이 제시되자마자 기존 과학 이론은 즉시 버려졌겠군.
③ 일식 때 별빛이 휘지 않고 진행함을 보여 주는 현상이 또 발견되어야 아인슈타인의 가설은 잠정적 과학 이론의 지위를 부여받겠군.
④ 물질의 존재와 무관하게 공간은 항상 같은 상태라는 과학 이론은 에딩턴에 의해 확실히 반증되었기에 과학적으로 유의미한 이론이라고 할 수 없겠군.
⑤ 에딩턴의 사진 분석은 아인슈타인의 가설이 참된 진리에 도달했음을 알게 할 수는 없지만 기존 과학 이론이 성립하지 않는다는 것을 확실히 알 수 있게 하겠군.

03

ⓐ~ⓔ에 대한 설명으로 적절하지 <u>않은</u> 것은?

① ⓐ: 객관적 관찰을 통해 참과 거짓을 결정할 수 있는 사건을 언급한 것이다.
② ⓑ: 단칭 언명들을 일반화한 보편 언명이 과학 이론으로 성립될 수 있다는 생각이다.
③ ⓒ: 참인 단칭 언명이 누적될수록 보편 언명이 참이 될 확률이 커진다는 입장이다.
④ ⓓ: 지금의 과학 이론이 미래의 관찰에도 그대로 적용될 수 있을지는 알 수 없다는 문제이다.
⑤ ⓔ: 문제 상황을 해결하기 위해 세운 가설을 지지하는 사례이다.

04

㉠에 대한 이해로 가장 적절한 것은?

① 과학자들은 정확한 관찰이 선행되지 않더라도 새로운 가설을 과학 이론으로 인정하려 한다.
② 과학자들은 어떤 가설이 새로운 과학 이론으로 제시되면 해당 가설의 옳고 그름을 하나하나 점검하려 한다.
③ 과학자들은 기존 과학 이론에 기대어 가설을 세우기보다는 직접 관찰한 사실을 바탕으로 가설을 세우려 한다.
④ 과학자들은 기존 과학 이론으로 풀이될 수 없는 현상이 관찰되더라도 기존 이론을 폐기하지 않고 수정하려 한다.
⑤ 과학자들은 어떤 가설이 새로운 과학 이론의 지위를 부여받았을지라도 그것은 잠정적인 것이기 때문에 언제든 대체될 수 있다고 본다.

구조 트레이닝 ZONE

빈칸에 알맞은 말을 넣어 구조도를 완성하시오.

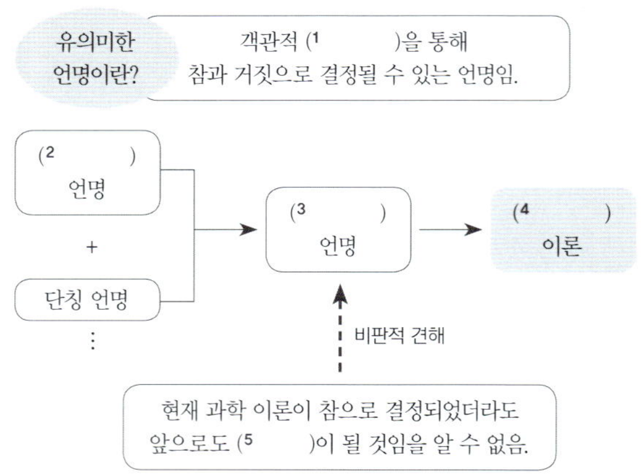

논리실증주의의 한계가 무엇인지를 파악하고, 그에 대한 대안으로 등장한 비판적 합리주의의 특징을 정리할 수 있으면 됩니다. 논리실증주의는 객관적 관찰을 통해 참 거짓을 구분 지을 수 있는 언명을 유의미한 언명으로 보는 반면, 비판적 합리주의는 언명의 유의미를 판단하는 기준으로 반증 가능성을 제시하고 있다는 특징도 기억해 둘 필요가 있습니다.

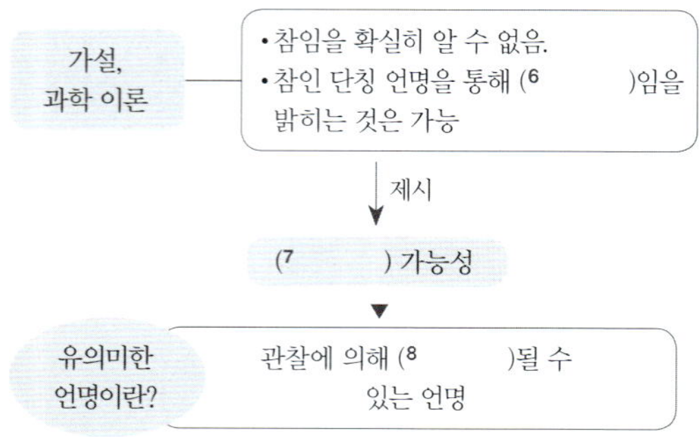

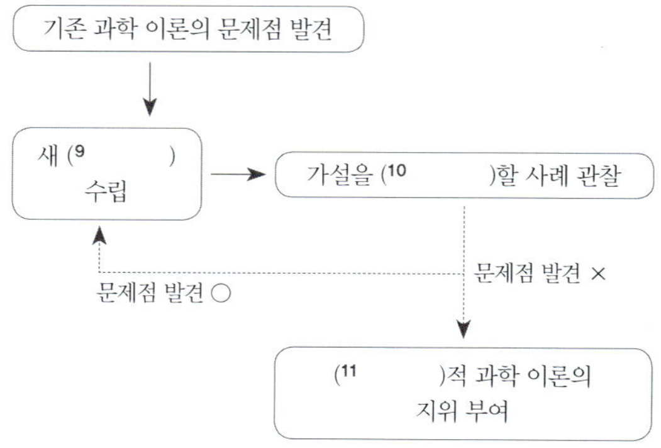

논리 실증주의

과학의 논리적 분석 방법을 철학에 적용하고자 하는 사상으로, 철학·자연 과학에 있어서의 명제나 이론을 분석하였다. 논리 실증주의는 낡은 경험주의와 실증주의의 전통을 20세기로 옮겨 가는 데 큰 역할을 하였다. 논리 실증주의자들은 환상과 같이 애매모호한 말로써 철학적 사색을 즐기는 일체의 전통 철학을 부정하고 논리적인 엄밀성이라든지 명료한 철학적 개념의 사용과 구성을 강조한다. 분명하고 간결한 진술을 추구하는 이들은 어떤 철학적인 진술이든지 그것은 근거가 있어야 하며 검증되어야 하기 때문에 검증되지 않는 진술이나 명제는 의미 없는 명제로 판정한다. 신의 존재와 같은 전통적 형이상학의 문제는 논리 실증주의자들의 입장에서 보면 가상의 문제가 된다. 그러므로 논리 실증주의가 말하는 철학의 과제는 언어와 세계의 관계를 밝히는 것이라고 볼 수 있다. 논리 실증주의자는 세계와 인간에 관한 이론을 정립하려는 입장이라기보다는 이들의 방법, 곧 분석적인 방법에 관심을 둔다.

칼 포퍼의 비판적 합리주의

포퍼는 과학사를 조사해서 위대한 과학자들이 가설을 세울 때 귀납법을 사용한 적이 없다는 사실을 찾아냈다. 객관적이고 열린 사고를 가진 과학자가 꼼꼼하게 자료를 수집해서 이론을 발전시킨다는 생각은 비논리적일 뿐 아니라 상상력의 산물이라고 보았다. 포퍼는 현상을 여러 번 관찰하는 것만으로 가설을 완벽하게 검증하는 것은 불가능하지만 반증하는 것은 가능하다고 생각했다. 이에 따라 과학은 어떤 하나의 가설을 완전하게 검증하면서 발전하는 것이 아니라 기존의 가설들을 계속해서 반증해 나가면서 점진적으로 발전하는 것이라고 주장했다. 포퍼는 반증 가능성이 없는 것은 과학적 지식이 아니라고 보았다. 가설은 경험으로 논박될 잠정적 가능성이 있는 경우에만 과학의 테두리에 들어올 수 있다고 하였다.

[01~03] 다음 글을 읽고 물음에 답하시오.

논리학은 논증에서 전제들로부터 결론이 도출될 수 있는지를 판단하는 학문이다. 논리학을 학문으로 체계화한 사람은 기원전 3세기의 철학자 아리스토텔레스이다. 그는 논증의 일반적인 원리를 연구함으로써 논증의 타당성을 검토하려고 했다.

아리스토텔레스는 정언 문장으로 이루어진 연역 논증을 중심으로 논리학을 연구하였는데, 이러한 논리학을 ⓐ전통 논리학이라 부른다. 연역 논증은 결론이 이미 전제에 포함되어 있기 때문에 전제가 참이면 결론이 반드시 참이 되는 형식의 논증을 말한다. 그리고 정언 문장이란 참과 거짓을 판별할 수 있는 문장 중에서 '주어─술어'로 이루어진 다음 네 가지 형식의 문장을 말한다.

•모든 A는 B이다.	•모든 A는 B가 아니다.
•어떤 A는 B이다.	•어떤 A는 B가 아니다.

(1)은 연역 논증의 하나로 세 개의 정언 문장으로 구성된 정언 삼단 논증의 예이다.

(1) 모든 [아버지]는 [남자]이다.	〈전제 1〉
어떤 [사람]은 [아버지]이다.	〈전제 2〉
그러므로 어떤 [사람]은 [남자]이다.	〈결론〉

(1)에서 결론의 주어가 되는 개념인 '사람'을 소명사(S), 결론의 술어가 되는 개념인 '남자'를 대명사(P)라 하며, '아버지'와 같이 전제에만 있으면서 전제들을 엮을 수 있도록 하는 개념을 중명사(M)라 한다. 만약 술어가 '걷는다'와 같이 동사인 경우에는 '걷는 존재'와 같은 명사(名辭)*로 나타낼 수 있다. 그리고 대명사가 포함된 전제를 대전제, 소명사가 포함된 전제를 소전제라 한다. 이를 사용하여 (1)을 형식화하면 (2)와 같다.

(2) 모든 [M]은 [P]이다.	〈대전제〉
어떤 [S]는 [M]이다.	〈소전제〉
그러므로 어떤 [S]는 [P]이다.	〈결론〉

정언 삼단 논증에서 중명사(M)는 전제들 사이에서 소명사 (S)와 대명사(P)를 연결시키는 역할을 맡는다. 만약 전제에 중명사가 없으면 소명사와 대명사를 연결시킬 수 없으므로 논증을 구성할 수 없다. (2)에서 결론의 [S]─[P]는 배열이 고정되어 있지만, 전제의 'M, P, S'는 배열이 자유롭기 때문에 'M, P, S'를 조합해서 ㉠정언 삼단 논증의 네 가지 유형을 만들 수 있다. 이를 아리스토텔레스는 정언 삼단 논증의 제1격에서부터 제4격이라고 명명하였다. 이와 같이 정언 문장을 대명사, 중명사, 소명사로 분석한 전통 논리학을 명사 단위의 논리학이라 한다.

그런데 (3)은 정언 삼단 논증의 형태를 띠고 있는 것처럼 보이지만 정언 삼단 논증의 유형에서 벗어나 있다.

(3) 만약 비가 온다면, 소풍은 취소된다.	〈전제 1〉
비가 온다.	〈전제 2〉
그러므로 소풍은 취소된다.	〈결론〉

〈전제 1〉은 '비가 온다.'와 '소풍은 취소된다.'의 두 문장이 결합된 것이다. 〈전제 2〉는 〈전제 1〉을 구성하고 있는 문장 중 하나이며, 〈결론〉은 〈전제 1〉을 구성하고 있는 나머지 문장이다. 따라서 정언 문장만을 대상으로 한 전통 논리학으로는 이 논증의 타당성을 분석할 수 없다.

20세기 독일의 논리학자 프레게는 소명사, 대명사, 중명사를 중심으로 논증의 타당성을 검토하는 정언 삼단 논증의 한계를 지적하면서, 명제를 단위로 논증을 분석하는 ⓑ명제 논리학을 제안하였다. 명제란 참과 거짓을 판단할 수 있는 문장이다. 전통 논리학에서는 정언 문장을 명사 단위로 나누어서 분석하였지만, 명제 논리학에서는 명제 자체를 논증의 기본 단위로 삼았다. 그리고 더 이상 분해할 수 없는 명제를 단순 명제라 하여 'p, q, r' 등의 기호로 표시하고, 단순 명제에 논리적 연결사인 '∨(또는)', '∧(그리고)', '→(만약 …이면 …이다)', '~(…가 아니다)' 등을 사용하여 복합 명제를 만들었다.

가령 (3)의 〈전제 1〉은 '비가 온다.'와 '소풍은 취소된다.'의 두 개의 단순 명제가 연결된 복합 명제로, 각각의 단순 명제를 'p'와 'q'로 나타낼 수 있다. 그리고 단순 명제 'p'와 'q'는 '만약 …이면 …이다.'에 해당하는 논리적 연결사 '→'를 사용하여 'p →q'와 같은 복합 명제로 나타낼 수 있다. 따라서 (3)을 기호화하여 나타내면 다음과 같다.

(4) 만약 p이면 q이다.		(4') p → q
p이다.	⇒	p
그러므로 q이다.		q

아리스토텔레스는 정언 문장에서 명사들 간의 관계에 의존하여 논증의 타당성을 설명하였지만, 명제 논리학에서는 명제들의 진릿값과 논리적 연결사에 의존하여 논증의 타당성을 평가했다. 가령, 'p∨q'는 'p'와 'q' 중 하나라도 참이면 참이 되지만, 'p∧q'는 'p'와 'q' 모두 참일 때에만 참이 된다. 또한 'p→q'는 'p'와 'q'가 모두 참인 경우에는 참이지만, 'p'가 참이고 'q'가 거짓인 경우에는 거짓이 된다. 따라서 복합 명제의 진릿값은 단순 명제의 진릿값과 논리적 연결사에 의존한다. (4')는 〈전제 2〉가 〈전제 1〉의 선행 조건인 p를 긍정함으로써 〈결론〉인 q가 성립된다고 주장하는 논증인데, 이러한 형식을 ㉡전건 긍정이라 한다.

* 명사(名辭): 하나의 개념을 언어로 나타내며 명제를 구성하는 데에 요소가 되는 말

01

ⓐ와 ⓑ의 입장에서 〈보기〉를 분석한 것으로 적절하지 <u>않은</u> 것은?

〈보기〉

ㄱ	ㄴ
모든 생명체는 죽는다.	〈전제 1〉 민수는 일하거나 논다.
<u>어떤 사람은 생명체이다.</u>	〈전제 2〉 <u>민수는 일하지 않는다.</u>
어떤 사람은 죽는다.	〈결론〉 민수는 논다.

① ⓐ : ㄱ에서 '모든 생명체는 죽는다.'는 '모든 [생명체]는 [죽는 존재]이다.'와 같이 나타낼 수 있다.

② ⓐ : ㄱ에서 '생명체'는 전제에만 나타나므로 중명사이고, '사람'은 결론의 주어가 되는 개념이므로 소명사이다.

③ ⓑ : ㄱ에서 '모든 생명체는 죽는다.'를 '만약 생명체라면 죽는 존재이다.'로 재구성한다면, 이는 'p → q'의 구조에 해당한다.

④ ⓑ : ㄴ의 〈전제 1〉은 복합 명제에, 〈전제 2〉는 단순 명제에 해당한다.

⑤ ⓑ : ㄴ의 '민수는 일하거나 논다.'를 기호로 나타내기 위해서는 논리적 연결사가 필요하다.

02

㉠에 해당하지 <u>않는</u> 것은?

① M–P
　S–M
　S–P

② P–M
　S–M
　S–P

③ P–M
　M–S
　S–P

④ M–P
　P–S
　S–P

⑤ M–P
　M–S
　S–P

03

㉡의 사례로 가장 적절한 것은?

① 차가 달리지 않으면 멈춘다. 차가 달린다. 그러므로 차가 멈추지 않는다.

② 만약 그것이 생명체라면 죽는다. 그것이 죽는다. 그러므로 그것은 생명체이다.

③ 비가 오면 가뭄이 끝난다. 아직 가뭄이 끝나지 않았다. 그러므로 비가 오지 않았다.

④ 교실 청소가 끝나면 집에 갈 수 있다. 교실 청소가 끝났다. 그러므로 집에 갈 수 있다.

⑤ 공부를 하면 성적이 오른다. 철수는 공부를 하지 않았다. 그러므로 철수는 성적이 오르지 않았다.

호루라기 관장님의 어휘 트레이닝

공부한 날	월 일 요일
맞은 개수	/ 32

No	뜻	힌트	정답
01	곤란한 점	난ㅈ	
02	딴 일에 앞서 행함.	ㅅ행	
03	종류에 따라서 가름.	ㅂ류	
04	임시로 정하는. 또는 그런 것	ㅈ정적	
05	옳고 그름을 이유를 들어 밝힘.	ㄴ증	
06	사물의 이치에 맞는 옳은 성질	타ㄷ성	
07	판단이나 결론 따위를 이끌어 냄.	도ㅊ	
08	조금씩 앞으로 나아가는. 또는 그런 것	ㅈ진적	
09	추리를 할 때, 결론의 기초가 되는 판단	ㅈ제	
10	긴장된 상태나 급박한 것을 느슨하게 함.	ㅇ화	
11	참이나 거짓의 값이 확정될 수 있는 논제	언ㅁ	
12	어떠한 일이나 사물을 직접 당하거나 접함.	ㅈ면	
13	말이나 태도가 흐리터분하여 분명하지 않다.	ㅁ호하다	
14	개별적인 것이나 특수한 것이 일반적인 것으로 됨.	일ㅂ화	
15	어떤 명제의 참, 거짓을 사실에 비추어 검사하는 일	ㅅ증	
16	몇 가지 부분이나 요소들을 모아서 일정한 전체를 짜 이룸.	구ㅅ	
17	어떤 명제, 주장, 판단을 조건을 붙이지 아니하고 확정하여 말함.	ㅈ언	
18	어떤 사실을 설명하거나 어떤 이론 체계를 연역하기 위하여 설정한 가정	ㄱ설	
19	어떤 사실이나 주장이 옳지 아니함을 그에 반대되는 근거를 들어 증명함.	ㅂ증	
20	어떤 문제에 대한 하나의 논리적 판단, 주장을 언어 또는 기호로 표시한 것	ㅁ제	
21	기원 원년 이전. 주로 예수가 태어난 해를 원년으로 하는 서력기원을 기준으로 하여 이름.	기ㅇㅈ	
22	세계나 인생을 불행하고 비참한 것으로 보며, 개혁이나 진보는 불가능하다고 보는 경향이나 태도	염ㅅㅈ의	

No	앞의 어휘를 활용해 문장을 완성하시오.
01	우리나라 국회는 300명의 국회의원으로 ( )되어 있다.
02	두 가지 관점을 절충하면 하나의 결론을 ( )할 수 있다.
03	오이, 당근, 배추는 채소로, 사과, 배, 감은 과일로 ( )된다.
04	그들은 제기된 의견에 찬성도 반대도 하지 않는 ( )한 태도를 보였다.
05	그의 실험 가설은 후대 과학자들에 의해 ( )되면서 치명적인 오류가 드러났다.
06	오늘날 스마트폰의 보급으로 무선으로 인터넷에 접속하는 것이 ( )되었다.
07	사람이 일반적으로 공포 상황에 ( )했을 때 편도체는 교감 신경을 활성화시킨다.
08	정부는 기존의 정책에서 미흡한 부분을 ( )하고자 다양한 방안 마련하려고 할 것이다.
09	갈등 양상을 보이던 두 국가의 관계는 문화 교류가 활성화됨에 따라 ( )적으로 개선될 전망이다.
10	광고 효과를 높이기 위해서는 무엇보다 목표 수용자의 관심과 흥미에 대한 분석이 ( )되어야 한다.

주제 독해 I 인문

오늘 수능 국어 트레이닝 끝!

06 언어의 이해

다음 글을 읽고 내용을 정리하시오.

01 　언어철학에서 특정 인물이나 사물 등을 나타내는 '고유 이름'은 언어와 대상의 관계를 밝히는 데 중요한 역할을 하는 언어 표현이다. 그래서 고유 이름이 의미하는 바가 무엇인지에 대한 논의는 언어철학자들의 중요한 관심사였다. 그중 의미지칭이론에 따르면 고유 이름이 의미하는 바는 그 표현이 지칭하는 것, 즉 지시체 자체이다. 이들에 따르면 '금성'이라는 고유 이름이 의미하는 바는 금성 자체인 것이다. 하지만 프레게는 이러한 의미지칭이론의 입장을 그대로 받아들일 경우 발생하는 문제를 지적하며, 이를 해결하기 위해 지시체와 '뜻'을 구분하여 고유 이름이 의미하는 바를 새롭게 설명하는 이론을 제시한다.

02 　먼저 프레게는 고유 이름이 의미하는 바가 지시체라는 의미지칭이론의 입장을 따를 경우에 발생하는 문제를 밝힌다. 다음의 두 문장을 보자.

　　　　1) 샛별은 <u>샛별</u>이다.　　　　2) 샛별은 <u>개밥바라기</u>이다.

03 　프레게에 의하면 의미지칭이론의 입장에서 1)과 2)는 완전히 동일한 의미를 지녀야 한다. 왜냐하면 의미지칭이론에 따르면 밑줄 친 '샛별'과 '개밥바라기'라는 두 고유 이름이 의미하는 바는 금성이라는 지시체로 동일하기 때문이다. 하지만 프레게는 1)은 동어의 반복이기에 정보를 제공하지 않고, 2)는 정보를 제공하기 때문에 사람들은 두 문장을 다르게 인식하게 된다고 말한다. 그리고 이러한 인식적 차이가 발생하는 이유가 고유 이름이 지시체 그 자체가 아닌 '뜻'을 의미하기 때문이라고 주장한다. 즉 프레게는 '샛별'은 아침에 뜨는 별이라는 뜻을, '개밥바라기'는 저녁에 뜨는 별이라는 뜻을 의미하며, '샛별'과 '개밥바라기'는 동일한 지시체인 금성을 서로 다른 제시 방식으로 제시한 것이라고 말한다. 프레게는 이처럼 동일한 지시체의 서로 다른 제시 방식인 '샛별'과 '개밥바라기'는 다른 뜻을 가진다고 말한다. 따라서 프레게는 고유 이름이 의미하는 바는 '지시체가 아니기에 지시체와 뜻을 구분해야 하고, 뜻의 차이로 인해 1)과 2)가 인식적 차이가 있음을 설명하려고 한 것이다.

04 　프레게는 고유 이름에 한정 기술구도 포함되어야 한다고 주장한다. 한정 기술구란 오직 하나의 대상만이 만족하는 조건을 몇 개의 단어나 이런저런 기호로 구성한 언어 표현이다. 예를 들어 프레게는 '플라톤의 가장 유명한 제자'나 '니코마코스 윤리학의 저자'와 같은 한정 기술구도 '아리스토텔레스'와 같은 고유 이름으로 간주한다. 그래서 프레게에 따르면 '플라톤의 가장 유명한 제자'와 '니코마코스 윤리학의 저자'는 고유 이름들이며, 아리스토텔레스라는 사람에 대한 서로 다른 제시 방식으로 각각은 다른 뜻을 가진다.

05 　한편 프레게는 특정 지시체에 대해 개인이 갖고 있는 관념을 뜻과 혼동해서는 안 된다고 말한다. 관념은 지시체에서 개인이 감각적 경험을 통해 얻게 된 주관적인 내적 이미지이다. 반면 뜻은 우리가 의사소통을 통해 전달하고 이해할 수 있어야 하기에, 언어 공동체가 공유할 수 있는 객관적으로 합의된 재산인 것이다. 다시 말해 우리가 성공적으로 의사소통할 수 있는 이유는 뜻이 공적인 것이기 때문이다. 만약 뜻이 개인의 관념과 같다고 한다면 뜻은 사람마다 다르게 되고, 의사소통은 성공적으로 이루어지기 어렵게 된다. 따라서 프레게는 언어 표현의 뜻은 개인이 지시체에 대해 갖는 관념과는 다르다는 것을 분명히 한다.

06 　결국 프레게는 지시체와 뜻을 구분함으로써 고유 이름이 의미하는 바를 명확히 하였다. 또한 이를 통해 의미지칭이론에서 설명하지 못하는 '유니콘'과 같이 지시체가 존재하지 않는 허구적인 대상의 고유 이름이 의미하는 바를 설명할 수 있게 되었다.

지문이 읽히는 독해 코칭

빈칸을 채우며 각 문단별 내용을 완성하시오.

1문단

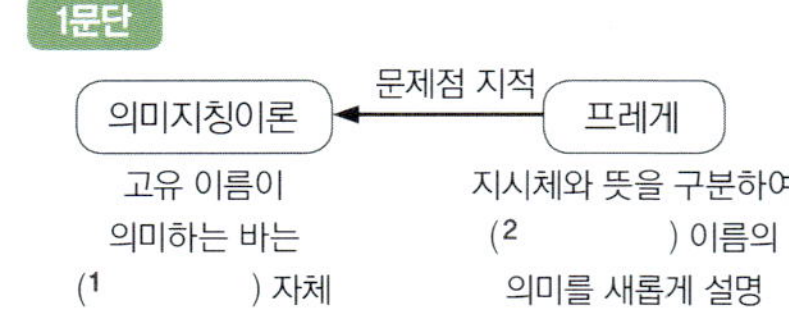

2~3문단

・샛별은 샛별이다.
・샛별은 개밥바라기이다.

두 문장을 다르게 인식하는 이유
→ 고유 이름이 지시체가 아닌, (3 　　　)을 의미하기 때문임.

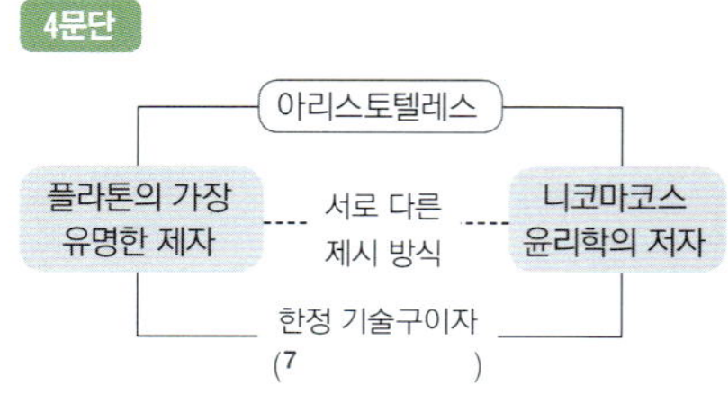

4문단

5문단

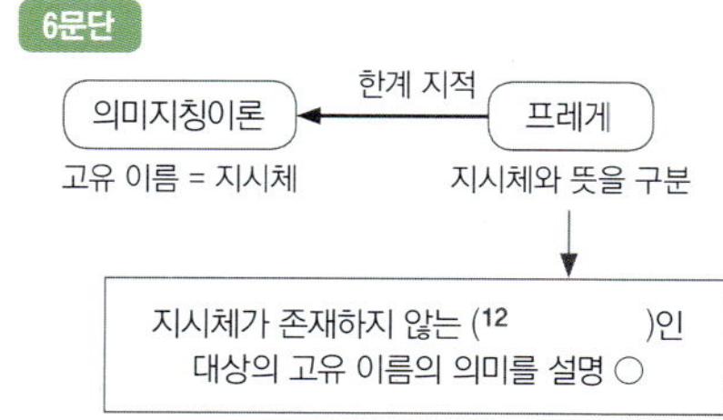

6문단

구조 트레이닝 ZONE

빈칸에 알맞은 말을 넣어 구조도를 완성하시오.

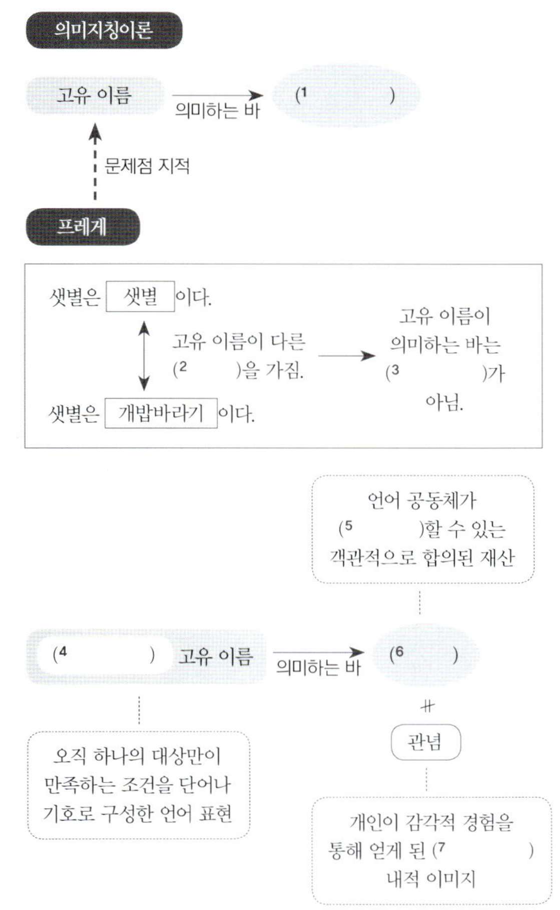

의미지칭이론과 프레게의 입장 차가 무엇인지를 파악할 수 있어야 합니다. 또한 프레게가 고유 이름이 의미하는 바를 지시체가 아니라 '뜻'이라고 설명 하고, '뜻'과 '관념'의 차이에 대해서도 구분하였음을 이해해야 합니다.

내용 트레이닝 ZONE

글 내용과 일치하면 ○에, 그렇지 않으면 ×에 체크하시오.

1문단

01 프레게는 고유 이름이 의미하는 바가 지시체 자체라는 입장을 받아들였다. ○ ×

02 언어철학에서는 언어와 대상의 관계를 밝히는 데 고유 이름이 중요하다고 보았다. ○ ×

03 의미지칭이론에서는 지시체와 뜻을 구분하여 고유 이름의 의미를 파악하고자 하였다. ○ ×

2문단

04 프레게는 고유 이름이 뜻을 의미하기 때문에 인식적 차이를 유발할 수 있다고 주장하였다. ○ ×

05 프레게는 '샛별'과 '개밥바라기'가 서로 다른 대상을 지시하기 때문에 뜻이 다르다고 하였다. ○ ×

06 프레게는 '샛별은 샛별이다.'와 '샛별은 개밥바라기이다.'라는 두 문장이 동일한 의미를 지닌 것으로 본다. ○ ×

07 프레게는 고유 이름의 의미가 지시체가 아니므로 지시체와 고유 이름의 뜻을 구분해야 한다고 주장하였다. ○ ×

3문단

08 여러 대상을 만족하는 조건을 기호로 구성한 언어 표현을 한정 기술구라고 한다. ○ ×

09 프레게는 '플라톤의 가장 유명한 제자'와 '니코마코스 윤리학의 저자'는 각각 다른 뜻을 지닌다고 보았다. ○ ×

4문단

10 뜻은 객관적이고 공적인 것이므로 의사소통을 성공적으로 할 수 있는 요인이다. ○ ×

11 프레게는 특정 지시체에 대한 개인의 관념과 특정 지시체의 뜻을 동일하다고 보았다. ○ ×

12 개인이 감각적 경험을 통해 얻게 되는 내적 이미지인 관념은 주관적이라는 특성이 있다. ○ ×

5문단

13 언어 표현의 뜻은 개인의 관념과 다르기 때문에 성공적인 의사소통을 보장하지 않는다. ○ ×

[01~04] 다음 글을 읽고 물음에 답하시오.

01 언어철학에서 특정 인물이나 사물 등을 나타내는 '고유 이름'은 언어와 대상의 관계를 밝히는 데 중요한 역할을 하는 언어 표현이다. 그래서 고유 이름이 의미하는 바가 무엇인지에 대한 논의는 언어철학자들의 중요한 관심사였다. 그중 의미지칭이론에 따르면 고유 이름이 의미하는 바는 그 표현이 지칭하는 것, 즉 지시체 자체이다. 이들에 따르면 '금성'이라는 고유 이름이 의미하는 바는 금성 자체인 것이다. 하지만 프레게는 이러한 의미지칭이론의 입장을 그대로 받아들일 경우 발생하는 문제를 지적하며, 이를 해결하기 위해 지시체와 '뜻'을 구분하여 고유 이름이 의미하는 바를 새롭게 설명하는 이론을 제시한다.

02 먼저 프레게는 고유 이름이 의미하는 바가 지시체라는 의미지칭이론의 입장을 따를 경우에 발생하는 문제를 밝힌다. 다음의 두 문장을 보자.

1) 샛별은 <u>샛별</u>이다.   2) 샛별은 <u>개밥바라기</u>이다.

03 프레게에 의하면 의미지칭이론의 입장에서 1)과 2)는 완전히 동일한 의미를 지녀야 한다. 왜냐하면 의미지칭이론에 따르면 밑줄 친 '샛별'과 '개밥바라기'라는 두 고유 이름이 의미하는 바는 금성이라는 지시체로 동일하기 때문이다. 하지만 프레게는 1)은 동어의 반복이기에 정보를 제공하지 않고, 2)는 정보를 제공하기 때문에 사람들은 두 문장을 다르게 인식하게 된다고 말한다. 그리고 이러한 인식적 차이가 발생하는 이유가 고유 이름이 지시체 그 자체가 아닌 '뜻'을 의미하기 때문이라고 주장한다. 즉 프레게는 '샛별'은 아침에 뜨는 별이라는 뜻을, '개밥바라기'는 저녁에 뜨는 별이라는 뜻을 의미하며, '샛별'과 '개밥바라기'는 동일한 지시체인 금성을 서로 다른 제시 방식으로 제시한 것이라고 말한다. 프레게는 이처럼 동일한 지시체의 서로 다른 제시 방식인 '샛별'과 '개밥바라기'는 다른 뜻을 가진다고 말한다. 따라서 프레게는 고유 이름이 의미하는 바는 지시체가 아니기에 지시체와 뜻을 구분해야 하고, 뜻의 차이로 인해 1)과 2)가 인식적 차이가 있음을 설명하려고 한 것이다.

04 프레게는 고유 이름에 한정 기술구도 포함되어야 한다고 주장한다. 한정 기술구란 오직 하나의 대상만이 만족하는 조건을 몇 개의 단어나 이런저런 기호로 구성한 언어 표현이다. 예를 들어 프레게는 '플라톤의 가장 유명한 제자'나 '니코마코스 윤리학의 저자'와 같은 한정 기술구도 '아리스토텔레스'와 같은 고유 이름으로 간주한다. 그래서 프레게에 따르면 '플라톤의 가장 유명한 제자'와 '니코마코스 윤리학의 저자'는 고유 이름들이며, 아리스토텔레스라는 사람에 대한 서로 다른 제시 방식으로 각각은 다른 뜻을 가진다.

05 한편 프레게는 특정 지시체에 대해 개인이 갖고 있는 관념을 뜻과 혼동해서는 안 된다고 말한다. 관념은 지시체에서 개인이 감각적 경험을 통해 얻게 된 주관적인 내적 이미지이다. 반면 뜻은 우리가 의사소통을 통해 전달하고 이해할 수 있어야 하기에, 언어 공동체가 공유할 수 있는 객관적으로 합의된 재산인 것이다. 다시 말해 우리가 성공적으로 의사소통할 수 있는 이유는 뜻이 공적인 것이기 때문이다. 만약 뜻이 개인의 관념과 같다고 한다면 뜻은 사람마다 다르게 되고, 의사소통은 성공적으로 이루어지기 어렵게 된다. 따라서 프레게는 언어 표현의 뜻은 개인이 지시체에 대해 갖는 관념과는 다르다는 것을 분명히 한다. [A]

06 결국 프레게는 지시체와 뜻을 구분함으로써 고유 이름이 의미하는 바를 명확히 하였다. 또한 이를 통해 의미지칭이론에서 설명하지 못하는 <u>㉠'유니콘'과 같이 지시체가 존재하지 않는 허구적인 대상의 고유 이름이 의미하는 바</u>를 설명할 수 있게 되었다.

01

윗글에 대한 설명으로 가장 적절한 것은?

① 기존의 이론을 비판한 새로운 이론을 예를 중심으로 설명하고
  있다.

② 특정 학자가 주장한 이론의 변천 과정을 통시적 관점에서 분석
  하고 있다.

③ 상반된 이론을 제시한 후 두 이론을 절충한 새로운 이론을 소
  개하고 있다.

④ 특정 이론에 대한 다양한 관점을 제시하고 각 관점의 장단점을
  비교하고 있다.

⑤ 특정 학자가 자신의 이론에 제기된 문제점을 수용하는 과정을
  단계별로 밝히고 있다.

02

〈보기〉는 프레게의 이론을 비유적으로 설명하기 위한 예시이다. 윗글
의 [A]를 참고하여 프레게의 입장에서 〈보기〉의 ⓐ ~ ⓒ를 설명할 수
있는 말로 적절한 것을 고른 것은?

〈보기〉

　우리 가족들은 천문대에 가서 ⓐ밤하늘의 달을 보았다. 그
날 우리는 하나의 망원경을 통해 달을 보고 이야기를 나눌 수
있었다. ⓑ우리 가족이 나눈 대화 속 망원경 렌즈에 맺힌 달의
형상은 모두 같았지만, 그날 망원경의 렌즈를 거쳐 ⓒ망막에
맺힌 달은 우리 가족에게 서로 다른 추억으로 기억되고 있다.

	ⓐ	ⓑ	ⓒ
①	지시체	관념	뜻
②	내적 이미지	뜻	관념
③	지시체	뜻	관념
④	내적 이미지	관념	뜻
⑤	지시체	내적 이미지	뜻

03

윗글을 읽은 학생이 프레게의 입장에서 〈보기〉에 대해 보일 수 있는
반응으로 적절하지 <u>않은</u> 것은?

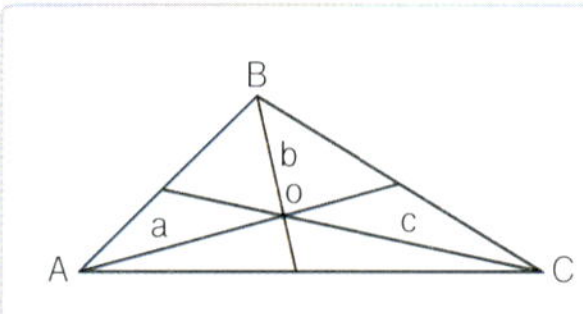

〈보기〉

왼쪽에 있는 삼각형의 각 꼭
짓점에서 그 대변의 중점으로
이어지는 선을 a, b, c라고 할
때, ㉮'a와 b의 교점'과 ㉯'b와 c의 교점'의 지시체는 ㉰o이다.
따라서 ㉱'o는 a와 b의 교점이다.'와 같은 문장으로 표현할 수
있다.

① ㉮와 ㉯는 동일한 지시체를 지칭하지만 뜻은 서로 다르다고 볼
  수 있겠군.

② ㉮와 ㉯는 몇 개의 단어와 기호로 구성되어 있지만 고유 이름으
  로 볼 수 있겠군.

③ ㉮와 ㉯로 의사소통이 가능한 이유는 ㉰에 대한 개인의 내적
  이미지가 일치하기 때문이겠군.

④ ㉰에 대한 제시 방식에는 ㉮와 ㉯뿐만 아니라 'a와 c의 교점'도
  포함할 수 있겠군.

⑤ ㉱는 'o는 o이다.'라는 문장과 인식적 차이가 발생한다고 할 수
  있겠군.

04

윗글을 참고할 때, 의미지칭이론에서 ㉠을 설명하지 못하는 이유를 추
론한 내용으로 가장 적절한 것은?

① 고유 이름은 다수의 지시체를 의미한다고 보기 때문이겠군.

② 고유 이름과 지시체는 서로 관련이 없다고 보기 때문이겠군.

③ 고유 이름이 의미하는 바를 지시체 그 자체로 보기 때문이겠군.

④ 고유 이름과 지시체가 서로 다른 정보를 제공한다고 보기 때문
  이겠군.

⑤ 고유 이름으로는 언어와 대상의 관계를 밝힐 수 없다고 보기 때
  문이겠군.

 펌핑-UP

[01~03] 다음 글을 읽고 물음에 답하시오.

01 (가) 소쉬르에 따르면 언어는 기호 체계로, 현실 세계를 묘사하는 것이 아니라 근본적으로 자의적인 체계이다. 기호란 어떠한 뜻을 나타내기 위해 쓰이는 표지를 이르는데, 기표와 기의로 이루어진다. 기표는 귀로 들을 수 있는 소리로써 의미를 전달하는 외적 형식을 이르며, 기의는 말에 있어서 소리로 표시되는 의미를 이른다. 예컨대 언어의 소리 측면을 지칭하는 '산[san]'이라는 기표에, 그 소리가 지칭하는 의미를 나타내는 '평지보다 높이 솟아 있는 땅의 부분'이라는 기의가 대응하는 것이다. 소쉬르에 따르면 기표와 기의의 관계는 필연적이지 않고 자의적이며, 단지 그 기호를 사용하는 사람들의 사회적 약속일 뿐이다. 〈중략〉

02 더불어 소쉬르는 사람들이 언어 체계에 맞춰 현실 세계를 새롭게 인식한다는 것을 설명하기 위해 '랑그'와 '파롤'이라는 개념을 제시한다. 랑그란 언어가 갖는 추상적인 체계이고, 파롤은 랑그에 바탕을 두고 개인이 실현하는 구체적인 발화이다. 소쉬르는 어떤 사람이 어떠한 발화를 하더라도 그 발화의 표현 방식이나 범위는 사실상 그가 사용하는 언어 체계인 랑그에 의해서 지배되거나 제약받는다고 주장한다. 예를 들어 한국어에서는 빨강 계통의 색을 '빨갛다', '시뻘겋다', '새빨갛다', '불긋불긋하다' 등 다채롭게 표현할 수 있다. 하지만 영어에서는 한국어만큼 빨강 계통의 색을 다채롭게 표현할 수 있는 단어가 많지 않다. 따라서 소쉬르는 영어를 사용하는 사람들이 실제로는 다양하게 존재하는 빨강 계통의 색을 그들이 사용하는 랑그에 맞게 인식한다고 본다. 〈중략〉

03 일반적으로 사람들은 어휘를 선택하고 그것을 언어 체계에 맞추어 발화하는 주체가 자신이라고 생각한다. 하지만 소쉬르는 발화의 진정한 주체는 발화자가 아닌 랑그라는 사실을 전제하고 있다. 결국 소쉬르의 언어학은 언어가 현실 세계를 수동적으로 재현하는 수단이 아니며, 오히려 언어가 현실 세계를 구성한다는 생각을 함축하고 있는 것이다.

01 (나) 비트겐슈타인에게 언어는 삶의 다양한 맥락에 따라 서로 다르게 혹은 유사한 모습으로 존재한다. 이에 따라 비트겐슈타인은 언어를 이해하는 것은 그것이 어떻게 사용될 수 있는지를 이해하는 것이라는 '의미사용이론'을 제시한다. 비트겐슈타인은 언어를 배우는 것이, 일상 활동들의 맥락 속에서 언어를 어떻게 사용하고 또한 타인의 언어에 어떻게 반응해야 하는지를 배우는 것이라고 말한다. 가령 '빨강'이라는 단어의 의미를 배우는 것은 사전에 실려 있는 추상적 개념을 배우는 것이 아니라, 실제 미술 시간에 눈앞에 있는 빨간 사과를 그려 보라는 교사의 말에 물감 중 필요한 빨간색을 골라 사용할 수 있게 되는 일이다.

02 비트겐슈타인은 이런 의미사용이론을 설명하기 위해 언어를 게임에 비유하여 설명한다. 예컨대 땅따먹기와 같은 게임의 규칙은 절대 불변의 법칙이 아니라 땅따먹기라는 게임을 원활하게 진행하기 위해서 만들어진 것이며, 이런 게임의 규칙은 그것에 참가한 사람들이 게임을 수행할 수 있도록 만드는 형식에 불과하다. 이렇게 언어를 게임에 빗대어 설명한다는 것은 곧 언어가 그것을 사용하는 사람들의 구체적인 활동과 관련해서만 의미가 있다는 것을 보여 준다.

03 비트겐슈타인은 개념을 사용할 때 그것의 적용 사례들에 어떤 공통 요소가 반드시 있어야 한다는 강박 관념을 버려야 한다고 강조한다. 이는 결국 언어가 그것을 사용하는 사람들의 삶과 맞물려 있어 삶의 양식이 다양한 만큼 언어 역시 다양하기 때문이다. 따라서 비트겐슈타인에게 있어 언어란 현실 세계를 재현하는 것이 아니라, 언어를 사용하는 사람들의 소통에 의해서 만들어지는 것이라고 할 수 있다.

지문이 읽히는 독해 코칭

빈칸을 채우며 각 문단별 내용을 완성하시오.

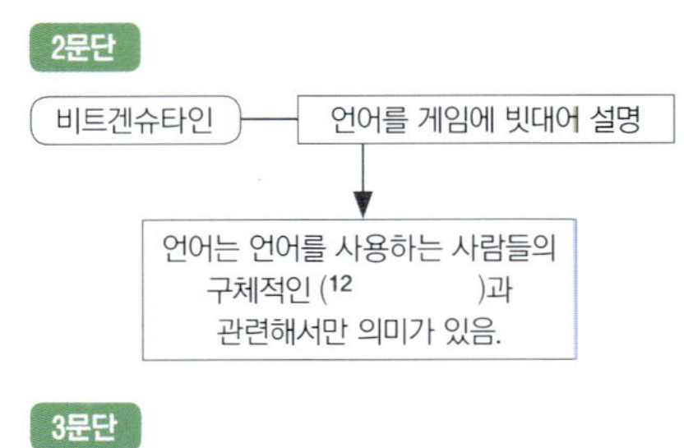

01

랭그 , 파롤 에 대한 이해로 가장 적절한 것은?

① 랭그는 현실 세계를 재현하는 수단이다.

② 파롤은 언어의 추상적 체계를 지칭한다.

③ 랭그는 개인이 실현하는 구체적인 발화이다.

④ 파롤의 표현 방식은 랭그에 의해서 제약을 받는다.

⑤ 랭그는 파롤을 바탕으로 발화자가 주체임을 드러낸다.

02

다음은 온라인 수업 게시판의 일부이다. 윗글을 바탕으로 학생들이 과제를 수행했다고 할 때, ㉮~㉰에 들어갈 말로 가장 적절한 것은?

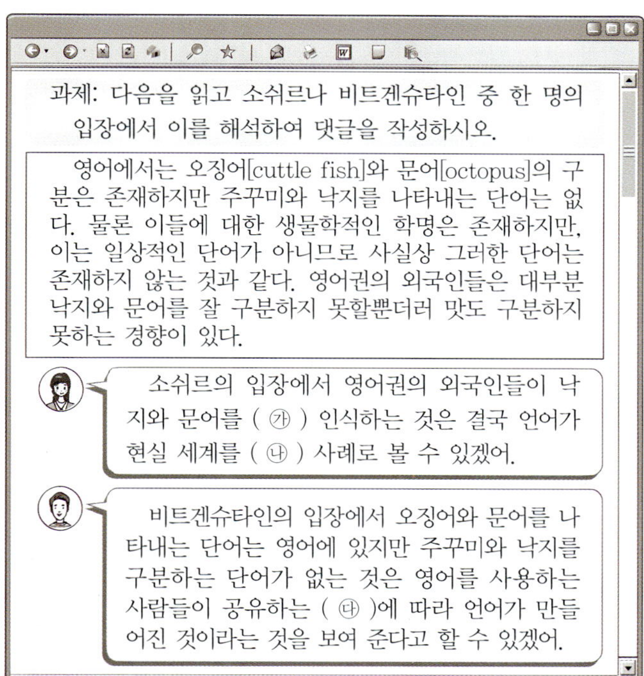

	㉮	㉯	㉰
①	다르게	구성한다는	삶의 양식
②	다르게	묘사한다는	높은 수준의 명확성
③	비슷하게	구성한다는	삶의 양식
④	비슷하게	구성한다는	높은 수준의 명확성
⑤	비슷하게	묘사한다는	삶의 양식

03

다음은 '읽기 후' 단계에서 학생이 찾은 다른 학자들의 견해이다. 윗글을 바탕으로 주제 통합적 읽기를 수행한 학생의 이해로 적절하지 <u>않은</u> 것은?

ⓐ 말소리와 지시물 간에는 직접적인 관계가 없으며 개념이 말소리와 직접적으로 연결된다. 지시물은 개념을 통해 말소리와 간접적으로 연결되어 언어는 일정한 의미를 형성하게 된다.

ⓑ 언어란 현실 세계를 재현하기 위한 수단이며 언어의 의미는 곧 언어가 구체적으로 지시하는 대상이다. 세계가 먼저 있고 그 세계를 재현하기 위해서 언어가 존재하는 것이다.

ⓒ 언어에서 사물의 이름은 임의적으로 붙여진 것이 아니다. 사물은 자연의 일부로서 자연을 닮고 서로 유사함을 나누어 가지며, 사물의 이름은 이런 자연의 법칙에 따라 지어진 것이다.

① 개념이 말소리와 직접적으로 연결된다는 ⓐ의 입장과 유사하게, 소쉬르는 언어가 기표와 기의의 대응을 통해 이루어진다고 주장하고 있다.

② 언어는 일정한 의미를 형성하게 된다는 ⓐ의 입장과 달리, 비트겐슈타인은 언어가 사람들의 소통에 의해서 만들어진다고 주장하고 있다.

③ 언어란 현실 세계를 재현하기 위한 수단이라는 ⓑ의 입장과 달리, 소쉬르는 언어가 자의적인 성격을 지닐 뿐이며 현실 세계를 재현하는 것이 아니라고 주장하고 있다.

④ 세계가 먼저 있고 그 세계를 재현하기 위해서 언어가 존재한다는 ⓑ의 입장과 유사하게, 비트겐슈타인은 언어가 먼저 있고 절대 불변의 법칙에 따라 세계가 존재한다고 주장하고 있다.

⑤ 언어에서 사물의 이름은 임의적으로 붙여진 것이 아니라는 ⓒ의 입장과 달리, 소쉬르는 기표와 기의의 관계가 필연적이지 않다고 주장하고 있다.

구조 트레이닝 ZONE

빈칸에 알맞은 말을 넣어 구조도를 완성하시오.

소쉬르의 언어학

기호

(1   ) ──사회적 약속── (2   )

귀로 들을 수 있는 소리로 의미를 전달하는 외적 형식

말에 있어서 소리로 표시되는 의미

'산'   평지보다 높이 솟아 있는 땅의 부분

필연적 ×
(3   ) ○

랑그 ──영향을 줌.──▶ 파롤

언어가 갖는 추상적인 (4   )

랑그에 바탕으로 두고 개인이 실현하는 구체적인 (5   )

세계를 (6   )에 맞게 인식함.

▼

언어가 (7   )를 구성함.

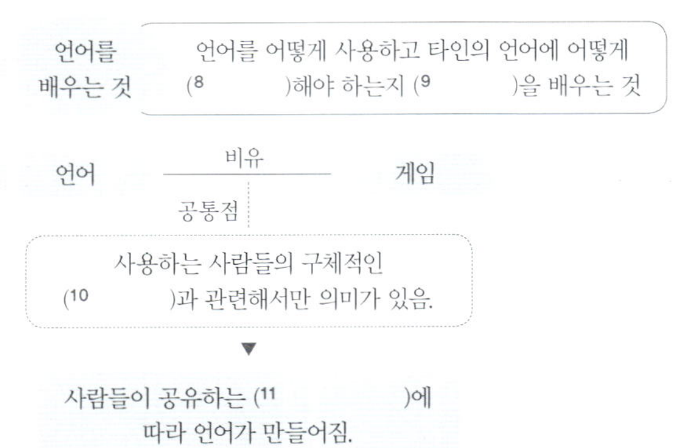

소쉬르와 비트겐슈타인 두 학자의 주장이 제시되어 있으므로, 두 견해의 주요 개념을 정리하는 한편, 차이점이 무엇인지를 찾아낼 수 있어야 합니다. 가장 두드러진 차이점은 소쉬르가 현실 세계를 구성하는 것을 언어로 본 반면, 비트겐슈타인은 삶의 양식에 의해 언어가 만들어진다고 보았다는 것입니다.

비트겐슈타인의 의미사용이론

언어를 배우는 것   언어를 어떻게 사용하고 타인의 언어에 어떻게 (8   )해야 하는지 (9   )을 배우는 것

언어 ──비유── 게임
공통점

사용하는 사람들의 구체적인 (10   )과 관련해서만 의미가 있음.

▼

사람들이 공유하는 (11   )에 따라 언어가 만들어짐.

과학적 명제를 분석하는 철학, 논리 실증주의

비트겐슈타인의 반(反)형이상학적 태도를 그대로 이어받은 학파가 바로 논리 실증주의이다. 논리 실증주의는 근대의 경험주의적·실증주의적 전통에 기반을 두고, 현대 과학의 발달에 자극을 받아 일어난 철학 운동이다. 논리 실증주의자들은 비트겐슈타인과 마찬가지로 형이상학을 배격했다. 그들은 형이상학적 주장이 경험적으로 검증할 어떠한 수단도 없다고 주장하며 다음과 같이 말하였다. "'절대자는 시간을 초월해 있다.'와 같은 주장은 우리의 경험을 통해 검증될 수 없다. 따라서 우리는 이러한 주장이 참인지 거짓인지에 대해 말할 수 없다. 의미 있는 명제는 경험적으로 참과 거짓이 검증되는 경험적 종합 명제와 논리적 형식에 의해서 참과 거짓이 결정되는 분석 명제뿐이다." 이를 바탕으로 논리 실증주의자들은 형이상학이 무의미하다며 참과 거짓을 따질 수 없는 것이고, 그것은 어떠한 인식적 의미도 가지지 못한다고 주장하였다.

언어 철학

언어 철학이란 언어의 기원과 언어의 본질, 언어의 가치, 그리고 사회와 문화 속에서 언어가 수행하는 역할과 기능의 문제를 대상으로 하는 철학이다. 언어 철학은 초기에는 언어의 기원과 발달에 관심을 두었으나 최근에는 언어와 사상, 언어와 사물 등 의미론적 문제에 관심을 두고 있다. 언어 철학은 기본적으로 언어학 외에도 세계와의 관계를 다루고 있어 심리학이나 언어 사회학 등과 긴밀한 관련성을 갖는다. 언어 철학은 언어 분석을 내용으로 한다는 점에서 언어학과 공통점이 있으며, 언어의 본성 탐구라는 철학적 행위가 따른다는 점에서 언어학과 차이점이 있다. 언어 철학은 넓게는 언어적 철학·언어의 철학·언어학의 철학 모두를 포함하며 본질적으로 세 영역은 서로 연관성을 지닌다. 언어적 철학은 철학의 한 분과로, 사고 체계의 표현과 전달 도구인 언어를 분석한다는 입장에서 분석 철학이라고도 한다.

[01~03] 다음 글을 읽고 물음에 답하시오.

비트겐슈타인의 철학은 전기와 후기로 나뉘며, 전기는 『논리 철학 논고』로 후기는 『철학적 탐구』로 대표된다. 그는 철학적 문제가 언어의 애매한 사용에서 비롯된다고 보고 언어를 분석하고 비판하여 명료화함으로써 철학적 문제를 해소하고자 했다. 이 때문에 그의 철학적 사유는 언어에 집중되어 있다.

『철학적 탐구』에서 비트겐슈타인은 『논리 철학 논고』에서 주장한 '그림 이론'에 대해 비판적 입장을 바탕으로 전기와 다른 주장을 펼친다. 그림 이론에서는 언어의 낱말들은 대상을 명명한 것이고, 문장들은 이러한 이름들이 결합한 것이라고 본다. 즉 낱말의 의미는 그 낱말이 '지시하는 대상'이다. 그런데 후기 철학에서 비트겐슈타인은 그림 이론과 달리 '한 낱말의 의미는 그것의 사용에 있다.'라고 주장한다. 낱말의 의미는 고정되어 있는 것이 아니라, 낱말이 사용되는 맥락과 규칙에 따라 파악된다는 것이다. 이와 같은 주장은 언어의 낱말이 다양한 기능을 수행할 수 있다는 것인데, 그에 따르면 그러한 다양성은 확정되어 있는 것이 아니라 유동적인 것이다.

낱말의 의미와 관련하여, 비트겐슈타인은 ⊙'가족 유사성'이라는 개념을 제시한다. 가족 유사성은 가족 구성원들 간의 닮음을 언어에 적용한 개념으로 '서로 겹치고 교차하는 유사성들의 복잡한 그물'을 의미한다. 예컨대 '놀이'라는 말은 카드놀이, 숨바꼭질, 끝말잇기, 축구, 야구 등 다양한 대상을 지칭할 수 있는데, 이것들 전부에 공통적으로 나타나는 성질은 없고 부분들 간에 겹치고 교차하는 성질들이 있을 뿐이다. '놀이'라는 낱말이 지칭할 수 있는 대상들 모두에 공통되는 성질이 발견된다면 그것은 '놀이'의 본질로 고정적인 의미가 될 것이다. 하지만 그런 본질은 없고 부분들 간에 수없이 상이한 방식으로 관련되어 있는 관계들이 있는 것이기 때문에 '놀이'라는 낱말은 본질적인 하나의 의미로 사용되지 않고 맥락과 규칙에 따라 다양한 의미로 사용된다.

비트겐슈타인은 언어를 놀이에 비유하여 '언어 놀이'라는 개념을 고안했는데, 그것은 '언어와 그 언어가 뒤얽혀 있는 행위들로 구성된 총체'를 의미한다. 그가 이와 같은 개념을 고안한 것은 언어를 말한다는 것이 어떤 활동의 일부이며 삶의 형식을 바탕으로 이루어지는 것임을 부각하기 위해서이다. 그에 따르면, 언어 놀이는 사라지기도 하고 새롭게 생겨나기도 하는 것으로 그 종류와 기능이 다양하며, 다양한 언어 놀이들은 공통적 본질을 갖고 있지 않지만 가족 유사성을 형성하며 언어와 그 언어에 연관된 행위로 구성되어 있다. 예컨대 건축 현장에서 누가 "망치!"라고 말했을 때, '망치'는 그냥 놓여 있는 망치를 지시하기 위해서가 아니라 망치를 건네 달라는 목적으로 사용된 말이다. 그는 이 상황에서 '망치'가 망치라는 대상을 지시한다는 것만 안다면 그 건축 현장의 상황 속에서 진행되는 언어 놀이를 할 수 없다고 말한다. 맥락과 규칙을 알고 그

에 따른 행위가 전제되어야 언어 놀이가 가능하다는 것이다.

비트겐슈타인은 언어의 규칙은 그 언어를 사용하는 사람들이 살아가는 양식 또는 방식이라 할 수 있는 삶의 형식에 기반한 것이기 때문에 공적인 것이며, 언어 놀이에서 규칙에 따르는 어떤 활동도 하지 않는다면 그것을 언어라고 할 수 없다고 본다. 그는 규칙성이 없는 언어를 '사적 언어'라고 규정한다. 그에 따르면, 사적 언어는 규칙성이 없는 것이기 때문에 다른 사람이 이해할 수 없는 것이며 '나' 자신 또한 정확하게 이해할 수 없어 언어 놀이가 불가능한 것이다.

비트겐슈타인은 언어 사용 주체들의 '삶의 형식의 일치'가 언어 규칙이 작동하는 전제가 된다고 본다. 이는 언어가 의사소통의 도구일 수 있으려면 '정의의 일치'뿐만 아니라 '판단에서의 일치'도 요구된다는 것이다. '정의의 일치'는 낱말에 대한 정의의 일치를 말하며, '판단에서의 일치'는 '낱말 적용 방식의 일치', 궁극적으로 '어떤 것에 반응하고 그것을 바라보는 방식에서의 일치'를 말한다. 가령 '붉다'가 의사소통의 도구가 되려면, 그 말의 정의를 알아야 하고 그 정의가 서로 일치해야 하며, '붉다'를 사용하면서 나타나는 반응도 일치해야만 한다. 어떤 사물의 색에 대해서 '붉다'라고 말하면서도 그 반응이 서로 일치하지 않는다면, '붉다'라는 말은 의사소통의 도구로 사용될 수 없다. '삶의 형식의 일치'는 곧 정의와 판단에서도 일치함을 의미한다. 즉 언어 사용이 일치한다는 것은 동일한 삶의 형식을 공유함을 나타낸다. [A]

삶의 형식의 일치가 언어 규칙의 작동 가능성의 전제라는 것은 사적 언어가 존재할 수 없다는 것을 함축한다. 사적 언어는 '나의 의식'을 출발점으로 삼는 유아론적 세계의 언어이다. 언어의 규칙이 작동 가능한 영역은 '나의 의식'의 유아론적 세계가 아니라 너와 나 그리고 타인들을 포함한 공동체, 즉 '우리들의 삶'의 세계이다. 이것은 비트겐슈타인의 입장에서 사적 언어의 가능성을 함축하는, '나의 의식'을 출발점으로 삼는 철학적 제재들의 허구성을 시사한다.

01

윗글을 통해 '비트겐슈타인'에 대해 이해한 내용으로 적절하지 <u>않은</u> 것은?

① 전기 철학에서 낱말의 의미는 그 낱말이 '지시하는 대상'이라고 보았다.

② 전기 철학에서 문장에 사용되는 낱말들의 의미는 문장이 수행하는 기능에 따라 결정된다고 보았다.

③ 후기 철학에서 언어 놀이의 규칙이 공적인 성격을 지니고 있다고 보았다.

④ 후기 철학에서 '사적 언어'는 이해할 수 없어 언어 놀이가 불가능하다고 보았다.

⑤ 후기 철학에서 삶의 형식의 일치가 언어 놀이에서 규칙이 작동하는 전제가 된다고 보았다.

02

㉠에 대한 설명으로 적절한 것은?

① 언어 표현들 간의 복잡한 관계를 유형에 따라 분류하는 기준이 된다.

② 언어가 그 쓰임새에 따라 다양한 의미로 사용될 수 있음을 나타낸다.

③ 언어 놀이의 규칙이 언어 놀이들 간의 유사성과 관련이 없음을 나타낸다.

④ 각각의 언어 놀이를 다른 언어 놀이와 뚜렷하게 구별시켜 주는 변별점이 된다.

⑤ 언어 표현이 지칭할 수 있는 모든 대상들이 지닌 공통된 성질이 그 표현의 의미가 됨을 나타낸다.

03

〈보기〉와 [A]를 관련 지어 이해한 내용으로 가장 적절한 것은?

〈보기〉

비트겐슈타인은 '삶의 형식'과 관련하여 ㉮에 대해 논의하였다. ㉮는 어떻게 보느냐에 따라 토끼로도, 오리로도 보이는 것이다.

① ㉮를 '오리'라고만 말하는 사람들끼리는 오리의 형상에 대한 '정의의 일치'는 이루어질 수 있으나 '판단에서의 일치'가 이루어지지 않을 것이다.

② ㉮는 대상을 보는 방식이 삶의 형식에 아무런 영향을 받지 않음을 나타내기 때문에 ㉮를 설명하는 언어는 삶의 형식과 무관하게 존재할 것이다.

③ '오리'나 '토끼'라는 낱말에 대한 '정의의 일치'가 이루어지지 않더라도 ㉮를 바라보는 방식이 일치하면 ㉮를 설명하는 언어 사용이 일치할 것이다.

④ 토끼나 오리의 형상에 관한 '삶의 형식의 일치'가 이루어진 사람들은 ㉮를 '토끼'나 '오리'라고 말하는 것에 대한 '판단에서의 일치'가 이루어질 것이다.

⑤ 동일한 낱말을 발화하면 필연적으로 그 낱말에 대한 '판단에서의 일치'가 이루어지므로 동일한 낱말의 사용 여부가 ㉮를 '오리'나 '토끼'로 규정하는 데 영향을 미칠 것이다.

호루라기 관장님의 어휘 트레이닝

공부한 날	월　　일　　요일
맞은 개수	/ 32

No	뜻	힌트	정답
01	서로 다르다.	ㅅ이하다	
02	다시 나타남.	재ㅎ	
03	뚜렷하고 분명하다.	명ㄹ하다	
04	소리를 내어 말을 함.	발ㅎ	
05	서로 엇갈리거나 마주침.	ㄱ차	
06	여러 문헌을 고증하여 논술함.	ㄴ고	
07	본래부터 가지고 있는 특유한 것	고ㅇ	
08	연구하여 새로운 안을 생각해 냄.	고ㅇ	
09	어떤 사물을 특징지어 두드러지게 함.	ㅂ각	
10	끊임없이 흘러 움직이는. 또는 그런 것	ㅇ동적	
11	사물 따위가 서로 이어져 있는 관계나 연관	ㅁ락	
12	더할 나위 없는 지경에 도달하는. 또는 그런 것	ㄱ극적	
13	사람, 사물, 사건 등의 대상에 이름을 지어 붙임.	ㅁ명	
14	일정한 질서를 무시하고 제멋대로 하는, 또는 그런 것	자ㅇ적	
15	어려운 일이나 문제가 되는 상태를 해결하여 없애 버림.	해ㅅ	
16	사실에 없는 일을 사실처럼 꾸며 만드는 성질을 띤. 또는 그런 것.	허ㄱ적	
17	표시나 특징으로 어떤 사물을 다른 것과 구별하게 하는 표시나 특징	ㅍ지	
18	스스로 움직이지 않고 다른 것의 작용을 받아 움직이는. 또는 그런 것	ㅅ동적	
19	대상이나 과정의 내용과 특징을 있는 그대로 열거하거나 기록하여 서술함.	ㄱ술	
20	일정한 규칙이나 관습의 위반에 대하여 제한하거나 금지함. 또는 그런 조치	ㅈ재	
21	어떠한 뜻을 나타내기 위하여 쓰이는 부호, 문자, 표지 따위를 통틀어 이르는 말	기ㅎ	
22	어떤 사물이 직접 경험하거나 지각할 수 있는 일정한 형태와 성질을 갖추고 있지 않은. 또는 그런 것	추ㅅ적	

No	앞의 어휘를 활용해 문장을 완성하시오.
01	원–달러 환율은 급변하는 국제 정세에 따라 (　　　　)적으로 달라진다.
02	이 작품은 역사적 사실의 기록에 작가의 (　　　　)적 상상력이 더해져 있다.
03	감독은 선수들이 단기간에 실력을 향상할 수 있는 훈련 방법을 (　　　　)하였다.
04	시장에서 상품의 가격은 공급 곡선과 수요 곡선이 (　　　　)하는 지점에서 결정된다.
05	랑케는 과거의 역사적 사실을 있는 그대로 (　　　　)하는 것이 역사가의 몫이라고 주장했다.
06	이 영화에서는 전쟁 과정의 생생한 묘사를 통해 당시 사람들의 상실감이 (　　　　)되고 있다.
07	음악을 듣는 주체의 수준과 감성에 따라 동일한 음악이라도 (　　　　)한 느낌을 받을 수 있다.
08	인간을 인간이 아닌 것, 즉 비인간과 구분 지을 수 있는 (　　　　)의 인간성이라는 것이 존재하는 것인가?
09	탐구 수업은 학생이 (　　　　)적인 배움의 자세에서 벗어나 능동적으로 지식을 습득할 수 있는 좋은 방법이다.
10	미술에서 알레고리는 아름다움, 정의, 평화, 사랑 등의 (　　　　)적인 개념이나 인간의 삶에 대한 교훈, 도덕적 가치를 드러내는 데 주력한다.

오늘 수능 국어 트레이닝 끝!

07 도덕적 판단

🏋 다음 글을 읽고 내용을 정리하시오.

01 다음 상황을 생각해 보자. A가 등교하는 길에 다리가 불편한 할머니가 횡단보도 건너는 것을 도와 달라고 하였다. 지금 학교에 가지 않으면 지각을 하여 벌점을 받게 된다. A는 할머니를 도와야 할까, 아니면 학교에 가야 할까? 이런 상황을 도덕적 딜레마라 한다. 이런 상황에서 개인 행위의 옳고 그름을 판단하는 기준이 필요하다. 이러한 기준을 우리는 크게 두 가지 관점에서 제시할 수 있다. 하나는 의무론적 관점이고 다른 하나는 목적론적 관점이다.

02 의무론적 관점은 행위에 대한 도덕적 판단이 도덕 법칙에 따라 이루어져야 한다고 보았다. 이 관점은 도덕 법칙을 지키려는 의지를 의무로 보았으며 결과와 무관하게 행위 자체의 옳고 그름에 주목하였다. 도덕 법칙은 언제나 타당하고 보편적인 것이기에 '왜'라는 질문은 성립하지 않는다. 따라서 좋지 않은 결과를 초래하더라도 도덕 법칙은 지켜야 한다. 이런 의미에서 의무론적 관점을 법칙론이라고도 한다.

03 그러나 의무론적 관점에는 한계가 있다. 두 개의 옳은 도덕 법칙이 충돌할 때 의무론적 관점에 따르면 결정을 내릴 수 없다. 예를 들어 1번 철로에는 3명의 인부가, 2번 철로에는 5명의 인부가 일을 하고 있을 때 브레이크가 고장 난 기차의 기관사는 어떤 길을 선택해야 할까? 의무론적 관점은 이 상황에서 어떤 철로를 선택해야 할지 결정을 내릴 수 없다.

04 한편, 목적론적 관점은 행복이나 쾌락을 인간이 추구해야 할 목적으로 보았다. 이 관점은 오로지 최선의 결과를 가져오는 행위가 옳은 행위이며, 경험을 통하여 도덕을 얻을 수 있다고 생각하였다. 도덕은 '보다 많은 사람들에게 보다 많은 행복을 가져오는 행위이다. 따라서 어떤 행위를 결정할 때는 미래에 있을 결과를 고려해야 한다. 이런 의미에서 목적론적 관점을 결과론이라고도 한다.

05 그러나 목적론적 관점도 한계가 있다. 똑같은 결과라도 사람마다 판단이 달라질 수 있기 때문이다. 위의 예에서 1번 철로를 선택하는 것이 목적론적 관점에서는 옳은 선택이지만 1번 철로에 있던 인부의 가족에게 물었을 경우 대답은 달라질 것이다. 이런 문제 때문에 목적론적 관점은 도덕 법칙에 대해 많은 예외를 허용할 우려가 있다.

📗 지문이 읽히는 독해 코칭

빈칸을 채우며 각 문단별 내용을 완성하시오.

1문단

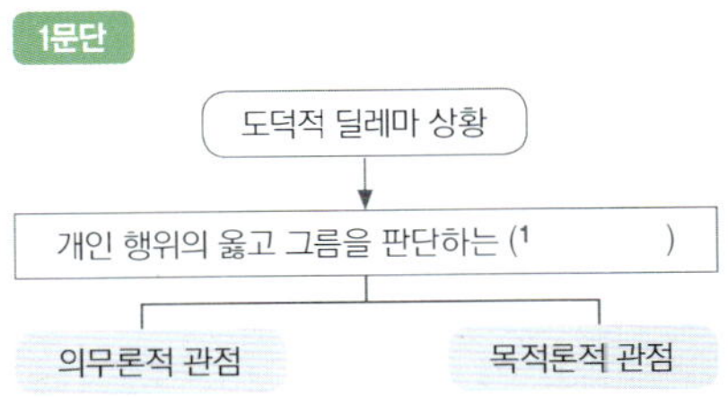

2문단

의무론적 관점
- 의무 = 도덕 (2   )을 지키려는 의지
- 결과와 무관하게 (3   ) 자체의 옳고 그름이 중요함.
- 결과가 좋지 않더라도 도덕 법칙을 지켜야 함.

3문단

의무론적 관점의 한계
두 개의 (4   ) 도덕 법칙이 충돌할 때 결정을 내릴 수 없음.

4문단

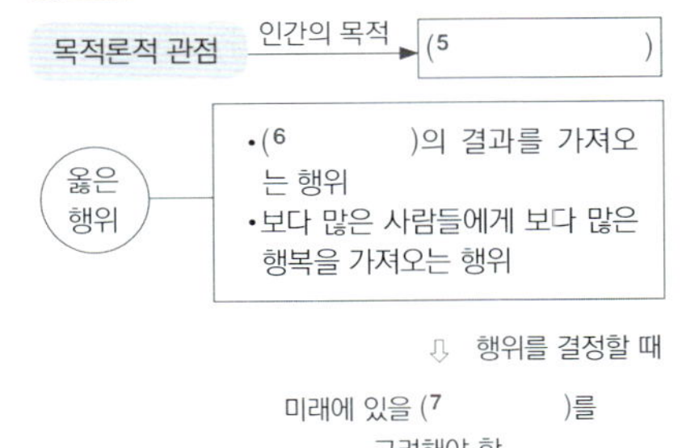

5문단

목적론적 관점의 한계
사람마다(입장에따라) (8   )이 달라질 수 있음.

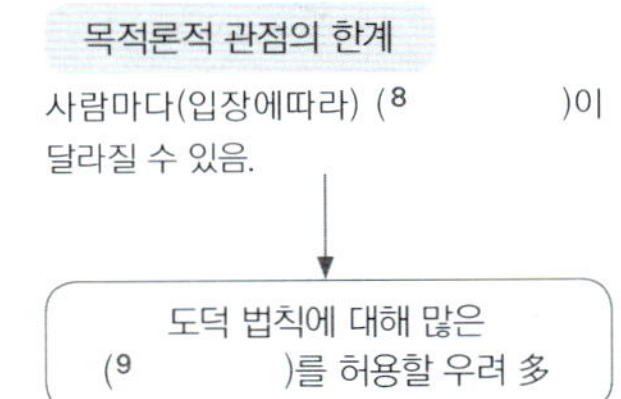

구조 트레이닝 ZONE

빈칸에 알맞은 말을 넣어 구조도를 완성하시오.

개인 행위의 옳고 그름을 판단하는 기준

의무론적 관점	목적론적 관점
도덕적 판단이 (1)에 따라 이루어져야 한다는 관점	행복이나 쾌락을 인간이 추구해야 할 (2)으로 보는 관점

옳은 행위

도덕 법칙을 지키려는 (3)를 가진 행위	최선의 (4)를 가져오는 행위

도덕

언제나 타당하고 (5)인 것	보다 많은 사람들에게 보다 많은 (6)을 가져오는 행위
↓	↓
좋지 않은 (7)를 초래하더라도 도덕 법칙은 지켜져야 함.	어떤 행위를 결정할 때 (8)에 있을 결과를 고려해야 함.

한계

두 개의 도덕 법칙이 (9)할 때 결정을 내릴 수 없음.	똑같은 결과라도 입장에 따라 (10)이 달라질 수 있음.

행위의 옳고 그름을 판단하는 기준에 대한 상반된 두 관점의 주요 내용들을 잘 정리할 수 있어야 합니다. 아울러 두 관점이 지닌 한계가 무엇인지도 파악할 수 있어야 합니다.

내용 트레이닝 ZONE

글 내용과 일치하면 ○에, 그렇지 않으면 ✕에 체크하시오.

1문단

01 도덕적 딜레마 상황에서는 행위의 옳고 그름을 판단하는 기준이 요구된다. ○ ✕

02 두 개 이상의 도덕적 원칙이 충돌하여 결정을 내리기 어려운 상황에 놓이는 것을 도덕적 딜레마라고 한다. ○ ✕

2문단

03 의무론적 관점에서는 개인의 성향에 따라 도덕 판단이 이루어져야 한다고 본다. ○ ✕

04 의무론적 관점에서는 행위의 옳고 그름 여부는 행위의 결과에 영향을 받는다고 본다. ○ ✕

05 의무론적 관점에서는 결과가 나쁘더라도 도덕 법칙을 지켜야 한다고 보았기 때문에 법칙론으로 불리기도 한다. ○ ✕

3문단

06 의무론적 관점에서 도덕적으로 옳은 법칙은 여러 가지가 있을 수 있다. ○ ✕

07 의무론적 관점에 따르는 경우, 두 개의 옳은 도덕 법칙이 충돌할 때 어느 쪽을 따라야 하는지 결정할 수 없다는 한계가 있다. ○ ✕

4문단

08 목적론적 관점에서는 인간이 경험을 통해 도덕을 얻을 수 있다고 본다. ○ ✕

09 목적론적 관점에서는 행복이나 쾌락을 인간이 추구해야 할 목적으로 본다. ○ ✕

10 목적론적 관점에서 도덕적으로 옳은 행위는 최선의 결과를 가져오는 과정이 도덕적인 행위이다. ○ ✕

5문단

11 목적론적 관점은 도덕적으로 옳은 선택에 대한 판단이 입장에 따라 달라질 수 있으므로 도덕 법칙에 많은 예외를 허용할 우려가 있다. ○ ✕

워밍-UP

[01~04] 다음 글을 읽고 물음에 답하시오.

01 다음 상황을 생각해 보자. Ａ가 등교하는 길에 다리가 불편한 할머니가 횡단보도 건너는 것을 도와 달라고 하였다. 지금 학교에 가지 않으면 지각을 하여 벌점을 받게 된다. Ａ는 할머니를 도와야 할까, 아니면 학교에 가야 할까? 이런 상황을 도덕적 딜레마라 한다. 이런 상황에서 개인 행위의 옳고 그름을 판단하는 기준이 필요하다. 이러한 기준을 우리는 크게 두 가지 관점에서 제시할 수 있다. 하나는 ㉠의무론적 관점이고 다른 하나는 ㉡목적론적 관점이다.

02 의무론적 관점은 행위에 대한 도덕적 판단이 도덕 법칙에 따라 이루어져야 한다고 보았다. 이 관점은 도덕 법칙을 지키려는 의지를 의무로 보았으며 결과와 무관하게 행위 자체의 옳고 그름에 주목하였다. 도덕 법칙은 언제나 타당하고 보편적인 것이기에 '왜'라는 질문은 성립하지 않는다. 따라서 좋지 않은 결과를 초래하더라도 도덕 법칙은 지켜야 한다. 이런 의미에서 의무론적 관점을 법칙론이라고도 한다.

03 그러나 의무론적 관점에는 한계가 있다. 두 개의 옳은 도덕 법칙이 충돌할 때 의무론적 관점에 따르면 결정을 ⓐ내릴 수 없다. 예를 들어 1번 철로에는 3명의 인부가, 2번 철로에는 5명의 인부가 일을 하고 있을 때 브레이크가 고장 난 기차의 기관사는 어떤 길을 선택해야 할까? 의무론적 관점은 이 상황에서 어떤 철로를 선택해야 할지 결정을 내릴 수 없다.

04 한편, 목적론적 관점은 행복이나 쾌락을 인간이 추구해야 할 목적으로 보았다. 이 관점은 오로지 최선의 결과를 가져오는 행위가 옳은 행위이며, 경험을 통하여 도덕을 얻을 수 있다고 생각하였다. 도덕은 '보다 많은 사람들에게 보다 많은 행복을 가져오는 행위'이다. 따라서 어떤 행위를 결정할 때는 미래에 있을 결과를 고려해야 한다. 이런 의미에서 목적론적 관점을 결과론이라고도 한다.

05 그러나 목적론적 관점도 한계가 있다. 똑같은 결과라도 사람마다 판단이 달라질 수 있기 때문이다. 위의 예에서 1번 철로를 선택하는 것이 목적론적 관점에서는 옳은 선택이지만 1번 철로에 있던 인부의 가족에게 물었을 경우 대답은 달라질 것이다. 이런 문제 때문에 목적론적 관점은 도덕 법칙에 대해 많은 예외를 허용할 우려가 있다.

01

윗글에 쓰인 전개 방식으로 적절한 것은?

① 다른 대상과 비교하여 가설을 입증하고 있다.

② 통념의 문제점을 제시하며 주장을 강조하고 있다.

③ 중심 대상의 개념을 밝히고 사례를 들어 설명하고 있다.

④ 서로 다른 관점을 절충하면서 결론을 이끌어 내고 있다.

⑤ 관점의 문제점을 지적한 후 합리적인 대안을 제시하고 있다.

02

목적론적 관점을 다음과 같이 정리할 때 적절하지 않은 것은?

> 질문 1. 목적론에서 옳다고 보는 행위는 무엇일까?
> • 행복이나 쾌락을 가져오는 행위 ────────── ①
> • 최선의 결과를 가져오는 행위 ─────────── ②
> 질문 2. 목적론적 관점의 특징은 무엇일까?
> • 도덕은 가능한 많은 행복을 추구하려는 의도를 지님. ── ③
> • 어떤 행위를 위한 결정은 행위 자체를 바탕으로 내림. ── ④
> 질문 3. 목적론적 관점의 한계는 무엇일까?
> • 도덕 법칙에 예외를 많이 허용할 수 있음. ─────── ⑤

03

㉠, ㉡에서 Ａ에게 할 수 있는 말로 적절하지 않은 것은?

① ㉠: '왜?'라는 질문에 답할 수 있게 행동하세요.

② ㉠: 누가 보더라도 옳다고 생각하는 기준에 따라 행동하세요.

③ ㉠: 나중에 일어날 일보다는 도덕을 지키려는 마음이 더 중요하지 않겠어요?

④ ㉡: 당신의 선택의 목적과 결과를 고려해 행동하세요.

⑤ ㉡: 당신뿐 아니라 다른 사람도 같이 기쁠 수 있게 행동하세요.

04

ⓐ와 문맥적 의미가 가장 유사한 것은?

① 그는 회의에 참석하기 위해 서울역에서 <u>내렸다</u>.

② 심사 위원들이 노래에 대한 평가를 <u>내렸다</u>.

③ 어머니가 밀가루를 체에 <u>내렸다</u>.

④ 저녁이 되자 어둠이 <u>내렸다</u>.

⑤ 하루 종일 비가 <u>내렸다</u>.

펌핑-UP

[01~04] 다음 글을 읽고 물음에 답하시오.

01 공리주의는 일반적으로 어떤 행위의 옳고 그름이 공리에 따라, 즉 그 행위가 인간의 이익과 행복을 늘리는 데 결과적으로 얼마나 기여하는가에 따라 결정된다고 보는 이론이다. 이러한 공리주의는 인간이 자신과 더불어 다른 존재들의 이익과 행복을 공평하게 고려해야 한다는 것을 전제로 한다. 그리고 인간은 자신의 이익과 행복을 증진하려 하는데, 그러한 인간이 할 수 있는 행위들 중에서 인간의 최대 이익과 행복이라는 '최선의 결과'를 가져오는 행위를 옳은 행위로 본다. 공리주의는 이러한 최선의 결과를 본래적 가치로 여긴다. 이때 본래적 가치란 그 자체로서 지니는 가치를 의미하는데, 이는 다른 어떤 것을 위한 수단으로서의 가치인 도구적 가치와는 상대되는 개념이다. 그런데 최선의 결과를 무엇으로 보느냐에 따라 공리주의는 크게 쾌락주의적 공리주의, 선호 공리주의, 이상 공리주의 등으로 나누어 볼 수 있다.

02 ㉠쾌락주의적 공리주의는 최선의 결과를 쾌락의 증진으로 보는 이론이다. 다시 말해 인간의 심리적 경험인 쾌락을 본래적 가치로 여기고 있는 것이다. 이 이론에 따르면 도덕적으로 옳은 행위는 자신뿐 아니라, 그 행위가 영향을 미치는 모든 인간들의 쾌락을 가장 많이 증진하는 행위이다. 그러나 쾌락주의적 공리주의는 인간이 어떤 행위를 선택할 때 쾌락만을 추구하는 것이 아니라 다른 것을 추구하기도 한다는 것을 설명하기 어렵다는 한계를 지닌다.

03 쾌락주의적 공리주의의 이런 한계를 극복하기 위해 등장한 이론이 ㉡선호 공리주의이다. 이 이론은 최선의 결과를 선호의 실현으로 본다. 여기에서 선호란 사람마다 원하는 것 혹은 실현하고자 하는 것을 말한다. 선호 공리주의에 따르면 도덕적으로 옳은 행위는 자신뿐 아니라, 그 행위가 영향을 미치는 모든 사람들 각자가 지닌 선호를 가장 많이 실현시키는 행위이다. 선호 공리주의는 쾌락뿐만 아니라 쾌락이 아닌 다른 것을 추구하기도 하는 인간의 행위가 개인의 선호를 반영한 것이고, 이런 선호의 실현이 곧 최선의 결과라고 설명함으로써 쾌락주의적 공리주의의 한계를 극복했다. 그러나 선호 공리주의는 보편적인 관점에서 볼 때 비정상적인 욕구에 기반을 둔 선호의 실현과 정상적인 욕구에 기반을 둔 선호의 실현이 동일한 비중을 갖지 않는다는 점을 설명하기 어렵다는 한계를 지닌다.

04 쾌락주의적 공리주의와 선호 공리주의에 대한 대안으로 등장한 것이 ㉢이상 공리주의이다. 이 이론은 앞의 두 이론과 마찬가지로 인간의 최대 이익과 행복을 가져오는 인간의 행위를 옳은 행위로 여긴다. 그러나 이상 공리주의는 쾌락주의적 공리주의와 달리 쾌락을 유일한 본래적 가치라고 생각하지 않는다. 이 이론은 진실, 아름다움, 정의, 평등, 자유, 생명, 배려 등의 이상들도 본래적 가치에 해당한다고 본다. 또 선호 공리주의와 달리 이상 공리주의는 이런 이상들이 인간의 선호와 무관하게 실현되어야 할 본래적 가치라고 주장한다. 결국 이 이론은 이상의 실현을 최선의 결과로 본다. 이상 공리주의에 따르면 본래적 가치에 해당하는 이상들은 인간의 이익과 행복을 구성한다. 그렇기 때문에 이상 공리주의는 인간들의 서로 다른 관심과는 무관하게 실현되어야 할 이상들을 인간이 더 많이 실현하는 것이 곧 최대의 이익과 행복이라고 본다. 그러나 ⓐ이상 공리주의는 본래적 가치에 해당하는 이상들이 갈등하는 경우 어떤 이상의 실현이 최선의 결과일지에 대해 설명하기 어렵다는 한계를 지니고 있다.

05 공리주의에서 말하는 최선의 결과에 대한 논의는 지금도 계속되고 있다. 인간이 이익과 행복을 증진하려는 노력을 계속하는 한 공리주의 담론에서 최선의 결과에 대한 논의는 계속될 것이다.

🔖지문이 읽히는 독해 코칭

빈칸을 채우며 각 문단별 내용을 완성하시오.

1문단

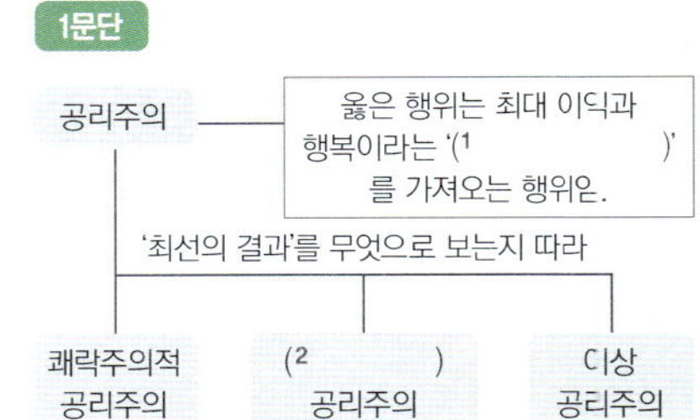

2문단

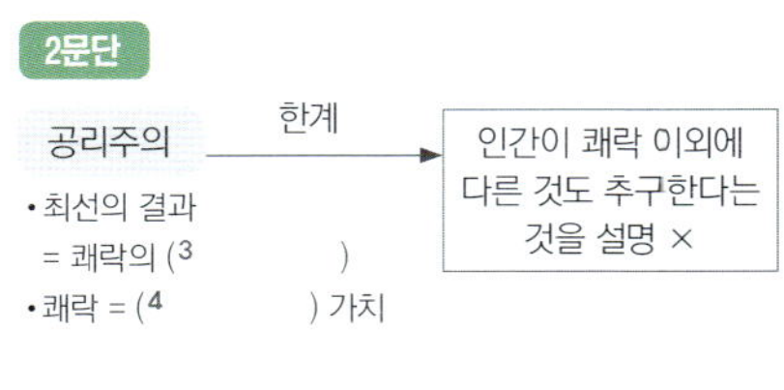

도덕적으로 옳은 행위
행위가 영향을 미치는 모든 인간들의 (5   )을 가장 많이 증진하는 행위

3문단

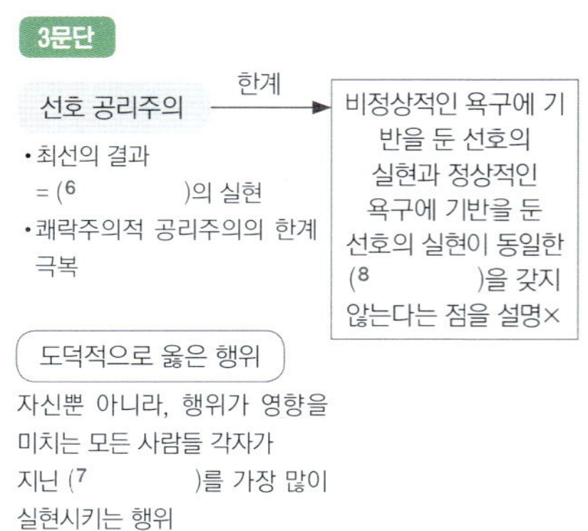

도덕적으로 옳은 행위
자신뿐 아니라, 행위가 영향을 미치는 모든 사람들 각자가 지닌 (7   )를 가장 많이 실현시키는 행위

4문단

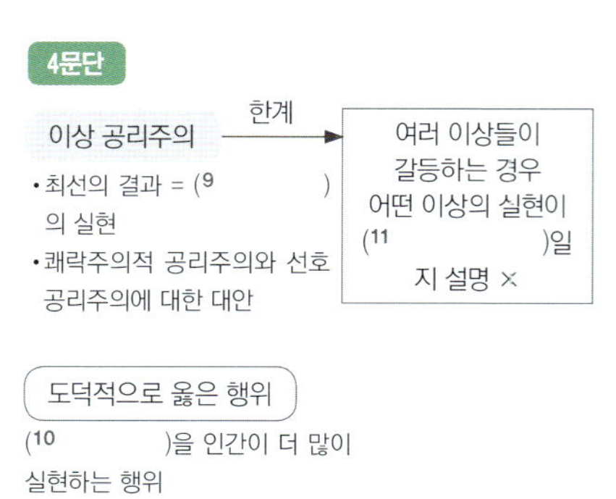

도덕적으로 옳은 행위
(10   )을 인간이 더 많이 실현하는 행위

01

윗글의 내용 전개 방식으로 가장 적절한 것은?

① '최선의 결과'에 대한 역사적인 사건을 제시하고 최선의 결과를 다루고 있는 세 이론의 한계를 지적하고 있다.

② '최선의 결과'를 강조하는 세 이론을 제시하고 각각의 입장을 뒷받침하는 예시들을 활용하여 구체화하고 있다.

③ '최선의 결과'에 대해 서로 다른 관점을 지닌 세 이론을 제시하고 각각의 주장과 한계를 중심으로 설명하고 있다.

④ '최선의 결과'를 중심으로 세 이론을 소개하고 이론들이 제기한 문제점이 해결된 사회적 상황을 부각하고 있다.

⑤ '최선의 결과'에 대한 문제점을 제기하는 세 이론을 소개하고 그 문제점을 보완하는 새로운 이론을 제안하고 있다.

02

〈보기〉는 ⓐ에 관해 학생들이 나눈 대화의 일부이다. ㉮에 들어갈 말로 가장 적절한 것은?

> 〈보기〉
>
> 학생 1: 어떤 경우에 이상들이 갈등할까?
>
> 학생 2: 안전벨트 착용을 법제화하는 과정에서 자유와 생명이라는 가치가 갈등했을 거야. 그런데 사회적 차원에서의 인간 행복이라는 가치를 상위의 목적으로 설정하고 이를 실현시키기 위해 자유가 아닌 생명이라는 가치를 실현하는 것이 최선의 결과라고 생각해.
>
> 학생 1: 나는 이상 공리주의 관점에서, 너의 의견이 ⃞㉮⃞ 고 봐.

① 생명이라는 가치를 자유라는 본래적 가치의 실현을 위한 도구적 가치로 여기고 있기 때문에 부적절하다

② 사회적 차원에서의 인간 행복이라는 가치를 생명이라는 본래적 가치의 실현을 위한 도구적 가치로 여기고 있기 때문에 적절하다

③ 생명이라는 가치를 사회적 차원에서의 인간 행복이라는 본래적 가치의 실현을 위한 도구적 가치로 여기고 있기 때문에 부적절하다

④ 사회적 차원에서의 인간 행복이라는 가치를 자유라는 도구적 가치를 통해 실현하고자 하는 본래적 가치로 여기고 있기 때문에 적절하다

⑤ 자유라는 가치를 사회적 차원에서의 인간 행복이라는 도구적 가치를 통해 실현하고자 하는 본래적 가치로 여기고 있기 때문에 부적절하다

03

윗글의 내용과 일치하지 <u>않는</u> 것은?

① 쾌락주의적 공리주의와 선호 공리주의에 대한 대안으로 이상 공리주의가 등장하였다.

② 선호 공리주의는 쾌락을 추구하는 인간의 행위에 개인의 선호가 반영되어 있다고 본다.

③ 공리주의는 인간의 이익과 행복의 증진과는 무관하게 행위의 옳고 그름이 정해진다고 주장한다.

④ 쾌락주의적 공리주의는 인간이 쾌락이 아닌 다른 것을 추구하기도 한다는 것을 설명하기 어렵다.

⑤ 공리주의는 인간이 자신뿐 아니라 다른 존재들의 이익과 행복을 공평하게 고려해야 한다는 것을 전제로 한다.

04

㉠~㉢의 관점에서 〈보기〉에 대해 보인 반응으로 적절하지 <u>않은</u> 것은?

> 〈보기〉
>
> 인문학 서적을 읽는 것을 가장 좋아하는 A는 인문학 서적을 더 많이 읽기 위해 같은 성향을 가진 친구들을 모아 동아리를 만들었다. 배려와 관련된 인문학 서적을 읽고 즐거움을 느낀 A는 동아리 첫 시간에 그 서적을 동아리 친구들과 함께 읽었다. 그 인문학 서적을 읽고 A와 동아리 친구들은 모두 큰 즐거움을 느꼈고, 동아리 내에서 서로에 대한 배려를 실현하였다.

① ㉠: A가 인문학 서적을 읽는 것에 대해 동일한 성향을 가진 친구들을 모아 동아리를 만든 행위는 쾌락이라는 심리적 경험을 증진하기 위한 것이라고 볼 수 있겠군.

② ㉠: A가 배려와 관련된 인문학 서적을 동아리 친구들과 함께 읽은 행위는 자신을 포함한 동아리 친구들의 쾌락을 증진하였으므로 동아리 내에서 도덕적으로 옳은 행위라고 볼 수 있겠군.

③ ㉡: A와 동아리 친구들이 인문학 서적을 읽은 것은 A와 동아리 친구들의 선호 실현이라는 인간의 최대 이익과 행복을 가져오는 행위라고 볼 수 있겠군.

④ ㉡: A가 배려와 관련된 인문학 서적을 동아리 친구들과 함께 읽은 행위는 자신과 더불어 동아리 친구들의 선호를 실현시켰으므로 동아리 내에서 도덕적으로 옳은 행위라고 볼 수 있겠군.

⑤ ㉢: A와 동아리 친구들이 배려와 관련된 인문학 서적을 읽고 동아리 내에서 실현한 배려라는 것은 배려에 대한 그들의 관심에 따라 실현되어야 하는 이상이라고 볼 수 있겠군.

구조 트레이닝 ZONE

빈칸에 알맞은 말을 넣어 구조도를 완성하시오.

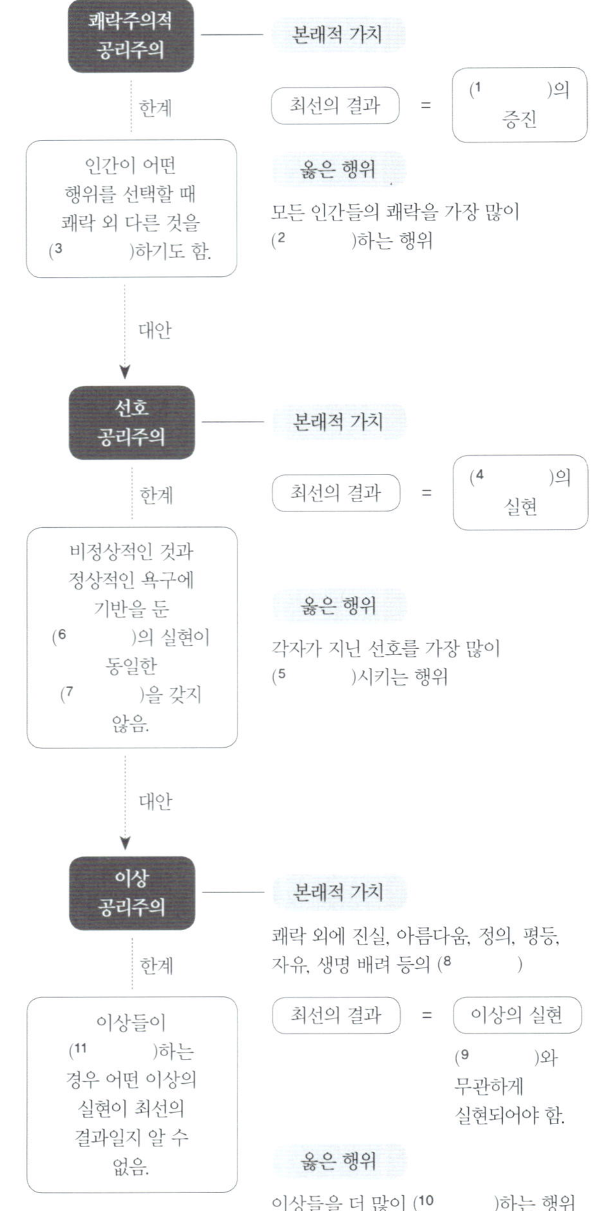

공리주의의 세 가지 입장을 세분화하여 소개하고 있으므로 그 주요 핵심 내용들을 파악하는 데 중점을 두어야 합니다. 세 입장을 가르는 기준이라 할 수 있는 '최선의 결과'를 각 입장은 무엇으로 보고 있는지를 확인하고, 각 입장의 한계점에 대해서도 이해할 수 있어야 합니다.

벤담의 공리주의

공리주의는 19세기 영국에서 시작되었다. 영국의 철학자인 벤담은 당시에 산업혁명으로 인해 개인의 이익이 지나치게 추구됨으로써 나타나는 폐단을 지적하면서 개인의 이익과 전체의 이익을 접목하고자 하였다. 벤담은 '최대 다수의 최대 행복'을 슬로건으로 삼고 사회 구성원들의 최대 행복을 추구하였다. 공리주의는 결과를 중시하는 목적론적 윤리설에 해당하며 오늘날 사형제도의 존폐나 안락사 문제 등 사회의 여러 방면에 영향을 주고 있다. 벤담은 기준을 가지고 고통과 쾌락의 양을 나타내고자 하였다. 그 기준은 강도, 지속성, 확실성, 근접성, 다산성, 순수성, 범위이며, 벤담은 이를 기준으로 쾌락의 양을 계산하고자 하였기 때문에 그를 양적 공리주의자라고 한다. 벤담은 최대 다수의 최대 행복을 도덕과 입법의 원리로 제시하였다.

공리주의를 완성한 존 스튜어트 밀

19세기 영국의 철학자인 밀은 벤담의 사상을 이어받아 공리(公利)를 모든 가치의 원리로 보는 공리주의를 옳다고 믿고 받들었다. 밀에 의하면 인간의 본성은 쾌락과 행복을 추구하고 고통을 회피하기 마련이다. 따라서 인간의 어떤 행위가 행복을 촉진한다면 그것은 올바르고, 행복과 반대된다면 그른 것이 된다. 다만 밀은 행복을 촉진하는 행위가 벤담의 주장처럼 개인에 그쳐서는 안 되며, 되도록 많은 사람에게 영향을 미쳐야 한다고 주장했다. 한편 벤담이 쾌락과 행복의 양을 중시한 것과 반대로 밀은 쾌락과 행복의 질을 중시했다. 그는 단순히 양적으로 더 많은 쾌락이 행복이 아니라고 하였다. 즉 밀은 쾌락에 질적으로 더 높은 인간의 쾌락과 질적으로 더 낮은 동물의 쾌락이 있다고 하였다. 여기에서 "만족한 돼지보다는 불만족한 인간이 더 낫고, 배부른 돼지보다는 배고픈 소크라테스가 더 낫다."라는 유명한 말이 나왔다.

호루라기 관장님의
어휘 트레이닝

공부한 날	월 일 요일
맞은 개수	/ 32

No	뜻	힌트	정답
01	관계나 상관이 없다.	무ㄱ하다	
02	도움이 되도록 이바지함.	ㄱ여	
03	어떤 안(案)을 대신하는 안	대ㅇ	
04	공중이나 공공 단체의 이익	ㄱ리	
05	허락하여 너그럽게 받아들임.	ㅎ용	
06	꿈, 기대 따위를 실제로 이룸.	ㅅ현	
07	이야기를 주고받으며 논의함.	담ㄹ	
08	생각할 수 있는 가장 완전한 상태	이ㅅ	
09	품삯을 받고 육체노동을 하는 사람	ㅇ부	
10	어느 쪽으로도 치우치지 않고 고름.	ㄱ평	
11	여럿 가운데서 특별히 가려서 좋아함.	선ㅎ	
12	다른 것과 비교할 때 차지하는 중요도	비ㅈ	
13	사물이나 사실이 전하여 내려온 그 처음	ㅂ래	
14	어떤 목적을 이루기 위한 방법. 또는 그 도구	ㅅ단	
15	모든 것에 두루 미치거나 통하는. 또는 그런 것	보ㅍ적	
16	기운이나 세력 따위가 점점 더 늘어 가고 나아감.	ㅈ진	
17	일부에 한정되지 아니하고 전체에 걸치는. 또는 그런 것	일ㅂ적	
18	사물이나 현상을 관찰할 때, 그 사람이 보고 생각하는 태도나 방향 또는 처지	ㄱ점	
19	철제의 궤도를 설치하고, 그 위로 차량을 운전하여 여객과 화물을 운송하는 시설	ㅊ로	
20	도덕적으로 강제력이 있는 규범에 근거하여 인간의 의지나 행위에 부과되는 구속	의ㅁ	
21	여러 관념 속에서 공통된 요소를 뽑아내어 종합하여서 얻은 하나의 보편적인 관념	ㄱ념	
22	선택해야 할 길은 두 가지 중 하나로 정해져 있는데, 그 어느 쪽을 선택해도 바람직하지 못한 결과가 나오게 되는 곤란한 상황	딜ㄹㅁ	

No	앞의 어휘를 활용해 문장을 완성하시오.
01	이 그림은 보는 ( )에 따라 달리 보인다.
02	이 구역은 신분증을 가진 사람에게만 출입이 ( )된다.
03	'최대 다수의 최대 행복'은 ( )주의를 대표하는 말이다.
04	선생님께서는 제자들과 둘러앉아 문학과 철학에 대해 나누는 ( )을 좋아하셨다.
05	그가 훈장을 받은 것은 국가와 사회의 발전에 ( )한 공로를 인정받았기 때문이다.
06	문제점을 지적하는 것은 쉬워도, 그에 대한 구체적인 ( )을 제시하는 것은 쉽지 않다.
07	그의 행동이 이번 사건과는 ( )하다고 판단됨에 따라, 그는 용의선상에서 제외되었다.
08	기회 균등의 원칙은 사회적 지위나 직책에 접근할 기회를 ( )하게 부여해야 한다는 것이다.
09	구석기 시대는 인류가 자연에 의존하여 생활하던 시기로, 수렵과 채집을 주된 생계 ( )으로 삼았다.
10	생활체육이란 개인이 자발적으로 여가를 이용해 건강 ( ) 등의 목적으로 참여하는 체육 활동을 말한다.

오늘 수능 국어 트레이닝 끝!

아무것도 쓰여 있지 않은 종이

타불라 라사

  '타불라 라사(Tabula Rasa)'는 아무것도 쓰여 있지 않은 흰 종이라는 뜻으로, 원래는 아무런 작업도 하지 않은 깨끗한 상태의 명판(銘板, 대회, 회의, 직장 따위의 이름을 적어, 눈에 잘 띄는 곳에 달아 놓은 물건)이나 각판(刻板, 글씨와 그림을 새기는 데 쓰는 널조각)을 의미하는 말이다. 이 말은 철학에서 존 로크의 견해를 따라 일체의 경험 이전 인간의 정신 상태를 나타내는 말로 유명하다.

  데카르트나 라이프니츠는 인간의 마음이 선천적으로 갖춘 본유관념(本有觀念, 감각이나 경험에 의해서가 아니라 나면서부터 가지고 있는 선천적 관념)의 존재를 인정했으나, 로크는 이러한 본유관념을 부정하고, 관념이나 지식은 모두가 감각과 반성이라는 두 가지 경험의 통로를 거쳐서 후천적으로 얻어지는 것이라고 생각하였다. 그런 의미에서 마음은 외부에서 빛이 흘러드는 '암실(暗室)'이나 아무것도 써 있지 않은 '백지'에 비유할 수 있다. 따라서 인간의 모든 관념은 후천적인 경험을 통해서 이루어진다고 주장한 로크의 학설을 '백지설'이라고 한다.

  "인간의 마음은 문자 그대로 태어날 때 백지(白紙)와 같이 아무런 관념도 없는 것이다. 우리가 알거나 혹은 생각하는 모든 사물들은 실상 우리들의 경험을 통해서 얻어진 것이다. 우리들의 지식도 감각적 경험을 통하거나 아니면 마음에 반영된 것을 반성함으로써 얻어진 것이다. 따라서 모든 근본적인 관념은 감각의 대상이거나 혹은 반성의 대상이며, 생각된 마음의 작용 이외에 다른 것이 아니다. 그러므로 지식의 원천은 둘인데 하나는 감각(sensation)이고, 다른 하나는 반성(reflection)이다."

  이와 같이 로크는 선천적(先天的)인 인식론에 반대하여 감각적 경험에 토대한 인식론을 주장했다.

주제 독해 | Ⅱ 사회

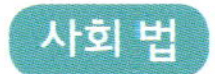

🏋️ **다음 글을 읽고 내용을 정리하시오.**

01 　사무실의 방충망이 낡아서 파손되었다면 세입자와 사무실을 빌려 준 건물주 중 누가 고쳐야 할까? 이 경우, 민법전의 법조문에 의하면 임대인인 건물주가 수선할 의무를 진다. 그러나 사무실을 빌릴 때, 간단한 파손은 세입자가 스스로 해결한다는 내용을 계약서에 포함하는 경우도 있다. 이처럼 법률의 규정과 계약의 내용이 어긋날 때 어떤 것이 우선 적용되어야 하는가, 법적 불이익은 없는가 등의 문제가 발생한다.

02 　사법(私法)은 개인과 개인 사이의 재산, 가족 관계 등에 적용되는 법으로서 이 법의 영역에서는 '계약 자유의 원칙'이 적용된다. 계약의 구체적인 내용 결정 등은 당사자들 스스로 정할 수 있다는 것이다. 따라서 당사자들이 사법에 속하는 법률의 규정과 어긋난 내용으로 계약을 체결한 경우에 계약 내용이 우선 적용된다. 이처럼 법률상으로 규정되어 있더라도 당사자가 자유롭게 계약 내용을 정할 수 있는 법률 규정을 '임의 법규'라고 한다. 사법은 원칙적으로 임의 법규이므로, 사법으로 규정한 내용에 대해 당사자들이 계약으로 달리 정하지 않았다면 원칙적으로 법률의 규정이 적용된다. 위에서 본 임대인의 수선 의무 조항이 이에 해당한다.

03 　그러나 법률로 정해진 내용과 어긋나게 계약을 하면 당사자들에게 벌금이나 과태료 같은 법적 불이익이 있거나 계약의 효력이 부정되는 예외적인 경우도 있다. 우선, 체결된 계약 내용이 법률에 정해진 내용과 어긋날 때 법적 불이익이 있지만 계약의 효력 자체는 그대로 두는 경우가 있다. 이에 해당하는 법조문을 '단속 법규'라고 한다. 공인 중개사가 자신이 소유한 부동산을 고객에게 직접 파는 것을 금지하는 규정은 단속 법규에 해당한다. 따라서 이 규정을 위반하여 공인 중개사와 고객이 체결한 매매 계약의 경우 공인 중개사에게 벌금은 부과되지만 계약 자체는 유효하다. 이 경우 계약 내용에 따른 행동인 급부(給付)를 할 의무가 인정되어, 공인 중개사는 매물의 소유권을 넘겨주고 고객은 대금을 지급해야 하는 것이다.

04 　한편 체결된 계약 내용이 법률에 정해진 내용과 어긋날 때 법적 불이익이 있을 뿐 아니라 체결된 계약의 효력 자체도 인정되지 않아 급부 의무가 부정되는 경우가 있다. 이에 해당하는 법조문을 '강행 법규'라고 한다. 이 경우 계약 당사자들은 상대에게 급부를 하라고 요구할 수는 없다. 이미 급부를 이행하여 재산적 이익을 넘겨주었다면 이 이익은 '부당 이득'에 해당하기 때문에 반환을 요구할 수 있다. 즉 '부당 이득 반환 청구권'이 인정된다. 의사와 의사 아닌 사람의 의료 기관 동업을 금지하는 법률 규정은 강행 법규이다. 따라서 의사와 의사 아닌 사람이 체결한 동업 계약은 계약의 효력이 부정된다. 다만 계약에 따라 이미 동업 자금을 건넸다면 이 돈을 반환하라고 요구하는 것은 가능하다.

05 　그러나 강행 법규에 의해 계약의 효력이 부정되었을 때 부당 이득 반환 청구권이 인정되지 않는 경우도 있다. 급부의 내용이 위조지폐 제작처럼 비도덕적이거나 반사회적인 행동이라면, 계약의 효력이 인정되지 않을 뿐 아니라 이미 넘겨준 이익을 돌려받을 권리도 부정되는 것이 원칙이다.

06 　국가가 개인 간의 계약에 개입하는 것은 국가 안보, 사회 질서, 공공복리 등의 정당한 입법 목적을 달성하기 위해서이다. 이 경우 계약의 자유를 제한하려면 필요한 만큼만 최소로 제한해야 한다는 '비례 원칙'이 적용된다. 이로 인해 국가가 계약 당사자들에게 미치는 영향이 다양하게 나타나는 것이다.

📖 **지문**이 읽히는 **독해 코칭**

빈칸을 채우며 각 문단별 내용을 완성하시오.

1문단

법률의 규정 ──어긋남.──▶ (1 　　　)의 내용
↓ 문제 발생
어떤 것이 (2 　　　) 적용되어야 하는가? 법적 불이익은 없는가?

2문단

임의 법규 ── 법률상으로 규정되어 있더라도 당사자가 (3 　　　) 계약 내용을 정할 수 있는 규정

사법에 어긋난 내용으로 계약을 체결한 경우 ──▶ (4 　　　) 이 우선 적용

3문단

법률의 규정과 어긋난 계약을 하는 경우
↓ 예외 ①
• 법적 불이익 有
• 계약 효력 유지
• 급부 의무 (5 　　　) ──▶ (6 　　　)

4문단

법률의 규정과 어긋난 계약을 하는 경우
↓ 예외 ②
• 법적 불이익 有
• 계약 효력 부정
• 급부 의무 부정 ──▶ (7 　　　)
↓ 이미 급부를 이행한 경우
부당 이득 반환 청구권 (8 　　　)

5문단

부당 이득 반환 청구권이 인정되지 않는 경우 ──▶ 급부의 내용이 (9 　　　)/ 반사회적 행동인 경우

6문단

국가 ──비례 원칙 적용──▶ 개인 간 계약
↓
계약의 자유 제한 시 필요한 만큼 (10 　　　)로 제한

구조 트레이닝 ZONE

💪 **빈칸에 알맞은 말을 넣어 구조도를 완성하시오.**

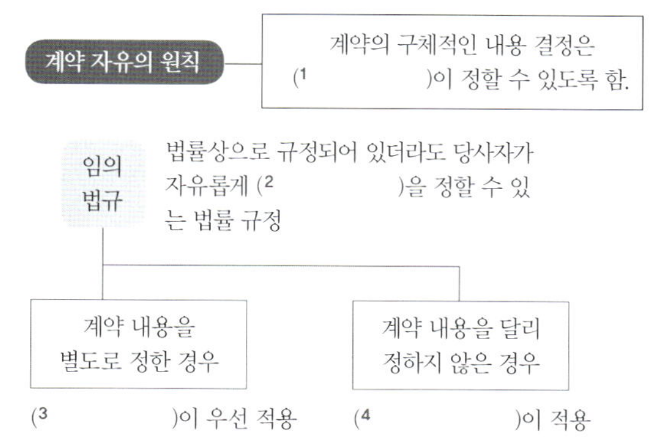

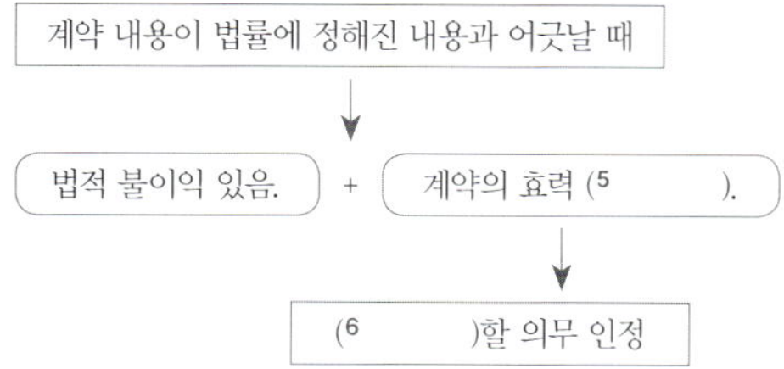

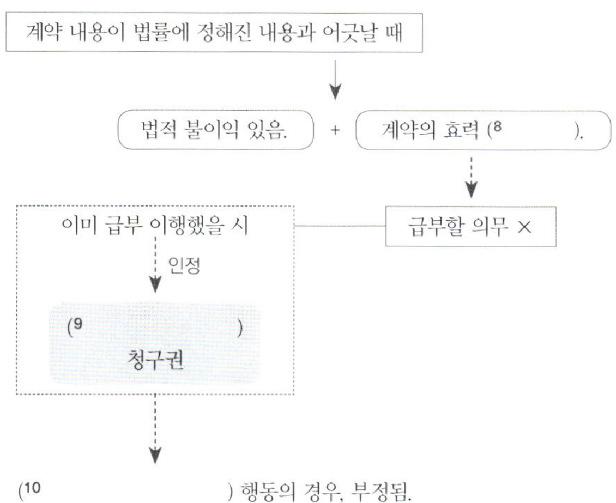

임의 법규, 단속 법규, 강행 법규 세 가지 법률 규정을 소개하는 글이므로, 이 세 가지 키워드를 중심으로 내용을 정리할 수 있어야 합니다.

내용 트레이닝 ZONE

💪 **글 내용과 일치하면 ○에, 그렇지 않으면 ×에 체크하시오.**

1문단

01 법률의 규정에 어긋나는 내용은 계약서에 넣을 수 없다. ○ ×

02 민법에 의하면, 사무실의 방충망이 낡아서 파손되었을 때 원칙적으로 그것을 수선할 의무는 임대인인 건물주에게 있다. ○ ×

2문단

03 사법은 개인과 개인 사이의 재산 문제만을 다룬다. ○ ×

04 사법 규정과 계약 내용이 어긋나는 경우에는 사법 규정이 우선 적용 대상이다. ○ ×

05 계약 당사자들이 스스로 계약 내용을 구체적으로 정하는 것을 계약 자유의 원칙이라고 한다. ○ ×

06 임대인의 수선 의무 조항은 계약 당사자들이 사법으로 규정한 내용에 대해 달리 계약을 정하지 않았을 경우 원칙적으로 적용된다. ○ ×

3문단

07 법률로 정해진 내용과 어긋나게 계약하면 모든 계약은 효력이 부정된다. ○ ×

08 단속 법규는 계약 효력 자체는 그대로 두지만 법적 불이익을 주는 법조문이다. ○ ×

09 공인 중개사가 자신이 소유한 부동산을 직접 판매할 경우 계약은 무효로 간주된다. ○ ×

4문단

10 강행 법규가 적용되는 경우에 이미 급부를 이행하였다면 반환을 요구할 수 없다. ○ ×

11 강행 법규에 해당될 경우 계약 당사자들은 서로에게 계약 내용을 이행할 것을 요구할 수 없다. ○ ×

5문단

12 급부 내용이 비도덕적이고 반사회적인 행동이라면 부당 이득 반환을 청구할 수 있다. ○ ×

6문단

13 국가는 계약 당사자에게 미치는 영향을 극대화하기 위해 계약의 자유를 최대로 제한하는 것이 원칙이다. ○ ×

워밍-UP

[01~04] 다음 글을 읽고 물음에 답하시오.

01　사무실의 방충망이 낡아서 파손되었다면 세입자와 사무실을 빌려 준 건물주 중 누가
　　고쳐야 할까? 이 경우, 민법전의 법조문에 의하면 임대인인 건물주가 수선할 의무를
　　진다. 그러나 사무실을 빌릴 때, 간단한 파손은 세입자가 스스로 해결한다는 내용을 ［A］
　　계약서에 포함하는 경우도 있다. 이처럼 법률의 규정과 계약의 내용이 어긋날 때 어
　　떤 것이 우선 적용되어야 하는가, 법적 불이익은 없는가 등의 문제가 발생한다.

02　사법(私法)은 개인과 개인 사이의 재산, 가족 관계 등에 적용되는 법으로서 이 법의 영역
　　에서는 '계약 자유의 원칙'이 적용된다. 계약의 구체적인 내용 결정 등은 당사자들 스스로
　　정할 수 있다는 것이다. 따라서 당사자들이 사법에 속하는 법률의 규정과 어긋난 내용으
　　로 계약을 체결한 경우에 계약 내용이 우선 적용된다. 이처럼 법률상으로 규정되어 있더라
　　도 당사자가 자유롭게 계약 내용을 정할 수 있는 법률 규정을 '임의 법규'라고 한다. 사법
　　은 원칙적으로 임의 법규이므로, 사법으로 규정한 내용에 대해 당사자들이 계약으로 달리
　　정하지 않았다면 원칙적으로 법률의 규정이 적용된다. 위에서 본 임대인의 수선 의무 조항
　　이 이에 해당한다.

03　그러나 법률로 정해진 내용과 어긋나게 계약을 하면 당사자들에게 벌금이나 과태료 같은
　　법적 불이익이 있거나 계약의 효력이 부정되는 예외적인 경우도 있다. 우선, 체결된 계약
　　내용이 법률에 정해진 내용과 어긋날 때 법적 불이익이 있지만 계약의 효력 자체는 그대
　　로 두는 경우가 있다. 이에 해당하는 법조문을 '단속 법규'라고 한다. 공인 중개사가 자신
　　이 소유한 부동산을 고객에게 직접 파는 것을 금지하는 규정은 단속 법규에 해당한다. 따
　　라서 ㉠이 규정을 위반하여 공인 중개사와 고객이 체결한 매매 계약의 경우 공인 중개사
　　에게 벌금은 부과되지만 계약 자체는 유효이다. 이 경우 계약 내용에 따른 행동인 급부(給
　　付)를 할 의무가 인정되어, 공인 중개사는 매물의 소유권을 넘겨주고 고객은 대금을 지급
　　해야 하는 것이다.

04　한편 체결된 계약 내용이 법률에 정해진 내용과 어긋날 때 법적 불이익이 있을 뿐 아니
　　라 체결된 계약의 효력 자체도 인정되지 않아 급부 의무가 부정되는 경우가 있다. 이에 해
　　당하는 법조문을 '강행 법규'라고 한다. 이 경우 계약 당사자들은 상대에게 급부를 하라고
　　요구할 수는 없다. 이미 급부를 이행하여 재산적 이익을 넘겨주었다면 이 이익은 '부당 이
　　득'에 해당하기 때문에 반환을 요구할 수 있다. 즉 '부당 이득 반환 청구권'이 인정된다. 의
　　사와 의사 아닌 사람의 의료 기관 동업을 금지하는 법률 규정은 강행 법규이다. 따라서
　　㉡의사와 의사 아닌 사람이 체결한 동업 계약은 계약의 효력이 부정된다. 다만 계약에 따
　　라 이미 동업 자금을 건넸다면 이 돈을 반환하라고 요구하는 것은 가능하다.

05　그러나 강행 법규에 의해 계약의 효력이 부정되었을 때 부당 이득 반환 청구권이 인정되지
　　않는 경우도 있다. 급부의 내용이 위조지폐 제작처럼 비도덕적이거나 반사회적인 행동이라
　　면, 계약의 효력이 인정되지 않을 뿐 아니라 이미 넘겨준 이익을 돌려받을 권리도 부정되
　　는 것이 원칙이다.

06　국가가 개인 간의 계약에 개입하는 것은 국가 안보, 사회 질서, 공공복리 등의 정당한 입
　　법 목적을 달성하기 위해서이다. 이 경우 계약의 자유를 제한하려면 필요한 만큼만 최소
　　로 제한해야 한다는 '비례 원칙'이 적용된다. 이로 인해 국가가 계약 당사자들에게 미치는
　　영향이 다양하게 나타나는 것이다.

계약 자유의 원칙

　계약 자유의 원칙은 계약에 의해 형성되는 법률 관계의 법의 제한에 저촉되지 않는 한, 각자의 자유에 완전히 맡겨지며, 법도 그러한 자유의 결과를 될 수 있는 대로 존중한다는 원칙이다. 이를 사적 자치 원칙 또는 개인 의사 자치의 원칙이라고도 한다.

임대인과 임차인

　임대인은 임대차 계약에 따라 돈을 받고 다른 사람에게 목적물을 빌려준 사람을 말하며, 임차인은 임대차 계약에서 돈을 내고 목적물을 빌려 쓰는 사람을 말한다.

강행 법규

　법률 행위 당사자의 의사 여부와 관계없이 강제적으로 적용되는 법규를 강행 법규 또는 강제 법규라고 한다. 일반적으로 공공질서에 관한 사항을 정한 법규이며, 공법에 속하는 규정은 거의 강행 법규이다.

언젠간 출제각

공법과 사법의 구분

　공법과 사법을 구별하는 기준에는 이익설, 성질설, 주체설, 생활 관계설이 있다. 이익설은 보호하고자 하는 이익이 공익이냐 사익이냐를 기준으로 하는 견해로서, 공익을 보호하는 것이 공법, 사익을 보호하는 것이 사법이라고 본다. 성질설은 법률관계의 성질에 따라 평등·대등한 관계를 규율하는 법이 사법, 불평등한 관계를 규율하는 법이 공법이라는 견해이다. 주체설은 국가 기타 공공단체 상호 간의 관계나 공공단체와 사인 간의 관계를 규율하는 법이 공법, 사인과 사인 간의 관계를 규율하는 법이 사법이라는 견해이다. 생활 관계설은 국민으로서의 생활 관계를 규율하면 공법 관계, 인류로서의 생활 관계를 규율하면 사법 관계로 보는 견해이다.

01

윗글에 대한 이해로 적절하지 <u>않은</u> 것은?

① 임의 법규에 해당하는 법률 조항과 이에 어긋난 계약 내용 가운데 계약 내용이 우선 적용된다.

② 임의 법규가 단속 법규에 비해 계약 자유의 원칙에 더 부합한다.

③ 단속 법규로 국가가 개인 간의 계약에 개입할 때에는 비례 원칙이 적용되지 않는다.

④ 단속 법규로 입법 목적을 달성할 수 있는 계약에 대해 강행 법규로 국가가 개입하는 것은 정당화될 수 없다.

⑤ 강행 법규를 위반한 계약일 때 급부의 내용에 따라 부당 이득 반환 청구권의 인정 여부가 달라진다.

03

㉠과 ㉡의 공통점으로 가장 적절한 것은?

① 법적 불이익을 받는 계약 당사자가 있다.

② 계약 당사자들의 급부 의무가 인정되지 않는다.

③ 계약에 따라 넘어간 재산적 이익을 반환해야 한다.

④ 법률 규정을 위반하였으므로 계약의 효력이 부정된다.

⑤ 계약 당사자가 계약의 구체적인 내용을 결정할 수 없다.

04

윗글을 참고할 때, 〈보기〉에 대한 반응으로 적절한 것은?

〈보기〉

농지를 빌리려는 A와 농지 주인인 B는 농지를 용도에 맞지 않게 사용하는 것에 합의하여 농지 임대차 계약을 체결하였다. 그리고 A는 B에게 농지 사용료를 지불하고 1년간 농지를 사용하였다. 농지법을 위반한 이 사안에 대해 대법원이 내린 판결은 다음과 같이 요약된다.

첫째, 법률을 위반하여 농지를 빌려 준 사람에게는 벌금이 부과된다. 둘째, 이 사건의 농지 임대차 계약은 농지법을 위반한 것이므로 무효이다. 셋째, 농지를 빌려 준 사람은 받은 사용료를 반환해야 한다. 넷째, 농지를 빌린 사람은 농지를 빌려 써서 얻은 이익을 농지를 빌려 준 사람에게 반환해야 한다.

02

윗글을 참고할 때, [A]에 제시된 물음에 대한 답으로 맞는 것을 〈보기〉에서 고른 것은?

〈보기〉

ㄱ. 계약서에 방충망 수선에 관한 내용이 없으면 건물주가 수선 의무를 지고, 수선 의무를 계약에 포함하지 않은 것에 대한 법적 불이익은 누구에게도 없다.

ㄴ. 계약서에 방충망 수선에 관한 내용이 없으면 세입자가 수선 의무를 지고, 건물주는 수선 의무를 계약에 포함하지 않은 것에 대해 법적 불이익을 받는다.

ㄷ. 계약서에 세입자가 방충망을 수선한다는 내용이 있으면 세입자가 수선 의무를 지고, 법률 내용과 다르게 계약한 것에 대한 법적 불이익은 누구에게도 없다.

ㄹ. 계약서에 세입자가 방충망을 수선한다는 내용이 있으면 세입자가 수선 의무를 지고, 건물주는 법률 내용과 다르게 계약한 것에 대해 법적 불이익을 받는다.

① ㄱ, ㄴ   ② ㄱ, ㄷ   ③ ㄱ, ㄹ

④ ㄴ, ㄷ   ⑤ ㄴ, ㄹ

① A와 B가 농지 임대차 계약을 체결할 때에는 사법(私法)의 적용을 받지 않겠군.

② B에게 벌금을 부과하는 것은 A와 B가 맺은 농지 임대차 계약이 효력이 있음을 인정하지 않았기 때문이겠군.

③ B에게 벌금을 부과하는 것만으로는 이 계약의 내용을 규제하는 법률의 입법 목적을 실현하기에 부족하다는 점을 고려하여 계약을 무효로 판결한 것이겠군.

④ A가 농지를 빌려 써서 얻은 이익을 B에게 반환하라고 판결한 것은 급부의 내용이 비도덕적이거나 반사회적인 행동에 해당한다고 판단했기 때문이겠군.

⑤ B가 A에게서 받은 사용료를 반환하라고 판결한 것은 사용료가 부당 이득에 해당하지 않는다고 판단했기 때문이겠군.

[01~04] 다음 글을 읽고 물음에 답하시오.

01 채권은 어떤 사람이 다른 사람에게 특정 행위를 요구할 수 있는 권리이다. 이 특정 행위를 급부라 하고, 특정 행위를 해 주어야 할 의무를 채무라 한다. 채무자가 채권을 가진 이에게 급부를 이행하면 채권에 대응하는 채무는 소멸한다. 급부는 재화나 서비스 제공인 경우가 많지만 그 외의 내용일 수도 있다.

02 민법상의 권리는 여러 가지가 있는데 계약 없이 법률로 정해진 요건의 충족으로 발생하기도 하지만 대개 계약의 효력으로 발생한다. 계약이란 권리 발생 등에 관한 당사자의 합의로서, 계약이 성립하면 합의 내용대로 권리 발생 등의 효력이 인정되는 것이 원칙이다. 당장 필요한 재화나 서비스는 그 제공을 급부로 하는 계약을 성립시켜 확보하면 되지만 미래에 필요할 수도 있는 재화나 서비스라면 계약을 성립시킬 수 있는 권리를 확보하는 것이 유리하다. 이를 위해 '예약'이 활용된다. 일상에서 예약이라고 할 때와 법적인 관점에서의 예약은 구별된다. ㉠기차 탑승을 위해 미리 돈을 지불하고 승차권을 구입하는 것을 '기차 승차권을 예약했'고도 하지만 이 경우는 예약에 해당하지 않는 계약이다. 법적으로 예약은 당사자들이 합의한 내용대로 권리가 발생하는 계약의 일종으로, 재화나 서비스 제공을 급부 내용으로 하는 다른 계약인 '본계약'을 성립시킬 수 있는 권리 발생을 목적으로 한다.

03 예약은 예약상 권리자가 가지는 권리의 법적 성질에 따라 두 가지 유형으로 나뉜다. 첫째는 채권을 발생시키는 예약이다. 이 채권의 급부 내용은 '예약상 권리자의 본계약 성립 요구에 대해 상대방이 승낙하는 것'이다. 회사의 급식 업체 공모에 따라 여러 업체가 신청한 경우 그중 한 업체가 선정되었다고 회사에서 통지하면 예약이 성립한다. 이에 따라 선정된 업체가 급식을 제공하고 대금을 받기로 하는 본계약 체결을 요청하면 회사는 이에 응할 의무를 진다. 둘째는 예약 완결권을 발생시키는 예약이다. 이 경우 예약상 권리자가 본 계약을 성립시키겠다는 의사를 표시하는 것만으로 본계약이 성립한다. 가족 행사를 위해 식당을 예약한 사람이 식당에 도착하여 예약 완결권을 행사하면 곧바로 본계약이 성립하므로 식사 제공이라는 급부에 대한 계약상의 채권이 발생한다. [A]

04 예약에서 예약상의 급부나 본계약상의 급부가 이행되지 않는 문제가 생길 수 있는데, 예약의 유형에 따라 발생 문제의 양상이 다르다. 일반적으로 급부가 이행되지 않아 채권자에게 손해가 발생한 경우 채무자는 자신의 고의나 과실에서 비롯된 것이 아님을 증명하지 못하는 한 채무 불이행 책임을 진다. 이로 인해 채무의 내용이 바뀌는데 원래의 급부 내용이 무엇이든 채권자의 손해를 돈으로 물어야 하는 손해 배상 채무로 바뀐다.

05 만약 타인이 고의나 과실로 예약상 권리자가 가진 권리 실현을 방해했다면 예약상 권리자는 그에게도 책임을 물을 수 있다. 법률에 의하면 누구든 고의나 과실에 의해 타인에게 피해를 끼치는 행위를 하고 그 행위의 위법성이 인정되면 불법 행위 책임이 성립하여, 가해자는 피해자에게 손해를 돈으로 배상할 채무를 지기 때문이다. 다만 예약상 권리자에게 예약 상대방이나 방해자 중 누구라도 손해 배상을 하면 다른 한쪽의 배상 의무도 사라진다. 급부 내용이 동일하기 때문이다.

지문이 읽히는 독해 코칭

빈칸을 채우며 각 문단별 내용을 완성하시오.

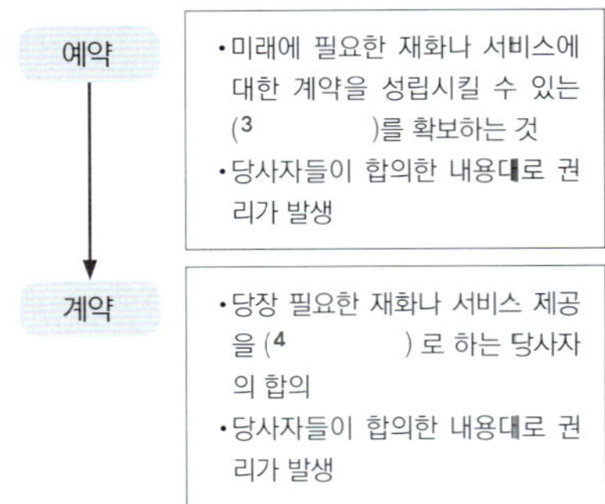

01

윗글에 대한 이해로 적절하지 <u>않은</u> 것은?

① 불법 행위 책임은 계약의 당사자 사이에 국한된다.

② 급부가 이행되면 채무자의 채권자에 대한 채무가 소멸된다.

③ 예약상 권리자는 본계약상 권리의 발생 여부를 결정할 수 있다.

④ 재화나 서비스 제공을 대상으로 하는 권리 외에 다른 형태의 권리도 존재한다.

⑤ 계약상의 채권은 계약이 성립하면 추가 합의가 없어도 발생 하는 것이 원칙이다.

02

⊙에 대한 이해로 가장 적절한 것은?

① 기차 탑승은 채권에 해당하고 돈을 지불하는 행위는 그 채권의 대상인 급부에 해당한다.

② 기차를 탑승하지 않는 것은 승차권 구입으로 발생한 채권에 대응하는 의무를 포기하는 것이다.

③ 기차 승차권을 미리 구입하는 것은 계약을 성립시키면서 채권의 행사 시점을 미래로 정해 두는 것이다.

④ 승차권 구입은 계약 없이 법률로 정해진 요건을 충족하여 서비스를 제공받을 권리를 발생시키는 행위이다.

⑤ 미리 돈을 지불하는 것은 미래에 필요한 기차 탑승 서비스 이용이라는 계약을 성립시킬 수 있는 권리를 확보한 것이다.

03

다음은 [A]에 제시된 예를 활용하여, 예약의 유형에 따라 예약상 권리자가 요구할 수 있는 급부에 대해 정리한 것이다. ㄱ~ㄷ에 들어갈 내용을 올바르게 짝지은 것은?

구분	채권을 발생시키는 예약	예약 완결권을 발생시키는 예약
예약상 급부	ㄱ	ㄴ
본계약상 급부	ㄷ	식사 제공

	ㄱ	ㄴ	ㄷ
①	급식 계약 승낙	없음	급식 대금 지급
②	급식 계약 승낙	없음	급식 제공
③	급식 계약 승낙	식사 제공 계약 체결	급식 제공
④	없음	식사 제공 계약 체결	급식 제공
⑤	없음	식사 제공 계약 체결	급식 대금 지급

04

윗글을 참고할 때, 〈보기〉의 ㉮에 대한 이해로 적절하지 않은 것은?

〈보기〉

특별한 행사를 앞두고 있는 갑은 미용실을 운영하는 을과 예약을 하여 행사 당일 오전 10시에 머리 손질을 받기로 했다. 갑이 시간에 맞춰 미용실을 방문하여 머리 손질을 요구했을 때 병이 이미 을에게 머리 손질을 받고 있었다. 갑이 예약해 둔 시간에 병이 고의로 끼어들어 위법성이 있는 행위를 하여 ㉮갑은 오전 10시에 머리 손질을 받을 수 없는 손해를 입었다.

① ㉮가 발생하는 과정에서 을의 과실이 있는 경우, 을은 갑에 대해 채무 불이행 책임이 있고 병은 갑에 대해 손해 배상 채무가 있다.

② ㉮가 발생하는 과정에서 을의 고의가 있는 경우, 을과 병은 모두 갑에게 손해 배상 채무를 지고 을이 배상을 하면 병은 갑에 대한 채무가 사라진다.

③ ㉮가 발생하는 과정에서 을에게 고의나 과실이 있는지 없는지 증명되지 않은 경우, 을과 병은 모두 갑에게 채무를 지고 그에 따른 급부의 내용은 동일하다.

④ ㉮가 발생하는 과정에서 을에게 고의나 과실이 있는지 없는지 증명되지 않은 경우, 을과 병은 모두 채무 불이행 책임을 지므로 갑에게 손해 배상 채무를 진다.

⑤ ㉮가 발생하는 과정에서 을에게 고의나 과실이 없음이 증명된 경우, 을과 달리 병에게는 갑이 입은 손해에 대해 금전으로 배상할 책임이 있다.

구조 트레이닝 ZONE

빈칸에 알맞은 말을 넣어 구조도를 완성하시오.

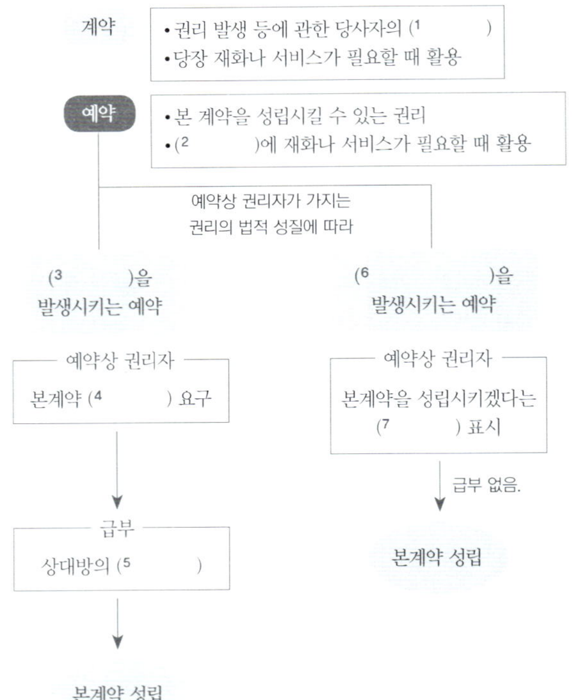

'계약'과 '예약'의 개념을 명확히 구분 지어 이해하는 것이 중요합니다. 또한 지문에서 언급하고 있는 상황, 즉 급부가 이행되지 않았을 때나 타인이 예약 권리자의 권리 실현을 방해했을 때에 어떤 결과가 초래되는지도 눈여겨봐 둘 필요가 있습니다.

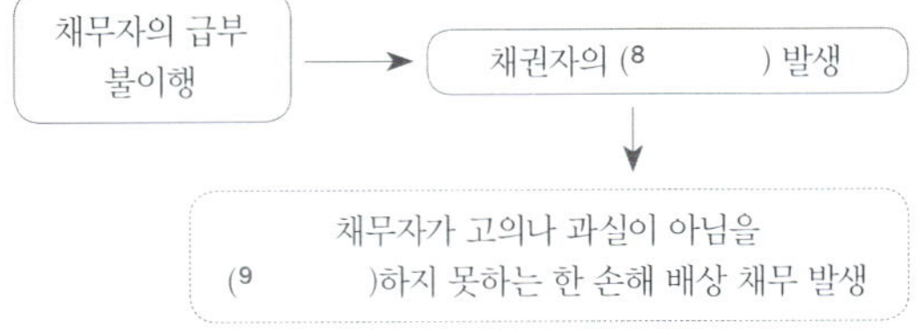

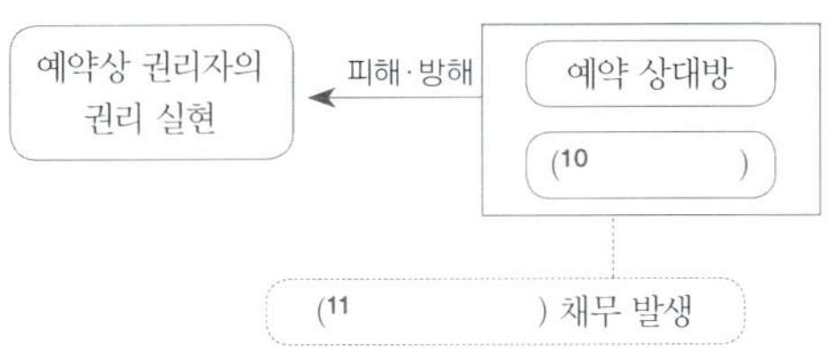

현대 민법의 기본 원칙

민법은 개인과 개인 사이의 법률관계에서 발생하는 권리와 의무의 종류 및 내용을 다루는 대표적인 사법이다. 근대 민법은 자유주의와 개인주의에 바탕을 두었으며, 소유권 절대의 원칙, 사적 자치의 원칙, 과실 책임의 원칙을 기본 원칙으로 중시하였다. 소유권 절대의 원칙은 개인의 사유 재산권에 대한 절대적 지배를 인정하고, 국가나 다른 개인이 이를 침해하거나 제한할 수 없다는 원칙으로 사유 재산권 존중의 원칙이라고도 한다. 사적 자치의 원칙은 개인이 자신의 의사에 따라 다른 사람과 자유롭게 법률관계를 형성할 수 있어야 하며 개인 간의 법률관계에 국가가 개입해서는 안 된다는 원칙이다. 과실 책임의 원칙은 개인이 자신의 고의나 과실로 인해 다른 사람의 권리를 침해하여 손해를 발생시킨 경우에만 책임을 진다는 원칙으로 자기 책임의 원칙이라고도 한다. 자본주의가 발달함에 따라 19세기 말에는 빈부 격차, 환경 오염, 기업의 독과점 등의 문제가 심각한 사회 문제로 등장하게 되었다. 그러나 근대 민법으로는 각종 사회 문제를 해결하는 데 있어 한계에 부딪히게 되었다. 이후 현대 민법은 근대 민법의 기본 원리에서 사회성과 공공성까지 고려하게 되어 소유권 절대의 원칙은 소유권 공공복리의 원칙으로, 계약 자유의 원칙은 계약 공정의 원칙으로, 과실 책임의 원칙은 무과실 책임의 원칙으로 수정·보완되었다.

매매의 예약

매매의 예약은 두 종류가 있는데, 하나는 당사자의 일방적인 의사 표시만으로 매매 계약이 성립하는 것이고, 다른 하나는 일방이 청약을 하고 상대방이 이를 승낙하면 이에 따라 매매 계약이 성립하는 것이다. 후자의 경우에는 상대방이 승낙하지 않으면 매매 계약이 성립될 수 없다. 그러나 상대방이 계속 승낙하지 않으면 그 승낙의 의사 표시를 법원에 청구해야 한다. 그래서 실제로 행하여지고 있는 것은 전자인 경우가 많다. 이것을 매매에 있어서의 일방의 예약이라고 한다.

[01~04] 다음 글을 읽고 물음에 답하시오.

사람은 살아가는 동안 여러 약속을 한다. 계약도 하나의 약속이다. 하지만 이것은 친구와 뜻이 맞아 주말에 영화 보러 가자는 약속과는 다르다. 일반적인 다른 약속처럼 계약도 서로의 의사 표시가 합치하여 성립하지만, 이때의 의사는 일정한 법률 효과의 발생을 목적으로 한다는 점에서 차이가 있다. 한 예로 매매 계약은 '팔겠다'는 일방의 의사 표시와 '사겠다'는 상대방의 의사 표시가 합치함으로써 성립하며, 매도인은 매수인에게 매매 목적물의 소유권을 이전하여야 할 의무를 짐과 동시에 매매 대금의 지급을 청구할 권리를 갖는다. 반대로 매수인은 매도인에게 매매 대금을 지급할 의무가 있고 소유권의 이전을 청구할 권리를 갖는다. 양 당사자는 서로 권리를 행사하고 서로 의무를 이행하는 관계에 놓이는 것이다.

이처럼 의사 표시를 필수적 요소로 하여 법률 효과를 발생시키는 행위들을 법률 행위라 한다. 계약은 법률 행위의 일종으로서, 당사자에게 일정한 청구권과 이행 의무를 발생시킨다. 청구권을 내용으로 하는 권리가 채권이고, 그에 따라 이행을 해야 할 의무가 채무이다. 따라서 채권과 채무는 발생한 법률 효과가 동전의 양면처럼 서로 다른 방향에서 파악되는 것이라 할 수 있다. 채무자가 채무의 내용대로 이행하여 채권을 소멸시키는 것을 변제라 한다.

갑과 을은 을이 소유한 그림 A를 갑에게 매도하는 것을 내용으로 하는 매매 계약을 체결하였다. ⏎㉠을의 채무는 그림 A의 소유권을 갑에게 이전하는 것이다. 동산인 물건의 소유권을 이전하는 방식은 그 물건을 인도하는 것이다. 갑은 그림 A가 너무나 마음에 들었기 때문에 그것을 인도받기 전에 대금 전액을 금전으로 지급하였다. 그런데 갑이 아무리 그림 A를 넘겨달라고 청구하여도 을은 인도해 주지 않았다. 이런 경우 갑이 사적으로 물리력을 행사하여 해결하는 것은 엄격히 금지된다.

채권의 내용은 민법과 같은 실체법에서 규정하고 있고, 그것을 강제적으로 실현할 수 있도록 민사 소송법이나 민사 집행법 같은 절차법이 갖추어져 있다. 갑은 소를 제기하여 판결로써 자기가 가진 채권의 존재와 내용을 공적으로 확정받을 수 있고, 나아가 법원에 강제 집행을 신청할 수도 있다. 강제 집행은 국가가 물리적 실력을 행사하여 채무자의 의사에 구애받지 않고 채무의 내용을 실행시켜 채권이 실현되도록 하는 제도이다.

을이 그림 A를 넘겨주지 않은 까닭은 갑으로부터 매매 대금을 받은 뒤에 을의 과실로 불이나 그림 A가 타없어졌기 때문이다. ㉯결국 채무는 이행 불능이 되었다. 소송을 하더라도 불능의 내용을 이행하라는 판결은 나올 수 없다. 그림 A의 소실이 계약 체결 전이었다면, 그 계약은 실현 불가능한 내용을 담고 있기 때문에 체결할 때부터 계약 자체가 무효이다. 이행 불능이 채무자의 과실 때문에 일어난 것이라면 채무자가 채무 불이행에 대한 책임을 겨야

한다.

이때 채무 불이행은 갑이나 을의 의사 표시가 작용한 것이 아니라, 매매 목적물의 소실에 따른 이행 불능으로 말미암은 것이다. 이러한 사건을 통해서도 법률 효과가 발생한다. 채무 불이행에 대한 책임은 갑으로 하여금 계약을 해제할 수 있는 권리를 갖게 한다. 갑이 계약 해제권을 행사하면 그때까지 유효했던 계약이 처음부터 효력이 없는 것으로 된다. 이때의 계약 해제는 일방의 의사 표시만으로 성립한다. 따라서 갑이 해제권을 행사하는 데에 을의 승낙은 요건이 되지 않는다. 이러한 법률 행위를 단독 행위라 한다.

갑은 계약을 해제하였다. 이로써 그 계약으로 발생한 채권과 채무는 없던 것이 된다. 당연히 계약의 양 당사자는 자신의 채무를 이행할 필요가 없다. 이미 이행된 것이 있다면 계약이 체결되기 전의 상태로 돌려놓아야 한다. 이를 청구할 수 있는 권리가 원상회복 청구권이다. 계약의 해제로 갑은 원상회복 청구권을 행사할 수 있으며, 이러한 ㉢갑의 채권은 결국 을에게 매매 대금을 반환해 달라고 청구할 수 있는 권리가 된다.

주제 독해
Ⅱ
사회

01

윗글의 내용과 일치하지 **않는** 것은?

① 실체법에는 청구권에 관한 규정이 있다.

② 절차법에 강제 집행 제도가 마련되어 있다.

③ 법률 행위가 없으면 법률 효과가 발생하지 않는다.

④ 법원을 통하여 물리력으로 채권을 실현할 수 있다.

⑤ 실현 불가능한 것을 내용으로 하는 계약은 무효이다.

02

㉠, ㉡에 대한 이해로 가장 적절한 것은?

① ㉠은 매도인의 청구와 매수인의 이행으로 소멸한다.

② ㉡은 채권자와 채무자의 의사 표시가 작용하여 성립한 것이다.

③ ㉠과 ㉡은 ㉠이 이행되면 그 결과로 ㉡이 소멸하는 관계이다.

④ ㉠과 ㉡은 동일한 계약의 효과를 서로 다른 측면에서 바라본 것이다.

⑤ ㉠에는 물건을 인도할 의무가 있고, ㉡에는 금전의 지급을 청구할 권리가 있다.

03

㉮의 상황에 대한 설명으로 적절한 것은?

① '을'의 과실로 이행 불능이 되어 '갑'의 계약 해제권이 발생한다.

② '갑'은 소를 제기하여야 매매의 목적이 된 재산권을 이전받을 수 있다.

③ '갑'은 원상회복 청구권을 행사하여야 '그림 A'의 소유권을 회복할 수 있다.

④ '갑'과 '을'은 애초부터 실현 불가능한 내용의 계약을 체결하였기 때문에 이행 불능이 되었다.

⑤ '을'이 '갑'에게 '그림 A'를 인도하는 것은 불가능해졌지만 '을'은 채무 불이행에 대한 책임을 지지 않는다.

04

윗글을 바탕으로 할 때, 〈보기〉에 대한 분석으로 적절하지 **않은** 것은?

〈보기〉

증여는 당사자의 일방이 자기의 재산을 무상으로 상대방에게 줄 의사를 표시하고 상대방이 이를 승낙함으로써 성립하는 계약이다. 증여자만 이행 의무를 진다는 점이 특징이다. 유언은 유언자의 사망과 동시에 일정한 법률 효과를 발생시키려는 것을 목적으로 하는데, 유언자의 의사 표시만으로 유효하게 성립하고 의사 표시의 상대방이 필요 없다는 점에서 증여와 차이가 있다.

① 증여, 유언, 매매는 모두 법률 행위로서 의사 표시를 요소로 한다.

② 증여와 유언은 법률 효과를 발생시키려는 목적이 있다는 점이 공통된다.

③ 증여는 변제의 의무를 발생시키지 않는다는 점에서 매매와 차이가 있다.

④ 증여는 당사자 일방만이 이행한다는 점에서 양 당사자가 서로 이행하는 관계를 갖는 매매와 차이가 있다.

⑤ 증여는 양 당사자의 의사 표시가 서로 합치하여 성립한다는 점에서 의사 표시의 합치가 필요 없는 유언과 차이가 있다.

호루라기 관장님의
어휘 트레이닝

공부한 날	월 일 요일
맞은 개수	/ 32

No	뜻	힌트	정답
01	필요한 조건	요ㄱ	
02	얽어서 맺음.	체ㄱ	
03	깨어져 못 쓰게 됨.	ㅍ손	
04	민법을 규정한 법전	민ㅂㅈ	
05	물건을 팔고 사는 일	ㅁ매	
06	낡거나 헌 물건을 고침.	ㅅ선	
07	물건의 값으로 치르는 돈	대ㄱ	
08	법률이나 규칙 따위의 작용	효ㄹ	
09	어려운 점을 무릅쓰고 행함.	강ㅎ	
10	사물이나 현상의 모양이나 상태	ㅇ상	
11	확실히 보증하거나 가지고 있음.	ㅎ보	
12	채무자가 채무의 내용을 실행하는 일	이ㅎ	
13	세금이나 부담금 따위를 매기어 부담하게 함.	ㅂ과	
14	채권의 목적이 되는, 채무자가 하여야 할 행위	ㄱ부	
15	일정한 기준이나 원칙 없이 하고 싶은 대로 함.	ㅇ의	
16	남의 권리를 침해한 사람이 그 손해를 물어 주는 일	ㅂ상	
17	어떤 행위가 범죄 또는 불법 행위로 인정되는 객관적 요건	위ㅂ성	
18	법률적 행위가 당사자나 법률이 의도한 본래의 효과가 있음.	유ㅎ	
19	부주의로 인하여, 어떤 결과의 발생을 미리 내다보지 못한 일	과ㅅ	
20	임대차 계약에 따라 돈을 받고 다른 사람에게 물건을 빌려준 사람	ㅇ대인	
21	재산권의 하나로, 특정인이 다른 특정인에게 어떤 행위를 청구할 수 있는 권리	ㅊ권	
22	재산권의 하나로, 특정인이 다른 특정인에게 어떤 행위를 하여야 할 의무를 이름.	ㅊ무	

No	앞의 어휘를 활용해 문장을 완성하시오.
01	채무자는 채권자에게 진 채무를 ( ) 해야 할 의무가 있다.
02	소설을 읽고 전쟁 체험이 소설에 반영된 ( )을 살펴보았다.
03	새로운 법이 제정됨에 따라 기존의 법은 그 ( )을 잃게 되었다.
04	공동의 소유물을 어느 한 개인이 ( )로 처리하거나 처분할 수는 없다.
05	경찰이 결정적 증거를 ( )함에 따라 조만간 범인은 잡히고 말 것이다.
06	보험 가입자는 반드시 계약을 ( )하기 전에 '중요한 사항'을 알려야 한다.
07	업무 수행 중에 발생한 사고였지만, 그것이 본인의 ( )로 인해 발생한 것이라면, 어떤 보상도 받을 수 없다.
08	법에서는 반려 동물을 학대하거나 유기할 경우 벌금을 ( )하거나 형사 처분을 할 수 있도록 규정하고 있다.
09	계약은 당사자에게 일정한 청구권과 이행 의무를 발생시키는데, 이때 청구권을 내용으로 하는 권리가 ( )이다.
10	문화유산의 디지털 복원 방법을 활용하면, ( ) 정도가 심해서 사라질 우려가 있는 문화유산을 반영구적으로 보존할 수 있다.

주제
독해
II
사회

오늘 수능 국어 트레이닝 끝!

09 법 해석

다음 글을 읽고 내용을 정리하시오.

01 인간은 집단생활을 하기 때문에 분쟁이 발생할 수밖에 없다. 그래서 문제가 발생하는 것을 예방하거나 문제를 원만히 해결하기 위해 규칙을 만든다. 여러 규칙 중 사회 구성원들의 합의에 따라 만들어지고 강제성을 가진 규칙을 법이라고 한다. 이때 강제성은 공공의 이익을 실현하기 위해 사회 구성원들이 동의할 때만 발휘될 수 있다. 이러한 법은 몇 가지 특징이 있는데 먼저 법은 행동의 결과를 중시한다. 왜냐하면 다른 사람이 행동을 평가할 수 있고 그 변화도 확인할 수 있어야 하기 때문이다. 그리고 법은 국민의 자유와 권리를 보호한다. 만약 법이 없다면 권력자나 국가 기관이 멋대로 권력을 휘두를 수 있을 것이다. 마지막으로 법은 최소한의 간섭만 한다. 개인이 처리해도 되는 일까지 법이 간섭한다면 사람들은 숨이 막혀 평온하게 살기 힘들 것이다.

02 대표적인 법에는 민법과 형법이 있다. 민법은 국가 기관이 아닌, 사람들 간의 권리관계를 다루는 법률로서 재산 관계와 가족 관계로 구성되어 있다. 근대 사회에서 형성된 민법의 원칙은 오늘날까지도 중요하게 여겨지고 있다. 중요 원칙 중 하나는 개인의 사유 재산에 대해 절대적 지배를 인정하고 국가를 비롯한 단체나 개인은 다른 사람의 사유 재산 행사에 간섭하지 못한다는 것이다. 그리고 다른 사람에게 끼친 손해는 그 행위가 위법이고 동시에 고의나 과실에 의한 경우에만 책임을 진다는 원칙도 있다. 그런데 이 원칙들은 경제적 강자가 경제적 약자를 지배하는 수단으로 악용되기도 하여 20세기에 들면서 제한이 생겼다. 그 결과 개인의 사유 재산에 대한 지배는 여전히 보장되지만 공공복리에 적합하도록 행사해야 한다는 것과 같은 수정된 원칙들이 적용되고 있다.

03 반면, 형법은 범죄와 형벌을 규정하는 법률로서 '죄형법정주의'라는 기본 원칙이 있다. 죄형법정주의는 범죄의 행위와 그 범죄에 대한 처벌을 미리 법률로 정해 두어야 한다는 것이다. 그래서 범죄 발생 당시에는 없었던 법이 나중에 생겨도 그것을 소급해서 적용할 수 없다. 또한 민법과 달리 어떤 사항을 직접 규정한 법규가 없을 때, 그와 비슷한 사항을 규정한 법규를 유추하여 적용할 수도 없다.

04 형법을 위반한 범죄가 발생하면, 먼저 수사 기관이 수사를 한다. 수사를 개시하는 단서로는 고소, 고발, 인지가 있는데, 이 중 고소는 피해자가 하는 반면 고발은 제3자가 한다. 일반적으로 범죄는 수사 기관이 인지하는 것만으로도 수사를 시작할 수 있다. 하지만 명예훼손죄, 폭행죄 등은 수사를 진행했더라도 피해자가 원하지 않으면 처벌하지 않는다. 수사 결과 피의자*가 죄를 범했다고 의심할 만한 충분한 이유가 있다면 구속 영장을 받아 체포해 구속한다. 만약 범죄를 실행 중인 경우는 구속 영장 없이 체포 가능한데, 이 경우 48시간 이내에 구속 영장을 신청해야 하고, 법원은 신청서가 접수된 시간으로부터 48시간 이내에 구속 영장의 발부 여부를 결정해야 한다. 수사 결과 범죄 혐의가 인정되면 검사는 재판을 청구하는데 이를 기소라고 한다. 이때 검사는 피의자의 나이, 환경, 동기 등을 참작하여 기소를 하지 않을 수 있다. 기소로 재판 절차가 시작되면 법원은 사건을 심리하여 범죄 사실이 확인된 경우 유죄를 선고한다. 유죄가 인정되면 법원이 형을 선고하고 집행 절차에 들어간다.

*피의자: 수사 기관으로부터 범죄의 의심을 받게 되어 수사를 받고 있는 자
*심리: 재판의 기초가 되는 사실이나 법률적 판단을 심사하는 행위

지문이 읽히는 독해 코칭

빈칸을 채우며 각 문단별 내용을 완성하시오.

1문단

법 사회 구성원들의 합의에 따라 만들어지고 (1   )을 가진 규칙

특징
- 행동의 (2   )를 중시함.
- 국민의 자유와 권리를 보호함.
- (3   )한의 간섭만 함.

2문단

민법 사람들 간의 (4   )를 다루는 법률

중요 원칙
- 개인의 사유 재산에 대해 절대적 (5   )를 인정
- 단체나 개인은 다른 사람의 사유 재산 행사에 간섭 X
- 다른 사람에게 끼친 손해는 위법인 동시에 고의나 과실인 경우에만 (6   )을 짐.

수정 원칙 개인의 사유 재산 행사는 (7   )에 적합해야 함.

3문단

형법 범죄와 (8   )을 규정하는 법률

기본 원칙

죄형법정주의
- 범죄의 행위와 범죄에 대한 처벌을 미리 (9   )로 정해 두어야 함.
- 법이 범죄 발생 이후에 생기면 소급 적용 불가능

+

법규 없을 시 비슷한 법규를 (10   ) 적용 가능

4문단

수사의 절차
- ① 고소, 고발, 인지를 단서로 수사 개시
- ② 구속 영장을 받아 체포·구속
- ※ 범죄 실행 중일 때 구속 영장 없이 체포 가능 단, (11   ) 이내로 구속 영장 신청

검사의 재판 청구 = (12   )

재판의 절차
- ① 법원의 사건 (13   )
- ② 법원의 유죄·형 선고
- ③ 집행 절차

구조 트레이닝 ZONE

빈칸에 알맞은 말을 넣어 구조도를 완성하시오.

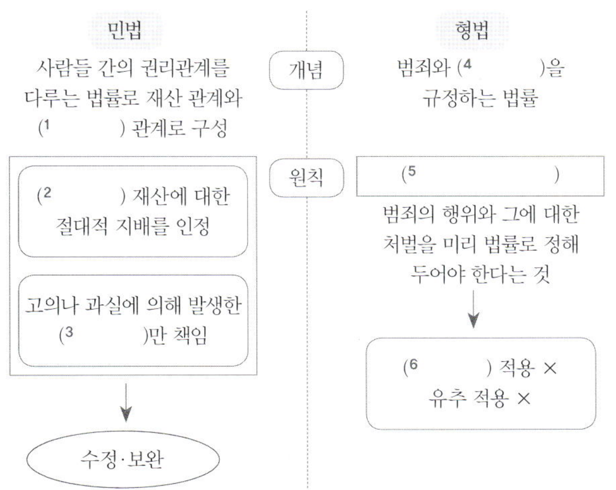

민법의 원칙들과 형법의 원칙들을 그 법적 특성을 바탕으로 이해하는 것이 중요합니다. 아울러 수사와 재판 절차에 대해서도 소개하고 있으므로, 그 절차가 이루어지는 구체적 조건 등에 유의하는 것이 좋습니다.

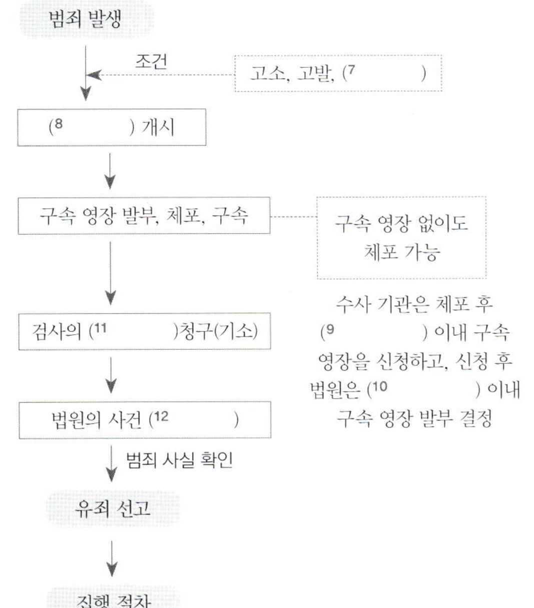

내용 트레이닝 ZONE

글 내용과 일치하면 ○에, 그렇지 않으면 ×에 체크하시오.

1문단

01 인간은 분쟁을 예방하거나 분쟁으로 인한 문제를 원만히 해결하기 위해 규칙을 만들었다. ○ ×

02 국민의 자유와 권리를 보호하기 위해 법은 개인의 일에도 적극적으로 개입하는 것이 원칙이다. ○ ×

03 사회 구성원이 동의하지 않더라도 공공의 이익을 실현할 수 있다면 법의 강제성은 발휘될 수 있다. ○ ×

2문단

04 민법은 재산과 가족 관계로 구성되며 사람들 간 권리관계를 다룬다. ○ ×

05 오늘날 민법의 기본 원칙들은 과거보다 공공복리의 중요성을 강조한다. ○ ×

06 오늘날의 민법은 처음 생겼을 때보다 개인의 사유 재산에 대한 절대적 지배를 더 보장한다. ○ ×

07 민법의 기본 원칙들은 경제적 약자가 경제적 강자에 저항하는 수단으로 이용되면서 제한되기도 하였다. ○ ×

3문단

08 형법에 의하면 범죄 행위와 그 처벌에 대한 법률이 정해져 있어야 처벌이 가능하다. ○ ×

09 범죄 발생 당시에 없었던 법이 나중에 생기면 소급하여 해당 형법을 적용할 수 있다. ○ ×

10 형법과 민법은 어떤 사항을 직접 규정한 법규가 없더라도 유사한 사항을 규정한 법규를 유추하여 적용할 수 있다. ○ ×

4문단

11 법원에서는 형법을 위반한 범죄 사건에 대해 조사한다. ○ ×

12 형법에서 고소의 주체는 범죄와 직접 관련이 없는 제3자이고, 고발의 주체는 범죄와 직접 관련이 있는 피해자이다. ○ ×

13 피해자가 처벌을 원하지 않으면 명예훼손죄나 폭행죄의 가해자는 처벌받지 않는다. ○ ×

14 현행범의 경우 구속 영장 없이 체포가 가능하지만, 체포 후 48시간 이내에 구속 영장의 발부 여부를 결정해야 한다. ○ ×

워밍-UP

[01~04] 다음 글을 읽고 물음에 답하시오.

01 인간은 집단생활을 하기 때문에 분쟁이 발생할 수밖에 없다. 그래서 문제가 발생하는 것을 예방하거나 문제를 원만히 해결하기 위해 규칙을 만든다. 여러 규칙 중 사회 구성원들의 합의에 따라 만들어지고 강제성을 가진 규칙을 **법**이라고 한다. 이때 강제성은 공공의 이익을 실현하기 위해 사회 구성원들이 동의할 때만 발휘될 수 있다. 이러한 법은 몇 가지 특징이 있는데 먼저 법은 행동의 결과를 중시한다. 왜냐하면 다른 사람이 행동을 평가할 수 있고 그 변화도 확인할 수 있어야 하기 때문이다. 그리고 법은 국민의 자유와 권리를 보호한다. 만약 법이 없다면 권력자나 국가 기관이 멋대로 권력을 휘두를 수 있을 것이다. 마지막으로 법은 최소한의 간섭만 한다. 개인이 처리해도 되는 일까지 법이 간섭한다면 사람들은 숨이 막혀 평온하게 살기 힘들 것이다.

02 대표적인 법에는 ㉠민법과 형법이 있다. 민법은 국가 기관이 아닌, 사람들 간의 권리관계를 다루는 법률로서 재산 관계와 가족 관계로 구성되어 있다. 근대 사회에서 형성된 민법의 원칙은 오늘날까지도 중요하게 여겨지고 있다. 중요 원칙 중 하나는 개인의 사유 재산에 대해 절대적 지배를 인정하고 국가를 비롯한 단체나 개인은 다른 사람의 사유 재산 행사에 간섭하지 못한다는 것이다. 그리고 다른 사람에게 끼친 손해는 그 행위가 위법이고 동시에 고의나 과실에 의한 경우에만 책임을 진다는 원칙도 있다. 그런데 이 원칙들은 경제적 강자가 경제적 약자를 지배하는 수단으로 악용되기도 하여 20세기에 들면서 제한이 생겼다. 그 결과 개인의 사유 재산에 대한 지배는 여전히 보장되지만 공공복리에 적합하도록 행사해야 한다는 것과 같은 수정된 원칙들이 적용되고 있다.

03 반면, 형법은 범죄와 형벌을 규정하는 법률로서 ㉡'죄형법정주의'라는 기본 원칙이 있다. 죄형법정주의는 범죄의 행위와 그 범죄에 대한 처벌을 미리 법률로 정해 두어야 한다는 것이다. 그래서 범죄 발생 당시에는 없었던 법이 나중에 생겨도 그것을 소급해서 적용할 수 없다. 또한 민법과 달리 어떤 사항을 직접 규정한 법규가 없을 때, 그와 비슷한 사항을 규정한 법규를 유추하여 적용할 수도 없다.

04 형법을 위반한 범죄가 발생하면, 먼저 수사 기관이 수사를 한다. 수사를 개시하는 단서로는 고소, 고발, 인지가 있는데, 이 중 고소는 피해자가 하는 반면 고발은 제3자가 한다. 일반적으로 범죄는 수사 기관이 인지하는 것만으로도 수사를 시작할 수 있다. 하지만 명예훼손죄, 폭행죄 등은 수사를 진행했더라도 피해자가 원하지 않으면 처벌하지 않는다. 수사 결과 피의자*가 죄를 범했다고 의심할 만한 충분한 이유가 있다면 구속 영장을 받아 체포해 구속한다. 만약 범죄를 실행 중인 경우는 구속 영장 없이 체포 가능한데, 이 경우 48시간 이내에 구속 영장을 신청해야 하고, 법원은 신청서가 접수된 시간으로부터 48시간 이내에 구속 영장의 발부 여부를 결정해야 한다. 수사 결과 범죄 혐의가 인정되면 검사는 재판을 청구하는데 이를 기소라고 한다. 이때 검사는 피의자의 나이, 환경, 동기 등을 참작하여 기소를 하지 않을 수 있다. 기소로 재판 절차가 시작되면 법원은 사건을 심리*하여 범죄 사실이 확인된 경우 유죄를 선고한다. 유죄가 인정되면 법원이 형을 선고하고 집행 절차에 들어간다. [A]

---

*피의자: 수사 기관으로부터 범죄의 의심을 받게 되어 수사를 받고 있는 자
*심리: 재판의 기초가 되는 사실이나 법률적 판단을 심사하는 행위

지식을 넓히는 주제 코칭

죄형법정주의

죄형법정주의는 범죄와 형벌을 미리 법률로써 규정하여야 한다는 근대 형법상의 기본 원칙이다. 이 원칙은 권력자가 범죄와 형법을 마음대로 결정하고 단행하는 죄형전단주의와 대립되는 원칙이다. 아무리 사회적으로 비난받아야 할 행위라 할지라도 법률이 범죄로서 규정하지 않았다면 처벌할 수 없으며, 범죄에 대하여 법률이 규정한 형벌 이외에는 추가적인 처벌을 할 수 없다는 것이 죄형법정주의의 본래적 의미이다. 결국 죄형법정주의의 근본적 의의는, 국민 개인의 자유와 권리를 보장하기 위하여 승인되는 국가 권력의 자기 제한이다.

기소

검사가 특정 형사 사건에 관하여 법원에 대하여 심판을 청구하는 의사 표시이다. 공소의 제기와 같은 뜻으로 공소는 검사만이 제기할 수 있는데, 이를 검사의 기소독점주의라고 한다.

언젠간 출제각

적법 절차의 원리

국민의 권리를 제한하는 경우에는 반드시 적법한 절차와 국회가 정한 법률에 근거하여야 한다는 원칙이다. 구체적으로는 죄형법정주의, 법률불소급의 원칙, 일사부재리의 원칙, 미란다 원칙 등이 이에 속한다.

- **법률불소급의 원칙**: 법률은 제정 이전에 발생한 사실에 대하여 소급해서 적용하지 아니한다는 원칙
- **일사부재리의 원칙**: 형사 소송법에서, 한번 판결이 난 사건에 대하여서는 다시 공소를 제기할 수 없다는 원칙
- **미란다 원칙**: 피의자를 체포할 때 피의자에게 알려야 할 헌법상의 권리를 지키는 원칙. 만약 이를 고지하지 않은 상태에서 이루어진 구속이나 심문은 효력이 없는 것으로 판단될 수 있으며, 그러한 과정에서 이루어진 자백은 재판에서 철저하게 배제된다.

01

[법]에 관한 설명으로 적절하지 <u>않은</u> 것은?

① 문제가 발생하는 것을 예방하기 위해 사회 구성원의 의사를 반영하여 만든다.

② 권력자의 권력 행사를 제한하여 국민들의 자유와 권리를 지키는 역할을 한다.

③ 법의 간섭이 지나치게 커지게 되면 개인이 삶을 평온하게 유지하기 힘들 것이다.

④ 다른 사람들이 행동을 평가하고 그 변화를 확인할 수 있어야 하므로 결과를 중시한다.

⑤ 목적이 공익과 무관하더라도 사회 구성원의 동의가 있다면 강제성이 발휘될 수 있다.

02

㉠에 대한 설명으로 적절하지 <u>않은</u> 것은?

① 경제적 강자로부터 경제적 약자를 보호하기 위해 원칙이 수정되었다.

② 국가 기관이 아닌 사람들 간의 권리관계에 문제가 생겼을 경우 적용한다.

③ 위법한 행위가 발생했을 때 의도적으로 잘못을 한 경우에만 책임을 물을 수 있다.

④ 20세기에 들면서 공공복리에 적합하지 않을 경우 개인의 재산권 행사를 제한할 수 있게 되었다.

⑤ 개인이 재산을 사용하는 것에 대해 국가나 타인이 간섭하지 못한다는 원칙이 근대 사회에서 형성되었다.

03

㉡과 관련 있는 말로 적절한 것은?

① 착한 사람은 법이 필요 없고 나쁜 사람은 법망을 피해 간다.

② 법의 생명은 논리에 있는 것이 아니라 경험에 있다.

③ 형법의 반은 이익보다는 해를 끼칠지 모른다.

④ 법률이 없으면 범죄도 없고 형벌도 없다.

⑤ 철학 없는 법학은 출구 없는 미궁이다.

04

[A]를 바탕으로 〈보기〉를 이해한 내용으로 적절한 것은?

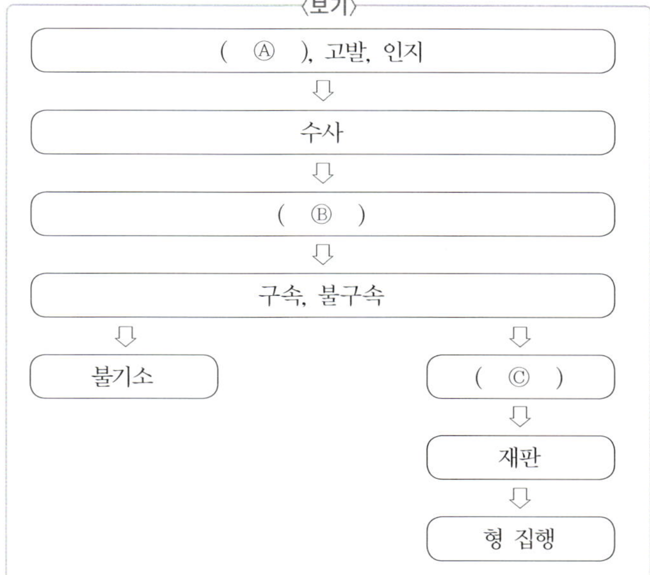

① Ⓐ는 범죄의 피해자와 연관이 있는 제3자가 한다.

② 명예훼손죄, 폭행죄는 Ⓐ가 없어도 수사를 진행할 수 있다.

③ 범죄를 실행 중인 범인을 Ⓑ하였을 경우 48시간 이내에 구속 영장을 발부받아야 한다.

④ 범죄 혐의가 인정될 경우 반드시 Ⓒ를 해야 한다.

⑤ 재판에서 심리를 담당하는 주체가 Ⓒ의 여부를 결정한다.

[01~03] 다음 글을 읽고 물음에 답하시오.

01 우선 법조문의 해석은 법문에 사용되고 있는 문자의 의미와 문장의 구조에 대한 문법적 이해를 기초로 하여 이루어져야 한다. 이러한 해석을 ㉠문리적 해석 방법이라고 한다. 어떠한 법조문이든 1차적으로는 이러한 방법으로 해석되어야 한다. 그런데 법문에 사용되고 있는 문자 또는 법률 용어의 의미는 일반적으로 사용되고 있는 의미와는 다른 경우가 많기 때문에 법을 해석할 때 주의해야 한다. 〈중략〉

02 ㉡역사적 해석 방법은 입법자가 입법 당시에 ⓐ가지고 있었던 입법 의사를 확인하고 탐구하여 해석하는 방법이다. 입법자의 입법 의사는 법제도의 연혁을 살펴보거나, 법률안을 발의하게 된 취지를 밝힌 법안이유서, 관련 기관의 입법의견서, 회의록 등의 입법 기초 자료를 ⓑ가지고 파악할 수 있다. 〈중략〉

03 ㉢목적론적 해석 방법은 현행 법질서 안에서 이성적 논의를 바탕으로 해석 주체가 법문의 의미와 입법의 목적, 입법을 통해서 추구하려는 이념과 가치, 현재의 상황에 대한 인식과 분석 등을 고려하여 법규의 의미를 찾는 해석 방법이다. 〈중략〉 법의 참된 의미는 과거의 입법에 의해서 결정되는 것이 아니라 현재의 상황에 맞게 입법 정신을 계승하는 것이므로 법률의 문언도 단순 의미 해석을 넘어 탄력적으로 해석할 수 있어야 한다고 본다. 〈중략〉

04 이러한 방법들은 기본적으로 법적 판단이 요구되는 사안에 대하여 적용 가능한 법규가 분명히 존재하는 경우에 활용된다. 하지만 법문을 구성하는 법 개념 및 범주 속에 규율의 대상인 다양하고도 발생 가능한 모든 현상과 행위들을 완벽하게 포함시킬 수는 없다. 또한 법 제정 시점에서 그 이후에 발생 가능한 모든 경우들을 예측하여 법으로 규정하는 것도 가능하지 않다. 이로 인해 법의 적용 과정에서 문제점이 발생하게 되는 데 이를 법의 흠결이라 한다. 해당 사안을 규율할 법 규정이 명백히 존재하지 않는 경우를 '명시적 흠결', 해당 사안을 규율할 법 규정이 존재하지만 이를 그대로 적용할 경우 매우 불합리한 결과가 나타나는 경우를 '은폐된 흠결'이라 부른다. 법관은 이러한 법의 흠결을 이유로 재판을 거부할 수 없으므로, 법의 흠결을 보충하기 위해 다양한 방법들이 활용되고 있다.

05 일반적으로는 유추가 법의 흠결을 보충하는 방법으로 활용되고 있다. 유추는 직접적으로 적용 가능한 규칙이 아닌 다른 개별적인 규칙을 문제가 되고 있는 사례에 적용하여 판단을 내리는 것을 말한다. 따라서 유추 적용한 법적 판단이 적법하게 이루어지고 그 타당성을 인정받기 위해서는 우선 법적 판단이 요구되는 사안과 유사한 사안을 규율하는 법규가 존재해야만 한다. 그리고 두 사안 사이에 상당한 유사성이 있어야 한다. 최종적으로 유추를 통해 문제가 되는 사안에 대한 타당한 해결이 가능하다는 법관의 판단이 필요하다.

06 유추는 기본적으로 법의 명시적 흠결을 보충하기 위한 하나의 대안에 불과하다. 이 때문에 유추의 결과는 목적론적 해석 방법 등 별도의 방법을 통하여 그 정당성이 평가되어야 하는 한계가 있다. 또한 법의 흠결은 많은 경우에 은폐된 형태로 존재하기 때문에 법관은 법의 흠결을 보충하기 위한 방법을 모색해야 한다. 이와 관련하여 학자들은 법관이 '정의', '이성', '형평' 등 법원리적 규범을 법적 판단의 근거로 활용하여 그 흠결을 보충할 수 있다고 본다. 이러한 원리들은 법적인 판단이 요구되는 사안에 대하여 법관이 자의적으로 판단하는 것을 제어하면서 합리적으로 문제의 해결에 접근할 수 있는 방법으로 제시되고 있다. 하지만 법관이 감정적이거나 자의적으로 판단하는 것을 완전히 배제할 수 없는 것도 사실이다. 따라서 가능한 한, 입법 정책 차원에서 법의 흠결을 최소화하는 것이 필요하다.

지문이 읽히는 독해 코칭

빈칸을 채우며 각 문단별 내용을 완성하시오.

1문단

문리적 해석 방법 ──── 법조문의 1차적 해석 방법

- 법문에 사용된 문자의 의미와 문장의 구조에 대한 (1   ) 이해를 기초로 한 법조문의 해석
- 일반적으로 사용되고 있는 의미와 다른 경우 多

2문단

역사적 해석 방법 ──── 입법자의 입법 의사 확인

- 입법자가 입법 당시에 가지고 있었던 입법 (2   )를 확인하고 탐구하여 해석하는 방법
- 입법 기초 자료를 가지고 파악

3문단

목적론적 해석 방법 ──── 법의 참된 의미

- 해석 주체가 법문의 의미와 입법의 목적, 입법의 이념과 가치, 현재 상황에 대한 인식과 분석 등을 고려하여 법규의 (3   )를 찾는 해석 방법
- 법률 문언을 (4   )으로 해석

4문단

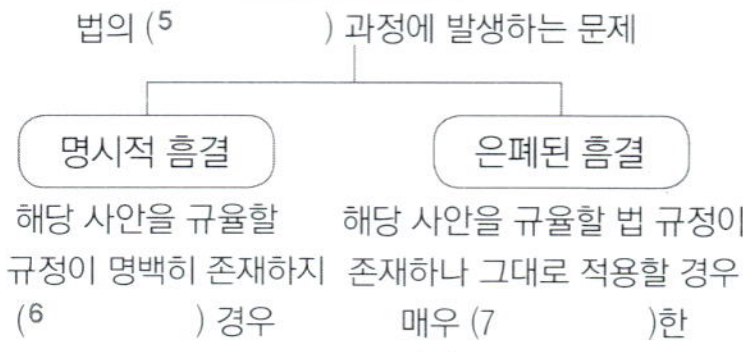

5문단

유추 적용한 법적 판단의 성립 요건

- 법적 판단이 요구된 상황과 유사한 사안을 규율하는 법규가 (8   )해야 함.
- 두 사안 사이에 상당한 (9   )이 있어야 함.
- 유추를 통해 문제가 되는 사안에 대한 타당한 해결이 가능하다을 (10   )으로 판단이 필요함.

6문단

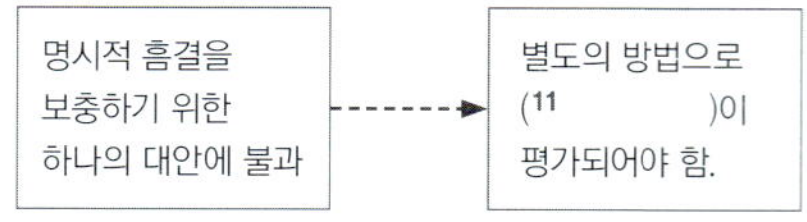

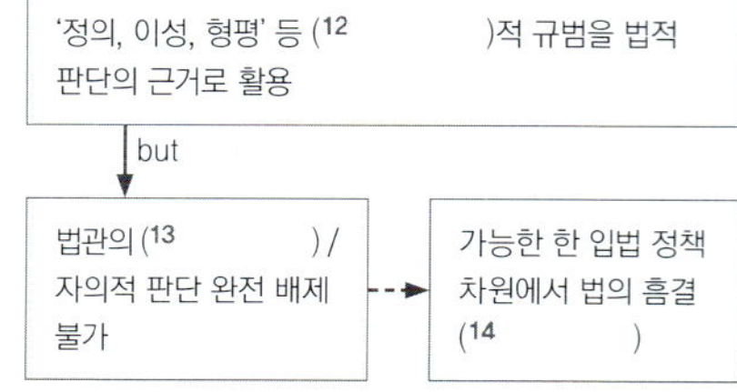

01

○~©의 예로 적절하지 <u>않은</u> 것은?

① ○: 보통 '사람'이라고 하면 육체를 가지고 있는 자연인을 의미하지만, 법률상 '사람'은 자연인뿐만 아니라 재단 법인이나 사단 법인 같은 '법인'도 포함하여 해석한다.

② ○: 국회 누리집을 활용하여 고등학교 무상 교육을 위한 법률안이 발의된 취지를 조사함으로써 국민의 기본권을 강화하고자 하는 입법 의사를 탐구하여 해석한다.

③ ○: 법률 용어로 '선의(善意)'라는 말은 법률관계에 영향을 미치는 어떠한 사실을 모르는 것으로 해석하고, '악의(惡意)'는 그러한 사실을 알고 있는 것으로 해석한다.

④ ©: 의료인의 비밀 누설 금지 의무 규정에 따라 환자의 민감한 개인 정보는 보호되어야 하는데, 이는 사후에도 마찬가지이기 때문에 환자뿐만 아니라 사망한 사람의 개인 정보도 포함하는 규정으로 해석한다.

⑤ ©: 실험실 공장의 설치에 대한 규정은 교원이나 연구원 등 개인의 창의적 노력을 지원하기 위한 목적으로 만들어진 것이기 때문에, 자연인이 아닌 법인은 실험실 공장을 설치할 수 있는 자에 해당하지 않는 것으로 해석한다.

02

ⓐ, ⓑ의 의미로 쓰인 예가 바르게 짝지어진 것은?

① ┌ ⓐ: 자신의 일에 자부심을 <u>가져야</u> 한다.
  └ ⓑ: 빈 깡통을 <u>가지고</u> 연필꽂이를 만들었다.

② ┌ ⓐ: 그는 사업체를 여럿 <u>가진</u> 사업가다.
  └ ⓑ: 두 나라는 동반자적 관계를 <u>가지기로</u> 합의했다.

③ ┌ ⓐ: 그들은 나에게 호의를 <u>가지고</u> 있다.
  └ ⓑ: 운전면허증을 <u>가진</u> 사람을 찾는다.

④ ┌ ⓐ: 동생이 축구공을 <u>가지고</u> 학교에 갔다.
  └ ⓑ: 환경 문제에 대한 토론회를 <u>가졌다</u>.

⑤ ┌ ⓐ: 내 집을 <u>가지게</u> 된 기쁨은 이루 말할 수가 없다.
  └ ⓑ: 요즘은 기계를 <u>가지고</u> 농사를 짓는다.

03

윗글을 바탕으로 〈보기〉를 이해한 내용으로 적절하지 <u>않은</u> 것은?

〈보기〉

○ 법적 판단이 요구되는 사안: 타인의 전기를 무단으로 사용하는 사건이 발생함.

○ 사안의 배경: 19세기 말 A국과 B국의 형법은 절도죄의 대상인 재물(財物)을 타인의 돈이나 물건이라고 규정하고 있었음. 그런데 당시에는 전기를 재물로 볼 만한 법 규정이 명백히 존재하지 않았음.

○ 사안에 대한 판단

– A국: 절도죄를 적용하지 못하고 무죄를 선고함. 이 무죄 판결을 계기로 A국의 입법자는 전기 절도죄를 처벌할 수 있는 특별법을 제정함.

– B국: 전기가 재물에 해당한다고 해석하여 절도죄로 처벌함. 이 과정에서 법적 판단은 적법하게 이루어졌으며 그 타당성 또한 인정받음.

① A국의 법원은 법의 명시적 흠결을 이유로 타인의 전기를 무단으로 사용한 자를 처벌하지 못했군.

② B국의 법원은 전기 절도 사건에 절도죄에 대한 법을 유추 적용함으로써 법의 흠결을 보충했군.

③ B국의 법원은 전기 절도 사건에 적용할 법이 존재하지 않아 유사한 사안을 규율하는 법의 존재 여부를 확인했겠군.

④ A국은 B국과 달리 형법이 제정될 당시에 전기 절도 같은 행위를 예측하여 법으로 규정할 수 없었겠군.

⑤ B국은 A국의 특별법 제정처럼 전기 절도와 관련된 법의 흠결을 최소화하는 입법 정책이 필요하겠군.

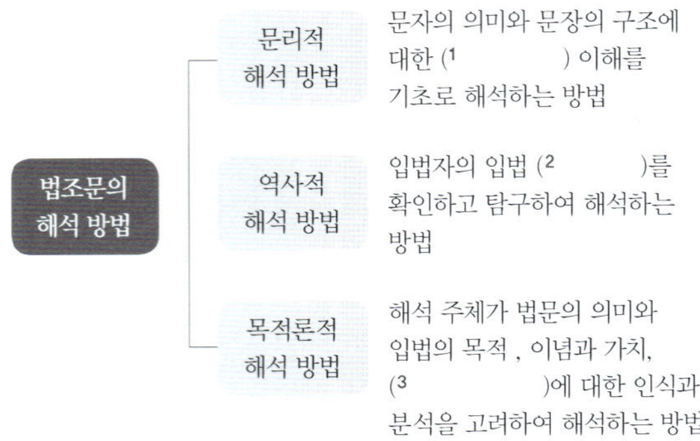

구조 트레이닝 ZONE

빈칸에 알맞은 말을 넣어 구조도를 완성하시오.

법조문의 해석 방법

- **문리적 해석 방법** — 문자의 의미와 문장의 구조에 대한 (1　　　) 이해를 기초로 해석하는 방법
- **역사적 해석 방법** — 입법자의 입법 (2　　　)를 확인하고 탐구하여 해석하는 방법
- **목적론적 해석 방법** — 해석 주체가 법문의 의미와 입법의 목적, 이념과 가치, (3　　　)에 대한 인식과 분석을 고려하여 해석하는 방법

법조문을 해석하는 방법 세 가지의 개념을 구분하여 정리하고, 법의 적용 과정에서 발생하는 법의 흠결의 두 가지 개념에 대해서도 파악해야 합니다. 이와 함께 법의 흠결을 보충하기 위해 어떤 방법들이 쓰이고 있는지도 살펴볼 필요가 있습니다.

법의 한계와 보충 방법

법 개념 및 범주 속에 규율의 대상을 완벽하게 (4　　　)시킬 수 없음. → **법의 흠결**

- **(5　　　) 흠결** — 규율할 법규정이 명백히 존재하지 않는 경우
  - 보충 방법 → **유추** — 다른 개별적인 (8　　　)을 문제 사례에 적용하여 판단을 내리는 것
    - 한계 → 그 결과를 목적론적 해석 방법 등 별도의 방법을 통하여 그 (9　　　)이 평가되어야 함.

- **(6　　　) 흠결** — 규율할 법규정이 존재하지만 이를 적용할 경우 (7　　　)한 결과가 나타나는 경우
  - 보충 방법 → **(10　　　) 규범을** 법적 판단의 근거로 활용
    - 한계 → 법관이 (11　　　)·자의적으로 판단하는 것을 완전히 배제할 수 없음.

문리 해석과 논리 해석

법문(法文)의 문구에 나타난 의미에 중점을 두고 해석하는 방법으로, 법 해석에서 가장 기초적인 제1단계의 해석 방법이다. 법문을 구성하고 있는 어구(語句)나 문장의 뜻을 문법의 규칙이나 사회 통념에 따라서 상식적인 언어의 사용 방법에 의하여 확정하는 해석 방법이며, 논리 해석의 상대어이다.

논리 해석은 법규의 문자나 어구, 입법자의 의사에 얽매이지 않고 해석할 법규의 제정 목적, 전체 법 체계 속에서의 위치, 다른 법규와의 관계, 법규 적용 결과의 합리성 등을 고려하여 법규의 의미를 확정하는 해석 방법이다. 논리 해석은 문리 해석을 기초로 이루어지며, 논리 해석에는 확장 해석, 축소 해석, 반대 해석, 유추 해석 등이 포함된다.

유권 해석

국가의 권위 있는 기관이 법규를 해석하는 일을 의미한다. 즉 국가 기관에 의해 공식적으로 이루어지는 구속력 있는 법의 해석이다. 유권 해석은 법규를 해석하는 기관에 따라 입법 해석, 사법 해석, 행정 해석으로 나뉜다. 입법 해석이란 입법 기관이 법을 제정할 권한에 기초를 두고 특정한 법규의 내용 또는 문구의 의미를 밝히는 것을 말한다. 사법 해석이란 법원이 사법권에 기초를 두고 하는 법의 해석을 말하며, 법관이 재판을 할 때에 법을 적용하는 데 있어서 그 적용될 법의 의의를 판결문에 밝히는 것을 말한다. 그러나 각 법관은 동일한 주문(판결의 결론 부분)에 대하여 동일한 해석을 해야 할 의무는 없다. 행정 해석이란 행정 관청이 행하는 법의 해석을 말하는데, 하급 관청은 상급 관청의 법 해석에 따라야 한다. 단 상급 관청의 명령이나 지시가 없는 경우에만 스스로의 판단에 의하여 법을 해석하고 집행할 수 있다.

벌크-UP

[01~04] 다음 글을 읽고 물음에 답하시오.

민법에서 법률 행위는 의사 표시를 필수적 요소로 하여 법률 효과를 발생시키는 행위로 유언이나 계약 등이 이에 해당한다. 의사 표시는 일정한 법률 효과의 발생을 목적으로 하는 의사를 표시하는 것인데, 표시 행위에는 말이나 글뿐만 아니라 머리를 끄덕이거나 손을 드는 것과 같은 동작이나 침묵 등도 포함된다. 법률 행위에서 의사를 표시한 사람인 표의자의 진의와 표시된 의사가 명백하게 일치하여 이론의 여지가 없을 경우는 문제가 되지 않는다. 하지만 표의자의 의사가 불분명한 경우나 의사 표시를 받아들이는 상대방인 표시 수령자가 표의자의 의사 표시를 표의자의 진의와 다르게 받아들이게 되는 경우 등이 발생하면 법률 행위의 해석이 필요하다. 법률 행위의 해석은 법률 행위의 내용을 확정하는 것으로, 법률 행위의 성립과 유효성 여부를 판단하는 데 있어 중요한 역할을 한다.

법률 행위의 해석은 일정한 기준 에 따라 합리적으로 이루어져야 한다. 당사자가 법률 행위로 달성하려고 하는 목적 및 법률 행위 당시의 제반 사정은 우선적으로 고려되는 기준이다. 그리고 법률 행위의 내용은 대체로 그 분야의 관습을 토대로 이루어지는 것이 일반적이라는 점에서, 이를 해석의 기준으로 삼을 수 있다. 관습에 대한 당사자의 의사 표시가 없거나 명확하지 않은 경우에는 관습에 따르지만, 당사자의 의사와 상관없이 강제적으로 적용되는 규범인 강행 규정을 위반하는 관습은 효력이 인정되지 않는다. 한편 법률 행위와 관련된 관습이 없고, 당사자가 임의 규정과 다른 의사를 표시하지 않은 경우에는 임의 규정을 법률 행위의 해석 기준으로 삼을 수 있다. 그리고 권리의 행사와 의무의 이행은 신의를 좇아 성실히 하여야 한다는 신의 성실의 원칙도 법률 행위의 해석 기준이 될 수 있다.

법률 행위의 해석 방법에는 ㉠자연적 해석, ㉡규범적 해석, 보충적 해석 등이 있다. 자연적 해석이란 표의자의 진의를 밝히는 해석으로, 계약서상의 문구와 같은 표시 행위에 얽매이지 않고 제반 사정을 종합하여 표의자의 진의를 밝히는 해석이다. 계약의 경우 표의자의 진의와 다른 의사 표시가 있었다 하더라도 표의자와 표시 수령자 간에 의사의 합치가 있다고 한다면, 표시 행위 본래의 목적이 달성된 것으로 보고 표의자의 진의대로 법률 행위의 내용을 확정하는 것은 자연적 해석에 해당한다. 〈중략〉

규범적 해석은 표시 행위의 객관적 의미를 탐구하는 해석이다. 이 해석은 표의자의 표시 행위를 그대로 신뢰한 표시 수령자를 보호하기 위해 행해질 수 있다. 규범적 해석에서는 표시 수령자가 실제로 표시 행위를 어떻게 이해했느냐만을 가지고 법률 행위를 해석하지는 않고, 제반 사정을 고려하여 적절한 주의를 기울인 합리적인 사람이라면 표시 행위를 어떻게 이해했어야 하느냐를 중시하여 법률 행위를 해석한다.

어떤 계약에서 계약서의 내용과 일치하는 주장을 하는 표시 수령자가 계약서의 내용과 다른 주장을 하는 표의자의 진의를 알지 못했던 경우에 표시 수령자의 주장을 인정하는 것은 규범적 해석에 해당한다. 그런데 표시 수령자가 표의자의 진의를 알았거나, 또는 알지 못했다 하더라도 표시 수령자의 과실로 표의자의 진의를 알지 못했을 경우에는 표의자의 의사를 인정하는 해석이 이루어질 수도 있다. 규범적 해석의 결과로 도출된 법률 행위의 내용이 표의자의 진의와 다를 경우에는 표의자의 법익이 침해될 수 있다. 이때 표의자는 법률 행위의 중요한 의사 표시에 착오가 있었다는 것을 입증함으로써 해당 의사 표시를 취소할 수 있지만, 표의자의 중대한 과실로 인한 의사 표시는 취소할 수 없다.

보충적 해석은 자연적 해석 또는 규범적 해석에 따라 법률 행위의 성립이 인정된 후에 고려되는 것으로 ㉮흠결이 있는 법률 행위의 보충을 의미한다. 보충적 해석은 모든 법률 행위에서 할 수 있으나 주로 계약에서 행해진다. 어떤 계약에서 계약 체결 당시에는 미처 생각하지 못했던 상황이 계약 체결 이후 발생하여 문제가 되었을 때, 이러한 상황을 계약 당시 알았다면 양 당사자가 어떻게 계약했을 것인가를 고려하여 법률 행위를 해석하는 것은 보충적 해석에 해당한다고 볼 수 있다. 이때 계약 당시 미처 생각하지 못했던 상황이 법률 행위의 흠결이 되는 것이다.

가령, 서로 다른 곳에서 병원을 운영하고 있는 의사 갑과 을이 서로의 병원을 교환하기로 계약을 맺고 병원을 옮겼다. 그 후에 을이 그 교환 계약이 무효라고 주장하면서 종전의 병원으로 다시 돌아가겠다는 의사를 표시하였고, 갑이 교환 계약의 유효 확인을 청구하면서 을이 종전의 병원이나 그 부근에서 개원하는 것을 금지하는 내용을 청구한 사안이 있다고 하자. 이 사안에 대해 법원에서는, 갑과 을이 교환 계약 당시 상대방이 종전에 운영하던 병원으로 곧 돌아올 가능성을 염두에 두지 않아서 그에 대해 아무런 약정을 하지 않은 것이 분쟁의 원인이라고 판단했고, 계약 당사자의 일방이 곧바로 종전의 병원으로 돌아간다면 이는 전체 계약의 목적을 위협하는 것으로 보았다. 그래서 법원에서 만약 당사자들이 교환 계약 이행 완료 후 2~3년 내에 상대방이 종전의 병원으로 돌아올 것을 예상했다면 그 기간 동안의 복귀 금지에 합의하였을 것으로 판단하여 갑의 청구를 받아들인다는 판결을 내렸다. 그렇다면 이 판결은 보충적 해석을 토대로 이루어진 것으로 볼 수 있다. [A]

01

윗글에 대한 설명으로 가장 적절한 것은?

① 법률 행위의 해석의 필요성과 그 의의를 밝히고, 해석 기준과 해석 방법을 설명하고 있다.

② 법률 행위의 해석 방법들을 제시하고, 각 방법의 장단점을 평가하여 종합적 결론을 도출하고 있다.

③ 법률 행위와 관련된 특정한 사례를 소개하고, 그 사례에 적용한 해석 방법의 타당성을 검토하고 있다.

④ 법률 행위의 해석이 필요한 이유를 밝히고, 해석 방법이 사회에 미친 영향을 인과적으로 서술하고 있다.

⑤ 법률 행위의 해석에 필요한 기준을 서술하고, 그 해석 기준이 발전해 온 과정을 통시적으로 서술하고 있다.

02

일정한 기준에 대해 이해한 내용으로 적절하지 않은 것은?

① 강행 규정에 어긋나는 관습은 기준이 될 수 없다.

② 법률 행위를 통해 달성하려고 하는 당사자의 목적은 기준이 될 수 있다.

③ 권리의 행사와 의무의 이행과 관련된 신의 성실의 원칙은 기준이 될 수 있다.

④ 관련된 관습이 없고 당사자가 임의 규정과 다른 의사를 표시하지 않으면 그 임의 규정은 기준이 될 수 있다.

⑤ 법률 행위와 관련된 관습이 있을 때 당사자가 그 관습을 따르겠다는 의사 표시가 있어야 기준이 될 수 있다.

03

[A]에서 ㉠에 해당하는 내용으로 가장 적절한 것은?

① 을이 종전의 병원으로 다시 돌아가겠다는 의사를 표시한 계약

② 갑과 을이 일정 기간 후에 서로 다시 종전의 병원으로 돌아가기로 한 합의

③ 갑이 종전의 병원이나 그 부근에서 개원하는 것을 금지하는 내용을 담은 을의 청구

④ 상대방이 종전의 병원으로 돌아올 것을 예상하고 일정 기간 복귀하지 않기로 한 합의

⑤ 계약 당시 상대방이 곧 종전의 병원으로 돌아올 수도 있는 상황을 염두에 두지 않은 계약

04

㉠, ㉡을 바탕으로 〈보기〉에 대해 반응한 내용으로 적절하지 않은 것은?

〈보기〉

(가) A가 B에게 자두나무를 판매하기로 하여 B는 이를 수락하였다. 그런데 계약서를 작성하는 과정에서 A가 착각하여 계약서에 매매 대상을 앵두나무로 잘못 표기하였다. A와 B는 계약서의 내용대로 계약을 체결하였다.

(나) C는 금 100g을 판매하려고 하였으나, D와 매매 계약을 체결할 당시 100g의 판매 금액에 해당하는 가격에 100돈(1돈=3.75g)을 판매하겠다고 잘못 말하였다. C와 D는 C의 말대로 계약을 체결하였다.

＊(가)와 (나)에서 판매자는 표의자, 구매자는 표시 수령자이다.

① ㉠의 경우, (가)의 A가 매매 대상을 자두나무라고 주장하고 B가 이를 받아들인다면 A의 진의대로 법률 행위가 성립한다고 보겠군.

② ㉠의 경우, (가)의 앵두나무라는 문구나 (나)의 100돈을 판매하겠다는 C의 말에 얽매이지 않고 제반 사정을 종합하여 표의자의 진의를 밝혀야 한다고 보겠군.

③ ㉡의 경우, (가)의 A와 (나)의 C가 의사 표시의 착오로 인해 법익이 침해되었다고 입증하면 A와 C에게 중대한 과실이 있더라도 계약은 취소할 수 있다고 보겠군.

④ ㉡의 경우, (나)의 C가 적정한 값이 아닌 가격에 100돈의 금을 판매하기로 한 말에 중대한 과실이 있다면 해당 의사 표시를 취소할 수 없다고 보겠군.

⑤ ㉡의 경우, (나)의 C가 계약 내용이 잘못되었다고 주장하고 D가 과실로 C의 진의를 알지 못했다면 C의 진의를 인정하는 해석이 이루어질 수도 있다고 보겠군.

호루라기 관장님의 어휘 트레이닝

공부한 날	월 일 요일
맞은 개수	/ 32

No	뜻	힌트	정답
01	갈라져 다툼.	ㅂ쟁	
02	문장 속의 어구	ㅁ언	
03	변천하여 온 과정	ㅇ혁	
04	개인이 사사로이 소유함.	사ㅇ	
05	어떤 사실을 인정하여 앎.	ㅇ지	
06	어떤 것과 관련된 모든 것	ㅈ반	
07	행동이나 일 따위를 시작함.	개ㅅ	
08	일정한 수효에서 부족함이 생김.	ㅎ결	
09	회의에서, 심의할 의안을 내놓음.	발ㅇ	
10	재능, 능력 따위를 떨치어 나타냄.	ㅂ휘	
11	알맞지 않게 쓰거나 나쁜 일에 씀.	악ㅇ	
12	받아들이지 아니하고 물리쳐 제외함.	배ㅈ	
13	범죄를 저질렀을 가능성이 있다고 봄.	혐ㅇ	
14	공판정에서 재판장이 판결을 알리는 일	선ㄱ	
15	과거에까지 거슬러 올라가서 미치게 함.	ㅅ급	
16	의견이나 주장 따위가 서로 맞아 일치함.	ㅎ치	
17	사회 구성원 전체에 두루 관계되는 복지	공ㄱ비ㄹ	
18	상황에 따라 알맞게 대처하는 것. 또는 그런 것	탄ㄹ적	
19	질서나 제도를 유지하기 위하여 정하여 놓은 본보기	ㄱ율	
20	일이나 사건 따위를 해결할 수 있는 방법이나 실마리를 더듬어 찾음.	ㅁ색	
21	어떤 사회에서 오랫동안 지켜 내려와 그 사회 성원들이 널리 인정하는 질서나 풍습	관ㅅ	
22	어떤 사항을 직접 규정한 법규가 없을 때 그와 비슷한 사항을 규정한 법규를 적용하는 방법	ㅇ추	

주제 독해 II 사회

No	앞의 어휘를 활용해 문장을 완성하시오.
01	관세는 국가 간 무역 ( )의 원인으로 작용하기도 한다.
02	일반적인 다른 약속처럼 계약도 서로의 의사 표시가 ( )하여 성립한다.
03	과거에는 자녀가 아버지의 성을 따라 이름을 짓는 것을 당연한 ( )으로 여겼다.
04	개인 정보가 유출되면 범죄에 ( )될 수 있으니 보안에 각별히 신경 써야 한다.
05	그 선수는 지난 올림픽에서 실력을 제대로 ( )하지 못해 메달을 따는 데 실패했다.
06	학생들은 학교 누리 게시판을 활성화하기 위한 방안을 ( )하기 위해 회의를 했다.
07	학교가 정한 ( )을 무시하고 제멋대로 행동하는 학생들에게는 그에 맞는 징계가 주어질 것이다.
08	조선 시대에 양인 남자는 군역의 의무를 지고 있었다. 이에 비해 천인은 군역에서 철저히 ( )되었다.
09	법에서는 범죄 발생 당시에는 없었던 법이 나중에 생겼다고 하더라도 이를 ( ) 해서 적용할 수 없도록 하고 있다.
10	법인세는 재화나 서비스의 판매 등을 통해 거둔 수입에서 생산과 유통 과정에 발생한 ( ) 비용을 제외하고 남은 이윤에 대해 부과하는 세금이다.

오늘 수능 국어 트레이닝 끝!

10 저작권·소유권

다음 글을 읽고 내용을 정리하시오.

01 　문화가 발전하려면 저작자의 권리 보호와 저작물의 공정 이용이 균형을 이루어야 한다. 저작물의 공정 이용이란 저작권자의 권리를 일부 제한하여 저작권자의 허락이 없어도 저작물을 자유롭게 이용하는 것을 말한다. 비영리적인 사적 복제를 허용하는 것이 그 예이다. 우리나라의 저작권법에서는 오래전부터 공정 이용으로 볼 수 있는 저작권 제한 규정을 두었다.

02 　그런데 디지털 환경에서 저작물의 공정 이용은 여러 장애에 부딪혔다. 디지털 환경에서는 저작물을 원본과 동일하게 복제할 수 있고 용이하게 개작할 수 있다. 따라서 저작물이 개작되더라도 그것이 원래 창작물인지 이차적 저작물인지 알기 어렵다. 그 결과 디지털화된 저작물의 이용 행위가 공정 이용의 범주에 드는 것인지 가늠하기가 더 어려워졌고 그에 따른 처벌 위험도 커졌다.

03 　이러한 문제를 해소하기 위한 시도의 하나로 포괄적으로 적용할 수 있는 '저작물의 공정한 이용' 규정이 저작권법에 별도로 신설되었다. 그리하여 저작권자의 동의가 없어도 저작물을 공정하게 이용할 수 있는 영역이 확장되었다. 그러나 공정 이용 여부에 대한 시비가 자율적으로 해소되지 않으면 예나 지금이나 법적인 절차를 밟아 갈등을 해소해야 한다. 저작물 이용의 영리성과 비영리성, 목적과 종류, 비중, 시장 가치 등이 법적인 판단의 기준이 된다.

04 　저작물 이용자들이 처벌에 대한 불안감을 여전히 느낀다는 점에서 저작물의 자유 이용 허락 제도와 같은 '저작물의 공유' 캠페인이 주목을 받고 있다. 이 캠페인은 저작권자들이 자신의 저작물에 일정한 이용 허락 조건을 표시해서 이용자들에게 무료로 개방하는 것을 말한다. 누구의 저작물이든 개별적인 저작권을 인정하지 않고 모두가 공동으로 소유하자고 주장하는 사람들과 달리, 이 캠페인을 펼치는 사람들은 기본적으로 자신과 타인의 저작권을 존중한다. 캠페인 참여자들은 저작권자와 이용자들의 자발적인 참여를 통해 자유롭게 활용할 수 있는 저작물의 양과 범위를 확대하려고 노력한다. 이들은 저작물의 공유가 확산되면 디지털 저작물의 이용이 활성화되고 그 결과 인터넷이 더욱 창의적이고 풍성한 정보 교류의 장이 될 것이라고 본다. 그러나 캠페인에 참여한 저작물을 이용할 때 허용된 범위를 벗어난 경우 법적 책임을 질 수 있다.

05 　한편 다른 시각을 가진 사람들도 있다. 이들은 저작물의 공유 캠페인이 확산되면 저작물을 창조하려는 사람들의 동기가 크게 감소할 것이라고 우려한다. 이들은 결과적으로 활용 가능한 저작물이 줄어들게 되어 이용자들도 피해를 입게 된다고 주장한다. 또 디지털 환경에서는 사용료 지불 절차 등이 간단해져서 '저작물의 공정한 이용' 규정을 별도로 신설할 필요가 없었다고 본다. 이들은 저작물의 공유 캠페인과 신설된 공정 이용 규정으로 인해 저작권자들의 정당한 권리가 침해받고 있으므로 이를 시정하는 것이 오히려 공익에 더 도움이 된다고 말한다.

지문이 읽히는 독해 코칭

빈칸을 채우며 각 문단별 내용을 완성하시오.

1문단

저작물의 공정 이용
• 저작권자의 권리를 일부 제한하여 저작권자의 (1 　　　　　)이 없어도 저작물을 자유롭게 이용하는 것

2문단

디지털 환경의 특징
저작물을 원본과 (2 　　　　)하게 복제/개작 가능
↓
저작물의 공정 이용에 여러 (3 　　　　) 발생

3문단

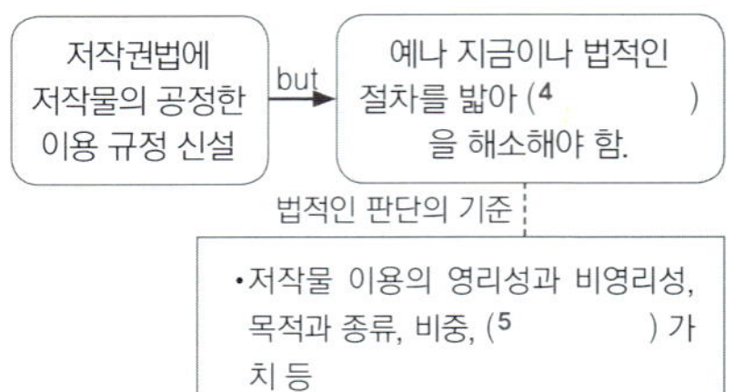

4문단

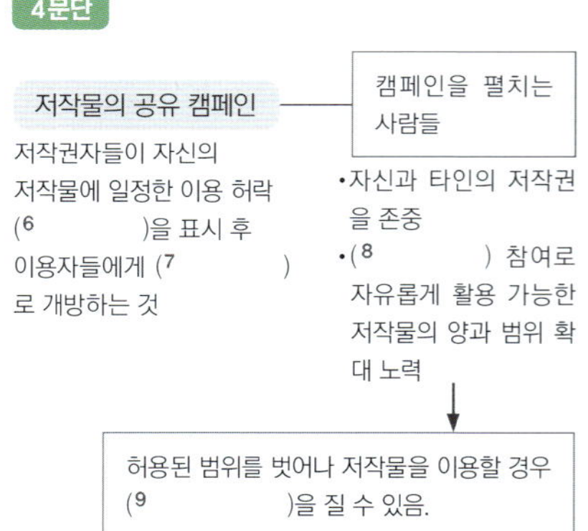

5문단

공유 캠페인 확산을 우려하는 입장
• 저작물을 창조하려는 사람들의 (10 　　　)가 크기 감소함.
• 디지털 환경에서 저작물의 공정한 이용 규정을 별도로 (11 　　　)할 필요가 없었다고 봄.

구조 트레이닝 ZONE

빈칸에 알맞은 말을 넣어 구조도를 완성하시오.

저작물의 공정 이용

저작권자의 권리를 일부 (1)하여 저작권의 허락이
없어도 저작물을 자유롭게 이용하는 것

↓

디지털 환경에서 저작물의 공정 이용에 (2) 발생

↓ 문제 해소 방안

'저작물의 공정한 이용' 규정이 저작권법에
별도로 (3)

디지털 환경에서 발생하는 저작권 문제를 해소하기 위한 방안으로
제시된 '저작물의 공정한 이용' 규정과 '저작물의 공유' 캠페인의 내
용과 그 취지, 그리고 이에 대한 찬반 의견 등을 파악하는 데 중점
을 두도록 합니다.

'저작물의 공유' 캠페인

저작권자들이 자신의 저작물에 일정한 (4)
을 표시해서 이용자들에게 무료로 개방하는 것

캠페인 참여자들	캠페인 반대자들
• 자신과 타인의 (5) 을 존중하는 입장 • 자유롭게 활용할 수 있는 저작물의 (6) 확대 지향	• 저작물을 창조하려는 사람들 의 (9)가 크게 감소할 것을 우려 • '저작물의 공정한 이용' 규정 을 저작권법에 별도 (10)한 것에 반대

캠페인 참여자들 ↓ 영향

디지털 저작물의 이용
(7)

↓

창의적이고 풍성한 정보
교류의 장으로서
(8) 발달

캠페인 반대자들 ↓ 영향

활용 가능한
(11)의 감소

↓

저작물 (12)의
피해 발생

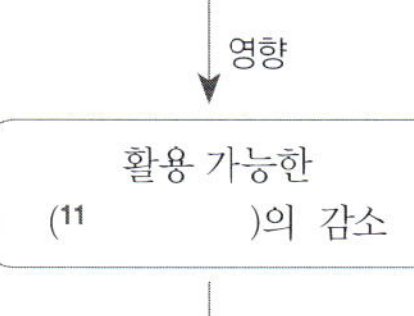

내용 트레이닝 ZONE

글 내용과 일치하면 ○에, 그렇지 않으면 ✕에 체크하시오.

1문단

01 우리나라의 저작권법에는 저작물의 공정 이용으로 볼 수 있는 규정이 마련되어 있다. ○ ✕

02 저작물의 공정 이용은 저작권자의 허락이 없어도 저작물을 사적으로 복제하여 이윤을 추구하는 것을 허용하는 것이다. ○ ✕

2문단

03 디지털 환경에서는 저작물이 원래의 창작물인지 확인하기가 용이하다. ○ ✕

04 디지털 환경에서는 저작물을 원본과 동일하게 복제하거나 개작이 쉽다는 특징이 있다. ○ ✕

05 디지털화된 저작물을 이용하는 행위가 공정 이용의 범주에 해당하는지 알기가 어려워 그에 따른 처벌 위험이 줄어들었다. ○ ✕

3문단

06 '저작물의 공정한 이용' 규정의 신설로 공정 이용 여부에 대한 시비가 자율적으로 해소되었다. ○ ✕

07 저작물의 공정 이용 여부에 관한 갈등을 해소하기 위한 법적인 판단 기준은 저작권자의 의사이다. ○ ✕

08 '저작물의 공정한 이용' 규정은 저작물의 디지털화로 인해 발생할 수 있는 문제를 해소하기 위해 만들어졌다. ○ ✕

09 '저작물의 공정한 이용' 규정에 의해 저작권자의 동의 없이 저작물을 공정하게 이용할 수 있는 범위가 확장되었다. ○ ✕

4문단

10 '저작물의 공유' 캠페인에 참여하는 사람들은 기본적으로 자신과 타인의 저작권을 존중하는 태도를 가지고 있다. ○ ✕

11 '저작물의 공유' 캠페인은 저작권자들이 어떠한 조건 없이 이용자들에게 자신의 저작물을 무료로 개방하는 것이다. ○ ✕

12 '저작물의 공유' 캠페인에 참여하는 사람들은 저작물의 공유가 확산되면 인터넷이 풍성한 정보 교류의 장이 될 수 있다고 주장한다. ○ ✕

5문단

13 '저작물의 공유' 캠페인으로 인해 저작권자들의 정당한 권리가 침해받는다고 보는 입장도 있다. ○ ✕

14 '저작물의 공유' 캠페인에 반대하는 사람들은 '저작물의 공정한 이용' 규정을 별도로 신설한 것은 적절한 조치였다고 주장한다. ○ ✕

[01~03] 다음 글을 읽고 물음에 답하시오.

01 문화가 발전하려면 저작자의 권리 보호와 저작물의 공정 이용이 균형을 이루어야 한다. 저작물의 공정 이용이란 저작권자의 권리를 일부 제한하여 저작권자의 허락이 없어도 저작물을 자유롭게 이용하는 것을 말한다. 비영리적인 사적 복제를 허용하는 것이 그 예이다. 우리나라의 저작권법에서는 오래전부터 공정 이용으로 볼 수 있는 저작권 제한 규정을 두었다.

02 그런데 디지털 환경에서 저작물의 공정 이용은 여러 장애에 부딪혔다. 디지털 환경에서는 저작물을 원본과 동일하게 복제할 수 있고 용이하게 개작할 수 있다. 따라서 저작물이 개작되더라도 그것이 원래 창작물인지 이차적 저작물인지 알기 어렵다. 그 결과 디지털화된 저작물의 이용 행위가 공정 이용의 범주에 드는 것인지 가늠하기가 더 어려워졌고 그에 따른 처벌 위험도 커졌다.

03 이러한 문제를 해소하기 위한 시도의 하나로 포괄적으로 적용할 수 있는 '저작물의 공정한 이용' 규정이 저작권법에 별도로 신설되었다. 그리하여 저작권자의 동의가 없어도 저작물을 공정하게 이용할 수 있는 영역이 확장되었다. 그러나 공정 이용 여부에 대한 시비가 자율적으로 해소되지 않으면 예나 지금이나 법적인 절차를 밟아 갈등을 해소해야 한다. 저작물 이용의 영리성과 비영리성, 목적과 종류, 비중, 시장 가치 등이 법적인 판단의 기준이 된다.

04 저작물 이용자들이 처벌에 대한 불안감을 여전히 느낀다는 점에서 저작물의 자유 이용 허락 제도와 같은 '저작물의 공유' 캠페인이 주목을 받고 있다. 이 캠페인은 저작권자들이 자신의 저작물에 일정한 이용 허락 조건을 표시해서 이용자들에게 무료로 개방하는 것을 말한다. 누구의 저작물이든 개별적인 저작권을 인정하지 않고 모두가 공동으로 소유하자고 주장하는 사람들과 달리, 이 캠페인을 펼치는 사람들은 기본적으로 자신과 타인의 저작권을 존중한다. 캠페인 참여자들은 저작권자와 이용자들의 자발적인 참여를 통해 자유롭게 활용할 수 있는 저작물의 양과 범위를 확대하려고 노력한다. 이들은 저작물의 공유가 확산되면 디지털 저작물의 이용이 활성화되고 그 결과 인터넷이 더욱 창의적이고 풍성한 정보 교류의 장이 될 것이라고 본다. 그러나 캠페인에 참여한 저작물을 이용할 때 허용된 범위를 벗어난 경우 법적 책임을 질 수 있다.

05 한편 ㉠다른 시각을 가진 사람들도 있다. 이들은 저작물의 공유 캠페인이 확산되면 저작물을 창조하려는 사람들의 동기가 크게 감소할 것이라고 우려한다. 이들은 결과적으로 활용 가능한 저작물이 줄어들게 되어 이용자들도 피해를 입게 된다고 주장한다. 또 디지털 환경에서는 사용료 지불 절차 등이 간단해져서 '저작물의 공정한 이용' 규정을 별도로 신설할 필요가 없었다고 본다. 이들은 저작물의 공유 캠페인과 신설된 공정 이용 규정으로 인해 저작권자들의 정당한 권리가 침해받고 있으므로 이를 시정하는 것이 오히려 공익에 더 도움이 된다고 말한다.

01

윗글에 대한 이해로 적절하지 <u>않은</u> 것은?

① 저작자의 권리 보호는 문화 발전의 한 축을 이룬다.

② 디지털 환경 이전에도 공정 이용과 관련된 규정이 있었다.

③ 저작권자의 동의가 없을 경우에도 저작물의 공정 이용은 성립할 수 있다.

④ 공정 이용의 대상이 되는 저작물에도 저작권이 인정된다.

⑤ 저작물이 모두의 소유라는 주장은 저작물 공유 캠페인의 핵심이다.

02

㉠의 주장에 가장 가까운 것은?

① 이용 허락 조건을 저작물에 표시하면 창작 활동을 더욱 활성화한다.

② 저작권자의 정당한 권리 보호를 위해 저작물의 공유 캠페인이 확산되어야 한다.

③ 비영리적인 경우 저작권자의 동의가 없어도 복제가 허용되는 영역을 확대해야 한다.

④ 저작권자가 자신들의 노력에 상응하는 대가를 정당하게 받을수록 창작 의욕이 더 커진다.

⑤ 자신의 저작물을 자유롭게 이용하도록 양보하는 것은 다른 저작권자의 저작권 개방을 유도하여 공익을 확장시킨다.

03

윗글을 바탕으로 〈보기〉를 이해할 때, 적절하지 <u>않은</u> 것은?

〈보기〉

【자료 1】

　다음은 저작물 공유 캠페인의 '자유 이용 허락' 조건 표시의 한 예이다.

　🛈: 출처를 표시하고 자유롭게 사용 가능함.

　🛈🛇: 출처를 표시하고 사용하되 상업적 사용은 안 됨.

【자료 2】

　A는 자신의 미술 평론에 항상 🛈 표시를 하여 블로그에 올렸다. B는 표시의 조건을 지키며 A의 미술 평론을 이용해 왔다. 최근 A는 조카의 돌잔치 동영상을 만들고 🛈🛇 표시를 하여 블로그에 올렸다. 그런데 B는 그 동영상에서 자신의 저작물인 예술 사진이 동의 없이 사용된 것을 발견하였다. B는 A에게 예술 사진에 대한 저작권 사용료를 지불하라고 요구하였다.

① A는 '자유 이용 허락' 조건 표시를 사용하는 것으로 보아 저작물의 공유 캠페인에 참여하는 사람이겠군.

② B가 평소 A의 자료를 이용한 것에 대해서 A는 B에게 사용료 지불을 요구할 수 없겠군.

③ A의 행위가 공정 이용에 해당한다면, A는 B에게 사용료를 지불하지 않아도 되겠군.

④ B는 공정 이용 규정이 없었다면, A에게 사용료 지불을 요구할 수 없겠군.

⑤ B가 A의 미술 평론의 일부를 편집해 자신의 블로그에 올렸다면, A의 동의를 별도로 받지 않아도 되었겠군.

[01~04] 다음 글을 읽고 물음에 답하시오.

01 교통 이용 내역과 같은 기록은 개인의 데이터이며, 그 개인이 '정보 주체'이다. 데이터는 물리적 형체가 없고, 복제와 재사용이 수월하다. 이 데이터가 대량으로 집적·처리되면 빅 데이터가 되고, 이것의 정보 처리자인 기업 등이 '빅 데이터 보유자'이다. 산업 분야의 빅 데이터는 특정한 목적으로 활용될 수 있다는 점에서 경제적 가치를 지닌다.

02 데이터를 재화로 보아 소유권이 누구에게 귀속되어야 하는지에 대한 논의가 있다. 소유권의 주체를 빅 데이터 보유자로 보는 견해와 정보 주체로 보는 견해가 있다. 전자는 빅데이터 보유자에게 소유권을 부여하면 빅 데이터의 생성 및 유통이 @쉬워져 데이터 관련 산업이 활성화된다고 주장한다. 후자는 정보 생산 주체는 개인인데, 빅 데이터 보유자에게 부가 집중되는 것은 부당하므로, 정보 주체에게도 대가가 주어져야 한다고 본다.

03 최근에는 논의의 중심이 데이터의 소유권 주체에서 데이터에 접근하기 위한 방안으로서의 데이터 이동권으로 바뀌고 있다. 우리나라는 데이터에 대해 소유권이 아닌 이동권을 법으로 명문화하여 정보 주체의 개인 정보 자기 결정권을 강화하였다. 데이터 이동권이란 정보 주체가 본인의 데이터를 보유한 자에게 데이터 이동을 요청하면, 그 데이터를 본인 혹은 지정한 제3자에게 무상으로 전송하게 하는 권리이다. 다만, 본인의 데이터라도 빅 데이터 보유자가 수집하여, 분석·가공하는 개발 과정을 거쳐 새로운 가치가 생성된 것은 이에 해당되지 않는다. 법제화 이전에도 은행 간에 계좌 자동 이체 항목을 이동할 수 있는 서비스는 있었다. 이는 은행 간 약정에 ⓑ따라 부분적으로 시행한 조치였다. 데이터 이동권의 도입으로 쇼핑몰 상품 소비 이력 등 정보 주체의 행동 양상과 관련된 부분까지 정보 주체가 자율적으로 통제·관리할 수 있는 범위가 확대되었다.

04 데이터 이동권의 법제화로 기업은 데이터의 생성 비용과 거래 비용을 줄일 수 있다. 생성 비용은 기업 내에서 데이터를 개발할 때 발생하는 비용으로, 기업이 스스로 데이터를 수집할 때보다 전송받은 데이터를 복제 및 재사용하게 되면 절감할 수 있다. 거래 비용은 경제 주체 간 거래 시 발생하는 비용으로, 계약 체결이나 분쟁 해결 등의 과정에서 생긴다. 그런데 데이터 이동권의 법제화로, ㉮정보 주체가 지정하여 데이터를 전송받게 된 기업은 ㉯정보 주체의 데이터를 보유했던 기업으로부터 데이터를 받으면 비용을 절감할 수 있다. 이에 따라 기업 간 공유나 유통이 촉진되고, 관련 산업이 활성화된다. [A]

05 한편, 정보 주체가 보안의 신뢰성이 높고 데이터 제공에 따른 혜택이 많은 기업으로 데이터를 이동하면, 데이터가 집중되어 데이터의 공유나 유통이 위축될 수 있다는 우려도 있다. ㉰데이터 보유량이 적은 신규 기업은 기존 기업과 거래를 통해 데이터를 수집하는 것이 데이터 생성 비용 절감에도 효율적이다. 그런데 ㉱데이터가 집중된 기존 기업이 집적·처리된 데이터를 공유하려 하지 않으면, 신규 기업의 시장 진입이 어려워져 독점화가 강화될 수 있다. [B]

지문이 읽히는 독해 코칭

빈칸을 채우며 각 문단별 내용을 완성하시오.

1문단

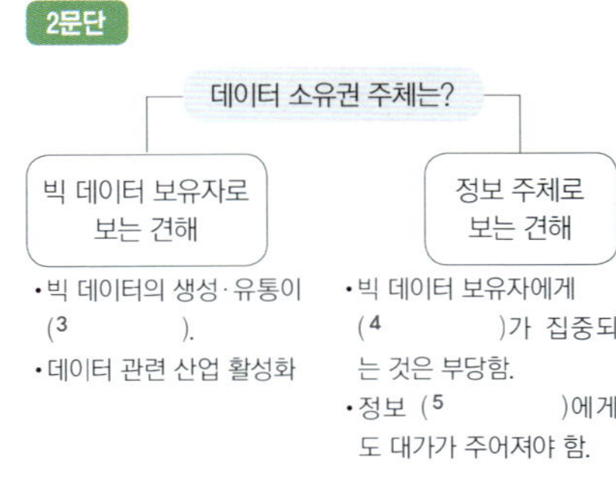

2문단

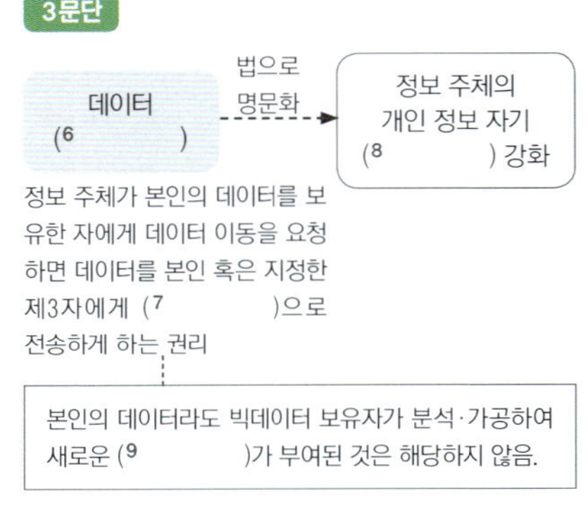

3문단

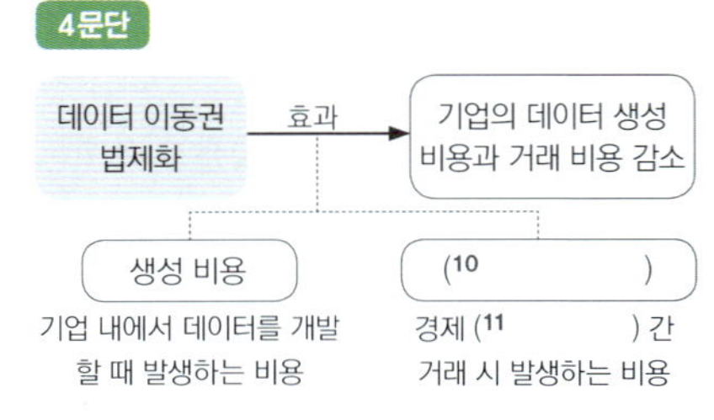

4문단

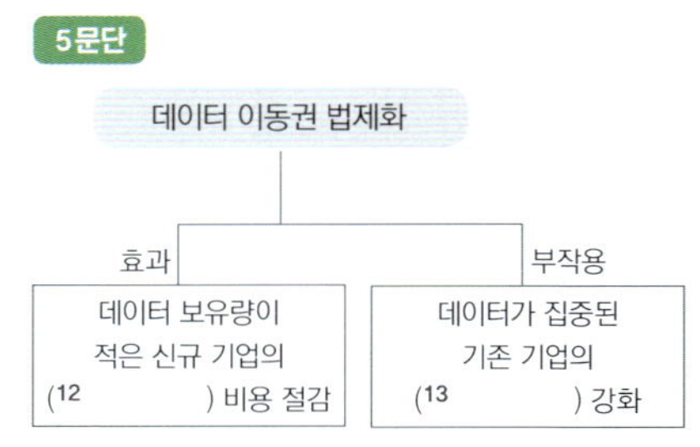

5문단

01

윗글의 내용과 일치하지 <u>않는</u> 것은?

① 데이터는 재사용할 수 있으며 물리적 형체가 없다.

② 교통 이용 내역이 집적·처리되면 경제적 가치를 지닌 데이터가 될 수 있다.

③ 우리나라 현행법에는 정보 주체에게 데이터의 소유권을 인정하는 규정이 있다.

④ 정보 주체의 데이터로 발생한 이득이 빅 데이터 보유자에게 집중되는 것은 부당하다는 견해가 있다.

⑤ 데이터 이동권의 도입으로 정보 주체의 데이터 통제 범위가 본인의 행동 양상과 관련된 부분으로 확대되었다.

02

[A], [B]의 입장에서 ㉮~㉱에 대해 이해한 내용으로 적절하지 <u>않은</u> 것은?

① [A]의 입장에서, ㉮는 데이터 이동권 도입을 통해 ㉯의 데이터를 재사용할 수 있게 되었으므로 데이터 생성 비용을 줄일 수 있다고 보겠군.

② [A]의 입장에서, 정보 주체가 데이터 이동을 요청하여 데이터를 전송받는 제3자가 ㉰라면, ㉰는 분쟁 없이 정보 주체의 데이터를 받게 되어 거래 비용을 줄일 수 있다고 보겠군.

③ [B]의 입장에서, ㉰가 ㉱와의 거래에 실패해 데이터를 수집하지 못하여 ㉱에 데이터 생성 비용이 발생하면, 데이터 관련 산업의 시장에 진입하기 어려워질 수 있다고 보겠군.

④ [A]와 달리 [B]의 입장에서, 정보 주체의 데이터가 ㉯에서 ㉱로 이동하여 집적·처리될수록 기업 간 공유나 유통이 위축될 수 있다고 보겠군.

⑤ [B]와 달리 [A]의 입장에서, ㉯는 ㉮로 데이터를 이동하여 경제적 이득을 취할 수 있으므로 데이터의 공유나 유통의 활성화에 기여할 수 있다고 보겠군.

03

윗글을 바탕으로 〈보기〉를 이해한 내용으로 적절하지 <u>않은</u> 것은?

> 〈보기〉
>
> A 은행은 고객들의 데이터를 수집하고 이를 분석·가공하여 자산 관리 데이터 서비스인 연령별·직업군별 등 고객 맞춤형 금융 상품 추천 서비스를 제공했다. 갑은 본인의 데이터 제공에 동의하여 A 은행으로부터 소정의 포인트를 받았다. 데이터 이동권이 법제화된 이후 갑은 B 은행 체크 카드를 발급받은 뒤, A 은행에 '계좌 자동 이체 항목', '체크 카드 사용 내역', '연령별 맞춤형 금융 상품 추천 서비스 내역'을 B 은행으로 이동할 것을 요청했다.

① 갑이 본인의 데이터를 이동 요청하면 A 은행은 갑의 '체크 카드 사용 내역'을 B 은행으로 전송해야 한다.

② A 은행에 대한 갑의 데이터 이동 요청은 정보 주체의 자율적 관리이므로 강화된 개인 정보 자기 결정권의 행사이다.

③ 데이터의 소유권 주체가 정보 주체라고 본다면, 갑이 A 은행으로부터 받은 포인트는 본인의 데이터 제공에 대한 대가이다.

④ 갑이 본인의 데이터를 보유한 A 은행을 상대로 요청한 '연령별 맞춤형 금융 상품 추천 서비스 내역'은 데이터 이동권 행사의 대상이다.

⑤ 데이터 이동권의 법제화 이전에도 갑이 A 은행에서 B 은행으로 이동을 요청한 정보 중에서 '계좌 자동 이체 항목'은 이동이 가능했다.

04

문맥상 ⓐ, ⓑ와 바꾸어 쓰기에 가장 적절한 것은?

	ⓐ	ⓑ
①	용이(容易)해져	근거(根據)하여
②	유력(有力)해져	근거(根據)하여
③	용이(容易)해져	의탁(依託)하여
④	원활(圓滑)해져	의탁(依託)하여
⑤	유력(有力)해져	기초(基礎)하여

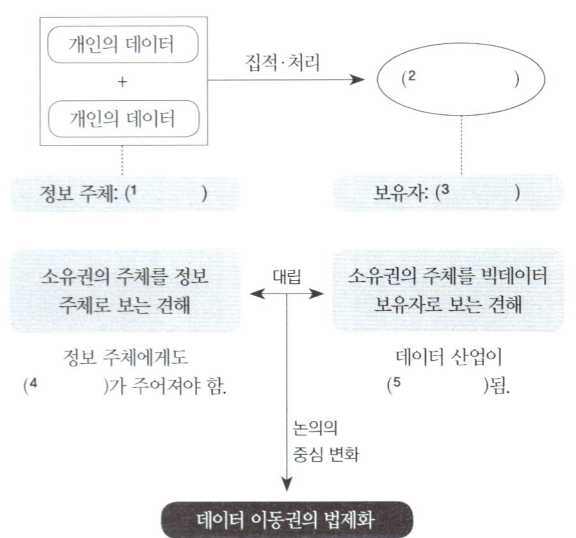

구조 트레이닝 ZONE

🔖 **빈칸에 알맞은 말을 넣어 구조도를 완성하시오.**

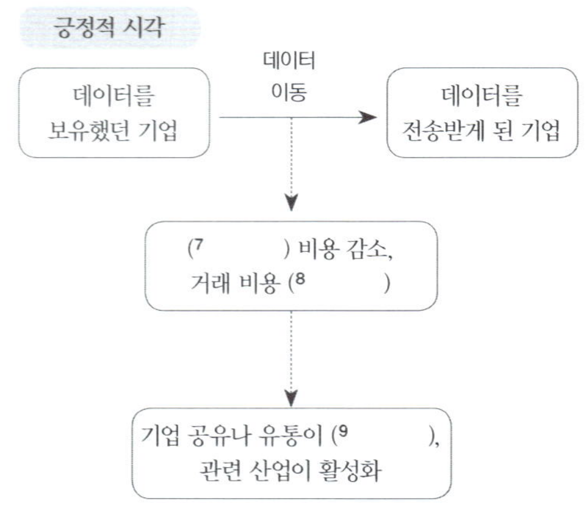

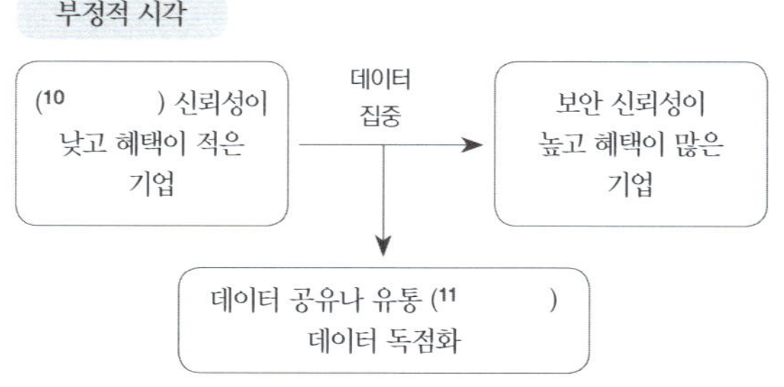

빅데이터와 데이터베이스

빅데이터는 '큰 데이터'를 말한다. 빅데이터는 단순히 큰 데이터가 아니라 부피가 크고, 변화의 속도가 빠르며, 속성이 매우 다양한 데이터라는 세 가지 특징을 가진 데이터를 빅데이터로 정의한다. 데이터베이스는 여러 가지 업무에 공동으로 필요한 데이터를 유기적으로 결합하여 저장한 집합체이며, 데이터를 효율적으로 처리하기 위하여 개발된 것으로, 같은 데이터가 중복되는 문제를 없앨 수 있으며 업무가 확대되어도 새로 파일을 준비할 필요가 없다는 장점이 있다.

빅데이터의 공통적 속성인 3V와 새로운 3V

빅데이터의 공통적 특징인 3V는 데이터의 크기(Volume), 데이터의 속도(Velocity), 데이터의 다양성(variety)을 의미한다. 이 세 가지는 기존의 데이터베이스와 빅데이터를 차별화하는 요소이다. 데이터 크기(Volume)는 단순 저장되는 물리적 데이터 양을 나타내며 빅데이터의 가장 기본적인 특징이다. 데이터 속도(Velocity)는 데이터의 고도화된 실시간 처리를 뜻한다. 이는 데이터가 생성되고, 저장되며, 시각화되는 과정이 얼마나 빠르게 이뤄져야 하는지에 대한 중요성을 나타낸다. 데이터의 다양성은 (Variety)은 다양한 형태의 데이터를 포함하는 것을 뜻한다. 빅데이터의 새로운 3V는 정확성(Veracity), 가변성(Variability), 시각화(Visualization)를 의미한다. 데이터가 많아질수록 엉터리 데이터도 많아질 가능성이 높다. 따라서 빅데이터의 새로운 속성으로 정확성이 제시되고 있다. 또한 소셜 미디어에 올린 글이 자신의 의도와 달리 오해를 불러일으킬 수도 있기 때문에 데이터가 맥락에 따라 의미가 달라진다고 하여 빅데이터의 새로운 속성으로 가변성이 제시되고 있다. 다음으로 빅데이터는 수집된 후 용도에 맞게 가공되는 과정에서 정보의 사용 대상자가 쉽게 이해할 수 있어야 하므로 빅데이터의 새로운 속성으로 시각화가 제시되고 있다.

[01~04] 다음 글을 읽고 물음에 답하시오.

(가) 저작권법 제2조 제1호에서 정의하고 있는 저작물이란 인간의 사상 또는 감정을 표현한 창작물을 말한다. 저작권법으로 보호받는 저작물이 되려면 창작성이 있어야 한다. 여기에서의 창작성이란 완전히 새로워야 한다거나 예술적 수준이 높아야 한다는 것이 아니라, 남의 것을 단순히 베끼지 않고 최소한의 개성을 담아야 함을 의미한다. 우연히 기존의 저작물과 유사하더라도 베끼지 않고 독자적으로 창작한 것이라면 저작권을 보호받을 수 있다.

저작권법상 원저작물을 번역·편곡·변형·각색 등의 방법으로 작성한 창작물을 2차적 저작물이라 한다. 이러한 2차적 저작물이 되려면 원저작물을 기초로 하여야 한다. 또한 원저작물과 실질적 유사성을 유지하여야 한다. 소설을 기초로 하는 영화가 2차적 저작물이 되려면 영화의 사건 구성과 전개, 등장인물의 교차 등이 소설과 실질적 유사성을 유지하여야 한다. 그리고 원저작물에 사회 통념상 새로운 저작물이 될 수 있을 정도의 수정·증감을 가하여 새로운 창작성을 부가하여야 한다. 근대 소설을 현대 표기법에 맞도록 수정한 것은 원저작물의 복제물에 가까운 것으로 2차적 저작물로 보기 어렵다. 반면 소설을 원저작물로 하여 이를 각색한 후 영화로 제작한다면 이 영화는 2차적 저작물이 된다.

만약 원저작물을 떠올릴 수 없을 정도로 완전히 바뀌어 실질적 유사성이 인정되지 않는다면 이것은 2차적 저작물이 아니라 원저작물과는 다른 독립저작물로 인정받을 수 있다. 2차적 저작물과 독립저작물을 구별하는 기준으로 원저작물과 시장적 경쟁 관계에 있는지 여부가 있다. 시장적 경쟁 관계에 있다는 것은 어떤 저작물을 구매할 때 원저작물의 수요가 줄어드는 것이다. 이는 구매한 저작물이 원저작물을 대체한다는 것이다. 일반적으로 2차적 저작물은 원저작물과 시장적 경쟁 관계에 있다고 보지만, 독립저작물은 원저작물과 시장적 경쟁 관계에 있다고 보지 않는다.

(나) 저작권이란 저작자가 자신이 창작한 저작물에 대해 갖는 권리이다. 저작권은 여러 가지 권리의 총집합으로 저작인격권과 저작재산권으로 나눌 수 있다. 저작인격권은 저작자가 자신의 저작물에 대하여 가지는 인격적 권리로, 저작자만이 가질 수 있으며 양도할 수 없고 저작자가 사망하면 소멸한다. 저작자가 사망한 뒤에라도 유족 등은 명예 회복을 위한 조치를 취할 수 있는데, 저작물을 이용하는 사람이 저작자가 살아 있었다면 저작인격권의 침해가 될 행위를 하여 저작자의 명예를 훼손한 경우가 이에 해당한다. 이와 달리 저작재산권은 저작물을 일정한 방식으로 이용함으로써 발생하는 재산적 이익을 보호하는 권리로, 양도가 가능하다. 이때 저작재산권 전체를 양도할 수도 있지만 저작재산권을 구성하는 각각의 권리를 나누어 일부를 양도할 수도 있다.

저작권 침해 사안은 저작재산권을 구성하는 권리 중 하나인 2차적 저작물 작성권과 관련되어 있는 경우가 많다. 저작권법 제22조에 의하면 저작자는 자신의 저작물을 원저작물로 하는 2차적 저작물을 작성하여 이용할 권리, 즉 2차적 저작물 작성권을 갖는다. 만약 누군가 원저작물의 저작자, 즉 원저작자 허락 없이 원저작물에 의거하여 그 저작물과 실질적으로 유사한 저작물을 작성하여 이용한다면 그 사람은 원저작자의 2차적 저작물 작성권을 침해한 것이 된다.

㉮저작권법 제5조 제1항에 의하면 2차적 저작물은 독자적인 저작물로서 보호를 받는다. 그런데 원저작자의 허락 없이 작성된 2차적 저작물도 저작권법의 보호를 받을 수 있을까? 받을 수 있다. 즉 원저작자에게 허락을 받지 않아도 일단 2차적 저작물이 만들어지면 2차적 저작물의 저작권은 원저작물의 저작권과는 별개의 권리로서 보호를 받으며, 원저작자의 허락이 있었는지 여부는 2차적 저작물의 저작권 발생에 영향을 주지 않는다.

다만 허락 없이 2차적 저작물을 작성하여 이용하는 것은 원저작자의 권리를 침해하는 것이므로, 원저작자는 자기 허락없이 만들어진 2차적 저작물을 이용하지 못하도록 금지하거나 손해배상을 청구하는 등 권리를 침해한 사람에게 자신의 권리를 주장할 수 있다. 그러므로 2차적 저작물을 작성하여 이용하려는 사람은 원저작자의 저작권을 침해하지 않기 위해 원저작자에게 원저작물 이용에 대한 허락을 받을 필요가 있다. 만약 원저작자가 2차적 저작물 작성권을 다른 사람에게 양도하였다면 양도받은 사람에게 허락을 받아야 한다.

㉠원저작물을 기초로 만들어진 ㉡2차적 저작물을 기반으로 하여 ㉢또 다른 2차적 저작물을 제작하는 경우라면, 원저작물의 2차적 저작물 작성권을 가진 사람의 허락까지 받을 필요가 있다. 소설을 각색한 2차적 저작물인 영화를 기반으로 또 다른 2차적 저작물인 연극을 제작한다고 할 때, 연극이 소설을 기ㄴ반으로 창작된 것임을 부인할 수는 없을 것이다. 그러므로 연극을 제작하려는 사람은 소설과 영화의 2차적 저작물 작성권을 가진 사람 모두에게 허락을 받을 필요가 있다.

주제
독해
Ⅱ
사회

01

(가), (나)의 내용과 일치하는 것은?

① 저작인격권은 저작자 사망 시 유족에게 양도되어 보호받는다.

② 2차적 저작물의 저작권은 2차적 저작물 작성권을 가진 사람이 갖게 된다.

③ 원저작물을 수정한 것이라면 복제물에 가깝더라도 2차적 저작물로 간주할 수 있다.

④ 다른 사람의 저작물을 베낀 것이 아니더라도 그 저작물과 유사하면 저작권 보호를 받을 수 없다.

⑤ 2차적 저작물 작성권은 2차적 저작물을 작성하여 이용함으로써 발생하는 재산적 이익을 보호하기 위한 권리이다.

02

㉠~㉢을 이해한 내용으로 적절하지 않은 것은?

① ㉠의 저작자와 ㉡을 작성하여 이용할 수 있는 권리를 가진 사람은 다를 수 있다.

② ㉡은 ㉠을 기반으로 창작된 것으로 본다.

③ ㉡과 ㉢은 시장적 경쟁 관계에 있다고 보는 것이 일반적이다.

④ ㉢은 ㉠과 실질적 유사성이 있다고 간주한다.

⑤ ㉡을 작성할 때는 ㉢과 달리 ㉠의 2차적 저작물 작성권을 가진 사람의 허락을 받을 필요가 있다.

03

(가)를 참고하여 ㉯의 이유를 추론한 것으로 가장 적절한 것은?

① 원저작물을 떠올릴 수 없을 정도로 바뀌었으므로

② 원저작물의 저작자가 아닌 사람이 창작하였으므로

③ 원저작물에 없는 새로운 창작성이 부가되어 있으므로

④ 원저작물에 비해 예술적 수준이 높다고 볼 수 있으므로

⑤ 원저작물의 저작자가 지닌 권리를 침해하지 않았으므로

04

(가), (나)를 읽은 학생이 〈보기〉에 대해 보인 반응으로 적절하지 않은 것은?

〈보기〉

○ A는 오디션 프로그램에 나가기 위해 기존 가요를 편곡하였고 편곡한 곡을 자신의 블로그에 올렸다. A의 친구는 기존 가요의 저작자인 B의 허락을 받지 않고 편곡한 것이 문제가 될 수 있음을 말해 주었다. A는 편곡은 B의 허락을 받을 필요가 없다고 생각하고 있다.

○ C는 인터넷 검색을 하다가 평소 관심 있던 외국 영화의 한글 자막을 보게 되었고 이것을 자신이 운영하는 영화 관련 웹 사이트에 올렸다. 그런데 영어 자막을 번역하여 이 한글 자막을 작성한 D가 자신의 저작물을 무단으로 이용했다는 이유로 C에게 권리를 주장했다. 하지만 D가 영어 자막의 저작자에게 허락받지 않고 한글 자막으로 번역하였다는 것을 알게 된 C는 자신에게 잘못이 없다고 생각하고 있다.

※ 단, 저작자가 아닌 다른 사람에게 양도된 저작권은 없다고 가정하고, 주어진 상황 이외에는 고려하지 않음.

① B는 A가 편곡하여 블로그에 올린 곡에 대한 저작권을 가지고 있지 않겠군.

② 영어 자막의 저작자는 D에게 손해배상을 청구할 수 있겠군.

③ 기존 가요와 영어 자막은 원저작물로 볼 수 있겠군.

④ A는 C와 달리 2차적 저작물 작성권을 침해한 것이겠군.

⑤ B와 D는 모두 2차적 저작물 작성권을 침해받은 것이겠군.

호루라기 관장님의 어휘 트레이닝

공부한 날	월 일 요일
맞은 개수	/ 32

No	뜻	힌트	정답
01	아끼어 줄임.	ㅈ감	
02	모아서 쌓음.	ㅊ적	
03	주된 것에 덧붙임.	ㅂ가	
04	흩어져 널리 퍼짐.	ㅎ산	
05	법률로 정하여 놓음.	ㅂ제화	
06	새로 설치하거나 설비함.	ㅅ설	
07	어렵지 아니하고 매우 쉽다.	용ㅇ하다	
08	재산상의 이익을 꾀하지 않음.	비ㅇ리	
09	어떤 사실이나 원리 따위에 근거함.	의ㄱ	
10	범위, 규모, 세력 따위를 늘려서 넓힘.	ㅎ장	
11	까다롭거나 힘들지 않아 하기가 쉽다.	ㅅ월하다	
12	작품이나 원고 따위를 고쳐 다시 지음.	ㄱ작	
13	목표나 기준에 맞고 안 맞음을 헤아려 봄.	ㄱ늠	
14	어떤 힘에 눌려 졸아들고 기를 펴지 못함.	위ㅊ	
15	재화나 용역을 일정한 가격으로 사려고 하는 욕구	수ㅇ	
16	예술이나 학문에 관한 책이나 작품 따위를 지은 사람	ㅈ작자	
17	권리나 재산, 법률에서의 지위 따위를 남에게 넘겨줌.	양ㄷ	
18	재산이나 영토, 권리 따위가 특정 주체에 붙거나 딸림.	ㄱ속	
19	어떠한 사물에 대하여 가지고 있는 구체적인 사고나 생각	ㅅ상	
20	서사시나 소설 따위의 문학 작품을 희곡이나 시나리오로 고쳐 쓰는 일	ㄱ색	
21	원자재나 반제품을 인공적으로 처리하여 새로운 제품을 만들거나 제품의 질을 높임.	가ㄱ	
22	일정한 대상이나 현상 따위를 한데 묶어서 어떤 범위나 한계 안에 모두 들게 하는 것. 또는 그런 것	ㅍ괄적	

No	앞의 어휘를 활용해 문장을 완성하시오.
01	감기가 나아 마스크를 벗고 나니 숨쉬기가 한결 ( )해졌다.
02	'과일'은 '사과'의 상의어로서 '사과'보다 ( )적인 의미를 갖는다.
03	무더위가 계속되면서 에어컨을 구매하려는 사람들의 ( )가 증가하고 있다.
04	이번 발표회에서는 우리가 창작한 동화를 연극으로 ( )하여 공연하기로 했다.
05	경기가 나빠지면, 기업의 투자가 줄어들면서 자연스레 생산 활동도 ( )될 수밖에 없다.
06	거리로 몰려나온 사람들이 한 데 뒤엉키는 바람에 정확한 참여 인원을 ( )하기가 매우 어려웠다.
07	금융 위기가 올 수 있다는 우려가 ( )되면서 안전 자산으로 인식되는 금에 대한 수요가 증가하고 있다.
08	인간의 일상생활을 ( )하게 하고 인간을 빈곤, 위협 등에서 벗어나게 하는 것이 기술의 의의이다.
09	교통 법규에 ( )하여 어린이 보호 구역에서 신호를 위반하거나 과속한 차량에 대한 엄중한 단속을 실시할 것이다.
10	원유를 ( )하지 않고 그대로 유통하게 되면 부패나 질병을 유발하는 유해 미생물이 빠르게 증식할 위험이 있다.

주제
독해
II
사회

오늘 수능 국어 트레이닝 끝!

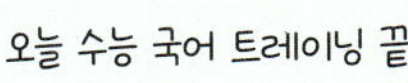

11 가격과 전략

다음 글을 읽고 내용을 정리하시오.

01 수요의 법칙에 따르면 어떤 상품의 가격 변화에 따라 그 상품의 수요량은 변화한다. 수요의 가격탄력성은 가격이 변할 때 수요량이 변하는 정도를 나타내는 지표다. 가격 변화에 따른 수요량의 변화가 민감하면 탄력적이라 하고, 가격 변화에 따른 수요량의 변화가 민감하지 않으면 비탄력적이라고 한다.

02 수요의 가격탄력성에 영향을 주는 대표적인 요인에는 세 가지가 있다. 첫째, 대체재의 존재 여부이다. 어떤 상품에 밀접한 대체재가 있으면, 소비자들은 그 상품 대신에 대체재를 사용할 수 있으므로 그 상품 수요의 가격탄력성은 탄력적이다. 예를 들어 버터는 마가린이라는 밀접한 대체재가 있기 때문에 버터 가격이 오르면 버터의 수요량은 크게 감소하므로 버터 수요의 가격탄력성은 탄력적이다. 반면에 달걀은 마땅한 대체재가 없으므로, 달걀 수요의 가격탄력성은 비탄력적이다. 둘째, 필요성의 정도이다. 필수재 수요의 가격탄력성은 대체로 비탄력적인 반면에, 사치재 수요의 가격탄력성은 대체로 탄력적이다. 예를 들어 필수재인 휴지의 가격이 오르면 아껴 쓰기는 하겠지만 그 수요량이 급격하게 줄어들지는 않는다. 그러나 사치재인 보석의 가격이 상승하면 그 수요량이 감소한다. 셋째, 소득에서 지출이 차지하는 비중이다. 해당 상품을 구매하기 위한 지출이 소득에서 차지하는 비중이 높을수록 수요의 가격탄력성은 커진다. 소득에서 차지하는 비중이 큰 상품의 가격이 인상되면 개인의 소비 생활에 지장을 초래할 수 있으므로 그만큼 가격 변화에 민감하게 반응할 수밖에 없다.

03 그렇다면 수요의 가격탄력성은 어떻게 계산할 수 있을까? 수요의 가격탄력성은 수요량의 변화율을 가격의 변화율로 나눈 값이다.

$$\text{수요의 가격탄력성} = \left| \frac{\text{수요량의 변화율}}{\text{가격의 변화율}} \right| = \left| \frac{\text{수요량 변화분/기존 수요량}}{\text{가격 변화분/기존 가격}} \right|$$

예를 들어 아이스크림 가격이 10% 인상되었는데, 아이스크림 수요량이 20% 감소했다고 하자. 이 경우 수요량의 변화율이 가격 변화율의 2배에 해당하므로 수요의 가격탄력성은 2가 된다. 일반적으로 수요의 가격탄력성이 1보다 크면 탄력적, 1보다 작으면 비탄력적이라 하고, 수요의 가격탄력성이 1이면 단위탄력적이라 한다.

04 수요의 가격탄력성은 총수입에 큰 영향을 미친다. 총수입은 상품 판매자의 판매 수입이며 동시에 상품에 대한 소비자의 지출액인데, 이는 상품의 가격에 거래량을 곱한 수치로 산출할 수 있다. 일반적으로 수요의 가격탄력성이 비탄력적인 경우 가격이 상승하면 총수입도 증가하지만, 수요의 가격탄력성이 탄력적인 경우 가격이 상승하면 총수입은 감소한다. 예를 들어 어느 상품의 가격이 500원에서 600원으로 20% 상승할 때 수요량이 100개에서 90개로 10% 감소했다면, 이 상품 수요의 가격탄력성은 비탄력적이다. 이때 총수입은 상품의 가격에 거래량을 곱한 수치이므로 가격 인상 전 50,000원에서 인상 후 54,000원으로 4,000원 증가하게 되는 것이다. 그러므로 수요의 가격탄력성을 파악하는 것은 판매자에게 매우 중요한 일이다.

지문이 읽히는 독해 코칭

빈칸을 채우며 각 문단별 내용을 완성하시오.

1문단

탄력적	수요의 가격탄력성	비탄력적
가격 변화에 따른 수요량 변화가 (1)할 때		가격 변화에 따른 (2) 변화가 민감하지 않을 때

2문단

요인	수요의 가격탄력성
대체재가 있는 경우	(3)적
필수재의 경우	(4)적
사치재의 경우	(5)적
지출이 소득에서 차지하는 비중이 높은 경우	(6)적

3문단

• 수요의 가격탄력성 〉 1 ⇒ (7   )적
• 수요의 가격탄력성 〈 1 ⇒ (8   )적
• 수요의 가격탄력성 = 1 ⇒ (9   )적

4문단

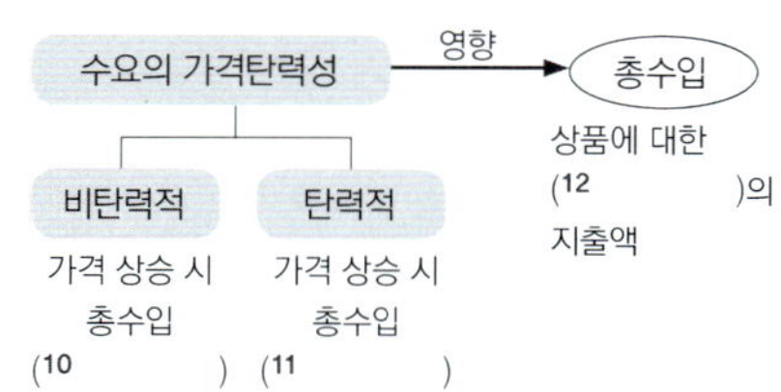

구조 트레이닝 ZONE

빈칸에 알맞은 말을 넣어 구조도를 완성하시오.

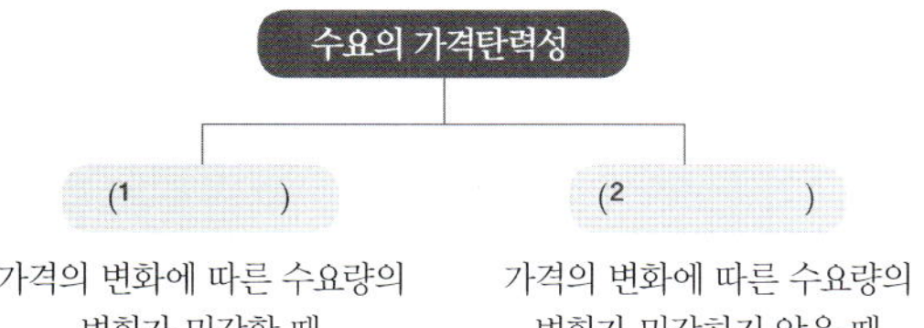

수요의 가격탄력성의 기본 개념과 이에 영향을 미치는 세 가지 요인과, 그 계산 방식 등을 정리하여 이해하도록 합니다.

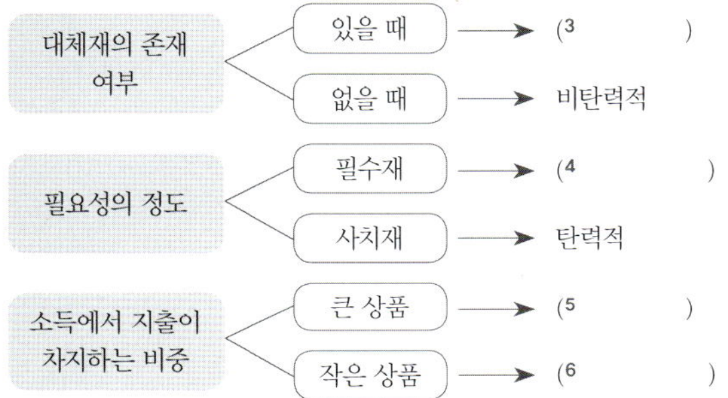

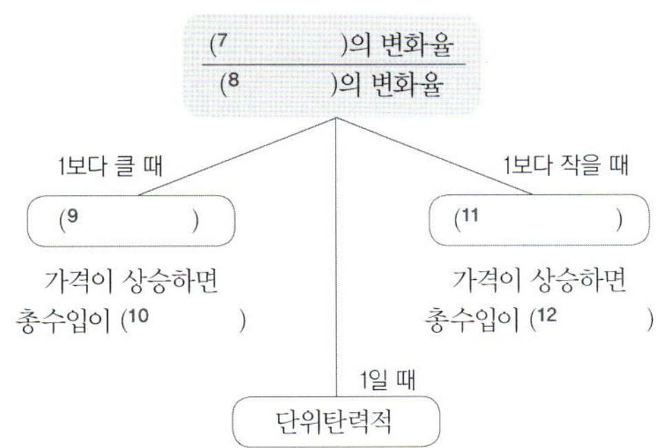

내용 트레이닝 ZONE

글 내용과 일치하면 ○에, 그렇지 않으면 ✕에 체크하시오.

1문단

01 수요량이 변함에 따라 가격이 달라지는 정도를 수요의 가격탄력성이라고 한다. ○ ✕

02 수요의 법칙에 따르면 어떤 상품의 수요량은 그 상품의 가격 변화에 영향을 받는다. ○ ✕

2문단

03 수요의 가격탄력성에 영향을 주는 대표적 요인에 상품의 인지도도 포함된다. ○ ✕

04 어떤 상품에 밀접한 대체 상품이 있으면 그 상품 수요의 가격탄력성은 비탄력적이다. ○ ✕

05 필요재 수요의 가격탄력성은 탄력적인 편인 데 반해, 사치재 수요의 가격탄력성은 비탄력적인 편이다. ○ ✕

06 어떤 상품을 사기 위한 지출이 소득에서 차지하는 비중이 작을 때 그 상품 수요의 가격탄력성은 비탄적이다. ○ ✕

3문단

07 수요의 가격탄력성이 1이면 단위탄력적이라 한다. ○ ✕

08 수요의 가격탄력성이 1보다 크면 비탄력적이고, 1보다 작으면 탄력적이다. ○ ✕

09 수요의 가격탄력성은 가격 변화율을 수요량의 변화율로 나눈 값을 의미한다. ○ ✕

4문단

10 총수입은 상품의 가격과 거래량을 곱하면 구할 수 있다. ○ ✕

11 수요의 가격탄력성이 비탄력적이면 가격 상승에 따라 총수입이 감소하게 된다. ○ ✕

12 상품 판매자의 판매 수입이자 상품을 구매하는 소비자의 지출액을 총수입이라고 한다. ○ ✕

[01~04] 다음 글을 읽고 물음에 답하시오.

01 수요의 법칙에 따르면 어떤 상품의 가격 변화에 따라 그 상품의 수요량은 변화한다. 수요의 가격탄력성은 가격이 변할 때 수요량이 변하는 정도를 나타내는 지표다. 가격 변화에 따른 수요량의 변화가 민감하면 탄력적이라 하고, 가격 변화에 따른 수요량의 변화가 민감하지 않으면 비탄력적이라고 한다.

02 수요의 가격탄력성에 영향을 주는 대표적인 요인에는 세 가지가 있다. 첫째, 대체재의 존재 여부이다. 어떤 상품에 밀접한 대체재가 있으면, 소비자들은 그 상품 대신에 대체재를 사용할 수 있으므로 그 상품 수요의 가격탄력성은 탄력적이다. 예를 들어 버터는 마가린이라는 밀접한 대체재가 있기 때문에 버터 가격이 오르면 버터의 수요량은 크게 감소하므로 버터 수요의 가격탄력성은 탄력적이다. 반면에 달걀은 마땅한 대체재가 없으므로, 달걀 수요의 가격탄력성은 비탄력적이다. 둘째, 필요성의 정도이다. 필수재 수요의 가격탄력성은 대체로 비탄력적인 반면에, 사치재 수요의 가격탄력성은 대체로 탄력적이다. 예를 들어 필수재인 휴지의 가격이 오르면 아껴 쓰기는 하겠지만 그 수요량이 급격하게 줄어들지는 않는다. 그러나 사치재인 보석의 가격이 상승하면 그 수요량이 감소한다. 셋째, 소득에서 지출이 차지하는 비중이다. 해당 상품을 구매하기 위한 지출이 소득에서 차지하는 비중이 높을수록 수요의 가격탄력성은 커진다. 소득에서 차지하는 비중이 큰 상품의 가격이 인상되면 개인의 소비 생활에 지장을 초래할 수 있으므로 그만큼 가격 변화에 민감하게 반응할 수밖에 없다.

03 그렇다면 수요의 가격탄력성은 어떻게 계산할 수 있을까? 수요의 가격탄력성은 수요량의 변화율을 가격의 변화율로 나눈 값이다.

$$\text{수요의 가격탄력성} = \left| \frac{\text{수요량의 변화율}}{\text{가격의 변화율}} \right| = \left| \frac{\text{수요량 변화분/기존 수요량}}{\text{가격 변화분/기존 가격}} \right| \quad \text{[A]}$$

예를 들어 아이스크림 가격이 10% 인상되었는데, 아이스크림 수요량이 20% 감소했다고 하자. 이 경우 수요량의 변화율이 가격 변화율의 2배에 해당하므로 수요의 가격탄력성은 2가 된다. 일반적으로 수요의 가격탄력성이 1보다 크면 탄력적, 1보다 작으면 비탄력적이라 하고, 수요의 가격탄력성이 1이면 단위탄력적이라 한다.

04 수요의 가격탄력성은 총수입에 큰 영향을 미친다. 총수입은 상품 판매자의 판매 수입이며 동시에 상품에 대한 소비자의 지출액인데, 이는 상품의 가격에 거래량을 곱한 수치로 산출할 수 있다. 일반적으로 수요의 가격탄력성이 비탄력적인 경우 가격이 상승하면 총수입도 증가하지만, 수요의 가격탄력성이 탄력적인 경우 가격이 상승하면 총수입은 감소한다. 예를 들어 어느 상품의 가격이 500원에서 600원으로 20% 상승할 때 수요량이 100개에서 90개로 10% 감소했다면, 이 상품 수요의 가격탄력성은 비탄력적이다. 이때 총수입은 상품의 가격에 거래량을 곱한 수치이므로 가격 인상 전 50,000원에서 인상 후 54,000원으로 4,000원 증가하게 되는 것이다. 그러므로 ⓐ수요의 가격탄력성을 파악하는 것은 판매자에게 매우 중요한 일이다.

대체재

재화 중에서 동일한 효용을 얻을 수 있는 재화를 이르며, '경쟁재'라고도 부른다. A와 B 두 재화가 있다고 할 때, A 재화의 가격이 상승(하락)했을 때 A 재화의 수요가 감소(증가)하고 B 재화의 수요가 증가(감소)하면, 두 재화는 서로의 대체재다. 예를 들어 버터와 마가린, 쇠고기와 돼지고기는 서로의 대체재라고 할 수 있다.

보완재

두 재화를 따로따로 소비했을 때의 효용을 합한 것보다 함께 소비했을 때의 효용이 증가하는 재화를 '보완재'라고 하며, '협동재'라고도 부른다. 보완 관계에 있는 두 재화 중 한 재화의 수요가 증가하면 다른 재화의 수요도 증가하고, 한 재화의 가격이 상승하면 두 재화의 수요 모두 감소한다. 예를 들어 커피와 설탕, 펜과 잉크, 바늘과 실, 버터와 빵을 보완재로 볼 수 있다.

⏱ 언젠간 출제각

엥겔의 법칙

독일의 통계학자 엥겔(1821~1896)이 발견한 법칙으로, 소득 수준이 낮을수록 전체 생계비에서 차지하는 식료품 소비의 비율이 높아진다는 경제 법칙이다. 엥겔은 벨기에 노동자 153세대의 가계를 조사한 결과, 지출 총액 중 저소득 가계일수록 식료품비가 차지하는 비율이 높고, 고소득 가계일수록 식료품비가 차지하는 비율이 낮음을 발견하였다. 그에 따르면 소득이 증가함에 따라 생계비에서 식료품비가 차지하는 비율은 감소하고 교육과 위생 및 오락, 교통, 통신 비용 등의 문화비는 증가하며 의류비, 주거비 등은 큰 변화가 없다고 주장하였다. 이 통계적 법칙을 '엥겔의 법칙'이라 하며, 총 가계 지출액에서 식료품비가 차지하는 비율을 '엥겔 계수'라고 한다. 일반적으로 엥겔 계수가 20% 이하면 상류, 25~30%는 중류, 30~50%는 하류, 50% 이상은 극빈층으로 분류된다.

01

윗글을 통해 알 수 있는 내용으로 적절하지 <u>않은</u> 것은?

① 수요의 가격탄력성 개념
② 수요의 가격탄력성 산출 방법
③ 상품 판매자의 판매 수입 산출 방법
④ 대체재의 유무가 수요의 가격탄력성에 미치는 영향
⑤ 수요의 가격탄력성에 영향을 주는 요인들 간의 관계

03

ⓐ의 이유로 가장 적절한 것은?

① 수요의 가격탄력성으로 소비자의 소득 규모를 판단할 수 있기 때문에
② 수요의 가격탄력성으로 판매 상품의 문제점을 파악할 수 있기 때문에
③ 수요의 가격탄력성이 판매 상품의 생산 단가를 예측 가능하게 하기 때문에
④ 수요의 가격탄력성이 판매자의 총수입 증가 여부에 영향을 미칠 수 있기 때문에
⑤ 수요의 가격탄력성으로 판매자의 판매 수입과 소비자의 지출액 차이를 파악할 수 있기 때문에

02

윗글을 참고할 때, 〈보기〉의 ㉮~㉰에 들어갈 말을 바르게 짝지은 것은?

〈보기〉

쌀을 주식으로 하는 갑국은 밀을 주식으로 하는 나라에 비해 쌀 수요의 가격탄력성은 (㉮)이고, 자동차보다 저렴한 오토바이가 주요 이동 수단인 을국은 자동차가 주요 이동 수단인 나라에 비해 자동차를 (㉯)로 인식하여 자동차 수요의 가격탄력성은 (㉰)이다.

	㉮	㉯	㉰
①	비탄력적	사치재	비탄력적
②	비탄력적	사치재	탄력적
③	비탄력적	필수재	탄력적
④	탄력적	사치재	비탄력적
⑤	탄력적	필수재	탄력적

04

〈보기〉는 김밥과 영화 관람권의 가격 인상 이후 하루 동안의 수요량 감소를 나타낸 표이다. [A]를 바탕으로 〈보기〉를 탐구한 내용으로 적절한 것은?

〈보기〉

구분	김밥	영화 관람권
기존 가격	2,000원	10,000원
가격 변화분	500원	2,000원
기존 수요량	100개	2,500장
수요량 변화분	20개	1,000장

※ 단, 김밥과 영화 관람권의 가격과 수요량에 영향을 끼치는 다른 요인은 없는 것으로 한다.

① 김밥은 가격의 변화율이 수요량의 변화율보다 작다.
② 영화 관람권은 가격의 변화율이 수요량의 변화율보다 크다.
③ 김밥과 영화 관람권 수요의 가격탄력성은 모두 1보다 작다.
④ 김밥과 영화 관람권은 가격의 변화율에 대한 수요량의 변화율이 같다.
⑤ 김밥 수요의 가격탄력성은 비탄력적이고, 영화 관람권 수요의 가격탄력성은 탄력적이다.

[01~04] 다음 글을 읽고 물음에 답하시오.

01 시장에서 독점적 지위를 가지고 있는 판매자가 동일한 상품에 대해 소비자에 따라 다른 가격을 책정하여 판매하기도 하는데, 이를 '가격 차별'이라 한다. 가격 차별이 성립하기 위해서는 첫째, 판매자가 시장 지배력을 가지고 있어야 한다. 시장 지배력이란 판매자가 시장 가격을 임의의 수준으로 결정할 수 있는 힘을 말한다. 둘째, 시장이 분리 가능해야 한다. 즉, 상품의 판매 단위나 구매자의 특성에 따라 시장을 구분할 수 있어야 한다. 셋째, 시장 간에 상품의 재판매가 불가능해야 한다. 만약 가격이 낮은 시장에서 상품을 구입하여 가격이 높은 시장에 되팔 수 있다면 매매 차익을 노리는 구매자들로 인해 가격 차별이 이루어지기 어렵기 때문이다.

02 가격 차별은 '1급 가격 차별', '2급 가격 차별', '3급 가격 차별'로 나눌 수 있는데, 1급 가격 차별은 개별 구매자들의 선호도를 모두 알고 있어 구매자 별로 **최대 지불용의 가격**을 매기는 것이다. 그림에서 가격 차별을 실시하지 않는다면 판매자가 얻는 수입은 판매 가격($\overline{OP}$)×판매량($\overline{OQ}$)으로 사각형 OPEQ가 된다. 그러나 1급 가격 차별을 실시하면 각 구매자의 최대 지불 용의 가격인 수요 곡선을 따라 상품 가격을 결정하므로 총수입은 사다리꼴 OaEQ로 늘어나게 된다. '완전 가격 차별'이라고도 하는 1급 가격 차별은 판매자의 총수입을 극대화할 수 있지만 모든 구매자들의 선호도를 정확히 알 수 없기 때문에 현실에서는 찾아보기 어렵다.

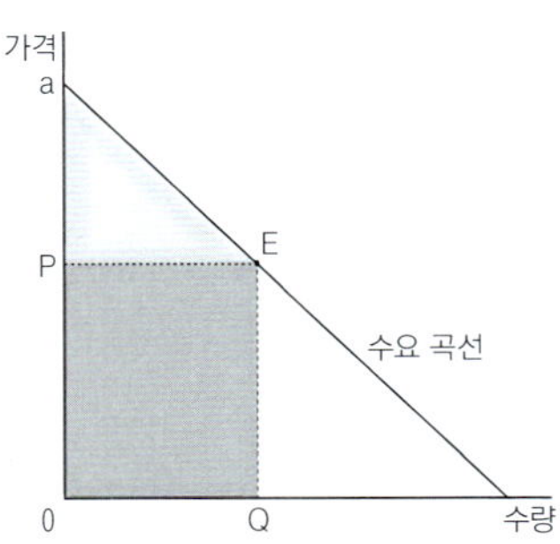

03 2급 가격 차별은 상품 수량을 몇 개의 구간으로 나누고 각 구간에 대해 서로 다른 가격을 매기는 것이다. '구간 가격 설정 방식'이라고도 하는 2급 가격 차별은 소량 구입을 하는 고객에게는 높은 가격을 매기고 대량 구입을 하는 고객에게는 가격을 낮추어 주는 방식이다. 예를 들어 판매자가 16개의 라면을 생산하여 1개, 5개, 10개 단위로 각각 1,000원, 4,700원, 8,000원에 파는 것이다. [A]

04 3급 가격 차별은 가격 변동에 따른 수요의 민감도를 나타내는 '수요의 가격탄력성'을 기준으로 구매자를 두 개 이상의 그룹으로 구분한 다음, 각 그룹에 대하여 서로 다른 가격을 결정하는 것이다. 가격 변동에 민감해서 수요의 가격탄력성이 큰 그룹에는 상대적으로 낮은 가격을, 가격 변동에 덜 민감해서 수요의 가격탄력성이 작은 그룹에는 상대적으로 높은 가격을 매긴다. 예를 들어 청소년이나 노인 그룹에 일반인보다 할인된 가격을 적용하는 것이다.

05 독점 시장에서는 일반적으로 판매자가 사회적으로 바람직한 수준보다 생산량을 적게 하고 높은 가격을 매겨, 자원 배분의 효율성이 감소하는 문제점이 발생한다. 하지만 ㉠<u>가격 차별이 이루어지면 생산량이 증대되어 자원 배분의 효율성이 증가할 수 있다.</u>

• **최대 지불 용의 가격**: 구매자가 상품에 대해 지불할 용의가 있는 최고 가격

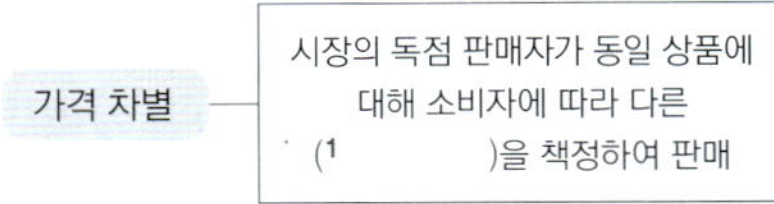

빈칸을 채우며 각 문단별 내용을 완성하시오.

1문단

가격 차별 — 시장의 독점 판매자가 동일 상품에 대해 소비자에 따라 다른 (1   )을 책정하여 판매

가격 차별 성립 조건
• 판매자가 시장 (2   )을 가져야 함.
• 시장이 (3   ) 가능해야 함.
• 시장 간 상품 (4   )가 불가능해야 함.

2문단

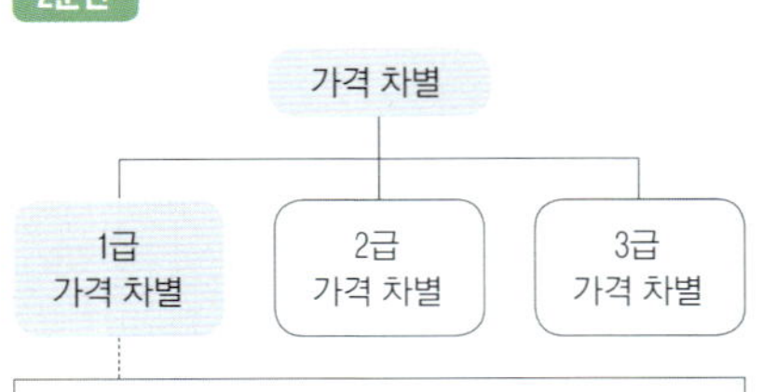

• 개별 구매자들의 (5   )를 모두 알고 있어 구매자 별로 최대 지불 용의 가격을 매김.
• 판매자의 총수입을 (6   )할 수 있음.
• 모든 구매자들의 선호도를 정확히 알 수 없어 현실에서 찾아보기 어려움.

3문단

2급 가격 차별
• 소량 구입 고객에게 (7   ) 가격을 매김.
• 대량 구입 고객에게 (8   ) 가격을 매김.

4문단

3급 가격 차별
• 수요의 가격탄력성이 큰 그룹에 (9   ) 가격을 매김.
• 수요의 가격탄력성이 작은 그룹에 (10   ) 가격을 매김.

5문단

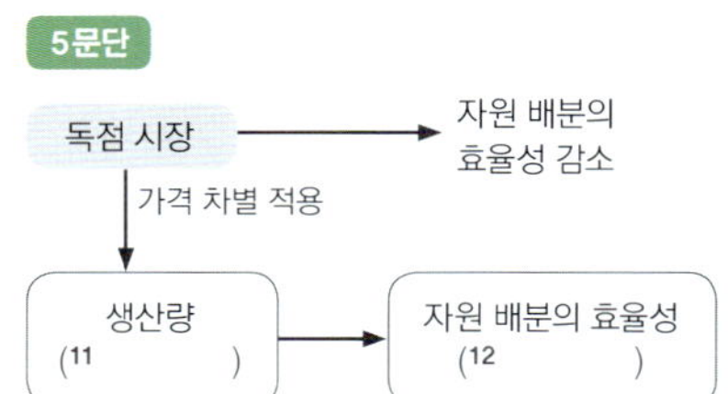

01

윗글에서 언급하지 <u>않은</u> 것은?

① 가격 차별의 개념
② 가격 차별의 유형
③ 가격 차별의 성립 조건
④ 독점 시장에서 발생할 수 있는 문제점
⑤ 상품 특성에 따른 수요의 가격탄력성 차이

02

윗글을 바탕으로 〈보기〉를 이해한 내용으로 적절하지 <u>않은</u> 것은?

〈보기〉

구분	어른	어린이
기본 운임(원/10km)	1,300원	500원

① 어른과 어린이로 시장을 분리하여 가격 차별을 하는군.
② 어린이 승차권을 어른 승차권으로 되팔 수 없도록 하겠군.
③ 수송 원가를 고려할 때 지하철 운임의 가격 차별은 완전 가격 차별에 해당하는군.
④ 지하철 요금의 변동에 따라 어른 그룹과 어린이 그룹은 수요의 민감도가 다를 수 있겠군.
⑤ 지하철 운영자는 시장 지배력을 가지고 있기 때문에 운임을 임의의 수준으로 결정할 수 있겠군.

03

〈보기〉는 [A]의 사례를 그래프로 나타낸 것이다. 윗글과 관련지어 이해한 내용으로 적절하지 <u>않은</u> 것은?

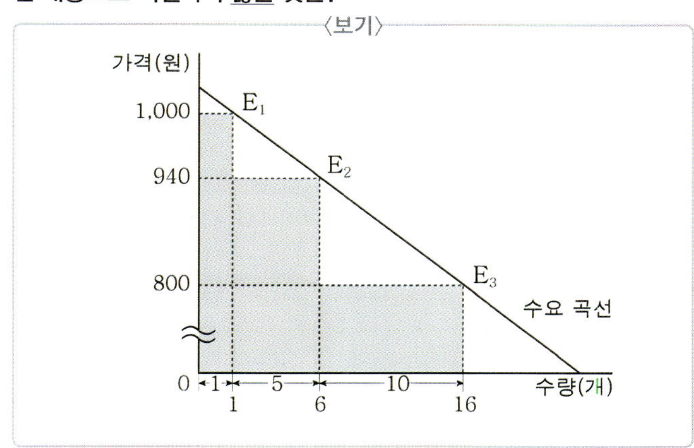

① 판매자의 총수입은 가격을 세 구간으로 나누어 결정할 때보다 다섯 구간으로 나누어 결정할 때 더 감소한다.
② 판매자는 상품의 수량을 구간 별로 나누어 구매자들에게 서로 다른 가격을 제시한다.
③ 판매자는 가격을 차별하여 구입하는 수량이 많은 고객에게 가격을 낮추어 준다.
④ 판매자의 총수입은 상품 가격을 800원으로 단일하게 책정할 때보다 증가한다.
⑤ 판매자의 총수입은 $(1{,}000 \times 1) + (940 \times 5) + (800 \times 10)$의 면적에 해당한다.

04

㉠처럼 말할 수 있는 근거를 추리했을 때, 가장 적절한 것은?

① 낮은 가격 때문에 구매가 많이 이루어지던 상품의 판매량이 감소할 것이다.
② 낮은 가격으로 상품을 소비하려는 구매자들이 다른 시장을 통해 가격 차별을 무력화시킬 것이다.
③ 낮은 가격으로 상품을 소비하려는 구매자들의 가격 부담이 줄어들지 않아 상품을 소비하지 못할 것이다.
④ 높은 가격으로 상품을 소비했던 구매자들에게 더 높은 가격으로 상품을 판매하기 위해 생산량을 줄일 것이다.
⑤ 높은 가격 때문에 소비하지 않던 구매자들에게 낮은 가격으로 상품을 판매하기 위하여 생산량을 늘릴 것이다.

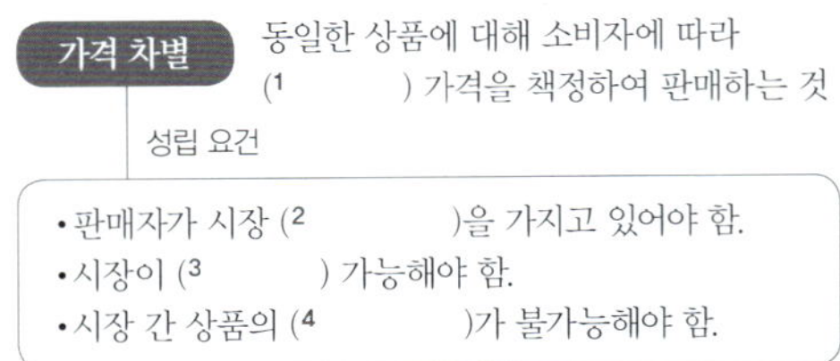

💪 빈칸에 알맞은 말을 넣어 구조도를 완성하시오.

가격 차별 동일한 상품에 대해 소비자에 따라
(1   ) 가격을 책정하여 판매하는 것

성립 요건

- 판매자가 시장 (2   )을 가지고 있어야 함.
- 시장이 (3   ) 가능해야 함.
- 시장 간 상품의 (4   )가 불가능해야 함.

가격 차별의 성립 요건, 가격 차별의 세 가지 유형에 대해 명확하게 이해할 수 있어야 합니다.

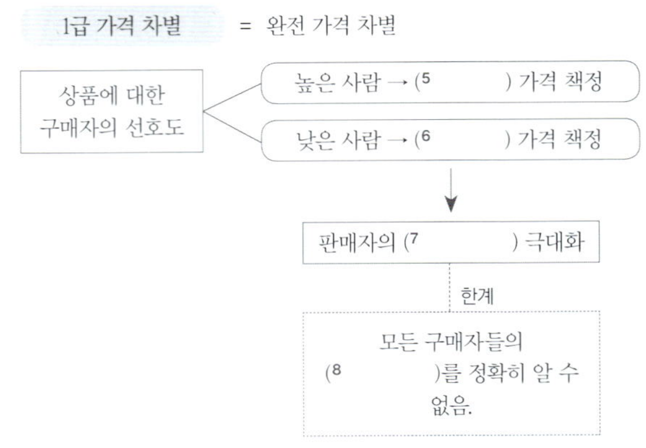

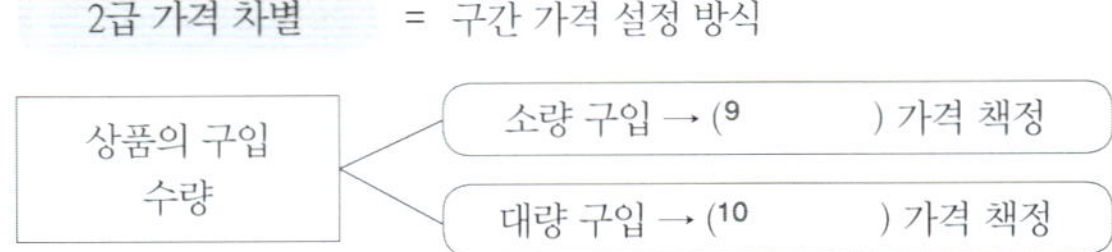

👟 지식을 넓히는 주제 코칭

독점 시장

한 상품의 공급이 하나의 기업에 의해서만 이루어지는 시장 형태를 말한다. 이때 한 상품을 공급하는 단일 기업을 독점 기업이라 하고, 독점 기업이 공급하는 재화나 용역을 독점 상품이라고 한다. 독점 시장의 예로는 전력 서비스를 생산하는 전력 사업, 식수를 생산하는 상수도 사업 등이 있다. 독점 기업 중에서 대표적인 것은 철도나 상하수도 등의 공기업으로, 초기 설비에 엄청난 자금이 소요되고 필요성에 비해 수익성은 불확실하여 정부가 투자한 경우가 이에 해당한다. 생산량이 늘어남에 따라 단위당 생산 비용이 감소하는 경우에도 독점 기업이 발생할 수 있다. 일반적으로 생산량이 확대됨에 따라 단위당 생산 비용은 증가하는 경우가 보통이지만, 생산량의 증가에 따라 단위당 생산비가 감소하는 현상인 규모의 경제가 존재하는 경우에는 가장 큰 규모의 기업 외에는 모든 기업들이 비용상 열세에 놓이게 되어 경쟁에서 밀리고 도태되는 상황이 발생하게 된다. 이 밖에 지적 소유권을 보호하기 위한 특허권과 판권으로 인해 독점 기업이 형성되는 경우도 있다.

과점 시장

소수의 기업만이 서로 경쟁하면서 한 상품을 생산·공급하는 시장 형태를 과점 시장이라 한다. 제조업의 주요 업종들이 과점 시장의 형태를 띠고 있는 경우를 흔히 볼 수 있다. 우리나라도 텔레비전·냉장고·자동차·휘발유 등 대량으로 소비되는 상품이 과점 시장을 이루고 있다. 과점 시장은 소수의 기업들 중에서 어느 한 기업이 가격이나 생산량을 변경시켰을 경우, 다른 기업에 큰 영향을 끼친다. 과점 시장은 과점 기업 간의 의존 관계가 크기 때문에 개별 기업은 경쟁 기업의 반응을 감안하여 가격이나 생산량을 결정한다. 따라서 과점 시장에서의 가격 수준은 완전 경쟁 시장에서 보다 높고, 공급량은 적은 것이 일반적인 경향이다. 과점 기업들이 이윤을 증대시키기 위해 담합하여 상호 간의 경쟁을 제한하는 경우에는 시장 경쟁의 효율성이 제한되고 시장의 자원 배분 기능이 왜곡된다.

[01~04] 다음 글을 읽고 물음에 답하시오.

가계, 기업, 정부는 경제 주체로서 가계는 소비, 기업은 생산, 정부는 정책 결정 시 합리적인 선택을 하기 위해 노력한다. 이때 합리적인 선택을 하려면 편익과 비용을 충분히 고려하여 편익에서 비용을 뺀 순편익이 가장 큰 대안을 선택해야 한다. 편익이란 어떤 선택을 할 때 얻는 이득으로, 기업의 판매 수입과 같은 금전적인 것이나 소비자가 상품을 소비함으로써 얻는 정신적 만족감과 같은 비금전적인 것을 말한다. 비용이란 암묵적 비용 중 가장 큰 것과 명시적 비용을 합친 것이다. 암묵적 비용은 어떤 선택으로 인해 포기한 다른 대안의 가치를, 명시적 비용은 그 선택을 할 때 화폐로 직접 지불하는 비용을 말한다.

순편익은 한계편익과 한계비용이 같을 때 가장 커지는데, 한계편익은 어떤 선택에 의해 추가로 발생하는 편익이며 한계비용은 그 선택에 의해 추가로 발생하는 비용이다. 예를 들어, 볼펜을 1개 더 살지 고민하고 있는 소비자의 한계편익은 볼펜을 1개 더 사는 데에서 추가로 얻는 만족감이며, 한계비용은 볼펜을 1개 더 사기 위해 추가로 드는 비용이다.

기업은 상품을 얼마나 생산하면 이윤을 극대화할 수 있을지 한계비용과 한계수입을 고려해 합리적인 판단을 내릴 수 있다. 기업 입장에서 한계비용은 상품 생산량을 한 단위 증가시키는 데 추가로 드는 비용이며, 한계수입은 상품을 한 단위 더 생산하여 판매할 때 추가로 얻는 수입이다. 완전경쟁시장에 있는 기업이라면 상품의 시장 가격 그 자체가 한계수입이 된다. 완전경쟁시장은 많은 수의 공급자와 수요자로 구성되어 있고 거래되는 상품이 동질적이므로 개별 공급자나 수요자가 시장 가격에 영향을 미칠 수 없다. 즉 기업이나 소비자는 시장에서 결정된 상품 가격을 주어진 것으로 받아들이며 이 가격이 기업의 한계수입이 된다. 상품을 사려는 사람들이 많아져 시장 수요가 증가하여 상품 가격이 오른다면, 한계수입도 그만큼 동일하게 오른다.

생산을 계속할 때 손실이 발생하는 상황이 아니라면, 기업은 한계비용과 한계수입이 일치하도록 생산량을 조절해 이윤을 극대화할 수 있다. 한계비용이 한계수입보다 큰 경우에는 상품 생산량을 한 단위 더 줄일 때 그로 인해 추가로 절약되는 비용이 줄어들 수입보다 크므로 생산량을 줄여 이윤을 증가시킬 수 있다. 이와 반대로 한계수입이 한계비용보다 큰 경우에는 생산량을 늘려 이윤을 증가시킬 수 있다.

그런데 생산을 계속할 때 이윤이 남는 것이 아니라 오히려 손실을 볼 수도 있기 때문에 어떤 상황에서 손실이 발생하는지 판단하는 것도 기업 입장에서 중요하다. 이때 고려할 수 있는 것 중 하나가 평균비용이다. 평균비용은 어떤 양의 상품을 생산하는 데 투입된 총비용을 생산량으로 나눈 것으로, 상품을 한 단위 생산하는 데 드는 평균적인 비용을 말한다. 여기에서 총비용은 고정비용과 가변비용으로 구분된다. 한계비용이 총비용 중 가변비용에만 영향을 받는 것과 달리, 평균비용은 고정비용과 가변비용에 모두 영향을 받는다. 고정비용은 생산량에 따라 변하지 않고 일정한 크기를 유지하는 비용으로, 생산량이 많든 적든 매달 똑같이 내야 하는 임대료가 그 예이다. 가변비용은 생산량에 따라 달라지는 비용으로, 각종 재료비, 상품 생산을 늘리기 위해 추가로 고용하는 직원에게 지급되는 보수 등이 그 예이다.

그렇다면 기업은 손실이 발생하는지 평균비용을 통해 어떻게 알 수 있을까? 총비용을 전부 회수하는 것이 언제라도 가능한 기업이 완전경쟁시장에 있다고 가정해 보자. 이 기업은 평균비용을 상품의 시장 가격과 비교해 보고 만약 가격이 평균비용곡선의 최저점에도 미치지 못한다면, 생산량이 얼마이든 그 가격에 상품을 판매해 보았자 손실을 피할 수 없다고 판단할 것이다. 그렇다면 투입된 총비용을 전부 회수하여 손실 발생을 막는 것이 이 기업에 합리적인 결정일 수 있다. 기업이 의도한 생산량에서의 평균비용이 시장 가격보다는 낮아야 이윤이 남는데, 어떻게 해도 손실을 피할 수 없다면 생산을 계속할 것인지 신중하게 고민해야 하는 것이다. ㉠이처럼 평균비용은 한계비용과 더불어 기업이 생산에 관한 의사 결정을 내릴 때 유용하게 활용된다.

합리적 선택을 중심으로 생산에 관한 기업의 의사 결정을 살펴보는 것은 경제 활동을 더 잘 이해하게 한다는 점에서 의미가 있다. 특히, 기업의 생산 활동은 소비자의 수요를 충족해 주고 고용 증가, 경제 성장 등 사회 전체에 미치는 영향이 크다는 점에서 주의 깊게 살펴볼 필요가 있을 것이다.

01

윗글의 내용 전개 방식으로 가장 적절한 것은?

① 합리적인 선택을 할 때의 장점을 제시하며 기업의 의사 결정 과정을 평가하고 있다.

② 합리적인 선택이 지닌 한계를 제시하며 기업의 사회적 책임에 대해 서술하고 있다.

③ 경제 주체가 되기 위한 조건을 제시하며 각 경제 주체가 수행하는 역할을 비교하고 있다.

④ 합리적인 선택을 하기 위한 방법을 제시하며 생산과 관련된 기업의 의사 결정에 대해 설명하고 있다.

⑤ 기업이 생산 활동을 할 때 고려하는 요소를 제시하며 생산량을 결정할 때의 어려움을 원인에 따라 분류하고 있다.

02

윗글에서 알 수 있는 내용으로 적절하지 <u>않은</u> 것은?

① 총비용에서 고정비용을 제외한 나머지는 모두 가변비용이다.

② 완전경쟁시장의 개별 소비자는 시장 가격을 주어진 것으로 받아들인다.

③ 생산량과 상관없이 기업이 매달 똑같이 내야 하는 임대료는 한계비용에 영향을 준다.

④ 평균비용은 총비용이 생산된 상품에 똑같이 배분되었을 때 얼마인지를 나타내는 비용이다.

⑤ 같은 편익을 주는 대안이 여러 개 있다면 비용이 가장 적게 드는 것을 선택하는 것이 합리적이다.

03

윗글을 참고할 때, ㉠의 의미를 추론한 내용으로 가장 적절한 것은?

① 평균비용은 고정비용이 얼마인지, 한계비용은 가변비용이 얼마인지 알아볼 때 유용하다.

② 평균비용은 시장 가격이 왜 오르는지, 한계비용은 시장 가격이 왜 떨어지는지 알아볼 때 유용하다.

③ 평균비용은 생산을 멈추어야 하는 시기가 언제인지, 한계비용은 생산에 드는 암묵적 비용이 얼마인지 알아볼 때 유용하다.

④ 평균비용은 생산을 중단할 만한 상품 가격이 얼마인지, 한계 비용은 이윤을 늘리기 위해 도달해야 할 생산량이 얼마인지 알아볼 때 유용하다.

⑤ 평균비용은 생산량 증가로 총비용이 얼마나 늘어나는지, 한계비용은 상품 가격 하락으로 판매 수입이 얼마나 줄어드는지 알아볼 때 유용하다.

04

〈보기〉는 완전경쟁시장에 있는 어느 기업에서 생산하는 상품과 관련된 비용과 수입을 나타낸 것이다. 윗글을 바탕으로 〈보기〉를 이해한 내용으로 가장 적절한 것은?

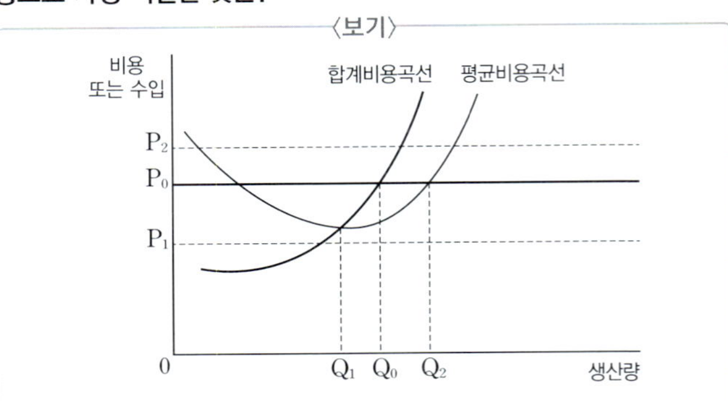

※ 현재 생산량은 Q_0, 상품의 시장 가격은 P_0임. 이 기업은 언제라도 총비용을 전부 회수할 수 있으며, 생산한 상품은 생산량이 얼마이든 모두 판매된다고 전제함.

① 생산량을 Q_0로 유지하면, 평균비용이 한계수입보다 작으므로 이윤이 극대화되겠군.

② 생산량을 Q_2로 늘리면, 한계비용이 한계수입보다 커지므로 이윤이 남지 않겠군.

③ 가격이 P_0로 유지되면, 생산량을 Q_1으로 줄여도 한계비용과 평균비용이 모두 줄어들기 때문에 이윤에는 변함이 없겠군.

④ 시장 수요의 감소로 가격이 P_1이 되면, 생산량을 Q_1으로 줄여야 평균비용이 제일 적게 들어가므로 손실을 0으로 만들 수 있겠군.

⑤ 시장 수요의 증가로 가격이 P_2가 되면, 한계수입이 한계비용보다 커지므로 생산량을 Q_2에 가깝게 늘릴수록 이윤이 증가하겠군.

호루라기 관장님의
어휘 트레이닝

공부한 날	월 일 요일
맞은 개수	/ 32

No	뜻	힌트	정답
01	좋아하는 정도	선ㅎ도	
02	편리하고 유익함.	ㅍ익	
03	도로 거두어들임.	ㅎ수	
04	몫몫이 별러 나눔.	배ㅂ	
05	삯을 주고 사람을 부림.	고ㅇ	
06	장사 따위를 하여 남은 돈	이ㅇ	
07	그러함과 그러하지 아니함.	ㅇ부	
08	계획이나 방책을 세워 결정함.	ㅊ정	
09	일한 대가로 주는 돈이나 물품	ㅂ수	
10	어떤 일을 하려고 마음을 먹음.	ㅇ의	
11	아주 커짐. 또는 아주 크게 함.	극ㄷ화	
12	잃어버리거나 축나서 손해를 봄.	ㅅ실	
13	소비의 주체로 '가정'을 이르는 말	ㄱ계	
14	방향이나 목적, 기준 따위를 나타내는 표지	지ㅍ	
15	물건이나 자리 따위를 독차지하는. 또는 그런 것	ㄷ점적	
16	서로 대신 쓸 수 있는 관계에 있는 두 가지의 재화	대ㅊ재	
17	사물의 모양이나 성질이 바뀌거나 달라질 수 있음.	ㄱ변	
18	내용이나 뜻을 분명하게 드러내 보이는. 또는 그런 것	명ㅅ적	
19	자기의 의사를 밖으로 나타내지 아니한. 또는 그런 것	암ㅁ적	
20	사물이나 사건이 성립되는 까닭. 또는 조건이 되는 요소	요ㅇ	
21	매매의 결과나 가격, 환시세의 개정이나 변동 따위로 생기는 이익	차ㅇ	
22	둘 이상의 대상을 각각 등급이나 수준 따위의 차이를 두어서 구별함.	차ㅂ	

No	앞의 어휘를 활용해 문장을 완성하시오.
01	회사는 직원들에게 일한 대가로 ( )를 지급하고 있다.
02	판매자는 공급량을 감소시킴으로써 더 높은 가격을 ( )할 수 있다.
03	업계에서는 일회용 컵을 ( )하여 재활용하는 방안을 고민하고 있다.
04	장비 고장으로 상품의 생산이 중단되면서 회사에 ( )이 발생하였다.
05	물건을 대량으로 싸게 들여와 비싸게 팔았더니 두 배 이상의 ( )이 발생하였다.
06	유럽인들은 실용적인 것을 중시하므로 대형 차보다는 소형차에 대한 ( )가 높다.
07	특허권은 일정 기간 동안 해당 발명에 대한 ( )적 권리를 가질 수 있도록 보장하는 장치이다.
08	유네스코에서는 환경에 미치는 물의 영향을 측정하기 위한 ( )의 하나로 '물 발자국'이라는 개념을 제시했다.
09	화자가 자신의 의도를 직접 드러내고자 하는 상황이라면 종결 표현과 화자의 의도를 일치시켜 ( )적으로 표현한다.
10	대화를 원활하게 진행하기 위해서는 상대방에게 부담이 되는 표현은 최소화하고, 상대에 대한 칭찬은 ( )하는 것이 좋다.

다음 글을 읽고 내용을 정리하시오.

01 무역을 통해 이익이 발생할 수 있는 이유는 무엇일까? 또 무역에서 수출입 재화는 각각 어떻게 결정될까? A국과 B국에서 자동차와 신발을 생산하는 상황을 가정해 보자. 아래 〈그림〉과 같이 A국은 이용 가능한 생산요소*를 모두 투입하여 최대 자동차 10대 혹은 신발 1,000켤레를 만들 수 있다. 한편, B국에서는 동일한 조건하에 자동차 3대 또는 신발 600켤레를 생산할 수 있다.

02 이때 국가 간 비교 우위 산업의 차이에 의해서 무역의 이익이 발생할 수 있다. 비교 우위란 어떤 재화 생산의 기회비용이 다른 나라보다 작은 경우를 의미하며, 이때 기회비용이란 그 재화 생산으로 인해 포기해야 하는 다른 재화의 가치를 말한다. 위의 상황에서 A국이 자동차를 1대

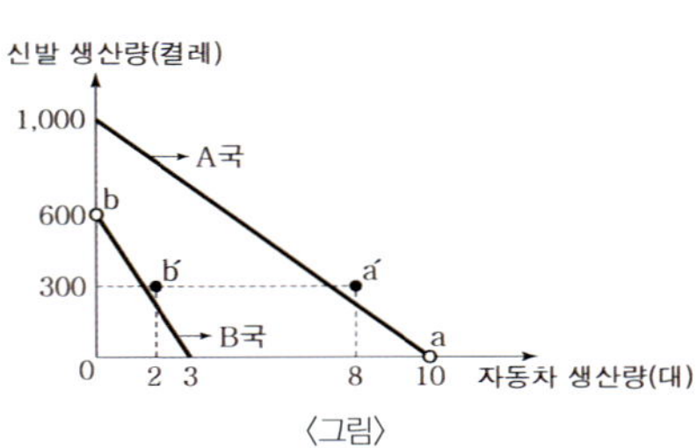

더 생산하기 위해서는 신발 생산을 100켤레 줄여야 한다. 즉, A국 입장에서 자동차 1대 생산의 기회비용은 신발 100켤레와 같다. 한편, B국은 자동차 1대 생산의 기회비용이 신발 200켤레가 된다. 이 경우 A국의 자동차 생산의 기회비용이 B국의 그것보다 작으므로, A국이 자동차 생산에 있어 비교 우위를 갖고 있다. 반면, B국은 신발 생산에 있어 비교 우위를 갖게 된다.

03 따라서 A국이 자동차를 특화해 B국에 수출하고, B국은 신발을 특화해 A국에 수출하면 무역을 하지 않을 때에 비해 양국 모두 이익을 얻을 수 있다. 위 〈그림〉에서 A국이 자동차만 10대 생산(a)하고 B국이 신발만 600켤레를 생산(b)해서 양국이 무역을 한다고 하자. 이때 A국이 자동차 2대를 수출하고 그 대신 B국으로부터 신발 300켤레를 수입한다면, A국은 자동차 8대와 신발 300켤레의 조합(a′)을, B국은 자동차 2대와 신발 300켤레의 조합(b′)을 소비할 수 있다. 즉 무역을 통해 양국은 무역 이전에는 생산할 수 없었던 재화량의 조합을 생산하는 것과 같은 효과를 갖게 되어 무역을 통한 이익을 얻을 수 있다.

04 이처럼 각국의 비교 우위 산업이 존재하는 이유에 대해 20세기 초의 경제학자 헥셔는 국가 간 생산요소 부존량*의 상대적 차이가 비교 우위를 낳는다고 보았다. 그에 따르면, 각국은 타국에 비해 상대적으로 풍부한 생산요소를 집약적으로 사용하는 재화의 생산에 비교 우위를 갖는다. 즉 재화마다 각 생산요소들이 투입되는 비율이 다르기 마련인데, 어떤 재화 생산에 특정 생산요소가 집약적으로 사용된다면 그 생산요소를 다른 나라들에 비해 풍부하게 보유하고 있는 국가가 해당 재화의 생산에 비교 우위를 갖게 된다는 것이다. 예를 들어, 어떤 국가가 자동차·선박 등 자본 집약재의 수출국이고 신발·의류 등 노동 집약재의 수입국이라면, 그 국가는 타국에 비해 자본은 상대적으로 풍부하고 노동은 그렇지 않다고 판단할 수 있다.

05 각국의 비교 우위 산업은 국가 간 생산요소 부존량의 상대적 차이가 변화함에 따라 바뀔 수도 있다. 우리나라도 과거 경공업 위주의 노동 집약적 산업에서 자본 집약적인 중화학 공업, 최근의 지식 집약적인 IT 산업까지 주요 산업 및 수출품이 변화해 왔다. 이는 경제 성장에 따라 각 생산요소들의 부존 비율이 변화함으로써 우리나라의 비교 우위 산업이 변화해 왔기 때문이다.

*생산요소: 재화를 생산하기 위해 필요한 노동, 자본 등의 투입 요소
*생산요소 부존량: 한 경제 내에 존재하고 있는 생산요소의 양

지문이 읽히는 독해 코칭

빈칸을 채우며 각 문단별 내용을 완성하시오.

2문단

어떤 재화 생산의 기회비용이 다른 나라보다 (1   ) 경우

비교 우위

A국 — 자동차 1대의 기회비용 = 신발 100켤레 → (2   ) 생산에 비교우위를 가짐.

B국 — 자동차 1대 기회비용 = 신발 200켤레 → (3   ) 생산에 비교우위를 가짐.

3문단

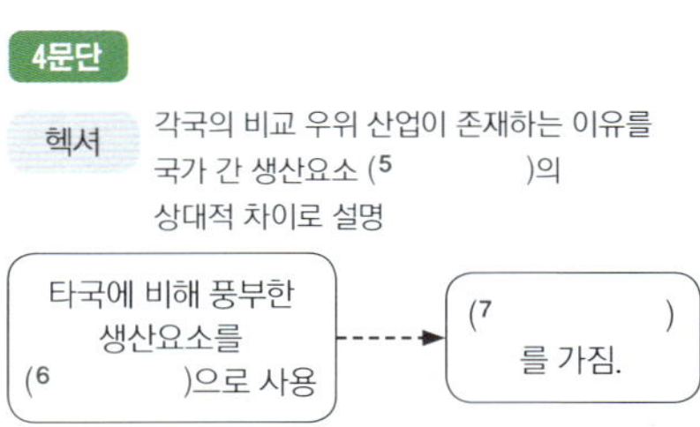

4문단

헥셔 — 각국의 비교 우위 산업이 존재하는 이유를 국가 간 생산요소 (5   )의 상대적 차이로 설명

타국에 비해 풍부한 생산요소를 (6   )으로 사용 → (7   )를 가짐.

5문단

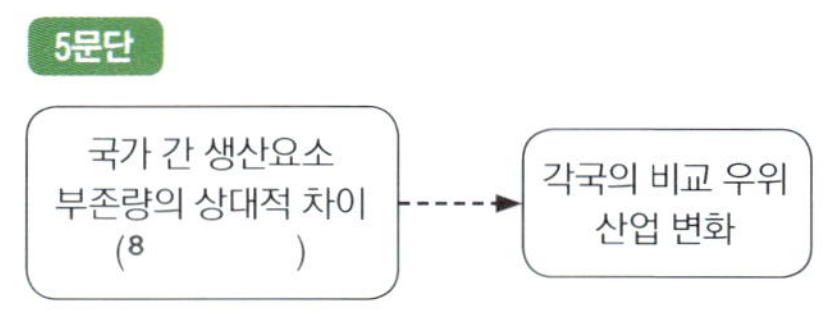

구조 트레이닝 ZONE

빈칸에 알맞은 말을 넣어 구조도를 완성하시오.

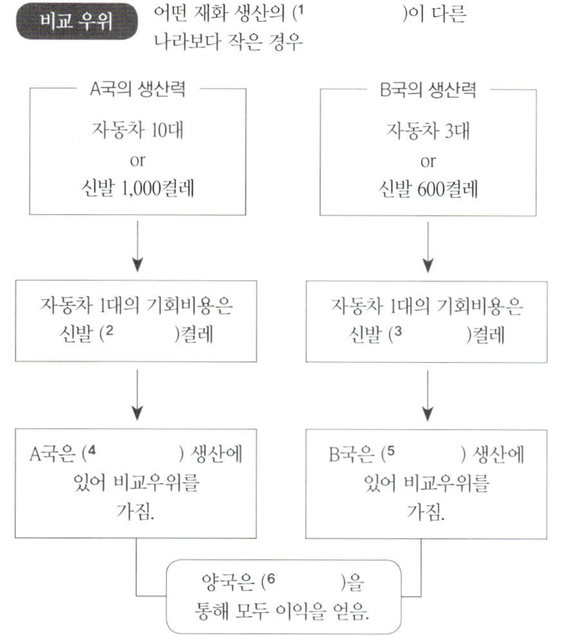

국가 간의 무역에 있어서 어느 한 국가가 비교 우위의 지위를 갖게 되는 이유에 대해 이해하고, 비교 우위의 지위를 갖는 데 있어 생산요소 부존량의 상대적 차이가 결정적 영향을 미친다는 사실을 이해할 수 있어야 합니다.

20세기 초의 경제학자 핵셔의 주장

국가 간 생산요소 (7   )의 상대적 차이가 비교 우위를 낳음.

각국은 타국에 비해 상대적으로 풍부한 생산요소를 (8   )으로 사용하는 재화의 (9   )에 비교 우위를 가짐.

각국의 비교 우위 산업은 국가 간 생산요소 부존량의 상대적 차이가 (10   )에 따라 바뀔 수 있음.

내용 트레이닝 ZONE

글 내용과 일치하면 ○에, 그렇지 않으면 ✕에 체크하시오.

2문단

01 국가 간 비교 우위 산업의 차이에 의해 무역의 이익이 발생할 수 있다. ○ ✕

02 어떤 재화 생산의 기회비용이 다른 나라보다 큰 경우를 비교 우위에 있다고 한다. ○ ✕

03 어떤 재화를 생산하기 위해 다른 재화의 생산을 포기할 때, 포기한 재화의 가치가 기회비용이다. ○ ✕

04 A국의 자동차 생산 기회 비용이 다른 나라보다 작다면 A국이 자동차 생산에 비교 우위를 갖고 있다고 볼 수 있다. ○ ✕

3문단

05 무역을 하면 무역 이전에 생산할 수 없었던 재화량의 조합을 생산하는 효과를 얻게 된다. ○ ✕

06 두 국가 간의 무역에서 서로 비교 우위에 있는 상품을 매매하는 무역을 한다면 비싼 물건을 파는 나라만 이익을 얻는다. ○ ✕

4문단

07 모든 재화는 생산요소들이 투입되는 비율이 항상 동일하다. ○ ✕

08 한 국가가 특정 재화의 생산에 비교 우위를 가지려면 해당 재화의 생산에 필요한 생산요소가 타국에 비해 풍부해야 한다. ○ ✕

09 핵셔의 주장에 따르면, 나라마다 비교 우위 산업이 존재하는 이유는 한 경제 안에 있는 생산요소의 양이 다르기 때문이다. ○ ✕

5문단

10 각국이 가지고 있는 생산요소들의 부존 비율은 경제 성장의 여건에 따라 바뀔 수 있다. ○ ✕

11 우리나라 산업은 노동 집약적 산업에서 지식 집약적 산업으로 산업 구조가 변화해 왔다. ○ ✕

12 각국의 비교 우위 사업은 국가 간 생산요소 부존량의 상대적 차이가 변하더라도 바뀌지 않는다. ○ ✕

워밍-UP

[01~04] 다음 글을 읽고 물음에 답하시오.

01 무역을 통해 이익이 발생할 수 있는 이유는 무엇일까? 또 무역에서 수출입 재화는 각각 어떻게 결정될까? A국과 B국에서 자동차와 신발을 생산하는 상황을 가정해 보자. 아래 〈그림〉과 같이 A국은 이용 가능한 생산요소를 모두 투입하여 최대 자동차 10대 혹은 신발 1,000켤레를 만들 수 있다. 한편, B국에서는 동일한 조건하에 자동차 3대 또는 신발 600켤레를 생산할 수 있다.

02 이때 국가 간 비교 우위 산업의 차이에 의해서 무역의 이익이 발생할 수 있다. 비교 우위란 어떤 재화 생산의 기회비용이 다른 나라보다 작은 경우를 의미하며, 이때 기회비용이란 그 재화 생산으로 인해 포기해야 하는 다른 재화의 가치를 말한다. 위의 상황에서

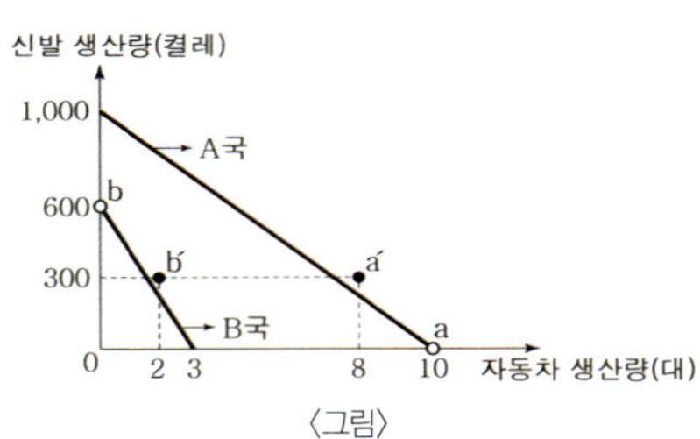

A국이 자동차를 1대 더 생산하기 위해서는 신발 생산을 100켤레 줄여야 한다. 즉, A국 입장에서 자동차 1대 생산의 기회비용은 신발 100켤레와 같다. 한편, B국은 자동차 1대 생산의 기회비용이 신발 200켤레가 된다. 이 경우 A국의 자동차 생산의 기회비용이 B국의 그것보다 작으므로, A국이 자동차 생산에 있어 비교 우위를 갖고 있다. 반면, ㉠B국은 신발 생산에 있어 비교 우위를 갖게 된다.

03 따라서 A국이 자동차를 특화해 B국에 수출하고, B국은 신발을 특화해 A국에 수출하면 무역을 하지 않을 때에 비해 양국 모두 이익을 얻을 수 있다. 위 〈그림〉에서 A국이 자동차만 10대 생산(a)하고 B국이 신발만 600켤레를 생산(b)해서 양국이 무역을 한다고 하자. 이때 A국이 자동차 2대를 수출하고 그 대신 B국으로부터 신발 300켤레를 수입한다면, A국은 자동차 8대와 신발 300켤레의 조합(a′)을, B국은 자동차 2대와 신발 300켤레의 조합(b′)을 소비할 수 있다. 즉 무역을 통해 양국은 무역 이전에는 생산할 수 없었던 재화량의 조합을 생산하는 것과 같은 효과를 갖게 되어 무역을 통한 이익을 얻을 수 있다.

04 이처럼 각국의 비교 우위 산업이 존재하는 이유에 대해 20세기 초의 경제학자 헥셔는 국가 간 **생산요소 부존량**의 상대적 차이가 비교 우위를 낳는다고 보았다. 그에 따르면, 각국은 타국에 비해 상대적으로 풍부한 생산요소를 집약적으로 사용하는 재화의 생산에 비교 우위를 갖는다. 즉 재화마다 각 생산요소들이 투입되는 비율이 다르기 마련인데, 어떤 재화 생산에 특정 생산요소가 집약적으로 사용된다면 그 생산요소를 다른 나라들에 비해 풍부하게 보유하고 있는 국가가 해당 재화의 생산에 비교 우위를 갖게 된다는 것이다. 예를 들어, 어떤 국가가 자동차·선박 등 자본 집약재의 수출국이고 신발·의류 등 노동 집약재의 수입국이라면, 그 국가는 타국에 비해 자본은 상대적으로 풍부하고 노동은 그렇지 않다고 판단할 수 있다.

05 각국의 비교 우위 산업은 국가 간 생산요소 부존량의 상대적 차이가 변화함에 따라 바뀔 수도 있다. 우리나라도 과거 경공업 위주의 노동 집약적 산업에서 자본 집약적인 중화학 공업, 최근의 지식 집약적인 IT 산업까지 주요 산업 및 수출품이 변화해 왔다. 이는 경제 성장에 따라 각 생산요소들의 부존 비율이 변화함으로써 우리나라의 비교 우위 산업이 변화해 왔기 때문이다.

* **생산요소**: 재화를 생산하기 위해 필요한 노동, 자본 등의 투입 요소
* **생산요소 부존량**: 한 경제 내에 존재하고 있는 생산요소의 양

기회비용과 매몰비용

기회비용이 어떤 선택을 할 때 포기해야 하는 대안의 가치를 의미한다면, 매몰비용은 이미 지출되어 회수할 수 없는 비용을 말한다. 기업의 광고 비용이나 연구 비용이 이에 속한다. 당초의 선택을 바꿈에 따라 그에 상응하는 기회비용은 회수가 가능한 데 반해, 매몰 비용은 선택을 번복해도 회수할 수 없는 비용이다. 합리적 선택을 할 때에는 이러한 매몰 비용은 고려하지 않아야 한다.

🎯 언젠간 출제각

애덤 스미스의 절대 우위론

한 경제 주체가 어떤 활동을 다른 경제 주체에 비해 적은 비용으로 할 수 있을 때 절대 우위에 있다고 한다. 절대 우위는 교역 상대국보다 낮은 비용으로 생산할 수 있는 능력으로 정의된다. 이때 비용은 생산에 투입된 노동 단위로 측정한다. 예를 들어 생선 1단위를 생산하는 데 스페인은 5명의 노동자가 필요하고, 노르웨이는 4명의 노동자가 필요하다면 생선 생산에서 노르웨이는 스페인보다 투입하는 노동자가 적으므로 노르웨이가 생선 생산에 절대 우위가 있다고 본다.

01

윗글에 대한 이해로 적절하지 <u>않은</u> 것은?

① 단계적인 순서에 따라 이론의 한계를 지적하고 있다.

② 권위자의 견해를 들어 현상의 원인을 설명하고 있다.

③ 질문을 던짐으로써 독자의 관심을 유도하고 있다.

④ 핵심 개념을 설명하여 독자의 이해를 돕고 있다.

⑤ 가상적 상황을 예로 들어 현상을 설명하고 있다.

02

윗글을 통해 답할 수 없는 질문은?

① 각국의 비교 우위 산업이 변할 수 있는 이유는 무엇인가?

② 자발적인 무역이 한 나라의 각 재화 생산에 어떤 영향을 미칠 수 있는가?

③ 어떤 재화 생산에 투입되는 각 생산요소의 비율은 어떻게 결정되는가?

④ 자발적인 무역에서 어떤 재화가 수출품이 되고 어떤 재화가 수입품이 되는가?

⑤ 국가 간 생산요소 부존량의 상대적 차이가 자발적인 무역에 미치는 영향은 무엇인가?

03

㉠의 이유로 가장 적절한 것은?

① B국의 신발 생산의 기회비용이 자국의 자동차 생산의 기회비용보다 크기 때문이다.

② B국의 신발 생산의 기회비용이 A국의 신발 생산의 기회비용보다 작기 때문이다.

③ B국의 신발 생산의 기회비용이 A국의 자동차 생산의 기회비용보다 작기 때문이다.

④ 이용 가능한 생산요소를 모두 투입했을 때, B국이 A국보다 신발 생산량이 더 커지기 때문이다.

⑤ 이용 가능한 생산요소를 모두 투입했을 때, B국의 자동차 생산량보다 신발 생산량이 더 커지기 때문이다.

04

윗글에 근거하여 〈보기〉의 상황을 이해한 것으로 적절하지 <u>않은</u> 것은?

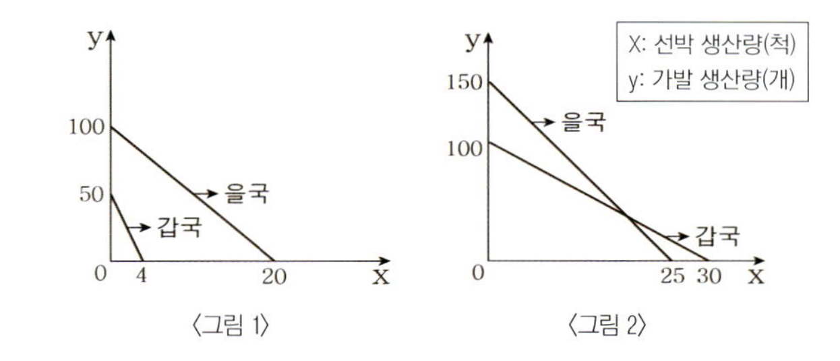

〈보기〉

〈그림 1〉과 〈그림 2〉는 각각 갑국과 을국의 1970년과 2017년의 생산 가능 곡선을 나타낸 것이다. (단, 가발은 노동 집약적 재화, 선박은 자본 집약적 재화이다. 또한 생산요소는 노동과 자본만 존재한다.)

① 1970년, 갑국이 선박을 2척 더 생산하기 위해서는 가발 생산을 25개 줄여야 했을 것이다.

② 1970년, 갑국은 을국에 비해 자본보다는 노동이 상대적으로 풍부했을 것이다.

③ 2017년, 선박 생산의 기회비용은 을국이 갑국에 비해 2배 이상 클 것이다.

④ 2017년, 을국은 갑국에 비해 노동의 부존 비율이 상대적으로 클 것이다.

⑤ 2017년, 갑국이 을국에 선박 1척을 수출하고 을국으로부터 가발 4개를 수입한다면, 무역 전에 비해 갑국이 소비할 수 있는 재화량의 조합이 늘어날 것이다.

주제
독해
II
사회

[01~03] 다음 글을 읽고 물음에 답하시오.

01 관세가 국내 경기에 미치는 영향을 살펴보기 위해서는 시장에서의 수요와 공급의 원리를 알아야 한다. 〈그림〉은 가격에 따른 수요량과 공급량의 변화를 나타내는 그래프이다. 〈중략〉 수요와 공급의 원리에 따르면 재화의 균형 가격은 수요 곡선과 공급 곡선이 만나는

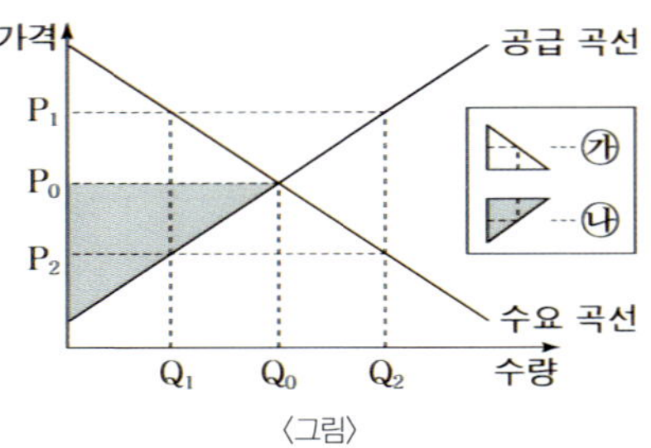

P_0에서 형성된다. 재화의 가격이 P_1로 올라가면 수요량은 Q_1로 줄어들고 공급량은 Q_2로 증가하지만, 재화의 가격이 P_2로 내려가면 수요량은 Q_2로 증가하고 공급량은 Q_1로 줄어든다.

02 이처럼 재화의 가격 변화로 수요량과 공급량이 달라지면 소비자 잉여와 생산자 잉여에도 변화가 생기게 된다. 여기서 잉여란 제품을 소비하거나 판매함으로써 얻는 이득으로, 소비자 잉여는 소비자가 어떤 재화를 구입할 때 지불할 용의가 있는 가격과 실제 지불한 가격의 차이이고, 생산자 잉여는 생산자가 어떤 재화를 판매할 때 실제 판매한 가격과 판매할 용의가 있는 가격의 차이이다. 〈그림〉에서 수요 곡선과 실제 재화의 가격의 차이에 해당하는 ㉮는 소비자 잉여를, 실제 재화의 가격과 공급 곡선의 차이에 해당하는 ㉯는 생산자 잉여를 나타낸다. 만일 재화의 가격이 P_0에서 P_1로 올라가면 소비자 잉여는 줄어들고 생산자 잉여는 늘어나는 반면, 재화의 가격이 P_2로 내려가면 소비자 잉여는 늘어나고 생산자 잉여는 줄어들게 된다.

03 이를 바탕으로 관세가 국내 경기에 미치는 영향을 살펴보자. 밀가루 수입 전에 형성된 K국의 밀가루 가격이 500원/kg이고, 국제 시장에서 형성된 밀가루의 가격이 300원/kg이라고 가정해 보자. K국이 자유 무역을 통해 관세 없이 밀가루를 수입하면 국산 밀가루 가격은 수입 가격 수준인 300원/kg까지 내려가게 된다. 그 결과 국산 밀가루 공급량은 줄어 들지만 오히려 수요량은 늘어나기 때문에, 국내 수요량에서 국내 공급량을 뺀 나머지 부분만큼 밀가루를 수입하게 된다. 밀가루 수입으로 국산 밀가루 가격이 하락하면 결과적으로 생산자 잉여가 감소하지만 소비자 잉여는 증가하게 된다. 증가한 소비자 잉여가 감소한 생산자 잉여보다 크기 때문에 소비자 잉여와 생산자 잉여의 총합인 사회적 잉여는 밀가루를 수입하기 전에 비해 커지게 된다.

04 그런데 K국이 수입 밀가루에 100원/kg의 관세를 부과할 경우, 수입 밀가루의 국내 판매 가격은 400원/kg으로 올라가게 된다. 그렇게 되면 국산 밀가루 생산자는 관세 부과 전보다 100원/kg 오른 가격에 밀가루를 판매할 수 있으므로 국산 밀가루의 공급량이 늘어 관세를 부과하기 전보다 생산자 잉여가 증가하게 된다. 반대로 소비자 입장에서는 가격이 올라가면 그만큼 수요량이 줄어들게 되므로 소비자 잉여는 감소하게 된다. 하지만 증가한 생산자 잉여가 감소한 소비자 잉여보다 작기 때문에 소비자 잉여와 생산자 잉여의 총합인 사회적 잉여는 수입 밀가루에 관세를 부과하기 전에 비해 작아지게 된다. 〈중략〉

05 이렇게 볼 때 국내 산업을 보호할 목적으로 부과된 ㉠관세는 사회적 잉여를 감소시키고, 해당 제품에 대한 국내 소비를 줄어들게 한다. 그리고 그와 관련된 다른 산업에까지 악영향을 미칠 수 있다.

지문이 읽히는 독해 코칭

빈칸을 채우며 각 문단별 내용을 완성하시오.

1문단

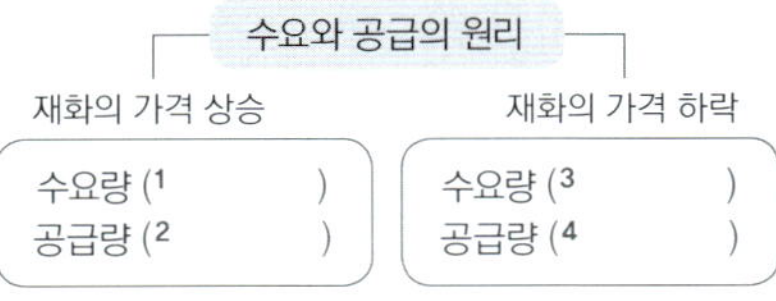

2문단

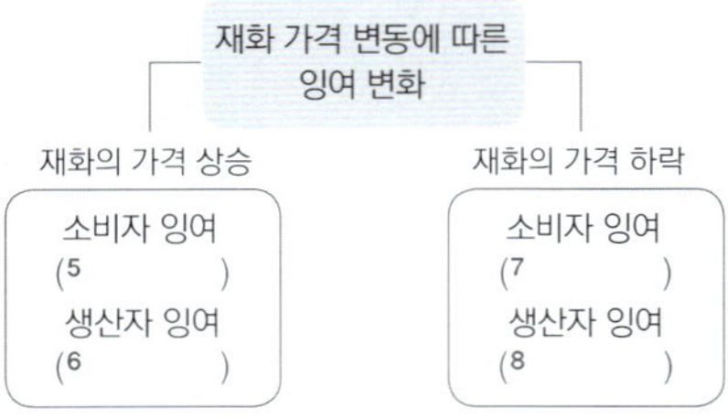

3문단

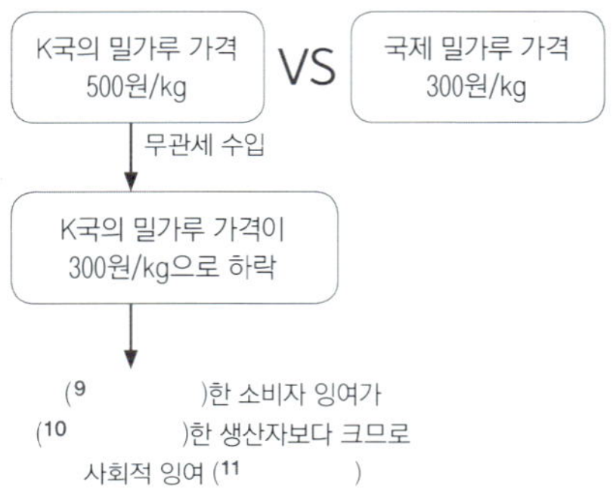

4문단

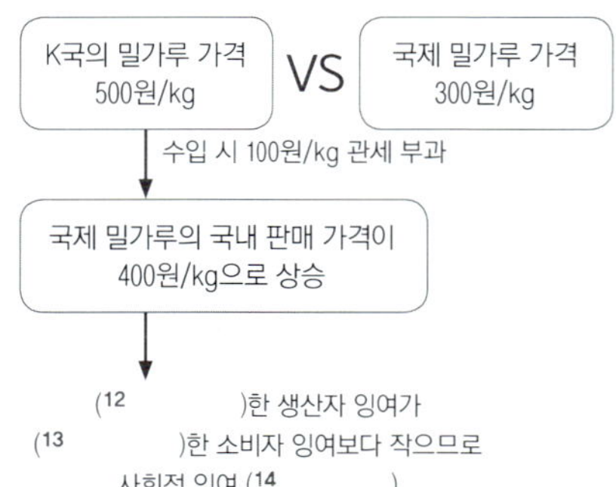

5문단

관세 부과
• 사회적 잉여를 감소시킴.
• 해당 제품의 국내 소비를 (15　　　)시킴.

01

윗글에 대한 설명으로 가장 적절한 것은?

① 상반된 두 입장을 제시한 후 이를 절충하고 있다.

② 문제 상황을 언급한 후 해결책을 구체화하고 있다.

③ 이론의 한계를 단계적인 순서에 따라 설명하고 있다.

④ 학설이 나타난 배경과 그 학문적 성과를 분석하고 있다.

⑤ 원리를 설명한 후 구체적 사례를 들어 이해를 돕고 있다.

02

㉠의 이유로 적절한 것은?

① 소비자 잉여 감소분이 생산자 잉여 증가분과 같기 때문에

② 소비자 잉여 감소분이 생산자 잉여 증가분보다 크기 때문에

③ 소비자 잉여 증가분이 생산자 잉여 증가분보다 크기 때문에

④ 소비자 잉여 감소분이 생산자 잉여 감소분보다 작기 때문에

⑤ 소비자 잉여 증가분이 생산자 잉여 감소분보다 작기 때문에

03

윗글을 바탕으로 〈보기〉를 설명한 내용으로 적절하지 않은 것은?

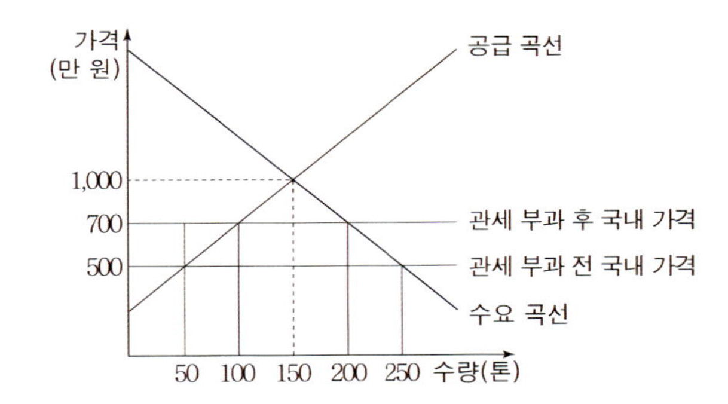

〈보기〉

　P국에서는 국산 바나나만을 소비하다 값싼 수입산 바나나를 관세 없이 수입하면서 국산 바나나 가격이 국제 시장 가격 수준으로 하락했다. 이에 정부에서는 국내 바나나 산업 보호를 위하여 관세를 부과하였다.

① 바나나를 수입하기 전 바나나의 국내 균형 가격은 톤당 1,000만 원이었다.

② 관세를 부과하기 이전에는 수입되는 바나나의 수량이 200톤이었다.

③ 관세를 부과하기 이전과 이후의 가격을 비교해 보니 톤당 200만 원만큼의 관세가 부과되었다.

④ 관세를 부과한 결과 국내 생산자는 바나나의 공급량을 50톤에서 100톤으로 늘리게 된다.

⑤ 관세를 부과한 결과 수입되는 바나나의 수량은 이전보다 50톤이 줄어드는 효과가 발생한다.

구조 트레이닝 ZONE

 **빈칸에 알맞은 말을 넣어 구조도를 완성하시오.**

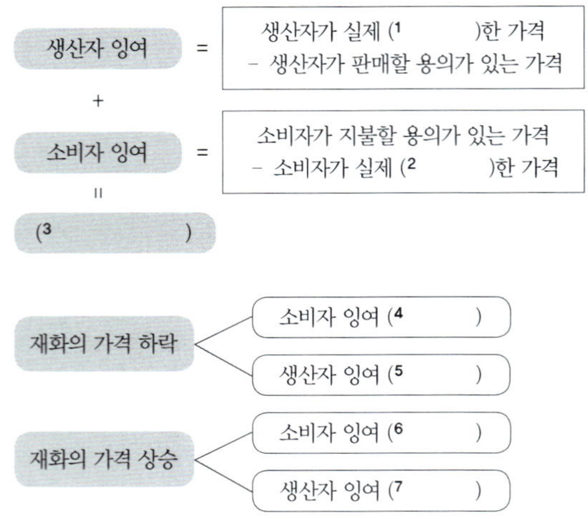

생산자 잉여 = 생산자가 실제 (1   )한 가격 − 생산자가 판매할 용의가 있는 가격

+

소비자 잉여 = 소비자가 지불할 용의가 있는 가격 − 소비자가 실제 (2   )한 가격

＝

(3   )

재화의 가격 하락 ─ 소비자 잉여 (4   ) / 생산자 잉여 (5   )

재화의 가격 상승 ─ 소비자 잉여 (6   ) / 생산자 잉여 (7   )

재화의 가격 변동이 소비자 잉여와 생산자 잉여에 어떠한 영향을 미치는지 그 기본 원리에 대해 정리하고, 관세가 부과되었을 때 국내 경기에 어떤 변화가 일어나는지를 따져 보며 내용을 이해할 필요가 있습니다.

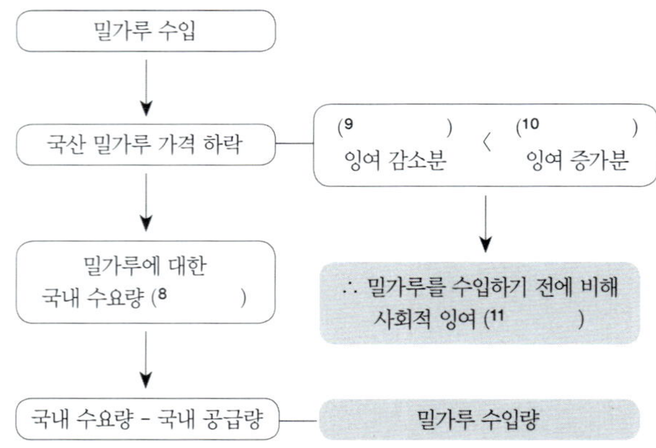

관세 없이 밀가루를 수입할 경우

밀가루 수입 → 국산 밀가루 가격 하락 → 밀가루에 대한 국내 수요량 (8   ) → 국내 수요량 − 국내 공급량 = 밀가루 수입량

(9   ) 잉여 감소분 〈 (10   ) 잉여 증가분

∴ 밀가루를 수입하기 전에 비해 사회적 잉여 (11   )

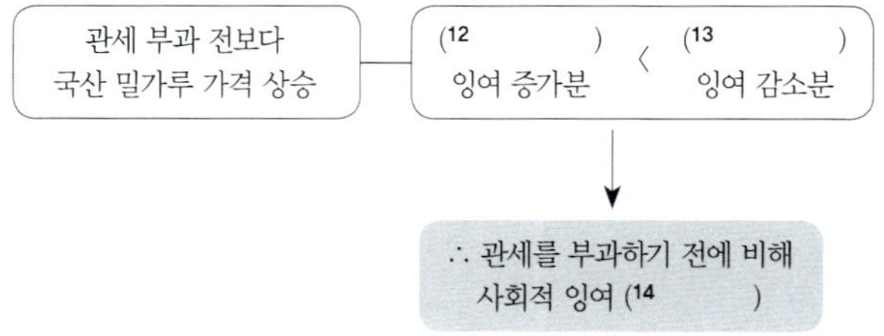

밀가루에 관세를 부과할 경우

관세 부과 전보다 국산 밀가루 가격 상승

(12   ) 잉여 증가분 〈 (13   ) 잉여 감소분

∴ 관세를 부과하기 전에 비해 사회적 잉여 (14   )

수입 관세와 수출 관세

관세는 상품이 국경을 통과할 때 부과되는 세금이다. 대부분의 국가는 수출하는 상품에는 관세를 부과하지 않고 있다. 따라서 일반적으로 관세는 흔히 수입하는 상품에 부과하는 수입 관세를 의미한다. 관세를 부과하는 이유는 주로 국내 산업을 보호하고 관세 수입으로 정부의 재정 수입을 얻기 위해서이다. 대개의 경우 관세 부과로 국내 산업 보호와 재정 수입 증가라는 두 가지 목적이 동시에 달성되지만 경우에 따라서는 한 가지만 달성되는 경우도 있다. 예를 들어 석유를 한 방울도 생산하지 못하는 국가가 수입하는 원유에 관세를 부과해 봤자 보호할 국내 산업이 없다. 또는 높은 비율의 수입 관세를 부과함으로써 수입을 원천적으로 금지하는 경우에는 관세 수입이 발생하지 않는다.

한편 수출하는 상품에 대해서 국가가 관세를 부과하는 수출 관세도 흔하지는 않지만 실제로 존재한다. 예를 들어 브라질은 커피를, 가나는 코코아를, 인도는 석유로 만든 제품을 수출할 때 관세를 부과하고 있다. 수출 관세를 부과하는 이유는 과도한 수출로 인해 세계 시장에서 해당 상품의 가격이 하락하는 것을 막아 수출에 대한 이윤을 늘리기 위해서이다.

관세의 종류

관세는 크게 정액 관세, 종가 관세, 복합 관세로 나뉜다. 정액 관세는 수입 상품 단위에 일정한 금액을 부과하는 관세이다. 예를 들어 수입하는 특정한 상품의 가격이 얼마이든지 관계없이 개당 일정한 금액의 관세를 부과하는 형태이다. 종가 관세는 수입 상품의 단가를 기준으로 일정한 비율의 관세를 부과하는 형태이다. 이 경우 동일한 관세율이 적용되는 수입 자동차의 경우라도 자동차의 가격에 따라 관세 부담이 달라진다. 복합 관세의 경우에는 정액 관세를 부과한 후에 다시 종가 관세를 추가로 부과하여 이중으로 관세를 부과하는 경우이다.

› 정답과 해설 49쪽

[01~03] 다음 글을 읽고 물음에 답하시오.

국가들은 상대적 우위를 갖는 재화는 수출하고 상대적 열위를 갖는 재화는 수입하여 쌍방 간 이득을 취한다. 국제 무역의 기본 모형인 리카르도 모형은 이러한 무역 원리를 알기 쉽게 설명해 준다.

리카르도에 따르면, 무역할 재화, 즉 교역재가 상대적 우위를 가지려면 생산비를 줄여야 한다. 생산비란 어떤 제품 1단위 생산에 필요한 노동 시간, 즉 노동 소요량을 시간당 임금과 곱한 값이므로 각국은 기술력을 높여 노동 소요량을 줄이거나 값싼 노동력으로 임금을 줄임으로써 상대적 생산비 우위를 차지할 수 있다.

한 나라에서 특정 재화가 상대국에 대해 상대적 생산비 우위를 갖는지 여부는 '상대적 임금'과 '상대적 생산성 우위'의 비교를 통해 파악할 수 있다. 여기서 상대적 임금이란 자국의 임금을 상대국의 임금으로 나눈 값이고, 상대적 생산성 우위란 상대국의 노동 소요량을 자국의 노동 소요량으로 나눈 값인데, 각국은 상대국에 대한 자국의 상대적 생산성 우위가 자국의 상대적 임금보다 높은 제품에 생산비 우위를 갖게 된다. 그리고 각국은 이렇게 상대적 생산비 우위를 갖는 제품을 상대국에 수출하게 된다.

그렇다면 ㉮이렇게 선택적 생산을 통한 무역이 양국 모두에게 정말 이득이 될까? 아래의 〈표〉를 바탕으로 살펴보자.

제품의 종류	A국의 단위당 노동 소요량(a)	B국의 단위당 노동 소요량(b)	A국의 상대적 생산성 우위(b/a)
I	1	6	6
II	3	12	4
III	6	12	2
IV	18	9	0.5

〈표〉 A국과 B국의 노동 소요량과 A국의 상대적 생산성 우위

제품의 종류와 무관하게 A국의 시간당 임금이 B국의 3배, 즉 A국의 상대적 임금이 3이라고 가정할 때, A국은 상대적 생산성 우위가 3보다 큰 제품 I과 II는 수출하고 3보다 작은 제품 III과 IV는 수입하고자 할 것이다. 이때 A국이 수입하는 제품 III을 1단위 생산하는 데 B국은 12시간이 필요하다. 그런데 A국의 상대적 임금이 3이므로 B국의 12시간 노동이 A국에게는 4시간 노동에 해당한다고 볼 수 있다. 이는 결국 A국에서 4시간 노동을 위해 필요한 임금으로 B국에서 제품 III을 1단위 생산할 수 있다는 의미이므로, 현재 A국의 노동 소요량인 6시간과 비교했을 때 제품 III을 A국에서 생산하는 것보다 B국에서 생산하는 것이 두 국가 모두에게 이득임을 알 수 있다. 같은 논리로 나머지 제품의 상대적 생산비 우위를 따져 보면 제품 IV는 B국에서, 제품 I과 II는 A국에서 생산하는 것이 두 국가 모두에게 이득임을 알 수 있다.

그런데 상대적 임금과 국제 무역의 연관성을 보다 정확하게 파악하기 위해서는 재화의 수요와 공급을 고려하여 시장 가격이 정해지듯 노동량의 수요와 공급을 고려할 필요가 있다. 만약 B국에 대한 A국의 상대적 임금이 현재보다 높아진다면, A국에서 생산되는 재화들은 상대적으로 더 비싸질 것이다. 그러면 해당 재화에 대한 B국의 수요량은 감소하게 될 것이고, 그만큼 A국 노동에 대한 수요도 감소할 것이다. 이렇게 A국이 더 적은 양의 재화를 생산하는 동안 B국이 해당 재화를 생산하기 시작하면 A국의 노동 수요는 더 감소하게 될 것이다. 예를 들어 A국의 상대적 임금이 3에서 3.99로 변했다고 가정해 보자. 〈표〉에서 A국이 수출할 제품의 품목은 변하지 않겠지만, A국에서 생산된 제품의 가격이 상승하여 제품에 대한 수요량도, A국의 노동에 대한 수요도 감소하게 될 것이다. 그러다 상대적 임금이 3.99에서 4.01로 약간 더 상승한다고 가정해 보자. 이제 제품 II를 생산하는 국가는 A국이 아니라 B국이 될 것이다. B국이 새로운 산업을 추가하는 동안 A국의 노동에 대한 수요는 이전 대비 급격하게 하락할 것이다. 이러한 A국의 변화를 그래프로 나타내면 〈그림〉과 같다. 노동에 대한 상대적 수요 곡선(RD)이 계단 형태를 띠는 것은 수출 제품의 품목은 그대로이나 상대적 임금의 증가로 인해 해당 제품에 대한 수요만 감소하는 경사 구간과, 상대적 임금의 증가가 결국 생산 제품의 변화로 이

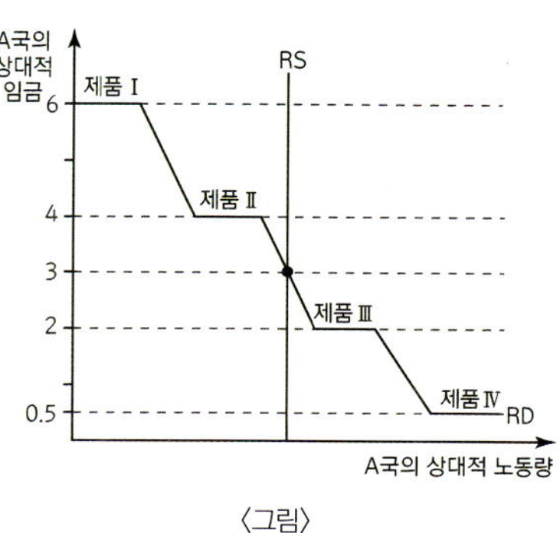

〈그림〉

어져 제품의 생산에 필요한 노동 수요가 상대국으로 점차 이동하는 수평 구간이 번갈아 나타나기 때문이다. 그리고 노동의 상대적 공급 곡선(RS)이 수직 형태를 띠는 것은 임금이 변해도 A국 내에서 가용 가능한 노동량이 바로 변하기는 어렵기 때문이다. B국에 대한 A국의 상대적 임금은 RS와 RD의 교점에서 결정되며, RS가 좌우로 이동하면서 교점이 경사 구간에 형성되면 A국과 B국 중 한 나라에서, 수평 구간에서 생기면 A국과 B국 모두에서 그 구간에 해당하는 재화를 생산하게 된다.

01

윗글에 대한 이해로 적절하지 않은 것은?

① 임금이 일정할 때, 재화를 생산하는 노동 시간을 줄이면 생산비가 낮아진다.

② 한 나라 안에서는 임금이 상승해도 가용 가능한 노동량이 즉각적으로 증가하기 어렵다.

③ 값싼 노동력으로 임금을 줄이더라도 노동 소요량을 줄여야만 상대적 생산비 우위를 차지할 수 있다.

④ 상대국보다 임금이 낮은 국가도 그보다 임금이 높은 상대국에서 재화를 수입하는 것이 유리할 수 있다.

⑤ 한 국가의 상대국에 대한 상대적 임금이 특정 재화의 상대적 생산성 우위보다 낮으면 그 재화의 생산비도 상대국보다 낮다.

02

윗글을 참고할 때, 〈보기〉에 대한 이해로 적절하지 않은 것은?

〈보기〉

사과와 바나나를 생산하기 위한 X국 노동자의 시간당 임금은 2만 원, Y국 노동자의 시간당 임금은 1만 원이다. 사과 1kg을 X국에서 생산하려면 4시간의 노동이, Y국에서 생산하려면 12시간의 노동이 필요하다. 그리고 바나나 1kg을 X국에서 생산하려면 6시간의 노동이, Y국에서 생산하려면 9시간의 노동이 필요하다.

① X국에서 사과 1kg을 생산하려면 8만 원의 생산비가, Y국에서 바나나 1kg을 생산하려면 9만 원의 생산비가 소요되겠군.

② X국이 기술력을 높여 바나나 1kg 생산에 필요한 노동 시간을 4시간으로 줄인다면 바나나 생산에 있어서의 생산비 우위는 X국이 차지하게 되겠군.

③ Y국에 대한 X국의 상대적 임금을 고려할 때, Y국에서 사과 1kg을 생산하는 데 드는 노동 시간이 X국의 입장에서는 6시간에 해당한다고 볼 수 있겠군.

④ 사과의 생산에 있어서 X국이 Y국에 대해 갖는 상대적 생산성 우위가 바나나의 생산에 있어서 X국이 Y국에 대해 갖는 상대적 생산성 우위보다 높게 나타나겠군.

⑤ X국과 Y국 모두, 사과와 바나나 중에서 상대국에 대한 자국의 상대적 생산성 우위가 2보다 큰 과일은 수출하고 2보다 작은 과일은 수입하는 것이 유리하다고 판단하겠군.

03

윗글을 참고할 때, 〈보기〉에 대한 반응으로 적절하지 않은 것은?

〈보기〉

갑국과 을국만 쌀, 밀, 수수, 귀리를 대상으로 무역을 하고 있으며, 현재 갑국은 아래와 같은 노동의 상대적 수요 곡선(RD)과 상대적 공급 곡선(RS)을 보이고 있다. (단, 제시된 상황 이외의 모든 경제적 변수는 고려하지 않는다.)

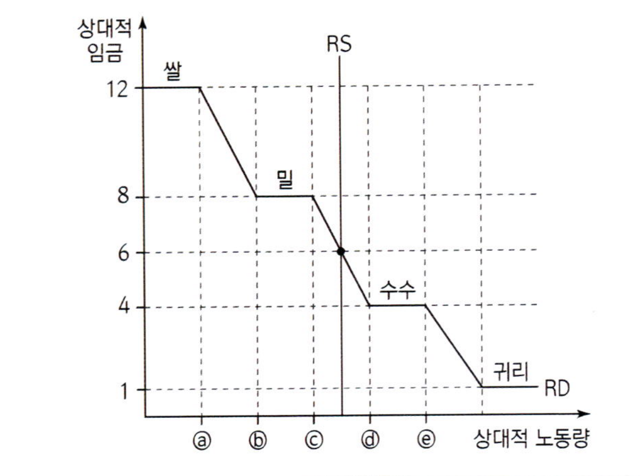

① RS와 RD의 교점이 ⓐ와 ⓑ 사이로 이동하더라도 쌀 생산비에 우위를 갖는 국가는 바뀌지 않겠군.

② RS와 RD의 교점이 ⓑ와 ⓒ 사이로 이동할 경우 밀 생산을 위한 노동 수요의 일부가 을국에서 갑국으로 이동하겠군.

③ RS와 RD의 교점이 ⓒ에 점점 가까워질수록 갑국에서 생산하는 밀에 대한 을국의 수요량은 점차 줄어들게 되겠군.

④ RS와 RD의 교점이 ⓓ에 점점 가까워질수록 갑국이 생산하는 밀의 가격은 현재 대비 상대적으로 낮아지겠군.

⑤ RS와 RD의 교점이 ⓓ와 ⓔ 사이에서 형성될 경우 갑국과 을국 모두에서 수수를 생산하게 되겠군.

호루라기 관장님의
어휘 트레이닝

공부한 날	월 일 요일
맞은 개수	/ 32

No	뜻	힌트	정답
01	사용할 수 있음.	가ㅇ	
02	서로 만나는 점	교ㅈ	
03	쓰고 난 후 남은 것	잉ㅇ	
04	한데 모아서 요약함.	집ㅇ	
05	천부적으로 존재하는 일	부ㅈ	
06	남보다 나은 위치나 수준	우ㅇ	
07	남보다 못한 위치나 수준	열ㅇ	
08	필요로 하거나 요구되는 바	ㅅ요	
09	여럿을 한데 모아 한 덩어리로 짬.	ㅈ합	
10	하나로 모아서 뭉뚱그리는. 또는 그런 것	집ㅇ적	
11	비스듬히 기울어짐. 또는 그런 상태나 정도	경ㅅ	
12	사람이 바라는 바를 충족시켜 주는 모든 물건	ㅈ화	
13	사람이나 물자, 자본 따위를 필요한 곳에 넣음.	투ㅇ	
14	부피에 비하여 무게가 가벼운 물건을 만드는 공업	경ㄱ업	
15	이쪽과 저쪽 또는 이편과 저편을 아울러 이르는 말	ㅆ방	
16	사물이나 현상이 일정한 관계를 맺는 특성이나 성질	ㅇ관성	
17	어떤 재화나 용역을 일정한 가격으로 사려고 하는 욕구	수ㅇ	
18	매매나 거래에 나타나는 호황·불황 따위의 경제 활동 상태	ㄱ기	
19	주로 나라와 나라 사이에서 물건을 사고팔고 하여 서로 바꿈.	ㄱ역	
20	국세의 하나. 수출·수입되거나 통과되는 화물에 대하여 부과되는 세금	관ㅅ	
21	물질적 재화를 생산하는 데 드는, 원료비·노력비·간접 경비 따위를 통틀어 이르는 말	ㅅ산비	
22	한 나라의 산업 구조나 수출 구성에서 특정 산업이나 상품이 상대적으로 큰 비중을 차지함. 또는 그런 상태	ㅌ화	

No	앞의 어휘를 활용해 문장을 완성하시오.
01	물가는 한 나라의 중앙은행이 정하는 금리와 ( )이 있다.
02	소송을 통해 잘잘못을 가리는 데에는 최소 반 년이나 ( )된다.
03	수입할 때 높은 ( )를 부과할수록 해당 제품의 가격이 높아진다.
04	상대 팀의 한 명이 퇴장을 당해서 우리 팀은 수적으로 ( )에 있다.
05	한글은 초성, 중성, 종성 등 자음과 모음의 ( )으로 이루어져 있다.
06	조선 시대 신분제에서 양민은 양반에 비해 상대적으로 ( )에 있었다.
07	반도체 산업은 수많은 고도의 기술들이 모여 만들어진 기술 ( )적 산업이다.
08	이자율이 상승하면 물가 상승률이 떨어지고 투자가 줄어드는 등 ( )가 위축된다.
09	인간의 욕망은 끝이 없는 반면에 세상의 ( )는 한정되어 있으므로 갈등이 발생한다.
10	정부는 부도 위기에 몰린 중소기업들을 구제하기 위하여 대규모의 자본을 ( )하기로 결정하였다.

주제 독해

II

사회

오늘 수능 국어 트레이닝 끝!

13 통화 정책

🏋 다음 글을 읽고 내용을 정리하시오.

01 경기가 침체되어 가계의 소비가 줄어들면 시중의 제품이 팔리지 않아 기업은 생산 규모를 축소하게 된다. 그 결과 실업률이 증가하고 가계의 수입이 감소하면서 소비는 더욱 위축된다. 이와 같은 악순환으로 경기 침체가 심화되면 국가는 이에서 벗어나기 위해 유동성을 늘리는 통화 정책을 시행한다.

02 유동성이란 자산 또는 채권을 손실 없이 현금화할 수 있는 정도로, 현금과 같은 화폐는 유동성이 높은 자산인 반면 토지나 건물과 같은 부동산은 유동성이 낮은 자산이다. 이처럼 유동성은 자산의 성격을 나타내는 용어이지만, 흔히 시중에 유통되는 화폐의 양, 즉 통화량을 나타내는 말로도 사용된다. 가령 시중에 통화량이 지나치게 많을 때 '유동성이 넘쳐 난다'고 표현하고, 반대로 통화량이 줄어들 때 '유동성이 감소한다'고 표현한다. 유동성이 넘쳐 날 경우 시중에 화폐가 흔해지는 상황이므로 화폐의 가치는 떨어지게 된다.

03 유동성은 금리와 밀접한 관련이 있기 때문에 국가는 정책적으로 금리를 올리고 내림으로써 유동성을 조절할 수 있다. 이때 금리는 예금이나 빌려준 돈에 붙는 이자율로, 이는 기준 금리와 시중 금리 등으로 구분된다. 기준 금리는 국가가 정책적인 차원에서 결정하는 금리로, 한 나라의 금융 및 통화 정책의 주체인 중앙은행에 의해 결정된다. 반면 시중 금리는 기준 금리의 영향을 받아 중앙은행 이외의 시중 은행이 세우는 표준적인 금리로, 가계나 기업의 금융 거래에 영향을 미친다. 가령 시중 금리가 내려가면 예금을 통한 이자 수익과 대출에 따른 이자 부담이 줄어 가계나 기업에서는 예금을 인출하거나 대출을 받으려는 경향성이 늘어난다. 그 결과 시중의 유동성이 증가하게 된다. 반대로 시중 금리가 올라가면 이자 수익과 대출 이자 부담이 모두 늘어나기 때문에 유동성이 감소하게 된다.

04 이와 같은 금리와 유동성의 관계를 고려하여, 중앙은행은 기준 금리를 조절하는 통화 정책을 통해 경기를 안정시키려고 한다. 만일 경기가 침체되면 중앙은행은 기준 금리를 인하하는 정책을 도입하여 시중 금리를 낮추도록 유도한다. 그 결과 유동성이 증가하여 가계의 소비가 늘고 주식이나 부동산에 대한 투자가 확대된다. 또한 기업의 생산과 고용이 늘고 다양한 분야에 대한 투자가 확대되어 물가가 상승하고 경기가 전반적으로 활성화된다. 반대로 경기가 과열되어 자산 가격이나 물가가 지나치게 오르면 중앙은행은 기준 금리를 인상하는 정책을 통해 유동성을 감소시킨다. 그 결과 기준 금리를 인하할 때와 반대의 현상이 나타나 자산 가격이 하락하고 물가가 안정되어 과열된 경기가 진정된다.

05 그러나 중앙은행이 경기 활성화를 위해 통화 정책을 시행했음에도 불구하고 애초에 의도한 결과가 나타나지 않기도 한다. 즉, 기준 금리를 인하하여 시중에 유동성을 충분히 공급하더라도, 증가한 유동성이 기대만큼 소비나 투자로 이어지지 않으면 경기가 활성화되지 않는다. 특히 심각한 경기 침체로 인해 경기 회복에 대한 전망이 불투명할 경우, 경제 주체들은 쉽게 소비를 늘리지 못하거나 투자를 결정하지 못해 돈을 손에 쥐고만 있게 된다. 이 경우 충분한 유동성이 경기 회복으로 이어지지 못해 경기 침체가 지속되는데, 마치 유동성이 함정에 빠진 것 같다고 하여 케인스는 이를 유동성 함정이라 불렀다. 그는 이러한 유동성 함정을 통해 통화 정책의 한계를 설명하면서, 정부가 재정 지출을 확대하여 소비와 투자를 유도하는 정책을 시행하는 것이 중요하다고 역설하였다.

📖 지문이 읽히는 독해 코칭

빈칸을 채우며 각 문단별 내용을 완성하시오.

1문단

2문단

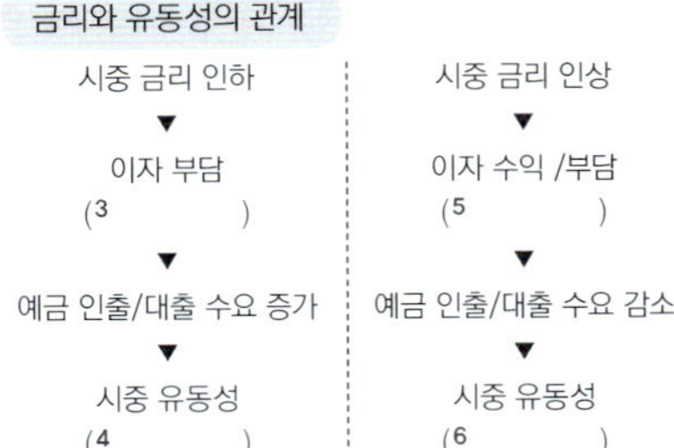

3문단

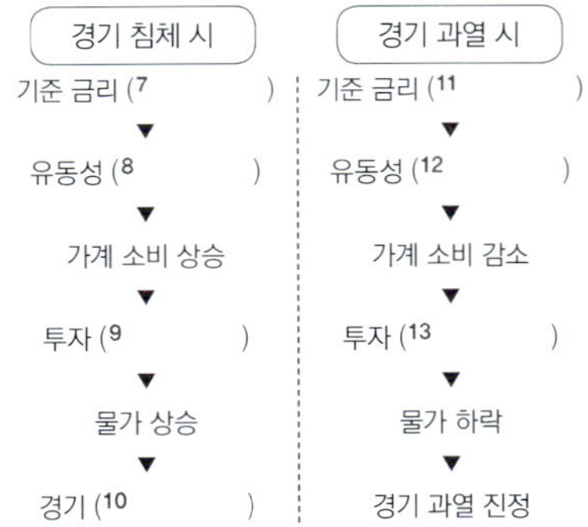

4문단

5문단

구조 트레이닝 ZONE

내용 트레이닝 ZONE

빈칸에 알맞은 말을 넣어 구조도를 완성하시오.

중앙은행의 통화 정책

경기 진정

↑

물가 (4)

↑

자산 가격
(3)

↑

| 경기 과열 | → 기준 금리 (1) | → 시중 금리 인상 | → 유동성 (2) | → 화폐 가치 상승 |

| 경기 (5) | → 기준 금리 인하 | → 시중 금리 (6) | → 유동성 증가 | → 화폐 가치 (8) |

중앙은행에 의해 결정되는 통화 정책

투자 확대

↓

물가 (7)

↓

경기 활성화

금리와 유동성의 관계를 바탕으로 금리 조정이 사회에 미치는 영향에 대해 파악하도록 합니다. 또한 케인스가 언급한 유동성 함정의 개념에 대해서도 이해해 둘 필요가 있습니다.

유동성의 함정

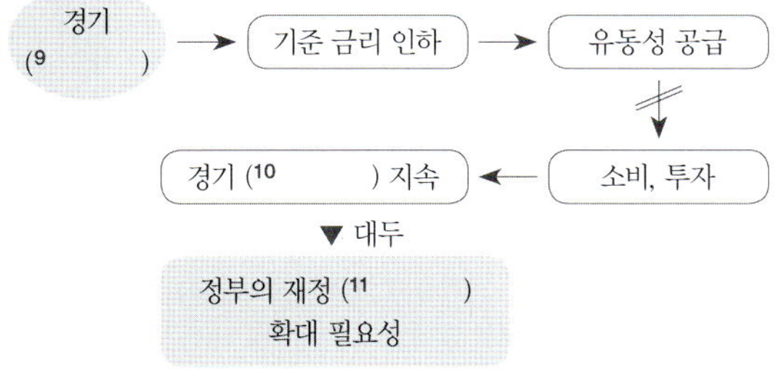

글 내용과 일치하면 ○에, 그렇지 않으면 ✕에 체크하시오.

1문단

01 경기 침체로 소비가 줄면 기업은 생산 규모를 줄인다. ○✕

02 기업이 생산 규모를 줄여도 가계 수입은 줄지 않아 소비 규모는 유지된다. ○✕

03 경기 침체가 심화되면 국가는 통화의 유동성을 늘리는 정책을 시행하여 경기 침체에서 벗어나고자 한다. ○✕

2문단

04 토지나 건물 같은 부동산은 현금화할 수 있는 정도가 낮은 자산이다. ○✕

05 화폐가 흔해져 유동성이 넘쳐 나는 상황에서는 화폐의 가치가 상승하게 된다. ○✕

06 시중에 유통되는 화폐의 양을 의미하는 용어인 통화량은 자산의 성격을 나타낸다. ○✕

07 자산이나 채권을 손해를 보지 않고 팔아 현금으로 바꿀 수 있는 정도를 유동성이라고 한다. ○✕

3문단

08 시중 금리는 기준 금리의 영향을 받지 않고 결정된다. ○✕

09 국가는 정책적으로 유동성을 조절함으로써 금리를 변화시킨다. ○✕

10 시중 금리가 하락하면 예금 인출과 대출이 늘어나는 경향성이 나타날 수 있다. ○✕

11 기준 금리를 정하는 주체는 한 나라의 금융 및 통화 정책을 결정하는 시중은행이다. ○✕

4문단

12 금리를 상승시키면 자산 가격이 떨어지고 물가가 안정되는 효과가 있어 경기를 진정시킬 수 있다. ○✕

13 중앙은행이 기준 금리를 내리는 정책을 시행하여 시중 금리를 낮추도록 유도하는 경우는 경기 과열 상황이다. ○✕

5문단

14 경기 침체가 심각하면 유동성이 충분히 공급되어도 경기가 활성화되지 않을 수 있다. ○✕

15 케인스는 유동성 함정에 빠진 경우 정부가 재정 지출을 확대하면 유동성이 과잉 공급되어 경기 침체가 더욱 지속될 수 있다고 보았다. ○✕

주제 독해 II 사회

[01~04] 다음 글을 읽고 물음에 답하시오.

01 경기가 침체되어 가계의 소비가 줄어들면 시중의 제품이 팔리지 않아 기업은 생산 규모를 축소하게 된다. 그 결과 실업률이 증가하고 가계의 수입이 감소하면서 소비는 더욱 위축된다. 이와 같은 악순환으로 경기 침체가 심화되면 국가는 이에서 벗어나기 위해 유동성을 늘리는 통화 정책을 시행한다.

02 유동성이란 자산 또는 채권을 손실 없이 현금화할 수 있는 정도로, 현금과 같은 화폐는 유동성이 높은 자산인 반면 토지나 건물과 같은 부동산은 유동성이 낮은 자산이다. 이처럼 유동성은 자산의 성격을 나타내는 용어이지만, 흔히 시중에 유통되는 화폐의 양, 즉 통화량을 나타내는 말로도 사용된다. 가령 시중에 통화량이 지나치게 많을 때 '유동성이 넘쳐 난다'고 표현하고, 반대로 통화량이 줄어들 때 '유동성이 감소한다'고 표현한다. 유동성이 넘쳐 날 경우 시중에 화폐가 흔해지는 상황이므로 화폐의 가치는 떨어지게 된다.

03 유동성은 금리와 밀접한 관련이 있기 때문에 국가는 정책적으로 금리를 올리고 내림으로써 유동성을 조절할 수 있다. 이때 금리는 예금이나 빌려준 돈에 붙는 이자율로, 이는 기준 금리와 시중 금리 등으로 구분된다. 기준 금리는 국가가 정책적인 차원에서 결정하는 금리로, 한 나라의 금융 및 통화 정책의 주체인 중앙은행에 의해 결정된다. 반면 시중 금리는 기준 금리의 영향을 받아 중앙은행 이외의 시중 은행이 세우는 표준적인 금리로, 가계나 기업의 금융 거래에 영향을 미친다. 가령 시중 금리가 내려가면 예금을 통한 이자 수익과 대출에 따른 이자 부담이 줄어 가계나 기업에서는 예금을 인출하거나 대출을 받으려는 경향성이 늘어난다. 그 결과 시중의 유동성이 증가하게 된다. 반대로 시중 금리가 올라가면 이자 수익과 대출 이자 부담이 모두 늘어나기 때문에 유동성이 감소하게 된다.

04 이와 같은 금리와 유동성의 관계를 고려하여, 중앙은행은 기준 금리를 조절하는 통화 정책을 통해 경기를 안정시키려고 한다. 만일 경기가 침체되면 중앙은행은 기준 금리를 인하하는 정책을 도입하여 시중 금리를 낮추도록 유도한다. 그 결과 유동성이 증가하여 가계의 소비가 늘고 주식이나 부동산에 대한 투자가 확대된다. 또한 기업의 생산과 고용이 늘고 다양한 분야에 대한 투자가 확대되어 물가가 상승하고 경기가 전반적으로 활성화된다. 반대로 경기가 과열되어 자산 가격이나 물가가 지나치게 오르면 중앙은행은 기준 금리를 인상하는 정책을 통해 유동성을 감소시킨다. 그 결과 기준 금리를 인하할 때와 반대의 현상이 나타나 자산 가격이 하락하고 물가가 안정되어 과열된 경기가 진정된다.

05 그러나 중앙은행이 경기 활성화를 위해 통화 정책을 시행했음에도 불구하고 애초에 의도한 결과가 나타나지 않기도 한다. 즉, 기준 금리를 인하하여 시중에 유동성을 충분히 공급하더라도, 증가한 유동성이 기대만큼 소비나 투자로 이어지지 않으면 경기가 활성화되지 않는다. 특히 심각한 경기 침체로 인해 경기 회복에 대한 전망이 불투명할 경우, 경제 주체들은 쉽게 소비를 늘리지 못하거나 투자를 결정하지 못해 돈을 손에 쥐고만 있게 된다. 이 경우 충분한 유동성이 경기 회복으로 이어지지 못해 경기 침체가 지속되는데, 마치 유동성이 함정에 빠진 것 같다고 하여 케인스는 이를 유동성 함정 이라 불렀다. 그는 이러한 유동성 함정을 통해 통화 정책의 한계를 설명하면서, 정부가 재정 지출을 확대하여 소비와 투자를 유도하는 정책을 시행하는 것이 중요하다고 역설하였다.

유동성 함정

유동성 함정은 1930년대 미국 대공황을 직접 목격한 경제학자 케인스가 붙인 이름이다. 그는 아무리 금리를 낮추고 돈을 풀어도 경제 주체들이 돈을 내놓지 않아 경기가 살아나지 않는 현상을 돈이 함정에 빠진 것과 같다고 하여 '유동성 함정'이라고 하였다. 금리가 계속 떨어지는 데도 시장에 돈이 돌지 않는 이유는 경제 주체들이 미래의 경제 상황을 낙관하지 못해 소비가 얼어붙고 기업이 투자를 꺼리기 때문이다. 돈이 돌지 않으면 각국의 중앙은행은 기준 금리를 지속적으로 내리고 통화 공급을 늘리게 된다. 하지만 금리를 계속 내리다 보면 금리를 더 이상 내릴 수 없는 수준에 이르게 된다. 결국 중앙은행은 쓸 수 있는 모든 정책 수단을 상실하게 되고 경제는 유동성 함정에서 빠져나올 수 없게 된다.

언젠간 출제각

피구 효과

물가의 하락으로 자산의 실질 가치가 상승하면 경제 주체들의 소비 지출이 증가하게 되는 효과를 의미한다. 영국의 경제학자 아서 피구가 1943년 자신의 논문을 통해 처음 알린 이론이다. 일반적으로 물가 상승은 화폐(돈)의 실질적 가치 하락을 동반한다. 그런데 화폐의 실질적 가치가 하락하면, 화폐 단위로 표시된 모든 자산(재산)의 실질적 가치도 덩달아 낮아지게 된다. 반대로 물가 하락은 화폐 단위로 표시된 모든 자산의 실질적 가치를 높인다. 이와 같이 물가 변동이 자산(재산)의 실질적 가치를 변화시킴으로써 경제 주체의 소비에도 영향을 미치는 특별한 소득 효과를 실질 자산 효과 또는 실질 재산 효과라고 한다.

01

윗글을 통해 알 수 있는 내용이 <u>아닌</u> 것은?

① 중앙은행이 하는 역할

② 유동성이 높은 자산의 예

③ 기준 금리와 시중 금리의 관계

④ 경기 침체로 인해 나타나는 현상

⑤ 유동성에 대한 케인스 주장의 한계

02

윗글을 바탕으로 할 때, 〈보기〉의 ㄱ~ㄷ에 들어갈 말로 적절한 것은?

〈보기〉

국가의 통화 정책이 정상적으로 작동될 때, 중앙은행이 기준 금리를 (ㄱ) 시중의 유동성이 (ㄴ)하며, 화폐의 가치가 (ㄷ)한다.

	ㄱ	ㄴ	ㄷ
①	내리면	증가	하락
②	내리면	증가	상승
③	내리면	감소	상승
④	올리면	증가	상승
⑤	올리면	감소	하락

03

유동성 함정에 대해 이해한 내용으로 가장 적절한 것은?

① 시중에 유동성이 충분히 공급되더라도 경기 침체가 지속되는 상황을 의미한다.

② 시중 금리의 상승으로 유동성이 감소하여 물가가 하락하는 상황을 의미한다.

③ 기업의 생산과 가계의 소비가 줄어들어 유동성이 넘쳐 나는 상황을 의미한다.

④ 경기 과열로 인해 유동성이 높은 자산에 대한 선호가 늘어나는 상황을 의미한다.

⑤ 유동성이 감소하여 경기 회복에 대한 전망이 긍정적으로 바뀌는 상황을 의미한다.

04

윗글을 바탕으로 경제 주체들이 〈보기〉의 신문 기사를 읽고 보일 수 있는 반응으로 적절하지 <u>않은</u> 것은?

〈보기〉

금융 당국 '빅스텝' 단행

금융 당국은 오늘 '빅스텝'을 단행하였다. 빅스텝이란 기준 금리를 한 번에 0.5%p 인상하는 것을 의미한다. 이처럼 금리를 큰 폭으로 인상한 것은 과도하게 증가한 유동성으로 인해 물가가 지나치게 상승하고 부동산, 주식 등의 자산 가격이 폭등했기 때문이다.

① 투자자: 부동산의 가격이 하락할 수 있으니, 당분간 부동산 투자를 미루고 시장 상황을 지켜봐야겠군.

② 소비자: 위축된 소비 심리가 회복되어 지금보다 물가가 오를 수 있으니, 자동차 구매 시기를 앞당겨야겠군.

③ 기업인: 대출을 통해 자금을 확보하는 것이 부담스러워질 수 있으니, 공장을 확장하려던 계획을 보류해야겠군.

④ 공장장: 당분간 우리 공장에서 생산한 부품에 대한 수요가 줄 수 있으니, 재고가 늘어날 것에 대비해야겠군.

⑤ 은행원: 시중 은행에 저축하려는 사람들이 늘어날 수 있으니, 다양한 상품을 개발하여 고객을 유치해야겠군.

주제
독해
II
사회

 펌핑–UP

[01~04] 다음 글을 읽고 물음에 답하시오.

01 1930년대 세계는 대공황이라 부르는 극심한 경기 침체 상태에 빠져 큰 고통을 겪고 있었다. 이에 대해 당시 경제학계의 주류를 이루고 있던 고전파 경제학자들은 모든 경제적 흐름이 수요와 공급의 법칙에 따라 자율적으로 ⓐ조절되므로 경기는 자연적으로 회복될 것이라고 믿었다. 인위적인 시장 개입은 오히려 상황을 악화시킬 것이라고 생각했던 것이다. 그러나 케인스의 생각은 달랐다. 케인스는 만성적 경기 침체의 원인이 소득 감소로 인한 '수요의 부족'에 있다고 생각했다. 이에 따라 케인스는, 정부가 조세를 ⓑ감면하고 지출을 늘려 국민 소득과 투자를 증가시키는 인위적인 수요팽창정책을 써야 한다는 '유효 수요 이론'을 ⓒ주창했다.

02 설명의 편의를 위해 가계와 기업, 금융 시장만으로 구성된 단순한 경제를 ⓓ상정하기로 하자. 기업은 상품 생산을 위한 노동력을 필요로 하고 가계는 이를 제공하는데, 그 과정에서 소득이 가계로 흘러 들어간다. 그리고 가계는 그 소득을 필요한 물건을 구입하기 위해 소비하게 된다. 만일 가계가 벌어들인 돈을 전부 물건 구입에 사용한다면 소득은 항상 소비와 일치하게 된다. 그러나 현실 세계에서 가계는 벌어들인 소득 전부를 즉각 소비하지는 않는다. 가계의 소득 중 소비되지 않은 부분은 저축되기 마련이며, 이렇게 저축된 부분은 소득과 소비의 순환 흐름에서 빠져나간다. 물론, 저축으로 누출된 돈이 가정의 이불이나 베개 밑에서 잠자는 것은 아니다. 가계는 저축한 돈을 금융 시장에 맡겨 두고, 기업은 이를 투자 받아 생산 요소를 구입한다.

03 이때, 저축의 크기보다 투자의 크기가 작은 상황이 ⓔ지속되면 경기가 만성적인 침체 상태에 빠지게 된다는 것이 케인스의 생각이었다. 사람들이 저축을 늘리고 소비를 줄이면 기업의 생산 활동이 위축되고 이는 가계의 소득을 감소시킨다. 소득이 감소하면 사람들은 미래에 대한 불안을 느낀 나머지 소비를 최대한 줄이고 저축을 늘리며, 이는 다시 가계의 소득을 더욱 감소시키는 악순환으로 이어진다. 따라서 국민 경제 전체의 관점에서 보면 저축은 총수요를 감소시켜 불황을 심화시키는 악영향을 미친다는 것이다. 케인스는 이와 같은 관점에서 ㉠'소비는 미덕, 저축은 악덕'이라는 유명한 말을 남겼다.

04 그러나 고전파 경제학자들은 이런 경우에도 수요와 공급의 법칙에 따라 '이자율'이 신축적으로 조정되므로 자연적으로 문제가 해결될 것으로 믿었다. 저축이 투자보다 커지면 수요와 공급의 법칙에 의해 이자율이 떨어지고, 이자율이 떨어지면 저축은 줄어들고 투자는 늘어나게 된다는 것이다. 따라서 저축의 크기와 투자의 크기는 일치하게 된다는 것이 고전파 경제학자들의 생각이었다.

05 그렇지만 케인스는 저축과 투자의 크기가 이자율의 조정만으로 일치하게 될 것이라고 생각하지는 않았다. 저축과 투자는 이자율뿐 아니라 미래의 경기, 정치 상황, 기술 개발 등에 더욱 민감하게 반응한다는 점을 지적하며, 경기 회복을 위해서는 정부의 인위적인 수요팽창정책이 필요함을 역설한 것이다.

빈칸을 채우며 각 문단별 내용을 완성하시오.

1문단

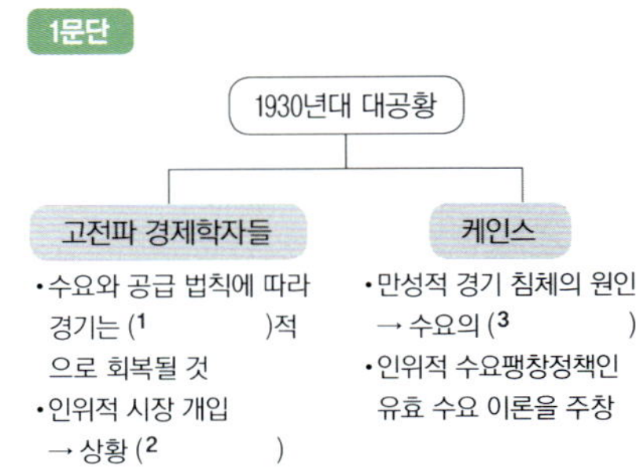

2문단

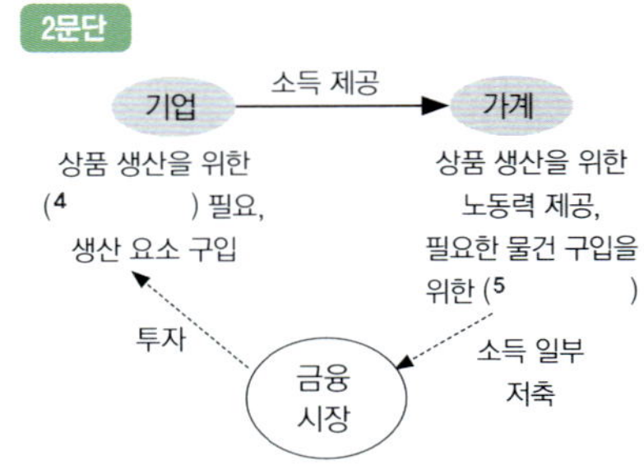

3문단

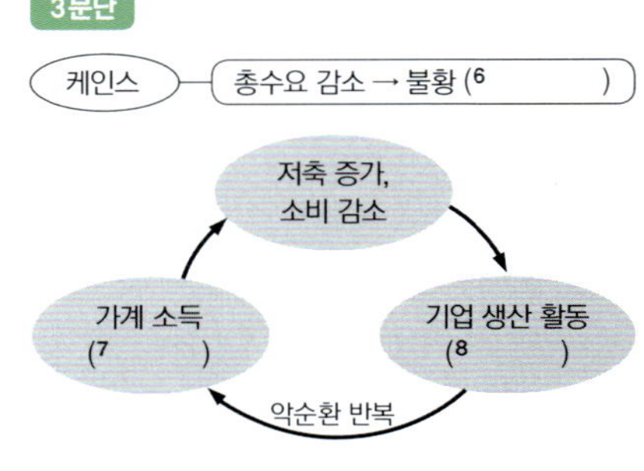

4문단

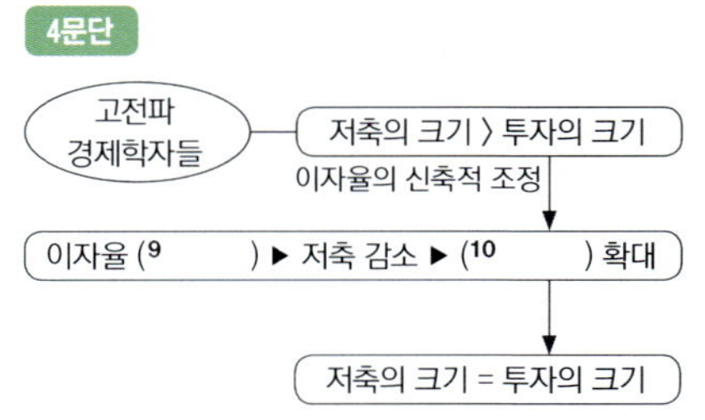

5문단

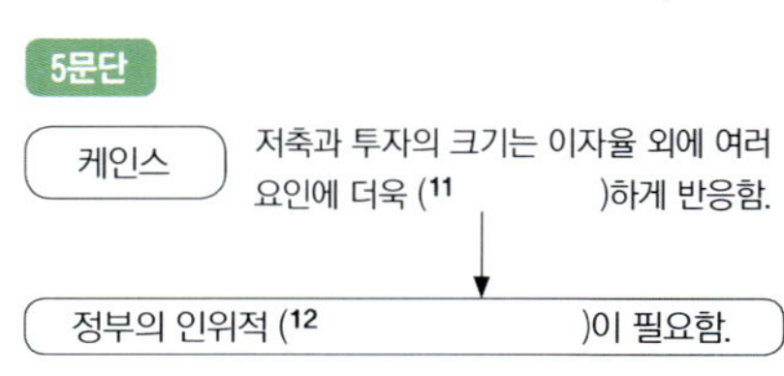

01

윗글을 통해 알 수 있는 내용으로 적절한 것은?

① 유효 수요 이론에서는 정부의 역할을 중요하게 여기고 있다.
② 케인스는 대공황이 자연적으로 해소될 것이라고 낙관했다.
③ 고전파 경제학자들은 경기의 자연적인 회복에 비관적이다.
④ 케인스는 세금을 올리는 것이 투자를 증가시킨다고 보았다.
⑤ 고전파 경제학자들은 수요팽창정책을 적극적으로 지지했다.

02

〈보기〉를 활용하여 윗글을 이해한 내용으로 적절하지 <u>않은</u> 것은?

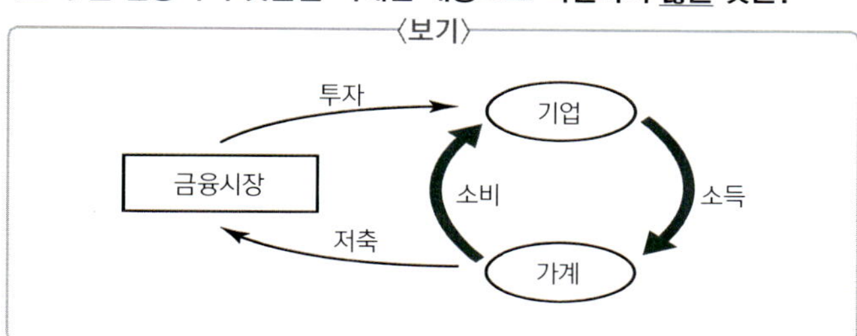

① 고전파 경제학자들은 '소득'과 '소비'의 경제적 흐름이 수요와 공급의 법칙에 의해 조절된다고 여겼다.
② 고전파 경제학자들은 이자율에 의하여 '저축'의 크기와 '투자'의 크기가 일치하게 된다고 주장했다.
③ 케인스는 '투자'의 크기가 이자율뿐만 아니라 그 외의 다양한 요소에 의해 영향을 받는다고 말했다.
④ 케인스는 '저축'의 크기보다 '투자'의 크기가 작은 상황이 발생할 수 있다고 보았다.
⑤ 케인스는 '투자'의 크기가 작을수록 경기 침체에서 빨리 벗어날 수 있다고 생각했다.

03

〈보기〉의 관점에서 ㉠에 대해 보일 반응으로 가장 적절한 것은?

〈보기〉

저축은 총수요를 감소시켜 경제 불황을 유발하기도 한다. 그러나 경우에 따라 저축은 전혀 다른 모습으로 나타날 수도 있다. 특히, 투자 기회와 투자 수요가 많고 자본이 만성적으로 부족한 개발도상국에서는 저축을 통한 자본 축적이 경제 성장을 위한 긍정적인 요소로 작용한다.

① 다수의 의견임을 내세워 자신의 주장을 강요하고 있군.
② 논리적 근거를 제시하지 않고 감정에만 호소하고 있군.
③ 다른 상황이 있을 수 있음을 간과하고 대상을 지나치게 일반화하고 있군.
④ 단순히 시간상으로 선후 관계에 있는 것을 인과 관계인 것으로 착각하고 있군.
⑤ 자신의 주장을 정당화하기 위해 논지와 관계없는 권위자의 견해에만 의존하고 있군.

04

ⓐ~ⓔ의 사전적 의미로 적절하지 <u>않은</u> 것은?

① ⓐ: 균형이 맞게 바로잡음.
② ⓑ: 매겨야 할 부담 따위를 덜어 주거나 면제함.
③ ⓒ: 주의나 사상을 앞장서서 주장함.
④ ⓓ: 여러 사람이 모여 서로 의논함.
⑤ ⓔ: 어떤 상태가 오래 계속됨.

구조 트레이닝 ZONE

빈칸에 알맞은 말을 넣어 구조도를 완성하시오.

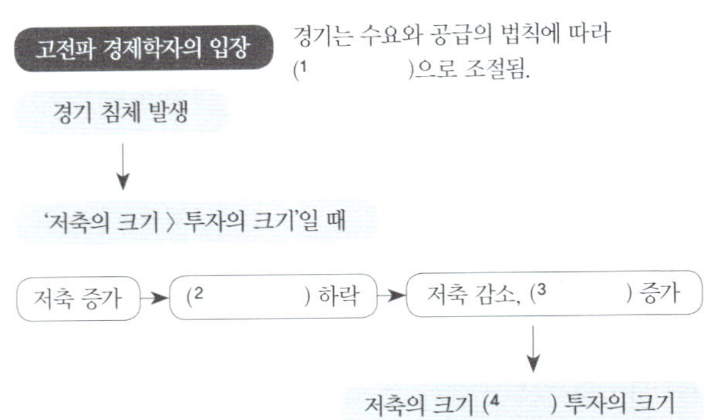

경기 침체에 대해 고전파 경제학자와 케인스가 각각 어떤 해법을 제시했는지 그 논리적 근거들을 바탕으로 파악하도록 합니다. 특히 케인스가 저축과 투자의 크기가 이자율의 조정만으로 일치될 수 없다고 보고 인위적인 수요팽창정책인 유효수요이론을 주창했음을 기억해야 합니다.

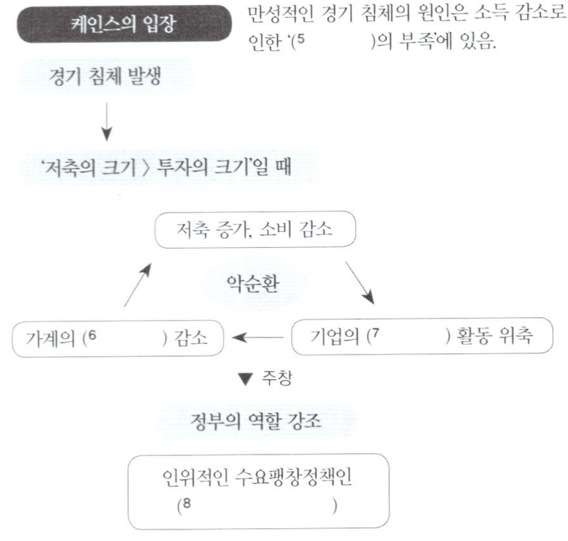

유효 수요 원리

1930년대 미국은 대공황으로 극심한 경기 침체를 겪고 있었다. 이 시기에 상품 시장에는 재고가 쌓여 가고 있었으며, 노동 시장에는 대규모 실업이 발생하고 있었다. 이러한 현상에 대해 케인스는 공급할 능력은 충분한 데 비하여 수요가 부족하기 때문에 재고와 실업이 증가하는 것이라고 보았다. 그는 상품 시장에서의 수요 증가를 통해 이 문제를 해결해야 한다고 주장하였고, 이를 '유효 수요 이론'라고 한다. 유효 수요 이론은 소비와 투자로 이루어지는 유효 수요의 크기에 따라 소득 수준과 고용 수준이 결정된다고 주장한 1930년대 케인스 고용 이론의 기본 원리이다.

케인스의 경제학을 바탕으로 한 뉴딜 정책

20세기 초 미국은 제1차 세계 대전을 통해 돈을 가장 많이 벌어들인 나라였고, 전쟁이 끝난 후에도 전쟁으로 황폐해진 유럽에 많은 제품을 팔아 더욱더 부강해졌다. 그런데 미국은 미래의 수요를 고려하지 않은 채 제품을 생산하였고 재고가 쌓이게 되었다. 갑자기 불경기를 맞게 된 부르주아들은 인건비를 줄이기 위해 고용된 사람들을 해고하였고, 실직자는 날이 갈수록 늘어났다.

미국의 불경기가 계속되던 1933년, 뉴욕 주지사를 역임한 프랭클린 루스벨트(1882~1945)가 제32대 미국 대통령에 취임하였다. '뉴딜(새 정책)'이라는 경제 재건 계획을 수립한 루스벨트는 대통령이 된 후 우선 TVA(테네시 강 유역 개발 공사)법을 승인하고, 지금까지보다 헐값으로 전기를 공급하며 강 유역의 농업을 일으켰다. 또한 긴급 은행법을 제정하여 통화를 안정시켰으며, 농업 조정법을 통해 농업을 안정시켰다. 이와 같은 정책을 이론적으로 뒷받침한 것은 케인스의 경제학이었다. 케인스는 자유방임주의를 비판하고, 공공 투자와 정부에 의한 경기 진흥책의 중요성을 역설하였다. 루스벨트의 뉴딜 정책 이후, 미국의 경제 사회는 케인스의 학설에 따라서 '수정 자본주의'를 향해 나아갔다.

[01~04] 다음 글을 읽고 물음에 답하시오.

국내외 사정으로 경기가 불안정할 때에 정부와 중앙은행은 경기 안정 정책을 펼친다. 정부는 정부 지출과 조세 등을 조절하는 재정 정책을, 중앙은행은 통화량과 이자율을 조정하는 통화정책을 활용한다. 이 정책들은 경기 상황에 따라 달리 활용된다. 경기가 좋지 않을 때에는 **총수요**를 증가시키기 위해 정부 지출을 늘리거나 조세를 감면하는 확장적 재정정책이나 통화량을 늘리고 이자율을 낮추는 확장적 통화정책이 활용된다. 또 경기 과열이 우려될 때에는 정부 지출을 줄이거나 세금을 올리는 긴축적 재정정책이나 통화량을 줄이고 이자율을 올리는 긴축적 통화정책이 활용된다. 이러한 정책들의 효과 여부에 대해서는 이견들이 존재하는데 대표적으로 '통화주의'와 '케인스주의'를 들 수 있다. 두 학파의 입장 차이를 확장적 정책을 중심으로 살펴보자.

먼저 정부의 시장 개입을 최소화해야 한다고 보는 통화주의는 화폐 수요가 소득 증가에 민감하게 반응한다고 주장했다. 여기서 화폐란 물건을 교환하기 위한 수단을 말하고, 화폐 수요는 특정한 시점에 사람들이 보유하고 싶어 하는 화폐의 총액을 의미한다. 통화주의에서는 화폐 수요의 변화에 따라 이자율 변화가 크게 나타나고 이자율이 투자 수요에 미치는 영향도 크다고 보았다. 따라서 불경기에 정부 지출을 증가시키는 재정정책을 펼치면 국민 소득이 증가함에 따라 화폐 수요가 크게 증가하고 이에 영향을 받아 이자율이 매우 높게 상승한다고 보았다. 더불어 이자율에 크게 영향을 받는 투자 수요는 높아진 이자율로 인해 예상된 투자 수요보다 급격히 감소하면서 경기를 호전시키지 못한다고 보았다. 이 때문에 확장적 재정정책의 효과가 기대보다 낮을 것이라 주장했다. 결국 불황기에는 정부 주도의 재정정책보다는 중앙은행의 통화정책을 통해 통화량을 늘리고 이자율을 낮추는 방식을 택하면 재정정책과 달리 투자 수요가 증가하여 경기를 부양시킬 수 있다고 본 것이다.

반면에 경기 안정을 위해 정부의 적극적인 개입이 필요하다고 보는 케인스주의는 화폐를 교환 수단으로만 보지 않고 이자율과 역의 관계를 가지는 투기적 화폐 수요가 존재한다고 보았다. 투기적 화폐수요는 통화량이 늘어나도 소비하지 않고 더 높은 이익을 얻기 위해 화폐를 소유하고자 하는 수요이다. 따라서 통화정책을 통해 통화량을 늘리고 이자율을 낮추면 투기적 화폐 수요가 늘어나 화폐가 시중에 돌지 않기 때문에 투자 수요가 거의 증가하지 않는다고 본 것이다.

즉 케인스주의는 실제로 사람들이 화폐를 거래 등에 얼마나 자주 사용하였는지가 소득의 변화보다 화폐 수요에 크게 영향을 미친다고 본 것이다. 그래서 케인스주의는 확장적 재정정책을 시행하여 정부 지출이 증가하면 국민 소득은 증가하지만, 소득의 변화가 화폐 수요에 미치는 영향이 작기 때문에 화폐 수요도 작게 증가할 것

이라 보았다. 이에 따라 이자율도 낮게 상승하기 때문에 투자 수요가 예상된 것보다 작게 감소할 것이라 보았던 것이다.

또한 확장적 재정정책의 효과는 ㉠승수 효과와 ㉡구축 효과가 나타나는 정도에 따라 달리 볼 수 있다. 승수 효과란 정부의 재정 지출이 그것의 몇 배나 되는 국민 소득의 증가로 이어지면서 소비와 투자가 촉진되는 것을 의미한다. 케인스주의는 이러한 승수 효과를 통해 경기 부양이 가능하다고 보았다. 한편 승수 효과가 발생하기 위해서는 케인스주의가 주장한 바와 같이 정부 지출을 늘렸을 때 이자율의 변화가 거의 없어 투자 수요가 예상 투자 수요보다 크게 감소하지 않아야 한다. 그런데 정부가 재정정책을 펼치기 위해 재정 적자를 감수하고 국가가 일종의 차용 증서인 국채를 발행해 시중의 돈을 빌리게 되는 경우가 많다. 국채 발행으로 시중의 돈이 정부로 흘러 들어가면 이자율이 오르고 이에 대한 부담으로 가계나 기업들의 소비나 투자 수요가 감소되는 상황이 발생하게 된다. 결국 세금으로 충당하기 어려운 재정정책을 펼치기 위해 국채를 활용하는 과정에서 이자율이 올라가고 이로 인해 민간의 소비나 투자를 줄어들게 하는 구축 효과가 발생하게 된다는 것이다. 통화주의에서는 구축 효과에 의해 승수 효과가 감쇄되어 확장적 재정정책의 효과가 기대보다 줄어들 것이라고 본 것이다.

이처럼 경기를 안정화시키기 위해 특정한 정책의 긍정적 효과만을 고려하여 정책을 시행하게 될 경우 예상치 못한 문제들이 발생하여 기대했던 경기 안정을 가져오지 못할 수 있다. 경제학자들은 재정정책과 통화정책의 의의를 인정하면서, 이 정책들을 적절하게 활용한다면 경기 안정이라는 목적을 달성하는 데에 중요한 열쇠가 될 수 있을 것이라 보았다.

---

* **총수요**: 국내에서 생산된 재화와 서비스에 대해 모든 경제 주체들이 일정 기간 동안 구입하고자 하는 것

01

윗글을 통해 해결할 수 있는 질문으로 적절하지 <u>않은</u> 것은?

① 정부의 재정 적자를 해소하는 방법은 무엇인가?
② 확장적 정책과 긴축적 정책의 시행 시기는 언제인가?
③ 투기적 화폐 수요가 투자 수요에 미치는 영향은 무엇인가?
④ 정부의 지출 증가가 국민 소득에 미치는 영향은 무엇인가?
⑤ 정부와 중앙은행이 각각 활용하는 경기 안정 정책은 무엇인가?

02

㉠과 ㉡에 대한 설명으로 적절하지 <u>않은</u> 것은?

① ㉠은 정부의 재정 지출에 비해 더 큰 소득의 증가가 나타나는 현상에 대한 설명이다.
② ㉡은 세금으로 충당하기 어려운 정부 지출을 위해 시중의 돈이 줄어드는 상황에서 나타나는 것이다.
③ ㉠과 달리 ㉡은 정부 지출이 정부의 의도만큼 효과를 거두지 못할 것이라는 주장의 근거가 된다.
④ ㉡과 달리 ㉠은 정부가 재정 지출을 늘릴 경우 투자 수요가 줄 어들 것이라는 주장의 근거가 된다.
⑤ ㉠과 ㉡은 모두 정부 지출을 확대했을 때 발생할 수 있는 결과 들에 대해 분석한 것이다.

03

윗글을 바탕으로 할 때, 〈보기〉의 A~D에 들어갈 말을 바르게 짝지은 것은?

〈보기〉

　국내 사정으로 경기가 (　A　)되어 정부가 긴축적 재정정 책을 사용하면 시중 통화량이 (　B　)하고, 이에 따라 이자 율이 변동한다. 이러한 정책을 통해 경기가 안정되었지만 대외 경제 상황에 의해 경기 (　C　)이/가 우려된다면, 중앙은행 의 경우 통화량을 줄이고 이자율을 (　D　) 경기 안정을 도 모할 수 있다.

	A	B	C	D
①	과열	감소	과열	올려
②	과열	증가	침체	내려
③	과열	감소	침체	올려
④	침체	감소	침체	올려
⑤	침체	증가	과열	내려

04

〈보기〉는 '확장적 재정정책'에 대한 '통화주의'와 '케인스주의'의 주장을 그래프로 나타낸 것이다. 윗글을 바탕으로 〈보기〉에 대해 이해한 내용 으로 가장 적절한 것은?

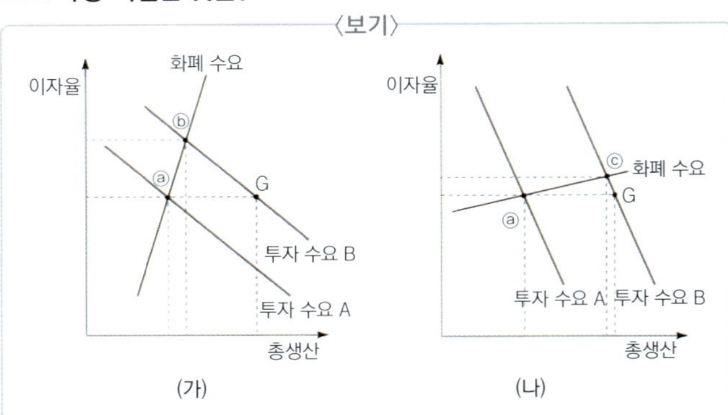

※ ⓐ는 확장적 재정정책 활용 이전의 상태를, ⓑ와 ⓒ는 확 장적 재정정책 활용 이후의 결과를 나타낸 것이다.
※ G는 이자율의 변화를 고려하지 않고 정부 지출을 통해 총 생산이 증가될 것으로 예상된 지점을 가정한 것이다.
※ 총생산의 증가는 소득이 증가한 것이라 가정한다.

① (가)는 (나)에 비해 정부 지출에 따른 화폐 수요의 변화가 투자 수요에 미치는 영향이 더 큰 것으로 보아, (가)는 '케인스주의'의 그래프이겠군.
② (가)는 (나)에 비해 화폐 수요의 변화에 따른 이자율의 변화가 작은 것으로 보아, (가)는 '통화주의'의 그래프이겠군.
③ (나)는 (가)에 비해 이자율에 따른 투자 수요 곡선의 기울기가 완만한 것으로 보아, (나)는 '통화주의'의 그래프이겠군.
④ (나)는 (가)에 비해 국민 소득 변화에 따른 화폐 수요의 변화가 작은 것으로 보아, (나)는 '케인스주의'의 그래프이겠군.
⑤ (나)는 (가)에 비해 정책 활용 결과에서 도출된 총생산 값이 예 상된 총생산보다 많이 감소한 것으로 보아, (나)는 '케인스주의' 의 그래프이겠군.

호루라기 관장님의
💰 어휘 트레이닝

공부한 날	월 일 요일
맞은 개수	/ 32

No	뜻	힌트	정답
01	줄어 없어짐.	ㄱ쇄	
02	경기가 지나치게 상승함.	ㄱ열	
03	내다보이는 장래의 상황	전ㅁ	
04	모자라는 것을 채워 메움.	ㅊ당	
05	정도나 경지가 점점 깊어짐.	ㅅ화	
06	돈이나 물건 따위를 빌려서 씀.	ㅊ용	
07	형편이나 조건 따위가 편하고 좋음.	ㅍ의	
08	바짝 줄이거나 조이는. 또는 그런 것	긴ㅊ적	
09	모양이나 규모 따위를 줄여서 작게 함.	ㅊ소	
10	자기의 뜻을 힘주어 말함. 또는 그런 말	역ㅅ	
11	사상이나 학술 따위의 주된 경향이나 갈래	ㅈ류	
12	매겨야 할 부담 따위를 덜어 주거나 면제함.	ㄱ면	
13	유통 수단이나 지불 수단으로서 기능하는 화폐	ㅌ화	
14	어떤 수에 곱하는 수. '10×5'에서 '5'를 이르는 말	승ㅅ	
15	어떤 현상이나 사물이 진전하지 못하고 제자리에 머무름.	침ㅊ	
16	사람들이 생활하는 공개된 공간을 비유적으로 이르는 말	시ㅈ	
17	기업의 자산이나 채권을 손실 없이 현금화할 수 있는 정도	ㅇ동성	
18	버릇이 되다시피 하여 쉽게 고쳐지지 아니하는. 또는 그런 것	만ㅅ적	
19	반복되지 않는 자극에 의하여 근육이 지속적으로 오그라든 상태	구ㅊ	
20	수량이 본디의 상태보다 늘어나거나 범위, 세력 따위가 본디의 상태보다 커지거나 크게 발전함.	팽ㅊ	
21	국가 또는 지방 공공 단체가 필요한 경비로 사용하기 위하여 국민이나 주민으로부터 강제로 거두어들이는 금전	조ㅅ	
22	국가 또는 지방 자치 단체가 행정 활동이나 공공 정책을 시행하기 위하여 자금을 만들어 관리하고 이용하는 경제 활동	재ㅈ	

주제
독해

II

사회

No	앞의 어휘를 활용해 문장을 완성하시오.
01	그는 열심히 공부하여 학비를 장학금으로 ( )하였다.
02	그는 친구에게 돈을 빌리기 위해 ( ) 문서를 작성하였다.
03	상대편의 득점이 이어지자 우리편의 분위기는 ( )되었다.
04	이번에 개발된 신약은 검증 후 빠른 시일 내에 ( )에 판매될 예정이다.
05	정부의 정책은 가진 자에게 더 많은 부를 몰아줌으로써 빈부 격차를 ( )시켰다.
06	회사에서는 상품 판매가 부진한 사업을 ( )하는 등의 대대적인 조직 개편을 단행하였다.
07	주력 산업인 반도체 업황이 매우 좋지 않아 우리 수출 산업의 ( )이 그리 밝지만은 않다.
08	정부는 어려움을 겪는 소상공인들의 부담을 덜어 주기 위해 세금을 ( )하는 정책을 발표하였다.
09	대통령은 국가의 위기를 극복하기 위해서는 모든 국민들이 한마음 한뜻으로 힘을 모아야 한다고 ( )했다.
10	조선 시대의 계급은 상급 신분층인 양반 계층, 중인 계층, 평민 계층, 그리고 노비가 ( )인 천민 계층으로 나뉘었다.

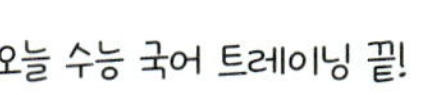
오늘 수능 국어 트레이닝 끝!

# 14 환율

다음 글을 읽고 내용을 정리하시오.

01　가격이 시장에서 수요자와 공급자들의 의사 결정을 조절하는 기능을 수행하듯이 국제 가격도 국제 거래에서 수요자와 공급자들의 의사 결정을 조절하는 역할을 한다. 여러 국제 가격 중에서 대표적인 것으로 명목환율과 실질환율을 들 수 있다.

02　명목환율은 한 나라의 통화와 다른 나라 통화 사이의 교환 비율이다. 그런데 미국의 달러화가 기축통화*이기 때문에 많은 나라에서 1달러와 교환되는 자국 화폐 단위를 표시하는 방법을 채택하는 경향이 있다. 가령, 1달러가 우리나라 원화 1,000원과 교환된다면 '원/달러 명목환율'은 '1,000원/달러'로 표시한다. 만일 1달러와 교환되는 원화가 1,100원이 되어 원/달러 명목환율이 상승하면, 상대적으로 원화의 가치는 하락한다. 같은 원리로 원/달러 명목환율이 하락하면 상대적으로 원화의 가치는 상승한다. 이러한 명목환율은 한 나라의 통화가 가지는 대외적 가치를 보여 준다는 점에서 유용하다.

03　실질환율은 두 나라 사이의 재화나 서비스 교환 비율로, 외국 상품 한 단위와 교환되는 국내 상품 단위수로 표시한다. '원/달러 실질환율'은 '원/달러 명목환율 $\left[\dfrac{원}{달러}\right]$'과 '각 나라의 통화 단위로 표시된 두 나라의 물건 값 $\left[\dfrac{미국\ 가격}{우리나라\ 가격}\right]$'의 곱으로 구한다. 원/달러 명목환율이 1,000원/달러이고 우리나라 쌀 1kg의 값이 2,000원, 미국 쌀 1kg의 값이 1달러라고 하자. 두 나라 쌀 사이의 원/달러 실질환율은 $\left[\dfrac{1,000원}{1달러} \times \dfrac{1달러}{2,000원} = \dfrac{1}{2}\right]$이 된다. 이는 미국 쌀 1kg과 우리나라 쌀 0.5kg이 같은 값으로 교환된다는 의미이므로, 우리나라 쌀값이 미국 쌀값의 2배라고 볼 수 있다. 만일 우리나라 쌀값이 미국 쌀값보다 상승폭이 크면 $\left[\dfrac{미국\ 가격}{우리나라\ 가격}\right]$이 작아지게 되므로, 원/달러 실질환율이 하락하게 된다. 이것은 우리나라 쌀의 국제적인 가격경쟁력이 하락하는 것을 의미한다. 반대로 미국 쌀값이 우리나라 쌀값보다 상승폭이 크면 원/달러 실질환율이 상승하게 되어 우리나라 쌀의 국제적인 가격경쟁력도 상승한다. 실질환율은 외국 통화에 대한 자국 통화의 상대적인 구매력이 반영된 것이므로 한 나라 상품의 국제적인 가격 경쟁력을 측정하는 데 널리 이용된다.

04　한 나라의 실질환율은 재화나 서비스의 수출과 수입에 영향을 미치는 중요한 변수이므로 실질환율의 변화는 국내외 경제에 큰 영향을 미친다. 우리나라의 실질환율이 상승하면 우리나라 제품의 값이 외국 제품에 비해 더 싸지므로 수출이 증가하고 수입이 감소하여 국내 경기가 활성화된다. 반면에 우리나라의 실질환율이 하락하면 우리나라 제품의 값이 외국 제품에 비해 더 비싸지므로 수출이 감소하고 수입이 증가하여 국내 경기가 침체될 수 있다. 따라서 우리나라와 같이 수출 의존도가 높은 나라는 실질환율 하락으로 큰 타격을 입을 수 있다.

*기축통화: 국제 거래에서 주된 교환 수단으로 쓰이는 특정 나라의 통화(화폐)

지문이 읽히는 독해 코칭

빈칸을 채우며 각 문단별 내용을 완성하시오.

1문단

| 국제 가격 | • (1　　　　　)에서 수요자와 공급자들의 의사 결정을 조절함.
• 명목환율과 실질환율이 있음. |

2문단

| 명목환율 | 한 나라의 통화와 다른 나라 통화 사이의 교환 (2　　　　) |

| 원/달러 명목환율 상승 | ▶ 원화 가치 (3　　　　) |
| 원/달러 명목환율 하락 | ▶ 원화 가치 (4　　　　) |

3문단

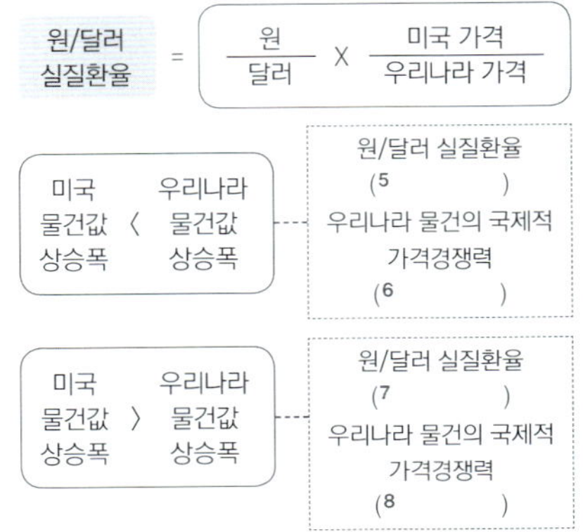

4문단

실질환율의 변화

실질환율 상승	실질환율 하락
수출 (9　　)	수출 (12　　)
▼	▼
수입 (10　　)	수입 (13　　)
▼	▼
국내 경기 (11　　)	국내 경기 (14　　)

구조 트레이닝 ZONE

빈칸에 알맞은 말을 넣어 구조도를 완성하시오.

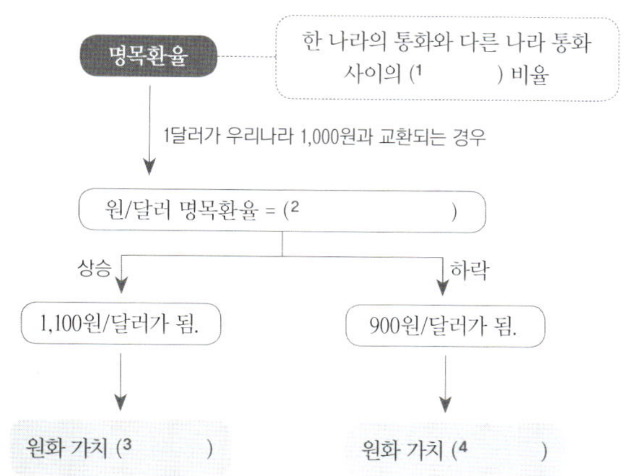

원/달러 명목환율에 따른 원화의 상대적 가치 변화에 이해하고, 원/달러 실질환율과 우리나라 제품의 가격 경쟁력의 상관성을 파악할 수 있도록 합니다.

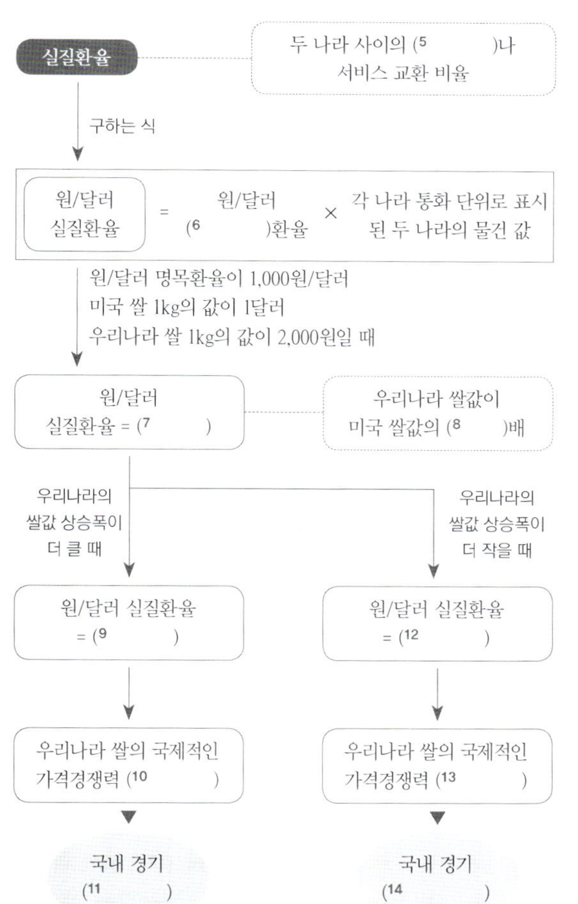

내용 트레이닝 ZONE

글 내용과 일치하면 ○에, 그렇지 않으면 ✕에 체크하시오.

1문단

01 국제 가격 중 대표적인 것으로 명목환율과 실질환율을 들 수 있다. ○ ✕

02 가격은 시장에서 수요자와 공급자들의 의사 결정을 조절하는 기능을 한다. ○ ✕

2문단

03 한 나라의 통화가 가진 대외적 가치는 실질환율을 통해 알 수 있다. ○ ✕

04 한 나라의 통화와 다른 나라 통화 사이의 교환 비율을 실질환율이라고 한다. ○ ✕

05 많은 나라에서 1달러와 교환되는 자국 화폐 단위를 표시하는 방법을 사용하고 있다. ○ ✕

06 1달러와 교환되는 자국 화폐의 명목환율이 하락하면 상대적으로 자국 화폐의 가치는 상승할 것이다. ○ ✕

3문단

07 두 나라 사이의 재화나 서비스의 교환 비율을 실질환율이라고 한다. ○ ✕

08 국내 상품 한 단위와 교환되는 외국 상품 단위수로 실질환율을 표시한다. ○ ✕

09 실질환율에는 외국 통화에 대한 자국 통화의 상대적 구매력이 반영되어 있다. ○ ✕

10 실질환율의 상승은 자국 상품의 국제적인 가격경쟁력이 상승한다는 것을 의미한다. ○ ✕

11 실질환율은 한 나라에서 생산된 상품의 품질경쟁력을 국제적으로 측정하는 데 광범위하게 이용되고 있다. ○ ✕

4문단

12 실질환율이 상승하면 수출량이 늘어나고 수입량은 줄어든다. ○ ✕

13 재화나 서비스의 수출입 크기는 실질환율에 영향을 미치는 변수이다. ○ ✕

14 실질환율이 하락하면 수출 의존도가 높은 경제 구조를 가진 나라에서는 큰 손해를 볼 수 있다. ○ ✕

워밍-UP

[01~04] 다음 글을 읽고 물음에 답하시오.

01 가격이 시장에서 수요자와 공급자들의 의사 결정을 ㉠조절하는 기능을 수행하듯이 국제 가격도 국제 거래에서 수요자와 공급자들의 의사 결정을 조절하는 역할을 한다. 여러 국제 가격 중에서 대표적인 것으로 명목환율과 실질환율을 들 수 있다.

02 명목환율은 한 나라의 통화와 다른 나라 통화 사이의 교환 비율이다. 그런데 미국의 달러화가 기축통화*이기 때문에 많은 나라에서 1달러와 교환되는 자국 화폐 단위를 표시하는 방법을 채택하는 ㉡경향이 있다. 가령, 1달러가 우리나라 원화 1,000원과 교환된다면 '원/달러 명목환율'은 '1,000원/달러'로 표시한다. 만일 1달러와 교환되는 원화가 1,100원이 되어 원/달러 명목환율이 상승하면, 상대적으로 원화의 가치는 하락한다. 같은 원리로 원/달러 명목환율이 하락하면 상대적으로 원화의 가치는 상승한다. 이러한 명목환율은 한 나라의 통화가 가지는 대외적 가치를 보여 준다는 점에서 유용하다.

03 실질환율은 두 나라 사이의 재화나 서비스 교환 비율로, 외국 상품 한 단위와 교환되는 국내 상품 단위수로 표시한다. '원/달러 실질환율'은 '원/달러 명목환율 $\left[\dfrac{원}{달러}\right]$'과 '각 나라의 통화 단위로 표시된 두 나라의 물건 값 $\left[\dfrac{미국\ 가격}{우리나라\ 가격}\right]$'의 곱으로 구한다. 원/달러 명목환율이 1,000원/달러이고 우리나라 쌀 1kg의 값이 2,000원, 미국 쌀 1kg의 값이 1달러라고 하자. 두 나라 쌀 사이의 원/달러 실질환율은 $\left[\dfrac{1,000원}{1달러} \times \dfrac{1달러}{2,000원} = \dfrac{1}{2}\right]$이 된다. 이는 미국 쌀 1kg과 우리나라 쌀 0.5kg이 같은 값으로 교환된다는 의미이므로, 우리나라 쌀값이 미국 쌀값의 2배라고 볼 수 있다. 만일 우리나라 쌀값이 미국 쌀값보다 상승폭이 크면 $\left[\dfrac{미국\ 가격}{우리나라\ 가격}\right]$이 작아지게 되므로, 원/달러 실질환율이 하락하게 된다. 이것은 우리나라 쌀의 국제적인 가격경쟁력이 하락하는 것을 의미한다. 반대로 미국 쌀값이 우리나라 쌀값보다 상승폭이 크면 원/달러 실질환율이 상승하게 되어 우리나라 쌀의 국제적인 가격경쟁력도 상승한다. 실질환율은 외국 통화에 대한 자국 통화의 상대적인 구매력이 ㉢반영된 것이므로 한 나라 상품의 국제적인 가격경쟁력을 측정하는 데 널리 이용된다.

04 한 나라의 실질환율은 재화나 서비스의 수출과 수입에 영향을 미치는 중요한 변수이므로 실질환율의 변화는 국내외 경제에 큰 영향을 미친다. 우리나라의 실질환율이 상승하면 우리나라 제품의 값이 외국 제품에 비해 더 싸지므로 수출이 증가하고 수입이 감소하여 국내 경기가 활성화된다. 반면에 우리나라의 실질환율이 하락하면 우리나라 제품의 값이 외국 제품에 비해 더 비싸지므로 수출이 감소하고 수입이 증가하여 국내 경기가 ㉣침체될 수 있다. 따라서 우리나라와 같이 수출 의존도가 높은 나라는 실질환율 하락으로 큰 ㉤타격을 입을 수 있다.

* **기축통화**: 국제 거래에서 주된 교환 수단으로 쓰이는 특정 나라의 통화(화폐)

실효환율(EER: Effective Exchange Rate)

두 나라 간 통화를 확대해 자국 통화와 모든 교역 상대국 통화 간의 종합적인 관계를 나타내는 환율이다. 주요 교역 상대국의 명목환율을 교역량 등으로 가중 평균한 명목 실효환율과 여기에 다시 교역 상대국의 물가지수 변동까지 감안해 만든 실질 실효환율로 나뉜다.

물가지수

물가의 변동을 종합적으로 나타내는 지수이다. 일정한 장소나 일정한 시기의 일정한 상품의 가격을 100으로 잡고 다른 시기의 그 상품의 가격 변동 상태를 100에 대한 비례 수로 나타낸다.

언젠간 출제각
구매력 평가 환율과 빅맥 환율

구매력 평가 환율이란, 한 나라의 화폐는 어느 나라에서나 동일한 구매력을 지닌다는 가정 아래, 각국 통화의 구매력을 비교해 결정하는 환율이다. 대표적인 구매력 평가 환율로는 영국의 경제 전문지 『이코노미스트』가 정기적으로 발표하는 '빅맥지수'가 있다. 『이코노미스트』가 세계 각국에서 팔리고 있는 맥도널드 햄버거 중의 하나인 빅맥 가격을 기준으로, 실제 구매력 비교를 통해 계산한 환율이다. 『이코노미스트』는 1986년부터 매년 한 번씩 세계 각국에서 판매되는 빅맥의 가격을 기준으로 빅맥 환율을 계산해 발표하고 있다. 수많은 상품 중 빅맥이 구매력 평가 기준이 된 것은 맥도널드 햄버거가 세계 66개국에 체인 점포망을 갖고 있는 등 어떤 제품보다 여러 나라에서 공통적으로 팔리고 있는 상품이기 때문이다. 구매력 평가 환율은 이론적인 것으로, 반드시 실제 환율과 같지는 않다. 이는 실제 환율이 외환 시장에서 화폐의 수요와 공급에 의해서 결정되기 때문이다. 실제 환율은 장기적으로 구매력 평가 환율과 일치해야 한다는 이론이 구매력 평가설이다.

01

윗글의 서술상 특징으로 가장 적절한 것은?

① 대상의 특성을 다양한 관점에서 살피고 있다.

② 대상의 장점과 단점을 비교하여 설명하고 있다.

③ 잘 알려진 대상에 새로운 의미를 부여하고 있다.

④ 대상의 개념을 설명하고 구체적인 예를 들고 있다.

⑤ 대상의 변화 과정을 제시하고 이유를 분석하고 있다.

02

윗글의 내용과 일치하지 <u>않는</u> 것은?

① 명목환율은 두 나라 통화 사이의 교환 비율이다.

② 명목환율을 대체하기 위해 만든 국제 가격이 실질환율이다.

③ 실질환율이 하락하면 수출은 감소하고 수입은 증가하게 된다.

④ 명목환율과 실질환율은 국제 거래에서 의사 결정을 조절하는
역할을 한다.

⑤ 실질환율은 외국 통화에 대한 자국 통화의 상대적인 구매력을
반영한 교환 비율이다.

03

윗글을 바탕으로 〈보기〉를 이해한 내용으로 적절하지 <u>않은</u> 것은?

〈보기〉

구분	우리나라(원화)		미국(달러화)	
	1월	7월	1월	7월
명목환율 (원/달러)	1,000원/달러	1,100원/달러	–	
A 상품 가격 (kg 당)	3,000원	8,800원	3달러	4달러

① 원/달러 명목환율은 달러화를 기준으로 삼고 있군.

② 1월과 비교할 때 7월에 원화의 가치는 하락하였군.

③ 1월에는 두 나라의 A 상품에 대한 상대적인 구매력이 같다고 볼
수 있군.

④ 7월 원/달러 실질환율을 볼 때 우리나라 A 상품은 미국보다 2
배 비싸군.

⑤ 1월과 비교할 때 7월에 우리나라 A 상품의 원/달러 실질환율은
상승하였군.

04

㉠~㉢의 사전적 의미로 적절하지 <u>않은</u> 것은?

① ㉠: 균형이 맞게 바로잡거나 적당하게 맞추어 나감.

② ㉡: 어떤 일이나 현상을 앞장서서 이끌거나 안내함.

③ ㉢: 다른 것에 영향을 받아 어떤 현상이 나타남.

④ ㉣: 어떤 현상이나 사물이 진전하지 못하고 제자리에 머무름.

⑤ ㉤: 어떤 영향을 받아 기운이 크게 꺾이거나 손해를 봄.

펌핑-UP

[01~04] 다음 글을 읽고 물음에 답하시오.

01 기축 통화는 국제 거래에 결제 수단으로 통용되고 환율 결정에 기준이 되는 통화이다. 1960년 트리핀 교수는 브레턴우즈 체제에서의 기축 통화인 달러화의 구조적 모순을 지적했다. 한 국가의 재화와 서비스의 수출입 간 차이인 경상 수지는 수입이 수출을 초과하면 적자이고, 수출이 수입을 초과하면 흑자이다. 그는 "미국이 경상 수지 적자를 허용하지 않아 국제 유동성 공급이 중단되면 세계 경제는 크게 위축될 것"이라면서도 "반면 적자 상태가 지속돼 달러화가 과잉 공급되면 준비 자산으로서의 신뢰도가 저하되고 고정 환율 제도도 붕괴될 것"이라고 말했다.

02 이러한 트리핀 딜레마는 국제 유동성 확보와 달러화의 신뢰도 간의 문제이다. 국제 유동성이란 국제적으로 보편적인 통용력을 갖는 지불 수단을 말하는데, ㉠금 본위 체제에서는 금이 국제 유동성의 역할을 했으며, 각 국가의 통화 가치는 정해진 양의 금의 가치에 고정되었다. 이에 따라 국가 간 통화의 교환 비율인 환율은 자동적으로 결정되었다. 이후 ㉡브레턴우즈 체제에서는 국제 유동성으로 달러화가 추가되어 '금 환 본위제'가 되었다. 1944년에 성립된 이 체제는 미국의 중앙은행에 '금 태환 조항'에 따라 금 1온스와 35달러를 언제나 맞교환해 주어야 한다는 의무를 지게 했다. 다른 국가들은 달러화에 대한 자국 통화의 가치를 고정했고, 달러화로만 금을 매입할 수 있었다. 환율은 경상 수지의 구조적 불균형이 있는 예외적인 경우를 제외하면 ±1% 내에서의 변동만을 허용했다. 이에 따라 기축 통화인 달러화를 제외한 다른 통화들 간 환율인 교차 환율은 자동적으로 결정되었다.

03 1970년대 초에 미국은 경상 수지 적자가 누적되기 시작하고 달러화가 과잉 공급되어 미국의 금 준비량이 급감했다. 이에 따라 미국은 달러화의 금 태환 의무를 더 이상 감당할 수 없는 상황에 도달했다. 이를 해결할 수 있는 방법은 달러화의 가치를 내리는 평가 절하, 또는 달러화에 대한 여타국 통화의 환율을 하락시켜 그 가치를 올리는 평가 절상이었다. 하지만 브레턴우즈 체제하에서 달러화의 평가 절하는 규정상 불가능했고, 당시 대규모 대미 무역 흑자 상태였던 독일, 일본 등 주요국들은 평가 절상에 나서려고 하지 않았다. 이 상황이 유지되기 어려울 것이라는 전망으로 독일의 마르크화와 일본의 엔화에 대한 투기적 수요가 증가했고, 결국 환율의 변동 압력은 더욱 커질 수밖에 없었다. 이러한 상황에서 각국은 보유한 달러화를 대규모로 금으로 바꾸기를 원했다. 미국은 결국 1971년 달러화의 금 태환 정지를 선언한 닉슨 쇼크를 단행했고, 브레턴우즈 체제는 붕괴되었다.

04 그러나 붕괴 이후에도 달러화의 기축 통화 역할은 계속되었다. 그 이유로 규모의 경제를 생각할 수 있다. 세계의 모든 국가에서 ㉢어떠한 기축 통화도 없이 각각 다른 통화가 사용되는 경우 두 국가를 짝짓는 경우의 수만큼 환율의 가짓수가 생긴다. 그러나 하나의 기축 통화를 중심으로 외환 거래를 하면 비용을 절감하고 규모의 경제를 달성할 수 있다.

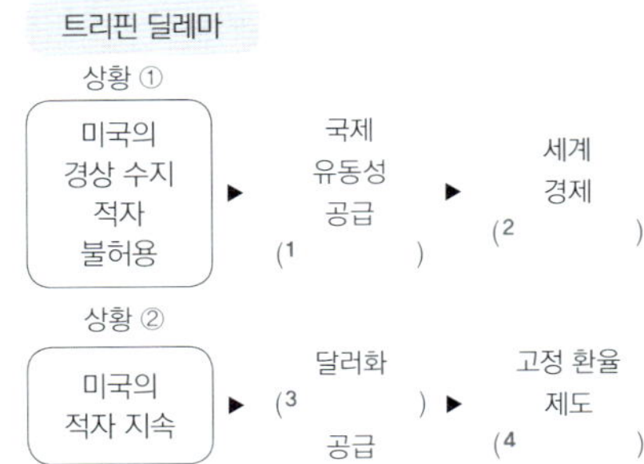

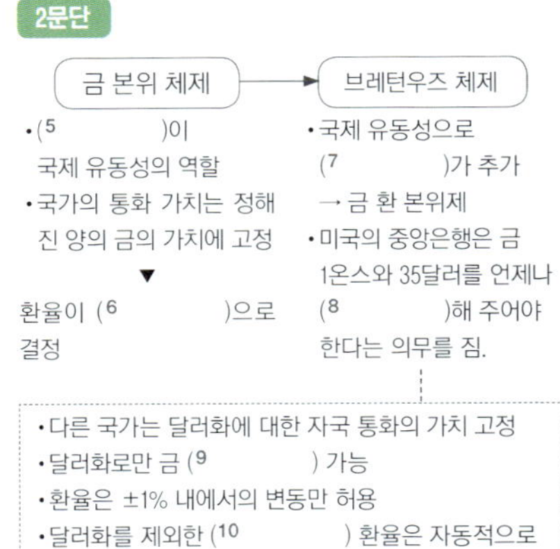

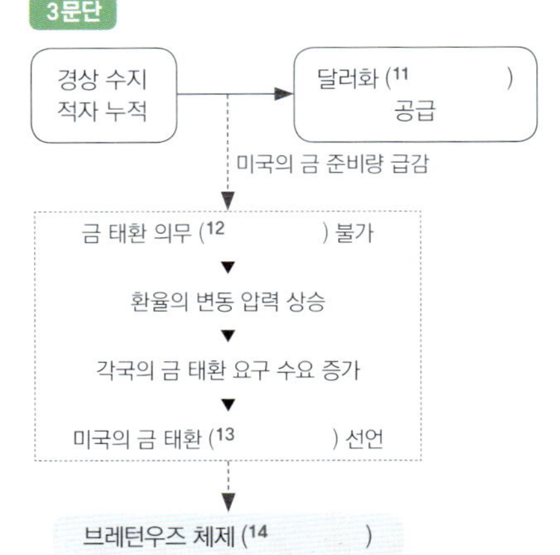

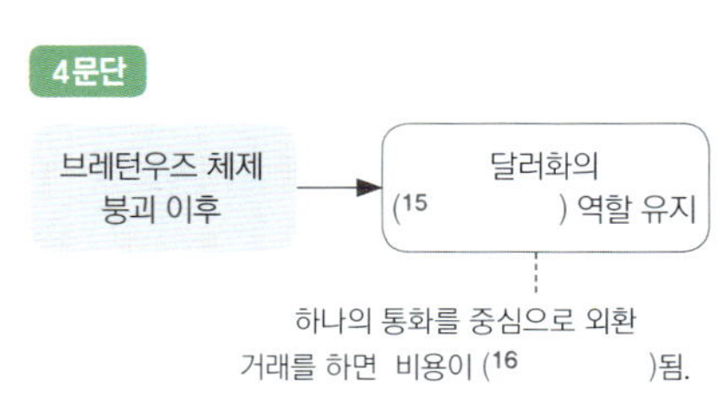

01

윗글을 통해 답을 찾을 수 <u>없는</u> 질문은?

① 브레턴우즈 체제 붕괴 이후에도 달러화가 기축 통화로서 역할을 할 수 있었던 이유는 무엇인가?

② 브레턴우즈 체제 붕괴 이후의 세계 경제 위축에 대해 트리핀은 어떤 전망을 했는가?

③ 브레턴우즈 체제에서 미국 중앙은행은 어떤 의무를 수행해야 했는가?

④ 브레턴우즈 체제에서 국제 유동성의 역할을 한 것은 무엇인가?

⑤ 브레턴우즈 체제에서 달러화 신뢰도 하락의 원인은 무엇인가?

02

윗글을 바탕으로 추론한 내용으로 적절하지 <u>않은</u> 것은?

① 닉슨 쇼크가 단행된 이후 달러화의 고평가 문제를 해결할 수 있는 달러화의 평가 절하가 가능해졌다.

② 브레턴우즈 체제에서 마르크화와 엔화의 투기적 수요가 증가한 것은 이들 통화의 평가 절상을 예상했기 때문이다.

③ 금의 생산량 증가를 통한 국제 유동성 공급량의 증가는 트리핀 딜레마 상황을 완화하는 한 가지 방법이 될 수 있다.

④ 트리핀 딜레마는 달러화를 통한 국제 유동성 공급을 중단할 수도 없고 공급량을 무한정 늘릴 수도 없는 상황을 말한다.

⑤ 브레턴우즈 체제에서 마르크화가 달러화에 대해 평가 절상되면, 같은 금액의 마르크화로 구입 가능한 금의 양은 감소한다.

03

미국을 포함한 세 국가가 존재하고 각각 다른 통화를 사용할 때, ㉠~㉢에 대한 설명으로 적절한 것은?

① ㉠에서 자동적으로 결정되는 환율의 가짓수는 금에 자국 통화의 가치를 고정한 국가 수보다 하나 적다.

② ㉡이 붕괴된 이후에도 여전히 달러화가 기축 통화라면 ㉠에 비해 교차 환율의 가짓수는 적어진다.

③ ㉢에서 국가 수가 하나씩 증가할 때마다 환율의 전체 가짓수도 하나씩 증가한다.

④ ㉠에서 ㉡으로 바뀌면 자동적으로 결정되는 환율의 가짓수가 많아진다.

⑤ ㉡에서 교차 환율의 가짓수는 ㉢에서 생기는 환율의 가짓수보다 적다.

04

윗글을 참고할 때, 〈보기〉에 대한 반응으로 가장 적절한 것은?

〈보기〉

브레턴우즈 체제가 붕괴된 이후 두 차례의 석유 가격 급등을 겪으면서 기축 통화국인 A국의 금리는 인상되었고 통화 공급은 감소했다. 여기에 A국 정부의 소득세 감면과 군비 증대는 A국의 금리를 인상시켰으며, 높은 금리로 인해 대량으로 외국 자본이 유입되었다. A국은 이로 인한 상황을 해소하기 위한 국제적 합의를 주도하여, 서로 교역을 하며 각각 다른 통화를 사용하는 세 국가 A, B, C는 외환 시장에 대한 개입을 합의했다. 이로 인해 A국 통화에 대한 B국 통화와 C국 통화의 환율은 각각 50%, 30% 하락했다.

① A국의 금리 인상과 통화 공급 감소로 인해 A국 통화의 신뢰도가 낮아진 것은 외국 자본이 대량으로 유입되었기 때문이겠군.

② 국제적 합의로 인한 A국 통화에 대한 B국 통화의 환율 하락으로 국제 유동성 공급량이 증가하여 A국 통화의 가치가 상승했겠군.

③ 다른 모든 조건이 변하지 않았다면, 국제적 합의로 인해 A국 통화에 대한 B국 통화의 환율과 B국 통화에 대한 C국 통화의 환율은 모두 하락했겠군.

④ 다른 모든 조건이 변하지 않았다면, 국제적 합의로 인해 A국 통화에 대한 B국과 C국 통화의 환율이 하락하여, B국에 대한 C국의 경상 수지는 개선되었겠군.

⑤ 다른 모든 조건이 변하지 않았다면, A국의 소득세 감면과 군비 증대로 A국의 경상 수지가 악화되며, 그 완화 방안 중 하나는 A국 통화에 대한 B국 통화의 환율을 상승시키는 것이겠군.

🔁 **빈칸에 알맞은 말을 넣어 구조도를 완성하시오.**

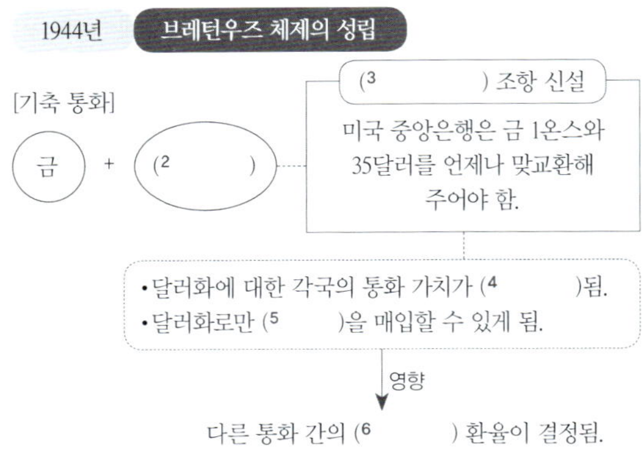

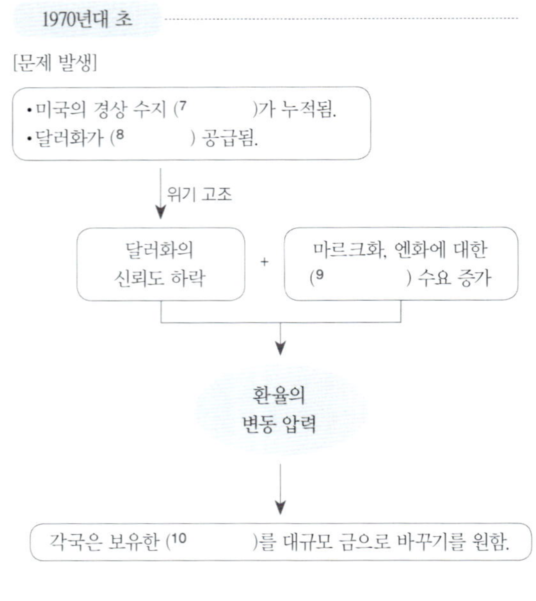

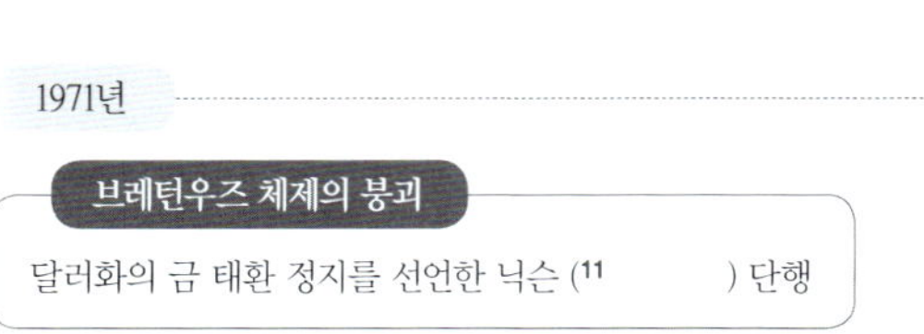

금본위 체제와 브레턴우즈 체재의 특징, 그리고 브레턴우즈 체재가 붕괴할 수밖에 없었던 이유 등을 인과 관계를 중심으로 이해할 수 있어야 합니다.

트리핀 딜레마와 달러의 역설

트리핀 딜레마는 1950년대 미국에서 장기간 이어진 경상 수지 적자 때문에 처음 등장한 개념이다. 당시 미 예일대 교수였던 로버트 트리핀은 이러한 상태가 얼마나 지속될지, 또 미국이 경상 흑자로 돌아서면 누가 국제 유동성을 공급할지에 대해 문제를 제기했다. 그는 "미국이 경상 적자를 허용하지 않고 국제 유동성 공급을 중단하면 세계 경제는 크게 위축될 것이며, 적자 상태가 지속돼 미 달러화가 과잉 공급되면 달러화 가치가 하락해 준비 자산으로서 신뢰도가 저하되고 고정 환율 제도가 붕괴할 것"이라고 말했다. 이로부터 트리핀 딜레마라는 신조어가 만들어져 지금까지 전해지고 있다. '트리핀 딜레마'는 국제 경기의 원활한 흐름을 위해 기축 통화가 많이 풀리면 기축 통화 발행국의 적자가 늘어나고, 반대로 기축 통화 발행국이 무역 흑자를 보면 기축 통화가 덜 풀려 국제 경기가 침체되는 역설을 말한다. 하지만 오늘날 기축 통화인 미 달러화는 무역 적자가 발생하는 문제를 바로잡지 않고도 기축 통화로서의 위치를 공고히 하고 있다. 왜냐하면 미국의 국제 수지 적자 폭이 늘어나는 속도보다 세계 시장에서 달러 수요가 창출되는 속도가 더 빠르기 때문이다. 이를 트리핀 딜레마를 넘어서는 '달러의 역설'이라고 한다.

세뇨리지 효과

기축 통화국이 그 지위를 이용하여 화폐를 찍어 내고 새로운 신용 창출을 통해 끝없이 대외 적자를 메워 나가는 것을 말한다. 즉, 화폐를 발행하면 교환 가치에서 발행 비용을 뺀 만큼의 이익이 생기는데 그중에서도 기축 통화국, 즉 국제 통화를 보유한 국가가 누리는 이익을 일컫는다. '세뇨리지'라는 말은 본래 중세 시기 자신의 성내에서 화폐 주조에 대한 배타적 독점권을 갖고 있던 봉건 영주(프랑스어로 seignior)가 재정을 메우기 위해 금화에 불순물을 섞어 유통시킨 데서 유래한 말이다. 즉, 실제 화폐의 액면가에 비해 제조 비용이 적게 들고 그 차액만큼의 이익이 생기는 것이다. 한편, 2차 세계 대전 이전까지 파운드화를 쓰는 영국이 기축 통화국 역할을 하다 미국에게 그 지위를 내 주었고, 오늘날에는 미국만이 기축 통화국으로서의 세뇨리지 효과를 누리고 있다.

호루라기 관장님의

어휘 트레이닝

공부한 날	월　　일　　요일
맞은 개수	/ 32

No	뜻	힌트	정답
01	그 밖의 다른 것	ㅇ타	
02	결단하여 실행함.	단ㅎ	
03	일반적으로 두루 씀.	ㅌ용	
04	물건 따위를 사들임.	ㅁ입	
05	겉으로 내세우는 이름.	명ㅁ	
06	화폐 가치의 수준을 낮춤.	ㅈ하	
07	화폐 가치의 수준을 높이는 일	ㅈ상	
08	수입과 지출을 아울러 이르는 말	ㅅ지	
09	생각하거나 계획한 대로 일을 해냄.	수ㅎ	
10	지출이 수입보다 많아서 생기는 결손액	적ㅈ	
11	예정하거나 필요한 수량보다 많아 남음.	ㄱ잉	
12	정도, 수준, 능률, 따위가 떨어져 낮아짐.	저ㅎ	
13	외국과의 거래를 결제할 때 쓰는 환어음	ㅇ환	
14	어떤 일에서 크게 기를 꺾음. 그로 인한 손해	타ㄱ	
15	수입이 지출보다 많아 잉여 이익이 생기는 일	ㅎ자	
16	나라나 사회의 외부에 관련되는. 또는 그런 것	ㄷ외적	
17	다른 것에 의지하여 생활하거나 존재하는 정도	의ㅈ도	
18	어떤 사상이나 조직 따위의 토대나 중심이 되는 곳	기ㅊ	
19	지폐를 명목 가치와 소재 가치가 같은 본위 화폐와 바꿈.	태ㅎ	
20	시세 변동을 예상하여 차익을 얻기 위하여 하는 매매 거래	ㅌ기	
21	한 단위의 통화가 여러 가지 재화나 용역을 살 수 있는 능력	구ㅁ력	
22	사회를 하나의 유기체로 볼 때에, 그 조직이나 양식, 또는 그 상태를 이르는 말	체ㅈ	

No	앞의 어휘를 활용해 문장을 완성하시오.
01	입법 기관인 국회는 정부를 견제하는 정치적 기능을 (　　　)한다.
02	노년기에 접어들게 되면 체력이 급격하게 (　　　)되는 특징이 있다.
03	전세값보다 집값이 나날이 상승하자 전국이 부동산 (　　　) 열풍으로 떠들썩하다.
04	진나라는 수많은 서책을 불태우는 분서갱유를 (　　　)하며 사상을 통제했다.
05	수입이 수출을 초과하면 적자가 발생하고, 수출이 수입을 초과하면 (　　　)가 발생한다.
06	환율이 오르면 수입 (　　　)가 높은 석유 제품과 밀가루와 같은 식재료의 가격이 올라간다.
07	외국으로부터 곡물 수입을 늘리면 경쟁력이 떨어지는 농촌 산업에 (　　　)이 갈 것은 불 보듯 뻔하다.
08	농토를 확보한다는 (　　　)으로 간척 사업이 시행되자 지난 수십 년간 우리나라의 갯벌이 훼손되었다.
09	각국의 실정법을 두루 통합하여 국제법으로 만들면 그것은 어디서나 (　　　)되는 현실적 규범이 될 수 있다.
10	미국은 전쟁 중에 급증한 생산력을 유지할 수 있는 시장을 얻기 위해 세계를 개방 경제 (　　　)로 만들고자 했다.

주제 독해 II 사회

오늘 수능 국어 트레이닝 끝!

역사 속 무역 정책

자유 무역주의와 보호 무역주의

무역 정책에 있어 자유무역주의와 보호무역주의는 대립된 주장으로 볼 수 있다. 자유 무역주의는 비교 생산비의 원리를 근거로, 국가가 무역에 대해서 간섭을 하지 않는 자유 무역이 경제적으로 자국에 유리할 뿐만 아니라 국제 경제에도 유리하다는 주장이다. 이 자유 무역주의는 중상주의(나라의 부를 늘리려고 상업을 중히 여기고, 보호 무역주의의 입장에서 수출 산업을 육성하여 무역 차액으로 자본을 축적하려 한 경제 이론이자 정책)에 반대하여 대두되었으며, 19세기에는 관세의 인하, 제2차 세계 대전 후에는 수입 제한이나 외환 관리제와 같은 직접적 무역 통제의 폐지를 주장하는 구체성을 드러냈다. GATT(관세 및 무역에 관한 일반 협정)는 이러한 무역의 자유화를 위하여 마련되었다.

이에 반해 보호 무역주의는 경제 발전이 뒤늦은 나라에서 무역을 자유롭게 하면 국내의 기존 산업 또는 장래의 발전 가능성이 있는 산업이 외국과의 경쟁에 의해서 위협을 받거나 발달의 기회를 상실하게 되므로 국내 산업의 보호를 위하여 수입을 제한하여야 한다는 주장이다. 보호무역주의는 공업화의 이익에 기초를 둔, 19세기 후반 독일의 F.리스트와 미국의 A.해밀턴 등의 유치산업보호육성론에서 출발하였으며, 1930년대에 이르러 관리 무역으로 발전하였다.

이 같은 자유무역주의와 보호 무역주의는 오늘날까지 꾸준히 무역 정책상 논쟁의 대상이 되어 왔다. 그러나 제2차 세계 대전 이후부터 세계 각국의 무역 정책은 균형 무역주의라고도 할 수 있는 새로운 경향을 띠게 되었다. 그리하여 국가 간의 협조 하에 무역자유화가 전체적인 흐름을 유지하고 있다.

주제 독해 | Ⅲ 과학

15 자극 반응

다음 글을 읽고 내용을 정리하시오.

01 20세기 후반에 미국의 과학자인 액설과 벅은 냄새 분자를 전기 신호로 전환하는 매개체인 후각 수용체를 발견했다. 후각 수용체를 중심으로 후각 자극의 신호 전달 과정을 살펴보자.

02 코안의 가장 윗부분에 후각 수용체가 있는 엄지손톱 크기의 후각 상피가 있다. 냄새 분자는 우리가 호흡할 때 공기에 실려 후각 상피로 가는데, 방향에 따라 정방향 경로와 역방향 경로가 있다. 전자는 숨을 들이쉴 때 신체 외부에 있던 냄새 분자가 콧속으로 유입되는 경로이고, 후자는 신체 내부에 있던 냄새 분자가 목구멍을 통해 코 뒤로 올라가 숨을 내쉴 때 후각 상피에 도달하는 경로이다. 후자를 통해 이동한 냄새 분자는 미각으로 느낀 맛을 더욱 풍부하게 할 수 있다.

03 이러한 경로를 통해 냄새 분자가 도달한 후각 상피에는 냄새를 받아들이는 후각 신경 세포 수백만 개가 밀집해 있다. 세포의 말단에는 가느다란 섬모들이 뻗어 나와 얇은 점액질층에 잠겨 있고, 섬모 표면에는 특정한 몇 종류의 분자와 선택적으로 결합하는 막단백질인 후각 수용체가 점점이 박혀 있는데 한 개의 후각 신경 세포에는

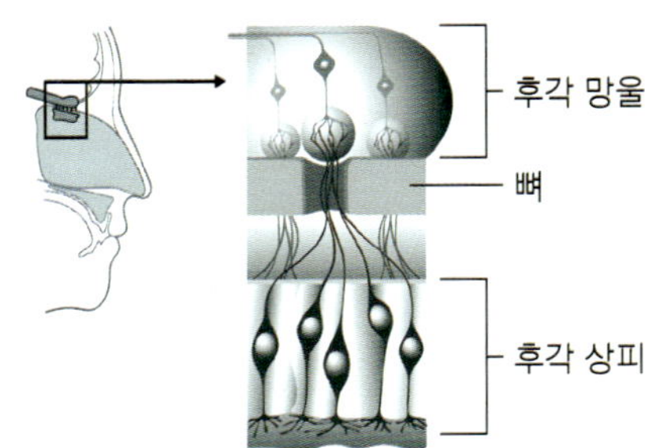

한 종류의 후각 수용체만 존재한다. 냄새 분자는 점액질층을 통과하여 후각 수용체와 결합한다. 대부분의 냄새에는 수백 종류의 분자가 포함되는데, 이 냄새 분자와 특이적으로 결합하는 후각 수용체가 동시에 활성화된다. 인간은 약 400종류의 후각 수용체로 1만여 가지의 냄새를 맡을 수 있다.

04 후각 수용체가 활성화되면 후각 신경 세포의 세포막 안팎에 전압 차가 만들어지면서 후각 신경 세포에서 전기 신호가 발생한다. 이 신호는 후각 신경 세포에서 뻗어 나온 긴 돌기인 축삭을 타고 뼈의 구멍을 통해 뇌로 올라가 후각 망울에 있는 토리로 전달된다. 하나의 토리에는 동일한 종류의 후각 수용체가 활성화되어 만들어진 모든 전기 신호가 모인다. 이때 수천 개의 토리 중 신호를 전달받은 토리들이 패턴을 만드는데, 신호의 세기도 패턴에 반영된다. 냄새마다 고유한 일종의 패턴 지도가 있어 다른 냄새와 구별할 수 있는 특징이 된다. 단일 분자로 이루어진 물질이라도 농도에 따라 다른 패턴이 만들어진다면 우리는 이를 전혀 다른 냄새로 인식한다.

05 후각 망울의 토리에서 만들어진 패턴은 신경 세포인 승모 세포를 통해 전기 신호가 강화되어 대뇌로 전달되고, 대뇌의 다양한 정보들과 합쳐져 최종적으로 냄새를 인식하게 된다. 승모 세포가 연결된 대뇌의 후각 겉질에는 과거에 맡았던 냄새 정보가 저장되어 있어 새로운 냄새의 정보를 기존의 것과 비교하고, 냄새 정보를 편도체, 해마, 눈확이마 겉질 등 대뇌의 다른 영역으로 보낸다. 이 냄새 정보는 정서 반응에 관여하는 편도체 및 기억을 담당하는 해마로 즉시 전달된다. 이 때문에 어떤 냄새를 맡으면 무의식중에 즐겁거나 불쾌한 감정을 느낄 수도 있고, 순식간에 과거의 기억이 떠오를 수도 있다. 그리고 눈확이마 겉질에서는 개인의 경험, 기대, 상황 등의 정보를 종합하여 최종적으로 어떤 냄새인지 판단하여 냄새를 인식하게 된다.

지문이 읽히는 독해 코칭

빈칸을 채우며 각 문단별 내용을 완성하시오.

1문단

후각 수용체	• 냄새 분자를 (1) 신호로 전환하는 매개체 • 액설과 벅이 발견

2문단

냄새 분자의 유입 경로

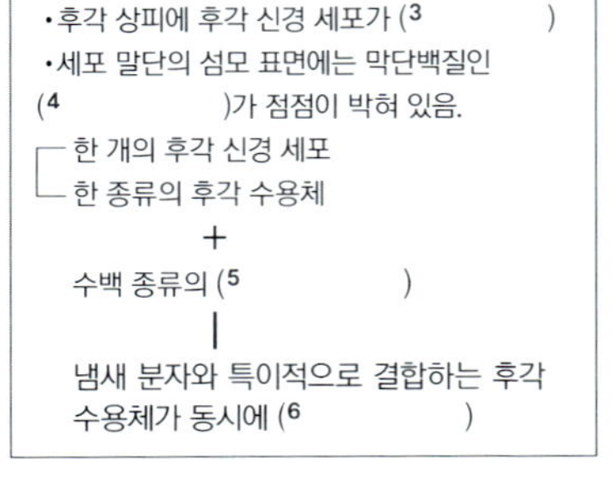

3문단

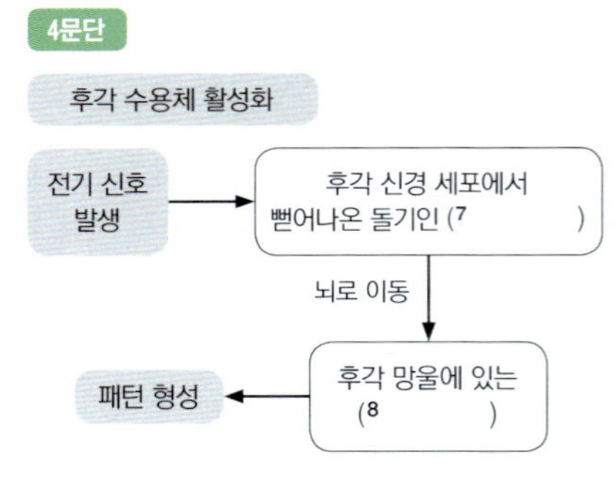

4문단

후각 수용체 활성화

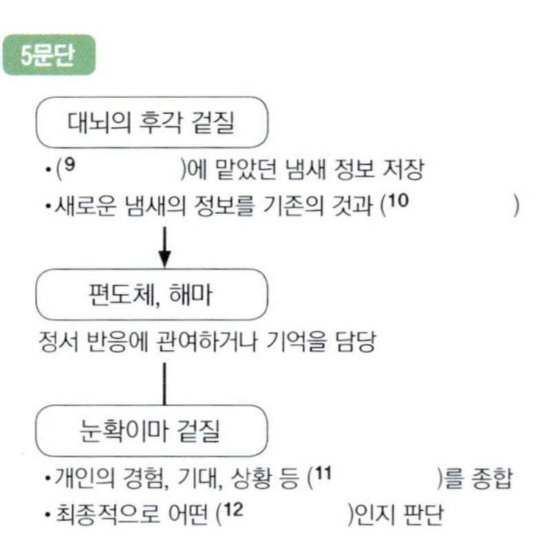

5문단

대뇌의 후각 겉질
• (9   )에 맡았던 냄새 정보 저장
• 새로운 냄새의 정보를 기존의 것과 (10   )

편도체, 해마
정서 반응에 관여하거나 기억을 담당

눈확이마 겉질
• 개인의 경험, 기대, 상황 등 (11   )를 종합
• 최종적으로 어떤 (12   )인지 판단

구조 트레이닝 ZONE

빈칸에 알맞은 말을 넣어 구조도를 완성하시오.

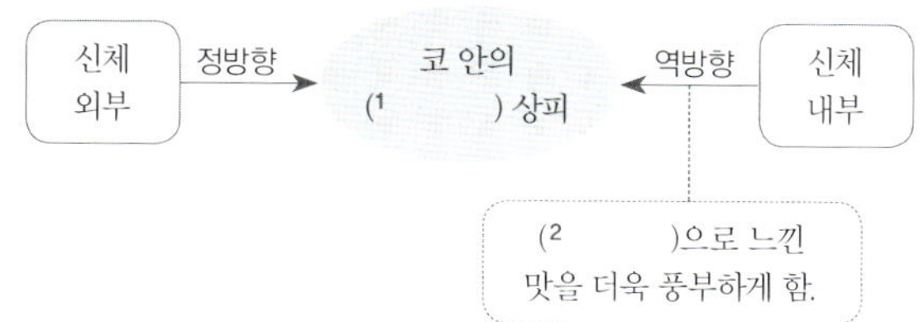

후각 자극의 전달 과정을 상세히 설명하는 지문이므로, 각각의 감각 수용기를 기준으로 후각 자극의 전달 과정을 단계별로 나누어 이해하도록 합니다. 특히 각 감각 수용기의 역할이 무엇인지도 함께 파악할 수 있어야 합니다.

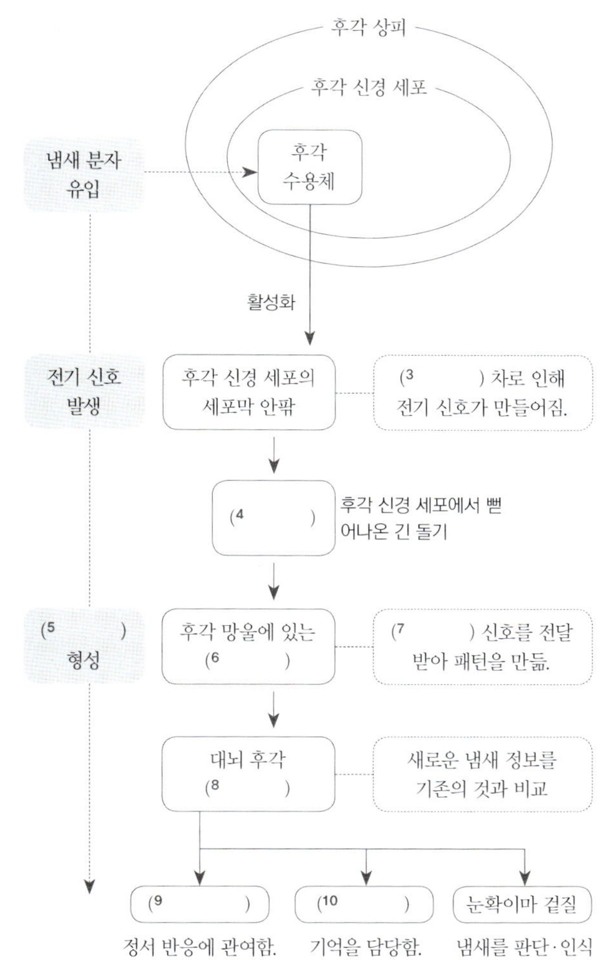

내용 트레이닝 ZONE

글 내용과 일치하면 ○에, 그렇지 않으면 ✕에 체크하시오.

2문단

01 후각 상피는 코안의 가장 아랫부분에 있는 후각 수용체이다. ○ ✕

02 냄새 분자는 공기에 실려 정방향 경로나 역방향 경로를 따라 후각 상피로 이동한다. ○ ✕

03 정방향 경로를 통해 이동한 냄새 분자는 미각으로 느낀 맛을 풍부하게 느껴지게 한다. ○ ✕

04 냄새 분자가 목구멍을 통해 코 뒤로 올라가 숨을 내쉴 때 후각 상피에 도달하는 경로는 정방향 경로이다. ○ ✕

3문단

05 한 종류의 후각 수용체는 모든 냄새 분자와 결합한다. ○ ✕

06 후각 상피에는 수백만 개의 후각 신경 세포가 밀집해 있다. ○ ✕

07 수백 종류의 냄새 분자 수보다 후각 수용체의 종류가 더 많다. ○ ✕

08 한 개의 후각 신경 세포는 한 종류의 후각 수용체만 가지고 있다. ○ ✕

4문단

09 전기 신호를 전달받지 못한 토리들도 패턴이 형성되는 데 영향을 미친다. ○ ✕

10 후각 수용체가 활성화되면 후각 신경 세포에서 전기 신호가 발생하게 된다. ○ ✕

11 냄새의 패턴 지도가 다르다면 하나의 분자로 이루어진 물질이라도 다른 냄새로 인식하게 된다. ○ ✕

12 동일한 종류의 후각 수용체가 활성화되어 만들어진 전기 신호는 후각 망울에 있는 여러 개의 토리에 나뉘어 전달된다. ○ ✕

5문단

13 냄새의 패턴을 전달받은 대뇌는 패턴 정보만을 통해 냄새를 최종적으로 인식한다. ○ ✕

14 해마는 냄새 정보를 전달받아 새로운 냄새 정보를 기존의 냄새 정보와 비교하는 역할을 한다. ○ ✕

워밍-UP

[01~04] 다음 글을 읽고 물음에 답하시오.

01 20세기 후반에 미국의 과학자인 액설과 벅은 냄새 분자를 전기 신호로 전환하는 매개체인 후각 수용체를 발견했다. 후각 수용체를 중심으로 후각 자극의 신호 전달 과정을 살펴보자.

02 코안의 가장 윗부분에 후각 수용체가 있는 엄지손톱 크기의 후각 상피가 있다. 냄새 분자는 우리가 호흡할 때 공기에 실려 후각 상피로 가는데, 방향에 따라 정방향 경로와 역방향 경로가 있다. 전자는 숨을 들이쉴 때 신체 외부에 있던 냄새 분자가 콧속으로 유입되는 경로이고, 후자는 신체 내부에 있던 냄새 분자가 목구멍을 통해 코 뒤로 올라가 숨을 내쉴 때 후각 상피에 도달하는 경로이다. 후자를 통해 이동한 냄새 분자는 미각으로 느낀 맛을 더욱 풍부하게 할 수 있다.

03 이러한 경로를 통해 냄새 분자가 도달한 ㉠후각 상피에는 냄새를 받아들이는 후각 신경 세포 수백만 개가 밀집해 있다. 세포의 말단에는 가느다란 섬모들이 뻗어 나와 얇은 점액질층에 잠겨 있고, 섬모 표면에는 특정한 몇 종류의 분자와 선택적으로 결합하는 막단백질인 후각 수용체가 점점이 박혀 있는

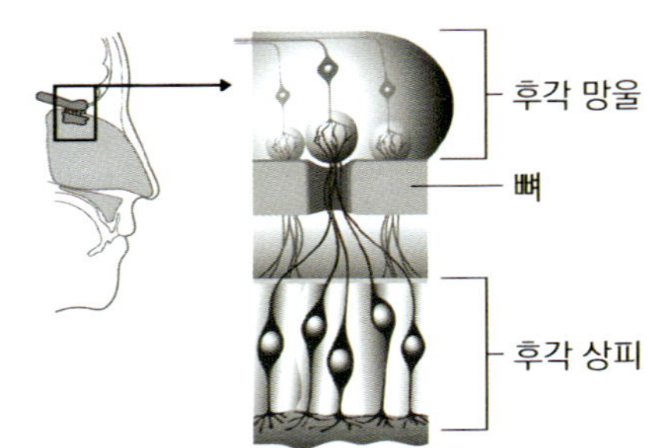

데 한 개의 후각 신경 세포에는 한 종류의 후각 수용체만 존재한다. 냄새 분자는 점액질층을 통과하여 후각 수용체와 결합한다. 대부분의 냄새에는 수백 종류의 분자가 포함되는데, 이 냄새 분자와 특이적으로 결합하는 후각 수용체가 동시에 활성화된다. 인간은 약 400종류의 후각 수용체로 1만여 가지의 냄새를 맡을 수 있다.

04 후각 수용체가 활성화되면 후각 신경 세포의 세포막 안팎에 전압 차가 만들어지면서 후각 신경 세포에서 전기 신호가 발생한다. 이 신호는 후각 신경 세포에서 뻗어 나온 긴 돌기인 축삭을 타고 뼈의 구멍을 통해 뇌로 올라가 ㉡후각 망울에 있는 토리로 전달된다. 하나의 토리에는 동일한 종류의 후각 수용체가 활성화되어 만들어진 모든 전기 신호가 모인다. 이 때 수천 개의 토리 중 신호를 전달받은 토리들이 패턴을 만드는데, 신호의 세기도 패턴에 반영된다. 냄새마다 고유한 일종의 패턴 지도가 있어 다른 냄새와 구별할 수 있는 특징이 된다. 단일 분자로 이루어진 물질이라도 농도에 따라 다른 패턴이 만들어진다면 우리는 이를 전혀 다른 냄새로 인식한다.

05 후각 망울의 토리에서 만들어진 패턴은 신경 세포인 승모 세포를 통해 전기 신호가 강화되어 대뇌로 전달되고, 대뇌의 다양한 정보들과 합쳐져 최종적으로 냄새를 인식하게 된다. 승모 세포가 연결된 대뇌의 후각 겉질에는 과거에 맡았던 냄새 정보가 저장되어 있어 새로운 냄새의 정보를 기존의 것과 비교하고, 냄새 정보를 편도체, 해마, 눈확이마 겉질 등 대뇌의 다른 영역으로 보낸다. 이 냄새 정보는 정서 반응에 관여하는 편도체 및 기억을 담당하는 해마로 즉시 전달된다. 이 때문에 어떤 냄새를 맡으면 무의식중에 즐겁거나 불쾌한 감정을 느낄 수도 있고, 순식간에 과거의 기억이 ⓐ떠오를 수도 있다. 그리고 눈확이마 겉질에서는 개인의 경험, 기대, 상황 등의 정보를 종합하여 최종적으로 어떤 냄새인지 판단하여 냄새를 인식하게 된다.

01

윗글을 통해 답을 찾을 수 있는 질문으로 적절한 것은?

① 후각 상피에 있는 점액질층의 성분은 무엇인가?

② 후각 겉질과 눈확이마 겉질을 나누는 기준은 무엇인가?

③ 후각 수용체가 냄새 분자와 결합하는 원리는 무엇인가?

④ 냄새 분자가 정방향 경로로 들어올 때의 장점은 무엇인가?

⑤ 냄새를 맡으면 순식간에 기억이 떠오르는 이유는 무엇인가?

02

후각 자극의 신호 전달 과정을 중심으로 ㉠, ㉡을 이해한 내용으로 적절하지 않은 것은?

① ㉠에서 냄새 분자가 섬모에 닿으려면 먼저 점액질층을 통과해야한다.

② ㉠에서 냄새 분자와 후각 수용체가 결합하면 후각 신경 세포에서 전기 신호가 발생한다.

③ ㉡에서 만들어진 패턴은 승모 세포를 통해 전기 신호가 강해져 대뇌의 후각 겉질로 전달된다.

④ ㉠에서 서로 다른 종류의 후각 수용체가 활성화되어 발생한 전기 신호는 한 개의 축삭에 모여 ㉡으로 전달된다.

⑤ ㉠으로부터 전달된 전기 신호와 세기를 반영하여 ㉡에서는 패턴이 만들어진다.

03

윗글과 〈보기〉를 이해한 내용으로 적절하지 않은 것은?

〈보기〉

'전자 코'는 질병 조기 진단, 식품의 신선도 측정 등에 두루 쓰인다. 최근 사람의 후각과 원리가 비슷한 6가지 나노 금 입자로 구성된 전자 코가 개발돼 질병 진단을 위해 단백질을 분석할 때 쓰이고 있다. 6가지 나노 금 입자에 특정한 단백질과 결합하는 물질들이 코팅되어 있다. 나노 금 입자는 형광물질과 결합한 상태인데 단백질이 결합하면 형광물질이 분리되면서 빛을 낸다. 나노 금 입자와 단백질의 결합 여부 및 결합하는 정도에 따라 빛의 세기가 달라지고, 이러한 빛들이 만드는 빛의 분포는 단백질마다 다른 고유한 특징이다. 이러한 빛의 분포를 컴퓨터로 분석하고 기존의 데이터와 비교하여 단백질의 종류를 파악한다.

① '토리에서 만들어진 패턴'과 '빛의 분포'는 대상마다 다르게 나타나는 고유한 특징이라는 점에서 유사하다고 볼 수 있겠군.

② '후각 수용체'와 '단백질과 결합하는 물질들'은 대상과 선택적으로 결합한다는 점에서 유사하다고 볼 수 있겠군.

③ '대뇌의 후각 겉질'과 '컴퓨터'는 새로운 정보를 기존의 정보와 비교한다는 점에서 유사하다고 볼 수 있겠군.

④ '승모 세포'와 '나노 금 입자'는 대상과의 결합 여부와 정도를 알려 준다는 점에서 유사하다고 볼 수 있겠군.

⑤ '전기 신호'와 '빛'은 두 대상의 결합으로 인해 발생한다는 점에서 유사하다고 볼 수 있겠군.

04

문맥상 ⓐ의 의미와 가장 가까운 것은?

① 바람에 날린 연이 높이 떠올랐다.

② 붉은 태양이 바다 위로 떠올랐다.

③ 어머니의 얼굴에 미소가 떠올랐다.

④ 그 사람의 이름이 이제야 떠올랐다.

⑤ 그녀는 배구계의 새 강자로 떠올랐다.

[01~04] 다음 글을 읽고 물음에 답하시오.

01 통각 수용기는 피부에 가장 많아 피부에서 발생한 통증은 위치를 확인하기 쉽지만, 통각 수용기가 많지 않은 내장 부위에서 발생한 통증은 위치를 정확히 확인하기 어렵다. 후각이나 촉각 수용기 등에는 지속적인 자극에 대해 수용기의 반응이 감소되는 감각 적응 현상이 일어난다. 하지만 통각 수용기에는 지속적인 자극에 대해 감각 적응 현상이 거의 일어나지 않는다. 그래서 우리 몸은 위험한 상황에 대응할 수 있게 된다.

02 대표적인 통각 수용 신경 섬유에는 Aδ 섬유와 C 섬유가 있다. Aδ 섬유에는 기계적 자극이나 높은 온도 자극에 반응하는 통각 수용기가 분포되어 있으며, C 섬유에는 기계적 자극이나 높은 온도 자극뿐만 아니라 화학적 자극에도 반응하는 통각 수용기가 분포되어 있다. Aδ 섬유를 따라 전도된 통증 신호가 대뇌 피질로 전달되면, 대뇌 피질에서는 날카롭고 쑤시는 듯한 짧은 초기 통증을 느끼고 통증이 일어난 위치를 파악한다. C 섬유를 따라 전도된 통증 신호가 대뇌 피질로 전달되면, 대뇌피질에서는 욱신거리고 둔한 지연 통증을 느낀다. 이는 두 신경 섬유의 특징과 관련이 있다. Aδ 섬유는 직경이 크고 전도 속도가 빠르며, C 섬유는 직경이 작고 전도 속도가 느리다.

03 머리 아래쪽에서 발생한 ⎡통증 신호의 전달⎤은 통각 수용기가 받아들인 자극이 전기적 신호로 변환되어 통각 수용기와 연결된 1차 신경 섬유를 따라 전도된 후, 척수에서 나오는 2차 신경 섬유를 따라 전도되어 시상을 거쳐 중추인 대뇌로 전달됨으로써 이루어진다. 1차 신경 섬유와 2차 신경 섬유는 척수에서 서로 시냅스를 이루고 있어 통증 신호의 전달을 위해서는 1차 신경 섬유에서 신경 전달 물질이 분비되어야 한다. 신경 전달 물질인 글루탐산은 1차 신경 섬유 말단에서 분비되어 2차 신경 섬유에 있는 ㉠AMPA 수용체 및 ㉡NMDA 수용체와 결합하여 수용체를 활성화시킨다. 그런데 NMDA 수용체는 마그네슘 이온에 의해 억제되어 있어 소량의 글루탐산에는 AMPA 수용체만 먼저 활성화된다. AMPA 수용체가 활성화되면 2차 신경 섬유로 나트륨 이온이 유입되어 1차 신경 섬유를 따라 전도된 통증 신호가 2차 신경 섬유로 전달되며, 통증 신호는 시상을 거쳐 대뇌 피질로 전달된다. AMPA 수용체에 의해 나트륨 이온이 유입되면 뒤이어 NMDA 수용체도 활성화되어 나트륨 이온뿐만 아니라 칼슘 이온도 유입된다. 이 경우 칼슘 이온으로 인해 대뇌 피질로 통증 신호의 전달은 일어나지 않지만 통각 수용기의 민감도가 높아져 약한 자극에 대해서도 통각 수용기가 예민하게 반응하게 한다.

04 신경 전달 물질 서브스턴스 P는 1차 신경 섬유 말단에서 분비되어 2차 신경 섬유에 있는 NK 수용체를 활성화시켜 통증 신호를 2차 신경 섬유로 전달한다. 통증 신호는 시상을 거쳐 대뇌 피질로 들어가 통증을 느끼게 하고, 망상체와 시상 하부 등 뇌의 여러 부분을 포함하는 대뇌 변연계로 전달되어 자율 신경과 내분비계를 자극하여 통증으로 인한 행동이나 감정 반응을 일으킨다.

05 한편 망상체에서 1차 신경 섬유의 말단으로 뻗어 있는 신경 섬유 말단에서는 엔도르핀, 엔케팔린, 다이노르핀 같은 진통 신경 전달 물질을 분비한다. 이 물질은 1차 신경 섬유의 말단에 있는 아편 수용체와 결합함으로써 1차 신경 섬유에서 서브스턴스 P가 분비되는 것을 억제하여 통증 신호가 2차 신경 섬유로 전달되지 못하도록 한다. 이러한 통증 억제 시스템은 신체가 외상을 입은 상황에서 통증을 완화시키거나 느끼지 못하게 하여 고통을 견딜 수 있게 하는 역할을 한다.

지문이 읽히는 독해 코칭

빈칸을 채우며 각 문단별 내용을 완성하시오.

1문단

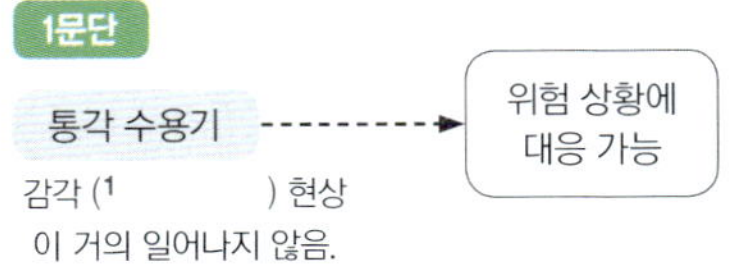

2문단

통각 수용 신경 섬유	
Aδ 섬유	C 섬유
기계적 자극이나 높은 온도 자극에 반응하는 (2) 수용기 분포	기계적 자극, 높은 온도 자극, 화학적 자극에도 반응하는 통각 수용기 분포
날카롭고 쑤시는 듯한 (3) 초기 통증을 느낌.	욱신거리고 (5) 지연 통증을 느낌.
직경이 크고 전도 속도가 (4).	직경이 작고 전도 속도가 (6).

3문단

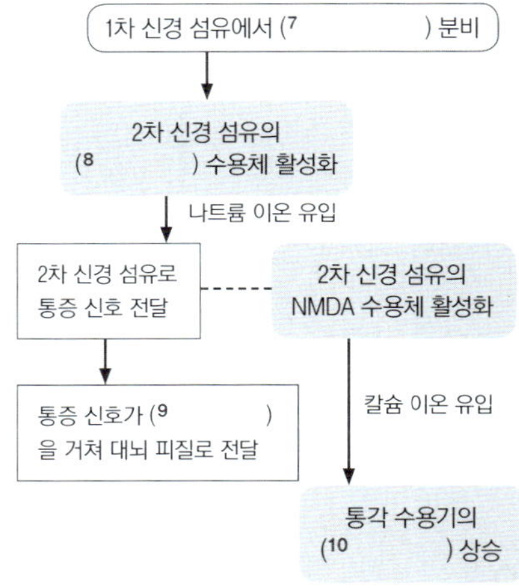

4문단

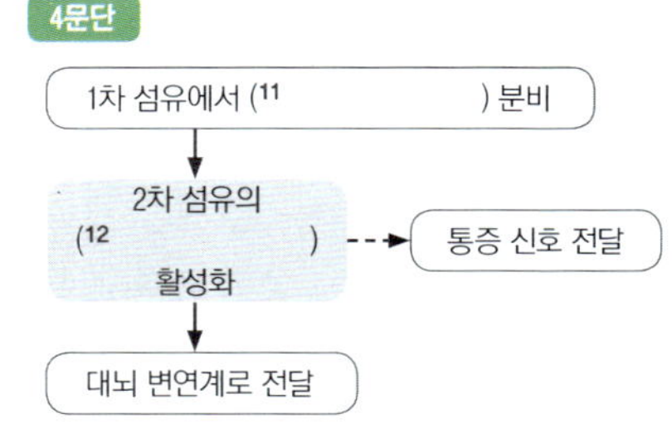

5문단

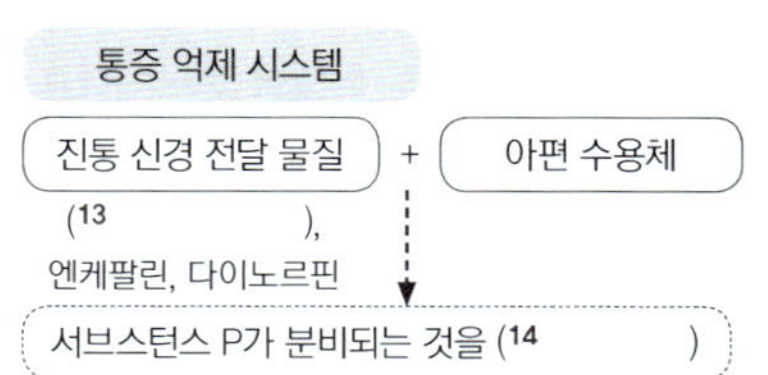

01

윗글의 내용과 일치하지 <u>않는</u> 것은?

① Aδ 섬유는 C 섬유보다 직경이 크고 전도 속도가 빠르다.

② 통각 수용기가 많은 부위일수록 통증 위치를 확인하기 쉽다.

③ 망상체에는 1차 신경 섬유의 말단으로 뻗어 있는 신경 섬유가 있다.

④ 기계적 자극이나 높은 온도에 반응하는 통각 수용기가 Aδ 섬유와 C 섬유에 모두 분포되어 있다.

⑤ 통각 수용기는 수용기의 반응이 감소되는 감각 적응 현상을 일으켜 지속적인 자극에 의한 통증을 완화시킨다.

02

윗글의 '통증 신호의 전달'에 대한 이해로 적절하지 <u>않은</u> 것은?

① C 섬유를 따라 전도된 통증 신호는 대뇌 피질로 전달되지 않는다.

② 1차 신경 섬유와 2차 신경 섬유가 시냅스를 이루는 부위는 척수이다.

③ Aδ 섬유를 통해 초기 통증을 느끼고, C 섬유를 통해 지연 통증을 느낀다.

④ 대뇌변연계에 통증 신호가 전달되면 통증에 의한 행동이나 감정 반응이 일어난다.

⑤ 글루탐산과 서브스턴스 P는 모두 1차 신경 섬유에서 분비되는 신경 전달 물질이다.

03

㉠, ㉡에 대한 설명으로 적절하지 <u>않은</u> 것은?

① ㉠과 ㉡은 모두 2차 신경 섬유에 있는 수용체이다.

② ㉠은 1차 신경 섬유에서 분비된 글루탐산과 결합하여 활성화된다.

③ ㉡은 마그네슘 이온에 의해 억제되어 있다.

④ ㉡에 의해 칼슘 이온이 유입되면 통증 신호가 대뇌 피질까지 전달된다.

⑤ ㉠이 활성화되어 나트륨 이온이 유입되면 ㉡이 활성화된다.

04

윗글을 참고할 때, 〈보기〉에 대한 반응으로 가장 적절한 것은?

> 〈보기〉
>
> 손상된 세포에서 생성되는 프로스타글란딘은 통각 수용기가 활성화되는 데 필요한 역치를 낮추어 통증을 잘 느끼게 하는데, 아스피린 같은 약물은 프로스타글란딘의 생성을 억제하여 통증을 완화시킨다. 한편 강력한 진통제인 모르핀은 엔도르핀의 분자 구조와 유사하여 아편 수용체와 잘 결합한다. 하지만 중독성과 부작용이 심해서 통상적인 진통제가 효과가 없을 때 투여하는 최후의 진통제로 쓰인다.
>
> • **역치**: 생물체가 자극에 대한 반응을 일으키는 데 필요한 최소 한도의 자극의 세기를 나타내는 수치

① 아스피린은 통각 수용기의 활성화를 어렵게 하여 자극을 잘 받아들이지 못하게 하고, 모르핀은 아편 수용체와 결합하여 통증 신호의 전달을 억제하겠군.

② 아스피린은 손상되었던 세포에서 프로스타글란딘의 생성을 활성화시키고, 모르핀은 망상체 및 시상 하부에 전달되어 엔도르핀의 분비를 활성화시키겠군.

③ 아스피린은 통증 자극의 세기를 줄여 통각 수용기의 반응을 감소시키고, 모르핀은 엔도르핀과 반응하여 2차 신경 섬유로 전달되는 통증 신호를 차단하겠군.

④ 아스피린은 통각 수용기를 둔감하게 하여 자극을 전기적 신호로 변환하지 못하게 하고, 모르핀은 서브스턴스 P와 반응하여 서브스턴스 P의 기능을 강화시키겠군.

⑤ 아스피린은 손상된 세포를 회복시켜 프로스타글란딘의 생성을 억제하고, 모르핀은 진통 신경 전달 물질의 분비를 억제하여 서브스턴스 P의 생성을 촉진하겠군.

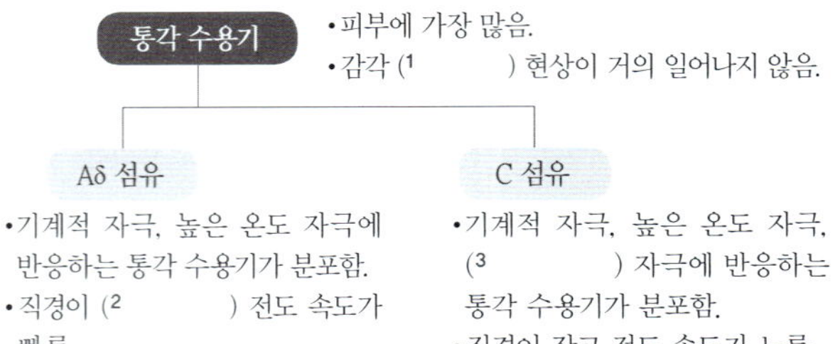

구조 트레이닝 ZONE

💪 **빈칸에 알맞은 말을 넣어 구조도를 완성하시오.**

통각 수용기
- 피부에 가장 많음.
- 감각 (1   ) 현상이 거의 일어나지 않음.

Aδ 섬유
- 기계적 자극, 높은 온도 자극에 반응하는 통각 수용기가 분포함.
- 직경이 (2   ) 전도 속도가 빠름.

C 섬유
- 기계적 자극, 높은 온도 자극, (3   ) 자극에 반응하는 통각 수용기가 분포함.
- 직경이 작고 전도 속도가 느름.

두 가지 통각 수용 신경 섬유의 특징을 파악하고 글루탐산과 서브스턴스 P를 중심으로 통증 신호가 전달되는 과정을 살펴보도록 합니다. 아울러 진통 신경 전달 물질의 종류와 역할에 대해 파악할 수 있어야 합니다.

통증 신호의 전달 과정

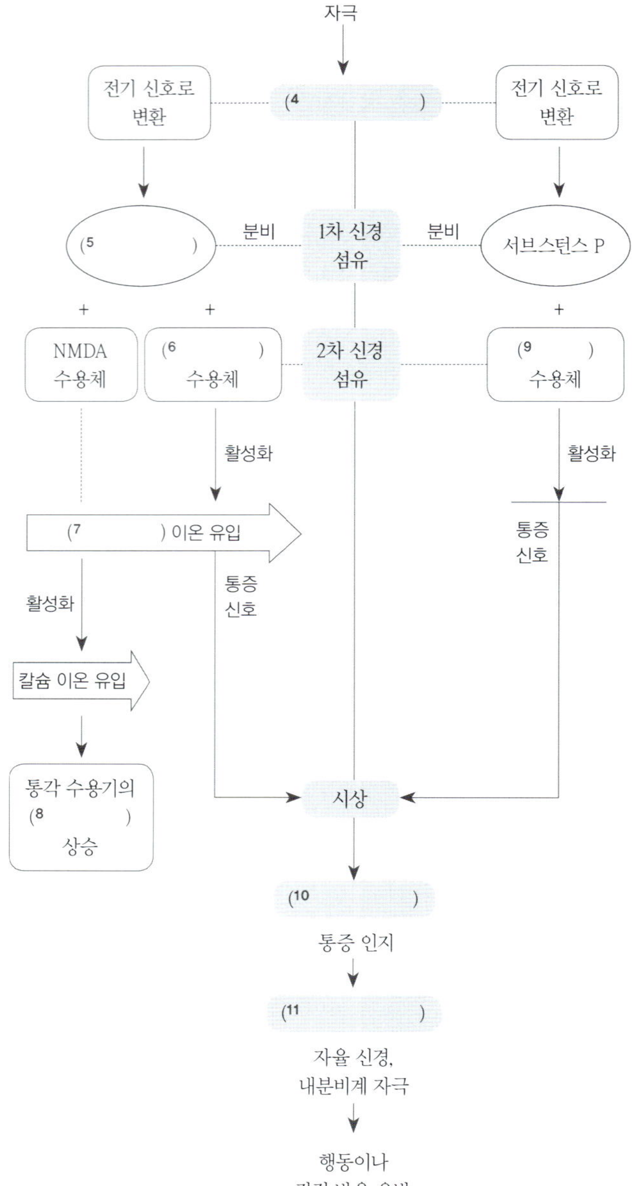

🏃 **지식을 넓히는 주제 코칭**

감각 수용기의 분류

감각 수용기는 자극 발생의 위치에 따라 외부 환경의 자극인 온도, 촉각, 냄새, 소리, 시각 자극 등에 반응하는 외수용기와, 신체 내부의 자극에 반응하는 내수용기로 분류된다. 내수용기들은 외수용기보다 단순하며 근육의 길이와 신장력, 팔다리의 위치, 통증, 혈액의 화학적 성분, 혈액 부피와 압력, 체온과 관련된 자극 등을 인지한다. 감각 수용기는 온몸 곳곳에 흩어져 있는데, 감각 수용기들이 최대로 반응하는 자극 에너지의 유형에 따라서도 분류된다. 통증을 감지하는 통각 수용기, 온도를 감지하는 온도 수용기, 수용기 세포막의 기계적 변형에 반응하는 촉각 수용기, 압각 수용기, 균형에 관계된 기계 수용기, 화학 물질과 화학적 변화를 인지하는 화학 수용기, 그리고 빛을 인지하는 안구 망막의 막대 세포와 원뿔 세포 등의 광수용기 등으로 구분된다.

신경 전달 물질

신경 전달 물질은 뇌를 포함한 모든 신경계를 구성하는 신경 세포에서 다른 신경 세포로 신호를 전달하기 위해 분비되는 화학 물질을 말한다. 대표적인 신경 전달 물질로는 도파민, 아세틸콜린, 세로토닌, 멜라토닌, 에피네프린 등이 있다. 도파민은 신경 조절 분자 역할을 하며, 뇌의 신경 세포와 나머지 신체에 메시지를 전달하기도 하고 흥분 상태를 조절한다. 아세틸콜린은 뇌의 지시를 받지 않고 스스로 움직이는 자율 신경계의 신경 전달 물질 중 하나이다. 교감 신경과 부교감 신경의 1차 신경 전달 물질로 작용하는데, 말초 신경계에서는 근육을 활성화하고, 중추 신경계에서는 흥분을 억제한다. 세로토닌은 행복감을 포함한 광범위한 감정을 느끼는데 기여하는 복잡한 신경 전달 물질이다. 식욕, 수면, 기억력, 고통, 학습 등에 관여한다. 멜라토닌은 활동 주기를 조절하며 수면 능력과 관계가 있다. 어두울 때 증가하고, 밝을 때 감소한다. 에피네프린은 흔히 아드레날린으로 알려진 신경 전달 물질이며 스트레스 상황이나 운동으로 에너지를 소모할 때 주로 분비된다.

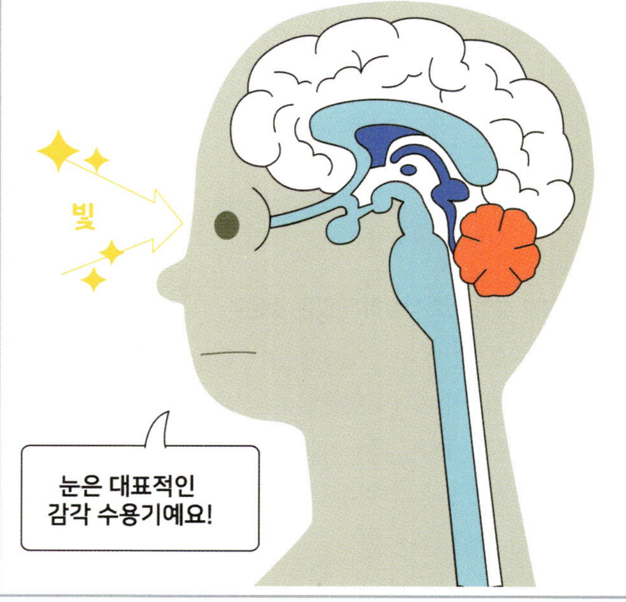

[01~04] 다음 글을 읽고 물음에 답하시오.

'식욕'은 음식을 먹고 싶어 하는 욕망으로, 인간이 살아가는 데 필요한 영양분을 얻기 위해서 반드시 필요하다. 식욕은 기본적으로 뇌의 시상 하부*에 있는 식욕 중추의 영향을 받는데, 이 중추에는 배가 고픈 느낌이 들게 하는 '섭식 중추'와 배가 부른 느낌이 들게 하는 '포만 중추'가 함께 있다. 우리 몸이 영양분을 필요로 하는 상태가 되면 섭식 중추는 뇌 안의 다양한 곳에 신호를 보낸다. 그러면 식욕이 느껴져 침의 분비와 같이 먹는 일과 관련된 무의식적인 행동이 촉진된다. 그러다 영양분의 섭취가 늘어나면, 포만 중추가 작용해서 식욕이 억제된다.

그렇다면 뇌에 있는 섭식 중추나 포만 중추는 어떻게 몸 속 영양분의 상태에 따라 식욕을 조절하는 것일까? 여기에서 중요한 역할을 하는 것이 혈액 속을 흐르는 영양소인데, 특히 탄수화물에서 분해된 '포도당'과 지방에서 분해된 '지방산'이 중요하다. 먼저 탄수화물은 식사를 통해 섭취된 후 소장에서 분해되면, 포도당으로 변해 혈액 속으로 흡수된다. 그러면 혈중 포도당의 농도가 높아지고, 이를 줄이기 위해 췌장에서 '인슐린'이라는 호르몬이 분비된다. 이 포도당과 인슐린이 혈액을 타고 시상 하부로 이동하여 포만 중추의 작용은 촉진하고 섭식 중추의 작용은 억제한다. 반면에 지방은 피부 아래의 조직에 중성지방의 형태로 저장되어 있다가 공복 상태가 길어지면 혈액 속으로 흘러가 간(肝)으로 운반된다. 그러면 부족한 에너지를 보충하기 위해 간에서 중성지방이 분해되고, 이 과정에서 생긴 지방산이 혈액을 타고 시상 하부로 이동하여 섭식 중추의 작용은 촉진하고 포만 중추의 작용은 억제한다. 이와 같은 작용 원리에 따라 우리의 식욕은 자연스럽게 조절된다.

그런데 우리는 온전히 영양분 섭취만을 목적으로 식욕을 느끼는 것은 아니다. 예를 들어, '스트레스를 받으니까 매운 음식이 먹고 싶어.'처럼 영양분의 섭취와 상관없이 취향이나 기분에 좌우되는 식욕도 있다. 이와 같은 식욕은 대뇌의 앞부분에 있는 '전두 연합 영역'에서 조절되는데, 본래 이 영역은 정신적이고 지적인 활동을 담당하는 곳이지만 식욕에도 큰 영향을 미친다. 이곳에서는 음식의 맛, 냄새 등 음식에 관한 다양한 감각 정보를 정리해 종합적으로 기억한다. 또한 맛이 없어도 건강을 위해 음식을 섭취하는 것과 같이, 먹는 행동을 이성적으로 조절하는 일도 이곳에서 담당하는데, 전두 연합 영역의 지령은 신경 세포의 신호를 통해 섭식 중추와 포만 중추로 전해진다.

한편 전두 연합 영역의 기능을 알면, ⓐ음식을 먹은 후 '이젠 더 이상 못 먹겠다.'라고 생각하면서도 디저트를 먹는 현상을 쉽게 이해할 수 있다. 흔히 사람들이 '이젠 더 이상 못 먹겠다.'고 생각하는 이유는 ⓑ실제로 배가 찼기 때문일 수도 있고, 배가 차지는 않았지만 특정한 맛에 질렸기 때문일 수도 있다. 그런데 이런 상황에도 불구하고 디저트를 먹는 현상은 모두 전두 연합 영역의 영향을 받는다. 먼저, 배가 찬 상태에서는 전두 연합 영역의 영향으로 위(胃) 속에 디저트가 들어갈 공간을 마련할 수 있다. 전두 연합 영역의 신경 세포가 '맛있다'와 같은 신호를 섭식 중추로 보내면, 거기에서 '오렉신'이라는 물질이 나온다. 오렉신은 위(胃)의 운동에 관련되는 신경 세포에 작용해서, 위(胃)의 내용물을 밀어내고 다시 새로운 음식이 들어갈 공간을 마련하는 것이다. 다음으로, 배가 차지 않은 상태이지만 전두 연합 영역의 영향으로 특정한 맛에 질릴 수 있다. 그래서 식사가 끝난 후에는 대개 단맛의 음식을 먹고 싶어 하게 되는데, 이는 주식이나 반찬에는 그 정도의 단맛을 내는 음식이 없기 때문이다. 따라서 우리가 "디저트 먹을 배는 따로 있다."라고 하는 것은 생물학적으로 충분히 설득력 있는 표현이 되는 것이다.

* **시상 하부**: 사람이 의식적으로 통제하지 못하는 다양한 신체 시스템을 감시하고 조절하는 뇌의 영역
* **중추**: 신경 기관 가운데, 신경 세포가 모여 있는 부분

01

윗글의 표제와 부제로 가장 적절한 것은?

① 식욕의 작용 원리
  – 식욕 중추와 전두 연합 영역을 중심으로
② 식욕의 개념과 특성
  – 영양소의 종류와 역할을 중심으로
③ 식욕이 생기는 이유
  – 탄수화물과 지방의 영향 관계를 중심으로
④ 전두 연합 영역의 특성
  – 디저트의 섭취와 소화 과정을 중심으로
⑤ 전두 연합 영역의 여러 기능
  – 포도당과 지방산의 작용 관계를 중심으로

02

윗글을 이해한 내용으로 적절하지 않은 것은?

① 식욕은 인간이 살아가는 데 반드시 필요한 욕망이다.
② 인간의 뇌에 있는 시상 하부는 인간의 식욕에 영향을 끼친다.
③ 위(胃)의 운동에 관여하는 오렉신은 전두 연합 영역에서 분비된다.
④ 음식의 특정한 맛에 질렸을 때 더 이상 먹을 수 없다고 생각할 수 있다.
⑤ 전두 연합 영역은 정신적이고 지적인 활동뿐만 아니라 식욕에도 관여한다.

03

ⓑ와 '식욕 중추의 작용'을 고려하여 ⓐ를 이해한 내용으로 적절한 것은?

① 섭식 중추의 작용이 억제되므로 ⓐ는 타당하다.
② 섭식 중추의 작용이 활발하므로 ⓐ는 모순적이다.
③ 포만 중추의 작용이 억제되므로 ⓐ는 모순적이다.
④ 포만 중추의 작용이 활발하므로 ⓐ는 모순적이다.
⑤ 섭식 중추와 포만 중추의 작용이 반복되므로 ⓐ는 타당하다.

04

윗글을 바탕으로 〈보기〉를 이해한 내용으로 적절하지 않은 것은?

〈보기〉

(뷔페에서 음식을 먹은 후)

A: 너무 많이 먹어서 배가 터질 것 같아.

B: 나도 배가 부르기는 한데, 그래도 내가 좋아하는 떡볶이를 좀 더 먹어야겠어.

(잠시 후 디저트를 둘러보며)

A: 예전에 여기서 이 과자 먹어 봤는데 정말 달고 맛있었어. 오늘도 먹어 볼까?

B: 너 조금 전에 배가 터질 것 같다고 하지 않았니?

A: 후식 먹을 배는 따로 있다는 말도 못 들어 봤어?

B: 와! 그게 또 들어가? 진짜 대단하다. 나는 입맛에는 안 맞지만 건강을 위해 녹차나 마셔야겠어.

① A는 오렉신의 영향으로 위(胃)에 후식이 들어갈 공간이 더 마련되었겠군.
② A는 섭식 중추의 작용으로 뷔페의 과자가 맛있었다고 떠올릴 수 있었겠군.
③ B는 영양분의 섭취와는 무관하게 떡볶이가 먹고 싶다고 생각했겠군.
④ B는 전두 연합 영역의 작용으로 건강을 위해 입맛에 맞지 않는 녹차를 마셨겠군.
⑤ A와 B는 디저트를 둘러보기 전까지 섭식 중추의 작용이 점점 억제되었겠군.

호루라기 관장님의 어휘 트레이닝

공부한 날	월 일 요일
맞은 개수	/ 32

No	뜻	힌트	정답
01	지나는 길	경ㄹ	
02	맨 끄트머리	ㅁ단	
03	이미 존재함.	기ㅈ	
04	다그쳐 빨리 나아가게 함.	촉ㅈ	
05	본바탕 그대로 고스란하다.	온ㅈ하다	
06	고통스러운 감정이 따르는 감각	통ㄱ	
07	병이나 증상이 늦게 나타나는 일	ㅈ연	
08	일정한 범위에 흩어져 퍼져 있음.	분ㅍ	
09	어떤 일에 영향이 주어져 지배되다.	좌ㅇ되다	
10	둘 사이에서 어떤 일을 맺어 주는 것	매ㄱㅊ	
11	다른 방향이나 상태로 바뀌거나 바꿈.	전ㅎ	
12	열 또는 전기가 물체 속을 이동하는 일	전ㄷ	
13	달라져서 바뀜. 또는 다르게 하여 바꿈.	ㅂ환	
14	사람의 마음에 일어나는 여러 가지 감정	ㅈ서	
15	액체나 기체, 열 따위가 어떤 곳으로 흘러듦.	유ㅇ	
16	생물체가 양분 따위를 몸속에 빨아들이는 일	ㅅ취	
17	어떤 일이나 사태에 맞추어 태도나 행동을 취함.	ㄷ응	
18	감정이나 욕망, 충동적 행동 따위를 내리눌러서 그치게 함.	ㅇ제	
19	샘세포의 작용에 의하여 만든 액즙을 배출관으로 보내는 일	분ㅂ	
20	물질에서 화학적 형태와 성질을 잃지 않고 분리될 수 있는 최소의 입자	분ㅈ	
21	원이나 구 따위에서, 중심을 지나는 직선으로 그 둘레 위의 두 점을 이은 선분. 또는 그 선분의 길이	ㅈ경	
22	세포막이나 세포 내에 존재하며 호르몬이나 항원, 빛 따위의 외부 인자와 반응하여 세포 기능에 변화를 일으키는 물질	ㅅ용ㅊ	

No	앞의 어휘를 활용해 문장을 완성하시오.
01	카페인은 칼슘 흡수를 방해하고 나트륨은 칼슘 배출을 ( )한다.
02	목소리를 듣지 않고 표정만으로는 상대방의 내면을 ( )히 알기 어렵다.
03	신경 전달 물질은 연접한 뉴런 간에 신호를 전달하는 ( ) 역할을 한다.
04	화재가 일어났 때, 초기에 제대로 ( ) 하지 못하면, 크나큰 피해를 초래할 수 있다.
05	지역 방언은 표준어만으로는 표현하기 어려운 감정과 ( )의 표현을 가능하게 한다.
06	면역 세포들은 인체에 ( )된 외부 물질을 인지하고 이를 제거하는 면역 반응을 일으킨다.
07	신생아는 성인만큼 근육이 발달되지 않아 신장 주변에 ( )한 갈색 지방 조직을 통해 체온을 유지한다.
08	단시간에 고강도 운동을 하게 되면 젖산의 과다 ( )로 근육통이 발생하거나 부상을 입을 위험이 크다.
09	빛은 물질마다 다른 속력으로 진행하므로, 다른 물체의 경계면에 닿았을 때 빛의 ( )는 꺾이게 된다.
10	비가 오기 전 대기에서는 ( ) 10~20 nm의 먼지 미립자들이 균질하게 분포하였는데, 비가 온 후에는 그것이 관측되지 않았다.

오늘 수능 국어 트레이닝 끝!

16 면역 반응

🏋 **다음 글을 읽고 내용을 정리하시오.**

01 우리 몸에 상처가 났을 때 피가 멈춘 후에도 다친 부위가 빨갛게 부어오르고 열과 통증이 동반되기도 하며, 고름이 생기기도 하는데 이를 '염증 반응'이라고 한다. 우리 몸에서 염증 반응은 왜 일어나며 어떻게 진행되는 것일까?

02 염증 반응은 우리 몸에 침입한 바이러스나 박테리아 등의 병원체를 제거하여 병원체가 몸 전체로 퍼져 나가는 것을 방지하고, 손상된 세포나 조직을 제거하여 수리를 시작하기 위한 면역 반응의 하나이다. 면역 반응에서는 병원체에 대항하여 신체를 보호하는 역할을 하는 혈액 속 백혈구가 주로 관여하게 되는데 염증 반응도 예외는 아니다. 그러나 체내로 들어오는 특정 병원체를 표적으로 하는 다른 면역 반응과 달리 염증 반응은 병원체의 종류를 가리지 않고 나타난다는 특징이 있다.

03 그렇다면 염증 반응은 어떻게 일어날까? 가령 뾰족한 핀으로 찢긴 피부에 병원체가 침입해 감염을 일으키는 상태가 되면, 병원체들은 우리 몸의 여러 조직에 상주하고 있는, 세포 섭취 능력을 가진 '대식 세포'에 의해 포식되어 파괴되기 시작한다. 대식 세포 표면에는 병원체의 고유한 특징을 인식하는 수용체가 있어서 이것이 병원체 표면의 특징적인 분자들을 인식해 병원체와 결합하면 대식 세포가 활성화되어 병원체를 삼키게 되는 것이다. 이러한 반응과 더불어 피부나 내장 기관을 둘러싸고 있는 조직의 일부에 분포하는 '비만 세포'가 화학 물질인 히스타민을 분비한다. 분비된 히스타민은 화학적 경보 신호로 작용하여, 더 많은 백혈구가 감염 부위로 올 수 있도록 혈관을 확장시킨다. 혈관이 확장되면 혈관 벽을 싸고 있는 내피세포들의 사이가 벌어져 혈장 단백질, 백혈구 등의 혈액 성분들이 혈관에서 쉽게 빠져나올 수 있게 된다.

04 이때 백혈구의 일종인 단핵구가 혈관 벽을 통과하여 병원체가 있는 감염 부위로 들어오게 된다. 혈관 속에 있을 때 세포 섭취 능력이 없던 단핵구는 혈관 벽을 통과한 후 대식 세포로 분화*하여 병원체를 포식하게 된다. 이러한 대식 세포는 사이토카인과 케모카인이라는 단백질을 분비해 병원체를 제거할 다른 방어 체제를 유도한다. 사이토카인은 혈관 내피세포에 작용하여 혈관을 확장시키고, 또 다른 백혈구의 일종인 호중구가 혈관 벽에 잘 달라붙을 수 있게 한다. 그리고 케모카인은 혈관 벽에 붙은 호중구가 혈관 벽 내피세포 사이로 빠져나와 감염 부위로 이동할 수 있도록 유도하는 역할을 한다. 감염 부위로 이동한 호중구는 대식 세포와 같은 방법으로 병원체를 삼킨다.

05 한편 세포들이 병원체를 포식하여 파괴하는 과정에서 병원체와 함께 죽는 경우도 있는데, 이렇게 죽거나 죽어 가는 세포나 병원체 등은 고름의 주성분이 된다. 고름은 대식 세포에 의해 점차적으로 제거되기도 하고 압력에 의해 밖으로 나오기도 한다. 또한 히스타민에 의해 혈관이 확장되면서 상처 부위가 혈장으로 채워지기 때문에 빨갛게 부어오르고, 상처 부위가 부어올라 신경을 물리적으로 누르면 통증이 나타나기도 한다.

---

* **분화**: 생물체나 세포의 구조와 기능 따위가 특수화되는 현상

📖 **지문**이 읽히는 **독해 코칭**

빈칸을 채우며 각 문단별 내용을 완성하시오.

2문단

염증 반응	일반적인 면역반응
• 면역 반응의 하나 • 병원체의 (1)를 가리지 않고 나타남.	• 특정 병원체를 • (2)으로 나타남.

3문단

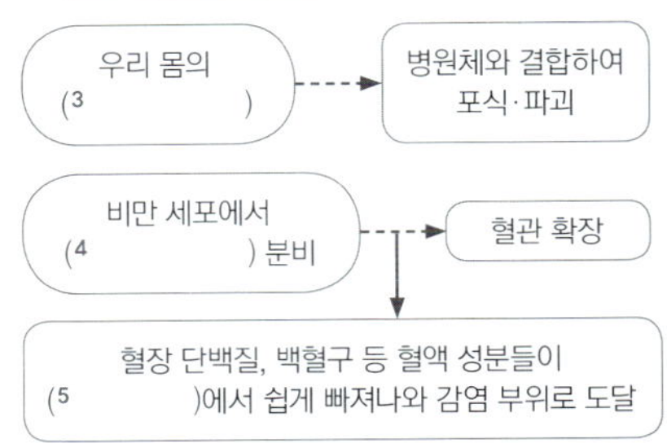

4문단

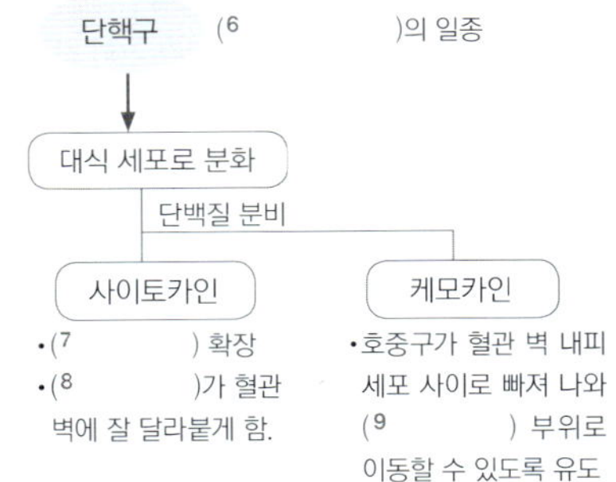

5문단

염증 반응의 현상
• 죽거나 죽어 가는 세포, 병원체는 (10   )의 주성분이 됨.
• (11   )에 의해 빨갛게 부어오르고, 통증이 나타나기도 함.

구조 트레이닝 ZONE

빈칸에 알맞은 말을 넣어 구조도를 완성하시오.

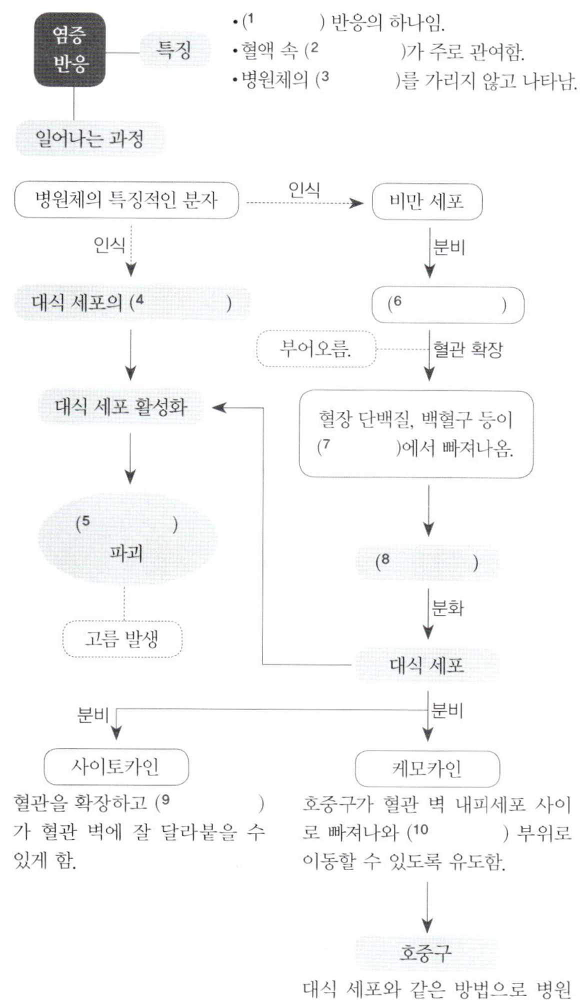

병원체를 포식하고 파괴하는 대식 세포와 감염 부위로의 이동을 돕는 비만 세포의 역할을 파악하고, 백혈구의 일종인 단핵구와 호중구 특징과 그 기능에 대해 정리할 수 있어야 합니다.

내용 트레이닝 ZONE

글 내용과 일치하면 ○에, 그렇지 않으면 ✕에 체크하시오.

1문단

01 상처 부위의 피가 멈춘 후에는 염증 반응이 발생하지 않는다. ○ ✕

02 염증이 발생하면 상처 부위가 붓고 열이 발생하며 통증을 느끼게 된다. ○ ✕

2문단

03 손상된 세포나 조직을 제거하는 염증 반응은 면역 반응의 하나이다. ○ ✕

04 염증 반응과 달리 면역 반응에는 병원체에 대항하여 신체를 보호하는 기능을 하는 백혈구가 관여한다. ○ ✕

05 염증 반응은 병원체의 종류를 가리지 않고 일어난다는 점에서 다른 면역 반응과 같다. ○ ✕

06 병원체는 바이러스나 박테리아가 몸 전체로 퍼져 나가는 것을 방지하는 역할을 한다. ○ ✕

3문단

07 대식 세포의 내부에는 병원체의 고유한 특징을 알아보는 수용체가 있다. ○ ✕

08 세포 섭취 능력을 가지고 있는 대식 세포는 우리 몸 여러 조직에 상주하고 있다. ○ ✕

09 히스타민은 혈관을 확장시켜 백혈구가 감염 부위로 더 많이 이동할 수 있게 한다. ○ ✕

10 화학 물질인 히스타민을 분비하는 비만 세포는 내장 기관을 둘러싼 조직의 일부에만 존재한다. ○ ✕

4문단

11 대식 세포로 분화하지 않은 단핵구는 병원체를 포식하는 능력이 없다. ○ ✕

12 단핵구는 혈관 벽을 통과하여 병원체가 있는 감염 부위로 이동하게 된다. ○ ✕

13 케모카인은 백혈구 중 하나인 호중구가 혈관 벽에 잘 달라붙을 수 있도록 유도하는 역할을 한다. ○ ✕

5문단

14 세포가 병원체를 포식하는 과정에서 함께 죽게 된 세포는 고름의 주성분이 된다. ○ ✕

15 상처 부위에 혈장이 채워져 빨갛게 부어오르면 히스타민이 분비되어 혈관이 확장된다. ○ ✕

[01~04] 다음 글을 읽고 물음에 답하시오.

01 우리 몸에 상처가 났을 때 피가 멈춘 후에도 다친 부위가 빨갛게 부어오르고 열과 통증이 동반되기도 하며, 고름이 생기기도 하는데 이를 '염증 반응'이라고 한다. 우리 몸에서 염증 반응은 왜 일어나며 어떻게 진행되는 것일까?

02 염증 반응은 우리 몸에 침입한 바이러스나 박테리아 등의 병원체를 제거하여 병원체가 몸 전체로 퍼져 나가는 것을 방지하고, 손상된 세포나 조직을 제거하여 수리를 시작하기 위한 면역 반응의 하나이다. 면역 반응에서는 병원체에 대항하여 신체를 보호하는 역할을 하는 혈액 속 백혈구가 주로 관여하게 되는데 염증 반응도 예외는 아니다. 그러나 체내로 들어오는 특정 병원체를 표적으로 하는 다른 면역 반응과 달리 염증 반응은 병원체의 종류를 가리지 않고 나타난다는 특징이 있다.

03 그렇다면 염증 반응은 어떻게 일어날까? 가령 뾰족한 핀으로 찢긴 피부에 병원체가 침입해 감염을 일으키는 상태가 되면, 병원체들은 우리 몸의 여러 조직에 상주하고 있는, 세포 섭취 능력을 가진 '대식 세포'에 의해 포식되어 파괴되기 시작한다. 대식 세포 표면에는 병원체의 고유한 특징을 인식하는 수용체가 있어서 이것이 병원체 표면의 특징적인 분자들을 인식해 병원체와 결합하면 대식 세포가 활성화되어 병원체를 삼키게 되는 것이다. 이러한 반응과 더불어 피부나 내장 기관을 둘러싸고 있는 조직의 일부에 분포하는 '비만 세포'가 화학 물질인 히스타민을 분비한다. 분비된 히스타민은 화학적 경보 신호로 작용하여, 더 많은 백혈구가 감염 부위로 올 수 있도록 혈관을 확장시킨다. 혈관이 확장되면 혈관 벽을 싸고 있는 내피세포들의 사이가 벌어져 혈장 단백질, 백혈구 등의 혈액 성분들이 혈관에서 쉽게 빠져나올 수 있게 된다.

04 이때 백혈구의 일종인 단핵구가 혈관 벽을 통과하여 병원체가 있는 감염 부위로 들어오게 된다. 혈관 속에 있을 때 세포 섭취 능력이 없던 단핵구는 혈관 벽을 통과한 후 대식 세포로 분화*하여 병원체를 포식하게 된다. 이러한 대식 세포는 사이토카인과 케모카인이라는 단백질을 분비해 병원체를 제거할 다른 방어 체제를 유도한다. 사이토카인은 혈관 내피세포에 작용하여 혈관을 확장시키고, 또 다른 백혈구의 일종인 호중구가 혈관 벽에 잘 달라붙을 수 있게 한다. 그리고 케모카인은 혈관 벽에 붙은 호중구가 혈관 벽 내피세포 사이로 빠져나와 감염 부위로 이동할 수 있도록 유도하는 역할을 한다. 감염 부위로 이동한 호중구는 대식 세포와 같은 방법으로 병원체를 삼킨다.

05 한편 세포들이 병원체를 포식하여 파괴하는 과정에서 병원체와 함께 죽는 경우도 있는데, 이렇게 죽거나 죽어 가는 세포나 병원체 등은 고름의 주성분이 된다. 고름은 대식 세포에 의해 점차적으로 제거되기도 하고 압력에 의해 밖으로 나오기도 한다. 또한 히스타민에 의해 혈관이 확장되면서 상처 부위가 혈장으로 채워지기 때문에 빨갛게 부어오르고, 상처 부위가 부어올라 신경을 물리적으로 누르면 통증이 나타나기도 한다.

*분화: 생물체나 세포의 구조와 기능 따위가 특수화되는 현상

지식을 넓히는 주제 코칭

염증 반응의 징후

염증 반응은 손상된 세포가 분비하는 화학 물질에 의해 시작되며, 결합 조직에 존재하는 비만 세포는 히스타민을 포함한 여러 물질을 분비한다. 히스타민은 혈류 속도를 증가시키며 모세혈관 벽의 투과력을 증가시킨다. 혈장은 투과력이 증가된 모세혈관을 통해 혈액으로부터 상처 부위로 흘러나온다. 따라서 히스타민이 염증의 발적, 발열, 그리고 부풀어 오름의 원인임을 알 수 있다.

언젠간 출제각

급성 염증과 만성 염증

염증의 종류는 크게 두 가지로 급성 염증과 만성 염증으로 나누어진다. 급성 염증은 상처가 붓고, 열과 통증이 느껴지는 증상이 동반되는데, 환자 스스로 염증 발생을 알아차릴 수 있고 염증이 발생한 원인이 제거되면 자연스레 사라진다. 대표적인 급성 염증으로는 발목 인대 손상이나 감기로 인한 인후염 등이 있다. 반면 만성 염증은 다양한 질병의 주요 병변으로서 드러나는 특이 증상이 없어, '침묵의 살인자'로 불리기도 한다. 급성 염증이 지속되거나, 염증의 원인이 오랫동안 해결되지 않으면 만성 염증으로 발전할 수 있다. 만성 염증은 류마티스 관절염, 우울증, 알츠하이머성 치매 등 다양한 중증 질환의 주요 원인이 될 수 있다.

01

윗글을 통해 답을 찾을 수 <u>없는</u> 질문은?

① 대식 세포 표면의 수용체는 어떤 역할을 하는가?

② 상처 부위에서 통증이 나타나는 이유는 무엇인가?

③ 염증 반응에 관여하는 백혈구에는 어떤 것들이 있는가?

④ 병원체는 우리 몸에서 어떤 과정으로 퍼져 나가는가?

⑤ 다른 면역 반응과 구분되는 염증 반응의 특징은 무엇인가?

02

〈보기〉는 감염 부위의 일부를 그림으로 나타낸 것이다. 윗글을 바탕으로 〈보기〉를 이해한 내용으로 적절하지 <u>않은</u> 것은?

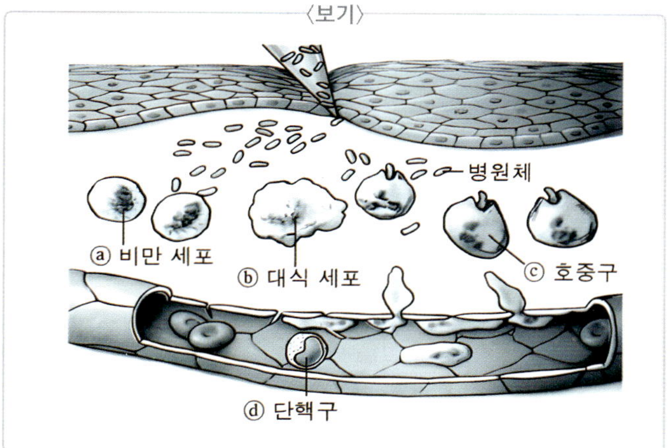

① ⓐ가 히스타민을 분비하면 ⓓ가 감염 부위로 이동할 수 있을 것이다.

② ⓒ가 혈관을 빠져나와 감염 부위로 이동했다면 특정 단백질이 관여했다고 할 수 있을 것이다.

③ ⓒ가 케모카인을 분비하면 ⓐ가 혈관 확장을 도와 혈액 성분들이 혈관 밖으로 빠져나갈 수 있을 것이다.

④ ⓒ가 병원체를 파괴하고 자신도 죽게 된다면 ⓑ에 의해 제거될 수 있을 것이다.

⑤ ⓓ가 분화하여 ⓑ가 되면 다른 방어 체제를 유도할 수 있을 것이다.

03

윗글을 읽은 학생이 〈보기〉에 대해 보인 반응으로 가장 적절한 것은?

> 〈보기〉
>
> 우리 몸의 염증 반응은 정상적인 치유 과정의 일부이지만 과도하거나 지속적으로 일어나게 되면, 결국 질병으로 이어진다. 이를 치료하기 위한 다양한 방법 중 하나는 확장된 혈관을 '약물'을 통해 수축시켜 과도한 염증 반응을 가라앉히는 것이다.

① '약물'을 사용하기 전에는 혈액 속의 호중구가 혈관 벽에 달라붙지 않아 염증 반응이 과도하게 일어났겠군.

② '약물'을 사용하기 전에는 혈액 속의 단핵구가 혈관 벽을 통과할 수 없어 염증 반응이 지속적으로 일어났겠군.

③ '약물'을 사용한 후에는 이전보다 염증 반응에 관여하는 백혈구가 감염 부위로 더 많이 이동하겠군.

④ '약물'을 사용한 후에는 이전보다 혈관의 내피세포들의 사이가 더욱 벌어지게 되어 염증 반응이 진정되겠군.

⑤ '약물'을 사용한 후에는 히스타민이나 사이토카인의 작용이 이전보다 원활하지 않게 되어 염증 반응이 진정되겠군.

04

〈보기〉는 윗글을 읽고 학생이 정리한 메모의 일부이다. Ⓐ와 Ⓑ에 들어갈 말로 적절한 것은?

> 〈보기〉
>
> 상처 부위에 염증 반응이 일어날 때 빨갛게 부어오르게 되는 것은 상처 부위가 ______Ⓐ______ (으)로 채워지기 때문이다. 그리고 염증 반응으로 인해 생성된 고름은 세포나 ______Ⓑ______ 들이 죽어서 생긴 것이라고 할 수 있다.

	Ⓐ	Ⓑ
①	수용체	혈장
②	혈장	병원체
③	수용체	병원체
④	병원체	수용체
⑤	병원체	혈장

[01~03] 다음 글을 읽고 물음에 답하시오.

01 바이러스는 체내에 들어와 문제를 일으킬 수 있어 주의해야 할 대상이다. 생명체와 달리, 바이러스는 세포가 아니기 때문에 스스로 생장이 불가능하다. 그래서 바이러스는 살아있는 숙주 세포에 기생하고, 그 안에서 증식함으로써 살아간다. 바이러스는 바깥을 둘러싸는 피막의 유무에 따라 구조가 달라진다. 피막이 있는 바이러스는 피막의 바깥에 부착 단백질이 박혀 있고 피막 안에는 캡시드라는 단백질이 있다. 캡시드 안에는 핵산이 있는데, 핵산은 DNA와 RNA 중 하나로만 구성된다. 이러한 구조를 갖는 바이러스는 숙주 세포에 어떻게 감염하는 것일까?

02 바이러스의 감염 가능 여부는 숙주 세포 수용체의 특성에 따라 결정된다. 바이러스는 감염이 가능한 숙주 세포와 접촉한 후 바이러스 피막의 부착 단백질을 이용해 숙주 세포 수용체에 달라붙는다. 달라붙은 부위를 통해 바이러스가 숙주 세포 내부로 침투하고, 바이러스의 핵산이 캡시드로부터 분리되어 숙주 세포 내부로 빠져나온다. 이후 핵산은 효소를 이용하여 복제된다. 핵산이 DNA일 경우 숙주 세포에 있는 효소를 그대로 이용하고, 반면 RNA일 경우 숙주 세포에 있는 효소를 이용하여 자신에 맞는 효소를 합성한다. 또한 핵산은 mRNA라는 전달 물질을 통해 단백질을 합성한다. 합성된 단백질의 일부는 캡시드가 되어 복제된 핵산을 둘러싸고 다른 일부는 숙주 세포막에 부착되어 바이러스의 부착 단백질이 될 준비를 한다. 그 후 단백질이 부착된 숙주 세포막이 캡시드를 감싸 피막이 되면서 증식된 바이러스가 숙주 세포 밖으로 배출된다. [A]

03 우리 몸은 주로 위의 과정을 통해 지속감염이 일어나기도 하고 위와는 다른 과정을 거쳐 급성감염이 일어나기도 한다. ㉠급성감염은 일반적으로 짧은 기간 안에 일어나는데, 바이러스는 감염된 숙주 세포를 증식 과정에서 죽이고 바이러스가 또 다른 숙주 세포에서 증식하며 질병을 일으킨다. 시간이 흐르면서 체내의 방어 체계에 의해 바이러스를 제거해 나가면 체내에는 더 이상 바이러스가 남아 있지 않게 된다. 반면 ㉡지속감염은 급성감염에 비해 상대적으로 오랜 기간 동안 바이러스가 체내에 잔류한다. 지속감염에서는 바이러스가 장기간 숙주 세포를 파괴하지 않으면서도 체내의 방어 체계를 회피하며 생존한다. 지속감염은 바이러스의 발현 양상에 따라 잠복감염과 만성감염, 지연감염으로 나뉜다.

04 잠복감염은 초기 감염으로 증상이 나타난 후 한동안 증상이 사라졌다가 특정 조건에서 바이러스가 재활성화되어 증상을 다시 동반한다. 이때 같은 바이러스에 의한 것임에도 첫 번째와 두 번째 질병이 다르게 발현되기도 한다. 잠복감염은 질병이 재발하기까지 바이러스가 감염성을 띠지 않고 잠복하게 되는데, 이러한 상태의 바이러스를 프로바이러스라고 부른다. 만성감염은 감염성 바이러스가 숙주로부터 계속 배출되어 항상 검출되고 다른 사람에게 옮길 수 있는 감염 상태이다. 하지만 사람에 따라서 질병이 발현되거나 되지 않기도 하며 때로는 뒤늦게 발현될 수도 있다는 특성이 있다. 지연 감염은 초기 감염 후 특별한 증상이 나타나지 않다가, 장기간에 걸쳐 감염성 바이러스의 수가 점진적으로 증가하여 반드시 특정 질병을 유발하는 특성이 있다.

지문이 읽히는 독해 코칭

빈칸을 채우며 각 문단별 내용을 완성하시오.

1문단

피막이 있는 바이러스의 구조

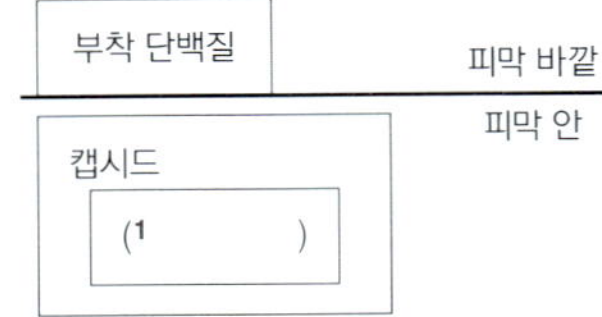

2문단

바이러스 감염 과정

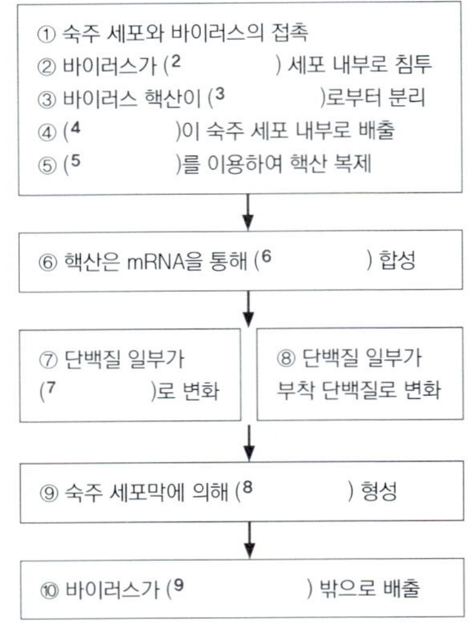

3문단

급성감염	지속감염
•(10) 기간 안에 일어남.	•상대적으로 (12) 기간 바이러스가 체내 잔류
•감염된 숙주 세포를 증식 과정에서 죽임.	•장기간 숙주 세포를 파괴하지 않음.
•또 다른 숙주 세포에서 증식하여 (11) 발생	•체내의 방어 체계를 (13)하며 생존
•체내의 방어 체계에 의해 바이러스 제거	

4문단

잠복감염
•초기 감염 증상 후 한동안 사라졌다가 특정 조건에서 바이러스가 (14   )

만성감염
•질병이 재발하기까지 바이러스가 (15   )을 띠지 않고 잠복 → 프로바이러스

지연감염
•초기 감염 후 특별한 증상이 나타나지 않음.
•감염성 바이러스의 수가 (16   )으로 증가하여 반드시 특정 질병 유발

01

〈보기〉는 특정 바이러스 감염 과정의 일부를 그림으로 나타낸 것이다. [A]를 바탕으로 〈보기〉를 이해한 내용으로 적절하지 <u>않은</u> 것은?

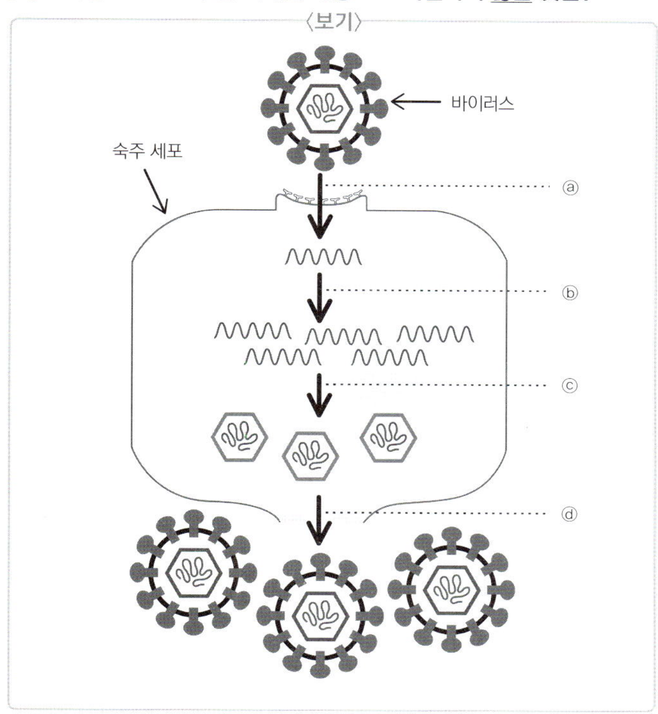

① ⓐ에서 바이러스의 핵산이 숙주 세포 내부로 빠져 나오려면, 바이러스 피막의 부착 단백질을 이용하는 과정이 필요하다.

② ⓑ에서 숙주 세포의 효소를 그대로 이용하지 않는다면, 이 바이러스의 핵산은 RNA이다.

③ ⓑ에서 캡시드가 분리되며 빠져나온 효소는 ⓒ에서 다시 캡시드를 형성하는 데 도움을 준다.

④ ⓒ에서 바이러스의 핵산을 둘러싸거나 ⓓ에서 바이러스의 부착 단백질이 되는 물질은 mRNA를 통해 합성된다.

⑤ ⓓ에서는 배출되는 바이러스의 피막이 숙주 세포의 구성 요소를 통해 만들어진다.

02

㉠과 ㉡에 대한 설명으로 적절한 것은?

① ㉠은 ㉡과 달리 체내에서 감염성 바이러스의 수가 점진적으로 증가한다.

② ㉠은 ㉡에 비해 바이러스가 체내의 방어 체계를 오랫동안 회피한다.

③ ㉡은 ㉠과 달리 바이러스가 증식하는 과정에서 숙주 세포를 소멸시킨다.

④ ㉡은 ㉠에 비해 감염한 바이러스가 체내에 장기간 남아 있게 된다.

⑤ ㉠과 ㉡은 체내의 바이러스가 질병을 발현하는지 여부에 따라 구분된다.

03

윗글을 참고할 때, 〈보기〉에 대한 반응으로 적절하지 <u>않은</u> 것은?

〈보기〉

○ 수두-대상포진 바이러스(VZV)에 감염되면, 처음에는 미열과 발진성 수포가 생기는 수두가 발병한다. 시간이 지나면 자연적으로 치료되나 'VZV'를 평생 갖고 살아가게 된다. 그러다가 신체의 면역력이 저하되면 피부에 통증과 수포가 생겨날 수 있는데, 이를 대상포진이라 한다.

○ 'C형 간염 바이러스(HCV)'에 감염된 환자의 약 80%는 해당 바이러스를 보유하고도 증세가 나타나지 않아 감염 여부를 인지하지 못하다가 우연히 알게 되기도 한다. 하지만 감염 환자의 약 20%는 간에 염증이 나타나고 이에 따른 합병증이 나타나기도 한다.

① 수두를 앓다가 나은 사람은 대상포진이 발병하지 않았을 때 'VZV' 프로바이러스를 갖고 있겠군.

② 'VZV'를 가진 사람의 피부에 통증과 수포가 발생하는 것은 'VZV'가 다시 활성화되는 특정 조건이 되겠군.

③ 'HCV'에 감염된 사람은 간 염증을 앓고 있지 않더라도 타인에게 바이러스를 옮길 수 있겠군.

④ 'HCV'에 감염된 사람은 나이와 상관없이 간 염증이 나타날 수도 있고 전혀 나타나지 않을 수도 있겠군.

⑤ 'VZV'나 'HCV'에 의한 질병이 발현된 상황이라면, 모두 체내에 잔류한 바이러스가 주변 세포를 감염시키고 있겠군.

구조 트레이닝 'ZONE'

🏋 **빈칸에 알맞은 말을 넣어 구조도를 완성하시오.**

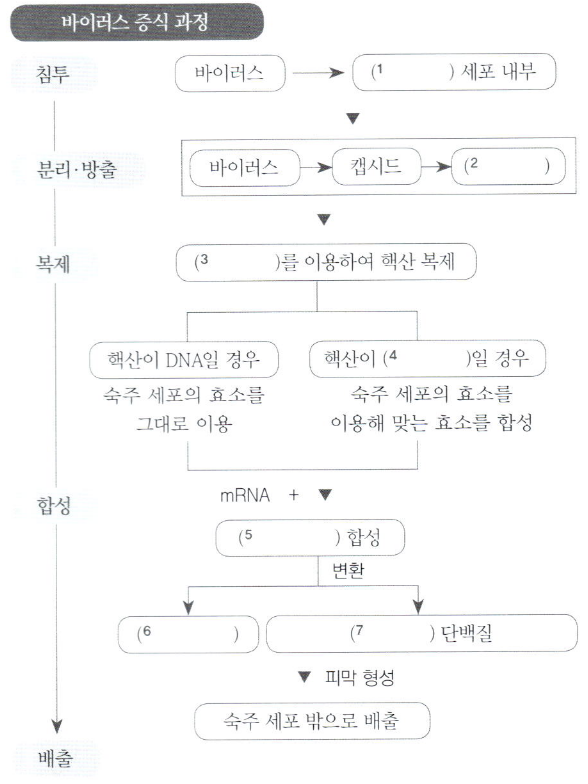

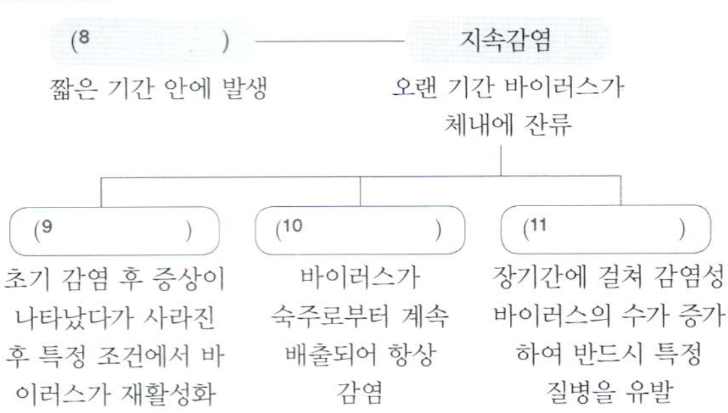

바이러스의 구조와 바이러스가 숙주 세포에 감염하는 과정을 순차적으로 정리하여 이해하도록 합니다. 또한 감염의 종류별 특성들을 명확하게 구별할 수 있어야 합니다.

바이러스 분류 논쟁

바이러스는 라틴어로 독(poison)이란 뜻이다. 바이러스는 생명체의 특징과 무생물체의 특징을 모두 가진다. 바이러스는 증식하고 진화하며 유전적 돌연변이가 발생한다는 측면에서 생명체로서의 특징을 보인다. 반면에 바이러스는 단독으로 증식할 수 없으며 숙주 감염 이후에만 증식할 수 있고, 물질 대사를 할 수 없으며 스스로 에너지를 만들 수 없다는 측면에서는 무생물체로서의 특징을 보인다. 이런 이유로 바이러스를 생명체로 볼 것인가 무생물체로 볼 것인가에 대한 논쟁이 지속되었다. 최근에는 두 가지 가능성을 절충하여 '조건부 생명체'라는 용어가 새롭게 제시되었다. 바이러스는 숙주를 통해서만 증식이나 진화와 같은 생명체로서의 특징을 나타낼 수 있다. 이는 바이러스가 '조건부' 생명체라는 의미이다. 최근 연구에서 거대 바이러스에 기생하는 바이러스가 발견되기도 하였다. 따라서 바이러스는 모든 종류의 생명체에 감염하여 기생할 수 있는 유일한 '생명체'라고 할 수 있다.

감염 경로의 종류

병원체가 생체 내에 침입하기까지의 경로, 즉 감염 경로에는 직접 감염과 간접 감염이 있다. 전자는 접촉 감염(성병 등), 비말 감염(결핵, 인플루엔자 등), 후자는 전파체(물, 음식물, 토양 등)로부터의 감염(티푸스, 이질 등), 전파 동물로부터의 감염(일본뇌염, 말라리아 등)으로 분류된다. 감염증은 전염성과 비전염성으로 나눌 수 있다. 전염성은 질병의 경과 중이나 때로는 잠복기나 회복기에 감염한 생체의 분비물 또는 배설물과 함께 병원체가 나와서 접촉 또는 매개에 의하여 다른 개체를 감염시키는 경우를 말한다. 천연두, 페스트, 콜레라 등이 이에 속한다. 비전염성은 병원체가 감염한 생체에서 배설되지 않거나 배설되더라도 다른 개체에는 감염을 일으키지 않는 것으로, 여기에는 파상풍·말라리아 등이 있다.

[01~04] 다음 글을 읽고 물음에 답하시오.

인체는 끊임없이 세균과 바이러스, 기생충과 같은 외부 물질의 공격을 받는다. 이들은 주로 감염이나 질병의 원인이 되므로 인체는 이와 같은 외부 물질의 침입에 저항하고 방어하는 작용을 하게 되는데, 이를 면역 반응이라 한다. 따라서 건강하다는 것은 면역 반응이 활발하여 외부 물질들을 완벽하게 제거하는 상태를 의미하는 것으로 이해하기 쉽다.

그러나 면역 반응이 과도해지면 오히려 인체에 해를 끼치기도 한다. 최근 급증하는 알레르기나 천식, 자가면역질환은 불필요한 면역 반응으로 인해 발생한다. 면역계가 일반적으로는 해가 되지 않는 물질들인 꽃가루나 먼지뿐만 아니라 자신의 조직까지 제거해야 할 대상으로 인식하여 공격하는 것이다. 그런데 이와 같은 면역계 과민 반응으로 인한 질병들은 의료 환경이 발달한 선진국에서 점점 더 증가하는 추세이다. 그렇다면 이와 같은 면역계 과민 반응이 나타나는 이유는 무엇일까?

과학자들은 그 이유를 인체가 수백만 년 동안 진화해 온 환경에서 찾았다. 인체는 무균 지대나 청정 지대가 아니라 세균과 바이러스, 기생충 등과 함께 진화해 왔다. 즉 이들 침입자는 인체의 면역계로부터 자신을 보호하기 위해 면역 반응을 억제하도록 진화했고, 인체는 면역 반응을 억제하는 외부 물질의 침입에 대비하여 면역 반응을 일으키도록 진화했다. 그런데 현대 의학의 발달과 환경 개선으로 바이러스 등이 줄어들게 되자 면역 반응이 지나치게 된 것이다. 이를 위생가설이라고 한다. 위생가설에 따르면 바이러스에 접할 기회가 줄어든 깨끗한 환경이 오히려 질병의 원인이 된다.

위생가설은 인체가 외부 물질과의 공존 속에서 면역 반응의 균형을 찾는다는 시사점을 주었다. 모든 외부 물질들이 배척되기만 한다면 면역 반응에 제동을 걸어 줄 존재가 사라지므로 균형이 깨어지는 것이다. 그렇다면 면역계는 어떻게 외부 물질과 공존할 수 있을까? 장(腸)에 존재하는 미생물을 통해 이를 설명할 수 있다. 우리 장 안에는 몸 전체의 세포 수보다 10여 배나 더 많은 장내미생물이 살고 있는데, 이는 면역계가 이들의 존재를 인정하고 받아들였기 때문이다.

면역계를 구성하는 면역세포들은 인체에 유입된 외부 물질을 인지하고 이를 제거하는 면역 반응을 일으킨다. 중추적 역할을 하는 면역세포는 수지상세포와 T세포이다. 수지상세포는 말 그대로 세포막이 나뭇가지처럼 기다랗게 뻗어 나와 있는 모양의 세포이다. 수지상세포는 인체에 침입한 외부 물질을 인지하고, 소장과 대장 주변에 분포한 림프절에서 미성숙T세포를 조력T세포와 세포독성T세포로 분화시킨다. 이 두 종류의 T세포가 몸 안에 침입한 이물질을 없애는 역할을 한다.

그런데 장내미생물은 조력T세포나 세포독성T세포의 공격을 피하기 위해 수지상세포에 영향을 미쳐 그 성격을 바꿔놓는다. 즉 수지상세포가 면역 반응을 일으키지 못하게 만드는 것이다. 이렇게 성격이 변한 수지상세포를 조절수지상세포라고 부른다. 조절수지상세포는 림프절에서 미성숙T세포를 조절T세포로 성숙시키는데, 조절T세포는 조력T세포나 세포독성T세포와는 달리 면역 반응을 억제하는 역할을 한다. 그 결과 장내미생물은 외부 물질이면서도 면역계와 공존할 수 있게 된 것이다.

장내미생물은 조절T세포를 통해 자신의 생존을 꾀하지만 그 결과 인체의 면역계는 면역 반응의 강약을 조절하게 된다. 조절T세포가 면역계 과민 반응으로 인한 질병을 치료하는 역할을 담당하게 된 것이다. 실제로 알레르기 환자의 몸에 조절T세포가 작용하면 과민 면역 반응으로 인해 발생한 염증이 억제되면서 증상이 완화된다. 이처럼 조절 T세포를 만들게 하는 데 외부 물질인 장내미생물이 중요한 역할을 한다는 사실이 밝혀지면서 면역계와 공존하는 외부 물질에 대한 인식의 전환이 일어나게 되었다.

01

윗글에 대한 설명으로 가장 적절한 것은?

① 면역 반응이 일어나는 과정을 분석하여 가설의 수정이 필요함을 제안하고 있다.

② 면역계 과민 반응의 원인을 설명하여 면역 반응에 대한 통념에 변화를 주고 있다.

③ 면역 반응에 대한 상반된 관점을 소개하고 각각의 관점이 지닌 한계를 설명하고 있다.

④ 면역계 과민 반응의 해결 방안을 제시하고 예상되는 반론을 반박하면서 주장을 강화하고 있다.

⑤ 면역 반응에 주도적 역할을 하는 면역세포를 생성 위치에 따라 분류한 뒤 각각의 역할을 구체화하고 있다.

02

윗글을 이해한 내용으로 적절하지 <u>않은</u> 것은?

① 인체의 면역계는 과도한 면역 반응을 스스로 조절하는 능력이 있다.

② 인체가 건강하다는 것은 면역 반응의 강약이 조절되는 것을 의미한다.

③ 외부 물질이 인체에 유해한 경우도 있지만 유해하지 않은 경우도 있다.

④ 현대 의학의 발달과 환경 개선은 면역 반응이 지나치게 된 원인에 해당한다.

⑤ 장내미생물은 자신을 공격 대상으로 인식하지 못하도록 면역계에 영향을 미친다.

03

윗글을 바탕으로 〈보기〉를 이해한 내용으로 적절하지 <u>않은</u> 것은?

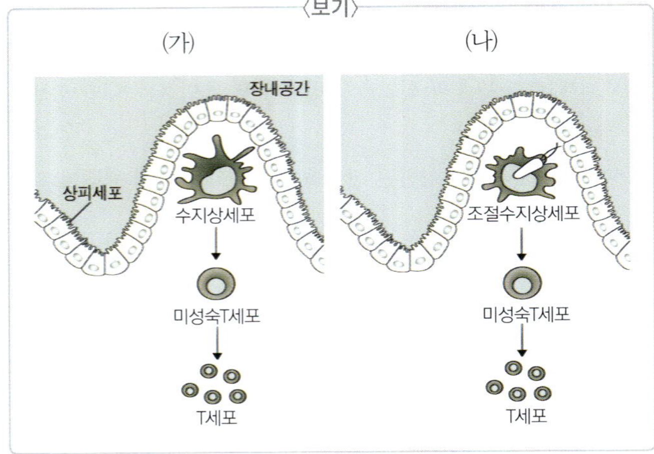

① (가)의 수지상세포는 (나)의 조절수지상세포와 달리 외부 물질을 제거해야 할 대상으로 인지한다.

② (가)의 T세포는 (나)의 T세포와 달리 몸 안에 침입한 이물질을 없애는 역할을 한다.

③ (나)의 미성숙T세포는 (가)의 미성숙T세포와 달리 두 종류의 면역세포로 분화되지 않는다.

④ (나)의 T세포는 (가)의 T세포와 달리 과민 면역 반응으로 발생한 염증을 억제하는 역할을 한다.

⑤ (가)와 (나)의 작용은 모두 외부 물질의 유입을 막음으로써 인체를 보호하기 위해 일어난다.

04

〈보기〉를 활용하여 윗글을 보충하고자 할 때, 그 구체적 방안으로 가장 적절한 것은?

〈보기〉

최근 기생충이 특정한 질병의 치료에 효과가 있는 것으로 밝혀졌다. 해당 질병을 가진 환자의 뇌 조직을 관찰한 결과, 그 질병 역시 면역계 과민 반응과 연관이 있다는 것이 알려지면서 기생충을 이용한 치료가 시도되었고, 이것이 성과를 거두고 있다.

① 외부 물질과 공존하여 면역 반응이 균형을 이루게 됨을 보여 주는 사례로 활용한다.

② 외부 물질이 면역 반응을 활발하게 하는 역할을 함을 뒷받침하는 사례로 활용한다.

③ 인체가 무균 지대나 청정 지대에서 진화를 거듭해 왔음을 드러내는 사례로 활용한다.

④ 면역계가 환경의 발전에 따라 지속적으로 적응하며 변화하고 있음을 설명하는 사례로 활용한다.

⑤ 인체에 침입한 유해한 외부 물질들을 제거하는 면역계의 중요성을 설명하는 사례로 활용한다.

호루라기 관장님의 어휘 트레이닝

공부한 날	월 일 요일
맞은 개수	/ 32

No	뜻	힌트	정답
01	갑작스럽게 늘어남.	ㄱ증	
02	뒤에 처져 남아 있음.	ㅈ류	
03	한 종류. 또는 한 가지	ㅇ종	
04	다른 동물을 잡아먹음.	포ㅅ	
05	병의 원인이 되는 본체	ㅂ원ㅊ	
06	늘 일정하게 살고 있음.	ㅅ주	
07	나서 자람. 또는 그런 과정	생ㅈ	
08	몸을 숨기고 만나지 아니함.	ㅎ피	
09	생기 있고 힘차며 시원스럽다.	ㅎ발하다	
10	본디의 것과 똑같은 것을 만듦.	ㅂ제	
11	어떤 사물이나 현상이 함께 생김.	ㄷ반	
12	어떤 것이 다른 일을 일어나게 함.	유ㅂ	
13	감각이나 감정이 지나치게 예민함.	과ㅁ	
14	어떤 현상이 일정한 방향으로 나아가는 경향	추ㅅ	
15	사람이나 물건을 목적한 장소나 방향으로 이끎.	ㅇ도	
16	굽히거나 지지 않으려고 맞서서 버티거나 항거함.	대ㅎ	
17	어떤 힘이나 조건에 굽히지 아니하고 거역하거나 버팀.	저ㅎ	
18	생물이나 조직 세포 따위가 세포 분열을 하여 그 수를 늘려 감.	ㅈ식	
19	병원체인 미생물이 동물이나 식물의 몸 안에 들어가 증식하는 일	ㄱ염	
20	태풍이나 공습 따위의 위험이 닥쳐올 때 경계하도록 미리 알리는 일	경ㅂ	
21	화학 분석에서, 물질 속에 어떤 화학 성분이나 미생물이 있는지를 검사하여 확인하는 일	ㄱ출	
22	서로 다른 종류의 생물이 함께 생활하며, 한쪽이 이익을 얻고 다른 쪽이 해를 입고 있는 일. 또는 그런 생활 형태	기ㅅ	

No	앞의 어휘를 활용해 문장을 완성하시오.
01	매체 이용자들은 광고를 불필요한 정보로 판단하여 (　　　)하는 경향이 있다.
02	빛이란 전자기파의 (　　　)으로 적외선과 자외선 사이에 있는 가시광선을 의미한다.
03	정보 기술의 비약적인 발전으로 새로운 형태의 개인 정보 침해 사례가 (　　　)하였다.
04	정부에서는 일반인인들의 심폐 소생술 교육 참여를 (　　　)하는 정책을 마련해야 한다.
05	최근 들어 휴대용 물통에 대한 관심이 높아지며, 그에 따라 휴대용 물통의 판매도 증가 (　　　)에 있다.
06	주식 투자로 항상 이익을 낼 수는 없으며, 이익에 대한 기대는 언제나 손해에 따른 위험이 (　　　)된다.
07	바이러스란 스스로는 증식할 수 없고 숙주 세포에 (　　　)해야만 증식할 수 있는 감염성 병원체를 일컫는다.
08	원유를 가공하지 않고 그대로 유통하게 되면 부패나 질병을 (　　　)하는 유해 미생물이 빠르게 증식할 수 있다.
09	사회적으로 불안정한 처지에 놓인 개인은 긴장과 갈등 상황에 (　　　)하게 반응하며 현실에 적응하는 데에 어려움을 겪는다.
10	적외선 열화상 카메라는 피사체로부터 방출되는 적외선 복사에너지를 (　　　)해서, 그 온도에 따라 다른 색상으로 구현해 주는 장치이다.

주제 독해 III 과학

오늘 수능 국어 트레이닝 끝!

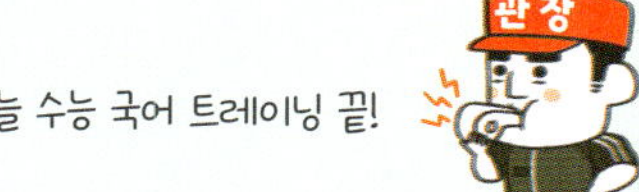

17 천체 관측

🏋 다음 글을 읽고 내용을 정리하시오.

01 　별의 밝기는 별의 거리, 크기, 온도 등을 연구하는 데 중요한 정보를 제공한다. 별의 밝기는 등급으로 나타내며, 지구에서 관측되는 별의 밝기를 '겉보기 등급'이라고 한다. 고대의 천문학자 히파르코스는 맨눈으로 보이는 별의 밝기에 따라 가장 밝은 1등급부터 가장 어두운 6등급까지 6개의 등급으로 구분하였다. 이후 1856년에 포그슨은 1등급의 별이 6등급의 별보다 약 100배 밝고, 한 등급 간에는 밝기가 약 2.5배 차이가 나는 것을 알아내었다. 이러한 등급 체계는 망원경이나 관측 기술의 발달로 인해 개편되었다. 맨눈으로만 관측 가능했던 1~6등급 범위를 벗어나 그 값이 확장되었는데 6등급보다 더 어두운 별은 6보다 더 큰 수로, 1등급보다 더 밝은 별은 1보다 더 작은 수로 나타내었다.

02 　별의 겉보기 밝기는 지구에 도달하는 별빛의 양에 의해 결정된다. 과학자들은 단위 시간 동안 단위 면적에 입사하는 빛에너지의 총량을 '복사 플럭스'라고 정의하였는데 이 값이 클수록 별이 더 밝게 관측된다. 그러나 별의 복사 플럭스 값은 빛이 도달되는 거리의 제곱에 반비례하기 때문에 별과의 거리가 멀수록 그 별은 더 어둡게 보인다. 이처럼 겉보기 밝기는 거리에 따라 다르게 관측되기 때문에 별의 실제 밝기는 절대 등급으로 나타낸다. 예를 들어, '리겔'의 경우 겉보기 등급은 0.1 정도이지만, 절대 등급은 −6.8 정도에 해당한다.

03 　절대 등급은 별이 지구로부터 10파섹*(약 32.6광년)의 거리에 있다고 가정했을 때 그 별의 겉보기 등급으로 정의한다. 별의 실제 밝기는 별이 매초 방출하는 에너지의 총량인 광도가 클수록 밝아지게 된다. 광도는 별의 반지름의 제곱과 별의 표면 온도의 네제곱에 비례한다. 즉, 별의 실제 밝기는 별의 표면적이 클수록, 표면 온도가 높을수록 밝다.

04 　과학자들은 별의 겉보기 등급에서 절대 등급을 뺀 값인 거리 지수를 이용하여 별까지의 거리를 판단하며, 이 값이 큰 별일수록 지구에서 별까지의 거리가 멀다. 어떤 별의 거리 지수가 0이면 지구와 그 별 사이의 거리가 10파섹임을 나타내고, 0보다 크면 10파섹보다 멀다는 것을 의미한다. 예를 들어 '북극성'의 겉보기 등급은 2.0 정도이고, 절대 등급은 −3.6 정도이므로 거리 지수는 5.6이다. 이 값이 0보다 크기 때문에 북극성은 10파섹보다 멀리 있으며, 실제로 지구에서 133파섹 떨어져 있다. 이처럼 별의 밝기와 관련된 정보를 통해 멀리 떨어져 있는 별에 대해 탐구할 수 있다.

🔖 지문이 읽히는 독해 코칭

빈칸을 채우며 각 문단별 내용을 완성하시오.

1문단

겉보기 등급 　지구에서 관측되는 별의 밝기

히파르코스 → **포그슨**

- 맨눈으로 보이는 별의 (1　　　　)에 따라 6개 등급으로 별의 밝기 구분
- 1등급 별이 6등급 별보다 약 (2　　　)배 밝음.
- 한 등급 간 밝기 차이가 약 (3　　　)배

2문단

별의 겉보기 밝기 ── 비례 ── **복사 플럭스**

- 단위 시간 동안 단위 면적에 입사하는 빛에너지의 (4　　　)
- 값이 클수록 별이 더 (5　　　) 관측
- 빛이 도달되는 거리의 제곱에 (6　　　)

▼ 한계
별의 실제 밝기는 절대 등급으로 나타냄.

3문단

절대 등급 ──── **별의 실제 밝기**

- 별이 지구로부터 10파섹의 거리에 있다고 가정했을 때 별의 (7　　　) 등급
- 별이 매초 방출하는 에너지의 총량인 (8　　　)에 비례
- 별의 표면적에 (9　　　)
- 별의 표면 온도에 비례

4문단

거리 지수

- 별의 겉보기 등급 − 별의 (10　　　　)
- 값이 큰 별일수록 지구에서 별까지의 거리가 (11　　　).
- 거리 지수 (12　　　) = 지구와 별 사이의 거리 10파섹

---

*파섹: 거리의 단위로서 1파섹은 3.086×1013km, 즉 약 3.26광년에 해당한다.

구조 트레이닝 ZONE

🔗 **빈칸에 알맞은 말을 넣어 구조도를 완성하시오.**

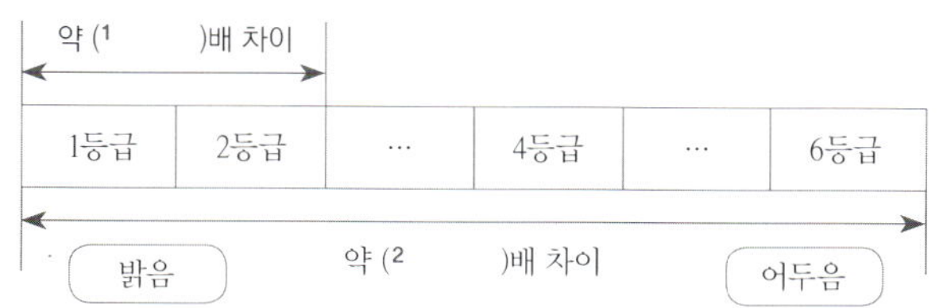

이 지문에서는 별의 밝기 등급 간의 차이를 이해하고, 별의 겉보기 등급과 절대 등급의 개념을 구분할 수 있어야 합니다. 또한 거리 지수를 활용하여 별의 상대적 거리를 비교할 수 있어야 합니다.

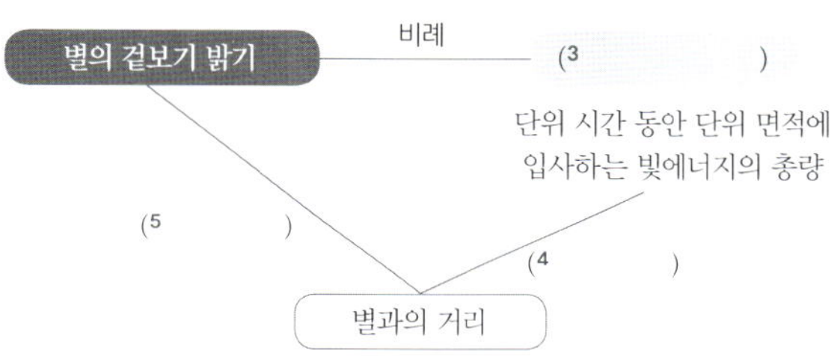

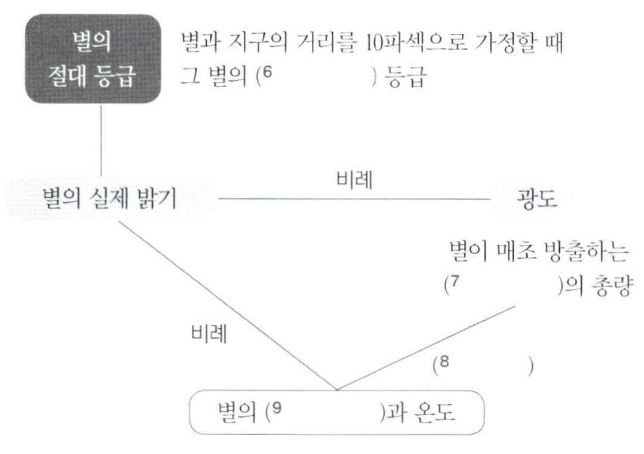

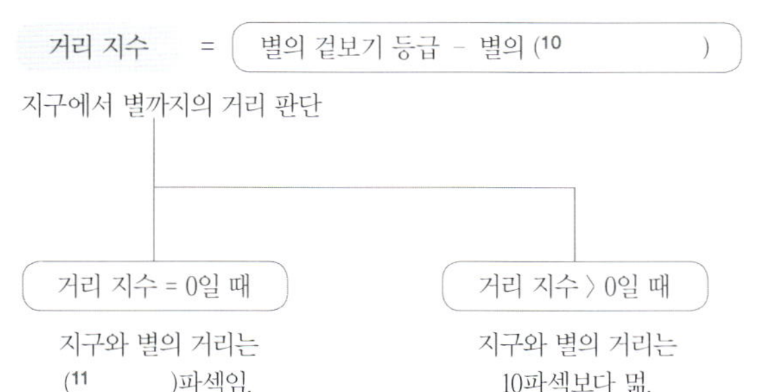

내용 트레이닝 ZONE

🔗 **글 내용과 일치하면 ○에, 그렇지 않으면 ✕에 체크하시오.**

1문단

01 별의 밝기는 별까지의 거리와 별의 온도 등을 연구하는 데 중요한 정보를 제공한다. ○ ✕

02 히파르코스는 맨눈으로 별을 관측하여 별의 밝기를 가장 밝은 6등급에서 가장 어두운 1등급까지 나누었다. ○ ✕

03 망원경이나 관측 기술의 발달에 힘입어 포그슨은 한 등급 간에 약 100배의 밝기 차이가 난다는 것을 알아내었다. ○ ✕

2문단

04 리겔이라는 별은 지구에서 관측되는 밝기가 실제 밝기보다 밝다. ○ ✕

05 복사 플러스는 단위 시간 동안 단위 면적에 들어오는 빛에너지의 총량을 의미한다. ○ ✕

06 지구에 도달하는 별빛의 양에 의해 지구에서 관측되는 별의 겉보기 밝기가 달라진다. ○ ✕

07 별과의 거리가 멀수록 별이 어둡게 보이는 이유는 별의 복사 플러스 값이 빛이 도달되는 거리에 비례하기 때문이다. ○ ✕

3문단

08 별의 실제 밝기는 별의 표면적과 표면 온도에 반비례한다. ○ ✕

09 별의 실제 밝기는 별이 매초 방출하는 에너지의 총량이 클수록 밝다. ○ ✕

10 별이 지구로부터 10파섹만큼 떨어졌다고 가정했을 때 그 별의 겉보기 등급을 절대 등급이라고 한다. ○ ✕

4문단

11 지구와 별 사이의 거리가 10파섹이라면 거리 지수를 0으로 나타낸다. ○ ✕

12 북극성의 거리 지수는 0보다 크므로 북극성은 지구에서 실제로 10파섹보다 가까이에 있다. ○ ✕

13 별의 거리 지수 값이 클수록 지구로부터 별이 떨어진 거리가 멀다는 의미로 해석할 수 있다. ○ ✕

14 과학자들은 별까지의 거리를 판단할 때 별의 절대 등급에서 겉보기 등급을 뺀 값을 이용한다. ○ ✕

 워밍-UP

[01~02] 다음 글을 읽고 물음에 답하시오.

01 별의 밝기는 별의 거리, 크기, 온도 등을 연구하는 데 중요한 정보를 제공한다. 별의 밝기는 등급으로 나타내며, 지구에서 관측되는 별의 밝기를 '겉보기 등급'이라고 한다. 고대의 천문학자 히파르코스는 맨눈으로 보이는 별의 밝기에 따라 가장 밝은 1등급부터 가장 어두운 6등급까지 6개의 등급으로 구분하였다. 이후 1856년에 포그슨은 1등급의 별이 6등급의 별보다 약 100배 밝고, 한 등급 간에는 밝기가 약 2.5배 차이가 나는 것을 알아내었다. 이러한 등급 체계는 망원경이나 관측 기술의 발달로 인해 개편되었다. 맨눈으로만 관측 가능했던 1~6등급 범위를 벗어나 그 값이 확장되었는데 6등급보다 더 어두운 별은 6보다 더 큰 수로, 1등급보다 더 밝은 별은 1보다 더 작은 수로 나타내었다.

02 별의 겉보기 밝기는 지구에 도달하는 별빛의 양에 의해 결정된다. 과학자들은 단위 시간 동안 단위 면적에 입사하는 빛에너지의 총량을 '복사 플럭스'라고 정의하였는데 이 값이 클수록 별이 더 밝게 관측된다. 그러나 별의 복사 플럭스 값은 빛이 도달되는 거리의 제곱에 반비례하기 때문에 별과의 거리가 멀수록 그 별은 더 어둡게 보인다. 이처럼 겉보기 밝기는 거리에 따라 다르게 관측되기 때문에 별의 실제 밝기는 절대등급으로 나타낸다. 예를 들어, '리겔'의 경우 겉보기 등급은 0.1 정도이지만, 절대 등급은 −6.8 정도에 해당한다.

03 절대 등급은 별이 지구로부터 10파섹*(약 32.6광년)의 거리에 있다고 가정했을 때 그 별의 겉보기 등급으로 정의한다. 별의 실제 밝기는 별이 매초 방출하는 에너지의 총량인 광도가 클수록 밝아지게 된다. 광도는 별의 반지름의 제곱과 별의 표면 온도의 네제곱에 비례한다. 즉, 별의 실제 밝기는 별의 표면적이 클수록, 표면 온도가 높을수록 밝다.

04 과학자들은 별의 겉보기 등급에서 절대 등급을 뺀 값인 거리 지수를 이용하여 별까지의 거리를 판단하며, 이 값이 큰 별일수록 지구에서 별까지의 거리가 멀다. 어떤 별의 거리 지수가 0이면 지구와 그 별 사이의 거리가 10파섹임을 나타내고, 0보다 크면 10파섹보다 멀다는 것을 의미한다. 예를 들어 '북극성'의 겉보기 등급은 2.0 정도이고, 절대 등급은 −3.6 정도이므로 거리 지수는 5.6이다. 이 값이 0보다 크기 때문에 북극성은 10파섹보다 멀리 있으며, 실제로 지구에서 133파섹 떨어져 있다. 이처럼 별의 밝기와 관련된 정보를 통해 멀리 떨어져 있는 별에 대해 탐구할 수 있다.

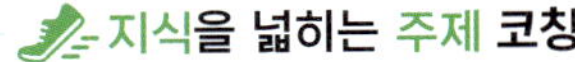

지식을 넓히는 주제 코칭

별의 색과 표면 온도의 관계

별은 저마다 파란색에서 붉은색 사이에 해당하는 고유의 색깔을 가지고 있다. 별의 색깔은 곧 그 별의 표면 온도를 나타내는데, 일반적으로 별의 온도를 따지는 데는 '색지수'가 중요한 잣대가 된다. 따뜻한 색이라 생각되는 빨간색과 노란색 별들은 오히려 차가운 별이고, 차가운 색으로 생각되는 파란색과 보라색 별들이 뜨거운 별이다.

언젠간 출제각

하늘의 거리 측정 단위

하늘의 거리를 가늠하는 단위로는 광년(ly), 천문 단위(AU), 파섹(pc)이 주로 쓰인다. 빛은 1초에 지구를 7바퀴 반만큼 돌고, 태양까지 도달하는 데는 8분 24초 걸린다. 빛은 1초에 29만 9,792km 이상은 나아갈 수 없다. 이렇게 빛이 1년 동안 나아가는 거리를 1광년이라고 한다. 천문 단위는 태양계 내의 천체 사이의 거리를 나타내는 단위로, 보통은 태양과 지구와의 평균 거리를 이른다. 1천문 단위는 약 1억 4,960만km이다. 파섹은 항성과 은하의 거리를 나타내는 단위로 쓰이는데 1파섹은 연주 시차(어떤 천체를 지구에서 본 방향과 태양에서 동시에 본 방향의 차이)가 1초일 때 이에 해당하는 거리로 20만 6,265 천문 단위, 3.26광년에 해당한다.

---

* **파섹**: 거리의 단위로서 1파섹은 3.086×10^{13}km, 즉 약 3.26광년에 해당한다.

01

윗글을 통해 알 수 있는 내용으로 적절하지 <u>않은</u> 것은?

① 별빛이 도달되는 거리가 3배가 되면 복사 플럭스 값은 $\frac{1}{9}$배가 되겠군.

② 망원경으로 관측한 별 중에 히파르코스의 등급 범위를 벗어난 것이 있겠군.

③ 겉보기 등급과 절대 등급이 같은 별은 지구에서 약 32.6광년 떨어져 있겠군.

④ 어떤 별과 지구 사이의 거리가 10파섹 미만이라면 그 별의 거리 지수는 0보다 작겠군.

⑤ 겉보기 등급이 −1인 별과 겉보기 등급이 1인 별의 밝기는 약 2.5배 차이가 나겠군.

02

윗글을 바탕으로 〈보기〉를 이해한 내용으로 적절한 것은?

〈보기〉

다음은 가상의 별 A, B에 대한 정보이다. 별 B의 반지름과 표면 온도는 각각 별 A의 반지름과 표면 온도를 1로 설정하여 계산한 값이다.

	겉보기 등급	절대 등급	거리 지수	반지름	표면 온도
A	2	−1	3	1	1
B	1	−6	7	0.1	10

① 별 A는 별 B보다 광도 값이 더 크다.

② 별 A는 '리겔'보다 실제 밝기가 더 밝은 별이다.

③ 별 B는 별 A보다 별의 실제 밝기가 약 100배 밝다.

④ 별 B는 지구에서 133파섹보다 더 가까운 거리에 있다.

⑤ 별 B는 지구에서 볼 때 '북극성'보다 더 어둡게 보인다.

[01~02] 다음 글을 읽고 물음에 답하시오.

01 천체는 지구의 자전 때문에 지구 자전 방향의 반대 방향으로 움직이는 것처럼 보이게 된다. 〈중략〉 [그림]의 ㉮, ㉯에 서처럼 관측자의 위치를 중심으로 할 때, 관측자가 북반구 중위도에서 북쪽을 바라보고 있으면 관측자의 왼쪽이 서쪽이 된다. 이때 지구의 자전 방향은 시계 반대 방향 즉, 서에서 동으로의 방향이므로 하늘의 천체는 상대적으로 동에서 서로 움직이는 것처럼 보이는 것이다. 결국 겉보기 운동은 관측자의 위치를 중심으로 천체가 움직이는 방향을 살펴본 것이다.

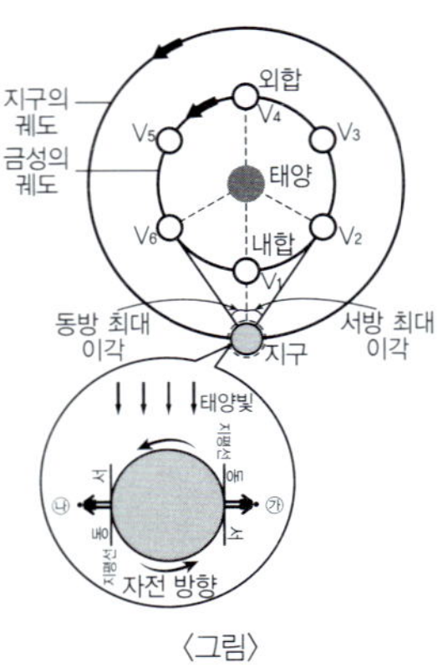

〈그림〉

02 또한 천체들 사이의 상대적 위치 관계도 겉보기 운동을 이해하는 데 중요하다. 〈중략〉 [그림]에서 태양, 금성, 지구가 일직선상에 위치할 때를 '합'이라고 하는데, 지구-금성-태양의 순서로 위치할 때를 '내합', 지구-태양-금성의 순서로 위치할 때를 '외합'이라고 한다. 또한 지구상의 관측자가 태양과 행성을 바라보았을 때, 관측자가 태양을 바라본 방향과 행성을 바라본 방향 사이의 각을 '이각'이라고 한다. 즉, 관측자가 보았을 때 금성이 태양으로부터 얼마만큼의 각거리*로 떨어져 있는가를 의미한다. '이각'은 다시 '동방 이각'과 '서방 이각'으로 나눌 수 있는데, 이는 [그림]의 V_5, V_6에서처럼 금성이 태양보다 동쪽에 있는 경우와 V_2, V_3에서처럼 서쪽에 있는 경우로 구분한 것이다. 또한 금성이 V_6과 V_2에 있을 때 태양으로부터 가장 멀리 떨어진 것처럼 보인다. 이때의 이각을 각각 '동방 최대 이각'과 '서방 최대 이각'이라고 한다.

03 〈중략〉 금성이 관측되는 시각은 지구에서 바라본 금성의 위치에 따라 달라진다. 만약 [그림]에서 금성이 외합인 V_4에서 내합인 V_1사이인 동방 이각에 위치하고, 관측자가 ㉮에 서 있다면 금성은 관측자의 지평선 아래에 있게 되므로 관측되지 않는다. 하지만 지구의 자전으로 인해 관측자의 위치가 ㉯로 변하면, 금성은 관측자의 지평선 위에 있게 되고 태양은 지평선 아래에 있게 되므로 태양이 진 후 초저녁 서쪽 하늘에서 금성을 관측할 수 있다. 반대로 금성이 서방 이각에 위치하는 경우에는 동일한 이유로 관측자는 ㉯가 아닌 ㉮에서 금성을 관측할 수 있다. 또한 태양과 금성, 지구의 위치 관계가 내합과 외합일 때에는 금성이 태양과 함께 뜨고 지기 때문에 관측되기 어렵다. 〈중략〉 한편 금성이 관측되는 시간은 금성의 이각에 따라 달라진다. 이각이 클수록 태양과 금성의 각거리는 커지므로 금성을 더 오래 볼 수 있다. 따라서 금성은 최대 이각에 위치할수록 오래 관측되고, 합에 위치할수록 짧게 관측된다. 이런 이유로 금성은 항상 태양을 중심으로 좌, 우 일정한 이각 내에서만 관측된다.

04 또한 금성이 관측되는 위상과 크기는 금성의 위치, 지구와 금성의 거리에 따라 달라진다. 〈중략〉 금성은 지구에서 멀어질수록 보이는 크기가 줄어들지만 태양빛을 받는 면의 전체를 볼 수 있어 보름달에 가까운 형태로 관측된다. 반면 지구로 가까워질수록 보이는 크기는 커지지만 태양빛을 받는 면의 일부분만 볼 수 있으므로 초승달 또는 그믐달에 가까운 형태로 관측된다. 그리고 최대 이각의 위치에 있을 때에는 반달에 가까운 형태로 관측된다.

*각거리: 관측자로부터 두 천체에 이르는 두 직선이 이루는 각도로 나타내는 천체 간 거리

빈칸을 채우며 각 문단별 내용을 완성하시오.

1문단

겉보기 등급

(1   )의 위치를 중심으로 천체가 움직이는 방향을 살펴본 것

2문단

합 — 태양 – 금성 – 지구가 일직선상에 위치할 때

내합 — 지구 - (2   ) - 태양

외합 — 지구 - (3   ) - 금성

이각 — 관측자가 태양을 바라본 방향과 (4   )을 바라본 방향 사이의 각

동방 최대 이각 — 금성이 태양으로부터 (5   )으로 가장 멀리 떨어진 것처럼 보이는 때의 이각

서방 최대 이각 — 금성이 태양으로부터 (6   )으로 가장 멀리 떨어진 것처럼 보이는 때의 이각

3문단

금성이 관측되는 시각에 영향을 미치는 요소	금성이 관측되는 시간에 영향을 미치는 요소
금성의 (7)	금성의 (8)

- 금성은 최대 이각에 위치할수록 오래 관측
- 금성은 (9   )에 위치할수록 짧게 관측
- 금성은 좌, 우 일정한 (10   ) 내에서만 관측

4문단

금성과 지구의 거리 ↑
- 금성의 관측 크기가 (11   ).
- (12   )에 가까운 형태로 관측

금성과 지구의 거리 ↓
- 금성의 관측 크기가 (13   ).
- 초승달 또는 그믐달에 가까운 형태로 관측

최대 이각의 위치에 있을 때는 (14   )에 가까운 형태

※ 다음은 금성의 이각을 일정 기간 지구에서 관측하여 그래프로 나타낸 것이다. 윗글과 그래프를 바탕으로 01번과 02번 물음에 답하시오.

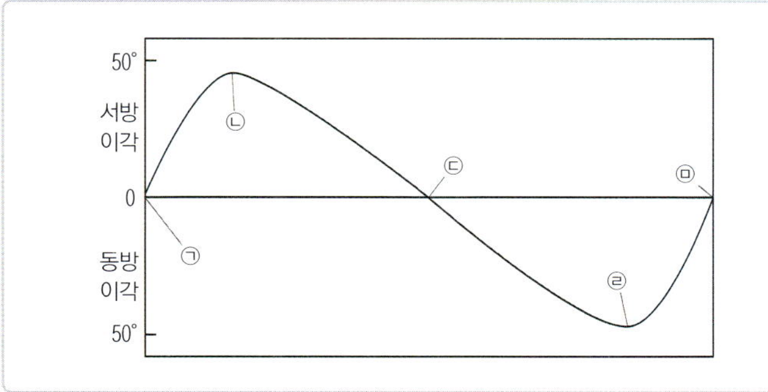

01

윗글을 읽은 학생이 ㉡에 대해 〈보기〉와 같이 반응했다고 할 때, ⓐ~ⓓ에 들어갈 말로 적절한 것은?

〈보기〉
"금성의 위치가 ㉡일 때, 금성은 태양보다 (ⓐ)에 위치하지만, 북반구 중위도에 있는 관측자가 보기에는 (ⓑ) 하늘에서 볼 수 있어. 그러므로 새벽에는 금성이 관측자의 지평선 (ⓒ)에, 초저녁에는 지평선 (ⓓ)에 있겠군."

	ⓐ	ⓑ	ⓒ	ⓓ
①	동쪽	서쪽	위	위
②	동쪽	서쪽	아래	위
③	서쪽	동쪽	위	아래
④	서쪽	동쪽	아래	위
⑤	서쪽	동쪽	아래	아래

02

윗글을 바탕으로 ㉠~㉤에 대해 이해한 내용으로 적절하지 <u>않은</u> 것은?

① 금성의 이각이 ㉠에서 ㉡으로 변할수록 각거리는 커지며, 금성을 볼 수 있는 시간은 길어진다.

② 금성의 이각이 ㉡에서 ㉢으로 변할수록 금성을 볼 수 있는 시간은 짧아지며, 점점 보름달에 가까운 형태로 볼 수 있다.

③ 금성의 이각이 ㉢에서 ㉣로 변할수록 금성을 볼 수 있는 시간은 길어지며, 점점 반달에 가까운 형태로 볼 수 있다.

④ 금성의 이각이 ㉣에서 ㉤으로 변할수록 각거리는 작아지며, 관측자에게 보이는 형태가 점점 달라진다.

⑤ 금성의 이각이 ㉣에서 ㉤으로 변할수록 금성을 볼 수 있는 시간은 길어지며, 점점 초승달에 가까운 형태로 볼 수 있다.

구조 트레이닝 ZONE

빈칸에 알맞은 말을 넣어 구조도를 완성하시오.

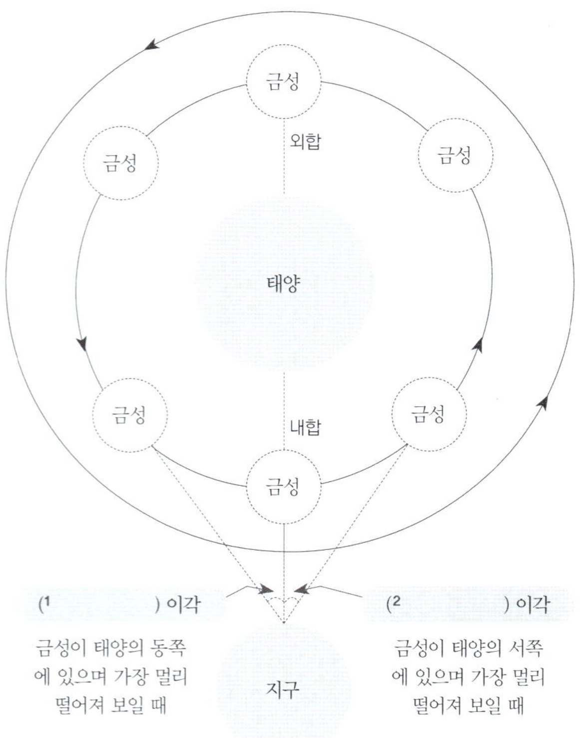

제시된 그림을 바탕으로 '합'과 '이각'을 개념을 이해하고, 금성이 관측되는 시각과 시간, 크기와 위상 등의 정보를 잘 정리하는 것이 중요합니다.

금성이 관측되는 시각

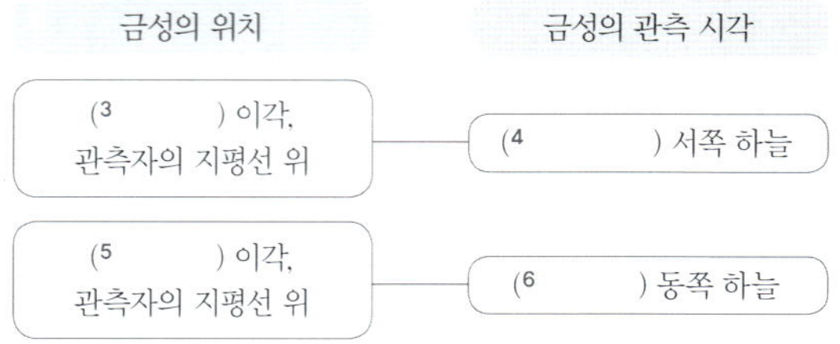

금성이 관측되는 시간

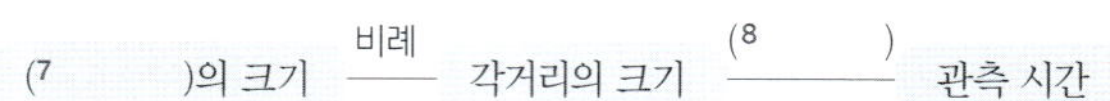

금성이 관측되는 크기

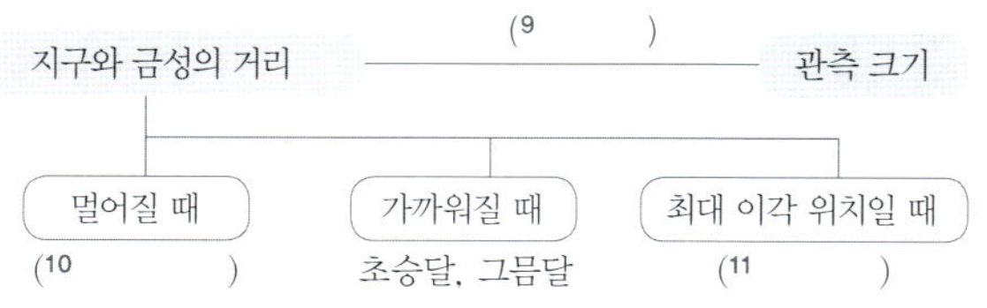

내행성의 겉보기 운동

지구에서 바라본 천체들의 천구 상 행로 이동을 천체의 겉보기 운동이라 한다. 지구 궤도 안쪽에 있는 금성은 아래 그림과 같이 태양 주위를 돌면서 천구 상에서 1~7까지의 경로를 나타낸다. 1~3까지는 천구 상을 서에서 동으로 움직이고, 3~5까지는 동에서 서로 움직이다가 5~7까지는 다시 서에서 동으로 움직인다. 행성이 서에서 동으로 움직이는 것을 순행, 동에서 서로 움직이는 것을 역행이라 한다. 내행성의 역행은 지구와 내행성이 가장 가까이 있을 때 즉, 내행성이 지구와 태양 사이에 있을 때인 내합 근처에서 발생한다.

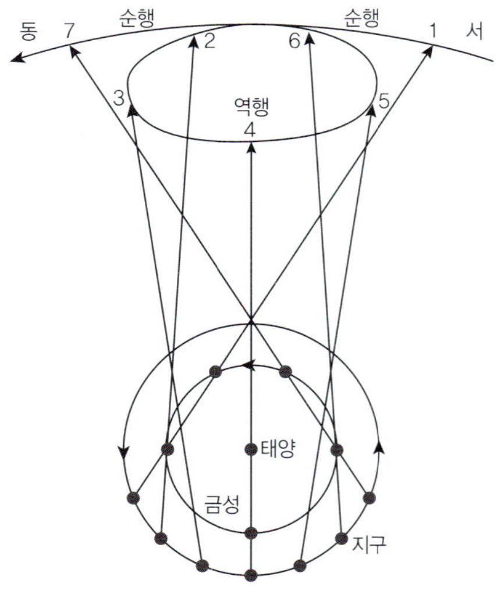

외행성의 겉보기 운동

지구의 공전 각속도가 화성의 공전 각속도보다 빠르기 때문에 지구에서 화성을 볼 때 화성의 천구상의 위치는 아래 그림과 같다. 1~3까지는 서에서 동으로 움직이는 순행, 3~5까지는 동에서 서로 움직이는 역행, 5~7까지는 다시 서에서 동으로 움직이는 순행이 나타난다. 내행성과 마찬가지로 지구와 외행성이 가장 가까이 있을 때, 즉 외행성이 태양의 반대쪽에 있을 때인 충에서 역행이 나타난다.

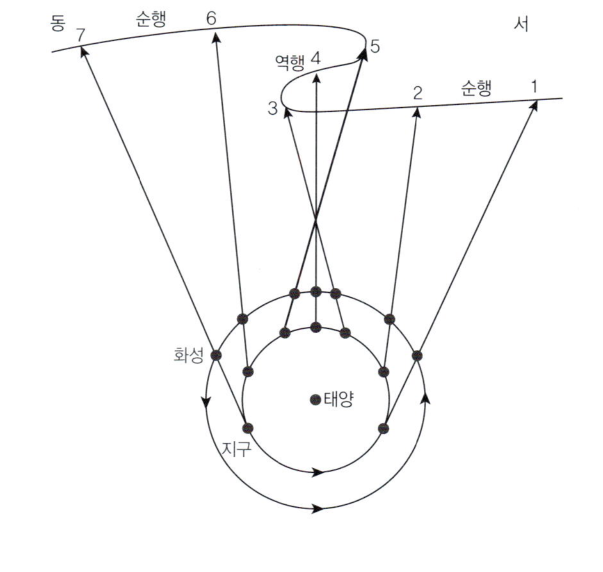

호루라기 관장님의 어휘 트레이닝

공부한 날	월 일 요일
맞은 개수	/ 32

No	뜻	힌트	정답
01	천문을 연구하는 학자	ㅊㅁ학자	
02	한 방향으로 쭉 곧은 줄	ㅇ직ㅅ	
03	우주에 존재하는 모든 물체	천ㅊ	
04	목적한 곳이나 수준에 다다름.	도ㄷ	
05	책이나 과정 따위를 고쳐 다시 엮음.	ㄱ편	
06	범위, 규모, 세력 따위를 늘려서 넓힘.	ㅎ장	
07	천체의 실시 등급에서 절대 등급을 뺀 값	ㄱㄹ 지수	
08	진리, 학문 따위를 파고들어 깊이 연구함.	탐ㄱ	
09	입자나 전자기파의 형태로 에너지를 내보냄.	방ㅊ	
10	천체가 스스로 고정된 축을 중심으로 회전함.	ㅈ전	
11	어떤 말이나 사물의 뜻을 명백히 밝혀 규정함.	정ㅇ	
12	편평한 대지의 끝과 하늘이 맞닿아 경계를 이루는 선	지ㅍㅅ	
13	저위도와 고위도의 중간. 대략 위도 20~50도를 이른다.	중ㅇㄷ	
14	어떤 것의 크기, 모양, 범위, 시간 따위가 하나로 정하여져 있음.	ㅇ정	
15	한쪽의 양이 커질 때 다른 쪽 양이 그와 같은 비로 작아지는 관계	ㅂㅂ례	
16	안경이나 망원경, 현미경 따위를 이용하지 아니하고 직접 보는 눈	맨ㄴ	
17	물체로부터 열이나 전자기파가 사방으로 방출됨. 또는 그 열이나 전자기파	ㅂ사	
18	한쪽의 양이나 수가 증가하는 만큼 그와 관련 있는 다른 쪽의 양이나 수도 증가함.	비ㄹ	
19	육안이나 기계로 자연 현상 특히 천체나 기상의 상태, 추이, 변화 따위를 관찰하여 측정하는 일	ㄱ측	
20	음력으로 매달 첫째날부터 며칠 동안 보이는 달. 초저녁에 잠깐 서쪽 지평선 부근에서 볼 수 있음.	ㅊ승ㄷ	
21	천체와 천체 사이의 거리를 나타내는 단위. 1○○은 빛이 초속 30만km의 속도로 1년 동안 나아가는 거리	ㄱㄴ	
22	음력으로 그달의 마지막 날 전 며칠 동안 보이는 달. 새벽부터 해 뜨기 직전까지 동쪽 하늘에서 볼 수 있음.	ㄱ믐ㄷ	

No	앞의 어휘를 활용해 문장을 완성하시오.
01	지구는 서에서 동으로 하루를 주기로 하여 (　　　)하고 있다.
02	열역학 제1법칙에 따르면 우주의 에너지 총량은 (　　　)하다.
03	전도에 의한 열전달률은 온도 차이와 면적에 (　　　)하고, 거리에 반비례한다.
04	병풍을 펼치면 공간을 분리할 수 있고, 접으면 공간을 (　　　)하여 사용할 수 있다.
05	역사가 신채호는 역사를 아(我)와 비아(非我)의 투쟁 과정이라고 (　　　)한 바 있다.
06	지구에서 보름달은 약 29.5일 주기로 세 (　　　)가 '태양 – 지구 – 달'의 순서로 배열될 때 볼 수 있다.
07	욕구가 강한 사람은 직장에서의 성공과 명예를 중시하고 높은 사회적 지위에 (　　　) 하기 위해 노력한다.
08	거대한 우주를 (　　　)할 때 우리는 전파 망원경 같은 도구를 통해 세계에 대한 정보를 얻게 된다.
09	입시 제도를 바꾸어야 한다는 목소리가 힘을 얻게 되면서 교육 과정을 (　　　)하는 작업에 속도가 붙을 전망이다.
10	물질이 고체, 액체, 기체로 변화하는 상태 변화가 일어나는 동안 온도는 변하지 않고 물질은 주변에서 에너지를 흡수하거나 주변으로 (　　　)한다.

오늘 수능 국어 트레이닝 끝!

주제 독해 III 과학

18 역학 에너지

🐂 다음 글을 읽고 내용을 정리하시오.

01 과학에서 관심을 갖는 대상을 '계(system)'라고 하고, 계를 제외한 우주의 나머지 부분은 '주위(surroundings)', 계와 주위 사이는 '경계(boundary)'라고 한다. 계는 주위와 에너지나 물질의 교환이 모두 일어나지 않는 '고립계', 주위와 물질 교환 없이 에너지 교환만 일어나는 '닫힌계', 주위와 물질 및 에너지 교환이 모두 일어나는 '열린계'로 나눌 수 있다.

02 열역학 제1법칙에 따르면 우주의 에너지 총량은 일정하므로, 계와 주위의 에너지 합 또한 일정하다. 계와 주위 사이에 에너지 교환이 있다면, 계의 에너지가 감소할 때 주위의 에너지는 증가하며, 계의 에너지가 증가할 때 주위의 에너지는 감소하게 된다. 계와 주위 사이에 에너지 교환이 일어날 때, 계의 에너지가 증가하면 +로, 계의 에너지가 감소하면 −로 표시한다. 한편, 계가 열을 흡수하는 과정은 흡열 과정, 계가 열을 방출하는 과정은 발열 과정이라고 하는데, 열은 에너지의 대표적인 형태이므로, 흡열 과정에 관련된 열은 $+Q$로, 발열 과정에 관련된 열은 $-Q$로 나타낼 수 있다.

03 계의 에너지는 온도, 압력, 부피 등의 열역학적 변수들에 의해 결정되므로, 열역학적 변수들이 같은 계들은 같은 '상태'에 있다고 할 수 있다. 〈그림〉과 같이 피스톤이 연결된 실린더가 있고, 실린더에는 보일−샤를의 법칙을 만족하는 기체가 들어 있다고 가정해 보자. 먼저, 피스톤을 고정하지 않은 채 실린더 속 기체의 압력이 P_1로 일정하도록 유지한 상태에서 실린더를 가열하여 실린더 속 기체의 온도가 T_1에서 T_2가 되도록 하면, 온도가 높아짐에 따라 실린더 속 기체의 부피는 증가하게 된다. 한편, 피스톤을 고정하여 실린더 속 기체의 부피를 일정하게 하고 실린더를 가열하면, 실린더 속 기체의 온도가 T_1에서 T_2가 되는 동안 실린더 속 기체의 압력은 P_1에서 P_2로 증가하는데, 온도가 T_2인 상태를 유지하면서 고정시켰던 피스톤을 풀면 실린더 속 기체의 압력이 P_1이 될 때까지 실린더 속 기체의 부피는 증가하게 된다.

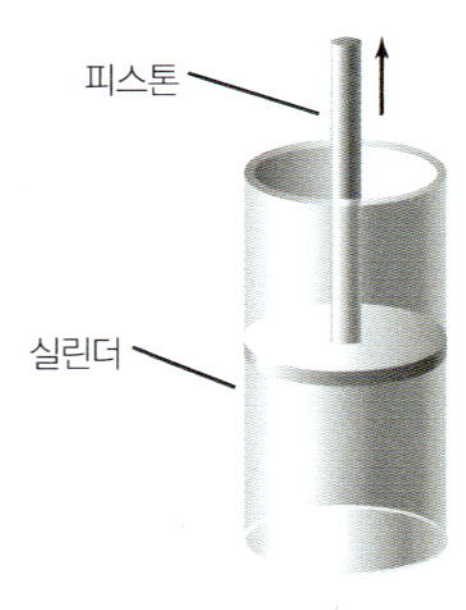

04 전자의 경우를 A, 후자의 경우를 B라고 하면, A는 T_1, P_1인 초기 상태에서 T_2, P_1인 최종 상태가 되었고, B는 T_1, P_1인 초기 상태에서 T_2, P_2인 상태를 거쳐 T_2, P_1인 최종 상태가 되었다고 할 수 있다. 그리고 두 계라 할 수 있는 A와 B가 같은 상태에 있으면, A와 B의 실린더 속 기체의 내부 에너지*는 서로 같다고 할 수 있다.

05 이때 A의 초기 상태와 B의 초기 상태, A의 최종 상태와 B의 최종 상태는 각각 같지만, 초기 상태에서 최종 상태에 이르는 경로는 다르다. 따라서 두 계가 같은 상태에 있다고 해서 두 계가 만들어진 과정이 같다고 할 수는 없다. 또한 어떤 계의 변화가 일어나는 경로는 초기 상태에서 최종 상태로 진행하면서 거치는 일련의 상태들로 이루어져 있으며, 이 두 상태를 연결하는 경로는 무한히 많다.

***기체의 내부 에너지**: 기체가 가지고 있는 에너지를 의미하며, 기체의 부피가 일정할 때 기체의 내부 에너지는 온도에 의해 결정된다.

🔓 지문이 읽히는 독해 코칭

빈칸을 채우며 각 문단별 내용을 완성하시오.

1문단

고립계	주위와 에너지나 물질의 교환이 (1　　　) 일어나지 않는 계
닫힌계	주위와 물질 교환 없이 (2　　　) 교환만 일어나는 계
(3　　　)	주위와 물질 및 에너지 교환이 모두 일어나는 계

2문단

계의 에너지 ⟷ 교환 ⟷ 주위의 에너지

계의 에너지와 주위 에너지는 (4　　　) 관계

흡열 과정	발열 과정
계가 열을 흡수하는 과정	계가 열을 (6　　　) 하는 과정
열을 (5　　　)로 표시	열을 −Q로 표시

3문단

계 1　　　계 2

열역학적 변수들이 같음.
= (7　　　) 상태

4문단

계 A와 계 B가 같은 상태에 있다.

＝

계 A와 계 B의 (8　　　)는 서로 같다.

5문단

계 A와 계 B가 같은 상태에 있다.

≠

계 A와 계 B의 만들어진 (9　　　)이 같다.

구조 트레이닝 ZONE

빈칸에 알맞은 말을 넣어 구조도를 완성하시오.

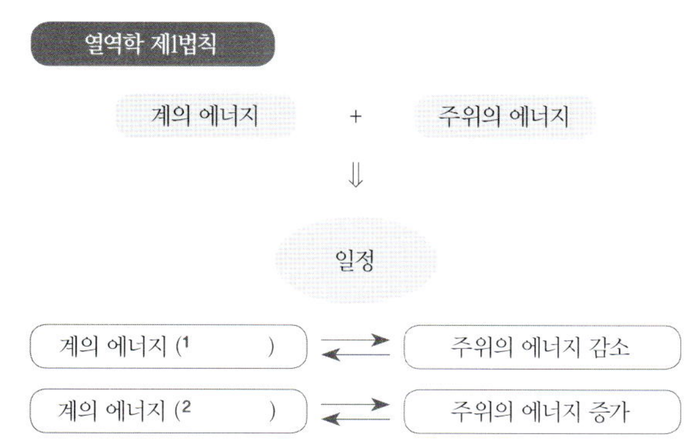

두 계가 같은 상태에 있다는 것은 열역학적 변수들이 같아 최종 상태가 같다는 것을 의미하지만, 이는 두 계가 만들어진 과정이 같다는 것을 의미하는 것이 아님을 구분할 수 있어야 합니다.

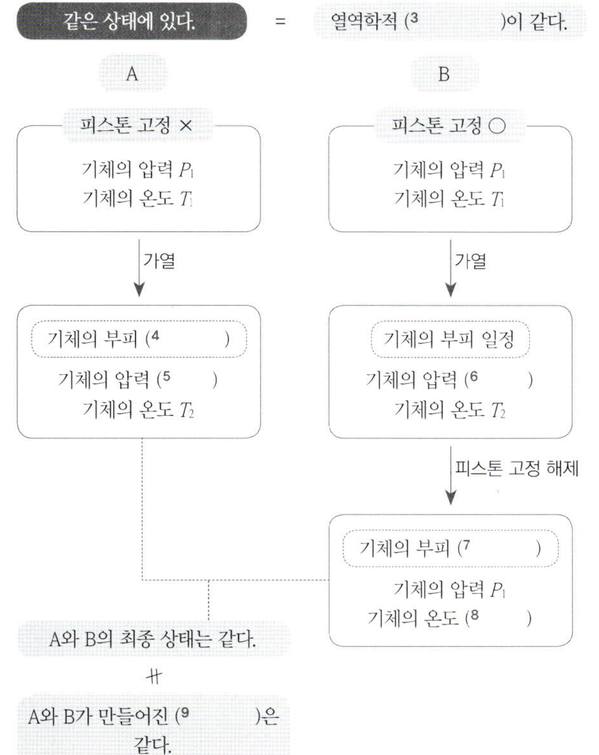

내용 트레이닝 ZONE

글 내용과 일치하면 ○에, 그렇지 않으면 ✕에 체크하시오.

1문단

01 우주에서 '계'와 '주위' 사이를 '경계'라고 한다. ○ ✕

02 우주에서 '주위'를 제외한 나머지 부분은 '계'라고 볼 수 있다. ○ ✕

03 열린계는 계와 물질 교환은 일어나지 않지만 에너지 교환은 일어나는 계를 말한다. ○ ✕

2문단

04 열역학 제1법칙에 따르면, 계와 주위의 에너지 합은 일정하다. ○ ✕

05 계가 열을 흡수하는 과정을 흡수 과정, 열을 방출하는 과정을 방출 과정이라고 한다. ○ ✕

06 계와 주위 사이에 에너지 교환이 일어날 때, 계가 에너지를 방출한 만큼 주위는 에너지를 흡수할 것이다. ○ ✕

3문단

07 실린더의 피스톤을 고정한 상태에서 가열하면 실린더 내부의 기체 압력은 상승한다. ○ ✕

08 열역학적 변수들이 같아 계의 에너지가 같은 계들은 같은 상태에 있다고 말할 수 있다. ○ ✕

09 실린더를 가열하는 동안 고정해 둔 피스톤을 풀면 실린더 속 기체의 부피는 증가하지만 압력은 그대로 유지된다. ○ ✕

4문단

10 서로 다른 두 계의 최종 상태가 같다면 서로 같은 내부 에너지를 갖는다고 할 수 있다. ○ ✕

5문단

11 계가 초기 상태에서 최종 상태로 진행되는 과정은 무수히 많을 수 있다. ○ ✕

12 서로 다른 두 계가 초기 상태에서 최종 상태에 이르는 경로의 차이에 상관없이 최종 상태가 같다면 생성 과정도 같다고 볼 수 있다. ○ ✕

주제 독해 III 과학

워밍-UP

[01~04] 다음 글을 읽고 물음에 답하시오.

01 과학에서 관심을 갖는 대상을 '계(system)'라고 하고, 계를 제외한 우주의 나머지 부분은 '주위(surroundings)', 계와 주위 사이는 '경계(boundary)'라고 한다. 계는 주위와 에너지나 물질의 교환이 모두 일어나지 않는 '고립계', 주위와 물질 교환 없이 에너지 교환만 일어나는 '닫힌계', 주위와 물질 및 에너지 교환이 모두 일어나는 '열린계'로 나눌 수 있다.

02 열역학 제1법칙에 따르면 우주의 에너지 총량은 일정하므로, 계와 주위의 에너지 합 또한 일정하다. 계와 주위 사이에 에너지 교환이 있다면, 계의 에너지가 감소할 때 주위의 에너지는 증가하며, 계의 에너지가 증가할 때 주위의 에너지는 감소하게 된다. 계와 주위 사이에 에너지 교환이 일어날 때, 계의 에너지가 증가하면 +로, 계의 에너지가 감소하면 −로 표시한다. 한편, 계가 열을 흡수하는 과정은 흡열 과정, 계가 열을 방출하는 과정은 발열 과정이라고 하는데, 열은 에너지의 대표적인 형태이므로, 흡열 과정에 관련된 열은 $+Q$로, 발열 과정에 관련된 열은 $-Q$로 나타낼 수 있다.

03 계의 에너지는 온도, 압력, 부피 등의 열역학적 변수들에 의해 결정되므로, 열역학적 변수들이 ⊙같은 계들은 같은 '상태'에 있다고 할 수 있다. 〈그림〉과 같이 피스톤이 연결된 실린더가 있고, 실린더에는 보일−샤를의 법칙을 만족하는 기체가 들어 있다고 가정해 보자. 먼저, 피스톤을 고정하지 않은 채 실린더 속 기체의 압력이 P_1로 일정하도록 유지한 상태에서 실린더를 가열하여 실린더 속 기체의 온도가 T_1에서 T_2가 되도록 하면, 온도가 높아짐에 따라 실린더 속 기체의 부피는 증가하게 된다. 한편, 피스톤을 고정하여 실린더 속 기체의 부피를 일정하게 하고 실린더를 가열하면, 실린더 속 기체의 온도가 T_1에서 T_2가 되는 동안 실린더 속 기체의 압력은 P_1에서 P_2로 증가하는데, 온도가 T_2인 상태를 유지하면서 고정시켰던 피스톤을 풀면 실린더 속 기체의 압력이 P_1이 될 때까지 실린더 속 기체의 부피는 증가하게 된다.

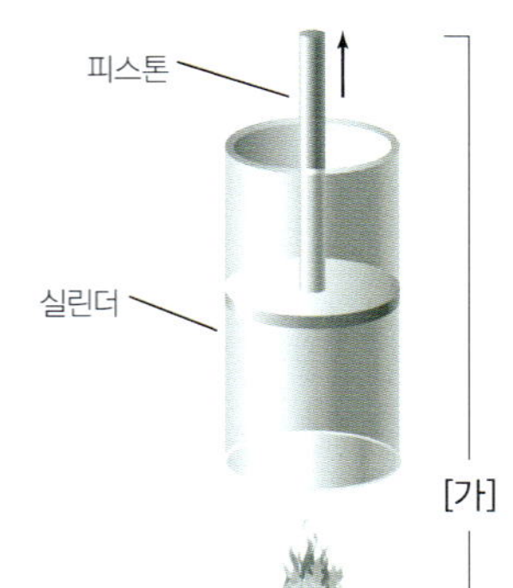

04 전자의 경우를 A, 후자의 경우를 B라고 하면, A는 T_1, P_1인 초기 상태에서 T_2, P_1인 최종 상태가 되었고, B는 T_1, P_1인 초기 상태에서 T_2, P_2인 상태를 거쳐 T_2, P_1인 최종 상태가 되었다고 할 수 있다. 그리고 두 계라 할 수 있는 A와 B가 같은 상태에 있으면, A와 B의 실린더 속 기체의 내부 에너지[*]는 서로 같다고 할 수 있다.

05 이때 A의 초기 상태와 B의 초기 상태, A의 최종 상태와 B의 최종 상태는 각각 같지만, 초기 상태에서 최종 상태에 이르는 경로는 다르다. 따라서 두 계가 같은 상태에 있다고 해서 두 계가 만들어진 과정이 같다고 할 수는 없다. 또한 어떤 계의 변화가 일어나는 경로는 초기 상태에서 최종 상태로 진행하면서 거치는 일련의 상태들로 이루어져 있으며, 이 두 상태를 연결하는 경로는 무한히 많다.

---

[*]**기체의 내부 에너지**: 기체가 가지고 있는 에너지를 의미하며, 기체의 부피가 일정할 때 기체의 내부 에너지는 온도에 의해 결정된다.

지식을 넓히는 주제 코칭

고립계

계와 주위 사이의 물질 및 에너지의 이동이 불가능한 계로, 보온병에 담긴 물의 양과 열이 병 안에 갇혀 있는 상태와 같다고 이해할 수 있다.

닫힌계

계와 주위의 물질 교환은 불가능하지만 에너지 교환은 가능한 계로, 페트병에 담긴 물의 양은 줄어들지 않지만 주위 온도에 따라 열을 뺏기거나 얻을 수 있는 것으로 이해할 수 있다.

열린계

계와 주위 사이의 물질과 에너지 교환이 가능한 계로, 입구가 열린 컵에 담긴 물은 증발 또는 응결에 의해 물의 양이 바뀔 수 있고 열 또한 뺏기거나 얻을 수 있는 것으로 이해할 수 있다. 현실 세계에서는 완벽하게 물질과 에너지가 보존되는 상태를 만들 수 없고 주위와 상호작용하므로 대부분의 계는 열린계에 속한다.

언젠간 출제각

열역학의 네 가지 법칙

열역학의 기초가 되는 법칙으로, 열역학적 계를 기술하는 기본 물리량들인 온도, 에너지, 엔트로피 등에 관한 네 개의 법칙이 있다.

- **열역학 제0법칙** : 한 물체 A와 각각 열평형 상태에 있는 두 물체 B와 C는 서로 열평형 상태에 있다.
- **열역학 제1법칙** : 에너지는 한 형태에서 다른 형태로 변하지만 에너지의 양은 항상 일정하게 보존된다.
- **열역학 제2법칙** : 차가운 물체에 뜨거운 물체를 접촉시키면 뜨거운 물체에서 차가운 물체로는 열이 전달되지만, 반대의 과정은 자발적으로 일어나지 않는다.
- **열역학 제2법칙** : 열역학 과정에서의 절대온도 T가 0이면 완전 결정의 엔트로피는 0이다.

01

윗글의 내용과 일치하지 <u>않는</u> 것은?

① 열역학적 변수들이 같은 두 계는 같은 상태에 있다.

② 열역학 제1법칙에 따르면 우주의 에너지 총량은 일정하다.

③ 열린계에서는 주위와 물질 교환 없이 에너지 교환만 일어난다.

④ 어떤 계가 초기 상태에서 최종 상태로 진행하면서 거칠 수 있는 경로는 무한히 많다.

⑤ 계와 주위 사이에 에너지 교환이 일어날 때 계의 에너지가 증가하면 주위의 에너지는 감소한다.

02

윗글을 바탕으로 〈보기〉를 이해한 내용으로 가장 적절한 것은?

〈보기〉

　물이 담긴 수조에 절반 정도 잠기도록 놓인 비커 속 물에 진한 황산을 넣어서 묽은 황산 용액을 만들면, 묽은 황산 용액은 물론 비커 주위의 수조 속 물의 온도까지 높아진다. 이는 황산이 이온으로 되면서 열이 방출되고, 이 열이 수조 속 물에도 전달되기 때문이다.

① 묽은 황산 용액이 만들어지는 과정은 발열 과정으로, 이 과정과 관련된 열은 $-Q$로 표시되겠군.

② 진한 황산을 넣은 물은 주위와 물질 및 에너지 교환이 일어나는 고립계에 해당하겠군.

③ 비커 속 물의 에너지와 수조 속 물의 에너지는 모두 감소했겠군.

④ 묽은 황산 용액은 수조 속의 물로부터 에너지를 흡수했겠군.

⑤ 비커 속의 물과 수조 속의 물은 모두 경계에 해당하겠군.

03

〈보기〉는 [가]를 그래프로 표시한 것이다. 〈보기〉를 참고하여 [가]를 이해한 내용으로 적절하지 <u>않은</u> 것은?

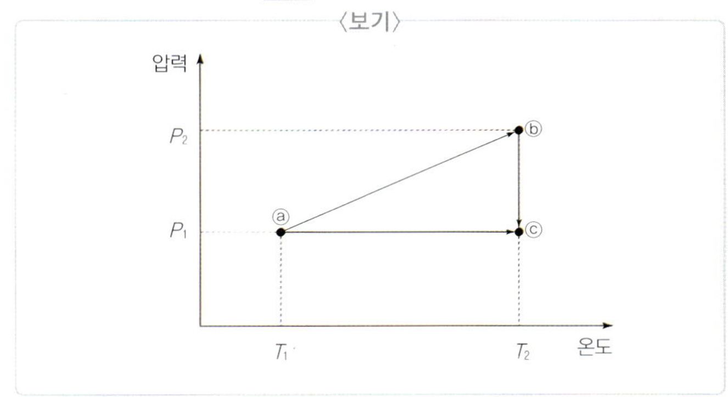

① A의 경우 ⓐ 상태에서 ⓒ 상태가 되는 경로에서 실린더 속 기체의 부피가 증가한다.

② B의 경우 ⓐ 상태에서 ⓑ 상태가 되는 경로에서 온도가 점차 높아진다.

③ B의 경우 ⓑ 상태에서 ⓒ 상태가 되는 경로에서 실린더 속 기체의 부피가 증가한다.

④ ⓐ 상태에서 실린더 속 기체의 내부 에너지는 A의 경우와 B의 경우가 같을 것이다.

⑤ ⓒ 상태에서 실린더 속 기체의 내부 에너지는 A의 경우보다 B의 경우가 클 것이다.

04

문맥을 고려할 때 ㉠과 바꾸어 쓰기에 가장 적절한 것은?

① 동일한

② 동반한

③ 동화한

④ 균일한

⑤ 유일한

[01~04] 다음 글을 읽고 물음에 답하시오.

01 18세기에는 열의 실체가 칼로릭(caloric)이며 칼로릭은 온도가 높은 쪽에서 낮은 쪽으로 흐르는 성질을 갖고 있는, 질량이 없는 입자들의 모임이라는 생각이 받아들여지고 있었다. 이를 칼로릭 이론이라 ㉠부르는데, 이에 따르면 찬 물체와 뜨거운 물체를 접촉시켜 놓았을 때 두 물체의 온도가 같아지는 것은 칼로릭이 뜨거운 물체에서 차가운 물체로 이동하기 때문이라는 것이다. 이러한 상황에서 과학자들의 큰 관심사 중의 하나는 증기 기관과 같은 열기관의 열효율 문제였다.

02 열기관은 높은 온도의 열원에서 열을 흡수하고 낮은 온도의 대기와 같은 열기관 외부에 열을 방출하며 일을 하는 기관을 말하는데, 열효율은 열기관이 흡수한 열의 양 대비 한 일의 양으로 정의된다. 19세기 초에 카르노는 열기관의 열효율 문제를 칼로릭 이론에 기반을 두고 ㉡다루었다. 카르노는 물레방아와 같은 수력 기관에서 물이 높은 곳에서 낮은 곳으로 ㉢흐르면서 일을 할 때 물의 양과 한 일의 양의 비가 높이 차이에만 좌우되는 것에 주목하였다. 물이 높이 차에 의해 이동하는 것과 흡사하게 칼로릭도 고온에서 저온으로 이동하면서 일을 하게 되는데, 열기관의 열효율 역시 이러한 두 온도에만 의존한다는 것이었다.

03 한편 1840년대에 줄(Joule)은 일정량의 열을 얻기 위해 필요한 각종 에너지의 양을 측정하는 실험을 행하였다. 대표적인 것이 열의 일당량 실험이었다. 이 실험은 열기관을 대상으로 한 것이 아니라, 추를 낙하시켜 물속의 날개바퀴를 회전시키는 실험이었다. 열의 양은 칼로리(calorie)로 표시되는데, 그는 역학적 에너지인 일이 열로 바뀌는 과정의 정밀한 실험을 통해 1kcal의 열을 얻기 위해서 필요한 일의 양인 열의 일당량을 측정하였다. 줄은 이렇게 일과 열은 형태만 다를 뿐 서로 전환이 가능한 물리량이므로 등가성을 갖는다는 것을 입증하였으며, 열과 일이 상호 전환될 때 열과 일의 에너지를 합한 양은 일정하게 보존된다는 사실을 알아내었다. 이후 열과 일뿐만 아니라 화학 에너지, 전기 에너지 등이 등가성을 가지며 상호 전환될 때에 에너지의 총량은 변하지 않는다는 에너지 보존 법칙이 입증되었다.

04 열과 일에 대한 이러한 이해는 카르노의 이론에 대한 과학자들의 재검토로 이어졌다. 특히 톰슨은 ⓐ칼로릭 이론에 입각한 카르노의 열기관에 대한 설명이 줄의 에너지 보존 법칙에 위배된다고 지적하였다. 카르노의 이론에 의하면, 열기관은 높은 온도에서 흡수한 열 전부를 낮은 온도로 방출하면서 일을 한다. 이것은 줄이 입증한 열과 일의 등가성과 에너지 보존 법칙에 ㉣어긋나는 것이어서 열의 실체가 칼로릭이라는 생각은 더 이상 유지될 수 없게 되었다. 하지만 열효율에 관한 카르노의 이론은 클라우지우스의 증명으로 유지될 수 있었다. 그는 카르노의 이론이 유지되지 않는다면 열은 저온에서 고온으로 흐르는 현상이 ㉤생길 수도 있을 것이라는 가정에서 출발하여, 열기관의 열효율은 열기관이 고온에서 열을 흡수하고 저온에 방출할 때의 두 작동 온도에만 관계된다는 카르노의 이론을 증명하였다.

05 클라우지우스는 자연계에서는 열이 고온에서 저온으로만 흐르고 그와 반대되는 현상은 일어나지 않는 것과 같이 경험적으로 알 수 있는 방향성이 있다는 점에 주목하였다. 또한 일이 열로 전환될 때와는 달리, 열기관에서 열 전부를 일로 전환할 수 없다는, 즉 열효율이 100%가 될 수 없다는 상호 전환 방향에 관한 비대칭성이 있다는 사실에 주목하였다. 이러한 방향성과 비대칭성에 대한 논의는 이를 설명할 수 있는 새로운 물리량인 엔트로피의 개념을 낳았다.

지문이 읽히는 독해 코칭

빈칸을 채우며 각 문단별 내용을 완성하시오.

1문단

18C 칼로릭 이론

칼로릭
- (1   )의 실체
- 온도가 높은 쪽에서 (2   ) 쪽으로 흐르는 성질
- 질량이 없는 입자들의 모임

2문단

19C초 카르노

- 칼로릭 이론에 기반을 두고 열기관의 열효율 문제를 다룸.
- 칼로릭이 (3   )에서 (4   )으로 이동하면서 일을 함.
- 열기관의 (5   )은 온도 차이에만 의존함.

3문단

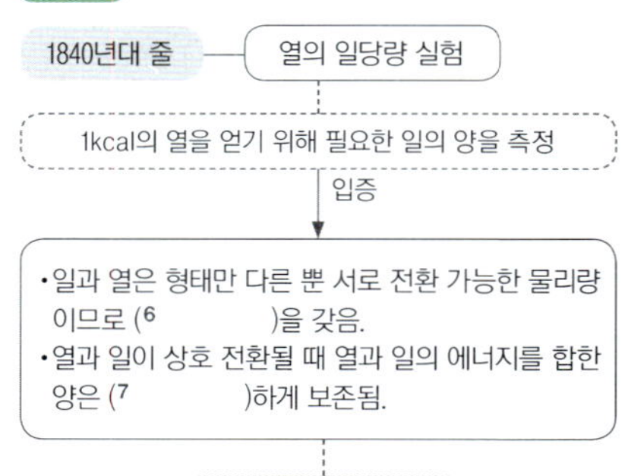

1840년대 줄 —— 열의 일당량 실험

1kcal의 열을 얻기 위해 필요한 일의 양을 측정

입증

- 일과 열은 형태만 다를 뿐 서로 전환 가능한 물리량이므로 (6   )을 가짐.
- 열과 일이 상호 전환될 때 열과 일의 에너지를 합한 양은 (7   )하게 보존됨.

에너지 보존 법칙

4문단

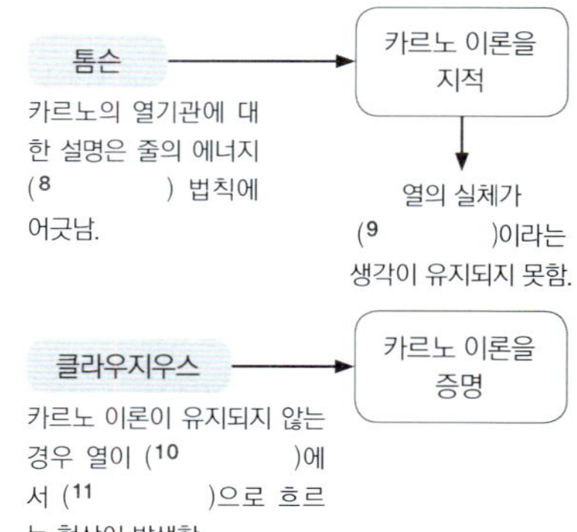

톰슨 —→ 카르노 이론을 지적

카르노의 열기관에 대한 설명은 줄의 에너지 (8   ) 법칙에 어긋남.

열의 실체가 (9   )이라는 생각이 유지되지 못함.

클라우지우스 —→ 카르노 이론을 증명

카르노 이론이 유지되지 않는 경우 열이 (10   )에서 (11   )으로 흐르는 현상이 발생함.

5문단

클라우지우스의 연구
- 자연계에는 경험적으로 알 수 있는 (12   )이 있음.
- 열효율이 100%가 될 수 없다는 상호 전환 방향에 관한 비대칭성이 있다는 사실에 주목

(13   )의 개념 생성

01

윗글에서 알 수 있는 내용으로 가장 적절한 것은?

① 열기관은 외부로부터 받은 일을 열로 변환하는 기관이다.

② 수력 기관에서 물의 양과 한 일의 양의 비는 물의 온도 차이에 비례한다.

③ 칼로릭 이론에 의하면 차가운 쇠구슬이 뜨거워지면 쇠구슬의 질량은 증가하게 된다.

④ 칼로릭 이론에서는 칼로릭을 온도가 낮은 곳에서 높은 곳으로 흐르는 입자라고 본다.

⑤ 열기관의 열효율은 두 작동 온도에만 관계된다는 이론은 칼로릭 이론의 오류가 밝혀졌음에도 유지되었다.

02

윗글로 볼 때 ⓐ의 내용으로 가장 적절한 것은?

① 화학 에너지와 전기 에너지는 서로 전환될 수 없는 에너지라는 점

② 열의 실체가 칼로릭이라면 열기관이 한 일을 설명할 수 없다는 점

③ 자연계에서는 열이 고온에서 저온으로만 흐르는 것과 같은 방향성이 있는 현상이 존재한다는 점

④ 열효율에 관한 카르노의 이론이 맞지 않는다면 열은 저온에서 고온으로 흐르는 현상이 생길 수 있다는 점

⑤ 열기관의 열효율은 열기관이 고온에서 열을 흡수하고 저온에 방출할 때의 두 작동 온도에만 관계된다는 점

03

윗글을 바탕으로 할 때, 〈보기〉의 [가]에 들어갈 말로 가장 적절한 것은?

> 〈보기〉
>
> 줄의 실험과 달리, 열기관이 흡수한 열의 양(A)과 열기관으로부터 얻어진 일의 양(B)을 $\dfrac{B}{A}$로 열의 일당량을 구하면, 그 값은 （ [가] ）는 결과가 나올 것이다.

① 열기관의 두 작동 온도의 차이가 일정하다면 줄이 구한 열의 일당량과 같다

② 열기관이 열을 흡수할 때의 온도와 상관없이 줄이 구한 열의 일당량과 같다

③ 열기관이 흡수한 열의 양이 많을수록 줄이 구한 열의 일당량보다 더 커진다

④ 열기관의 두 작동 온도의 차이가 커질수록 줄이 구한 열의 일당량보다 더 커진다

⑤ 열기관이 흡수한 열의 양과 두 작동 온도에 상관없이 줄이 구한 열의 일당량보다 작다

04

윗글의 ㉠~㉤과 같은 의미로 사용된 것은?

① ㉠: 웃음은 또 다른 웃음을 부르는 법이다.

② ㉡: 그는 익숙한 솜씨로 기계를 다루고 있었다.

③ ㉢: 이야기가 엉뚱한 방향으로 흐르고 있다.

④ ㉣: 그는 상식에 어긋나는 일을 한 적이 없다.

⑤ ㉤: 하늘을 보니 당장이라도 비가 오게 생겼다.

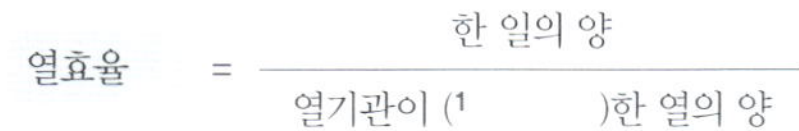

빈칸에 알맞은 말을 넣어 구조도를 완성하시오.

$$\text{열효율} = \frac{\text{한 일의 양}}{\text{열기관이 (1 \qquad)한 열의 양}}$$

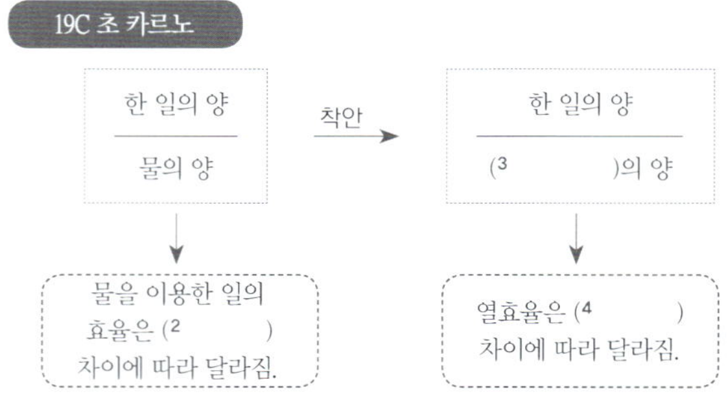

19C 초 카르노

| 한 일의 양 / 물의 양 | 착안 → | 한 일의 양 / (3)의 양 |

물을 이용한 일의 효율은 (2) 차이에 따라 달라짐.

열효율은 (4) 차이에 따라 달라짐.

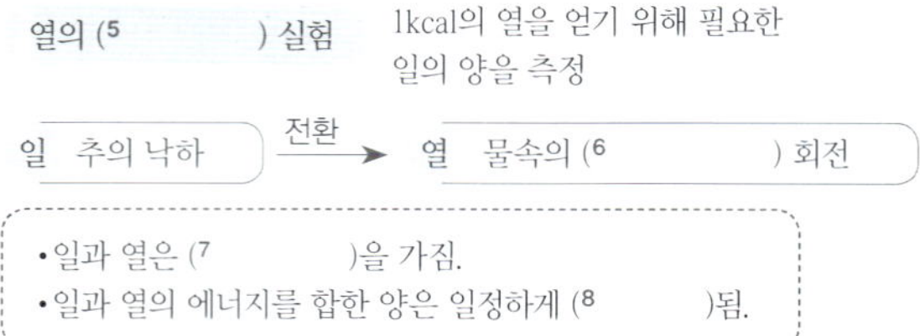

1840년대 줄

열의 (5) 실험 — 1kcal의 열을 얻기 위해 필요한 일의 양을 측정

일 추의 낙하 → (전환) → 열 물속의 (6) 회전

- 일과 열은 (7)을 가짐.
- 일과 열의 에너지를 합한 양은 일정하게 (8)됨.

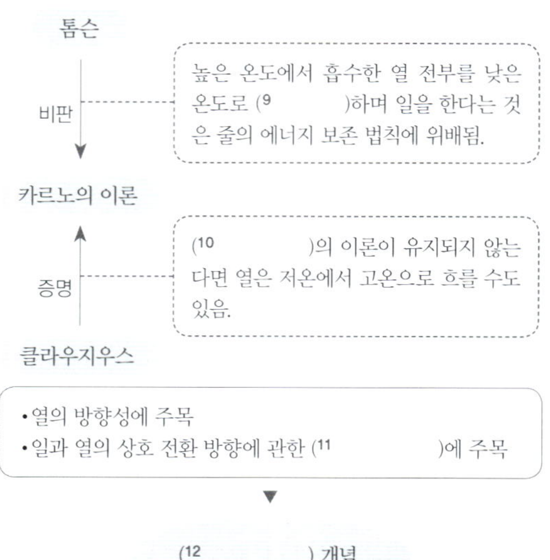

카르노 이론의 재검토

톰슨

(비판)

높은 온도에서 흡수한 열 전부를 낮은 온도로 (9)하며 일을 한다는 것은 줄의 에너지 보존 법칙에 위배됨.

카르노의 이론

(증명)

(10)의 이론이 유지되지 않는다면 열은 저온에서 고온으로 흐를 수도 있음.

클라우지우스

- 열의 방향성에 주목
- 일과 열의 상호 전환 방향에 관한 (11)에 주목

▼

(12) 개념

열기관의 열효율 문제에 관한 학자들의 실험과 주장들이 나열되어 있으므로, 이를 잘 정리하며 이해해야 합니다. 특히 카르노의 이론에 대한 비판과 재반박의 논리적 근거들을 파악할 수 있어야 합니다.

엔트로피의 개념

열역학 제2법칙은 엔트로피 증가 법칙이라고도 하는데, 고립된 '계'에서 엔트로피는 항상 증가한다는 것을 말한다. 여기서 '고립된 계'란 우주와 지구를 포함한 '이 세상'을 지칭한다. 이 세상에서 에너지는 한 상태에서 다른 상태로 변할 때마다 일할 수 있는 유용한 에너지는 손실된다. 그 손실된 것을 가리키는 용어가 바로 '엔트로피'이다. 따라서 엔트로피는 '무질서의 정도'를 나타내는 개념이라고도 볼 수 있다. 질서정연하게 배열된 상태에서 마구 뒤섞여 갈피를 잡을 수 없게 되면 엔트로피가 증가했다고 하고, 반대로 질서정연한 상태가 되면 엔트로피가 감소했다고 말한다. 이는 모든 현상들이 복잡해지는 방향으로 진행된다는 것을 의미한다.

카르노 기관

최대의 열효율을 갖도록 고안된 이상적인 열기관이다. 카르노 기관은 프랑스의 공학자 카르노가 고안해 낸 최대의 열효율을 갖는 이상적인 열기관이다. 등온 팽창, 단열 팽창, 등온 압축, 단열 압축의 네 가지 가역적인 열역학 과정으로 이루어져 있으며, 순환의 모든 과정이 반대의 과정 또한 일어날 수 있는 가역적 과정으로 이루어져 있다. 열기관은 열에너지를 역학적인 일로 바꾸어 주는 에너지 변환 장치의 일종이며, 열로 물이나 기체를 가열하여 그 팽창하는 힘으로 일하도록 고안되어 있다. 이 경우 투입된 열에너지에 비해 기관이 얼마만큼의 많은 일을 할 수 있는가에 대해 생각했을 때, 장치가 할 수 있는 일의 크기가 크면 클수록 기관의 열효율이 좋다고 할 수 있다. 산업혁명을 이끈 증기 기관은 증기의 열에너지를 운동 에너지로 전환하는 대표적인 열기관이라 할 수 있다.

호루라기 관장님의 어휘 트레이닝

공부한 날	월 일 요일
맞은 개수	/ 32

No	뜻	힌트	정답
01	서로 맞닿음.	ㅈ촉	
02	어떤 상황의 가변적 요인	변ㅅ	
03	거의 같을 정도로 비슷하다.	ㅎㅅ하다	
04	잘 보호하고 간수하여 남김.	ㅂ존	
05	상대가 되는 이쪽과 저쪽 모두	ㅅ호	
06	관심을 가지고 주의 깊게 살핌.	ㅈ목	
07	한 번 검토한 것을 다시 검토함.	재ㄱㅌ	
08	어떤 증거 따위를 내세워 증명함.	입ㅈ	
09	어떤 것을 소재나 대상으로 삼다.	ㄷㄹ다	
10	실제의 물체. 또는 외형에 대한 실상	실ㅊ	
11	사물이나 현상이 가지고 있는 고유의 특성	ㅅ질	
12	입자나 전자기파의 형태로 에너지를 내보냄.	방ㅊ	
13	법률, 명령, 약속 따위가 지켜지지 않고 어김.	위ㅂ	
14	아주 정교하고 치밀하여 빈틈이 없고 자세함.	ㅈ밀	
15	가치가 서로 같은 것을 요구하는 상품 교환의 특성	등ㄱㅅ	
16	넓이와 높이를 가진 물건이 공간에서 차지하는 크기	ㅂ피	
17	어떤 사실이나 주장 따위에 근거를 두어 그 입장에 섬.	ㅇ각	
18	기관에 공급된 열이 유효한 일로 바뀐 정도를 나타내는 비율	ㅇ효ㅇ	
19	두 가지 사물이나 사람을 들어 말할 때, 먼저 든 사물이나 사람	ㅈ자	
20	두 가지 사물이나 사람을 들어 말할 때, 뒤에 든 사물이나 사람	ㅎ자	
21	물질이 다른 물질 속으로 들어가는 일. 기체가 고체나 액체에 빨려 들어가는 것 따위이다.	흡ㅅ	
22	물질이 나타내는 상태의 하나. 액체나 고체에 비하여 밀도가 훨씬 작고, 압력의 증감으로 부피가 쉽게 변하며, 압축이나 열팽창이 쉽다.	기ㅊ	

No	앞의 어휘를 활용해 문장을 완성하시오.
01	국가 간의 조약이 원만히 진행되려면 무엇보다 ( ) 간의 신뢰가 중요하다.
02	야생 독버섯은 식용 버섯과 생김새가 매우 ( )하여 육안으로 구별하기가 쉽지 않다.
03	윷놀이에는 윷을 던지는 방법뿐만 아니라 말 놓기 전략과 같은 다양한 ( )가 작용한다.
04	그는 법정에서 사실에 ( )하여 목격한 바를 진술했으며, 한 치의 거짓도 보태지 않았다.
05	에너지가 다른 에너지로 전환될 때 전환 전후의 에너지 총합은 항상 일정하게 ( )된다.
06	미국의 한 연구팀은 수온이 지속적으로 높아지고 있는 사실은 지구 온난화를 ( )할 수 있는 증거라고 주장하였다.
07	최근 도시 경관을 아름답게 해 주고 소음과 미세 먼지를 줄이는 데에 효과가 있는 생활권 도시림이 ( )을 받고 있다.
08	사람들은 피아노 소리가 심벌즈 소리보다 듣기 좋다고 생각한다. 이 중 ( )를 고른음, ( )를 시끄러운음이라고 한다.
09	온라인 투표 시스템을 무리하게 도입할 경우 부정이 발생하는 등 직접 선거와 비밀 선거의 원칙에 ( )되는 심각한 상황이 나타날 수 있다.
10	그는 역학적 에너지인 일이 열로 바뀌는 과정의 ( )한 실험을 통해 1kcal의 열을 얻기 위해서 필요한 일의 양인 열의 일당량을 측정하였다.

주제
독해

III

과학

19 핵분열과 핵융합

과학 물리

다음 글을 읽고 내용을 정리하시오.

01 　태양은 지구의 생명체가 살아가는 데 필요한 빛과 열을 공급해 준다. 이런 막대한 에너지를 태양은 어떻게 계속 내놓을 수 있을까?

02 　16세기 이전까지는 태양을 포함한 별들이 지구상의 물질을 이루는 네 가지 원소와 다른, 불변의 '제5 원소'로 이루어졌다고 생각했다. 하지만 밝기가 변하는 신성(新星)＊이 별 가운데 하나라는 사실이 알려지면서 별이 불변이라는 통념은 무너지게 되었다. 또한 태양의 흑점 활동이 관측되면서 태양 역시 불덩어리일지도 모른다고 생각하기 시작했다. 그 후 섭씨 5,500도로 가열된 물체에서 노랗게 보이는 빛이 나오는 것을 알게 되면서 유사한 빛을 내는 태양의 온도도 비슷할 것이라고 추측하게 되었다.

03 　19세기에는 에너지 보존 법칙이 확립되면서 새로운 에너지 공급이 없다면 태양의 온도가 점차 낮아져야 한다는 결론을 내렸다. 그렇다면 과거에는 태양의 온도가 훨씬 높았어야 했고, 지구의 바다가 펄펄 끓어야 했을 것이다. 하지만 실제로는 그렇지 않았다. 그래서 태양의 온도를 일정하게 유지해 주는 에너지원이 무엇인지에 대해 생각하게 되었다.

04 　20세기 초에 방사능이 발견되면서 방사능 물질의 붕괴에서 나오는 핵분열 에너지가 태양의 에너지원으로 생각되었다. 그러나 태양빛의 스펙트럼을 분석한 결과 태양에는 우라늄 등의 방사능 물질 대신 수소와 헬륨이 있다는 것을 알게 되었다. 방사능 물질의 붕괴에서 나오는 핵분열 에너지가 태양의 에너지원은 아니었던 것이다.

05 　현재 태양의 에너지원은 수소 원자핵 네 개가 헬륨 원자핵 하나로 융합하는 과정의 질량 결손으로 인해 생기는 핵융합 에너지로 알려져 있다. 태양은 엄청난 양의 수소 기체가 중력에 의해 뭉쳐진 것으로, 그 중심으로 갈수록 밀도와 압력, 온도가 증가한다. 태양에서의 핵융합은 천만 도 이상의 온도를 유지하는 중심부에서만 일어난다. 높은 온도에서만 원자핵들이 높은 운동 에너지를 가지게 되며, 그 결과로 원자핵들 사이의 반발력을 극복하고 융합되기에 충분히 가까운 거리로 근접할 수 있기 때문이다. 태양빛이 핵융합을 통해 나온다는 사실은 태양으로부터 온 중성미자가 관측됨으로써 더 확실해졌다.

06 　중심부의 온도가 올라가 핵융합 에너지가 늘어나면 그 에너지로 인한 압력으로 수소를 밖으로 밀어내어 중심부의 밀도와 온도를 낮추게 된다. 이렇게 온도가 낮아지면 방출되는 핵융합 에너지가 줄어들며, 그 결과 압력이 낮아져서 수소가 중심부로 들어오게 되어 중심부의 밀도와 온도를 다시 높인다. 이렇듯 태양 내부에서 중력과 핵융합 반응의 평형 상태가 유지되기 때문에 태양이 오랫동안 안정적으로 빛을 낼 수 있게 된다. 태양은 이미 50억 년간 빛을 냈고, 앞으로도 50억 년 이상 더 빛날 것이다.

＊ 신성: 갑자기 환히 빛났다가 얼마 후 다시 희미해지는 별

지문이 읽히는 독해 코칭

빈칸을 채우며 각 문단별 내용을 완성하시오.

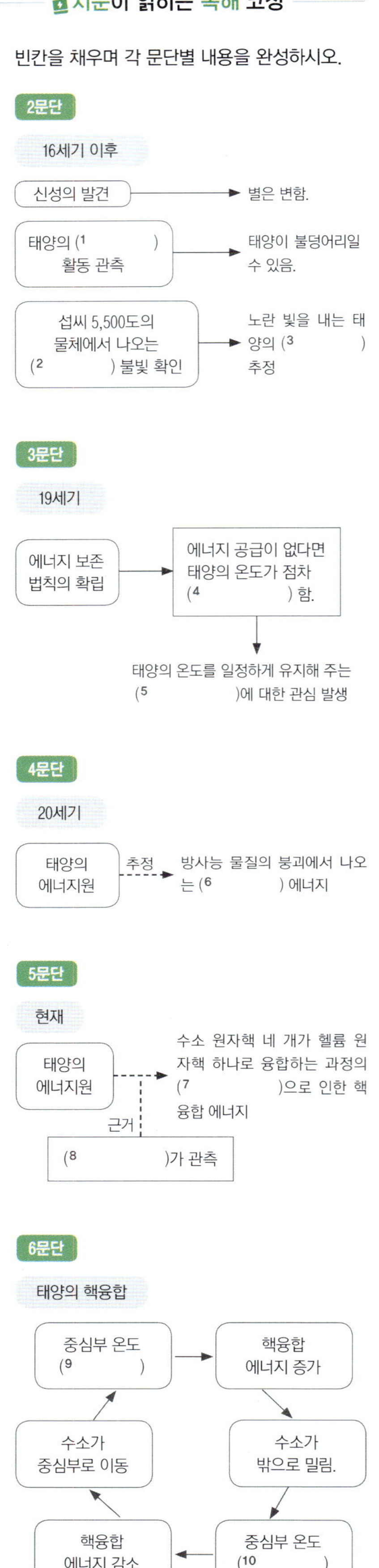

구조 트레이닝 ZONE

빈칸에 알맞은 말을 넣어 구조도를 완성하시오.

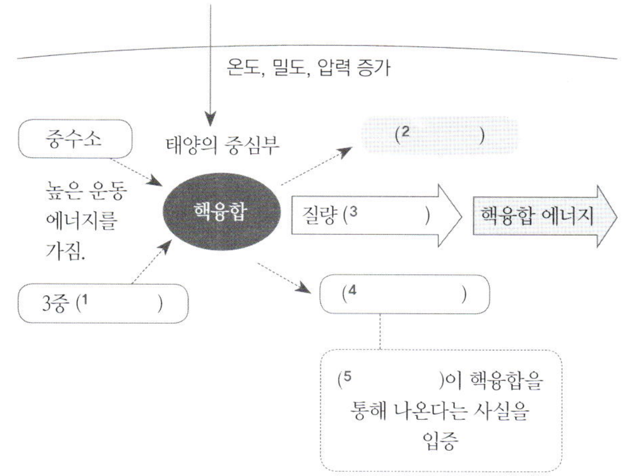

태양의 에너지원이 핵융합으로 밝혀지기 전까지 태양에 대한 통념들을 시기별로 파악할 수 있어야 합니다. 또한 핵융합이 일어나는 인과적 과정들을 이해하도록 합니다.

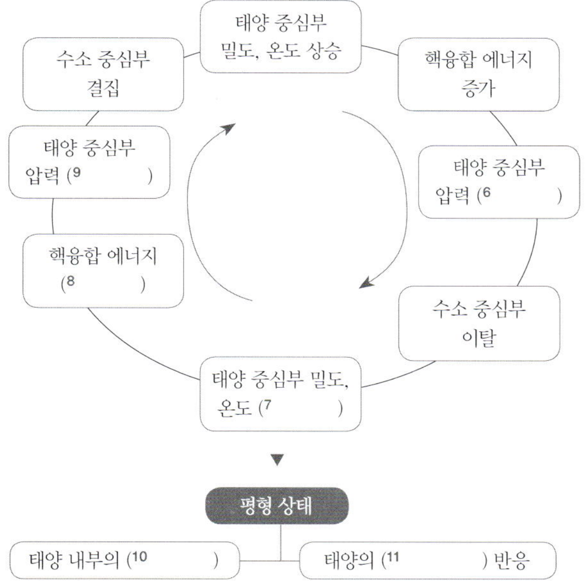

내용 트레이닝 ZONE

글 내용과 일치하면 ○에, 그렇지 않으면 ✕에 체크하시오.

2문단

01 별이 불변한다는 생각은 신성이 별의 하나라는 사실이 알려지면서 무너졌다. ○ ✕

02 태양이 불덩어리일 수도 있다는 생각 덕분에 태양의 흑점 활동을 관찰할 수 있었다. ○ ✕

03 16세기 이전에는 별들이 지구상의 물질을 구성하는 다섯 가지 원소로 이루어져 있다고 믿었다. ○ ✕

3문단

04 19세기 사람들은 과거 태양의 온도가 훨씬 높았다는 것을 증명해 냈다. ○ ✕

05 19세기 사람들은 태양이 일정한 온도를 유지하려면 새로운 에너지가 공급되어야 한다고 생각했다. ○ ✕

4문단

06 20세기에 태양은 수소와 헬륨과 같은 방사능 물질로 이루어져 있다는 것이 밝혀졌다. ○ ✕

07 20세기 초에는 방사능 물질이 붕괴되면서 나오는 에너지를 태양의 에너지원이라고 생각하였다. ○ ✕

5문단

08 오늘날 태양의 에너지원은 핵분열 에너지로 알려져 있다. ○ ✕

09 태양에서의 핵융합은 천만 도 이하의 주변부에서도 일어난다. ○ ✕

10 태양은 엄청나게 많은 양의 수소 기체가 중력에 의해 뭉쳐진 것이다. ○ ✕

11 원자핵들이 반발력을 극복하고 융합이 가능할 정도로 가까워지려면 온도가 높아야 한다. ○ ✕

12 4개의 수소 원자핵이 하나의 헬륨 원자핵으로 융합하는 과정에서 질량 결손이 발생하게 된다. ○ ✕

6, 7문단

13 핵융합이 일어나는 곳인 태양 중심부의 온도와 핵융합 에너지의 양은 비례한다. ○ ✕

14 핵융합 에너지가 늘어나더라도 태양 내부의 중력으로 인해 수소는 중심부를 향한다. ○ ✕

[01~04] 다음 글을 읽고 물음에 답하시오.

01 태양은 지구의 생명체가 살아가는 데 필요한 빛과 열을 공급해 준다. 이런 막대한 에너지를 태양은 어떻게 계속 내놓을 수 있을까?

02 16세기 이전까지는 태양을 포함한 별들이 지구상의 물질을 이루는 네 가지 원소와 다른, 불변의 '제5 원소로 이루어졌다고 생각했다. 하지만 밝기가 변하는 신성(新星)*이 별 가운데 하나라는 사실이 알려지면서 별이 불변이라는 통념은 무너지게 되었다. 또한 태양의 흑점 활동이 관측되면서 태양 역시 불덩어리일지도 모른다고 생각하기 시작했다. ㉠그 후 섭씨 5,500도로 가열된 물체에서 노랗게 보이는 빛이 나오는 것을 알게 되면서 유사한 빛을 내는 태양의 온도도 비슷할 것이라고 추측하게 되었다.

03 19세기에는 에너지 보존 법칙이 확립되면서 ㉡새로운 에너지 공급이 없다면 태양의 온도가 점차 낮아져야 한다는 결론을 내렸다. 그렇다면 과거에는 태양의 온도가 훨씬 높았어야 했고, 지구의 바다가 펄펄 끓어야 했을 것이다. 하지만 실제로는 그렇지 않았다. 그래서 태양의 온도를 일정하게 유지해 주는 에너지원이 무엇인지에 대해 생각하게 되었다.

04 20세기 초에 방사능이 발견되면서 방사능 물질의 붕괴에서 나오는 핵분열 에너지가 태양의 에너지원으로 생각되었다. 그러나 태양빛의 스펙트럼을 분석한 결과 태양에는 우라늄 등의 방사능 물질 대신 수소와 헬륨이 있다는 것을 알게 되었다. 방사능 물질의 붕괴에서 나오는 핵분열 에너지가 태양의 에너지원은 아니었던 것이다.

05 ㉢현재 태양의 에너지원은 수소 원자핵 네 개가 헬륨 원자핵 하나로 융합하는 과정의 질량 결손으로 인해 생기는 핵융합 에너지로 알려져 있다. 태양은 엄청난 양의 수소 기체가 중력에 의해 뭉쳐진 것으로, 그 중심으로 갈수록 밀도와 압력, 온도가 증가한다. 태양에서의 핵융합은 천만 도 이상의 온도를 ⓐ유지하는 중심부에서만 일어난다. ㉣높은 온도에서만 원자핵들이 높은 운동 에너지를 가지게 되며, 그 결과로 원자핵들 사이의 반발력을 극복하고 융합되기에 충분히 가까운 거리로 근접할 수 있기 때문이다. 태양빛이 핵융합을 통해 나온다는 사실은 태양으로부터 온 중성미자가 관측됨으로써 더 확실해졌다.

06 중심부의 온도가 올라가 핵융합 에너지가 늘어나면 그 에너지로 인한 압력으로 수소를 밖으로 밀어내어 중심부의 밀도와 온도를 낮추게 된다. ㉤이렇게 온도가 낮아지면 방출되는 핵융합 에너지가 줄어들며, 그 결과 압력이 낮아져서 수소가 중심부로 들어오게 되어 중심부의 밀도와 온도를 다시 높인다. 이렇듯 태양 내부에서 중력과 핵융합 반응의 평형 상태가 ⓑ유지되기 때문에 태양이 오랫동안 안정적으로 빛을 낼 수 있게 된다. 태양은 이미 50억 년간 빛을 냈고, 앞으로도 50억 년 이상 더 빛날 것이다.

* **신성**: 갑자기 환히 빛났다가 얼마 후 다시 희미해지는 별

🏃 지식을 넓히는 주제 코칭

태양의 에너지원

태양의 에너지원에 대한 생각을 근본적으로 바꾸어 놓은 사람은 아인슈타인이다. 아인슈타인은 1905년에 특수 상대성 이론을 발표하여 물질이 에너지로 바뀔 수 있음을 시사하였다. 하지만 물질에서 에너지로의 전환이 어떤 형태로 이루어지는지는 알지 못했다. 10년 후 영국의 실험물리학자 프랜시스 애스턴은 원자들의 질량을 정밀하게 측정할 수 있는 질량 분석기를 고안하였고, 화학적으로 동일한 원자들 중에 질량이 다른 동위 원소들이 있다는 것을 밝혀 냈다. 애스턴은 장치를 개선하여 원자량을 1/1000 이상의 정확도로 측정해 낼 수 있었고, 각 원소들의 질량은 양성자 질량의 정수배보다 약간 가볍다는 사실을 밝혀냈다. 애스턴이 자신의 실험 결과를 발표한 지 몇 달 지나서 영국의 천문학자 아서 에딩턴과 영국의 물리학자 제임스 진스 등은 수소 원자 4개가 결합하는 핵융합을 통해 태양이나 별 속에서 질량이 에너지로 변환된다고 주장하였다.

⏱ 언젠간 출제각

태양의 플라즈마

플라즈마는 초고온에서 음전하를 가진 전자와 양전하를 띤 이온으로 분리된 기체 상태로 흔히 '물질의 제4의 상태'라고 부른다. 태양을 비롯한 우주는 99% 이상이 플라즈마 상태이다. 번개나 오로라 같은 자연에서 볼 수 있는 플라즈마 외에도, 형광등이나 네온사인 및 PDP와 같은 플라즈마를 활용한 전자 제품들을 일상생활에서 접할 수 있다. 지구에서 핵융합 반응을 일으키기 위해서는 태양과 같은 초고온의 플라즈마 상태를 필요로 한다.

01

윗글을 읽으면서 다음과 같이 내용을 정리하였다고 할 때, 적절하지 않은 것은?

질문 1. 태양빛의 근원은 무엇일까?

○ 제5원소설: 신성 관찰로 인정됨. ····························· ①

○ 불덩어리설: 흑점의 관찰로 제안됨. ····················· ②

질문 2. 태양이 계속 식어 왔다면 과거에는 어땠을까?

○ 수천 년 전 아주 뜨거움: 과거 지구의 기후와 부합하지 않음. ····························· ③

질문 3. 태양의 에너지는 어디에서 나올까?

○ 핵분열 에너지설: 스펙트럼 분석 결과 부정됨. ············ ④

○ 핵융합 에너지설: 태양 중성미자의 관측으로 인정됨. ··· ⑤

02

㉠~㉤이 참이라고 판단하는 데 필요한 사실로 적절하지 <u>않은</u> 것은?

① ㉠: 뜨거운 물체는 온도에 따라 주로 내는 빛의 색이 다르다.

② ㉡: 열을 내는 물체는 에너지 공급이 없을 때 온도가 내려간다.

③ ㉢: 물체의 질량은 다른 에너지로 변환이 가능하다.

④ ㉣: 융합 전까지 원자핵들 사이에는 반발력이 존재한다.

⑤ ㉤: 온도가 일정하면 기체의 압력은 부피에 반비례한다.

03

윗글의 내용에 비추어 볼 때, 〈보기〉의 '핵융합 장치'에 대한 이해로 적절한 것은?

〈보기〉

태양의 원리를 적용한 대체 에너지 기술은 수소 원자핵을 초고온 상태로 만들어 수소 원자핵들이 빠른 속도로 자주 충돌할 수 있도록 밀도를 높여 주면 가능하다. 이를 실현하기 위해서는 수소 원자핵을 초고온 상태로 지속시킬 수 있는 '핵융합 장치'를 만드는 것이 가장 중요하다.

---

① 밀도가 높으면 온도가 낮아도 원자핵들이 핵융합을 할 수 있겠군.

② 지구에서 구하기 쉬운 방사능 물질을 이용하는 것이 바람직하겠군.

③ 초고온 상태를 유지하려면 태양 중력과 유사한 기능을 하는 힘이 필요하겠군.

④ 태양 표면과 같은 환경을 마련해 주려면 엄청난 양의 수소를 핵분열시켜야겠군.

⑤ 지속적으로 에너지를 얻기 위해서는 중력과 핵융합 반응의 평형 상태를 깨뜨리는 것이 관건이겠군.

04

ⓐ, ⓑ와 관련하여 〈보기〉의 사례가 될 수 <u>없는</u> 것은?

〈보기〉

국어의 어휘 중에는 '유지하다—유지되다'처럼 명사인 '유지'가 '하다'와 결합하면 타동사, '되다'와 결합하면 자동사가 되어 구별되는 용법으로 쓰이는 예가 많다.

---

① 관통(貫通)　　② 보존(保存)　　③ 완공(完工)

④ 발열(發熱)　　⑤ 개편(改編)

펌핑-UP

[01~02] 다음 글을 읽고 물음에 답하시오.

01 원자핵은 양성자나 중성자와 같은 핵자들의 결합으로 이루어져 있다. 원자핵을 구성하는 양성자와 중성자의 개수를 모두 더한 것을 질량수라고 하는데, 질량수가 큰 하나의 원자핵이 질량수가 작은 두 개의 원자핵으로 쪼개지는 것을 핵분열이라고 하고 질량수가 작은 두 개의 원자핵이 결합하여 질량수가 큰 하나의 원자핵이 되는 것을 핵융합이라고 한다.

02 핵분열이나 핵융합은 핵자당 결합 에너지로 설명할 수 있다. 원자핵의 질량은 그 원자핵을 구성하는 개별 핵자들의 질량을 모두 더한 것보다 작다. 이처럼 핵자들이 결합하여 원자핵이 되면서 질량이 줄어든 것을 질량 결손이라고 한다. '질량-에너지 등가 원리'에 따르면 질량과 에너지는 상호 간의 전환이 가능하고, 이때 에너지는 질량에 광속의 제곱을 곱한 값과 같다. 한편 핵자들의 결합에서 줄어든 질량은 에너지로 전환되는데, 이 에너지는 원자핵의 결합 에너지와 그 크기가 같다. 원자핵의 결합 에너지란 원자핵을 개별 핵자들로 분리할 때 가해야 하는 에너지이다. 원자핵의 결합 에너지를 질량수로 나눈 것을 핵자당 결합 에너지라고 하고 그 값은 원자핵의 종류에 따라 다르다.

03 원자핵을 구성하는 핵자들은 핵자당 결합 에너지가 클수록 더 강력하게 결합되어 있고 이는 원자핵이 더 안정된 상태라는 것을 의미한다. 모든 원자핵은 안정된 상태가 되려는 성질이 있으므로, 핵자당 결합 에너지가 작은 원자핵들은 핵분열이나 핵융합을 거쳐 핵자당 결합 에너지가 큰 상태가 된다. 핵분열이나 핵융합도 반응 전후로 질량 결손이 일어나고, 줄어든 질량은 에너지로 전환된다.

04 핵분열과 핵융합에서 발생하는 에너지를 발전에 이용할 수 있다. ㉠우라늄-235(^{235}U) 원자핵을 사용하는 핵분열 발전의 경우, 우라늄 원자핵에 중성자를 흡수시키면 질량수가 작고 핵자당 결합 에너지가 큰 원자핵들로 분열된다. 이때 2~3개의 중성자가 방출되는데 이 중성자는 다른 우라늄 원자핵에 흡수되어 연쇄 반응을 일으킨다. 이 과정에서 질량 결손으로 인해 전환되는 에너지를 발전에 이용하는 것이다.

05 핵분열 발전에서는 중성자의 속도를 느리게 해야 한다. 중성자가 너무 빠르게 움직이면 원자핵에 흡수될 확률이 낮기 때문이다. 특히 핵분열 과정에서 방출된 중성자는 속도가 매우 빠르기 때문에 이를 느리게 해야 연쇄 반응을 일으킬 수 있다. 그래서 물이나 흑연을 감속재로 사용하여 중성자의 속도를 느리게 만든다. 한편 연쇄 반응이 급격하게 일어나면 과도한 에너지가 발생하여 폭발이 일어날 수 있기 때문에 제어봉을 사용한다. 제어봉은 중성자를 흡수하는 장치로, 핵분열에 관여하는 중성자 수를 조절하여 급격한 연쇄 반응을 방지한다.

빈칸을 채우며 각 문단별 내용을 완성하시오.

1문단

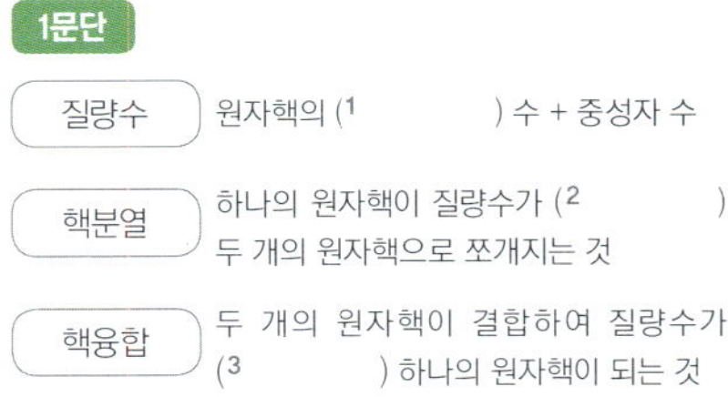

2문단

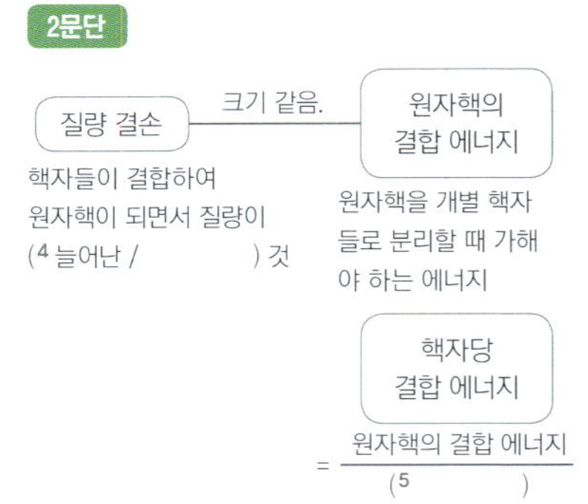

3문단

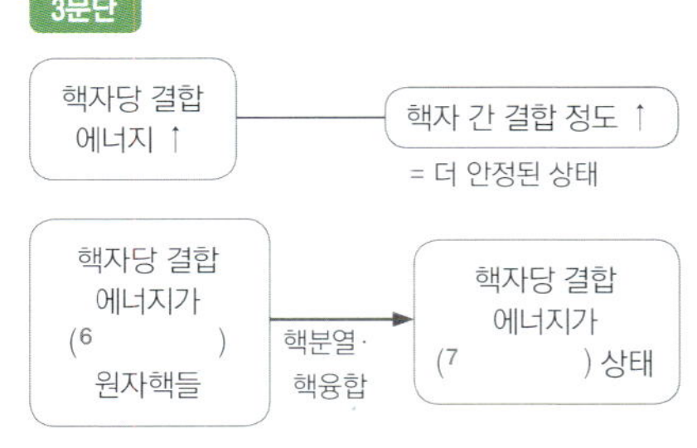

4문단

우라늄-235 원자핵을 사용한 핵분열 발전

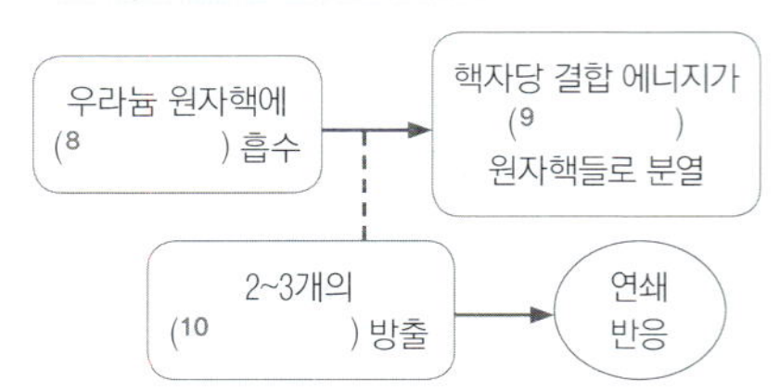

5문단

핵분열 발전에서의 제어

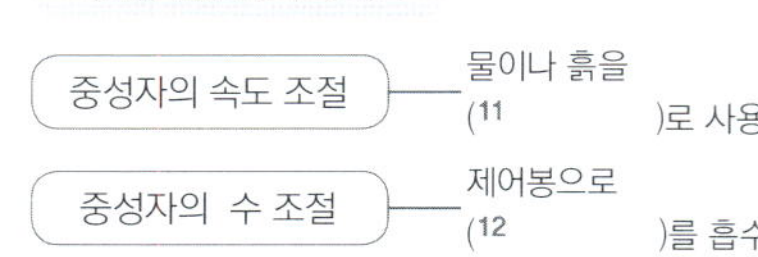

01

㉠에 대한 이해로 적절하지 <u>않은</u> 것은?

① 우라늄-235 원자핵에 전자를 흡수시켜 핵분열을 일으킨다.

② 물이나 흑연을 감속재로 사용하여 중성자의 속도를 조절한다.

③ 제어봉으로 중성자를 흡수하여 과도한 에너지가 발생하지 않도록 한다.

④ 우라늄-235 원자핵이 분열되면 우라늄 − 235 원자핵보다 질량수가 작은 원자핵들로 나뉜다.

⑤ 우라늄-235 원자핵이 분열되면서 방출되는 중성자의 속도를 느리게 해서 연쇄 반응을 일으킨다.

02

윗글을 읽은 학생이 〈보기〉의 설명을 이해한 내용으로 가장 적절한 것은?

〈보기〉

선생님: 이 그림은 여러 원자핵의 핵자당 결합 에너지를 나타내고 있어요. 철(Fe) 원자핵은 다른 원자핵들에 비해 핵자당 결합 에너지가 크죠? 철 원자핵은 모든 원자핵 중에서 핵자당 결합 에너지가 가장 크고 가장 안정된 상태예요. 철 원자핵보다 질량수가 작은 원자핵은 핵융합을, 질량수가 큰 원자핵은 핵분열을 통해 핵자당 결합 에너지가 높은 원자핵이 된답니다.

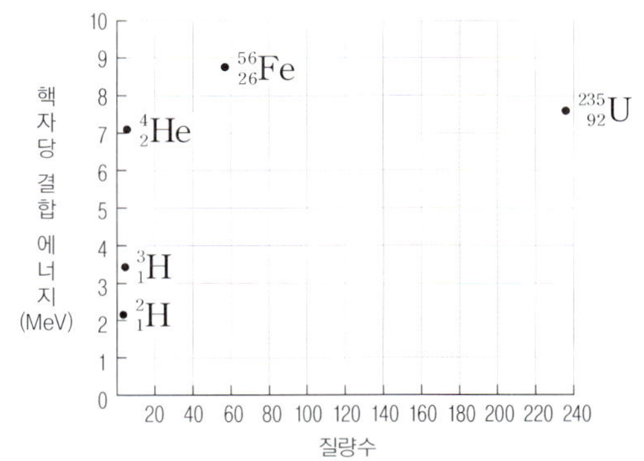

※ 원자핵의 질량수(A)와 양성자 수(Z)는 원소 기호(X)에 다음과 같이 표기한다.

$$^{A}_{Z}X$$

① 헬륨-4 원자핵은 핵융합을 거치면 더 안정된 상태의 원자핵으로 변하겠군.

② 중수소 원자핵은 삼중 수소 원자핵과 양성자의 수는 같지만 더 안정된 상태이겠군.

③ 철 원자핵의 결합 에너지는 철 원자핵의 핵자당 결합 에너지에 26을 곱한 값과 같겠군.

④ 우라늄-235 원자핵이 핵분열하여 생성된 원자핵들은 핵자당 결합 에너지가 9MeV 이상이겠군.

⑤ 우라늄-235 원자핵은 철 원자핵에 비해 원자핵을 구성하고 있는 핵자들이 더 강력하게 결합되어 있겠군.

구조 트레이닝 ZONE

💪 **빈칸에 알맞은 말을 넣어 구조도를 완성하시오.**

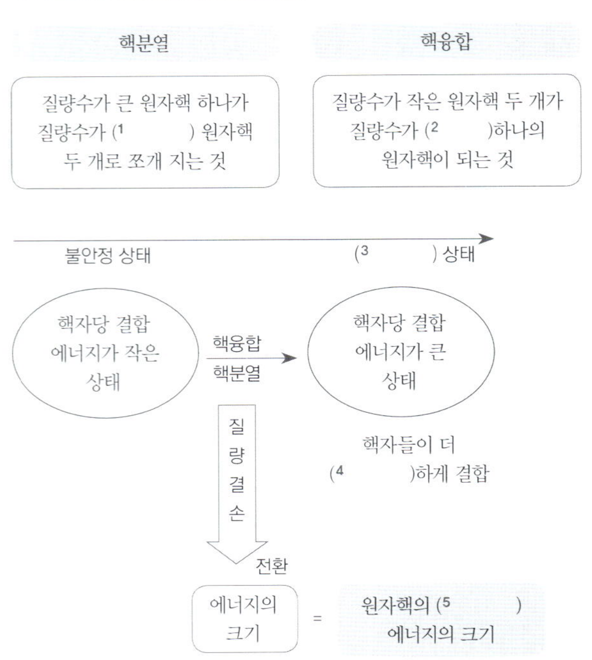

안정된 상태가 되려는 원자핵들이 결합할 때 생기는 질량 결손만큼 에너지로 전환되는 성질을 발전에 이용하는 것이 핵분열과 핵융합 발전임을 이해해야 합니다. 또한 핵분열 발전에서 적절한 연쇄 반응을 일으키기 위해 사용하는 조치들을 눈여겨 볼 필요가 있습니다.

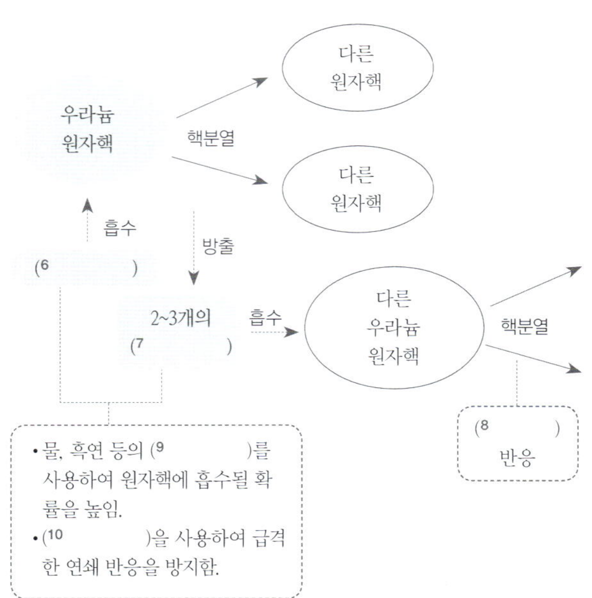

수소 원소의 종류와 태양의 핵융합

태양 속에서는 1초 동안 6억 5,700만 톤의 수소가 합쳐져 6억 5,300만 톤의 헬륨이 생성되는 것으로 알려졌다. 1,500만℃의 초고온 상태에서 가벼운 수소가 융합해 무거운 헬륨으로 바뀌는 과정에서 에너지가 방출되는데 이것이 바로 핵융합 에너지이다. 이 에너지가 지구의 생명의 원천인 태양 에너지이다. 핵융합을 일으키는 수소 원소는 수소, 중수소, 삼중 수소 세 가지 종류가 있다. 이들은 원자핵 속에 있는 양성자의 수는 같으나 중성자의 수가 다른 원소들이다.

핵융합 발전에 필요한 조건

핵융합 발전의 연료는 수소의 동위 원소인 중수소 와 삼중수소를 사용한다. 중수소는 바닷물을 전기 분해하며, 삼중수소는 핵융합로 내에서 리튬과 중성자를 반응시켜 얻을 수 있다. 바닷물은 지구 표면의 70% 이상을 뒤덮고 있으며, 리튬 또한 매장량이 풍부하다. 따라서 핵융합 발전에 필요한 연료는 거의 무한하다고 볼 수 있다. 지구에서 핵융합을 실현하기 위해서는 인공적으로 1억도 이상의 초고온 플라즈마를 담고, 핵융합 반응이 유지되도록 가둬 둘 용기가 필요하다. 이를 위해서 전 세계적으로 다양한 방식으로 연구가 이루어지고 있다. 현재 상용화에 가장 가까운 핵융합 장치는 도넛 형태의 자기장 가둠 방식을 이용하는 '토카막' 장치이다. 플라즈마는 전기적 성질을 띤 이온이기 때문에 전기장을 걸어 주면 자기력선 주위를 마치 꽈배기처럼 맴돌며 일정한 방향으로 움직이게 된다. 이를 도넛 형태로 이어 주게 되면 플라즈마는 도넛 안을 끊임없이 돌며 핵융합을 만들게 된다.

호루라기 관장님의 어휘 트레이닝

공부한 날	월 일 요일
맞은 개수	/ 32

No	뜻	힌트	정답
01	서로 비슷함.	ㅇ사	
02	가까이 접근함.	ㄱ접	
03	되받아 퉁기는 힘	ㅂ발ㄹ	
04	일반적으로 널리 통하는 개념	ㅌ념	
05	더할 수 없을 만큼 많거나 크다.	막ㄷ하다	
06	체계나 견해, 조직 따위가 굳게 섬.	ㅎ립	
07	모든 물질을 구성하는 기본적 요소	원ㅅ	
08	어떤 물질의 단위 부피만큼의 질량	밀ㄷ	
09	다른 방향이나 상태로 바뀌거나 바꿈.	전ㅎ	
10	사물의 모양이나 성질이 변하지 아니함.	불ㅂ	
11	변화의 움직임 따위가 급하고 격렬하다.	ㄱ격하다	
12	서로 나누어 떨어짐. 또는 그렇게 되게 함.	분ㄹ	
13	어느 부분이 없거나 잘못되어서 불완전함.	ㄱ손	
14	어떤 일이나 현상이 일어나지 못하게 막음.	ㅂ지	
15	원자로 안에서 핵분열 반응의 속도를 조절하는 재료	ㄱㅅ재	
16	사물이나 현상이 사슬처럼 서로 이어져 통일체를 이룸.	연ㅅ	
17	둘 이상의 사물이나 사람이 서로 관계를 맺어 하나가 됨.	결ㅎ	
18	얽혀 있거나 복잡한 것을 풀어서 개별적인 요소나 성질로 나눔.	분ㅅ	
19	원자핵이 방사능과 열을 방출하면서 다른 원자핵들로 쪼개지는 현상	분ㅇ	
20	빛이 진행하는 방향에 수직인 단위 면적을 단위 시간에 지나가는 빛의 양	ㄱ속	
21	다른 종류의 것이 녹아서 서로 구별이 없게 하나로 합하여지거나 그렇게 만듦.	ㅇ합	
22	물체 사이에 서로 작용하는 힘과 회전력이 서로 비기어 크기가 전혀 없음. 또는 그런 상태	ㅍ형	

No	앞의 어휘를 활용해 문장을 완성하시오.
01	학자들은 시간이 지나도 ( )하는 지식을 찾기 위해 노력했다.
02	물 전기 분해는 전기를 이용해 물을 수소와 산소로 ( )하는 과정이다.
03	기존의 인식을 ( )하면 그간 보이지 않던 새로운 것들이 보이기 시작한다.
04	아주 사소한 현상이 ( ) 작용을 일으켜 추후 예상하지 못한 엄청난 결과를 불러오기도 한다.
05	기온이 높아질수록 활주로 인근의 공기 ( )는 낮아지므로 비행기가 흡입하는 공기량이 줄어든다.
06	염증 반응은 바이러스나 박테리아 등의 병원체가 몸 전체로 퍼져나가는 것을 ( )하는 면역 반응의 하나이다.
07	그동안 발생된 사고를 바탕으로 그 확률을 예측한다면 관찰 대상이 많아짐에 따라 실제 사고 발생 확률에 ( )하게 된다.
08	국외 문화재를 들여오는 데에는 많은 비용이 들어갈 뿐만 아니라 들여와서도 보관과 관리에 ( )한 비용이 들어갈 수 있다.
09	사르트르는 인간이 신의 뜻에 따라 만들어진 존재라는 기존의 ( )을 거부하면서, 인간은 스스로를 만들어 가는 존재라고 보았다.
10	같은 양전기를 띠고 있는 양성자들은 서로 밀어내려 하는데, 이러한 ( )보다 더 큰 힘이 있어야만 여러 개의 양성자가 핵에 속박될 수 있다.

주제 독해 III 과학

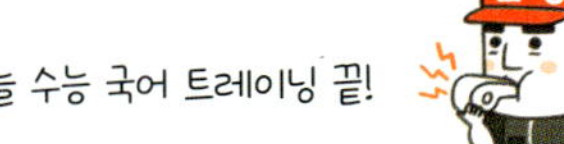

20 원자의 실체

다음 글을 읽고 내용을 정리하시오.

01 자연 상태의 산화구리에서 구리를 얻기 위해 숯(탄소)을 넣고 가열하는 방법은 옛날부터 사용해 왔다. 화학적인 관점에서 보면 이것은 산소가 구리보다 탄소와 더 잘 결합하는 성질을 이용한 것이라고 할 수 있다. 18세기 이후 화학자들은 화합물을 만들 때 물질 간에는 더 잘 결합하는 정도, 즉 화학적 친화력이 있다고 보고 이를 규명하기 위해 노력하였다.

02 18세기 말 베리만은 화학적 친화력의 규칙을 밝히기 위해 물질 간의 상대적 인력을 추론하려 했다. 예를 들어, 어떤 화합물 AB에서 물질 B가 다른 물질 C에 의해서는 쫓겨나지만 또 다른 물질 D에 의해서는 쫓겨나지 않았다면 A에 대한 친화력은 C > B > D의 순이 된다. 그는 이와 같은 방법으로 그때까지 알려진 물질들의 친화력표를 작성하였다. 이를 받아들인 화학자들은 친화력표를 정교화해 가다 보면 어떤 규칙을 발견할 수 있을 것이라고 생각했다. 그러나 이 방법으로는 화학적 친화력을 일으키는 힘의 실체를 규명하기 어려웠다.

03 친화력에 대한 연구는 19세기에 돌턴이 제안한 원자 가설을 수용하면서 변화를 맞이하게 된다. 베르셀리우스는 원자가 가진 전기적 성질을 친화력의 근원으로 생각하고 이전의 문제를 해결하려고 했다. 베르셀리우스는 당시 발견된 볼타 전지의 전극에서 기체와 금속이 분리되는 현상을 연구하여 원자는 (+) 또는 (−) 2가지 전하를 가지고 있으며, (−)전하를 가진 원자는 전기력에 의해 (+)전하를 가진 원자와 결합한다고 주장했다. 이 이론은 다른 전하를 가진 원소끼리 결합하는 것은 잘 설명할 수 있었지만, 같은 전하를 가진 원소끼리 더 강하게 결합하는 것을 설명하기는 어려웠다.

04 베르셀리우스가 해결하지 못했던 문제는 20세기 이후 원자의 실체가 규명되면서 설명할 수 있게 되었다. 원자는 (+)전하를 가진 핵과 (−)전하를 가진 전자가 전기적 균형을 이루고 있다. 그리고 핵 주위에는 일정 거리를 두고 전자가 들어갈 수 있는 여러 겹의 껍질이 있는데, 가장 바깥 껍질, 즉 최외각을 채우면 안정된 상태가 된다. 최외각에 전자가 남거나 모자라는 원자들은 전자를 버리거나 얻어 이온이 됨으로써 안정된 상태가 되려고 한다. 이온들끼리는 전기적 인력에 의해 서로 결합할 수 있는데, 이는 이전에 베르셀리우스가 설명했던 것이기도 하다. 그런데 최외각에 전자를 채우는 것은 원자들끼리 전자를 공유하는 것으로도 가능하다. 최외각에 전자가 모자라는 원자끼리 전자를 공유하여 결합하면 두 원자 모두 최외각의 전자를 채워 보다 안정된 결합을 할 수 있다. 그래서 현재는 화학적 친화력을 원자들이 보다 안정된 상태가 되려는 경향으로 설명하고 있다.

지문이 읽히는 독해 코칭

빈칸을 채우며 각 문단별 내용을 완성하시오.

1문단

18세기 이후 화학자들 — 화합물을 만들 때 물질 간에는 (1   ) 이 있다고 봄.

2문단

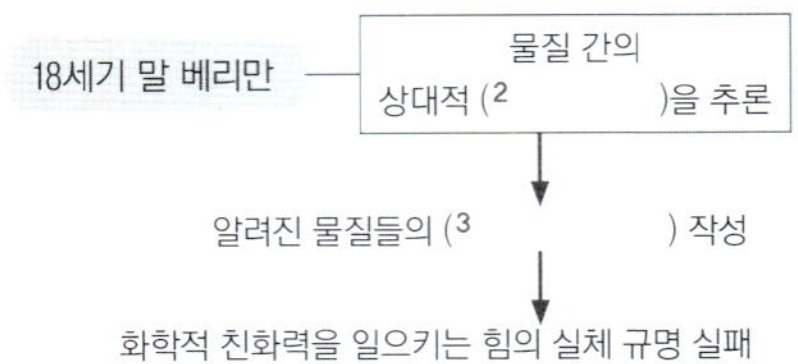

18세기 말 베리만 — 물질 간의 상대적 (2   )을 추론

알려진 물질들의 (3   ) 작성

화학적 친화력을 일으키는 힘의 실체 규명 실패

3문단

19세기 베르셀리우스

· (4   ) 성질을 화학적 친화력의 근원으로 여김.
· (−) 전하를 가진 원자는 전기력에 의해 (+) 전하를 가진 원자와 결합함을 주장함.

한계

(5   ) 전하를 가진 원소끼리 더 강하게 결합하는 현상을 설명 X

4문단

20C 이후

원자
· (+)전하를 가진 핵과 (−)전하를 가진 전자가 (6   )으로 균형을 이룸.
· 핵 주위에 전자가 들어갈 수 있는 여러 겹의 (7   )이 존재

최외각에 전자가 남거나 모자라는 원자들은 전자를 버리거나 얻어 (8   )이 됨으로써 안정된 상태가 되려고 함.

원자들끼리 전자를 (9   )하는 것도 가능

구조 트레이닝 ZONE

빈칸에 알맞은 말을 넣어 구조도를 완성하시오.

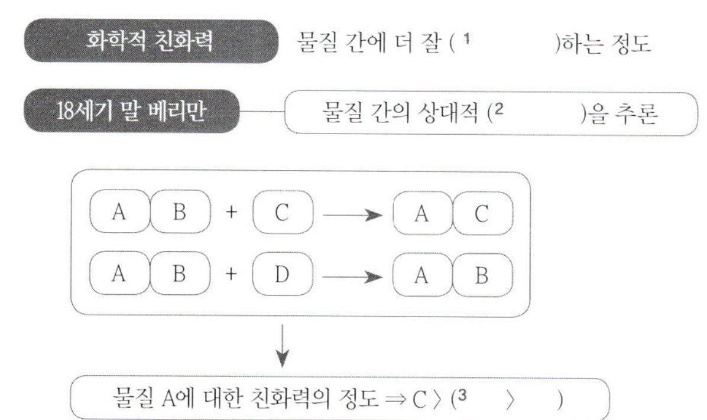

18세기 베리만의 연구, 19세기 베리셀리우스의 연구, 20세기 이후 완전히 밝혀진 원자의 실체를 이해하는 데 중점을 둘 필요가 있습니다.

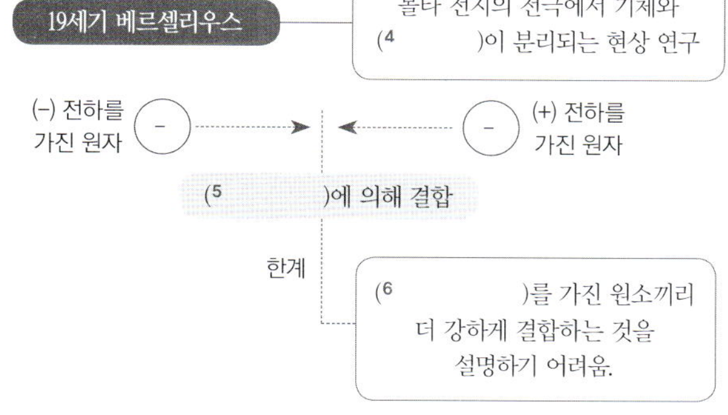

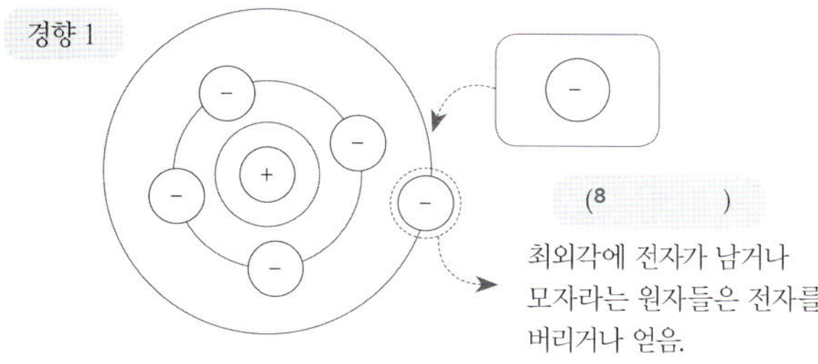

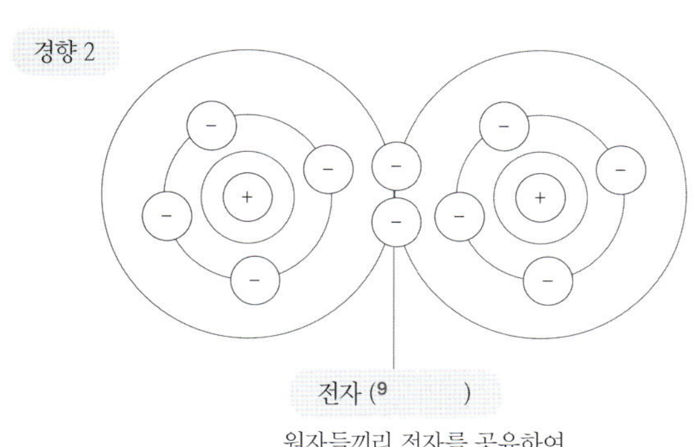

내용 트레이닝 ZONE

글 내용과 일치하면 ○에, 그렇지 않으면 ✕에 체크하시오.

1문단

01 산화구리에 숯을 넣고 가열하면 구리를 얻을 수 있다. ○ ✕

02 탄소는 산소보다 구리와 더 잘 결합하는 성질을 가지고 있다. ○ ✕

2문단

03 베리만은 물질 간의 절대적 인력을 추론하여 친화력표를 작성하였다. ○ ✕

04 화학자들은 화학적 친화력표를 정교화함으로써 물질 간 친화력이 발생하는 원인을 밝혔다. ○ ✕

3문단

05 베르셀리우스는 원자가 두 개의 동일한 전하를 가지고 있다고 보았다. ○ ✕

06 돌턴이 제안한 원자 가설은 당시 친화력에 대한 연구에 영향을 미쳤다. ○ ✕

07 베르셀리우스는 원자가 가진 전기적 성질을 친화력의 근원이라고 생각하였다. ○ ✕

08 베르셀리우스는 동일한 전하를 가진 원소끼리 더 강하게 결합한다고 주장하였다. ○ ✕

4문단

09 최외각에 전자가 모자라는 원자끼리 전자를 공유하면 안정된 상태가 될 수 있다. ○ ✕

10 원자는 (−)전하를 가진 핵과 (+)전하를 가진 전자가 전기적 균형을 이루고 있다. ○ ✕

11 현대 과학자들은 화학적 친화력을 원자들이 안정된 상태가 되려는 경향으로 설명한다. ○ ✕

12 원자는 핵을 둘러싼 여러 껍질에 존재하는 전자의 수가 많을수록 안정된 상태가 된다. ○ ✕

13 최외각에 전자가 남는 원자들은 다른 원자로부터 전자를 얻어 안정된 상태가 될 수 있다. ○ ✕

주제 독해 III 과학

워밍-UP

[01~03] 다음 글을 읽고 물음에 답하시오.

01 자연 상태의 산화구리에서 구리를 얻기 위해 숯(탄소)을 넣고 가열하는 방법은 옛날부터 사용해 왔다. 화학적인 관점에서 보면 이것은 산소가 구리보다 탄소와 더 잘 결합하는 성질을 이용한 것이라고 할 수 있다. 18세기 이후 화학자들은 화합물을 만들 때 물질 간에는 더 잘 결합하는 정도, 즉 화학적 친화력이 있다고 보고 이를 규명하기 위해 노력하였다.

02 18세기 말 베리만은 화학적 친화력의 규칙을 밝히기 위해 물질 간의 상대적 인력을 추론하려 했다. 예를 들어, 어떤 화합물 AB에서 물질 B가 다른 물질 C에 의해서는 쫓겨나지만 또 다른 물질 D에 의해서는 쫓겨나지 않는다면 A에 대한 친화력은 C > B > D 의 순이 된다. 그는 이와 같은 방법으로 그때까지 알려진 물질들의 친화력표를 작성 **[A]** 하였다. 이를 받아들인 화학자들은 친화력표를 정교화해 가다 보면 어떤 규칙을 발견할 수 있을 것이라고 생각했다. 그러나 이 방법으로는 화학적 친화력을 일으키는 힘의 실체를 규명하기 어려웠다.

03 친화력에 대한 연구는 19세기에 돌턴이 제안한 원자 가설을 수용하면서 변화를 맞이하게 된다. 베르셀리우스는 원자가 가진 전기적 성질을 친화력의 근원으로 생각하고 이전의 문제를 해결하려고 했다. 베르셀리우스는 당시 발견된 볼타 전지의 전극에서 기체와 금속이 분리되는 현상을 연구하여 원자는 (+) 또는 (−) 2가지 전하를 가지고 있으며, (−)전하를 가진 원자는 전기력에 의해 (+)전하를 가진 원자와 결합한다고 주장했다. 이 이론은 다른 전하를 가진 원소끼리 결합하는 것은 잘 설명할 수 있었지만, 같은 전하를 가진 원소끼리 더 강하게 결합하는 것을 설명하기는 어려웠다.

04 베르셀리우스가 해결하지 못했던 문제는 20세기 이후 원자의 실체가 규명되면서 설명할 수 있게 되었다. 원자는 (+)전하를 가진 핵과 (−)전하를 가진 전자가 전기적 균형을 이루고 있다. 그리고 핵 주위에는 일정 거리를 두고 전자가 들어갈 수 있는 여러 겹의 껍질이 있는데, 가장 바깥 껍질, 즉 최외각을 채우면 안정된 상태가 된다. 최외각에 전자가 남거나 모자라는 원자들은 전자를 버리거나 얻어 이온이 됨으로써 안정된 상태가 되려고 한다. 이온들끼리는 전기적 인력에 의해 서로 결합할 수 있는데, 이는 이전에 베르셀리우스가 설명했던 것이기도 하다. 그런데 최외각에 전자를 채우는 것은 원자들끼리 전자를 공유하는 것으로도 가능하다. 최외각에 전자가 모자라는 원자끼리 전자를 공유하여 결합하면 두 원자 모두 최외각의 전자를 채워 보다 안정된 결합을 할 수 있다. 그래서 현재는 화학적 친화력을 원자들이 보다 안정된 상태가 되려는 경향으로 설명하고 있다.

🥾 지식을 넓히는 주제 코칭

전자껍질(Electron shell)

원자는 원자핵 주변을 도는 전자들로 구성되어 있다. 이 전자의 궤도를 껍질이라고 한다. 원자의 전자껍질은, 원자핵 주변에서 전자가 운동하는 궤도로서, 원자는 원자핵을 중심으로 전자껍질이 쌓여 이루어진 것이다. 한 전자껍질은 버금 껍질들로 이루어져 있으며, 각 껍질에는 규칙에 따라 여러 개의 전자가 들어갈 수 있다.

⏱ 언젠간 출제각

돌턴의 원자설

돌턴은 1808년, 자신의 저서 『화학의 신체계』에서 원자 가설을 제안하였는데 그 내용은 다음과 같다. 첫째, 원소는 원자라는 매우 작은 물질로 구성되어 있고, 그 원자는 더 이상 쪼갤 수 없다. 둘째, 같은 종류의 원자는 크기와 질량이 같고, 다른 종류의 원자는 크기와 질량이 다르다. 셋째, 원자는 없어지거나 새로 생기지 않으며, 다른 종류의 원자로 변하지 않는다. 넷째, 서로 다른 원자들이 일정한 비율로 결합하여 새로운 물질을 만든다. 이와 같은 주장을 바탕으로 돌턴은 여러 가지 원자들을 기호를 사용하여 표시하였고, 화학 변화에서 질량을 측정하여 각 원자의 질량비를 구하기도 하였다.

01

윗글의 서술상 특징으로 가장 적절한 것은?

① 유사한 대상에 빗대어 개념을 설명하고 있다.

② 중심 화제의 장단점을 대비하여 설명하고 있다.

③ 중심 화제를 몇 가지 범주로 나누어 설명하고 있다.

④ 중심 화제에 대한 연구들을 시대순으로 제시하고 있다.

⑤ 대립적인 견해들을 절충하며 결론을 이끌어 내고 있다.

02

[A]를 참고할 때, 〈보기〉의 실험을 통해 추론할 수 있는 산소에 대한 친화력 순서로 올바른 것은?

〈보기〉

실험 1: 산화철과 칼륨을 반응시켰더니 산화칼륨이 생성되었다.

실험 2: 산화철에 은을 반응시켰더니 아무런 변화가 없었다.

(단, 실험 1과 실험 2의 조건은 같다.)

① 철 〉 칼륨 〉 은 ② 칼륨 〉 철 〉 은 ③ 은 〉 철 〉 칼륨

④ 철 〉 은 〉 칼륨 ⑤ 칼륨 〉 은 〉 철

03

〈보기〉는 윗글의 내용을 설명하기 위해 찾은 자료이다. 자료를 활용하기 위한 계획으로 적절하지 <u>않은</u> 것은?

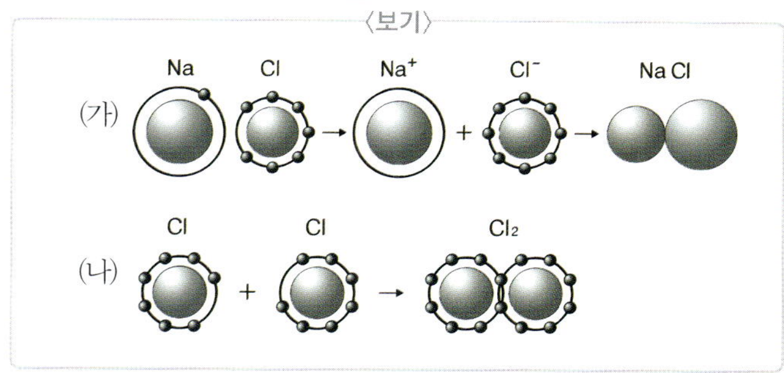

① (가)는 Na가 최외각 전자를 버리는 것을 보여 주므로 원자가 이온화하려는 경향을 설명하는 자료로 활용한다.

② (가)는 전기적 인력에 의해 결합이 이루어짐을 보여 주므로 베르셀리우스의 주장을 설명하는 자료로 활용한다.

③ (나)는 최외각에 전자가 모자라는 원자끼리의 결합을 보여 주므로 전자를 공유하는 결합을 설명하는 자료로 활용한다.

④ (나)는 같은 성질을 가진 원자끼리도 결합함을 보여 주므로 베르셀리우스가 설명하지 못했던 결합을 보여 주는 자료로 활용한다.

⑤ (가)와 (나) 모두에서 Cl이 전자를 얻고 있으므로 화학 결합은 전자를 얻는 것임을 설명하는 자료로 활용한다.

펌핑-UP

[01~03] 다음 글을 읽고 물음에 답하시오.

01 과거에는 물질이 더 이상 쪼개지지 않는 작은 원자들로 구성되어 있다고 생각되었지만, 오늘날에는 원자가 전자, 양성자, 중성자로 구성된 복잡한 구조라는 것이 밝혀졌다.

02 음전기를 띠고 있는 전자는 세 입자 중 가장 작고 가볍다. 1897년에 톰슨이 기체 방전관 실험에서 음전기의 흐름을 확인하여 전자를 발견하였다. 같은 음전기를 띠고 있는 전자들은 서로 반발하므로 원자 안에 모여 있기 어렵다. 이에 전자끼리 흩어지지 않고 원자의 형태를 유지하는 이유를 설명하기 위해 톰슨은 '건포도빵 모형'을 제안하였다. 양전기가 빵 반죽처럼 원자에 ㉠고르게 퍼져 있고, 전자는 건포도처럼 점점이 박혀 있어서 원자가 평소에 전기적으로 중성이라고 생각한 것이다.

03 양전기를 띠고 있는 양성자는 전자보다 대략 2,000배 정도 무거워서 작은 에너지로 전자처럼 분리해 내거나 가속시키기 쉽지 않다. 그러나 1898년 마리 퀴리가 천연 광물에서 라듐을 발견한 이후 새로운 실험이 가능해졌다. 라듐은 강한 방사성 물질이어서 양전기를 띤 알파 입자를 큰 에너지로 방출한다. 1911년에 러더퍼드는 라듐에서 방출되는 알파 입자를 얇은 금박에 충돌시키는 실험을 하였다. 그 결과 알파 입자는 금박의 대부분을 통과했지만 일부 지점들은 통과하지 못하고 튕겨 나갔다. 이 실험을 통해 러더퍼드는 양전기가 빵 반죽처럼 원자 전체에 퍼져 있는 것이 아니라 아주 좁은 구역에만 모여 있다는 것을 알게 되었고, 이 구역을 '원자핵'이라고 하였다. 그는 실험 결과를 바탕으로 태양이 행성들을 당겨 공전시키는 것처럼 양전기를 띤 원자핵도 전자를 잡아당겨 공전시킨다는 '태양계 모형'을 제안하여 톰슨의 모형을 수정하였다.

04 그런데 러더퍼드의 모형은 각각의 원자에서 나타나는 고유한 스펙트럼을 설명하지 못했다. 1913년에 닐스 보어는 전자가 핵 주위의 특정한 궤도만을 돌 수 있다는 '에너지 양자화 가설'이라는 것을 제안하였다. 이를 통해 양성자 1개와 전자 1개로 이루어져 구조가 단순한 수소 원자의 스펙트럼을 설명할 수 있었다. 1919년에 러더퍼드는 질소 원자에 대한 충돌 실험을 통하여 핵에서 떨어져 나오는 양성자를 확인하였다. 그는 또한 핵 속에 전기를 띠지 않는 입자인 중성자가 있다는 것을 예측하였다. 1932년에 채드윅은 전기적으로 중성이며 질량이 양성자와 비슷한 입자인 중성자를 발견하였다. 1935년에 일본의 유카와 히데키는 중성자가 중간자라는 입자를 통해 핵력이 작용하게 하여 양성자를 잡아당긴다는 가설을 제안하였다. 여러 개의 양성자를 가진 원자에서는 같은 양전기를 띠고 있는 양성자들이 서로 밀어내려 하는데, 이러한 반발력보다 더 큰 힘이 있어야만 여러 개의 양성자가 핵에 속박될 수 있다. 그의 제안을 이용하면 양성자들이 흩어지지 않고 핵 안에 모여 있음을 설명할 수 있었다.

지문이 읽히는 독해 코칭

빈칸을 채우며 각 문단별 내용을 완성하시오.

1문단

원자 ── 전자, (1   ), 중성자로 구성

2문단

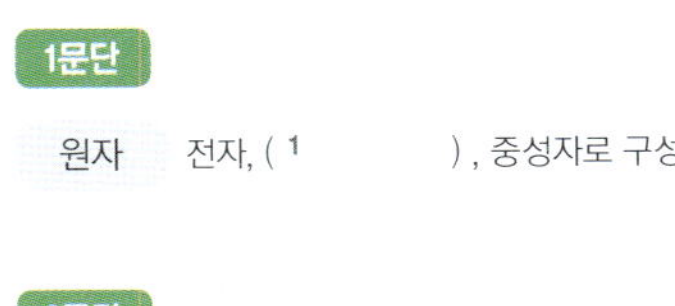

3문단

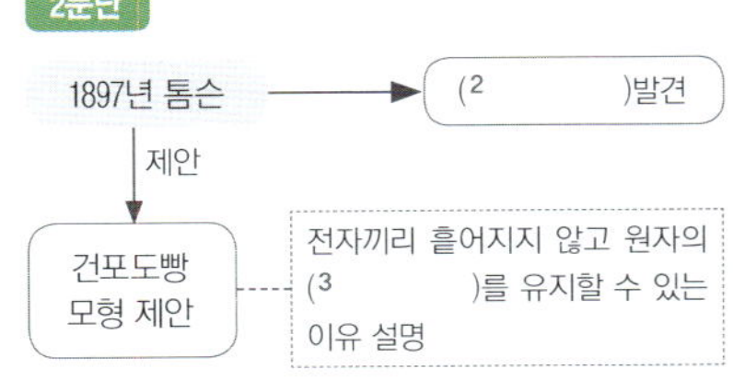

4문단

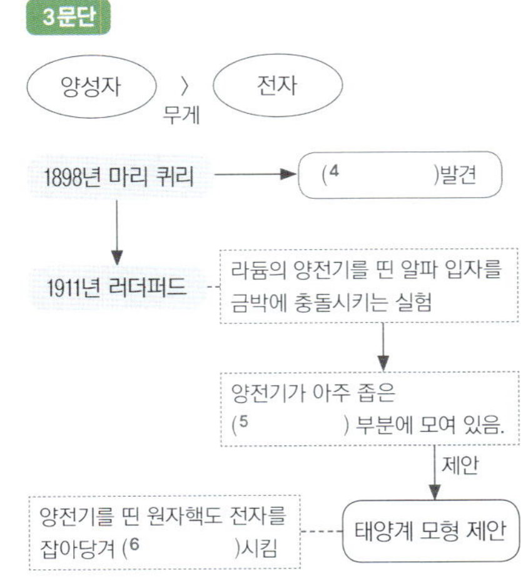

01

윗글에 대한 설명으로 적절하지 <u>않은</u> 것은?

① 원자를 구성하는 입자들의 질량이 비교되어 있다.

② 원자를 구성하는 입자들의 내부 구조를 제시하고 있다.

③ 원자를 구성하는 입자들의 전기적 성질을 제시하고 있다.

④ 원자를 구성하는 입자들이 발견된 순서를 제시하고 있다.

⑤ 원자를 구성하는 입자들 사이에 작용하는 힘을 제시하고 있다.

02

윗글에 대한 이해로 적절한 것은?

① 라듐이 발견됨으로써 러더퍼드는 원자핵을 발견하게 된 실험을 할 수 있었다.

② 질소 충돌 실험에서 양성자가 발견됨으로써 유카와 히데키의 가설이 입증되었다.

③ 채드윅은 양성자가 핵 안에서 흩어지지 않는 이유를 설명하는 가설을 제안했다.

④ 원자모형은 19세기 말에 전자가 발견됨으로써 '태양계 모형'에서 '건포도빵 모형'으로 수정되었다.

⑤ 알파 입자가 금박의 일부분에서 튕겨 나간다는 사실을 통해 양전기가 원자 전체에 퍼져 있음이 입증되었다.

03

㉠의 문맥적 의미와 가장 가까운 것은?

① 그 식물은 전국에 <u>고른</u> 분포를 보인다.

② 국어사전에서 적당한 단어를 <u>골라야</u> 한다.

③ 그는 목소리를 <u>고르며</u> 차례를 기다리고 있다.

④ 울퉁불퉁한 곳을 흙으로 메워 판판하게 <u>골랐다</u>.

⑤ 날씨가 <u>고르지</u> 못한 환절기에 아이가 감기에 들었다.

구조 트레이닝 ZONE

빈칸에 알맞은 말을 넣어 구조도를 완성하시오.

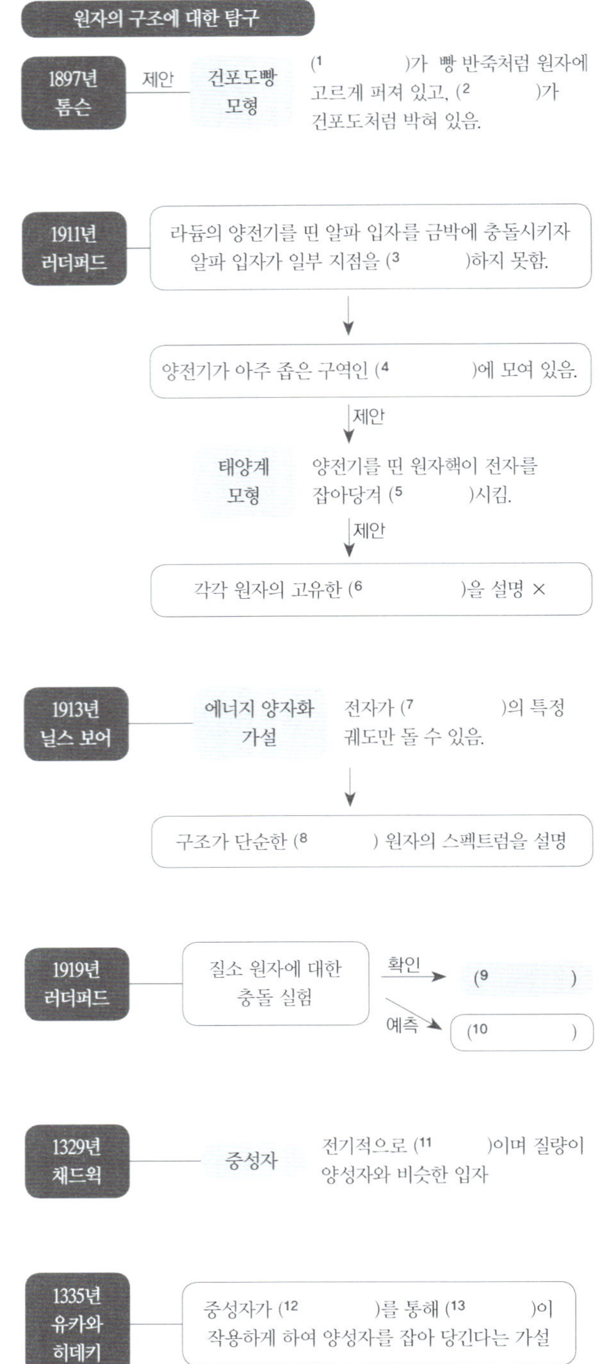

이 지문은 원자의 구조를 밝히기 위한 시대별 학자들의 연구를 통시적으로 제시하고 있습니다. 따라서 각 시대별로 학자들이 밝힌 성과들을 정리하며 이해하는 것이 좋습니다.

지식을 넓히는 주제 코칭

현대의 원자 구조

원자는 모든 물질을 기본 단위이다. 원자는 원자핵을 이루는 중성자와 양성자, 그리고 전자로 이루어져 있는데, 이런 구조를 원자 구조라 일컫는다. 원자의 중심부에는 중성자와 양성자가 강한 핵력(양성자와 중성자를 결합하여 원자핵을 이루고 있는 힘)으로 결합하여 원자핵을 이루고 음의 전하를 띠는 전자는 양의 전하를 띠는 양성자와 전기적인 인력으로 결합하여 중성인 원자를 이룬다.

원자의 전자 구름 모형

근대적인 원자 모형으로 톰슨의 원자 모형, 러더퍼드의 원자 모형, 보어의 원자 모형이 있으며, 오늘날에는 양자 역학을 반영한 전자 구름 모형을 통해 원자를 설명하고 있다.

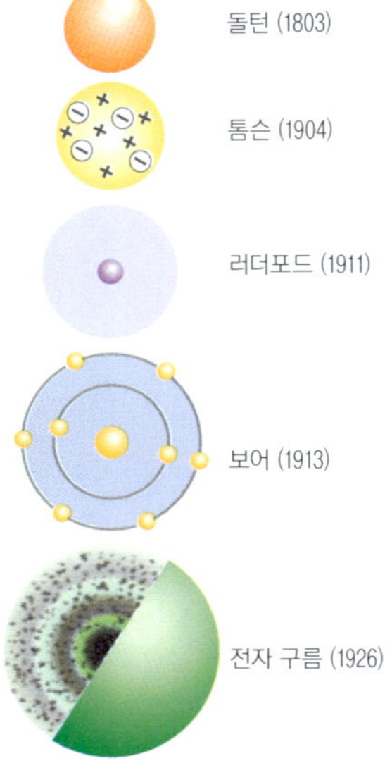

독일의 물리학자 하이젠베르크의 불확정성 원리에 따르면, 전자는 그 위치와 운동량을 동시에 알 수 없고, 전자가 특정한 위치에 존재할 확률 분포 함수만을 알 수 있을 뿐이다. 이로 볼 때 전자를 원자 궤도를 도는 그림으로 그려 설명하는 것은 한계가 있다. 따라서 전자의 분포 확률을 원자핵을 둘러싼 구름처럼 도식화하여 설명하고자 하였는데. 이것을 전자 구름이라고 부르게 되었다. 전자 구름은 원자를 이루는 전자가 구름처럼 분명하지 않지만 일정한 모양으로 분포하는 것을 비유하는 것이다. 원자 구조에 관한 전자 구름 모형은 근대의 원자 모형 중 하나인 보어 원자 모형을 대체하였다.

호루라기 관장님의 어휘 트레이닝

공부한 날	월 일 요일
맞은 개수	/ 32

No	뜻	힌트	정답
01	전기가 드나드는 곳	ㅈ극	
02	어떠한 것을 받아들임.	ㅅ용	
03	어떤 물질에 열을 가함.	ㄱ열	
04	물질의 기본적 구성 단위	원ㅈ	
05	물체가 띠고 있는 정전기의 양	ㅈ하	
06	사물이 비롯되는 근본이나 원인	근ㅇ	
07	물질을 구성하는 미세한 크기의 물체	ㅇ자	
08	어떤 사실을 자세히 따져서 바로 밝힘.	규ㅁ	
09	솜씨나 기술 따위가 정밀하고 교묘하다.	정ㄱ하다	
10	안이나 의견으로 내놓음. 또는 그 안이나 의견	제ㅇ	
11	어떤 상태나 행동 따위에 대하여 거스르고 반항함.	ㅂ발	
12	실제의 물체. 또는 외형에 대한 실제의 모양이나 상태	ㅅ체	
13	공간적으로 떨어져 있는 물체끼리 서로 끌어당기는 힘	인ㄹ	
14	원자들 간에 서로 결합하여 어떤 화합물로 되려는 경향	ㅊ화ㄹ	
15	두 사람 이상이 한 물건을 공동으로 소유하거나 이용함.	ㄱ유	
16	여럿이 다 높낮이, 크기, 양 따위의 차이가 없이 한결같다.	ㄱ르ㄷ	
17	둘 이상의 원소의 원자를 가진 동일한 분자로 이루어진 물질	ㅎ합ㅁ	
18	가시광선, 자외선, 적외선 따위가 분광기로 분해되었을 때의 성분	ㅅㅍㅌ럼	
19	어떤 사실을 설명하거나 어떤 이론 체계를 연역하기 위하여 설정한 가정	ㄱ설	
20	물체의 운동이 다른 물체나 전자기장에 제한을 받아 어떤 공간에 갇히는 현상	ㅅ박	
21	화학 반응, 방사선, 온도 차, 빛 따위로 전극 사이에 전기 에너지를 발생시키는 장치	ㅈ지	
22	행성, 혜성, 인공위성 따위가 중력의 영향을 받아 다른 천체의 둘레를 돌면서 그리는 곡선의 길	ㄱ도	

No	앞의 어휘를 활용해 문장을 완성하시오.
01	손으로 바느질을 할 때는 땀의 간격을 ( )게 해야 보기에 좋다.
02	백열전구는 필라멘트가 고온으로 ( ) 되어 끊어지기 쉬우므로 수명도 짧다.
03	맹자는 하늘이 인류의 ( )이며, 인류는 하늘의 덕성이 발현된 것으로 본다.
04	불국사의 석가탑은 수십 개의 석재들이 ( )하게 하나의 구조물로 짜 맞추어져 있다.
05	동물 착취과 같은 비윤리적인 제조 산업에 대한 ( )로 패션계는 모피 사용 중단을 선언하였다.
06	종교적 인간관에 따르면, 인간에게는 물리적 ( )인 몸 이외에 비물리적 ( )인 영혼이 있다.
07	첨단 과학의 발전에도 불구하고 생명체의 존재 원리와 이유를 정확히 ( )하는 과제는 아직 진행 중이다.
08	타인과 의견 충돌이 잦은 사람은 타인의 마음을 헤아리고 그 의견을 겸허하게 ( )할 줄도 알아야 한다.
09	뇌의 신경세포들은 세포 사이의 틈새인 시냅스로 신호를 전달하면서 정보를 ( )하는 시냅스 연결을 한다.
10	영국의 공리주의자인 벤담이 처음 ( )한 원형 감옥인 패놉티콘은 한 명의 간수가 수백 명의 죄수를 감시할 수 있다.

오늘 수능 국어 트레이닝 끝!

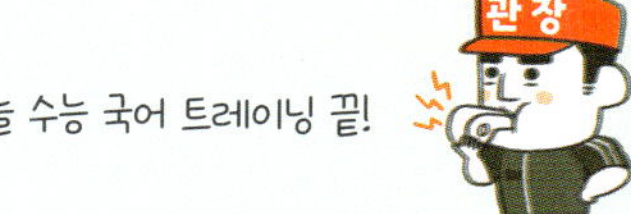

지구 공전과 자전 운동 변화에 따른 기후 패턴

밀란코비치 사이클

‘밀란코비치 사이클’은 세르비아의 천문학자 밀루틴 밀란코비치(Milutin Milanković)에 의해 구체화된 이론으로, 지구의 공전 및 자전 운동의 변화에 따라 지구의 기후 패턴이 변화한다는 가설을 말한다. 밀란코비치 이론에 따르면, 공전 궤도, 지축의 경사, 세차 운동의 세 가지 요소가 지구 표면으로 방사되는 태양 에너지에 영향을 주고, 결과적으로 지구 기후에 영향을 준다.

태양의 주위를 도는 지구의 궤도는 타원형인데, 이 궤도는 완전에 가까운 원(완만한 타원형)과 보다 타원형인 궤도 사이에서 변화하고 있다. 지구의 공전 궤도는 완전한 원형에서 덜 벗어난 것과 많이 벗어난 궤도를 주기적으로 반복해 왔으며, 이러한 궤도 변화는 10만 년의 주기로 일어난다. 궤도의 변화로 지구가 태양에서 멀어지면 온도가 낮아지고, 가까워지면 온도가 올라감에 따라 지구의 기후가 변하게 된다.

지구는 고유의 자전축을 가지고 회전하고 있는데, 이 회전으로 우리는 밤과 낮을 맞이하게 된다. 그러나 이 지축이 똑바로, 즉 수직으로 서 있는 것은 아니다. 이 지축은 22.1~24.5도 사이의 기울기를 가진다. 이 지축의 경사 정도가 계절 변화의 주원인이다. 경사가 심할수록 무더운 여름과 추운 겨울이 찾아오는 등 계절의 온도 차이가 심해진다. 반대로 경사가 적을수록 상대적으로 시원한 여름과 따스한 겨울이 찾아오는 등 계절 간의 온도차가 적어진다.

지축의 경사와는 별도로 지축은 팽이와 같이 흔들리는데, 이를 지구 자전축의 세차 운동이라고 한다. 세차 운동과 지축의 경사는 극지방이나 극지에 가까운 지방에서 일 년 중 어떤 특정 기간에 매우 긴 밤과 매우 긴 낮 시간이 생기는 근본적 이유이다. 예를 들어, 늦은 5월과 늦은 7월 사이 노르웨이에서는 태양이 절대 수평선 밑으로 지지 않는다.

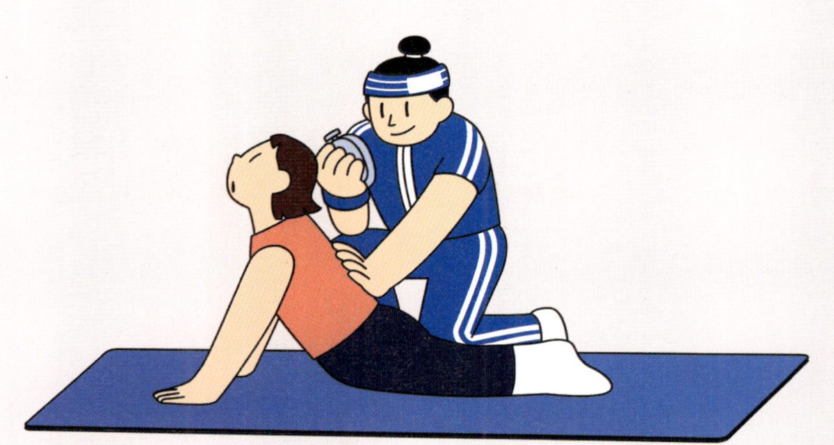

주제 독해 | Ⅳ 기술

21 데이터 전송 기술

기술

다음 글을 읽고 내용을 정리하시오.

01 컴퓨터 네트워크에서 데이터가 전송될 때 수신된 데이터에 오류가 있는 경우가 있다. 오류를 검출하기 위해 송신기는 오류 검출 부호를 포함한 데이터를 전송하고 수신기는 수신한 데이터를 검사하여 오류가 있으면 재전송을 요청한다.

02 수신한 데이터에 오류가 있는지 검출하는 가장 간단한 방식은 패리티 검사이다. 이 방식은 전송할 데이터에 패리티 비트라는 오류 검출 부호를 추가하는 방법으로, 패리티 비트를 추가하여 데이터의 1의 개수를 짝수나 홀수로 만든다. 1의 개수를 짝수로 만드는 방식을 짝수 패리티, 홀수로 만드는 방식을 홀수 패리티라고 하고 송·수신기는 모두 같은 방식을 사용해야 한다. 〈중략〉 하지만 패리티 검사는 수신한 데이터에서 짝수 개의 비트에 오류가 동시에 있으면 이를 검출하기 어렵다. 또한 오류의 발생 여부를 검출할 수 있을 뿐 데이터 내 오류의 위치는 알아낼 수 없다.

03 전송할 데이터를 2차원 배열로 구성해서 패리티 비트를 생성하면 오류의 발생 여부뿐만 아니라 오류의 위치도 알아낼 수 있다. 예를 들어 송신기가 1100011 1111111을 전송한다고 하자. 송신기는 이를 $\frac{1100011}{1111111}$과 같이 2차원 배열로 구성하고 가로 방향인 모든 행과 세로 방향인 모든 열에 패리티 비트를 생성한 후 이를 포함한 데이터를 전송한다. 수신기는 수신한 데이터의 각각의 행과 열의 1의 개수를 세어 오류를 검사한다. 만약 어떤 비트에 오류가 발생하면 그 비트가 포함된 행과 열에서 모두 오류가 검출된다. 따라서 오류가 발생한 위치를 알 수 있다. 다만 동일한 행 또는 열에서 짝수 개의 오류가 발생하면 오류가 발생한 정확한 위치를 알 수 없다.

04 CRC 방식은 미리 선택된 생성 부호를 사용해서 오류 검출 부호를 생성하는 방식이다. 전송할 데이터를 생성 부호로 나누어서 오류 검출 부호를 생성하는 데 모듈로-2 연산을 활용한다. 모듈로-2 연산은 자릿수가 제한된 상태에서 나머지를 구하는 연산으로 해당 자릿수의 비트 값이 같으면 0, 다르면 1이 된다.

05 〈그림〉과 같이 생성 부호가 1011이고 전송할 데이터가 110101인 경우를 보자. 전송할 데이터는 오류 검출 부호를 추가해야 하기 때문에 그만큼의 비트가 더 필요하다. 송신기는 전송할 데이터의 오른쪽 끝에 생성 부호의 비트 수보다 하나 작은 비트 수만큼 0을 추가한 후 이를 생성 부호로 나누고 그 나머지가 오류 검출 부호가 된다. 송신기는 오류 검출 부호를 포함한 데이터 110101111만을 전송하고 수신기는 수신한 데이터를 송신기와 동일한 생성 부호로 나눈다. 수신한 데이터는 전송할 데이터에 나머지를 추가했으므로 오류가 없다면 생성 부호로 나누었을 때 나머지가 0이 된다. 〈중략〉 CRC 방식은 복잡하지만 여러 개의 오류가 동시에 생겨도 이를 검출할 수 있어서 오류 검출 확률이 높다.

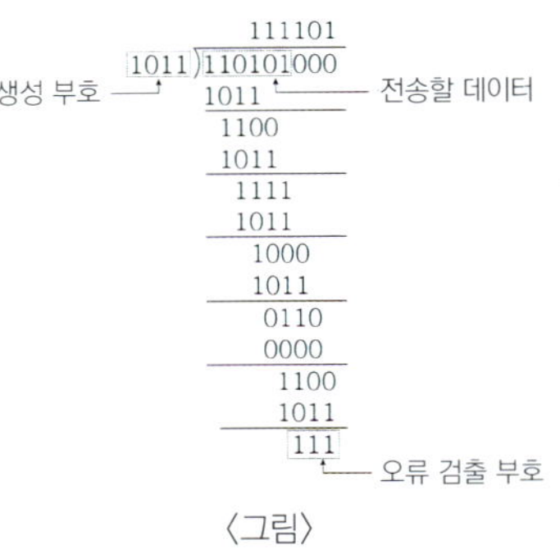

지문이 읽히는 독해 코칭

빈칸을 채우며 각 문단별 내용을 완성하시오.

1문단

데이터 오류 검출

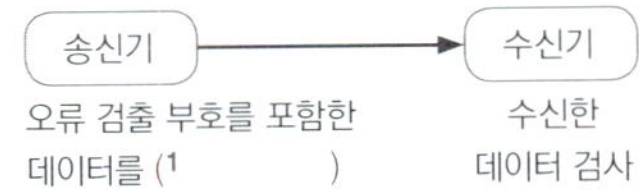

오류 검출 부호를 포함한 데이터를 (1   )

수신한 데이터 검사

2문단

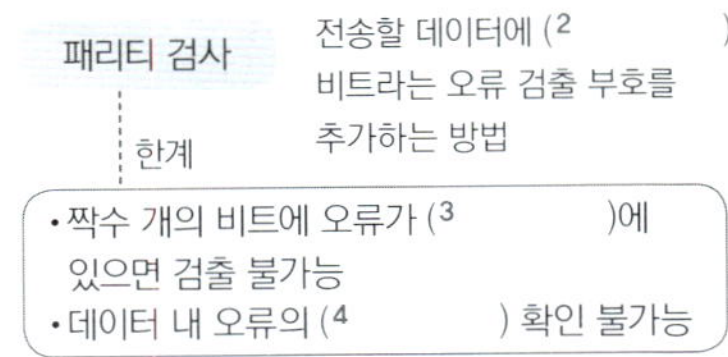

패리티 검사

전송할 데이터에 (2   ) 비트라는 오류 검출 부호를 추가하는 방법

한계

- 짝수 개의 비트에 오류가 (3   )에 있으면 검출 불가능
- 데이터 내 오류의 (4   ) 확인 불가능

3문단

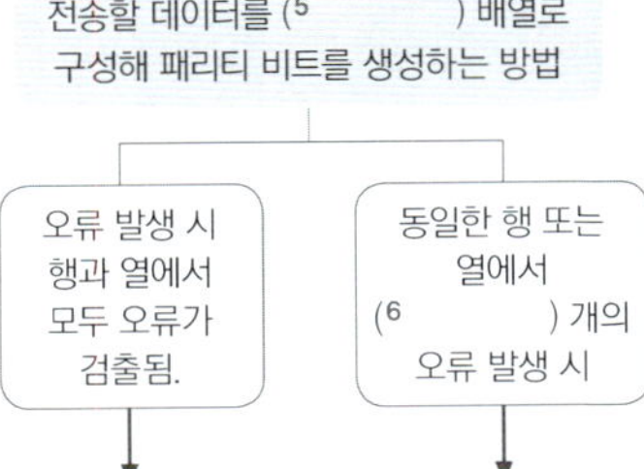

전송할 데이터를 (5   ) 배열로 구성해 패리티 비트를 생성하는 방법

오류 발생 시 행과 열에서 모두 오류가 검출됨. → 오류 발생 위치 확인 ○

동일한 행 또는 열에서 (6   ) 개의 오류 발생 시 → 오류 발생 위치 확인 X

4문단

CRC 방식

- 미리 선택된 (7   )를 사용해 오류 검출 부호를 생성하는 방식
- 모듈로-2 연산 활용

모듈로-2 연산

- 자릿수가 제한된 상태에서 (8   )를 구하는 연산
- 해당 자릿수의 비트 값이 같으면 (9   ), 다르면 (10   )

5문단

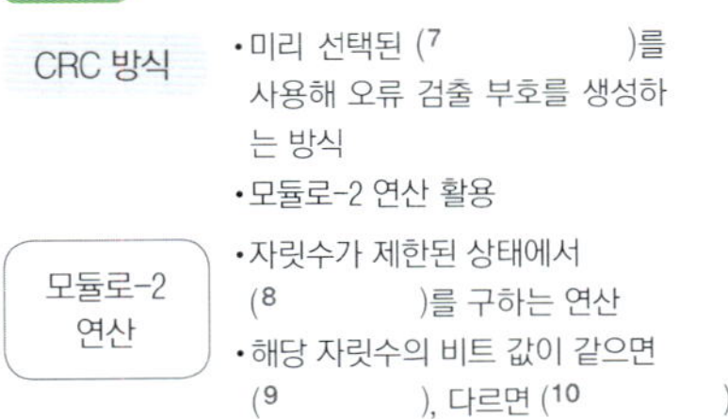

오류 검출 부호를 구하는 방식

① 전송할 데이터 뒤에 생성 부호의 비트 수보다 하나 (11   ) 비트 수만큼 0을 추가함.
② 이를 생성 부호로 나눔.
③ 그 나머지가 (12   ) 부호임.

CRC 방식의 오류 검출

① 송신기는 오류 검출 부호를 포함한 데이터를 전송함.
② 수신기는 수신한 데이터를 송신기와 (13   ) 생성 부호로 나눔.
③ 나머지가 0이 아닐 때 오류 검출

구조 트레이닝 ZONE

빈칸에 알맞은 말을 넣어 구조도를 완성하시오.

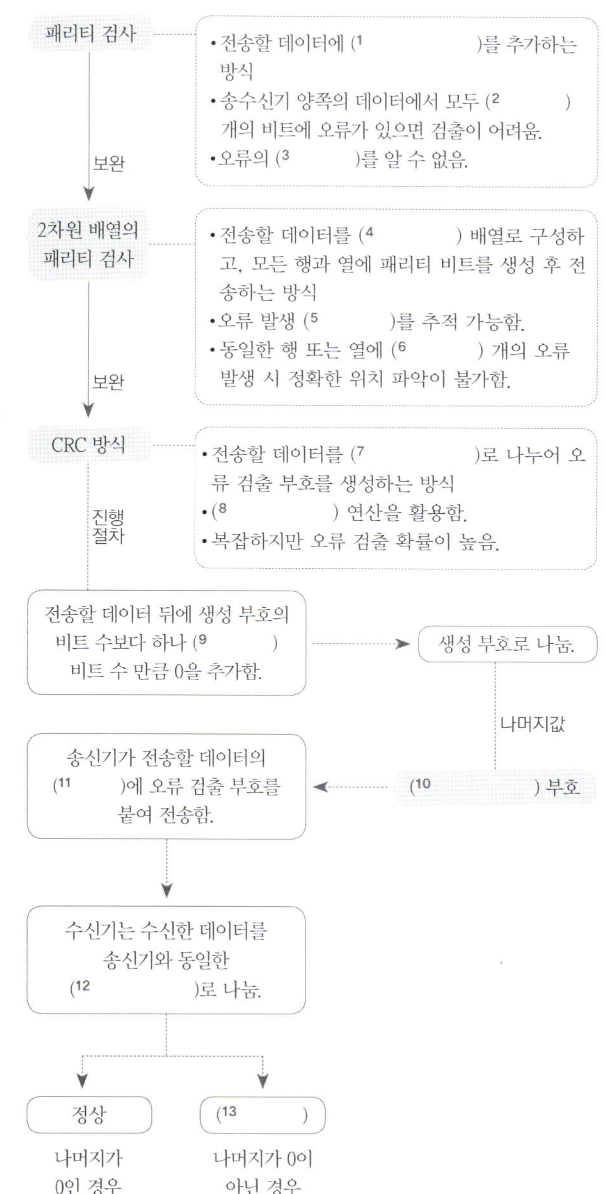

데이터의 오류를 검출하는 세 가지 방식, 패리티 검사, 2차원 배열의 패리티 검사, CRC 방식의 원리를 파악할 수 있어야 합니다.

내용 트레이닝 ZONE

글 내용과 일치하면 ○에, 그렇지 않으면 ✕에 체크하시오.

1문단

01 송신기는 오류 검출 부호를 활용하여 전송할 데이터에 오류가 있는지를 검사한다. ○ ✕

2문단

02 송신기가 짝수 패리티, 수신기가 홀수 패리티를 사용하더라도 오류 검출이 가능하다. ○ ✕

03 패리티 비트는 오류 발생 여부를 검출함으로써 데이터에서 오류가 난 위치를 파악할 수 있다. ○ ✕

04 패리티 검사는 수신한 데이터에서 짝수 개의 비트에 동시에 오류가 있는 경우 그 오류를 검출하기 어렵다. ○ ✕

05 패리티 검사는 전송할 데이터에 패리티 비트를 추가하여 데이터의 1의 개수를 짝수나 홀수로 만드는 방식이다. ○ ✕

3문단

06 2차원 배열의 패리티 검사는 데이터 내 오류의 발생 위치를 확인할 수 있다는 특징이 있다. ○ ✕

07 2차원 배열의 패리티 검사 방식을 활용하더라도 동일한 행이나 열에서 오류가 발생하면 그 위치를 정확히 알기 어렵다. ○ ✕

08 2차원 배열의 패리티 검사는 전송할 데이터의 모든 행에 패리티 비트를 생성한 후 이를 포함한 데이터를 전송하는 것이다. ○ ✕

4문단

09 전송할 데이터를 미리 선택된 생성 부호로 나눈 후 오류 검출 부호를 생성하는 방식을 CRC 방식이라고 한다. ○ ✕

10 CRC 방식은 전송할 데이터의 자릿수 제한 없이 나머지를 구하는 모듈로-2 연산을 통해 오류 검출 부호를 생성한다. ○ ✕

5문단

11 CRC 방식을 활용한 오류 검사 방식은 여러 개의 오류가 동시에 발생해도 이를 검출할 수 있다. ○ ✕

12 CRC 방식으로 오류 검출 부호를 구할 때는 전송할 데이터 뒤에 생성 부호의 비트 수만큼 0을 추가한 후 이를 생성 부호로 나눈다. ○ ✕

13 CRC 방식을 활용한 오류 검사에서 수신한 데이터를 생성 부호로 나누었을 때 나머지 값이 0이면 오류가 발생한 것으로 판단한다. ○ ✕

주제 독해 IV 기술

[01~03] 다음 글을 읽고 물음에 답하시오.

01 컴퓨터 네트워크에서 데이터가 전송될 때 수신된 데이터에 오류가 있는 경우가 있다. 오류를 검출하기 위해 송신기는 오류 검출 부호를 포함한 데이터를 전송하고 수신기는 수신한 데이터를 검사하여 오류가 있으면 재전송을 요청한다.

02 수신한 데이터에 오류가 있는지 검출하는 가장 간단한 방식은 ㉠패리티 검사이다. 이 방식은 전송할 데이터에 패리티 비트라는 오류 검출 부호를 추가하는 방법으로, 패리티 비트를 추가하여 데이터의 1의 개수를 짝수나 홀수로 만든다. 1의 개수를 짝수로 만드는 방식을 짝수 패리티, 홀수로 만드는 방식을 홀수 패리티라고 하고 송·수신기는 모두 같은 방식을 사용해야 한다. 〈중략〉 하지만 패리티 검사는 수신한 데이터에서 짝수 개의 비트에 오류가 동시에 있으면 이를 검출하기 어렵다. 또한 오류의 발생 여부를 검출할 수 있을 뿐 데이터 내 오류의 위치는 알아낼 수 없다.

03 전송할 데이터를 2차원 배열로 구성해서 패리티 비트를 생성하면 오류의 발생 여부뿐만 아니라 오류의 위치도 알아낼 수 있다. 예를 들어 송신기가 1100011 1111111을 전송한다고 하자. 송신기는 이를 $\frac{1100011}{1111111}$과 같이 2차원 배열로 구성하고 가로 방향인 모든 행과 세로 방향인 모든 열에 패리티 비트를 생성한 후 이를 포함한 데이터를 전송한다. 수신기는 수신한 데이터의 각각의 행과 열의 1의 개수를 세어 오류를 검사한다. 만약 어떤 비트에 오류가 발생하면 그 비트가 포함된 행과 열에서 모두 오류가 검출된다. 따라서 오류가 발생한 위치를 알 수 있다. 다만 동일한 행 또는 열에서 짝수 개의 오류가 발생하면 오류가 발생한 정확한 위치를 알 수 없다.

04 ㉡CRC 방식은 미리 선택된 생성 부호를 사용해서 오류 검출 부호를 생성하는 방식이다. 전송할 데이터를 생성 부호로 나누어서 오류 검출 부호를 생성하는 데 모듈로-2 연산을 활용한다. 모듈로-2 연산은 자릿수가 제한된 상태에서 나머지를 구하는 연산으로 해당 자릿수의 비트 값이 같으면 0, 다르면 1이 된다.

05 〈그림〉과 같이 생성 부호가 1011이고 전송할 데이터가 110101인 경우를 보자. 전송할 데이터는 오류 검출 부호를 추가해야 하기 때문에 그만큼의 비트가 더 필요하다. 송신기는 전송할 데이터의 오른쪽 끝에 생성 부호의 비트 수보다 하나 작은 비트 수만큼 0을 추가한 후 이를 생성 부호로 나누고 그 나머지가 오류 검출 부호가 된다. 송신기는 오류 검출 부호를 포함한 데이터 ㉢110101111만을 전송하고 수신기는 수신한 데이터를 송신기와 동일한 생성 부호로 나눈다. 수신한 데이터는 전송할 데이터에 나머지를 추가했으므로 오류가 없다면 생성 부호로 나누었을 때 나머지가 0이 된다. 〈중략〉 CRC 방식은 복잡하지만 여러 개의 오류가 동시에 생겨도 이를 검출할 수 있어서 오류 검출 확률이 높다.

```
                      111101
        1011)110101000          ─── 전송할 데이터
생성 부호 ───   1011
               1100
               1011
               1111
               1011
               1000
               1011
               0110
               0000
               1100
               1011
                111  ─── 오류 검출 부호
```

〈그림〉

01

㉠과 ㉡에 대해 이해한 내용으로 적절하지 <u>않은</u> 것은?

① ㉠은 ㉡과 달리 데이터에 포함된 1의 개수가 짝수나 홀수가 되도록 오류 검출 부호를 생성한다.

② ㉡은 ㉠과 달리 데이터의 오류를 검출하기 위해 송신기와 수신기 모두에서 오류 검사를 해야 한다.

③ ㉠과 ㉡은 모두, 수신한 데이터의 오류 발생 여부를 수신기가 판단한다.

④ ㉠과 ㉡은 모두, 데이터를 전송하기 전에 오류 검출 부호를 생성해야 한다.

⑤ ㉠과 ㉡은 모두, 전송할 데이터가 같더라도 오류 검출 부호는 다를 수 있다.

02

윗글을 바탕으로 〈보기〉를 설명한 내용으로 적절하지 않은 것은?

〈보기〉

　　송신기는 오류 검출 방식으로 홀수 패리티를 활용하기로 하였다. 수신기는 수신한 데이터에 오류가 있다고 다음과 같이 판단하였다.

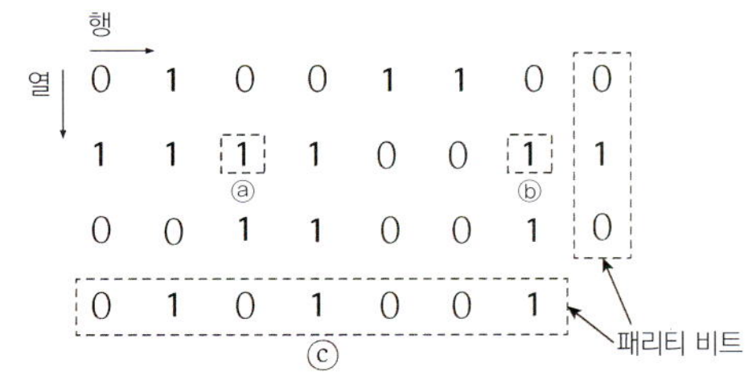

(단, 패리티 비트의 오류는 없다고 가정한다.)

① 첫 번째 행은 패리티 비트를 포함한 데이터의 1의 개수가 홀수이므로 오류가 없다고 판단했을 것이다.

② 여섯 번째 열은 패리티 비트를 포함한 데이터의 1의 개수가 홀수이므로 오류가 없다고 판단했을 것이다.

③ ⓐ가 포함된 행과 열의 패리티 비트를 포함한 데이터의 1의 개수가 각각 짝수이므로 수신기는 ⓐ를 오류라고 판단했을 것이다.

④ 수신한 데이터에서 ⓑ도 0으로 바뀌어서 수신되었다면 데이터의 오류 발생 여부를 검출할 수 없었을 것이다.

⑤ 짝수 패리티를 활용했다면 송신기는 ⓒ를 1010110으로 생성했을 것이다.

03

〈보기〉는 수신기가 ㉢의 오류를 검사한 연산이다. 윗글을 바탕으로 〈보기〉를 이해한 내용으로 적절하지 <u>않은</u> 것은?

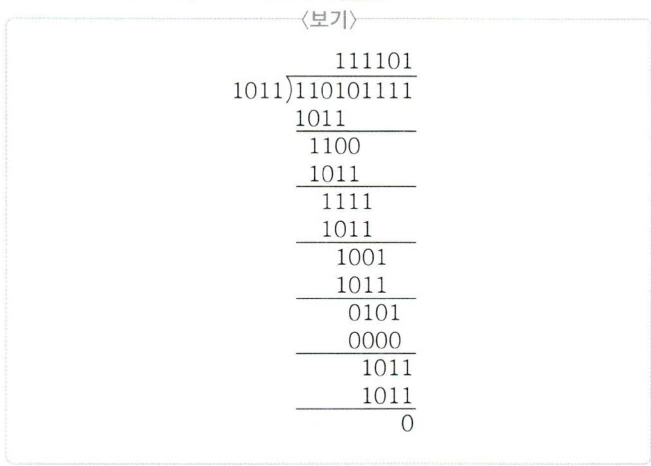

① 수신기는 송신기와 동일한 생성 부호인 '1011'을 사용하여 모듈로-2 연산을 하였군.

② 수신기가 수신한 데이터의 오른쪽 끝에 있는 '111'은 송신기에서 생성한 오류 검출 부호이군.

③ 수신기가 모듈로-2 연산을 할 때는 수신한 데이터에 생성 부호보다 하나 작은 비트 수만큼의 0을 추가하지 않았군.

④ 수신기가 연산한 몫인 '111101'이 송신기가 전송한 데이터와 동일하기 때문에 수신기는 오류가 없다고 판단했겠군.

⑤ 수신기가 연산한 결과의 나머지가 0이 아니었다면 수신기는 송신기에 재전송을 요청했겠군.

[01~04] 다음 글을 읽고 물음에 답하시오.

01 디지털 통신 시스템은 송신기, 채널, 수신기로 구성되며, 전송할 데이터를 빠르고 정확하게 전달하기 위해 부호화 과정을 거쳐 전송한다. 영상, 문자 등인 데이터는 기호 집합에 있는 기호들의 조합이다. 예를 들어 기호 집합 a, b, c, d, e, f에서 기호들을 조합한 add, cab, beef 등이 데이터이다. 정보량은 어떤 기호가 발생했다는 것을 알았을 때 얻는 정보의 크기이다. 어떤 기호 집합에서 특정 기호의 발생 확률이 높으면 그 기호의 정보량은 적고, 발생 확률이 낮으면 그 기호의 정보량은 많다. 기호 집합의 **평균 정보량**[*]을 기호 집합의 엔트로피라고 하는데 모든 기호들이 동일한 발생 확률을 가질 때 그 기호 집합의 엔트로피는 최댓값을 갖는다.

02 송신기에서는 소스 부호화, 채널 부호화, 선 부호화를 거쳐 기호를 부호로 변환한다. 소스 부호화는 데이터를 압축하기 위해 기호를 0과 1로 이루어진 부호로 변환하는 과정이다. 어떤 기호가 110과 같은 부호로 변환되었을 때 0 또는 1을 비트라고 하며 이 부호의 비트 수는 3이다. 이때 기호 집합의 엔트로피는 기호 집합에 있는 기호를 부호로 표현하는 데 필요한 평균 비트 수의 최솟값이다. 전송된 부호를 수신기에서 원래의 기호로 복원하려면 부호들의 평균 비트 수가 기호 집합의 엔트로피보다 크거나 같아야 한다. 기호 집합을 엔트로피에 최대한 가까운 평균 비트 수를 갖는 부호들로 변환하는 것을 엔트로피 부호화라 한다. 그중 하나인 '허프만 부호화'에서는 발생 확률이 높은 기호에는 비트 수가 적은 부호를, 발생 확률이 낮은 기호에는 비트 수가 많은 부호를 할당한다.

03 채널 부호화는 오류를 검출하고 정정하기 위하여 부호에 잉여 정보를 추가하는 과정이다. 송신기에서 부호를 전송하면 채널의 잡음으로 인해 오류가 발생하는데 이 문제를 해결하기 위해 잉여 정보를 덧붙여 전송한다. 채널 부호화 중 하나인 '삼중 반복 부호화'는 0과 1을 각각 000과 111로 부호화한다. 이때 수신기에서는 수신한 부호에 0이 과반수인 경우에는 0으로 판단하고, 1이 과반수인 경우에는 1로 판단한다. 즉 수신기에서 수신된 부호가 000, 001, 010, 100 중 하나라면 0으로 판단하고, 그 이외에는 1로 판단한다. 이렇게 하면 000을 전송했을 때 하나의 비트에서 오류가 생겨 001을 수신해도 0으로 판단하므로 오류는 정정된다. 채널 부호화를 하기 전 부호의 비트 수를, 채널 부호화를 한 후 부호의 비트 수로 나눈 것을 부호율이라 한다. 삼중 반복 부호화의 부호율은 약 0.33이다.

04 채널 부호화를 거친 부호들을 채널을 통해 전송하려면 부호들을 전기 신호로 변환해야 한다. 0 또는 1에 해당하는 전기 신호의 전압을 결정하는 과정이 선 부호화이다. 전압의 결정 방법은 선 부호화 방식에 따라 다르다. 선 부호화 중 하나인 '차동 부호화'는 부호의 비트가 0이면 전압을 유지하고 1이면 전압을 변화시킨다. 차동 부호화를 시작할 때는 기준 신호가 필요하다. 예를 들어 차동 부호화 직전의 기준 신호가 양(+)의 전압이라면 부호 0110은 '양, 음, 양, 양'의 전압을 갖는 전기 신호로 변환된다. 수신기에서는 송신기와 동일한 기준 신호를 사용하여, 전압의 변화가 있으면 1로 판단하고 변화가 없으면 0으로 판단한다.

[*] **평균 정보량**: 각 기호의 발생 확률과 정보량을 서로 곱하여 모두 더한 것

지문이 읽히는 독해 코칭

빈칸을 채우며 각 문단별 내용을 완성하시오.

1문단

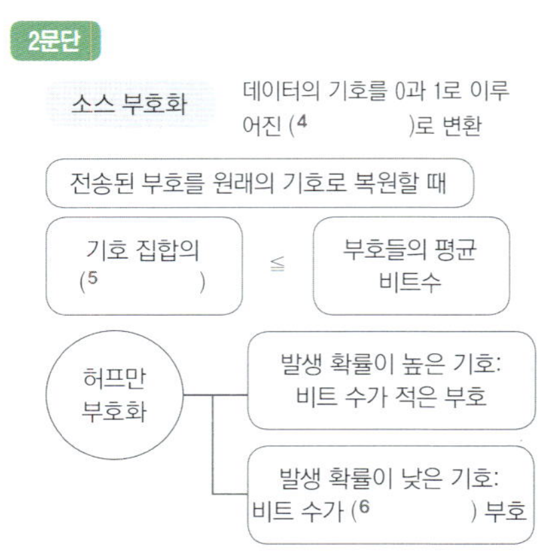

2문단

3문단

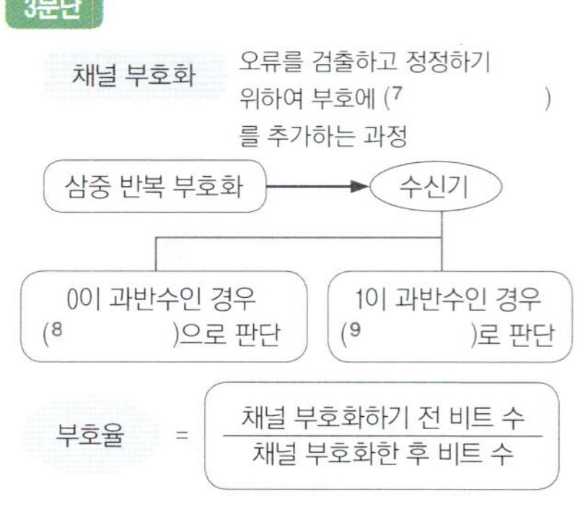

4문단

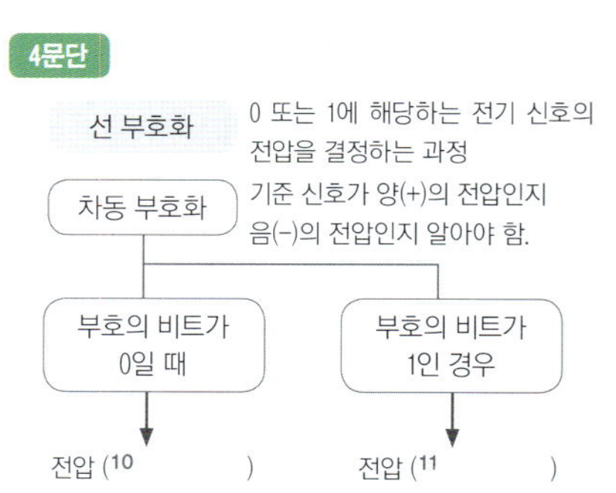

01

윗글에서 알 수 있는 내용으로 적절한 것은?

① 영상 데이터는 채널 부호화 과정에서 압축된다.

② 수신기에는 부호를 기호로 복원하는 기능이 있다.

③ 잉여 정보는 데이터를 압축하기 위해 추가한 정보이다.

④ 영상을 전송할 때는 잡음으로 인한 오류가 발생하지 않는다.

⑤ 소스 부호화는 전송할 기호에 정보를 추가하여 오류에 대비하는 과정이다.

02

윗글을 바탕으로, 2가지 기호로 이루어진 기호 집합에 대해 이해한 내용으로 적절하지 <u>않은</u> 것은?

① 기호들의 발생 확률이 모두 1/2인 경우, 각 기호의 정보량은 동일하다.

② 기호들의 발생 확률이 각각 1/4, 3/4인 경우의 평균 정보량이 최댓값이다.

③ 기호들의 발생 확률이 각각 1/4, 3/4인 경우, 기호의 정보량이 더 많은 것은 발생 확률이 1/4인 기호이다.

④ 기호들의 발생 확률이 모두 1/2인 경우, 기호를 부호화하는 데 필요한 평균 비트 수의 최솟값이 최대가 된다.

⑤ 기호들의 발생 확률이 각각 1/4, 3/4인 기호 집합의 엔트로피는 발생 확률이 각각 3/4, 1/4인 기호 집합의 엔트로피와 같다.

03

윗글의 '부호화'에 대한 내용으로 적절한 것은?

① 선 부호화에서는 수신기에서 부호를 전기 신호로 변환한다.

② 허프만 부호화에서는 정보량이 많은 기호에 상대적으로 비트수가 적은 부호를 할당한다.

③ 채널 부호화를 거친 부호들은 채널로 전송하기 전에 잉여 정보를 제거한 후 선 부호화한다.

④ 채널 부호화 과정에서 부호에 일정 수준 이상의 잉여 정보를 추가하면 부호율은 1보다 커진다.

⑤ 삼중 반복 부호화를 이용하여 0을 부호화한 경우, 수신된 부호에서 두 개의 비트에 오류가 있으면 오류는 정정되지 않는다.

04

윗글을 바탕으로 〈보기〉를 이해한 내용으로 적절한 것은?

〈보기〉

날씨 데이터를 전송하려고 한다. 날씨는 '맑음', '흐림', '비', '눈'으로만 분류하며, 각 날씨의 발생 확률은 모두 같다. 엔트로피 부호화를 통해 '맑음', '흐림', '비', '눈'을 각각 00, 01, 10, 11의 부호로 바꾼다.

① 기호 집합 맑음, 흐림, 비, 눈의 엔트로피는 2보다 크겠군.

② 엔트로피 부호화를 통해 4일 동안의 날씨 데이터 '흐림비맑음흐림'은 '01001001'로 바뀌겠군.

③ 삼중 반복 부호화를 이용하여 전송한 특정 날씨의 부호를 '110001'과 '101100'으로 각각 수신하였다면 서로 다른 날씨로 판단하겠군.

④ 날씨 '비'를 삼중 반복 부호화와 차동 부호화를 이용하여 부호화하는 경우, 기준 신호가 양(+)의 전압이면 '음, 양, 음, 음, 음, 음'의 전압을 갖는 전기 신호로 변환되겠군.

⑤ 삼중 반복 부호화와 차동 부호화를 이용하여 특정 날씨의 부호를 전송할 경우, 수신기에서 '음, 음, 음, 양, 양, 양'을 수신했다면 기준 신호가 양(+)의 전압일 때 '흐림'으로 판단하겠군.

구조 트레이닝 ZONE

빈칸에 알맞은 말을 넣어 구조도를 완성하시오.

송신기의 부호화 과정

소스 부호화 — 데이터를 (1   )하기 위해 기호를 0과 1로 이루어진 부호로 변환하는 과정

엔트로피 부호화 — (2   )을 엔트로피에 최대한 가까운 평균 비트 수를 갖는 부호들로 변환하는 것

허프만 부호화

- 발생 확률이 높은 기호의 경우 → 비트 수가 (3   ) 부호를 할당
- 발생 확률이 낮은 기호의 경우 → 비트 수가 (4   ) 부호를 할당

채널 부호화 — 오류를 검출하고 정정하기 위하여 부호에 (5   ) 정보를 추가하는 과정

삼중 반복 부호화 — 0을 (6   )으로, 1을 111로 부호화

전송

- 수신 부호에 (7   )이 과반수인 경우 → 수신기에서 0으로 판단
- 수신 부호에 (8   )이 과반수인 경우 → 수신기에서 1로 판단

선 부호화 — 부호들을 전기 신호로 변환하기 위하여 0 또는 1에 해당하는 전기 신호의 (9   )을 결정하는 과정

차동 부호화 — (10   ) 신호가 필요

- 부호의 비트가 0이면 → 전압을 (11   )
- 부호의 비트가 1이면 → 전압을 (12   )

지문에서는 송신기의 부호화 과정 3가지를 중점적으로 설명하고 있습니다. 소스 부호화 중 하나인 허프만 부호화, 채널 부호화의 하나인 삼중 반복 부호화로, 선 부호화의 하나인 차동 부호화의 원리에 대해 이해할 수 있어야 합니다.

지식을 넓히는 주제 코칭

데이터 압축과 방법

파일이나 통신 메시지와 같은 데이터 집합의 크기를 절약하거나 전송 시간을 단축하기 위해 데이터를 좀 더 적은 수의 비트를 사용하도록 부호화하는 것을 데이터 압축이라고 한다. 데이터에 포함되어 있는 중복된 비트열 또는 패턴을 삭제하고 대신 좀 더 적은 수의 비트 또는 요약 형식으로 부호화하며, 요약 형식을 복호화하면 원래의 데이터가 복원된다. 압축 방법에는 무손실 압축 방법과 손실 압축 방법이 있다. 문장이나 부호 데이터, 수치 데이터 등의 압축에는 반드시 무손실 압축 방법을 사용해야 하지만, 영상이나 음성 압축에는 손실 압축 방법도 사용한다. 손실이 있는 압축 방법은 압축된 데이터를 다시 복원했을 때 일부 데이터가 손실되어 압축되기 이전의 원래 데이터와 일치하지 않는 압축 방법이다. 영상이나 음성은 보는 사람이나 듣는 사람이 구별할 수 있는 범위를 초과하는 방대한 양의 정보를 포함하는 경우가 많은데, 손실 있는 압축 방법으로 인해 이런 잉여 정보가 보존되지 않고 사라진다 해도 사람의 눈이나 귀로는 그 차이를 구별할 수 없다. 무손실 압축 방법은 일반적으로 파일의 크기를 원래의 40%까지 압축할 수 있다.

허프만 부호화와 허프만 코딩

허프만 부호는 디지털 전송에서 평균 부호의 길이를 가장 짧게 할 수 있는 부호의 하나로, 허프만 부호화는 문자를 부호화할 때, 문자 출현 빈도가 높을수록 짧은 부호로 변환하는 방법이다. 허프만 코딩은 대부분의 압축 프로그램에서 사용하는 방법으로, 자주 사용되는 문자는 적은 비트로 된 코드로 변환해서 표현하고, 별로 사용되지 않는 문자는 많은 비트로 된 코드로 변환하여 표현함으로써 전체 데이터를 표현하는 데 필요한 비트의 양을 줄이는 방법이다. 허프만 코딩에서는 압축 대상이 되는 데이터마다 최대한 효율적으로 압축될 수 있게끔 코드를 생성하고 그 체계에 따라 압축한다.

[01~04] 다음 글을 읽고 물음에 답하시오.

일반적으로 거리는 두 개의 지점이 공간적으로 ⓐ떨어진 정도를 나타내는 물리적 개념이다. 2차원 평면에 두 지점이 (0, 0)과 (1, 1)에 있다면 두 지점 사이의 최단 거리는 두 점을 잇는 직선의 길이 $\sqrt{2}$가 된다. 한편 거리는 추상적인 성질이나 가치에 대한 차이를 나타내는 척도로도 사용될 수 있다. 이럴 경우 떨어진 정도를 나타내는 기능은 유지되지만, 기준이나 관점에 따라 거리를 계산하는 방법이 달라진다.

거리의 개념은 디지털 데이터에도 적용될 수 있다. 데이터 간의 거리는 추상적 거리의 개념으로, 데이터가 표현하려는 정보에 따라 측정 방법이 다르다. 00, 11과 같은 2비트의 데이터가 2진수로 표현된 수치를 가리킨다면 00과 11의 거리는 두 수치의 차인 $|(0 \times 2^1 + 0 \times 2^0) - (1 \times 2^1 + 1 \times 2^0)| = 3$이 된다. 그런데 2비트의 데이터 00이나 11이 어떤 상태를 나타내는 부호라면 거리는 두 부호가 구별되는 정도라 할 수 있다. 해밍 거리는 부호의 관점에서 부호들 간의 거리를 표현하는 방법 중 하나이다. 해밍 거리는 길이가 같은 두 부호를 비교하였을 때 두 부호의 같은 자리에 있는 서로 다른 문자의 개수로 나타낸다. 예를 들어 세 개의 부호 00, 01, 11이 있다면 00과 01의 해밍 거리는 1이고, 00과 11의 해밍 거리는 2이다. 이때 부호들 간의 최소 해밍 거리는 1이고, 최대 해밍거리는 2이다.

부호들 간의 최소 해밍 거리를 충분히 멀게 한다면 통신이나 저장 과정에서 발생하는 오류를 검출하여 수정할 수 있다. 예를 들어 전송하려는 1비트의 원시 부호 0과 1이 있고 부호 단위로 송수신한다고 가정해 보자. 송신자가 1을 보낸다면 수신자는 0이나 1 중 하나를 받게 될 것이고, 송신자가 어떤 데이터를 보냈는지 알 수 없기 때문에 오류가 발생하더라도 오류가 있는지 알 수 없다. 이 경우 부호들 간의 최소 해밍 거리는 1이다. 0이나 1을 송수신하는 대신 원시 부호(x) 뒤에 확인 부호(p)를 덧붙여 xp에 해당하는 2비트 단위의 전송 부호를 만들어 보자. ㉠전송 부호는 고정된 원시 부호에 확인 부호를 덧붙이고, 확인 부호는 원시 부호에 대한 1의 개수가 짝수가 되도록 만든다는 규칙을 정한다면 전송 부호는 00과 11이 된다. 만일 수신자가 01이나 10 중 하나를 받은 경우 전송 부호에 오류가 있음을 알 수 있다. 하지만 어느 자리에서 오류가 났는지 알 수 없기 때문에 오류를 수정할 수는 없다.

[A]
　　00이나 11을 송수신하는 대신 p와 동일한 규칙의 확인 부호(q)를 한 번 더 덧붙여 xpq에 해당하는 3비트 단위의 전송 부호 000과 111 중 하나를 송수신한다고 가정해 보자. 한 자리의 오류만 있다고 가정하면 수신자가 001, 010, 100, 011, 101, 110 중 하나를 받은 경우 오류 발생 자리를 검출하여 수정할 수 있다. 예를 들어 110의 경우 x인 1에 대해 p와 q는 각각 1이 되어야 1의 개수가 짝수가 되지만 q가 0이므로 1의 개

수가 홀수이다. 따라서 오류 발생 자리를 검출하여 110을 111로 수정할 수 있다. 이 경우 전송 부호 간의 최소 해밍 거리가 3이어서 한 자리의 오류를 검출하여 수정할 수 있는 것이다.

원시 부호에 확인 부호를 충분히 덧붙이면 전송 부호의 길이는 길어지지만 전송 부호들 간의 최소 해밍 거리도 함께 멀어져 오류가 많이 발생하더라도 오류를 검출하여 수정하는 것이 가능하다. 하지만 동일한 정보를 보낼 때 덧붙이는 확인 부호의 개수가 늘어나면 보내야 하는 데이터의 양이 늘어나 전송 효율이 낮아진다.

01

윗글을 통해 알 수 있는 내용으로 적절하지 않은 것은?

① 2진수로 표현된 수치를 가리키는 데이터들 간의 거리는 수치 간의 차로 표현될 수 있다.

② 추상적인 성질이나 가치의 차이를 나타내는 척도로 거리의 개념이 사용될 수 있다.

③ 물리적 개념에서의 거리는 두 지점이 공간적으로 떨어져 있는 정도를 나타낸다.

④ 00과 11의 2진수 수치의 차이와 해밍 거리는 같은 값으로 측정된다.

⑤ 데이터가 표현하려는 정보에 따라 거리를 측정하는 방법이 다르다.

주제
독해
IV
기술

02

㉠에 대한 이해로 가장 적절한 것은?

① 전송 부호들 간의 최소 해밍 거리를 멀게 하면 전송하는 데이터의 양은 늘어난다.

② 전송 부호들 간의 최소 해밍 거리가 1이면 전송 과정에서의 오류 검출이 가능하다.

③ 두 전송 부호의 같은 자리에 같은 문자의 개수가 많을수록 해밍 거리는 멀어진다.

④ 덧붙이는 확인 부호가 많아지면 전송 부호들 간의 최대 해밍 거리는 가까워진다.

⑤ 전송 부호들 간의 최소 해밍 거리가 가까워질수록 전송 효율은 낮아진다.

03

[A]와 〈보기〉를 이해한 내용으로 적절하지 <u>않은</u> 것은?

〈보기〉

확인 부호가 오류 발생 자리에 대한 정보가 되도록 규칙을 정하면 전송 부호에서 한 자리 오류가 발생했을 때 수정이 가능하다. 확인 부호를 검사하여 p에 오류가 있으면 p 자리 를 1로, 오류가 없으면 0으로 표현한다. 같은 방식으로 q에 오류가 있으면 q 자리 를 1로, 오류가 없으면 0으로 표현한다. 0과 1로 표현된 p 자리 q 자리 를 계산하면 한 자리의 오류가 발생했을 때 그 자리를 알아낼 수 있다.

송신	수신	규칙			오류 발생 자리
		오류		계산	
		p 자리	q 자리		
000	000	0	0	$0×2^1+0×2^0$	□□□
	010		0	$1×2^1+0×2^0$	□☑□
	110	0	1	$0×2^1+1×2^0$	
	011	1	1	$1×2^1+1×2^0$	
⋮	⋮	⋮	⋮		⋮

① 송신자는 전송 부호 간의 해밍 거리가 3이 될 수 있도록 0은 000으로, 1은 111로 보내는 것이겠군.

② 수신자가 010을 받았다면 p 자리 의 오류를 1로 표현하여 000으로 판단하겠군.

③ 수신자가 110이나 101을 받았다면 수신한 부호에 있는 0을 1로 수정하여 모두 111로 판단하겠군.

④ 수신자가 011을 받았다면 p 자리 와 q 자리 모두에 오류가 있는 경우이므로 두 자리의 오류를 수정하겠군.

⑤ 수신자가 111을 받았다면 p 자리 와 q 자리 의 오류를 모두 0으로 표현하여 오류가 없는 것으로 판단하겠군.

04

ⓐ의 문맥적 의미와 가장 유사한 것은?

① 식당은 본관과 조금 <u>떨어져</u> 있는 별관이다.

② 해가 <u>떨어지자</u> 새는 보금자리로 돌아갔다.

③ 그들의 실력은 평균보다 <u>떨어지는</u> 편이다.

④ 상처가 나서 생긴 딱지가 아물어 <u>떨어졌다</u>.

⑤ 물건을 팔면 본전을 빼고 만 원이 <u>떨어진다</u>.

호루라기 관장님의 어휘 트레이닝

No	뜻	힌트	정답
01	사물이 생겨남.	ㅅ성	
02	절반이 넘는 수	과ㅂ수	
03	원래대로 회복함.	복ㅇ	
04	몫을 갈라 나눔. 또는 그 몫	ㅎ당	
05	정보 전달을 다루는 과학 기술	통ㅅ	
06	들인 노력과 얻은 결과의 비율	효ㅇ	
07	평가하거나 측정할 때 의거할 기준	척ㄷ	
08	물질의 원리에 기초한. 또는 그런 것	ㅁ리적	
09	일정한 차례나 간격에 따라 벌여 놓음.	배ㅇ	
10	식이 나타낸 일정한 규칙에 따라 계산함.	연ㅅ	
11	글자나 글 따위의 잘못을 고쳐서 바로잡음.	ㅈ정	
12	처음 시작된 그대로 있어 발달하지 아니한 상태	ㅇ시	
13	일정한 뜻을 나타내기 위하여 따로 정하여 쓰는 기호	부ㅎ	
14	글이나 사진 따위를 전류나 전파를 이용하여 먼 곳에 보냄.	ㅈ송	
15	전신이나 전화, 라디오, 텔레비전 방송 따위의 신호를 받음.	수ㅅ	
16	일정한 조건 아래에서 어떤 사건이나 일어날 가능성의 정도	확ㄹ	
17	주어진 정보를 어떤 표준적인 형태로 변환하거나 거꾸로 변환함.	부ㅎ화	
18	전기장이나 도체 안에 있는 두 점 사이의 전기적인 위치 에너지 차. 단위는 볼트	ㅈ압	
19	주로 전기적 수단을 이용하여 전신이나 전화, 라디오, 텔레비전 방송 따위의 신호를 보냄.	송ㅅ	
20	화학 분석에서, 물질 속에 어떤 화학 성분이나 미생물이 있는지를 검사하여 확인하는 일	ㄱ출	
21	어떤 사물이 직접 경험하거나 지각할 수 있는 일정한 형태와 성질을 갖추고 있지 않. 또는 그런 것	추ㅅ적	
22	연산 처리 장치의 잘못된 동작이나 소프트웨어의 잘못 때문에 생기는, 계산값과 참값과의 오차	ㅇ류	

No	앞의 어휘를 활용해 문장을 완성하시오.
01	참석자의 절반 이상인 (　　　)가 그 안건에 찬성하였다.
02	정확도란 시료를 분석할 때 올바른 검사 결과를 얻을 (　　　)이다.
03	네트워크상에서의 이메일은 그 내용이 여러 개의 조각으로 나뉘어 (　　　)된다.
04	이 휴대폰은 전화를 받는 (　　　) 기능에는 문제가 없는데 전화를 거는 송신 기능에 문제가 있다.
05	따뜻한 해수가 공기를 데워서 상승 기류를 발생시키면 저기압이 발달하고 구름이 (　　　)된다.
06	복합적인 정보의 (　　　)이나 정보 간의 관계를 시각적인 형태로 나타낸 것을 '인포그래픽'이라고 한다.
07	차량의 시스템을 제어하는 프로그램에 (　　　)가 발생하면 차량이 급발진하는 사고가 일어날 수 있다.
08	이동 통신 사업자는 분배되어 있는 주파수 대역 중에서 일부를 국가로부터 (　　　) 받아 휴대 전화 서비스를 제공한다.
09	컴퓨터에서는 보통 저장되는 메모리의 맨 앞 1비트를 (　　　)로 사용한다. 양수일 경우에는 앞 비트가 0이고, 음수일 경우에는 1이다.
10	상징은 연상이나 유사성 등의 상관관계에 기대어 (　　　)적인 사물이나 개념 따위를 구체적인 사물로 나타내는 일이나 그 대상물을 가리킨다.

주제
독해

IV

기술

오늘 수능 국어 트레이닝 끝!

22 측정 기술

다음 글을 읽고 내용을 정리하시오.

01 미세한 물질의 내부 구조를 파악하기 위해서는 보다 짧은 파장의 빛의 영역까지 활용할 수 있어야 하는데, 이때 활용 가능한 빛이 바로 방사광이다. 방사광이란 빛의 속도에 가깝게 빠른 속도로 운동하는 전자가 방향을 바꿀 때, 바뀐 운동 궤도 곡선의 접선 방향으로 방출되는 좁은 퍼짐의 전자기파를 가리킨다.

02 방사광은 적외선, 가시광선, 자외선, X선에 이르는 다양한 파장을 가진 빛으로, 실험 목적에 따라 파장을 선택하여 사용할 수 있는 파장 가변성을 지닌다. 그리고 방사광은 휘도가 높은 빛이다. 휘도란 빛의 집중 정도를 나타내는 것으로, 빛의 세기가 크면 클수록, 그리고 빛의 퍼짐이 작으면 작을수록 높은 휘도 값을 갖는다. 예를 들어 방사광에서 실험을 위해 선택된 X선은, 기존에 쓰던 X선보다 휘도가 수만 배 이상이라서 이를 활용하면 물질의 정보를 보다 자세하게 얻을 수 있다.

03 방사광은 자연에서는 별이 수명을 다해 폭발할 때 발생하기도 하지만, 이를 연구에 활용하는 것은 어려우므로 고성능 슈퍼 현미경이라고도 불리는 방사광가속기를 사용해 인위적으로 만들어 사용한다. 방사광가속기는 일반적으로 크게 전자입사장치, 저장링, 빔라인 등으로 구성되어 있다. 전자입사장치는 전자를 방출시킨 뒤 빛의 속도에 가깝게 가속시켜 저장링으로 주입하는 장치로, 전자총과 선형가속기로 구성된다. 전자총은 고유한 파장을 가진 금속에 그 파장보다 짧은 파장의 빛을 가하면 전자가 방출되는 광전효과를 활용하여 지속적으로 전자를 방출시킨다. 이때 방출되는 전자는 상대적으로 속도가 느려 높은 에너지를 가지지 못하므로, 선형가속기에서는 음(−)전하를 띤 전자가 양(+)전하를 띤 양극 쪽으로 움직이려는 전기적인 힘의 원리를 활용하여 전자를 가속시킨다. 선형가속기에서 빛의 속도에 근접하게 된 전자는 이후 저장링으로 보내진다.

04 저장링은 휨전자석, 삽입장치, 고주파 공동장치 등으로 구성되어 있고, 일반적으로 n각형 모양으로 설계하여 n개의 직선 부분과 n개의 모서리 부분으로 이루어져 있다. 저장링의 모서리 부분에는 전자의 방향을 조절해 주는 휨전자석을 설치하여 전자가 지속적으로 궤도를 따라 회전할 수 있도록 한다. 〈중략〉 저장링의 직선 부분에는 N극과 S극을 번갈아 배열한 삽입장치가 설치되어 있다. 전자는 삽입장치에서 자기장의 영향을 받아 N극과 S극의 사이에서 주기적으로 방향이 바뀌며 구불구불하게 움직이게 되는데, 방향이 주기적으로 바뀔 때마다 방사광이 방출된다. 이렇게 방출된 방사광은, 위상이 동일한 방사광과 서로 중첩되면서 진폭이 커지는 간섭 현상이 나타난다. 그래서 삽입장치에서 중첩되어 진폭이 커진 방사광은, 휨전자석에서 방출된 방사광보다 큰 에너지를 지닌 더 밝은 방사광이 된다. 이때 휨전자석과 삽입장치를 통과하며 방사광을 방출한 전자는 에너지를 잃게 되고, 고주파 공동장치는 이러한 전자에 에너지를 보충하여 전자가 계속 궤도를 돌게 한다.

05 마지막으로 빔라인은 실험 목적에 맞도록 방사광에서 원하는 파장을 분리시켜 실험에 이용하는 장치로, 크게 진공 자외선 빔라인과 X선 빔라인으로 나눌 수 있다. 진공 자외선 빔라인에서는 주로 기체 상태의 물질의 구조나 고체 표면에서의 물질의 구조 등에 관한 실험들이 이루어지고, X선 빔라인에서는 다른 빛보다 상대적으로 짧은 파장을 가진 X선의 특성을 이용하여 주로 물질의 내부 구조, 원자 배열 등에 대한 실험이 이루어진다.

지문이 읽히는 독해 코칭

빈칸을 채우며 각 문단별 내용을 완성하시오.

1문단

방사광 → 미세한 물질의 내부 구조 파악

빠른 속도의 전자가 방향을 바꿀 때, 바뀐 운동 궤도 곡선의 접선 방향으로 방출되는 (1   ) 퍼짐의 전자기파

2문단

방사광의 특징
- (2   ), 가시광선, 자외선, X선 등의 파장을 가짐.
- 파장을 선택해 사용할 수 있는 (3   )을 지님.
- 휘도가 높은 편

휘도값
- 빛의 세기에 비례
- 빛의 퍼짐에 (4   )

3문단

전자입사장치 — 전자를 방출시킨 뒤 빛의 속도에 가깝게 가속시켜 (5   )으로 주입

전자총 (6   ) 활용하여 전자를 지속적으로 방출

선형가속기 (7   )인 힘의 원리를 활용하여 전자를 (8   )시킴.

4문단

저장링

휨전자석 전자의 방향을 조절하여 지속적으로 (9   )를 따라 회전하게 함.

삽입장치 자기장의 영향을 받아 전자의 방향이 주기적으로 바뀌며 그때마다 (10   )이 방출됨.

고주파 공동장치 방사광을 방출한 (11   )에 에너지를 보충하여 전자가 계속 궤도를 돌 수 있게 함.

5문단

빔라인 실험 목적에 맞도록 방사광에서 원하는 (12   )을 분리

(13   ) 자외선 빔라인 기체 상태의 물질의 구조나 고체 표면에서의 물질의 구조 등에 관한 실험

X선 빔라인 X선의 특성을 이용하여 물질의 (14   ) 구조, 원자 배열 등에 대한 실험

구조 트레이닝 ZONE

빈칸에 알맞은 말을 넣어 구조도를 완성하시오.

방사광

개념 — 운동하는 전자가 방향을 바꿀 때, 바뀐 운동 궤도 곡선의 (1) 방향으로 방출되는 전자기파

특징 —
- 실험 목적에 따라 파장을 선택하여 사용할 수 있는 (2)을 지님.
- 빛의 세기가 커서 (3)가 높은 편임.

방사광가속기의 세부 구성 요소들의 기능과 역할에 집중하여 내용을 이해하는 것이 중요합니다.

방사광가속기의 구성

전자 입사장치 — 전자를 방출시킨 뒤 빛의 속도에 가깝게 (4)시켜 저장링으로 주입하는 장치

구성 요소

전자총
(5)를 활용하여 지속적으로 전자를 방출

선형가속기
전자의 (6)인 힘의 원리를 활용하여 전자를 가속

저장링

구성 요소

휨전자석
N각형 모양의 저장링 (7) 부분에 설치
전자의 방향을 조절하고 전자가 지속적으로 궤도를 따라 회전할 수 있게 함.

삽입장치
N각형 모양의 저장링 (8) 부분에 N극과 S극을 번갈아 배열한 장치
N극과 S극 사이에서 주기적으로 (9)을 바꾸며 방사광을 방출함.

고주파 공동장치
휨전자석과 삽입장치를 통과하여 방사광을 방출한 전자에 (10)를 보충하여 계속 궤도를 돌게 함.

빔라인

실험 목적에 맞도록 방사광에서 원하는 (11)을 분리시켜 실험에 이용하는 장치

종류

(12) 빔라인
주로 기체 상태의 물질의 구조나 고체 표면에서의 물질의 구조 등에 관한 실험이 이루어짐.

(13) 빔라인
X선의 특성을 이용하여 주로 물질의 내부 구조, 원자 배열 등에 대해 실험함.

내용 트레이닝 ZONE

글 내용과 일치하면 ○에, 그렇지 않으면 ✕에 체크하시오.

1문단

01 짧은 파장의 빛을 활용하면 미세한 물질의 내부 구조를 파악할 수 있다. ○ ✕

02 빛의 속도에 가깝게 운동하는 전자가 방향을 바꿀 때, 운동 궤도 곡선의 방향으로 방출되는 전자기파를 방사광이라고 한다. ○ ✕

2문단

03 방사광은 빛이 크게 퍼지기 때문에 빛의 집중 정도가 높다. ○ ✕

04 빛이 집중하는 정도를 나타내는 값은 빛의 세기와 반비례한다. ○ ✕

05 방사광은 실험 목적에 따라 적절한 파장을 선택하여 사용할 수 있다. ○ ✕

3문단

06 전자총은 빛의 속도에 가깝게 전자를 방출시켜 저장링에 주입하는 장치이다. ○ ✕

07 방사광가속기는 별이 수명을 다해 폭발할 때 방사광을 추출하는 장치이다. ○ ✕

08 고유한 파장을 가진 금속에 그보다 짧은 파장의 빛을 가하면 전자가 방출된다. ○ ✕

09 선형 가속기는 음(-)전하를 띤 전자가 양(+)전하를 띤 양극 쪽으로 움직이는 성질을 활용한 장치이다. ○ ✕

4문단

10 저장링은 n각형 모양을 띠고 있다. ○ ✕

11 삽입장치의 전자는 N극과 S극 사이에서 방향을 일정한 주기 없이 바꾸며 움직인다. ○ ✕

12 휨전자석은 저장링의 직선 부분에 설치되어 전자가 궤도를 따라 계속해서 회전할 수 있도록 한다. ○ ✕

13 삽입장치에서 중첩되어 진폭이 커진 방사광은 휨전자석에서 방출된 방사광보다 더 큰 에너지를 가진다. ○ ✕

5문단

14 빔라인은 방사광에서 실험 목적에 맞는 파장을 분리하여 실험에 이용하는 장치이다. ○ ✕

15 X선 빔라인에서는 주로 기체 상태의 물질의 구조나 원자 배열 등에 대한 실험이 이루어진다. ○ ✕

주제 독해 IV 기술

[01~04] 다음 글을 읽고 물음에 답하시오.

01 미세한 물질의 내부 구조를 파악하기 위해서는 보다 짧은 파장의 빛의 영역까지 활용할 수 있어야 하는데, 이때 활용 가능한 빛이 바로 방사광이다. 방사광이란 빛의 속도에 가깝게 빠른 속도로 운동하는 전자가 방향을 바꿀 때, 바뀐 운동 궤도 곡선의 접선 방향으로 방출되는 좁은 퍼짐의 전자기파를 가리킨다.

02 방사광은 적외선, 가시광선, 자외선, X선에 이르는 다양한 파장을 가진 빛으로, 실험 목적에 따라 파장을 선택하여 사용할 수 있는 파장 가변성을 ⓐ지닌다. 그리고 방사광은 휘도가 높은 빛이다. 휘도란 빛의 집중 정도를 나타내는 것으로, 빛의 세기가 크면 클수록, 그리고 빛의 퍼짐이 작으면 작을수록 높은 휘도 값을 갖는다. 예를 들어 방사광에서 실험을 위해 선택된 X선은, 기존에 쓰던 X선보다 휘도가 수만 배 이상이라서 이를 활용하면 물질의 정보를 보다 자세하게 얻을 수 있다.

03 방사광은 자연에서는 별이 수명을 다해 폭발할 때 발생하기도 하지만, 이를 연구에 활용하는 것은 어려우므로 고성능 슈퍼 현미경이라고도 불리는 방사광가속기를 사용해 인위적으로 만들어 사용한다. 방사광가속기는 일반적으로 크게 전자입사장치, 저장링, 빔라인 등으로 구성되어 있다. 전자입사장치는 전자를 방출시킨 뒤 빛의 속도에 가깝게 가속시켜 저장링으로 주입하는 장치로, 전자총과 선형가속기로 구성된다. 전자총은 고유한 파장을 가진 금속에 그 파장보다 짧은 파장의 빛을 가하면 전자가 방출되는 광전 효과를 활용하여 지속적으로 전자를 방출시킨다. 이때 방출되는 전자는 상대적으로 속도가 느려 높은 에너지를 가지지 못하므로, 선형가속기에서는 음(−)전하를 띤 전자가 양(+)전하를 띤 양극 쪽으로 움직이려는 전기적인 힘의 원리를 활용하여 전자를 가속시킨다. 선형가속기에서 빛의 속도에 근접하게 된 전자는 이후 저장링으로 보내진다.

04 저장링은 휨전자석, 삽입장치, 고주파 공동장치 등으로 구성되어 있고, 일반적으로 n각형 모양으로 설계하여 n개의 직선 부분과 n개의 모서리 부분으로 이루어져 있다. 저장링의 모서리 부분에는 전자의 방향을 조절해 주는 휨전자석을 설치하여 전자가 지속적으로 궤도를 따라 회전할 수 있도록 한다. 〈중략〉 저장링의 직선 부분에는 N극과 S극을 번갈아 배열한 삽입장치가 설치되어 있다. 전자는 삽입장치에서 자기장의 영향을 받아 N극과 S극의 사이에서 주기적으로 방향이 바뀌며 구불구불하게 움직이게 되는데, 방향이 주기적으로 바뀔 때마다 방사광이 방출된다. 이렇게 방출된 방사광은, 위상이 동일한 방사광과 서로 중첩되면서 진폭이 커지는 간섭 현상이 나타난다. 그래서 삽입장치에서 중첩되어 진폭이 커진 방사광은, 휨전자석에서 방출된 방사광보다 큰 에너지를 지닌 더 밝은 방사광이 된다. 이때 휨전자석과 삽입장치를 통과하며 방사광을 방출한 전자는 에너지를 잃게 되고, 고주파 공동장치는 이러한 전자에 에너지를 보충하여 전자가 계속 궤도를 돌게 한다.

05 마지막으로 빔라인은 실험 목적에 맞도록 방사광에서 원하는 파장을 분리시켜 실험에 이용하는 장치로, 크게 진공 자외선 빔라인과 X선 빔라인으로 나눌 수 있다. 진공 자외선 빔라인에서는 주로 기체 상태의 물질의 구조나 고체 표면에서의 물질의 구조 등에 관한 실험들이 이루어지고, X선 빔라인에서는 다른 빛보다 상대적으로 짧은 파장을 가진 X선의 특성을 이용하여 주로 물질의 내부 구조, 원자 배열 등에 대한 실험이 이루어진다.

지식을 넓히는 주제 코칭

방사광 가속기

과학 실험이나 공업의 가공 등에 이용하기 위해 광속에 가까운 정도로 가속시킨 전자·양전자 등 전하를 띠고 있는 입자를, 입자빔을 저장하는 공간인 저장링 속에서 오랫동안 돌게 하여 방사광을 방출시키는 시설을 말한다. 방사광 가속기는 나노미터 이하 초미세 세계를 분석하는 설비로 꿈의 현미경이자 초고성능 거대 현미경으로도 불린다. 빛의 속도에 가깝게 가속된 전자가 진행 방향을 바꿀 때 방출하는 광선인 방사광을 이용해 나노미터 단위의 작은 물질을 들여다볼 수 있다.

언젠간 출제각

입자 가속기

원자핵을 분석하기 위해서는 원자핵을 더 작게 나눌 필요가 있는데, 이처럼 원자핵을 더 작게 나누기 위해서 개발된 것이 입자 가속기이다. 입자 가속기는 강력한 전기장이나 자기장 속에서 입자를 가속시켜 큰 운동 에너지를 발생시키는 장치이다. 주로 입자 물리학 분야에서 새로운 입자를 찾거나 이론을 검증하기 위해 사용한다. 빛의 속도에 가깝게 매우 빠르게 가속시킨 입자들을 서로 충돌시키고 거기서 발생하는 파편들을 분석한다. 또한 입자 가속기는 입자를 가속할 때 나오는 빛을 이용하여 여러 물질의 특성을 연구하거나 암 치료 등의 의료 목적으로 사용하기도 한다. 입자 가속기는 가속되는 입자에 따라 양성자 가속기, 전자 가속기, 중이온 가속기, 방사광 가속기 등으로 구분되며, 가속 방법에 따라 선형 가속기와 원형 가속기로 나뉜다. 선형 가속기로는 직류 고전압이나 고주파 전기장을 이용하는 방법이 사용되며, 원형 가속기에는 사이클로트론, 베타트론, 싱크로트론 등이 있다.

01

윗글을 이해한 내용으로 적절하지 <u>않은</u> 것은?

① 실험 목적에 따라 빔라인의 종류는 달라질 수 있다.

② 휨전자석의 개수는 저장링의 모양에 따라 달라질 수 있다.

③ 빛의 집중 정도는 빛의 세기와 퍼짐에 따라 달라질 수 있다.

④ 전자는 양전하를 띤 양극 쪽으로 움직이려는 전기적인 힘이 있다.

⑤ 금속의 고유한 파장보다 긴 파장의 빛을 금속에 쏘면 전자를 방출시킬 수 있다.

02

방사광 에 대한 설명으로 적절하지 <u>않은</u> 것은?

① 실험 목적에 따라 파장을 선택해 사용할 수 있는 빛이다.

② 방사광가속기에서 연구 목적으로 가속시키는 전자기파이다.

③ 자연적으로 발생하기도 하고 인위적으로 만들 수도 있는 빛이다.

④ 휘도가 높아 물질에 대한 자세한 정보를 얻을 수 있게 하는 빛이다.

⑤ 빛의 속도에 가깝게 운동하는 전자가 방향을 바꿀 때 방출되는 전자기파이다.

03

〈보기〉는 방사광가속기의 주요 장치를 도식화한 것이다. 윗글을 바탕으로 〈보기〉를 이해한 내용으로 적절하지 <u>않은</u> 것은?

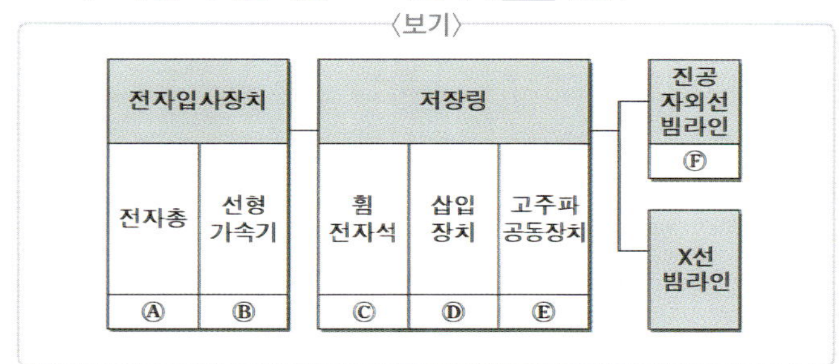

① Ⓐ에서 광전효과를 활용하여 방출시킨 전자는 Ⓑ에서 빛의 속도에 가깝게 가속되어 높은 에너지를 갖게 되겠군.

② 전자는 Ⓒ를 지나면서 자석 주위의 자기장의 힘을 받아 방향이 바뀌면서 궤도를 따라 회전할 수 있게 되겠군.

③ Ⓒ에서 방출된 방사광이 Ⓓ에서 방출된 방사광보다 밝은 이유는 Ⓓ에서 방사광이 서로 중첩되어 진폭이 더 커졌기 때문이겠군.

④ Ⓒ와 Ⓓ를 통과하며 에너지가 손실된 전자는 Ⓔ로부터 에너지를 공급받아 궤도를 계속 돌게 되겠군.

⑤ Ⓕ는 실험 목적에 맞게 방사광에서 원하는 파장을 분리시켜 실험에 이용하는 장치이겠군.

04

문맥상 ⓐ와 가장 가까운 의미로 쓰인 것은?

① 그는 딸의 사진을 품속에 <u>지니고</u> 다닌다.

② 그는 일을 성사시킬 책임을 <u>지니고</u> 있다.

③ 그는 어릴 때의 모습을 그대로 <u>지니고</u> 있었다.

④ 그는 유년 시절의 추억을 가슴 속에 <u>지니고</u> 살았다.

⑤ 그는 자신의 이론이 보편성을 <u>지니고</u> 있다고 주장했다.

[01~04] 다음 글을 읽고 물음에 답하시오.

01 양전자 단층 촬영(PET)은 세포의 대사량 등 인체에 대한 정보를 확인하기 위해 몸속에 특정 물질을 주입하여 그 물질의 분포를 영상화하는 기술이다. 이때 대사량이란 사람의 몸속 세포가 생명 유지를 위해 필요로 하는 에너지의 총량으로 정상 세포와 비정상 세포는 대사량에서 차이가 난다. PET는 특정 물질과 비정상 세포의 반응을 이용하여 이들의 분포를 확인할 수 있다.

02 PET를 통해 이를 확인하기 위해서는 우선 몸속에 방사성추적자를 주입해야 한다. 일반적으로 PET에 사용되는 방사성추적자는 방사성 동위원소를 결합한 포도당 성분의 특정 물질로 이는 특정한 원소 또는 물질의 이동 양상을 알아내기 위해 쓰인다. 이렇게 주입된 방사성추적자는 에너지원으로 쓰이는 포도당과 유사하기 때문에, 대사량이 높아서 많은 에너지원을 필요로 하는 비정상 세포에 다량 흡수된다. 그런데 세포 안으로 흡수된 방사성추적자는 일반 포도당과 달리 세포의 에너지원으로 사용되지 않고, 일정 시간 동안 세포 안에 머무른다.

03 세포 내에 축적된 방사성추적자의 방사성 동위원소는 붕괴되면서 양전자를 방출한다. 방출된 양전자는 몸속의 전자와 결합하여 소멸하는데, 이때 두 입자의 질량이 에너지로 바뀐다. 이 에너지는 180도 각도를 이루는 한 쌍의 감마선으로 방출되어 몸 밖으로 나온다.

04 몸 밖으로 나온 감마선은 PET 스캐너를 통해 검출되는데, PET 스캐너는 수많은 검출기가 검사 대상을 원형으로 둘러싸고 있는 구조이다. 180도로 방출된 한 쌍의 감마선은 각각의 진행 방향에 있는 검출기에 도달하게 된다. 이때 한 쌍의 감마선이 도달한 검출기의 두 지점을 잇는 직선을 동시검출응답선이라고 하며 감마선의 방출 지점은 이 선의 어느 한 점에 있다고 할 수 있다. 그런데 한 쌍의 감마선이 각각의 검출기에 도달하는 시간에는 미세한 차이가 발생하는데, 이는 몸의 어느 지점에서 감마선이 방출되었는지에 따라 검출기까지의 거리가 달라지기 때문이다.

05 감마선이 PET 영상의 유효한 성분이 되기 위해서는 한 지점에서 방출된 한 쌍의 감마선이 PET 스캐너의 검출기로 동시에 도달해야 하는데 이 경우를 동시계수라고 한다. 하지만 ㉠한 쌍의 감마선이 완전히 동시에 도달하는 경우는 현실적으로 불가능하므로 PET 스캐너는 동시계수로 인정할 수 있는 최대 시간폭인 동시계수시간폭을 설정하고 동시계수시간폭 안에 들어온 경우를 유효한 성분으로 간주한다.

06 그런데 동시계수시간폭 내에 도달한 한 쌍의 감마선 즉 동시계수 중에서도 PET 영상에 유효한 성분이 되지 않는 경우가 있다. 우선 감마선이 주변의 물질과 상호 작용을 일으켜 진행 방향이 바뀌면서 검출기에 도달하는 시간의 변화가 생겼으나 동시계수시간폭 내에 검출되는 경우가 있는데 이를 산란계수라고 한다. 다음으로 한 지점에서 방출된 두 개의 감마선 중 한 개의 감마선만이 검출기로 도달할 때, 다른 지점에서 방출된 한 개의 감마선과 동시계수시간폭 내에 도달하는 경우가 있는데 이를 랜덤계수라고 한다. 이 두 경우는 모두 실제 감마선이 방출된 지점이 동시검출응답선 위에 존재하지 않기 때문에 PET 영상의 정확도를 떨어뜨리는 요인이 된다. 즉, 한 지점에서 방출된 한 쌍의 감마선이 아무런 방해를 받지 않고 동시계수시간 폭 내에 도달하는 참계수만이 유효한 영상 성분이 되는 것이다.

🔖 지문이 읽히는 독해 코칭

빈칸을 채우며 각 문단별 내용을 완성하시오.

1문단

양전자 단층 촬영(PET)
• 인체에 대한 정보를 확인하기 위해 몸속에 특정 물질을 주입하여 물질의 분포를 (1   )하는 기술
• 특정 물질과 비정상 세포의 반응을 이용하여 정상세포와 비정상 세포의 (2   ) 확인

2문단

방사성추적자
• PET에서 (3   )에 주입하는 특정 물질
• 방사성 동위원소를 결합한 포도당 성분
• (4   )에 다량 흡수
• 세포의 에너지원으로 사용되지 않고 일정 시간 동안 세포 안에 머묾.

3문단

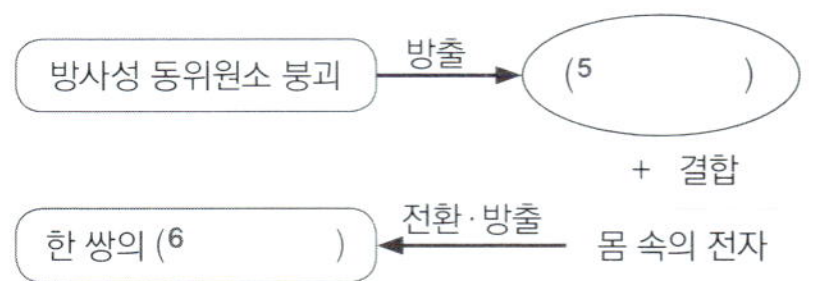

4문단

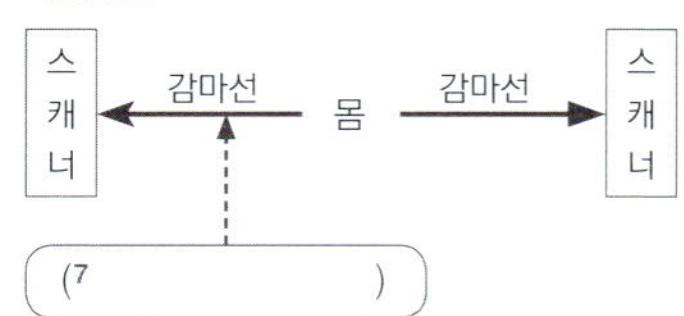

감마선의 방출 지점은 이 선의 어느 한 점에 있음.

5문단

동시계수 → 동시계수시간폭
한 지점에서 방출된 한 쌍의 감마선이 PET 스캐너의 검출기로 (8   )에 도달해야 함.
▼
현실적으로 (9   )

동시계수로 인정할 수 있는 (10   ) 시간폭
▼
안에 들어온 경우를 유효한 성분으로 간주함.

6문단

PET 영상의 정확도를 떨어뜨리는 요인

(11   ) 감마선이 주변 물질의 영향으로 진행 방향이 바뀌며 검출기에 도달하는 시간의 변화가 생겼으나 동시계수시간폭 내에 도달하는 경우

(12   ) 다른 지점에서 방출된 한 개의 감마선과 동시계수시간폭 내에 도달하는 경우

01

윗글의 내용과 일치하지 <u>않는</u> 것은?

① PET는 특정 물질과 비정상 세포의 반응을 이용한다.

② PET에서 동시검출응답선은 직선의 형태로 표현된다.

③ PET 스캐너는 감마선을 방출하여 PET 영상을 만든다.

④ PET는 인체의 정보를 확인하기 위한 영상화 기술이다.

⑤ PET 스캐너는 수많은 검출기로 이루어진 원형 구조이다.

02

방사성추적자 에 대한 설명으로 적절하지 <u>않은</u> 것은?

① 비정상 세포 내에 다량으로 흡수되어 축적된다.

② 세포의 대사량을 평소보다 높이기 위해 사용된다.

③ 일반 포도당과 유사하지만 에너지원으로 사용되지 않는다.

④ 특정 물질의 이동 양상을 밝히기 위해 사용되는 화합물이다.

⑤ 양전자를 방출하며 붕괴되는 방사성 동위원소가 결합된 물질이다.

03

㉠의 이유를 추론한 내용으로 가장 적절한 것은?

① 방출된 감마선이 180도 방향으로 진행하기 때문이다.

② 양전자와 전자의 질량이 에너지로 바뀌었기 때문이다.

③ 한 쌍의 감마선이 동시에 검출기에 도달하면 동시계수로 인정되기 때문이다.

④ 한 쌍의 감마선 중 하나의 감마선만이 PET 영상의 유효한 성분이 되기 때문이다.

⑤ 감마선 방출 지점에 따라 두 감마선이 검출기까지 이동하는 거리가 서로 다르기 때문이다.

04

윗글을 바탕으로 〈보기〉를 이해한 내용으로 적절하지 <u>않은</u> 것은?

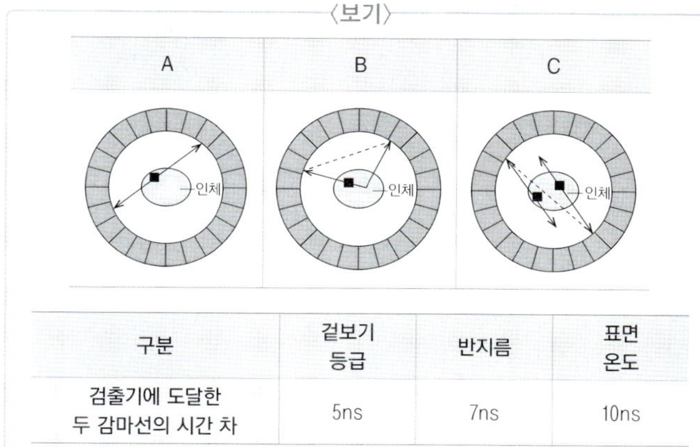

구분	겉보기 등급	반지름	표면 온도
검출기에 도달한 두 감마선의 시간 차	5ns	7ns	10ns

○ A~C는 모두 동시계수시간폭을 12ns로 설정한, 동일한 PET 스캐너로 감마선을 검출한 경우이고 ■는 감마선의 방출 지점을 나타낸다.

○ ns는 시간 단위로 10억분의 1초를 나타낸다.

① A의 경우 한 쌍의 감마선이 주변 물질과 상관없이 도달했다면, 참계수라고 할 수 있겠군.

② B의 경우 한 감마선의 진행 방향이 바뀌었지만 동시계수시간폭 내에 도달하였다고 할 수 있겠군.

③ C의 경우 PET 영상에 유효한 성분이 될 수 없는 랜덤계수라고 할 수 있겠군.

④ A와 B의 경우 동시계수시간폭이 8ns이었다면, 산란계수는 검출되지 않았겠군.

⑤ B와 C의 경우 실제 감마선의 방출 지점이 동시검출응답선 위에 존재하지 않겠군.

구조 트레이닝 ZONE

빈칸에 알맞은 말을 넣어 구조도를 완성하시오.

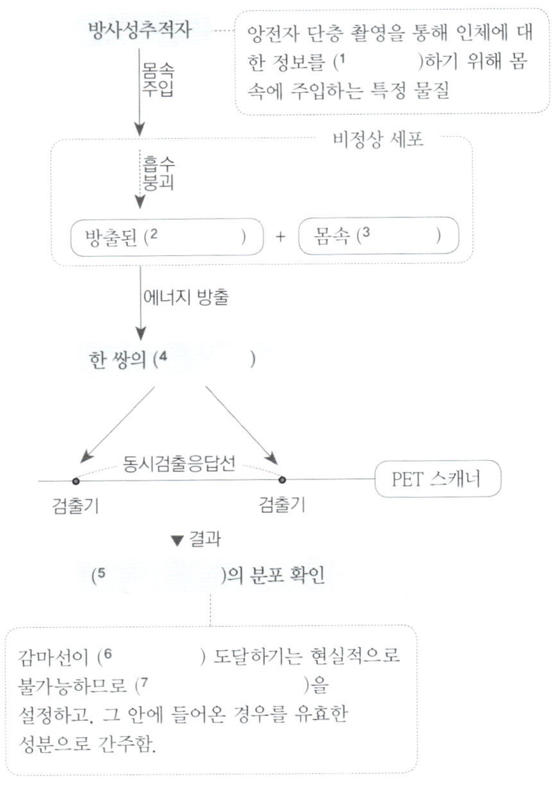

PET 검사에 대해 소개하고 있으므로, PET 검사의 목적에 대해 숙지할 필요가 있습니다 또한 PET의 검사 방식과 PET 영상의 유효한 성분을 얻기 위한 조건 등에 주의하며 내용을 정리하여 이해해야 합니다.

동시계수 중에서 PET 영상에 유효한 성분이 되지 않는 경우

산란계수의 경우	랜덤계수의 경우
감마선이 주변의 (8)과 상호 작용을 일으켜 진행 (9)이 바뀌면서 동시계수시간폭 내에 검출되는 경우	한 지점에서 방출된 두 개의 감마선 중 한 개의 감마선과 (10)에서 방출된 한 개의 감마선이 동시계수시간폭 내에 도달하는 경우

영상 의학의 역사

영상 의학의 역사는 영상 의학에서 사용되는 기술 발전의 역사이다. 특히 현대에 많이 사용되고 있는 컴퓨터 단층 촬영(CT), 자기공명영상(MRI) 등의 기술이 발명되고 상용화될 때마다 영상 의학은 발전하였다. 방사선을 이용한 영상 의학은 빛에 투과되지 않는 물체에도 방사선이 투과되는 원리를 이용한다. 컴퓨터 단층 촬영(CT), 자기공명영상(MRI), 초음파 등 혁신적인 영상 의학 기술의 발전으로 인해, 현대 의학에서 영상 의학은 필수불가결한 진단 요소가 되었다.

영상 의학의 주요 기술

영상 의학의 주요 기술 가운데 하나인 X선 촬영은 X선을 인체에 투과시켜 촬영하는 검사로, X선을 이용하여 인체를 촬영하는 단순 촬영을 말한다. 컴퓨터 단층 촬영(CT)은 CT 스캐너를 이용한 컴퓨터 단층 촬영법이다. 엑스선이나 초음파를 여러 각도에서 인체에 투영하고 이를 컴퓨터로 재구성하여 인체 내부 단면의 모습을 화상으로 처리하는데, 종양 등을 발견하고 진단하는 데 널리 이용되고 있다. 자기공명영상(MRI)은 자력에 의하여 발생하는 자기장을 이용하여 생체의 임의의 단층상을 얻을 수 있는 첨단 의학 기계로 만든 영상법이다. 자기공명영상(MRI)은 X-ray처럼 이온화 방사선이 아니므로 인체에 무해하고, 3D 영상화가 가능하다. 또한 컴퓨터 단층 촬영(CT)에 비해 대조도와 해상도가 더 뛰어나다. 그리고 횡단면 촬영만 가능한 컴퓨터 단층 촬영(CT)과 달리 관상면(몸을 배쪽과 등쪽으로 나누는 가상의 해부학적 면)과 시상면(신체를 좌와 우로 가르는 면)도 촬영할 수 있고, 필요한 각도의 영상을 검사자가 선택하여 촬영할 수 있다. 자기공명영상(MRI)은 이러한 장점으로 인해 널리 쓰이고 있지만, 검사료가 비싸며 촬영 시간이 오래 걸린다는 단점이 있다.

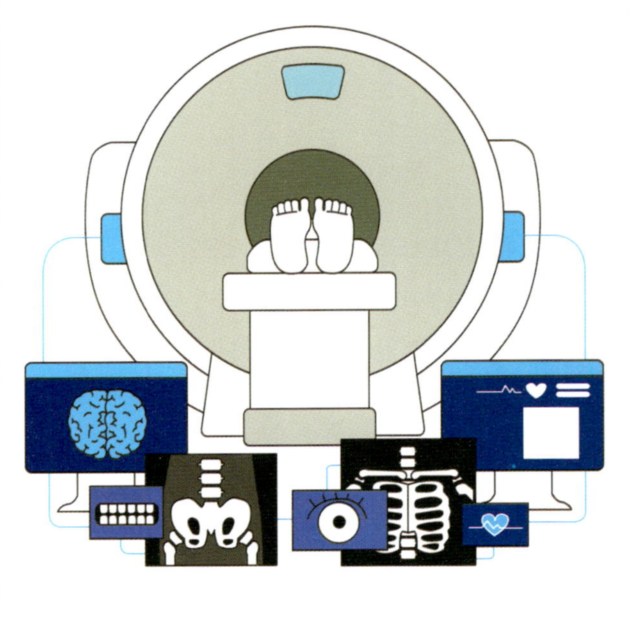

[01~04] 다음 글을 읽고 물음에 답하시오.

㉠주사 터널링 현미경(STM)에서는 끝이 첨예한 금속 탐침과 도체 또는 반도체 시료 표면 간에 적당한 전압을 걸어 주고 둘 간의 거리를 좁히게 된다. 탐침과 시료의 거리가 매우 가까우면 양자 역학적 터널링 효과에 의해 둘이 접촉하지 않아도 전류가 흐른다. 이때 탐침과 시료 표면 간의 거리가 원자 단위 크기에서 변하더라도 전류의 크기는 민감하게 달라진다. 이 점을 이용하면 시료 표면의 높낮이를 원자 단위에서 측정할 수 있다. 하지만 전류가 흐를 수 없는 시료의 표면 상태는 STM을 이용하여 관찰할 수 없다. 이렇게 민감한 STM도 진공 기술의 뒷받침이 있었기에 널리 사용될 수 있었다.

STM은 대체로 진공 통 안에 설치되어 사용되는데 그 이유는 무엇일까? 기체 분자는 끊임없이 떠돌아다니다가 주변과 충돌한다. 이때 일부 기체 분자들은 관찰하려는 시료의 표면에 붙어 표면과 반응하거나 표면을 덮어 시료 표면의 관찰을 방해한다. 따라서 용이한 관찰을 위해 STM을 활용한 실험에서는 관찰하려고 하는 시료와 기체 분자의 접촉을 최대한 차단할 필요가 있어 진공이 요구되는 것이다. 진공이란 기체 압력이 대기압보다 낮은 상태를 통칭하며 기체 압력이 낮을수록 진공도가 높다고 한다. 진공 통 내부의 온도가 일정하고 한 종류의 기체 분자만 존재할 경우, 기체 분자의 종류와 상관없이 통 내부의 기체 압력은 단위 부피당 떠돌아다니는 기체 분자의 수에 비례한다. 따라서 기체 분자들을 진공 통에서 뽑아내거나 진공 통 내부에서 움직이지 못하게 고정하면 진공 통 내부의 기체 압력을 낮출 수 있다.

STM을 활용하는 실험에서 어느 정도의 진공도가 요구되는지를 이해하기 위해서는 '단분자층 형성 시간'의 개념을 이해할 필요가 있다. 진공 통 내부에서 떠돌아다니던 기체 분자들이 관찰하려는 시료의 표면에 달라붙어 한 층의 막을 형성하기까지 걸리는 시간을 단분자층 형성 시간이라 한다. 이 시간은 시료의 표면과 충돌한 기체 분자들이 표면에 달라붙을 확률이 클수록, 단위 면적당 기체 분자의 충돌 빈도가 높을수록 짧다. 또한 기체 운동론에 따르면 고정된 온도에서 기체 분자의 질량이 크거나 기체의 압력이 낮을수록 단분자층 형성 시간은 길다. 가령 질소의 경우 20℃, 760 토르[*] 대기압에서 단분자층 형성 시간은 $3×10^{-9}$초이지만, 같은 온도에서 압력이 10^{-9}토르로 낮아지면 대략 2,500초로 증가한다. 이런 이유로 STM에서는 시료의 관찰 가능 시간을 확보하기 위해 통상 10^{-9}토르 이하의 초고 진공이 요구된다.

초고진공을 얻기 위해서는 ㉡스퍼터 이온 펌프가 널리 쓰인다. 스퍼터 이온 펌프는 진공 통 내부의 기체 분자가 펌프 내부로 유입되도록 진공 통과 연결하여 사용한다. 스퍼터 이온 펌프는 영구 자석, 금속 재질의 속이 뚫린 원통 모양 양극, 타이타늄으로 만든 판 형태의 음극으로 구성되어 있다. 자석 때문에 생기는 자기장이 원통 모양 양극의 축 방향으로 걸려 있고, 양극과 음극 간에는 2~7kV의 고전압이 걸려 있

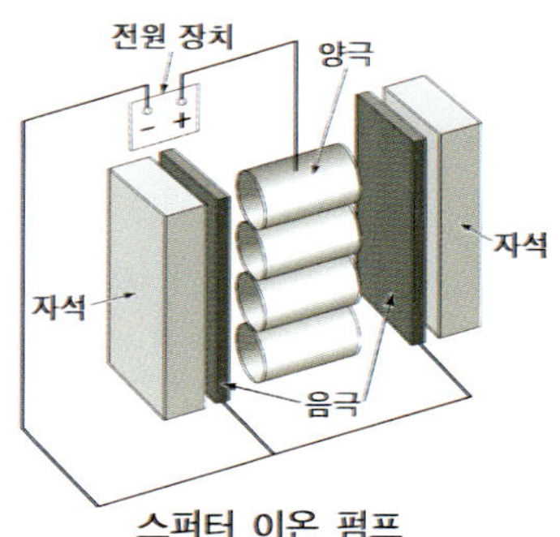

다. 양극과 음극 간에 걸린 고전압의 영향으로 음극에서 방출된 전자는 자기장의 영향을 받아 복잡한 형태의 궤적을 그리며 양극으로 이동한다. 이 과정에서 음극에서 방출된 전자는 주변의 기체 분자와 충돌하여 기체 분자를 그것의 구성 요소인 양이온과 전자로 분리시킨다. 여기서 자기장은 전자가 양극까지 이동하는 거리를 자기장이 없을 때보다 증가시켜 주어 전자와 기체 분자와의 충돌 빈도를 높여 준다. 이 과정에서 생성된 양이온은 전기력에 의해 음극으로 당겨져 음극에 박히게 되어 이동 불가능한 상태가 된다. 이 과정이 1차 펌프 작용이다. 또한 양이온이 음극에 충돌하면 타이타늄이 떨어져 나와 충돌 지점 주변에 들러붙는다. 이렇게 들러붙은 타이타늄은 높은 화학 반응성 때문에 여러 기체 분자와 쉽게 반응하여, 떠돌아다니던 기체 분자를 흡착한다. 이는 떠돌아다니는 기체 분자의 수를 줄이는 효과가 있으므로 이를 2차 펌프 작용이라 부른다. 이렇듯 1, 2차 펌프 작용을 통해 스퍼터 이온 펌프는 초고 진공 상태를 만들 수 있다.

*토르(torr): 기체 압력의 단위

주제
독해
IV
기술

01

윗글의 내용과 일치하는 것은?

① 대기압보다 진공도가 낮은 상태가 진공이다.

② 스퍼터 이온 펌프는 초고진공을 만드는 역할을 한다.

③ 단분자층 형성 시간이 짧을수록 STM을 이용한 관찰이 용이하다.

④ 일정한 온도와 부피의 진공 통 안에서 떠돌아다니는 기체 분자의 수는 기체 압력에 반비례한다.

⑤ 단분자층 형성 시간은 시료 표면과 충돌한 기체 분자들이 표면에 달라붙을 확률과 무관하게 결정된다.

02

㉠에 대한 이해로 가장 적절한 것은?

① 시료 표면의 높낮이를 원자 단위까지 측정할 수 없다.

② 시료의 전기 전도 여부에 관계없이 시료를 관찰할 수 있다.

③ 시료의 관찰 가능 시간을 늘리려면 진공 통 안의 기체 압력을 낮추어야 한다.

④ 시료 표면의 관찰을 위해서는 시료 표면에 기체의 단분자층 형성이 필요하다.

⑤ 양자 역학적 터널링 효과를 이용하여 탐침을 시료 표면에 접촉시킨 후 흐르는 전류를 측정한다.

03

㉡의 '음극'에 대한 설명으로 적절하지 <u>않은</u> 것은?

① 고전압과 전자의 상호 작용으로 자기장을 만든다.

② 떠돌아다니던 기체 분자를 흡착하는 물질을 내놓는다.

③ 기체 분자에서 분리된 양이온을 전기력으로 끌어당긴다.

④ 전자와 기체 분자의 충돌로 만들어진 양이온을 고정시킨다.

⑤ 기체 분자를 양이온과 전자로 분리시키는 전자를 방출한다.

04

윗글을 바탕으로 할 때, 〈보기〉에 대한 설명으로 옳지 <u>않은</u> 것은?

〈보기〉

STM을 사용하여 규소의 표면을 관찰하는 실험을 하려고 한다. 동일한 사양의 STM이 설치된, 동일한 부피의 진공통 A~E가 있고, 각 진공 통 내부에 있는 기체 분자의 정보는 다음 표와 같다. 진공 통 A 안의 기체 압력은 10^{-9}토르이며, 모든 진공 통의 내부 온도는 20℃이다. (단, 기체 분자가 규소 표면과 충돌하여 달라붙을 확률은 기체의 종류와 관계없이 일정하며, 제시되지 않은 모든 조건은 각 진공 통에서 동일하다. N은 일정한 자연수이다.)

진공 통	기체	분자의 질량 (amu*)	단위 부피당 기체 분자 수 (개/cm³)
A	질소	28	4 N
B	질소	28	2 N
C	질소	28	7 N
D	산소	32	N
E	이산화 탄소	44	N

① A 내부에서의 단분자층 형성 시간은 대략 2,500초이겠군.

② B 내부의 기체 압력은 10^{-9}토르보다 낮겠군.

③ C 내부의 진공도는 B 내부의 진공도보다 낮겠군.

④ D 내부에서의 단분자층 형성 시간은 A의 경우보다 길겠군.

⑤ E 내부의 시료 표면에 대한 단위 면적당 기체 분자의 충돌 빈도는 D의 경우보다 높겠군.

호루라기 관장님의
어휘 트레이닝

공부한 날	월 일 요일
맞은 개수	/ 32

No	뜻	힌트	정답
01	많은 분량	다ㄹ	
02	날카롭고 뾰족하다.	ㅊ예하다	
03	보람이나 효과가 있음.	ㅇ효	
04	생물이 살아 있는 연한	ㅅ명	
05	부족한 것을 보태어 채움.	보ㅊ	
06	거듭 겹치거나 포개어짐.	ㅈ첩	
07	흘러 들어가도록 부어 넣음.	주ㅇ	
08	목적한 곳이나 수준에 다다름.	ㄷ달	
09	사물이나 현상의 모양이나 상태	양ㅅ	
10	일정한 범위에 흩어져 퍼져 있음.	ㅂ포	
11	분간하기 어려울 정도로 아주 작음.	ㅁ세	
12	일정한 조건에서 변할 수 있는 성질	ㄱ변ㅅ	
13	도구나 물건 따위를 충분히 잘 이용함.	ㅎ용	
14	시험, 검사, 분석 따위에 쓰는 물질이나 생물	ㅅ료	
15	지뢰 따위가 있는지 알아내려고 찔러 보는 기구	ㅌ침	
16	제 스스로 빛을 내는 물체의 단위 면적당 밝기의 정도	휘ㄷ	
17	점이 평면 위나 공간 안을 연속적으로 움직일 때 생기는 선	곡ㅅ	
18	파동에서, 같은 위상을 가진 서로 이웃한 두 점 사이의 거리	ㅍ장	
19	열 또는 전기의 전도율이 비교적 큰 물체를 통틀어 이르는 말	도ㅊ	
20	일정한 간격을 두고 되풀이하여 진행하거나 나타나는. 또는 그런 것	주ㄱ적	
21	곡선상의 두 점 P·Q를 연결하는 직선을 가정하고, 점 Q가 이 곡선에 따라 한없이 점 P에 접근할 때의 직선 PQ의 극한의 위치. 또는 그 자취	접ㅅ	
22	생물체가 몸 밖으로부터 섭취한 영양물질을 몸 안에서 분해하고, 합성하여 생체 성분이나 생명 활동에 쓰는 물질이나 에너지를 생성하고 필요하지 않은 물질을 몸 밖으로 내보내는 작용	ㄷ사	

No	앞의 어휘를 활용해 문장을 완성하시오.
01	형광등은 오래 사용할 수 있으므로 백열전구에 비해 ( )이 길다고 할 수 있다.
02	조류 독감의 발생 여부를 추적하기 위해 야생 조류와 철새에 대해 ( )를 채취해 분석하였다.
03	이 어항에는 수조의 물이 일정하게 유지되도록 물을 ( )해 주는 수위 조절 장치가 장착되어 있다.
04	( ) 먼지는 대기 중에 오랫동안 떠다니거나 흩날려 내려오는 지름 10㎛ 이하의 유해 물질을 말한다.
05	mRNA 백신은 바이러스 단백질의 유전 정보를 암호화한 mRNA를 몸속에 ( )하여 면역 반응을 유도한다.
06	은행은 금융중개 기능을 통해 조성된 자금이 효율적으로 ( )되도록 자금의 흐름을 조정하는 역할을 수행한다.
07	동물 실험에 찬성하는 사람들은 인간과 실험 동물이 유사성을 보유하고 있으므로 그 반응 결과가 ( )하다고 본다.
08	독서 능력이 우수한 독자와 부족한 독자는 독서 과정에서 동일한 수준의 배경지식을 활용하는 ( )이 서로 다를 수 있다.
09	전자기파의 하나인 적외선의 ( )은 가시광선의 ( )보다 길기 때문에 일반 카메라 렌즈는 적외선이 잘 통과하지 못한다.
10	창호의 개폐에 의해 안과 밖의 공간이 연결되거나 분리되기도 하므로 창호는 한옥의 공간을 변화시키는 ( )을 특징으로 한다.

주제
독해
IV
기술

23 딥러닝

🏋 **다음 글을 읽고 내용을 정리하시오.**

01 인간의 신경 조직을 수학적으로 모델링하여 컴퓨터가 인간처럼 기억·학습·판단할 수 있도록 구현한 것이 인공 신경망 기술이다. 신경 조직의 기본 단위는 뉴런인데, 인공 신경망에서는 뉴런의 기능을 수학적으로 모델링한 퍼셉트론을 기본 단위로 사용한다.

02 퍼셉트론은 입력값들을 받아들이는 여러 개의 입력 단자와 이 값을 처리하는 부분, 처리된 값을 내보내는 한 개의 출력 단자로 구성되어 있다. 퍼셉트론은 각각의 입력 단자에 할당된 가중치를 입력값에 곱한 값들을 모두 합하여 가중합을 구한 후, 고정된 임계치보다 가중합이 작으면 0, 그렇지 않으면 1과 같은 방식으로 출력값을 내보낸다.

03 이러한 퍼셉트론은 출력값에 따라 두 가지로만 구분하여 입력값들을 판정할 수 있을 뿐이다. 이에 비해 복잡한 판정을 할 수 있는 인공 신경망은 다수의 퍼셉트론을 여러 계층으로 배열하여 한 계층에서 출력된 신호가 다음 계층에 있는 모든 퍼셉트론의 입력 단자에 입력값으로 입력되는 구조로 이루어진다. 이러한 인공 신경망에서 가장 처음에 입력값을 받아들이는 퍼셉트론들을 입력층, 가장 마지막에 있는 퍼셉트론들을 출력층이라고 한다.

04 어떤 사진 속 물체의 색깔과 형태로부터 그 물체가 사과인지 아닌지를 구별할 수 있도록 인공 신경망을 학습시키는 경우를 생각해 보자. 먼저 학습을 위한 입력값들 즉 학습 데이터를 만들어야 한다. 학습 데이터를 만들기 위해서는 사과 사진을 준비하고 사진에 나타난 특징인 색깔과 형태를 수치화해야 한다. 이 경우 색깔과 형태라는 두 범주를 수치화하여 하나의 학습 데이터로 묶은 다음, '정답'에 해당하는 값과 함께 학습 데이터를 인공 신경망에 제공한다. 이때 같은 범주에 속하는 입력값은 동일한 입력 단자를 통해 들어가도록 해야 한다. 그리고 사과 사진에 대한 학습 데이터를 만들 때에 정답인 '사과이다'에 해당하는 값을 '1'로 설정하였다면 출력값 '0'은 '사과가 아니다'를 의미하게 된다.

05 인공 신경망의 작동은 크게 학습 단계와 판정 단계로 나뉜다. 학습 단계는 학습 데이터를 입력층의 입력 단자에 넣어 주고 출력층의 출력값을 구한 후, 이 출력값과 정답에 해당하는 값의 차이가 줄어들도록 가중치를 갱신하는 과정이다. 어떤 학습 데이터가 주어지면 이때의 출력값을 구하고 학습 데이터와 함께 제공된 정답에 해당하는 값에서 출력값을 뺀 값 즉 오차 값을 구한다. 이 오차 값의 일부가 출력층의 출력 단자에서 입력층의 입력 단자 방향으로 되돌아가면서 각 계층의 퍼셉트론별로 출력 신호를 만드는 데 관여한 모든 가중치들에 더해지는 방식으로 가중치들이 갱신된다. 이러한 과정을 다양한 학습 데이터에 대하여 반복하면 출력값들이 각각의 정답 값에 수렴하게 되고 판정 성능이 좋아진다. 오차 값이 0에 근접하게 되거나 가중치의 갱신이 더 이상 이루어지지 않게 되면 학습 단계를 마치고 판정 단계로 전환한다. 이때 판정의 오류를 줄이기 위해서는 학습 단계에서 대상들의 변별적 특징이 잘 반영되어 있는 서로 다른 학습 데이터를 사용하는 것이 좋다.

📖 **지문**이 읽히는 **독해** 코칭

빈칸을 채우며 각 문단별 내용을 완성하시오.

1문단

| 인공 신경망 기술 | 컴퓨터가 기억·학습·판단할 수 있게 구현한 것 |

(1 　　　　) — 뉴런
인공 신경망의 기본 단위 — 신경 조직의 기본 단위

2문단

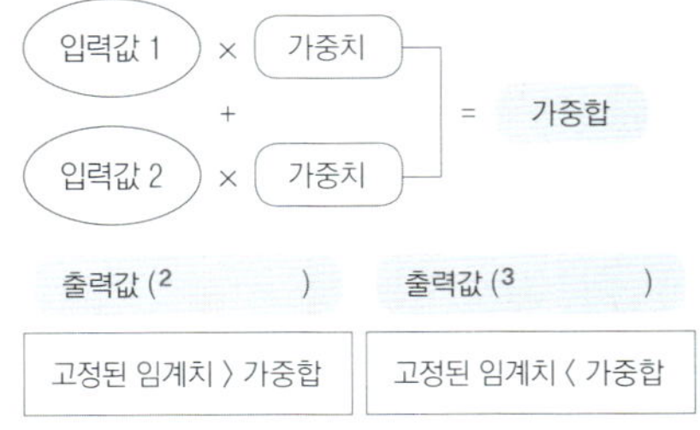

출력값 (2 　　　) — 고정된 임계치 〉 가중합
출력값 (3 　　　) — 고정된 임계치 〈 가중합

3문단

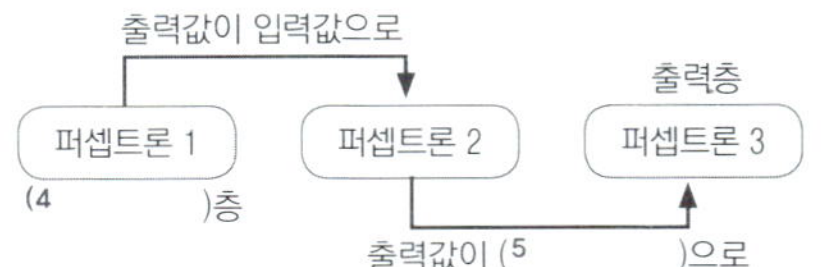

출력값이 입력값으로
퍼셉트론 1 ─ 퍼셉트론 2 ─ 퍼셉트론 3
(4 　　)층
출력층
출력값이 (5 　　)으로

4문단

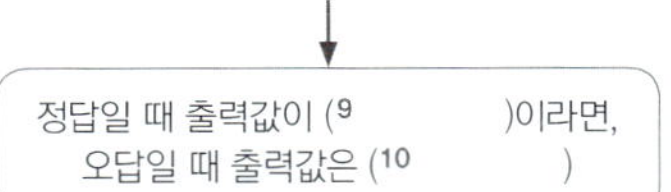

학습 데이터 제작 과정
① 물체 사진에 나타난 특징인 색깔과 형태라는 두 범주를 (6 　　)하여 (7 　　)의 학습 데이터로 묶음.
② (8 　　)에 해당하는 값과 학습 데이터를 인공 신경망에 제공

정답일 때 출력값이 (9 　　)이라면, 오답일 때 출력값은 (10 　　)

5문단

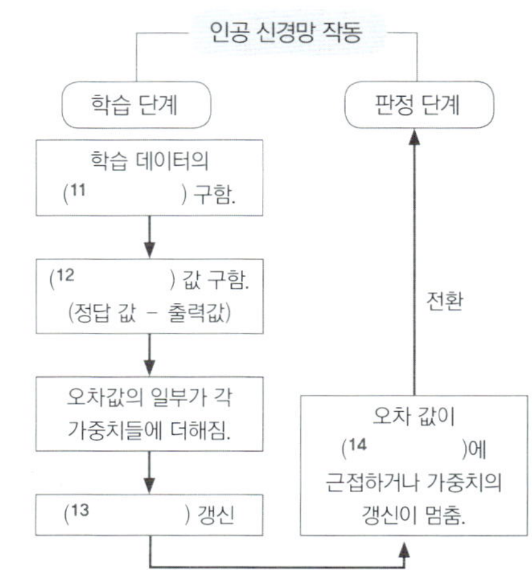

인공 신경망 작동
학습 단계 / 판정 단계

학습 데이터의 (11 　　) 구함.
(12 　　) 값 구함. (정답 값 − 출력값)
오차값의 일부가 각 가중치들에 더해짐.
(13 　　) 갱신

전환

오차 값이 (14 　　)에 근접하거나 가중치의 갱신이 멈춤.

구조 트레이닝 ZONE

🏋 **빈칸에 알맞은 말을 넣어 구조도를 완성하시오.**

퍼셉트론의 작동 과정

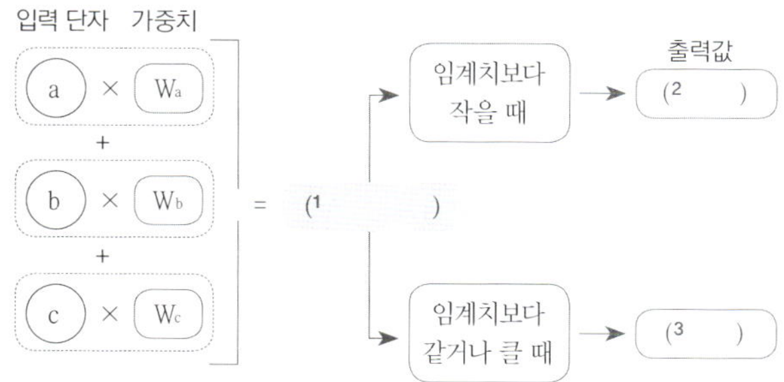

인공 신경망의 구조

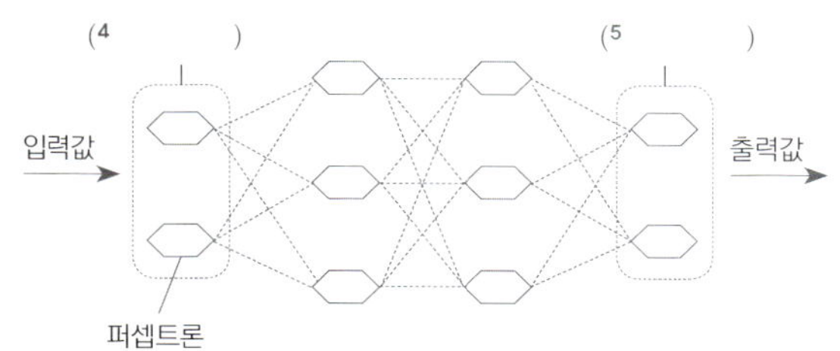

인공 신경망의 구조와 원리를 설명하는 지문입니다. 학습 데이터를 만드는 과정과 인공 신경망을 학습시키는 과정을 이해하는 것이 중요합니다.

인공 신경망 작동 과정

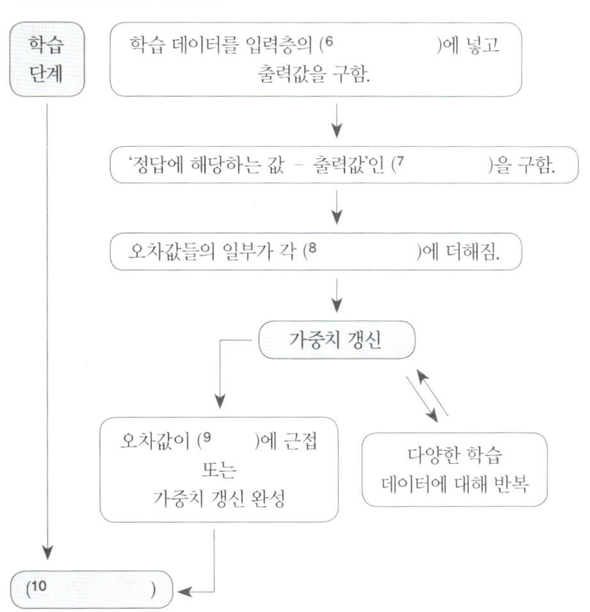

내용 트레이닝 ZONE

🏋 **글 내용과 일치하면 ○에, 그렇지 않으면 ✕에 체크하시오.**

1문단

01 인간의 신경 조직의 기본 단위는 세포이다. ○ ✕

02 퍼셉트론은 인간의 신경 조직을 수학적으로 모델링한 것이다. ○ ✕

2문단

03 퍼셉트론에는 입력값을 받아들이는 한 개의 입력 단자와 처리된 값을 내보내는 한 개의 출력 단자가 있다. ○ ✕

04 퍼셉트론은 입력 단자에 할당된 가중치를 입력값에 곱한 값들을 모두 합하여 가중합을 구하고, 그 값이 임계치보다 작으면 출력값 1을 내보낸다. ○ ✕

3문단

05 인공 신경망에 있는 다수의 퍼셉트론 중 입력층은 가장 처음에 입력값을 받아들이는 퍼셉트론들이다. ○ ✕

06 인공 신경망에서는 한 계층의 퍼셉트론에서 출력된 신호가 다음 계층에 있는 일부 퍼셉트론들의 입력 단자에 입력된다. ○ ✕

4문단

07 인공 신경망을 학습시키기 위해서는 우선 학습 데이터를 만들어야 한다. ○ ✕

08 색깔과 형태를 통해 사물을 판별하도록 인공 신경망을 학습하려면 색깔과 형태라는 두 범주들을 수치화한 후 각각의 학습 데이터로 만들어야 한다. ○ ✕

09 학습 데이터에 제시된 범주의 수만큼 입력층의 퍼셉트론에서 사용할 입력 단자의 수가 결정된다. ○ ✕

10 학습 데이터를 만들 때 정답에 해당하는 값을 '0'으로 설정했다면, 정답이 아닐 경우의 출력값은 '1'이다. ○ ✕

5문단

11 학습 데이터를 반복하면 할수록 출력값들이 정답 값에 수렴한다. ○ ✕

12 인공 신경망에서 가중치를 갱신하여 출력값과 정답 값의 차이를 줄이는 과정은 판정 단계에서 이루어진다. ○ ✕

13 대상의 특징이 반영된 서로 다른 학습 데이터를 사용해야 인공 신경망 작동 과정에서 판정의 오류를 줄일 수 있다. ○ ✕

14 인공 신경망에서는 오차 값의 일부가 출력층의 입력 단자에서 그 이전 계층의 출력 단자로 되돌아가며 가중치가 갱신된다. ○ ✕

주제 독해 IV 기술

워밍-UP

[01~04] 다음 글을 읽고 물음에 답하시오.

01 인간의 신경 조직을 수학적으로 모델링하여 컴퓨터가 인간처럼 기억·학습·판단할 수 있도록 구현한 것이 인공 신경망 기술이다. 신경 조직의 기본 단위는 뉴런인데, ⓐ인공 신경망에서는 뉴런의 기능을 수학적으로 모델링한 퍼셉트론을 기본 단위로 사용한다.

02 ⓑ퍼셉트론은 입력값들을 받아들이는 여러 개의 ⓒ입력 단자와 이 값을 처리하는 부분, 처리된 값을 내보내는 한 개의 출력 단자로 구성되어 있다. 퍼셉트론은 각각의 입력 단자에 할당된 ⓓ가중치를 입력값에 곱한 값들을 모두 합하여 가중합을 구한 후, 고정된 ⓔ임계치보다 가중합이 작으면 0, 그렇지 않으면 1과 같은 방식으로 ⓕ출력값을 내보낸다.

03 이러한 퍼셉트론은 출력값에 따라 두 가지로만 구분하여 입력값들을 판정할 수 있을 뿐이다. 이에 비해 복잡한 판정을 할 수 있는 인공 신경망은 다수의 퍼셉트론을 여러 계층으로 배열하여 한 계층에서 출력된 신호가 다음 계층에 있는 모든 퍼셉트론의 입력 단자에 입력값으로 입력되는 구조로 이루어진다. 이러한 인공 신경망에서 가장 처음에 입력값을 받아들이는 퍼셉트론들을 입력층, 가장 마지막에 있는 퍼셉트론들을 출력층이라고 한다.

04 ㉠어떤 사진 속 물체의 색깔과 형태로부터 그 물체가 사과인지 아닌지를 구별할 수 있도록 인공 신경망을 학습시키는 경우를 생각해 보자. 먼저 학습을 위한 입력값들 즉 학습 데이터를 만들어야 한다. 학습 데이터를 만들기 위해서는 사과 사진을 준비하고 사진에 나타난 특징인 색깔과 형태를 수치화해야 한다. 이 경우 색깔과 형태라는 두 범주를 수치화하여 하나의 학습 데이터로 묶은 다음, '정답'에 해당하는 값과 함께 학습 데이터를 인공 신경망에 제공한다. 이때 같은 범주에 속하는 입력값은 동일한 입력 단자를 통해 들어가도록 해야 한다. 그리고 사과 사진에 대한 학습 데이터를 만들 때에 정답인 '사과이다'에 해당하는 값을 '1'로 설정하였다면 출력값 '0'은 '사과가 아니다'를 의미하게 된다.

05 인공 신경망의 작동은 크게 학습 단계와 판정 단계로 나뉜다. 학습 단계는 학습 데이터를 입력층의 입력 단자에 넣어 주고 출력층의 출력값을 구한 후, 이 출력값과 정답에 해당하는 값의 차이가 줄어들도록 가중치를 갱신하는 과정이다. 어떤 학습 데이터가 주어지면 이때의 출력값을 구하고 학습 데이터와 함께 제공된 정답에 해당하는 값에서 출력값을 뺀 값 즉 오차 값을 구한다. 이 오차 값의 일부가 출력층의 출력 단자에서 입력층의 입력 단자 방향으로 되돌아가면서 각 계층의 퍼셉트론별로 출력 신호를 만드는 데 관여한 모든 가중치들에 더해지는 방식으로 가중치들이 갱신된다. 이러한 과정을 다양한 학습 데이터에 대하여 반복하면 출력값들이 각각의 정답 값에 수렴하게 되고 판정 성능이 좋아진다. 오차 값이 0에 근접하게 되거나 가중치의 갱신이 더 이상 이루어지지 않게 되면 학습 단계를 마치고 판정 단계로 전환한다. 이때 판정의 오류를 줄이기 위해서는 학습 단계에서 대상들의 변별적 특징이 잘 반영되어 있는 서로 다른 학습 데이터를 사용하는 것이 좋다.

인공 신경망

 사람이나 동물 두뇌의 신경망에 착안하여 구현된 컴퓨팅 시스템의 총칭이다. 인간이 뇌를 통해 문제를 처리하는 방법과 비슷한 방법으로 문제를 해결하기 위해 컴퓨터에서 채택하고 있는 구조를 말한다. 인간 뇌의 기본 구조 조직인 뉴런과 뉴런이 연결되어 있는 것처럼, 수학적 모델로서의 뉴런이 상호 연결되어 네트워크를 형성하는 것을 신경망이라 한다. 이를 생물학적인 신경망과 구별하여 인공 신경망이라고 한다. 인공 신경망은 기계 학습 방법 중 하나로, 신경 세포인 뉴런이 여러 개 연결된 망의 형태를 하고 있다. 가장 일반적인 인공 신경망은 한 개의 입력층과 출력층 사이에 다수의 은닉층이 있는 다층 퍼셉트론이다.

언젠간 출제각

딥 러닝과 심층 신경망

 딥 러닝은 다층 구조 형태의 신경망을 기반으로 하는 머신 러닝의 한 분야이다. 이는 다량의 데이터로부터 높은 수준의 추상화 모델을 구축하고자 하는 기법이다. 쉽게 말해 딥러닝은 사물이나 데이터를 군집화하거나 분류하는 데 사용하는 기술이다. 딥러닝의 핵심은 분류를 통한 예측이다. 수많은 데이터 속에서 패턴을 발견해 인간이 사물을 구분하듯 컴퓨터가 데이터를 나눈다. 심층 신경망은 여러 층으로 구성된 인공 신경망 구조를 통틀어서 일컫는 용어로, 딥 러닝의 가장 대표적인 기법이다. 이는 다층의 인공 신경망 뉴런 구조로 복잡한 패턴을 인식하고 학습하는 인공지능 기술이라 할 수 있다.

01

윗글에 따를 때, ⓐ~ⓕ에 대한 설명으로 적절하지 <u>않은</u> 것은?

① ⓑ는 ⓐ의 기본 단위이다.

② ⓒ는 ⓑ를 구성하는 요소 중 하나이다.

③ ⓓ가 변하면 ⓔ도 따라서 변한다.

④ ⓔ는 ⓕ를 결정하는 기준이 된다.

⑤ ⓐ가 학습하는 과정에서 ⓕ는 ⓓ의 변화에 영향을 미친다.

02

윗글에 대한 이해로 적절하지 <u>않은</u> 것은?

① 퍼셉트론의 출력 단자는 하나이다.

② 출력층의 출력값이 정답에 해당하는 값과 같으면 오차 값은 0이다.

③ 입력층 퍼셉트론에서 출력된 신호는 다음 계층 퍼셉트론의 입력값이 된다.

④ 퍼셉트론은 인간의 신경 조직의 기본 단위의 기능을 수학적으로 모델링한 것이다.

⑤ 가중치의 갱신은 입력층의 입력 단자에서 출력층의 출력 단자 방향으로 진행된다.

03

윗글을 바탕으로 ⊙에 대해 추론한 것으로 적절하지 <u>않은</u> 것은?

① 학습 데이터를 만들 때는 색깔이나 형태가 다른 사과의 사진을 선택하는 것이 좋겠군.

② 학습 데이터에 두 가지 범주가 제시되었으므로 입력층의 퍼셉트론은 두 개의 입력 단자를 사용하겠군.

③ 색깔에 해당하는 범주와 형태에 해당하는 범주를 분리하여 각각 서로 다른 학습 데이터로 만들어야 하겠군.

④ 가중치가 더 이상 변하지 않는 단계에 이르면 '사과'인지 아닌지를 구별하는 학습 단계가 끝났다고 볼 수 있겠군.

⑤ 학습 데이터를 만들 때 사과 사진의 정답에 해당하는 값을 0으로 설정하였다면, 출력층의 출력 단자에서 0 신호가 출력되면 '사과이다'로, 1 신호가 출력되면 '사과가 아니다'로 해석해야 되겠군.

04

윗글을 바탕으로 〈보기〉를 이해한 내용으로 가장 적절한 것은?

〈보기〉

아래의 [A]와 같은 하나의 퍼셉트론을 [B]를 이용해 학습시키고자 한다.

[A]

○ 입력 단자는 세 개(a, b, c)

○ a, b, c의 현재의 가중치는 각각 $W_a=0.5$, $W_b=0.5$, $W_c=0.1$

○ 가중합이 임계치 1보다 작으면 0을, 그렇지 않으면 1을 출력

[B]

○ a, b, c로 입력되는 학습 데이터는 각각 $I_a=1$, $I_b=0$, $I_c=1$

○ 학습 데이터와 함께 제공되는 정답=1

① [B]로 학습시키기 위해서는 판정 단계를 먼저 거쳐야 하겠군.

② 이 퍼셉트론이 1을 출력한다면, 가중합이 1보다 작았기 때문이겠군.

③ [B]로 한 번 학습시키고 나면 가중치 W_a, W_b, W_c가 모두 늘어나 있겠군.

④ [B]로 여러 차례 반복해서 학습시키면 퍼셉트론의 출력값은 0에 수렴하겠군.

⑤ [B]의 학습 데이터를 한 번 입력했을 때 그에 대한 퍼셉트론의 출력값은 1이겠군.

펌핑-UP

[01~02] 다음 글을 읽고 물음에 답하시오.

01 딥러닝 기반의 객체 탐지 모델은 '2단계 방식'과 '단일 단계 방식'으로 나눌 수 있다. 2단계 방식은 먼저 이미지에서 탐지할 객체가 있을 확률이 높은 곳을 추정한 후, 그 영역의 대상을 집중적으로 탐지하여 어떤 객체인지 판별하는 방식이다. 〈중략〉 단일 단계 방식은 이 두 가지 과정이 하나의 인공신경망을 통해 동시에 이루어지는 방식인데, 가장 대표적인 알고리즘 모델로 YOLO(You Only Look Once)가 있다.

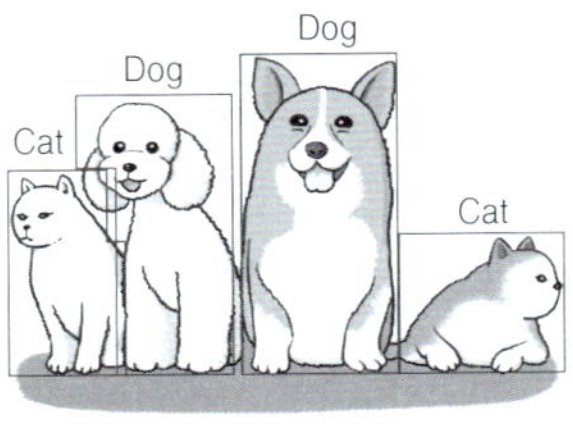

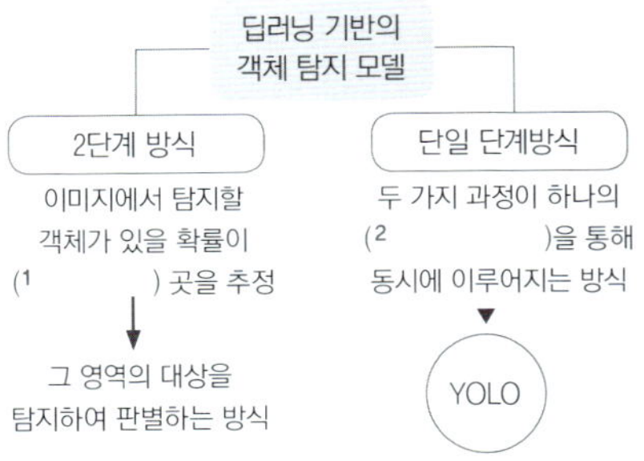

〈객체 탐지의 예〉

02 YOLO는 이미지가 입력되면 먼저 이미지를 S×S개의 영역으로 나누고, 하나의 영역을 기준으로 경계 상자 N개를 표시한다. 그리고 모든 영역마다 동일하게 N개의 경계 상자를 표시하면서 각각의 경계 상자에 특정 객체가 존재할 확률도 예측한다. 〈중략〉 일반적으로 N은 5 이하로 설정한다. 각 경계 상자의 데이터는 B_x, B_y, B_w, B_h, P_c와 C로 표시되는데 B_x, B_y는 경계 상자의 중심점 좌표이며 B_w, B_h는 폭과 높이이다. 그리고 P_c는 해당 경계 상자에 어떤 객체가 존재할 확률값이고, C는 그 객체가 특정 객체일 확률값이다. 이때 B_x, B_y는 항상 기준이 되는 하나의 영역 안에 속해 있지만, 경계 상자의 크기는 영역의 크기와 상관없이 다양하게 표시된다. C는 미리 학습된 m가지 종류의 객체 데이터와 비교하여 각 객체일 확률을 표시한 값으로, 미리 학습된 객체의 가짓수에 따라 판별할 수 있는 객체의 가짓수가 결정되며, 그에 따라 C의 개수도 결정된다. 하나의 이미지가 입력되면 이러한 방식으로 모든 영역별로 이미지에 있는 대상들을 확인하고 그 대상이 특정 객체일 확률값을 계산해서 총 'S×S×N(5+m)'개의 데이터를 출력하게 된다.

03 이후 경계 상자에 객체가 존재할 확률값과 그것이 특정 객체일 확률값을 곱하여 해당 경계 상자에 특정 객체가 존재할 확률값인 '신뢰도 점수'를 구한다. 신뢰도 점수는 경계 상자의 위치와 객체의 판별이 얼마나 정확한지를 나타낸다. 모든 경계 상자들은 미리 학습된 객체의 가짓수 만큼 신뢰도 점수를 가지며, 이 중 가장 큰 값을 가지는 객체가 해당 경계 상자에서 탐지된 객체가 된다.

04 그런데 서로 다른 경계 상자에서 같은 종류의 객체가 탐지될 수 있다. 이때는 각 경계 상자가 하나의 대상에 중복되어 표시된 것인지, 서로 다른 대상에 표시된 것인지를 판단하여 이미지 속의 각 대상별로 가장 정확한 경계 상자 하나만 표시하는 과정을 거치는데, 이를 '비최댓값 억제(NMS, Non-Max Suppression)'라고 한다. NMS는 두 경계 상자의 교집합을 합집합으로 나눈 값인 IoU를 기준으로 이루어진다. IoU 값은 두 경계 상자의 위치가 일치할수록 1에 가까운 값이 나오며, 이 값이 설정된 임곗값보다 크면 두 경계 상자가 동일한 대상에 표시된 것으로 판단하고 둘 중 신뢰도 점수가 낮은 상자를 삭제한다. 그리고 IoU 값이 설정된 임곗값보다 작으면 경계 상자가 서로 다른 대상에 표시된 것으로 판단하여 두 경계 상자 모두 그대로 둔다. 이러한 방법으로 한 가지 종류의 객체에 대해 그려진 모든 경계 상자들 중 가장 높은 신뢰도 점수를 가진 경계 상자를 기준으로 다른 경계 상자들을 하나씩 삭제해 나간다. 이후 IoU 값이 설정된 임곗값보다 작아서 지워지지 않고 남겨진 경계 상자 중에서 가장 높은 신뢰도 점수를 가진 경계 상자를 다음 기준으로 정하여 동일한 과정을 반복한다. 〈중략〉 이렇게 해서 결국 이미지 속의 각 대상별로 가장 높은 신뢰도 점수를 가진 경계 상자 하나씩만 남게 된다. [A]

지문이 읽히는 독해 코칭

빈칸을 채우며 각 문단별 내용을 완성하시오.

1문단

딥러닝 기반의 객체 탐지 모델

- 2단계 방식: 이미지에서 탐지할 객체가 있을 확률이 (1) 곳을 추정 → 그 영역의 대상을 탐지하여 판별하는 방식
- 단일 단계방식: 두 가지 과정이 하나의 (2)을 통해 동시에 이루어지는 방식 → YOLO

2문단

각 경계 상자의 데이터 표시

B_x, B_y	경계 상자의 (3) 좌표 → 항상 기준이 되는 하나의 영역 안에 속함.
B_w	경계 상자의 (4)
B_h	경계 상자의 (5)
P_c	해당 경계 상자에 어떤 객체가 존재할 (6)
C	객체가 (7) 객체일 확률값 → 미리 학습된 객체의 가짓수 =C의 개수

총 데이터 출력 개수

영역 수X경계 상자 수 X (5+미리 학습된 (8) 데이터 수)

즉, SXSXN(5+m)개의 데이터를 출력

3문단

신뢰도 점수 = P_c X C

- 모든 경계 상자들은 미리 학습된 객체의 (9) 만큼 신뢰도 점수를 가짐.
- 가장 큰 값을 가지는 객체 ⇒ 해당 (10) 상자에서 탐지된 객체

4문단

- IoU 값이 설정된 임곗값보다 크다면 → 두 경계 상자가 (11) 대상에 표시된 것으로 판단 → 신뢰도 점수가 (12) 상자 삭제
- IoU 값이 설정된 임곗값보다 작다면 → 경계 상자가 서로 (13) 대상에 표시된 것으로 판단 → 두 경계의 상자 (14) 그대로 둠.

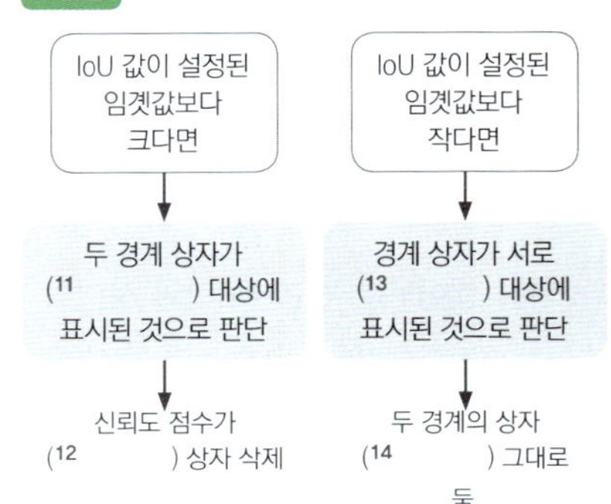

01

윗글을 참고할 때, 〈보기〉에 대한 설명으로 적절하지 않은 것은?

〈보기〉

다음은 경계 상자의 수를 2로 설정한 YOLO 모델에 특정이미지를 입력했을 때, 데이터가 출력되는 과정을 도식화하여 나타낸 것이다. 단, 입력된 이미지는 단일 객체에 대한 이미지이다.

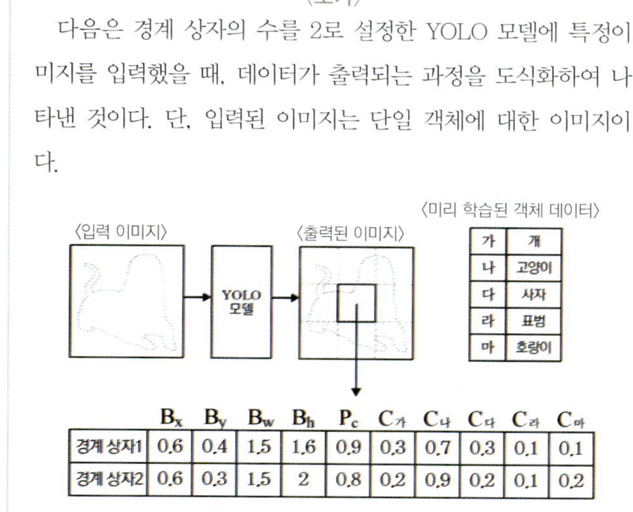

	B_x	B_y	B_w	B_h	P_c	$C_가$	$C_나$	$C_다$	$C_라$	$C_마$
경계 상자1	0.6	0.4	1.5	1.6	0.9	0.3	0.7	0.3	0.1	0.1
경계 상자2	0.6	0.3	1.5	2	0.8	0.2	0.9	0.2	0.1	0.2

① 입력된 이미지에서 탐지된 객체는 '고양이'일 가능성이 가장 높다.

② 경계 상자 1이 경계 상자 2보다 더 정확하게 객체를 탐지하였다.

③ 입력된 이미지의 전체 영역에 표시되는 경계 상자는 모두 18개이다.

④ 입력된 이미지에서 탐지할 수 있는 객체의 종류는 모두 다섯 가지이다.

⑤ YOLO 모델이 이미지를 분석하여 출력하는 데이터는 모두 180개이다.

02

[A]를 바탕으로 〈보기〉를 이해한 내용으로 가장 적절한 것은?

〈보기〉

〈경계 상자에 대한 NMS 수행 과정〉

한 가지 종류의 객체를 기준으로 신뢰도 점수가 높은 순서대로 경계 상자를 정렬함. ······ ⓐ

↓

최고 점수의 경계 상자를 기준으로 나머지 경계 상자와의 IoU 값을 계산함. ······ ⓑ

↓

계산된 IoU 값과 설정된 임곗값을 비교하여 경계 상자를 삭제하거나 남겨 둠. ······ ⓒ

↓

남은 경계 상자 중 최고 점수의 경계 상자를 새로운 기준으로 하여 ⓑ ~ⓒ의 과정을 반복함. ······ ⓓ

↓

나머지 종류의 객체에 대해 ⓐ~ⓓ의 과정을 반복함 ······ ⓔ

① ⓐ의 대상이 되는 경계 상자의 신뢰도 점수는 이미지에 상관없이 항상 일정하겠군.

② ⓑ에서 계산된 IoU 값이 0에 가까울수록 두 경계 상자는 중복되는 부분이 많겠군.

③ ⓒ의 과정에서 경계 상자가 삭제되지 않았다면 두 경계 상자가 동일한 대상에 표시된 경계 상자라고 판단한 것이겠군.

④ ⓓ의 과정은 하나의 특정 대상에 중복되어 표시된 여러 개의 경계 상자가 하나만 남을 때까지 반복되겠군.

⑤ ⓔ에서 새로운 기준이 되는 경계 상자는 이전 객체의 기준이 되었던 경계 상자와 동일한 대상에 그려져 있겠군.

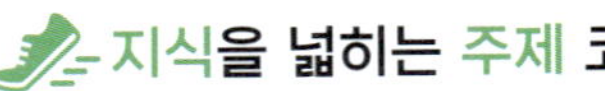

구조 트레이닝 ZONE

빈칸에 알맞은 말을 넣어 구조도를 완성하시오.

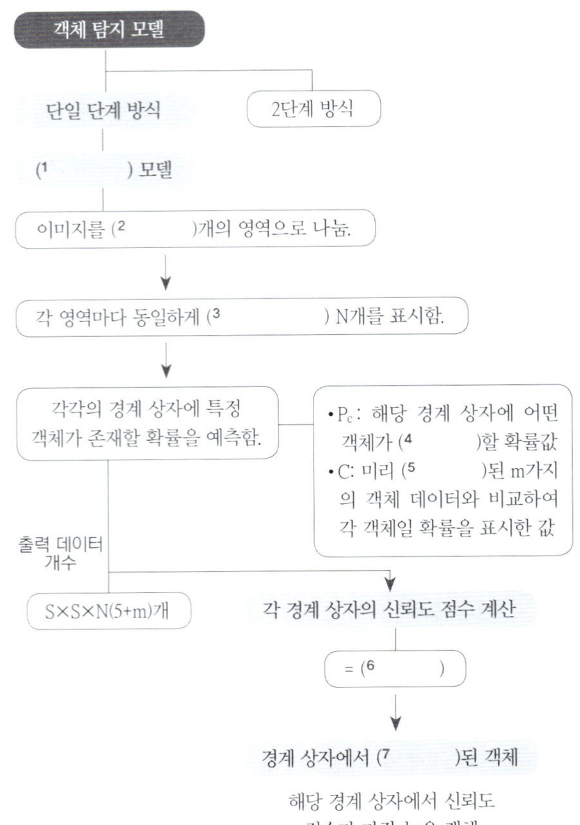

객체 탐지 모델의 대표적인 알고리즘 모델인 YOLO의 작동 원리와 비최댓값 억제가 이루어지는 과정 등을 파악하는 데 초점을 두어야 합니다.

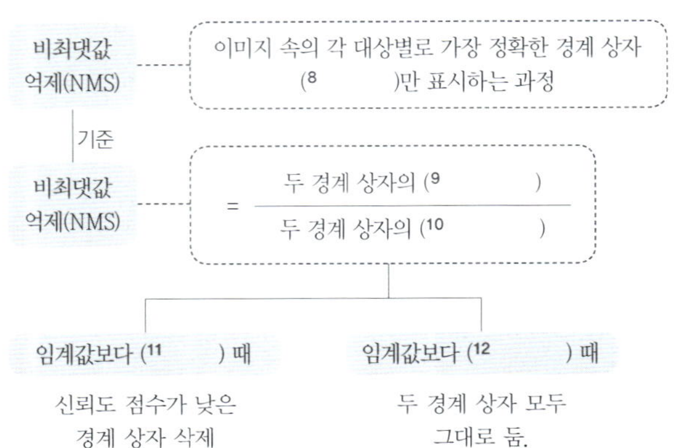

컴퓨터 비전

컴퓨터 비전은 컴퓨터를 이용해 정지 영상 또는 동영상으로부터 의미 있는 정보를 추출하는 방법을 연구하는 컴퓨터 공학의 한 분야로, 컴퓨터를 사용하여 인간의 시각적인 인식 능력 일반을 재현하는 방법을 연구한다. 즉, 컴퓨터 비전은 컴퓨터상에 투시된 영상들로부터 주어진 장면에 관한 유용한 정보를 추출하는 작업이다. 컴퓨터 비전의 구체적인 과제로는 객체 분류, 객체 지역화, 객체 탐지, 이미지 분할 등이 있다. 현재 컴퓨터 비전은 얼굴 인식, 문자 인식 뿐만 아니라 결함 식별, 자율 주행과 같은 다양한 산업 분야에 응용되고 있다.

객체의 탐지 및 추적

객체 탐지는 이미지나 동영상에서 사람, 동물, 차량 등 의미 있는 객체의 종류와 그 위치를 정확하게 찾기 위한 컴퓨터 비전 기술을 말한다. 영상에서 관심 대상을 인식하기 위해 일반적으로 검출 대상에 대한 후보 영역을 찾고 그 후보 영역에 대한 객체의 종류와 위치를 학습된 모델을 통해 예측한다. 얼굴, 도로상의 보행자 및 차량 등의 인식에 딥 러닝 기반의 객체 탐지 기술이 많이 이용된다.

객체 추적은 카메라로 촬영되는 영상에서 사람, 동물, 차량 등 특정 객체의 위치 변화를 찾는 컴퓨터 비전 기술이다. 객체 검출이 이미지나 영상에서 객체를 찾아내는 것이라면, 객체 추적은 일련의 영상 프레임 내 객체의 크기, 색, 모양, 윤곽선 등 특징적인 정보 간의 유사도를 이용하여 객체의 변화를 추적한다. 객체 추적 기술은 실시간 영상 보안, 영상 통화, 교통 통제, 증강 현실 등 여러 분야에 활용되고 있다.

호루라기 관장님의 어휘 트레이닝

공부한 날	월 일 요일
맞은 개수	/ 32

No	뜻	힌트	정답
01	가까이 접근함.	근ㅈ	
02	몫을 갈라 나눔.	할ㄷ	
03	계산하여 얻은 값	ㅅ치	
04	기초가 되는 바탕	ㄱ반	
05	새로 만들어 정해 둠.	설ㅈ	
06	의사나 행위가 미치는 대상	객ㅊ	
07	물리량의 측정값과 참값의 차이	오ㅊ	
08	기계 따위가 지닌 성질이나 기능	ㅅ능	
09	사물의 옳고 그름이나 좋고 나쁨을 가림.	변ㅂ	
10	어떤 내용이 구체적인 사실로 나타나게 함.	ㄱ현	
11	다른 것에 영향을 받아 어떤 현상이 나타남.	반ㅇ	
12	사물이 어떠한 기준에 의하여 분간되는 한계	임ㄱ	
13	옳고 그름이나 좋고 나쁨을 판단하여 구별함.	판ㅂ	
14	한곳을 중심으로 모이거나 모으는. 또는 그런 것	집ㅈ적	
15	일반적으로 평균치를 산출할 때 개별치에 부여되는 중요도	가ㅈㅊ	
16	기존의 내용을 변동된 사실에 따라 변경·추가·삭제하는 일	갱ㅅ	
17	평면이나 공간 안의 임의의 점의 위치를 나타내는 수나 수의 짝	좌ㅍ	
18	작품을 만들기 전에 미리 만든 물건. 또는 완성된 작품의 대표적 보기	모ㄷ	
19	숨겨지거나 드러나지 않은 사물이나 사실 따위를 자세히 살펴 알아냄.	탐ㅈ	
20	전기 기계나 기구 따위에서, 전력을 끌어들이거나 보내는 데 쓰는 회로의 끝부분	단ㅈ	
21	컴퓨터 따위의 기기나 장치가 입력을 받아 일을 하고 외부로 결과를 내는 일	ㅊ력	
22	어떤 일정한 수의 임의의 근방에 유한 개를 제외한 나머지 모든 항이 모여 있는 현상	ㅅ렴	

No	앞의 어휘를 활용해 문장을 완성하시오.
01	보험사는 영업 활동에 소요되는 비용 등을 보험료에 ( )한다.
02	군은 땅에 묻혀 있는 지뢰를 ( )하여 제거하는 작업에 착수하였다.
03	소비자는 상품의 ( ), 가격, 판매 조건 등의 정보를 광고에서 얻으려 한다.
04	주택 화재로 인한 사망자는 화재 대응이 어려운 심야나 새벽과 같은 취약 시간대에 ( )적으로 발생하고 있다.
05	특정 환경을 ( )으로 개발된 종자는 예기치 못한 문제점이 발생할 수 있으므로 품종의 다양성을 유지해야 한다.
06	최근에는 레이더 기술의 발달로 10분마다 강수 정보가 ( )되는 등 보다 신속하고 정확한 관측이 이루어지고 있다.
07	시나리오의 내용을 영상으로 ( )하기 위해 영화감독은 촬영 대본을 작성하는데, 여기에는 갖가지 세부 사항이 기록된다.
08	비만 척도로는 일반적으로 체질량 지수(BMI)가 많이 쓰인다. 체질량 지수는 체중(kg)을 신장의 제곱(m^2)으로 나눈 ( )이다.
09	드론은 헬기에 비해 훨씬 낮은 고도에서 비행이 가능한 데다 소음으로 인한 제약이 적어 가까이에서 찍는 ( ) 촬영이 가능하다.
10	어떤 학습 데이터가 주어지면 이때의 출력값을 구하고 학습 데이터와 함께 제공된 정답에 해당하는 값에서 출력값을 뺀 값 즉 ( ) 값을 구한다.

주제 독해 IV 기술

오늘 수능 국어 트레이닝 끝!

인터넷을 이용한 사물과 사물의 대화

인터넷을 이용한 사물과 사물의 대화

사물 인터넷은 세상의 모든 사물들이 네트워크로 연결되어 서로 소통하는 기술을 말한다. 즉 사물 인터넷은 사물에 센서를 부착해 실시간으로 데이터를 인터넷으로 주고받는 기술이나 환경을 일컫는다. 영어 머리글자를 따서 '아이오티(IoT)'라 약칭하기도 한다.

지금까진 인터넷에 연결된 기기들이 정보를 주고받으려면 인간의 조작이 필요했다. 사물 인터넷 시대가 열리면 인터넷에 연결된 기기는 사람의 도움 없이 서로 알아서 정보를 주고받을 수 있다. 블루투스나 근거리 무선 통신(NFC), 센서 데이터, 네트워크가 이들의 자율적인 소통을 돕는 기술이 된다.

세상의 모든 사물들이 네트워크로 연결되어 서로 소통하는 사물 인터넷은 인터넷 등장 이후 일어난 가장 획기적인 변화라 할 수 있다. 4차 산업 혁명은 사물 인터넷으로 빅데이터를 얻고, 그것을 클라우드에 저장해, 인공 지능으로 분석하고 활용하는 것이다. 사물 인터넷은 지능화되어 스마트 자동차, 스마트 홈, 스마트 시티 등 스마트 세계를 만들어 낸다.

사물 인터넷은 좁은 범위에서는 우리 주변의 사물들에 네트워크를 연결하고, 지능화함으로써 그 사물의 가치를 증대시키는 기술을 말한다. 예컨대 기존의 만보기는 단순히 걸음 수를 재는 용도였지만, 인터넷을 연결하고 다양한 정보를 수집하고 분석할 수 있는 건강 관리 플랫폼을 연결하면 건강을 측정·판단·예측하는 기능을 탑재할 수 있다. 넓은 의미의 사물 인터넷은 도메인 융합을 통한 산업의 지능화이다. 생산하고 소비하는 과정 중에는 에너지, 교통, 기후, 선호도 등 다양한 환경적 요인이 영향을 끼친다. 사물 인터넷은 농업·환경·에너지·유통 등 다양한 분야의 정보를 제공하고, 이러한 정보를 모아 분석함으로써 다양한 파급 효과를 가져올 수 있다.

주제 독해 | V 예술

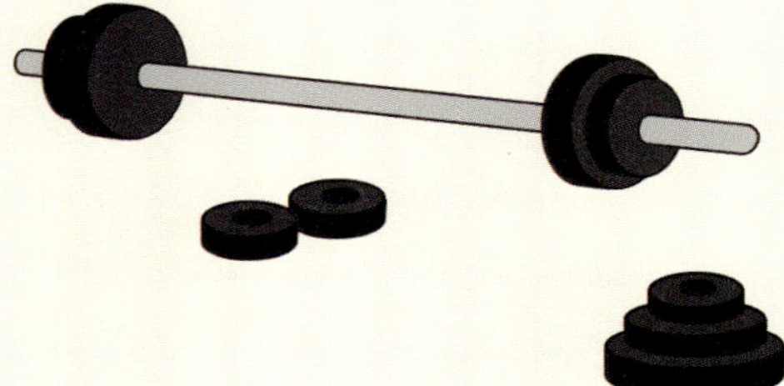

24 예술사

🏋 다음 글을 읽고 내용을 정리하시오.

01　중세 회화에 등장하는 아이들은 아이 특유의 신체적 특성이 고려되지 않은 채 그저 어른을 작게 그린 '축소된 어른'의 모습으로 묘사되었다. 그런 면에서 현대 회화의 작가들은 16세기 초 카로토의 〈그림을 든 빨간 머리 소년〉이라는 작품에 주목한다. 이 작품 속에 등장하는 소년은 아이 특유의 신체적 특성과 장난기 머금은 웃음을 통해 아동만의 매력을 보여 준다.

02　이 작품은 아이를 아이답게 묘사했다는 점 외에, 아이가 그린 그림이 소재로 쓰였다는 점에서도 주목을 받는다. 아주 오랫동안 아이가 그린 그림이 서구 회화에 등장하지 않았기 때문이다. [A]에는 작품 속 소년이 그린 것처럼 보이는 그림 [B]가 등장하는데, 전문가에 따르면 [B]는 그림 속 소년보다는 더 어린 아이가 그린 것으로 보인다고 한다. 즉, [B]는 진짜 소년이 그린 그림이라기보다는 화가가 생각하는 아이의 그림이라는 얘기다. 카로토는 대상을 눈에 보이는 것과 똑같이 재현하는 것을 중시했던 당시 르네상스 회화의 경향과는 다르게, 상상한 것을 꾸밈없이 순수하게 드러내는 아이들의 표현 방식을 따랐던 것이다. 그 이유는 카로토가 르네상스 이래로 내려오는 사실적 재현이 유일한 가치가 아님을 인식했기 때문이라고 볼 수 있다.

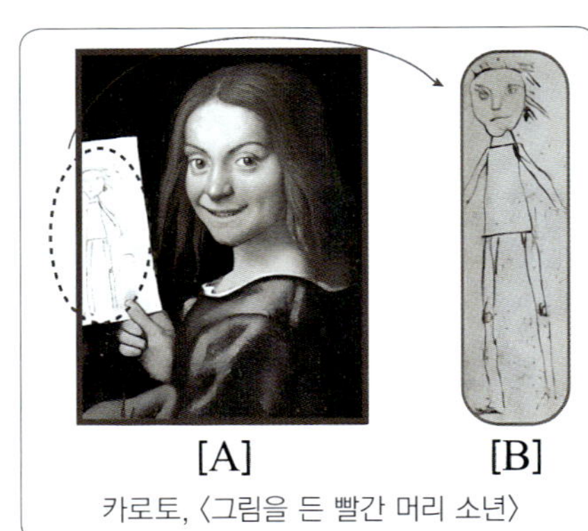

[A]　　　　　[B]

카로토, 〈그림을 든 빨간 머리 소년〉

03　르네상스를 거치면서 실물을 꼭 닮게 그리는 기술은 거의 완성 단계에 도달했고 19세기에 카메라까지 발명되면서, 도처에서 사물을 꼭 빼닮은 이미지를 볼 수 있게 되었다. 이런 현실은 당시 화가들에게는 위기였고, 그래서 새로운 출발로 선택한 방식이 근원으로 돌아가는 것이었다. 그리하여 몇몇의 현대 화가들은 사회화를 겪지 않은 아동을 상상력과 잠재력의 근원으로 보고, 유년기의 화풍으로 돌아가기로 했던 것이다.

04　현대 화가들이 이처럼 유년기의 화풍으로 돌아가려 했던 것은 결코 사실적 묘사 '능력'이 부족해서가 아니다. 미술사를 사실적 재현 기술의 발전 과정으로 보는 사람들에게는 이러한 유년기 화풍이 미숙함의 산물일 수 있다. 하지만 미술사를 움직이는 것은 '능력'이 아니라 '의지'라고 말한 미술사학자 알로이스 리글처럼 미술사를 상이한 '표현 의지'들이 교차하는 장(場)으로 보는 사람들에게는 유년기 화풍이 어른의 것과는 완전히 다른 예술 의지의 표현일 것이다. 현대 화가들이 유년기 화풍에 주목한 것은 바로 이러한 점 때문이다.

05　이러한 변화는 현대 회화의 과제가 외부의 '재현'에서 내면의 '표현'으로 바뀐 것과 관련이 있다. 원근법처럼 대상을 '보는 대로' 재현하기 위해 사용되는 방법은 오히려 '표현'에 방해가 될 수 있다. '느끼는 대로' 그리는 데 필요한 것은 학습되지 않은, 순수함과 솔직함이기 때문이다. 이런 의미에서 현대 화가들의 시도는 '퇴화'가 아니라, '창조적 역행'이라 할 수 있다.

📖 지문이 읽히는 독해 코칭

빈칸을 채우며 각 문단별 내용을 완성하시오.

1문단

16세기 초 카로토의 〈그림을 든 빨간 머리 소년〉

• 아이 특유의 신체적 특성을 표현
• 장난기 머금은 웃음을 통해 아동만의 (1　　　　)을 표현

2문단

〈그림을 든 빨간 머리 소년〉의 특징

| 아이가 (2　　　　)답게 묘사됨. | 아이가 그린 그림이 (4　　　　)로 쓰임. |

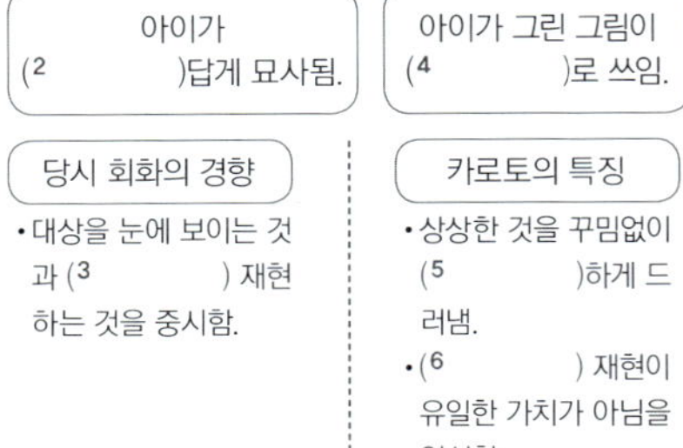

당시 회화의 경향
• 대상을 눈에 보이는 것과 (3　　　　) 재현하는 것을 중시함.

카로토의 특징
• 상상한 것을 꾸밈없이 (5　　　　)하게 드러냄.
• (6　　　　) 재현이 유일한 가치가 아님을 인식함.

3문단

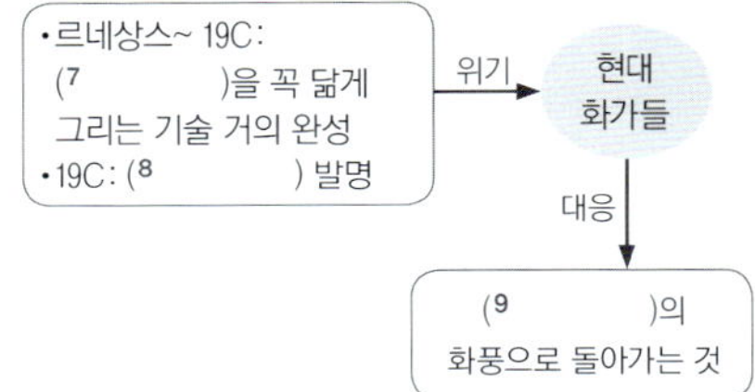

• 르네상스~ 19C: (7　　　　)을 꼭 닮게 그리는 기술 거의 완성
• 19C: (8　　　　) 발명

위기 → 현대 화가들

대응 ↓

(9　　　　)의 화풍으로 돌아가는 것

4문단

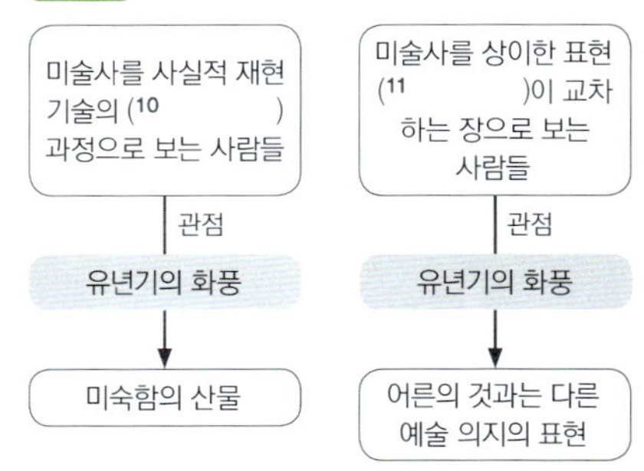

미술사를 사실적 재현 기술의 (10　　　　) 과정으로 보는 사람들

관점 ↓

유년기의 화풍

↓

미숙함의 산물

미술사를 상이한 표현 (11　　　　)이 교차하는 장으로 보는 사람들

관점 ↓

유년기의 화풍

↓

어른의 것과는 다른 예술 의지의 표현

5문단

창조적 역행

과거 회화의 경향 → 현대 회화

외부의 재현 중심 ／ 내면의 (12　　　　) 중심

구조 트레이닝 ZONE

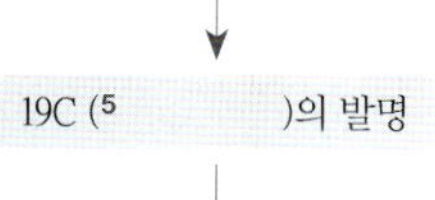

⬤ 빈칸에 알맞은 말을 넣어 구조도를 완성하시오.

르네상스의 화풍	카로토의 화풍
• 눈에 보이는 것을 똑같이 (¹)하는 것을 중시함. • 실물을 꼭 (²) 그리는 기술이 거의 완성 단계에 도달함.	• 상상한 것을 꾸밈없이 순순하게 드러내는 (³)의 표현 방식을 따름. • 사실적 재현이 (⁴) 가치가 아님을 인식함.

↓

19C (⁵)의 발명

↓

현대 화가들의 위기 ──대안──▶ (⁶)으로 돌아가는 것

아동을 상상력과 잠재력의 근원으로 보고, 유년기의 화풍 추구

↓

현대 회화의 과제

내면을 어떻게 '(⁷)'할 것인가?

중세, 르네상스 시대의 회화와 현대 회화를 비교하고, 그 특징을 파악하는 것이 중요합니다. 또한 중심 화제인 '유년기 화풍'에 대한 상반된 입장을 명확히 이해할 수 있어야 합니다.

미술사를 사실적 재현 기술의 발전 과정으로 보는 사람들	미술사를 상이한 표현 의지들이 교차하는 장으로 보는 사람들
유년기의 화풍을 (⁸)의 산물로 여기는 입장	유년기의 화풍을 어른의 것과는 완전히 다른 (⁹)의 표현으로 보는 입장

내용 트레이닝 ZONE

⬤ 글 내용과 일치하면 ○에, 그렇지 않으면 ✕에 체크하시오.

1문단

01 중세 회화에 묘사된 아이들의 모습에는 아이 특유의 신체적 특성이 잘 드러나 있다. ○ ✕

02 16세기 초 카로토는 〈그림을 든 빨간 머리 소년〉에서 소년의 모습을 아동 특유의 특징들을 통해 매력적으로 표현해 냈다. ○ ✕

2문단

03 카로토는 예술에서 사실적 재현이 유일한 가치가 아니라고 생각하였다. ○ ✕

04 카로토의 〈그림을 든 빨간 머리 소년〉에는 그림 속 소년이 그린 듯한 그림이 등장한다. ○ ✕

05 르네상스 시대에는 대상을 눈에 보이는 것과 똑같이 그리는 것을 중시하는 경향이 있었다. ○ ✕

06 카로토는 상상한 것을 꾸밈없이 드러내는 아이들의 표현 방식에는 한계가 있음을 인정하였다. ○ ✕

3문단

07 19세기 몇몇의 현대 화가들은 아동을 상상력과 잠재력의 근원으로 보았다. ○ ✕

08 19세기 당시의 화가들은 도처에서 사물을 똑같이 빼닮은 이미지를 볼 수 있게 된 것을 예술적 성과로 여겼다. ○ ✕

4문단

09 사실적으로 묘사하는 능력이 부족했던 현대 화가들은 유년기 화풍으로 회귀하고자 하였다. ○ ✕

10 미술사를 상이한 표현 의지들이 교차하는 장이라고 보는 사람들은 능력이 미술사를 움직인다고 보았다. ○ ✕

11 미술사를 사실적 재현 기술이 발전해 온 과정으로 이해하는 사람들은 유년기 화풍을 미숙하다고 생각할 수 있다. ○ ✕

5문단

12 현대 회화는 내면을 솔직하게 표현하는 것보다 외부를 재현하는 것에 관심을 둔다. ○ ✕

13 순수함과 솔직함을 바탕으로 느끼는 대로 그리고자 한 현대 화가들의 시도는 '창조적 역행'으로 평가되기도 한다. ○ ✕

주제 독해 V 예술

워밍-UP

[01~03] 다음 글을 읽고 물음에 답하시오.

01 중세 회화에 등장하는 아이들은 아이 특유의 신체적 특성이 고려되지 않은 채 그저 어른을 작게 그린 '축소된 어른'의 모습으로 묘사되었다. 그런 면에서 현대 회화의 작가들은 16세기 초 카로토의 〈그림을 든 빨간 머리 소년〉이라는 작품에 주목한다. 이 작품 속에 등장하는 소년은 아이 특유의 신체적 특성과 장난기 머금은 웃음을 통해 아동만의 매력을 보여 준다.

02 이 작품은 아이를 아이답게 묘사했다는 점 외에, 아이가 그린 그림이 소재로 쓰였다는 점에서도 주목을 받는다. 아주 오랫동안 아이가 그린 그림이 서구 회화에 등장하지 않았기 때문이다. [A]에는 작품 속 소년이 그린 것처럼 보이는 그림 [B]가 등장하는데, 전문가에 따르면 [B]는 그림 속 소년보다는 더 어린 아이가 그린 것으로 보인다고 한다. 즉, [B]는 진짜 소년이 그린 그림이라

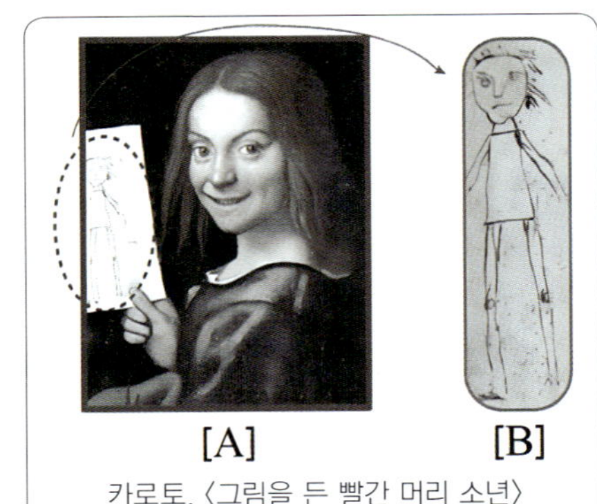

카로토, 〈그림을 든 빨간 머리 소년〉

기보다는 화가가 생각하는 아이의 그림이라는 얘기다. 카로토는 대상을 눈에 보이는 것과 똑같이 재현하는 것을 중시했던 당시 르네상스 회화의 경향과는 다르게, 상상한 것을 꾸밈없이 순수하게 드러내는 아이들의 표현 방식을 따랐던 것이다. 그 이유는 카로토가 르네상스 이래로 내려오는 사실적 재현이 유일한 가치가 아님을 인식했기 때문이라고 볼 수 있다.

03 르네상스를 거치면서 실물을 꼭 닮게 그리는 기술은 거의 완성 단계에 도달했고 19세기에 카메라까지 발명되면서, 도처에서 사물을 꼭 빼닮은 이미지를 볼 수 있게 되었다. 이런 현실은 당시 화가들에게는 위기였고, 그래서 새로운 출발로 선택한 방식이 근원으로 ⓐ돌아가는 것이었다. 그리하여 몇몇의 현대 화가들은 사회화를 겪지 않은 아동을 상상력과 잠재력의 근원으로 보고, 유년기의 화풍으로 돌아가기로 했던 것이다.

04 현대 화가들이 이처럼 유년기의 화풍으로 돌아가려 했던 것은 결코 사실적 묘사 '능력'이 부족해서가 아니다. 미술사를 ㉠사실적 재현 기술의 발전 과정으로 보는 사람들에게는 이러한 유년기 화풍이 미숙함의 산물일 수 있다. 하지만 미술사를 움직이는 것은 '능력'이 아니라 '의지'라고 말한 미술사학자 알로이스 리글처럼 미술사를 ㉡상이한 '표현 의지'들이 교차하는 장(場)으로 보는 사람들에게는 유년기 화풍이 어른의 것과는 완전히 다른 예술 의지의 표현일 것이다. 현대 화가들이 유년기 화풍에 주목한 것은 바로 이러한 점 때문이다.

05 이러한 변화는 현대 회화의 과제가 외부의 '재현'에서 내면의 '표현'으로 바뀐 것과 관련이 있다. 원근법처럼 대상을 '보는 대로' 재현하기 위해 사용되는 방법은 오히려 '표현'에 방해가 될 수 있다. '느끼는 대로' 그리는 데 필요한 것은 학습되지 않은, 순수함과 솔직함이기 때문이다. 이런 의미에서 현대 화가들의 시도는 '퇴화'가 아니라, '창조적 역행'이라 할 수 있다.

01

윗글을 읽고 알 수 있는 내용으로 가장 적절한 것은?

① 중세 회화에 등장하는 아이들은 특유의 신체적 특징이 충실히 반영된 모습이었다.

② 중세 시대부터 아이들이 그린 그림은 서구 회화에서 꾸준하게 관심을 받고 있었다.

③ 르네상스 시기의 화가들은 외형을 사실적으로 묘사하는 데에 큰 관심을 갖고 있었다.

④ 사진의 등장으로 당시의 화가들은 실물을 꼭 닮게 그리는 기술을 완성할 수 있었다.

⑤ 현대 화가들은 재현 기술의 발전을 위해 사회화를 겪지 않은 아이들이 그린 그림에 주목하였다.

02

㉠과 ㉡의 입장에서 〈보기〉의 작품을 이해한 것으로 적절하지 <u>않은</u> 것은?

〈보기〉

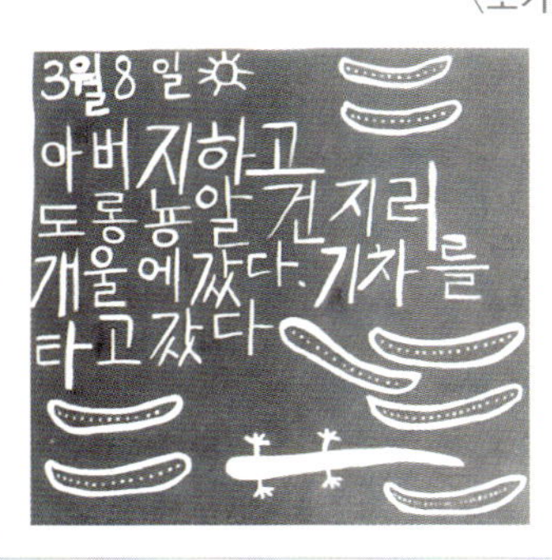

이 작품은 화가 김점선 (1946~2009)의 도롱뇽알 그림 연작 중 하나이다. 화가는 아이의 그림 연습장을 우연히 보고, 자신의 어린 시절 기억을 표현하였다고 한다.

① ㉠은 〈보기〉의 작품을 아이가 그린 그림처럼 미숙하다고 볼 것이다.

② ㉠은 〈보기〉의 작품을 보이는 대로 재현하는 기법을 강조한 것으로 볼 것이다.

③ ㉡은 〈보기〉의 작품을 '유년기의 화풍'으로 화자의 내면을 표현한 것으로 볼 것이다.

④ ㉡은 '느끼는 대로' 그린 화가의 표현 의지가 〈보기〉의 작품에 드러나 있는지에 주목할 것이다.

⑤ ㉡은 '재현' 능력보다는 화가 내면에 있는 순수함과 솔직함이 〈보기〉의 작품에 담겨 있는지에 주목할 것이다.

03

ⓐ와 문맥적 의미가 가장 유사한 것은?

① 기계가 잘 <u>돌아간다</u>.

② 물레방아가 빙글빙글 <u>돌아간다</u>.

③ 우리는 <u>돌아가면서</u> 점심을 산다.

④ 일이 바쁘게 <u>돌아가서</u> 정신이 없다.

⑤ 우리 원점으로 <u>돌아가</u> 다시 생각해 보자.

펌핑-UP

[01~03] 다음 글을 읽고 물음에 답하시오.

01 17세기 프랑스 화가 푸생(N. Poussin)은 그림을 통해 경험적인 차원 그 너머에 있는 영원불변한 본질과 이상적인 아름다움을 나타내고자 했다. 그가 살았던 시대는 바로크 미술이 주류를 이루고 있었는데, 그는 바로크 미술이 주로 작가의 즉흥적인 감정을 형상화했다는 점에서 그것을 지적인 사고가 결여된 예술 활동으로 규정했다. 그는 우연성과 변화무쌍함을 멀리하는 대신, 이상적인 아름다움과 영원불변성을 추구했던 고대 그리스·로마 미술의 고전성에서 미의 원리를 찾고자 했다. 왜냐하면 푸생은 이성이 자연의 보편적 원리를 파악할 수 있는 능력이라고 생각했고, 고대 그리스·로마의 예술이 이성에 바탕을 둔 것이므로 고대 예술이 모든 시대에 적용될 수 있는 보편적 원리를 제공해 줄 수 있다고 믿었기 때문이다.

02 그래서 고대 예술의 주된 대상인 신화나 역사 혹은 성서 속 이야기들을 그림의 소재로 삼았으며, 그것을 서사의 차원이 아닌 시의 차원으로 전환시키면서 절제되고 압축된 표현을 사용했다. 이를 위해 감상자의 시선을 흐트러뜨릴 가능성이 있는 요소는 철저히 배제했다. 또한 작품 속의 인물들을 표현할 때, 주제를 가장 잘 드러내기 위해 고대 조각상 중에서 자신의 표현 의도에 ㉠맞는 가장 이상적으로 생각하는 상을 골라 인위적인 자세를 취하도록 해야 한다고 보았다. 그리고 작품의 구성에 있어서도 화면은 오로지 이성의 법칙에 입각한 균형과 대칭, 선이나 도형 등을 활용한 기하학적 공간 구성의 원리를 적용하여 짜임새 있는 안정적인 구도를 갖추려고 했다. 이는 자연의 영원불변한 본질을 조화와 질서라고 생각하여 이를 그림에서 구현하고자 한 것이다.

03 이와 같은 표현 원리들을 통해 영원불변한 본질과 이상적인 아름다움을 형상화하고자 한 푸생의 노력은 그의 다른 작품에서와 마찬가지로 풍경화에서도 잘 드러난다. 그는 역사 속 영웅적 인물의 삶을 작품의 소재로 삼고 풍경에 엄격한 질서와 조화를 부여할 수 있는 방법을 통해 인간이 추구해야 할 보편적인 삶의 본질을 나타내고자 했다. 그의 풍경에는 자연 배경과 특별히 선택된 건축물이 등장한다. 작품 속 자연 풍경은 사실적인 자연의 모습이 아니라 푸생이 생각하는 가장 이상적이고 본질적인 자연의 이미지이며, 고대의 건축물 역시 배경의 일부로서 이상적인 아름다움을 보여주기 위해 사용되었다. 그리고 이러한 배경에 전경, 중경, 후경의 명백한 구분과 좌우상하의 대칭, 전경에서 후경으로의 점진적인 공간 이행, 수평과 수직의 기하학적 질서 등을 사용함으로써 자연에 엄격한 질서와 조화를 부여했다. 따라서 그는 영웅적 인물의 삶을 소재로, 자연에서 위대하고 특별한 것만을 선별하여 인간이라면 보편적으로 추구해야 할 삶의 본질을 나타내고자 한 것이다.

04 이처럼 푸생은 작품 제작에 있어 자신이 정한 표현 원리들을 명료한 법칙으로 규정하여 모든 작품에 엄격하게 적용하고자 했다는 점에서 그에게 예술은 의식적인 작업의 결과이다. 이 때문에 감상자들이 그의 작품을 통해 느끼게 되는 미적 즐거움은 감각적이라기보다는 지적이고 정신적인 것에 가깝다고 볼 수 있다.

지문이 읽히는 독해 코칭

빈칸을 채우며 각 문단별 내용을 완성하시오.

1문단

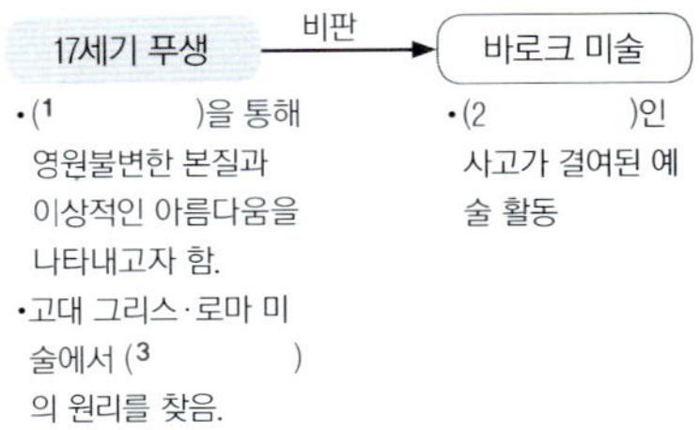

2문단

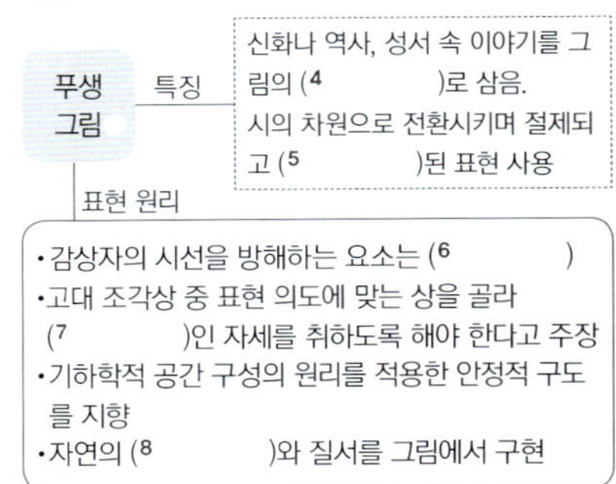

3문단

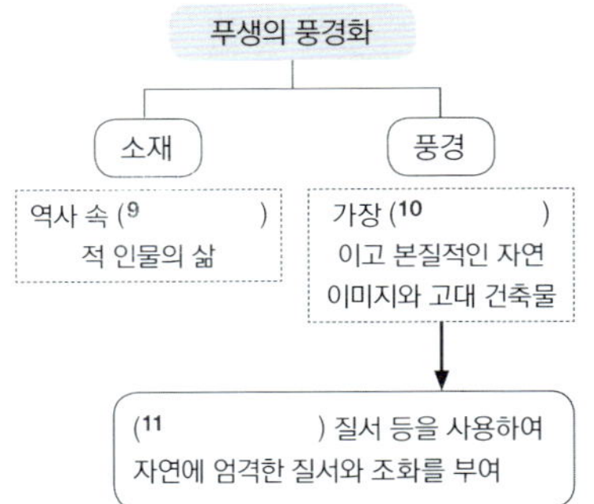

4문단

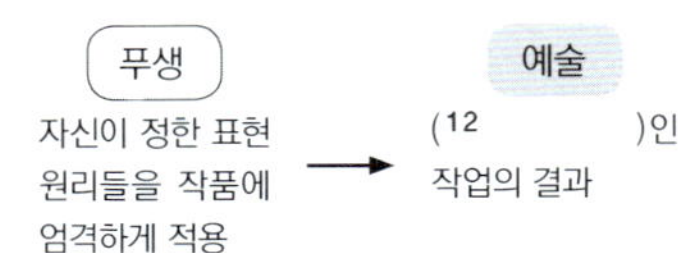

01

윗글의 내용과 일치하지 <u>않는</u> 것은?

① 푸생의 풍경화는 역사 속 영웅적 인물의 삶을 작품의 소재로 삼았다.

② 푸생은 고대 예술이 이성에 바탕을 둔 보편적 원리를 지니고 있다고 생각했다.

③ 푸생은 그림을 통해 경험적 차원의 아름다움과 지적인 사고의 중요성을 강조하였다.

④ 푸생이 배경의 일부로 사용한 고대 건축물은 주제 구현을 위해 그가 특별히 선별한 대상이다.

⑤ 푸생은 풍경화를 그릴 때 전경에서 후경으로의 점진적 공간 이행을 사용하여 자연에 엄격한 질서와 조화를 부여했다.

02

〈보기〉는 푸생의 작품 제작 과정을 설명한 것이다. 윗글을 바탕으로 〈보기〉를 이해한 내용으로 가장 적절한 것은?

〈보기〉

푸생은 작품을 제작할 때 먼저 주제를 정하고, 간단한 스케치로 전체적인 구도를 잡았다. 그런 다음 작은 밀랍 인형들을 만들어 무대 위에 배우들처럼 배치한 후 그 배치를 바꿔 보기도 하고, 인형들에게 옷을 입혀 보기도 하는 등의 과정을 반복한 후 그림을 그리기 시작했다고 한다.

① '주제'를 먼저 정한 것은 대상의 변화무쌍함을 반영하기 위한 작업이다.

② '간단한 스케치'는 감각을 통한 미적 즐거움을 극대화하기 위한 과정이다.

③ '밀랍 인형'은 작품 속 인물을 현실적이고 생동감 있게 형상화하기 위한 도구이다.

④ '배치'와 '재배치' 과정은 짜임새 있는 구도를 통해 주제를 구현하기 위한 것이다.

⑤ '전체적인 구도'는 자연의 사실적인 모습에 중점을 두고 모방하여 만들어낸 것이다.

03

윗글을 읽은 학생이 〈보기〉에 대해 보인 반응으로 적절하지 <u>않은</u> 것은?

〈보기〉

이 그림은 푸생의 〈세월이라는 이름의 음악과 춤〉이다. 그림의 오른쪽 기둥 옆에는 시간의 신, 왼쪽에는 젊음과 늙음의 두 얼굴을 가진 야누스 석상, 양쪽 아래에는 아기 등 신화에 등장하는 인물들이 있다. 그리고 원형으로 둘러서서 춤을 추는 인물들은 머리에 쓰고 있는 것과 옷차림에 따라 '봄'(부), '여름'(즐거움), '가을'(가난), '겨울'(힘겨움)을 각각 상징한다. 작가는 이 작품을 통해 계절이 순환되는 자연의 본질을, 그리고 '부'와 '가난', '힘겨움'과 '즐거움'이 순환되는 삶의 본질을 강조했다.

① 그림의 양쪽에 '아기'를 배치한 것은 대칭을 통해 안정적인 구도를 갖추려 한 것이겠군.

② 작가가 배치한 '석상'과 '기둥'은 수직선을 활용한 기하학적 공간 구성 원리를 적용한 것이겠군.

③ '원형'을 그리며 인물들이 춤을 추는 모습을 통해 자연의 순환이라는 영원불변한 본질을 드러내려 한 것이겠군.

④ 작품 속 인물들의 '머리에 쓰고 있는 것'과 '옷차림'은 작가의 즉흥적인 감정을 형상화하기 위한 것이라고 볼 수 있겠군.

⑤ 고대 조각상 중 신화에 등장하는 '시간의 신'과 '야누스'를 선택하여 시간의 흐름을 압축적으로 표현했다고 볼 수 있겠군.

구조 트레이닝 ZONE

📢 빈칸에 알맞은 말을 넣어 구조도를 완성하시오.

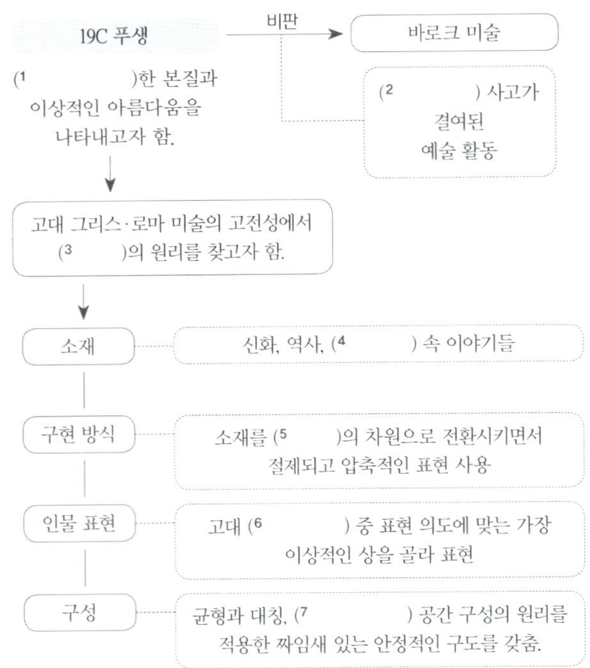

푸생의 작품에 대해 설명하고 있는 지문이므로, 그의 작품에 드러나는 특징을 '소재', '구성', '표현' 등으로 나누어 파악할 수 있어야 합니다.

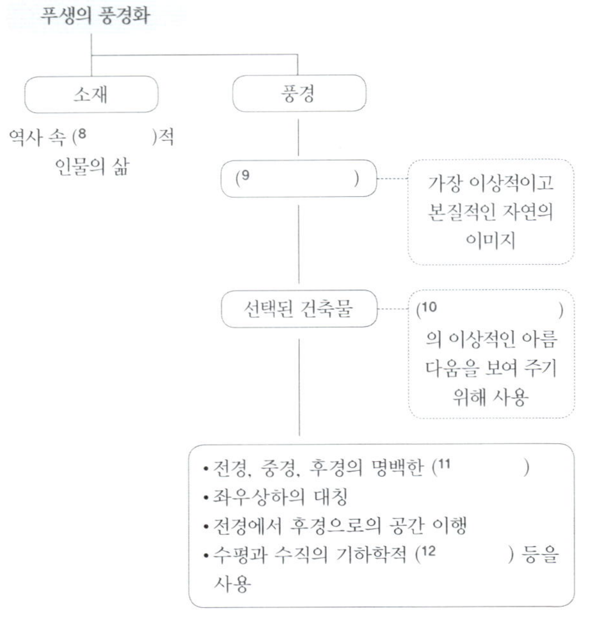

프랑스 근대 회화의 시조, 푸생

푸생은 17세기 프랑스의 화가로, 프랑스 근대 회화의 시조로 평가받는 미술가이다. 신화·고대사·성서 등의 소재를 바탕으로 상상 속 고대 풍경과 고전적 인물을 등장시킨 독창적인 작품을 그렸다. 당시 루벤스(바로크 시대 플랑드르 제일의 화가)로 대표되던 바로크 미술의 경향과는 다르게, 뚜렷한 윤곽선과 밝은 색채를 기초로 명확하고 입체적인 구성의 그림들을 그린 고전주의를 주도한 대표적인 화가로 알려져 있다. 장대하고 세련되며 정연한 화면 구성과 화면의 정취는 프랑스 회화에 큰 영향을 끼쳤다. 푸생은 루이 13세 시절 수석 궁정 화가로 임명되었지만, 로마로 돌아가 생을 마쳤다.

바로크 양식

'바로크'는 포르투갈어로 '비뚤어진 모양을 한 기묘한 진주'라는 뜻으로, 17세기 초부터 18세기 전반에 걸쳐 이탈리아를 비롯한 유럽의 여러 가톨릭 국가에서 발전한 예술 양식을 말한다. 단정하고 우아한 르네상스 양식에 비하여 지나치고 과장된 장식에 대한 경멸의 의미로 사용되었다.

그러나 지금은 르네상스에 대립하는 개념으로, 외향적이고 격동적이며, 최소한의 질서 속에서 우연과 자유분방함을 강조하는 예술 양식을 말한다. 바로크 회화의 창시자는 17세기 초 이탈리아의 화가 카라바조로 알려져 있으며, 그의 화풍은 스페인과 북유럽으로 퍼져 카라바조의 화풍을 추종하는 사람들을 만들었다. 건축에서는 베르사유 궁전 같은 절대 군주의 궁정을 중심으로 바로크 양식이 유행하였으며, 음악에서는 바흐와 헨델 등이 바로크 시대를 열었다.

[01~04] 다음 글을 읽고 물음에 답하시오.

근대 철학은 근대 과학의 양적인 크기를 중시하는 사고를 수용하며 발달했다. 고대 과학이 사물 변화의 질적인 부분에 주목했던 것과 달리 근대 과학은 양적으로 수치화할 수 있는, 즉 양화할 수 있는 것을 과학으로 간주하였음을 알 수 있다. 또한 근대 과학은 미리 수학적으로 설정한 믿음을 통해 자연에 접근하였다. 일례로 케플러는 우주가 기하학적인 원리에 의해 만들어졌다는 믿음에 따라, 이에 맞는 결과를 도출하기 위해 노력하였다. 자연 세계에 대하여 기하학과 같은 수학적 관점의 선험적 태도를 취한 것이다. 이런 태도는 근대 철학의 이성론에 많은 영향을 주었다.

특히 수학에 심취했던 근대 철학자 데카르트는 선험적으로 가지고 있다고 믿는 ㉠직관을 통해 인식한 것들로 세계에 접근하려 하였다. 직관은 순수한 정신의 의심할 여지없는 파악이며, 이것은 오직 이성의 빛에서 유래하는 것으로 그 어떠한 의심 없이 분명한 인식을 얻을 수 있는 것이었다. 데카르트는 의심할 수 없는 것을 찾기 위해 대상을 직관으로 분절하여 더 나눌 수 없는 단순 본성을 찾고, 이 단순 본성들을 복합한 개념을 통해 세계에 대한 이해를 확장하려 했던 것이다. 그리고 이러한 태도는 이후 근대 철학의 흐름에 지대한 영향을 주었다.

그런데 현대 철학자 베르그송은 이러한 근대 철학의 흐름에 반발한다. 그는 이성이 세계를 분절시키며, 질적인 시간마저 양적으로 쪼개는 일을 한다고 이야기한다. 베르그송은 세계의 사물들이 서로 경계가 모호한 채로 연속적인 전체를 이루고, 서로 수많은 관계 속에 처해 있다고 한다. 그런데 이성이 이러한 세계를 분절시킴으로써 전체성을 잃게 되었기 때문에 아무리 노력해도 세계에 대한 통찰에 실패할 수밖에 없다는 것이다.

그래서 베르그송은 세계를 통찰하기 위한 방법으로 이성 대신 ㉡직관과 지속을 제시한다. 그의 직관은 공감적 경험이자 통합적 경험을 의미한다. 즉 그의 직관은 사물의 내부로 들어가 서로를 느끼게 되는 공감적 경험을 통해 각각의 이질성을 유지하면서도 동시에 하나가 다른 하나로 스며가면서 전체를 향해 통합되는 경험인 것이다. 예를 들어 우리가 오렌지색에 공감하는 과정을 보자. 이 과정에서 우리가 직관을 통해 공감을 확장하려는 노력을 하면, 가장 어두운색으로서의 붉은색과 가장 밝은색으로서의 노란색 사이의 이질적인 다양한 색들이 있음을 경험할 수 있으며, 다시 그것들이 모호한 경계 속에서 스며가면서 통합되는 과정도 느낄 수 있다는 것이다.

한편 베르그송은 공감과 통합은 지속되는 시간에서 이루어진다고 하였다. 근대 철학의 이성론은 시간을 분절하여 공간 안에 정지된 상태로 보았지만, 베르그송은 시간은 계속해서 흐르기 때문에 오히려 공간적인 것이 시간적인 것에서 영향을 받아 생긴다는 주장

을 하였다. 예를 들어 활짝 핀 장미꽃을 볼 때, 우리는 일정한 공간을 차지하고 있는 장미꽃을 보지만, 일정 시간이 지나면 꽃잎이 모두 떨어진 가지만을 보게 된다. 이전에 장미꽃이 차지하고 있던 공간은 비었고, 이는 시간에 의해 변화가 일어난 것이다. 그뿐만 아니라 시간이 양적인 변화를 담은 시간이 아닌 개인 체험이 반영된 질적인 시간임도 주장하였다.

미술사에서 이러한 베르그송의 철학과 유사성을 가진 사조가 인상주의이다. 인상주의자들은 색을 혼합하는 방법을 즐겨 사용하였다. 그들은 서로 다른 색들을 합치는 대신 각각의 이질성을 살리면서 색들의 경계를 흐리게 표현하여 한 가지 색이 다른 하나의 색으로 감상자의 눈에 의해 분절됨이 없이 지속적으로 섞여 들어가도록 표현하였다. 또한 평면의 그림판에 그려진 그림이 3차원적 입체감을 갖도록 개발한 원근법과 같은 기법을 자제하고 색채를 중심으로 표현하였다. 더불어 인물화 속에 지성을 통해 포착된 인물의 위대함이나 교훈을 담으려 했던 고전주의와 달리 대상의 인상을 표현하려 한 것도 특징이다. 예를 들어 마네의 「풀밭 위의 점심 식사」에는 등장인물들에 대한 어떤 이야기도 의미도 없다. 오로지 검은색과 흰색의 대비라는 색채의 미적 효과를 위해 '검은 양복을 입은 남자'와 '나체의 여자'를 그렸다. 고전주의에서는 풍경이 인간과 인간 행위의 배경에 불과하였다. 하지만 인상주의 회화에서는 인간도 독점적 지위 대신 배경의 일부로서의 의미만을 지니거나 아예 사라지기도 하였다. 심지어 대상에게 받은 인상에 집중시키기 위해 배경이 존재하지 않는 경우도 있었다. 왜냐하면 인상주의 화가들에게 중요한 것은 대상에게 받은 인상을 전달하는 것이었지, 그 대상이 인간인지 풍경인지가 중요한 것이 아니었기 때문이다.

인상주의자들은 색들을 합쳐 만든 중간색은 편견이므로 이를 해체해 고유의 색으로 되돌린 후, 빛이 연출하는 색채의 아름다운 변화들을 연속적으로 느끼게 하는 것이 중요하다고 생각하였다. 이로써 대상에 어떤 의미나 교훈을 담는 것이 아니라 받은 인상을 그대로 전달하려고 노력하였다. 이는 베르그송이 이야기한 근대 철학이 가져온 지성에 의한 분절로부터의 회복과, 이질적인 것의 연속 안에서 공감을 통한 통합으로 전체성을 느끼는 것과 유사한 의미를 가지는 것이다.

주제
독해

V

예술

01

윗글에 대한 이해로 적절하지 <u>않은</u> 것은?

① 근대 과학의 수학적 관점은 근대 철학의 이성론에 영향을 주었다.
② 케플러는 우주의 구성 원리에 대한 선험적 태도를 바탕으로 자연에 접근하였다.
③ 고대 과학은 근대 과학과 달리 사물이 변화하는 과정의 질적인 측면에 주목하였다.
④ 고전주의 회화에서 인간은 중요한 대상이었기에 풍경과 차별성을 가진 존재로 작품에 표현하였다.
⑤ 근대 철학에서는 의심할 수 없는 분명한 것으로 개념화하기 위해 지속적으로 단순 본성을 분절하였다.

02

윗글을 참고하여 〈보기〉에 대해 이해한 것으로 가장 적절한 것은?

〈보기〉

날이 너무 더워 얼음을 넣은 물 한잔을 마시고 싶을 때, 내가 서둘러도 소용이 없다. 결국은 얼음이 물에 녹아 물이 시원해질 때까지 기다려야 한다. 여기서 내가 기다리는 시간은 물질계에 적용되는 수학적인 시간이 아니라는 교훈을 얻는다. 그 시간은 내 마음대로 바꿀 수 없는, 얼음이 녹는 데 걸리는 얼음만의 시간이며, 그 시간은 나의 경험된 시간의 어떤 부분과 합치되고 있다. 따라서 그것은 수치화된 시간이 아니라 나의 체험이 반영된 질적인 시간인 셈이다.

① 데카르트는 얼음이 녹는 현상을 교훈과 연결하며, 정지된 시간 속의 경험을 설명한 것이라 보겠군.
② 데카르트는 얼음이 녹는 시간에 대한 인식이 세계를 연속적인 전체로 파악하여 알게 된 것이라 보겠군.
③ 베르그송은 얼음이 녹는 시간을 인정하며, 공간의 영향을 받아 생긴 시간의 유의미성에 동의한 것이라 보겠군.
④ 베르그송은 얼음이 녹는 현상과 자신의 기다림을 통합하는 체험을 통해 질적인 시간의 의미를 드러낸 것이라 보겠군.
⑤ 베르그송은 얼음이 녹기를 기다리는 시간을 물질계와 차별화하며, 수(數)로 개념화된 시간 체험을 보여준 것이라 보겠군.

03

㉠과 ㉡에 대한 설명으로 적절하지 <u>않은</u> 것은?

① ㉠은 경험하기 전부터 가지고 있는 것이다.
② ㉡은 공감과 통합의 경험을 통해 드러난다.
③ ㉠과 달리 ㉡은 순수한 이성을 통해 얻는다.
④ ㉡과 달리 ㉠은 단순 본성을 찾는 도구이다.
⑤ ㉠과 ㉡은 모두 세계를 이해하기 위한 방법이다.

04

윗글을 바탕으로 〈보기〉를 감상한 것으로 적절하지 <u>않은</u> 것은?

〈보기〉

『피리 부는 소년』(1866)
에두아르 마네

이 작품은 빛이 정면에서 대상을 비추지만 손과 발을 빼고는 그림자를 표현하지 않아 평면감이 나타난다. 또한 이 작품은 풍경이 없으며, 색이 입체감에 구애받지 않고 자신만의 영역을 분명히 하고 있다. 즉 검은색, 붉은색, 흰색과 같은 원색을 이용하여 각각의 색을 살리면서도 대상의 인상을 드러내는 인물화 안에 통합한 것이다.

① 풍경을 전혀 그리지 않은 것은 대상에서 받은 인상에 집중시키기 위한 것이겠군.
② 최소한의 그림자만으로 작품을 표현한 것은 입체감을 위한 기법에 구애받지 않은 것이겠군.
③ 색들을 합친 중간색을 사용하지 않은 것은 각각의 색들이 갖는 특징을 그대로 표현하기 위한 것이겠군.
④ 색채의 미적 효과를 중심으로 표현한 것은 인물에 특정한 의미나 교훈을 담기 위한 흐름에서 벗어난 것이겠군.
⑤ 대상을 향해 정면으로 빛을 비추는 구도로 그린 것은 색들이 감상자의 눈에서 섞이지 않고 이질적으로 독립되도록 한 것이겠군.

호루라기 관장님의 어휘 트레이닝

› 정답과 해설 85쪽

공부한 날	월　일　요일
맞은 개수	/ 32

No	뜻	힌트	정답
01	이르는 곳	도ㅊ	
02	오직 하나밖에 없음.	유ㅇ	
03	사실을 있는 그대로 적음.	서ㅅ	
04	전혀 다른 것의 섞임이 없음.	순ㅅ	
05	성질이 다름. 또는 그런 것	ㅇ질적	
06	실제로 있는 물건이나 사람	ㅅ물	
07	그림을 그리는 방식이나 양식	ㅎ풍	
08	진보 이전의 상태로 되돌아감.	ㅌ화	
09	다시 나타남. 또는 다시 나타냄.	ㅈ현	
10	한 시대의 일반적인 사상의 흐름	ㅅ조	
11	변하는 정도가 비할 데 없이 심함.	ㅂ화ㅁ쌍	
12	일정한 사물만이 특별히 갖추고 있음.	ㅌ유	
13	사물을 마디로 나눔. 또는 그렇게 나눈 마디	ㅂ절	
14	관심을 가지고 주의 깊게 살핌. 또는 그 시선	ㅈ목	
15	보통의 방향과 반대 방향으로 거슬러 나아감.	역ㅎ	
16	가볍게 여길 수 없을 만큼 매우 크고 중요하게 여김.	ㅈ시	
17	현상이나 사상, 행동 따위가 어떤 방향으로 기울어짐.	경ㅎ	
18	인간이 사회의 한 성원으로 생활하도록 기성세대에 동화함.	사ㅎ화	
19	여러 가지 선이나 색채로 평면상에 형상을 그려 내는 조형 미술	회ㅎ	
20	어떤 대상이나 사물, 현상 따위를 언어로 서술하거나 그림을 그려서 표현함.	묘ㅅ	
21	경험에 앞서서 인식의 주관적 형식이 인간에게 있다고 주장하는. 또는 그런 것	ㅅ험적	
22	사물을 보거나 생각하는 처지. 또는 어떤 생각이나 의견 따위를 이루는 사상이나 학식의 수준	차ㅇ	

No	앞의 어휘를 활용해 문장을 완성하시오.
01	그가 이미 유명 인사라는 것은 (　　　)에서 쉽게 확인할 수 있다.
02	학연과 지연을 선발 기준으로 정한 것은 공정성을 중시하는 시대 변화에 (　　　)하는 것이다.
03	니체는 이성 중심적인 사고방식을 거부하고 상대적으로 경시되었던 인간의 육체에 (　　　)하였다.
04	연속된 시간을 시, 분으로 표현하는 것처럼 일상 언어는 연속된 세계를 (　　　)하여 인식하게 만든다.
05	현재 전투기와 같이 정부만이 (　　　)한 구매자라 할 수 있는 국방 관련 물품이 경쟁 입찰로 결정된다.
06	건반에 연결된 해머가 현을 때리면 이 진동으로 생성된 음이 증폭되어 (　　　)의 음색을 가진 소리를 낸다.
07	우화소설은 인간 세계의 진면목을 보여 준다는 점에서 우회적인 방식으로 주제를 드러내는 (　　　) 양식이다.
08	실존주의는 현대 과학 기술 문명과 전쟁 속에서 비인간화되어 가는 현실을 고발하는 과정에서 등장한 철학 (　　　)이다.
09	19세기에 들어서자 현실적으로 자연법을 명확히 확정하기 어렵다는 비판 속에서 자연법 사상은 퇴조하는 (　　　)을 보였다.
10	편집 기법인 몽타주는 (　　　)적인 장면이나, 시공간이 다른 장면들을 연결하여 그들 사이의 대조나 유사성에 의한 연상적 비교를 일으켜 정서적 반응을 유발한다.

오늘 수능 국어 트레이닝 끝!

🏋 다음 글을 읽고 내용을 정리하시오.

01 **(가)** 플라톤은 초월 세계인 이데아계와 감각 세계인 현상계를 구분했다. 영원불변의 이데아계는 현상계에 나타난 모든 사물의 근본이 되는 보편자, 즉 형상(form)이 존재하는 곳으로 이성으로만 인식될 수 있는 관념의 세계이다. 반면 현상계는 이데아계의 형상을 바탕으로 만들어진 세계로 끊임없이 변화하는 사물이 감각에 의해 지각된다. 플라톤에 따르면 현상계의 모든 사물은 형상을 본뜬 그림자에 불과하다.

02 이러한 관점에서 플라톤은 예술을 감각 가능한 현상의 모방이라고 보았다. 예를 들어 목수는 이성을 통해 침대의 형상을 인식하고 그것을 모방하여 침대를 만든다. 그리고 화가는 감각을 통해 이 침대를 보고 그림을 그린다. 결국 침대 그림은 보편자에서 두 단계 떨어져 있는 열등한 것이며, 형상에 대한 참된 인식을 방해하는 허구의 허구에 불과하다. 〈중략〉

03 플라톤은 시가 회화와 다르다고 보았다. 고대 그리스에서 음유시인은 허구의 허구인 서사시나 비극을 창작하고, 이를 작품 속 등장인물의 성격에 어울리는 말투, 몸짓 같은 감각 가능한 현상으로 연기함으로써 다시 허구를 만들어 냈다. 이 과정에서 음유시인의 연기는 인물의 성격을 드러내는데, 이는 감각 가능한 외적 특성을 모방해 감각으로 파악될 수 없는 내적 특성을 드러내는 것이다.

04 플라톤은 음유시인이 용기나 절제 같은 덕성을 갖춘 인간이 아닌 저급한 인간의 면모를 모방할 수밖에 없다고 주장했다. 가령 화를 잘 내는 인물은 목소리가 거칠어지고 안색이 붉어지는 등 다양한 감각 가능한 현상들을 모방함으로써 쉽게 표현할 수 있지만, 용기나 절제력이 있는 인물에 수반되는 감각 가능한 현상은 표현하기 어렵기 때문이다. 따라서 플라톤은 음유시인의 연기를 보는 관객들이 이성이 아닌 감정이나 욕구와 같은 비이성적인 것들에 지배되어 타락하게 된다고 보았다.

01 **(나)** 아리스토텔레스는 형상이 항상 사물의 생성과 변화의 바탕이 되는 질료에 내재한다고 보고, 이를 가능태와 현실태라는 개념을 통해 설명하였다. 가능태란 형상을 실현시킬 수 있는 가능적 힘이자 질료를 의미하며, 현실태란 가능태에 형상이 실현된 어떤 상태이다. 가령 도토리는 떡갈나무가 되기 위한 가능태라면, 도토리가 떡갈나무가 된 상태가 현실태이다. 이처럼 생성·변화하는 모든 것은 목적을 향해 움직이므로 가능태에 있는 것은 형상이 완전히 실현된 상태인 '완전 현실태'를 향해 나아가는데, 이 이행 과정이 운동이다. 즉 운동의 원인은 외부가 아닌 가능태 자체에 내재한다.

02 아리스토텔레스에게 있어 예술의 목적은 개개의 사물에 내재하고 있는 보편자, 즉 형상을 표현해 내는 것이다. 〈중략〉 아리스토텔레스는 인간이 예술을 통해 쾌감을 느낄 수 있다고 보았다. 특히 비극시는 파멸하는 주인공을 통해 인간의 근본적 한계를 다루기 때문에, 시를 창작하면 인간 존재의 본질을 인식하는 앎의 쾌감을 느낄 수 있다고 하였다. 비극시 속 이야기는 음유 시인이 경험 세계의 개별자들 속에서 보편자를 인식해 내어, 그것을 다시 허구의 개별자로 표현한 결과물인 것이다. 또한 관객은 음유시인의 연기를 통해 앎의 쾌감을 느낄 수 있을 뿐 아니라 그와 다른 종류의 쾌감도 경험할 수 있다. 관객은 고통을 받는 인물의 이야기를 통해 그에 대한 연민과 함께, 자신도 유사한 고통을 겪을 수 있다는 공포를 느낀다. 이러한 과정에서 감정이 고조됐다가 해소되면서 얻게 되는 쾌감, 즉 카타르시스를 경험한다.

📖 지문이 읽히는 독해 코칭

빈칸을 채우며 각 문단별 내용을 완성하시오.

(가)

1문단

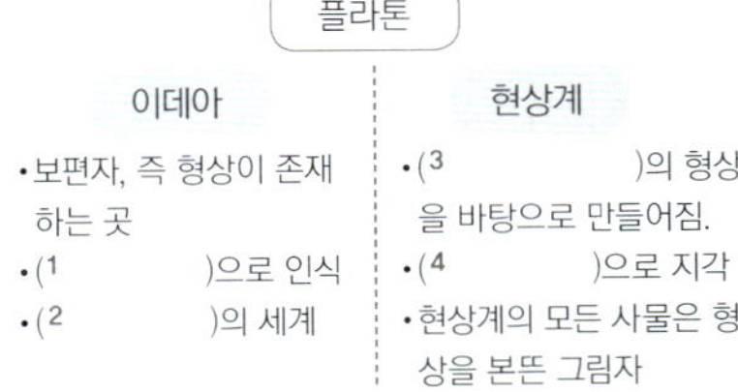

2문단

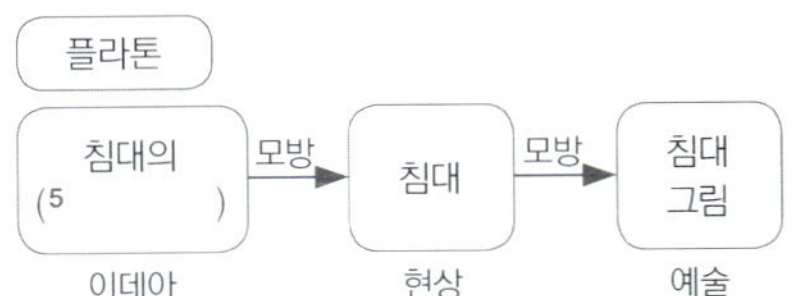

3문단

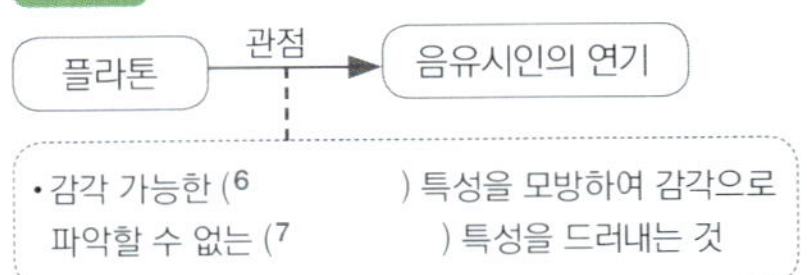

4문단

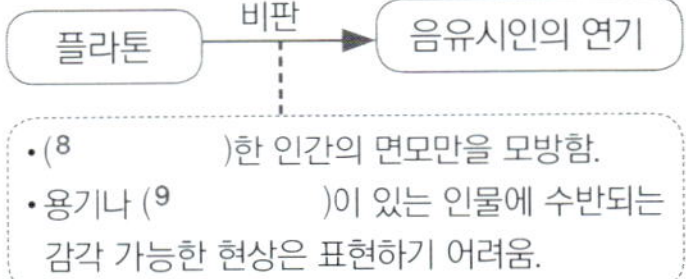

(나)

1문단

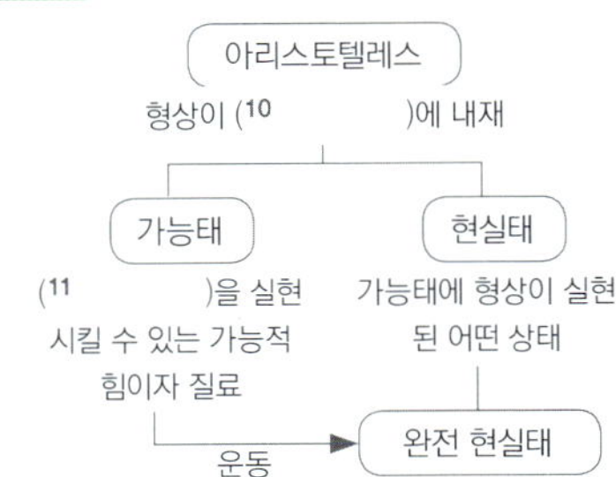

2문단

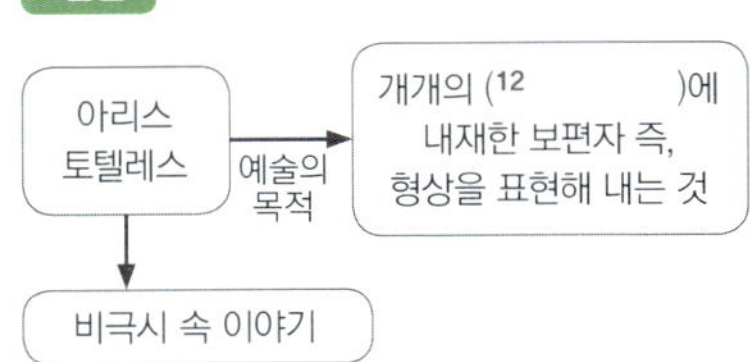

구조 트레이닝 ZONE

🔹 **빈칸에 알맞은 말을 넣어 구조도를 완성하시오.**

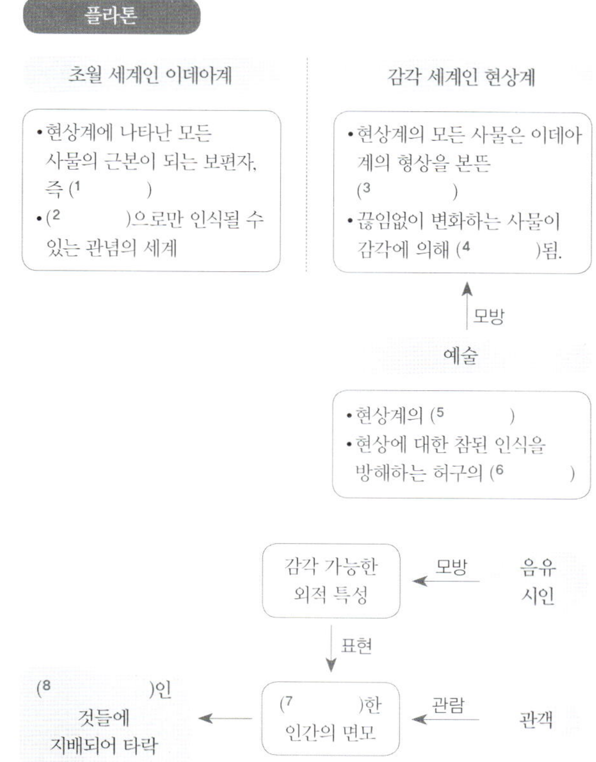

플라톤과 아리스토텔레스가 세계를 어떻게 이해하고 있는지를 이해할 수 있어야 합니다. 그리고 예술과 예술가, 특히 음유시인을 바라보는 두 철학자의 관점을 비교하여 그 차이를 명확히 파악하는 것이 중요합니다.

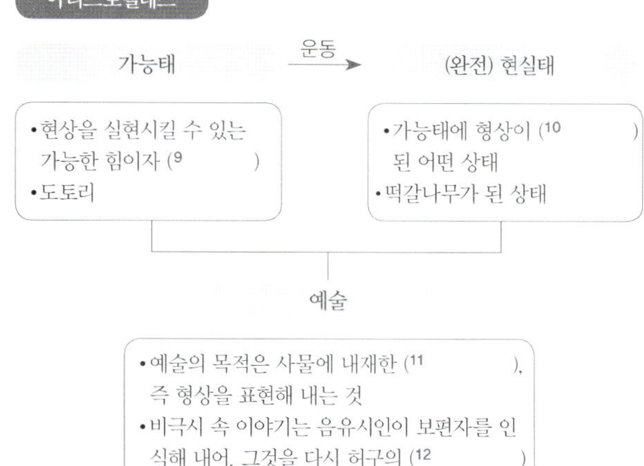

내용 트레이닝 ZONE

🔹 **글 내용과 일치하면 ○에, 그렇지 않으면 ✕에 체크하시오.**

(가)

1문단

01 플라톤은 세계를 형상이 존재하는 이데아와 이를 모방한 현상계로 구분하여 이해하였다. ○ ✕

02 플라톤은 현상계에 존재하는 사물은 모두 근본이 되는 보편자를 본뜬 허상이라고 주장하였다. ○ ✕

2문단

03 플라톤은 감각 세계인 현상계를 본뜬 것이 예술이라고 하였다. ○ ✕

04 플라톤은 침대 그림을 침대의 형상을 직접 본떠 만든 허구라고 폄하했다. ○ ✕

3문단

05 극 중에서 등장인물의 성격을 보여 주는 말투나 몸짓은 감각 가능한 외적 특성에 해당한다. ○ ✕

06 플라톤은 음유시인의 연기가 서사시나 비극과 같이 허구의 허구를 창작한 것에 불과하다고 보았다. ○ ✕

4문단

07 플라톤은 음유시인이라면 용기나 절제 같은 덕성을 갖춘 인물에 수반되는 감각 가능한 현상을 쉽게 표현할 수 있어야 한다고 보았다. ○ ✕

(나)

1문단

08 아리스토텔레스는 사물의 바탕이 되는 질료가 형상에 내재한다고 보았다. ○ ✕

09 아리스토텔레스는 도토리가 형상을 실현시킬 수 있는 질료라면, 떡갈나무는 형상이 실현된 어떤 상태라고 설명하였다. ○ ✕

10 아리스토텔레스는 가능태 자체에 내재한 원인에 의해 형상이 완전히 실행된 상태로 나아가는 운동이 일어나게 된다고 주장했다. ○ ✕

2문단

11 아리스토텔레스는 현상을 표현해 내는 것이 예술의 목적이라고 생각하였다. ○ ✕

12 관객은 음유시인의 연기를 보며 해소되었던 감정이 고조되는 카타르시스를 경험하게 된다. ○ ✕

13 아리스토텔레스는 비극시 속 이야기를 음유시인이 경험 세계의 개별자들 속에서 보편자를 인식해 내어 이를 다시 허구의 개별자로 표현한 결과물이라고 설명했다. ○ ✕

워밍-UP

[01~03] 다음 글을 읽고 물음에 답하시오.

01 (가) 플라톤은 초월 세계인 이데아계와 감각 세계인 현상계를 구분했다. 영원불변의 이데
아계는 현상계에 나타난 모든 사물의 근본이 되는 보편자, 즉 형상(form)이 존재하는 곳
으로 이성으로만 인식될 수 있는 관념의 세계이다. 반면 현상계는 이데아계의 형상을 바탕
으로 만들어진 세계로 끊임없이 변화하는 사물이 감각에 의해 지각된다. 플라톤에 따르면
현상계의 모든 사물은 형상을 본뜬 그림자에 불과하다.

02 이러한 관점에서 플라톤은 예술을 감각 가능한 현상의 모방이라고 보았다. 예를 들어 목
수는 이성을 통해 침대의 형상을 인식하고 그것을 모방하여 침대를 만든다. 그리고 화가
는 감각을 통해 이 침대를 보고 그림을 그린다. 결국 침대 그림은 보편자에서 두 단계 떨
어져 있는 열등한 것이며, 형상에 대한 참된 인식을 방해하는 허구의 허구에 불과하다.
〈중략〉

03 플라톤은 시가 회화와 다르다고 보았다. 고대 그리스에서 음유시인은 허구의 허구인 서사
시나 비극을 창작하고, 이를 작품 속 등장인물의 성격에 어울리는 말투, 몸짓 같은 감각
가능한 현상으로 연기함으로써 다시 허구를 만들어 냈다. 이 과정에서 음유시인의 연기는
인물의 성격을 드러내는데, 이는 감각 가능한 외적 특성을 모방해 감각으로 파악될 수 없
는 내적 특성을 드러내는 것이다.

04 플라톤은 음유시인이 용기나 절제 같은 덕성을 갖춘 인간이 아닌 저급한 인간의 면모를
모방할 수밖에 없다고 주장했다. 가령 화를 잘 내는 인물은 목소리가 거칠어지고 안색이
붉어지는 등 다양한 감각 가능한 현상들을 모방함으로써 쉽게 표현할 수 있지만, 용기나
절제력이 있는 인물에 수반되는 감각 가능한 현상은 표현하기 어렵기 때문이다. 따라서 플
라톤은 음유시인의 연기를 보는 관객들이 이성이 아닌 감정이나 욕구와 같은 비이성적인
것들에 지배되어 타락하게 된다고 보았다.

01 (나) 아리스토텔레스는 형상이 항상 사물의 생성과 변화의 바탕이 되는 질료에 내재한
다고 보고, 이를 가능태와 현실태라는 개념을 통해 설명하였다. 가능태란 형상을 실현시킬
수 있는 가능적 힘이자 질료를 의미하며, 현실태란 가능태에 형상이 실현된 어떤 상태이
다. 가령 도토리는 떡갈나무가 되기 위한 가능태라면, 도토리가 떡갈나무가 된 상태가 현
실태이다. 이처럼 생성·변화하는 모든 것은 목적을 향해 움직이므로 가능태에 있는 것은
형상이 완전히 실현된 상태인 '완전 현실태'를 향해 나아가는데, 이 이행 과정이 운동이다.
즉 운동의 원인은 외부가 아닌 가능태 자체에 내재한다.

02 아리스토텔레스에게 있어 예술의 목적은 개개의 사물에 내재하고 있는 보편자, 즉 형상을
표현해 내는 것이다. 〈중략〉 아리스토텔레스는 인간이 예술을 통해 쾌감을 느낄 수 있다고
보았다. 특히 비극시는 파멸하는 주인공을 통해 인간의 근본적 한계를 다루기 때문에, 시
를 창작하면 인간 존재의 본질을 인식하는 앎의 쾌감을 느낄 수 있다고 하였다. 비극시 속
이야기는 음유시인이 경험 세계의 개별자들 속에서 보편자를 인식해 내어, 그것을 다시 허
구의 개별자로 표현한 결과물인 것이다. 또한 관객은 음유시인의 연기를 통해 앎의 쾌감을
느낄 수 있을 뿐 아니라 그와 다른 종류의 쾌감도 경험할 수 있다. 관객은 고통을 받는 인
물의 이야기를 통해 그에 대한 연민과 함께, 자신도 유사한 고통을 겪을 수 있다는 공포
를 느낀다. 이러한 과정에서 감정이 고조됐다가 해소되면서 얻게 되는 쾌감, 즉 카타르시
스를 경험한다.

모방론

　'모방론'은 플라톤과 아리스토텔레스가 문학의
본질을 설명하는 핵심적인 개념으로 사용한 말이
다. 흔히 재현이라는 뜻으로도 번역되는데, 이는 문
학이 '흉내내기'의 결과라는 생각을 담고 있다고 볼
수 있다. 플라톤은 『국가론』에서 모방을 본질적인
것과는 거리가 먼 거짓으로 규정한 반면, 아리스토
텔레스는 모방을 긍정적 의미로 설명하였다. 즉 플
라톤은 시나 문학이 사물의 외형을 묘사하기 때문
에 진리에서 멀어진 것이라고 생각하였다. 반면에
아리스토텔레스는 인간이 지닌 모방 본능이야말로
인간을 동물과 구별해 주는 중요한 속성이라 생각
하며 모방에 대해 긍정적으로 인식하였다.

아리스토텔레스가 생각한 미의 기준

　아리스토텔레스는 미의 기준을 질서, 균형, 명료
성, 즉 사물의 완전성으로 보았다. 이는 다음과 같
은 그의 진술에서 확인해 볼 수 있다. "하나의 아름
다운 사물은 하나의 살아있는 사물 혹은 여러 부
분으로 구성된 사물일 수 있다. 이 사물의 각 부분
은 일정한 배열을 가지고 있으며 일정한 크기를 지
닌다. 즉 미란 크기와 질서가 잡힌 배열에 근거한다.
따라서 너무 작은 것은 뚜렷하게 알아 볼 수 없기
때문에 아름답다고 할 수 없다. 또한 너무 큰 것 역
시 아름답다고 할 수 없다. 한 번에 전체를 볼 수 없
으므로 그 완전성을 파악할 수 없기 때문이다."

01

(가)의 '플라톤'의 사상을 이해한 내용으로 적절하지 <u>않은</u> 것은?

① 예술은 형상에 대한 참된 인식을 방해한다.

② 형상은 감각이 아닌 이성을 통해서만 인식할 수 있다.

③ 현상계의 사물을 모방한 예술은 형상보다 열등한 것이다.

④ 예술의 표현 대상은 사물이 아니라 사물 안에 존재하는 형상이다.

⑤ 이데아계는 현상계에 나타난 모든 사물의 형상이 존재하는 곳이다.

02

(나)의 '아리스토텔레스'의 관점에서 형상과 질료에 대해 이해한 내용으로 적절하지 <u>않은</u> 것은?

① 형상은 질료와 분리되어 존재할 수 없다.

② 질료는 형상을 실현시킬 수 있는 가능적 힘이다.

③ 형상이 질료에 실현되는 원인은 가능태 자체에 내재한다.

④ 형상과 질료 사이의 관계는 현실태와 가능태 사이의 관계와 같다.

⑤ 생성·변화하는 것은 형상이 질료에 완전히 실현된 상태인 완전 현실태를 향한다.

03

(가)의 '플라톤'과 (나)의 '아리스토텔레스'가 〈보기〉에 대해 보일 반응으로 적절하지 <u>않은</u> 것은?

〈보기〉

고대 그리스의 비극시 오이디푸스 왕의 주인공 오이디푸스는 자신에게 주어진 숙명에 의해 파멸당하는 인물이다. 비극시를 공연하는 음유시인은 목소리, 몸짓으로 작품 속 오이디푸스를 관객 앞에서 연기한다. 음유시인의 연기에 몰입한 관객은 덕성을 갖춘 주인공이 특별한 잘못이 없는데도 불행해지는 모습을 보고 연민과 공포를 느낀다.

① 플라톤: 오이디푸스는 덕성을 갖춘 현상 속 인물을 본떠 만든 허구의 허구이며, 그에 대한 음유시인의 연기는 이를 다시 본뜬 허구이다.

② 플라톤: 음유시인은 오이디푸스의 덕성을 연기하는 데 주력하겠지만, 관객은 이를 감각으로 파악할 수 없기 때문에 감정과 욕구에 지배되어 타락하게 된다.

③ 플라톤: 음유시인의 목소리와 몸짓을 통해 오이디푸스의 성격이 드러난다면, 감각 가능한 외적 특성을 모방하는 과정에서 감각되지 않는 내적 특성이 표현된 것이다.

④ 아리스토텔레스: 음유시인이 현상 속 인간의 개별적 모습들에서 보편자를 인식해 내어, 이를 다시 오이디푸스라는 허구의 개별자로 표현한 것이다.

⑤ 아리스토텔레스: 오이디푸스가 숙명에 의해 파멸당하는 것을 본 관객들은 인간 존재의 본질을 이해하는 쾌감을 느낄 뿐 아니라 카타르시스를 경험할 수 있다.

주제
독해

V

예술

펌핑-UP

[01~03] 다음 글을 읽고 물음에 답하시오.

01 고대 그리스인들에게 엔투시아스모스는 종교적인 행사에서 사제가 신의 메시지를 얻기 위해 신과 교감하는 열광적인 상태를 의미하였다. 그런데 그들은 이런 상태가 사제뿐만 아니라 종교 행사에 참가한 사람들에게서도 나타난다고 보았다. 고대 그리스인들은 몸짓, 언어, 그리고 멜로디와 리듬으로 감정과 충동을 표현하는 활동에 심취하여 사제를 통해 신과 교감하는 상태인 엔투시아스모스에 이를 수 있다고 믿었다. 그리고 이러한 활동에서 춤, 시, 음악이 나왔다고 생각하였다.

02 고대 그리스인들에게 테크네는 신적 존재와 무관한, 인간이 무엇인가를 제작할 때 발휘되는 지적 능력을 의미하였다. 즉 테크네는 정해진 규칙 체계를 준수해 가며 수행되는 의식적인 지적 제작 능력을 지시하는 말이었다. 고대 그리스인들은 이러한 테크네를 발휘해서 나올 수 있는 것이 건축, 회화, 조각이라고 생각했다. 그런데 그들은 건축은 실물을 제작하는 활동이라고 여겼던 반면 회화와 조각은 실물을 모방하는 활동이라고 여겼다. 또 회화와 조각이 실물의 모방이기 때문에 이 모방은 실물의 정확한 이미지의 제작이 될 수도 있지만, 왜곡을 사용한 모방, 즉 환상의 제작이 될 수도 있다고 생각하였다.

03 그런데 당시 플라톤은 자신의 철학적 사유를 바탕으로 엔투시아스모스와 테크네에 대해서 비판적인 관점을 취했다. 그는 인간의 '이성'을 초월적 세계의 **이데아***를 파악할 수 있는 중요한 능력으로 보았다. 이런 관점을 바탕으로 그는 엔투시아스모스를 인간이 '이성'으로부터 멀어진 상태로 보았기 때문에 여기에서 비롯된 예술을 인간에게 유해한 것으로 규정하였는데, 특히 ⓐ시를 강하게 비판했다. 시는 인간에 의한 소산이라기보다는 신과의 교감에 의해서 얻은 메시지에 가까운 것이므로, 인간의 '이성'과는 더 멀어진 것이라고 생각했기 때문이다. 또한 플라톤은 현실 세계의 본질인 이데아에 최상의 가치를 부여하고, 현실 세계는 이 이데아를 모방하여 생겨난 것이기 때문에 이데아보다 더 낮은 가치를 지닐 수밖에 없다고 말했다. 이런 관점을 바탕으로 플라톤은 테크네를 발휘하여 이루어진, 현실 세계에 대한 모방의 결과물에 대해서도 비판적인 관점을 취했는데 회화와 조각에 대한 비판이 대표적이다. 당시 고대 그리스인들과 마찬가지로 플라톤도 건축은 현실 세계의 실물이라고 여겼다. 그런데 그는 회화나 조각은, 이데아를 모방한 현실 세계를 한 번 더 모방한 대상이므로 현실 세계 그 자체보다도 더 낮은 가치를 지닐 수밖에 없다고 이야기했다. 특히 이 두 번째 모방의 과정에서 왜곡을 통한 환상이 만들어질 수 있다는 점은 회화와 조각에 대한 플라톤의 비판적 관점의 중요한 근거가 된다.

04 그러나 플라톤 이후 예술에 대한 다양한 담론 속에서 엔투시아스모스와 테크네는 다시 중요한 가치를 지니게 된다. 특히 근대에 들어와서 엔투시아스모스의 가치를 높게 평가한 것은 낭만주의였다. 왜냐하면 낭만주의는 예술에서 인간의 합리성을 거부하고 감정의 표현을 중시했기 때문이다. 그러나 엔투시아스모스가 고대 그리스 시대에는 신적 존재와 관련되어 강조되었다면, 낭만주의 시대에는 인간 자신의 상상력, 무의식 등과 관련되어 강조되었다. 그리고 근대에 들어와서 테크네의 가치는 사실주의에 의해서 부각된다. 사실주의는 현실 세계의 정확한 모방을 추구했기 때문에 환상의 제작이라는 측면을 제외한 테크네, 즉 정확한 이미지의 제작을 가능하게 하는 테크네의 가치를 중시하였다.

---

* **이데아:** 인간이 감각하는 현실적 사물의 원형(原形). 모든 존재와 인식의 근거가 되는 초월적인 실재로서 사물의 영원하고 불변하는 본질적인 원형

지문이 읽히는 독해 코칭

빈칸을 채우며 각 문단별 내용을 완성하시오.

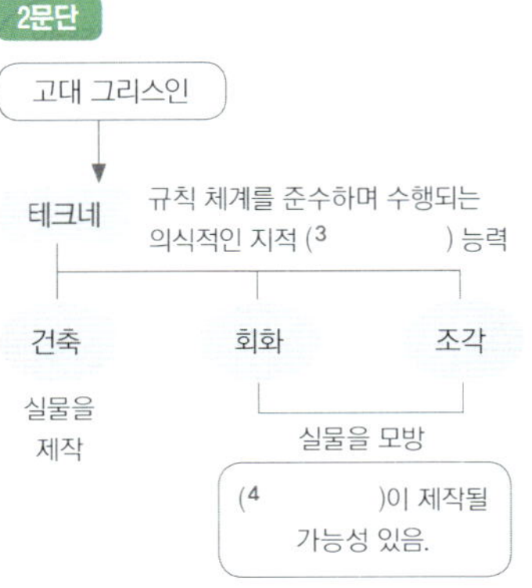

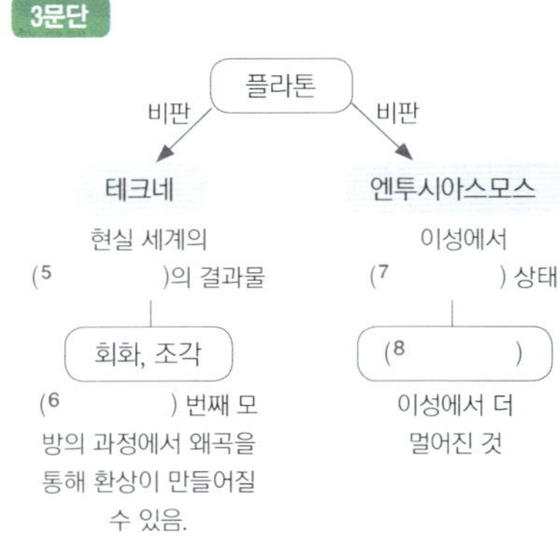

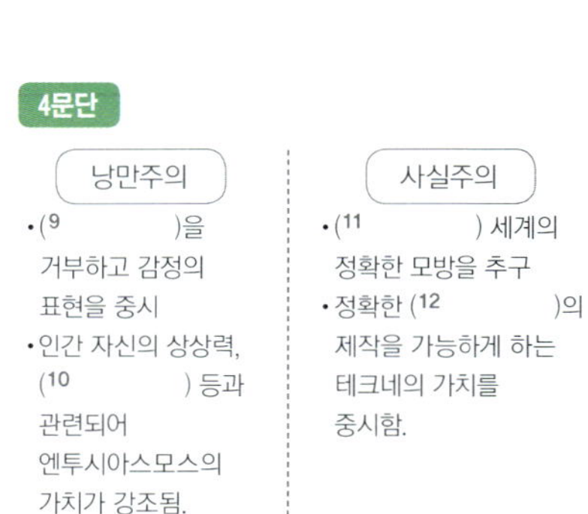

01

〈보기〉는 윗글의 내용을 정리하기 위한 표이다. ㉮~㉲에 들어갈 내용으로 적절하지 <u>않은</u> 것은?

〈보기〉

구분	엔투시아스모스	테크네
고대 그리스인	㉮	㉯
플라톤	㉰	현실 세계를 모방하는 인간의 능력
낭만주의	㉱	
사실주의		㉲

① ㉮: 종교 행사에서 사제를 제외한 참가자들이 겪는 열광적인 상태

② ㉯: 인간이 규칙 체계를 따르며 행하는 제작에 필요한 지적 능력

③ ㉰: 인간이 지니고 있는 '이성'으로부터 멀어져 있는 상태

④ ㉱: 인간의 감정 표현을 중시했기 때문에 강조한 개념

⑤ ㉲: 정확한 모방을 가능하게 하는 능력으로서 강조한 개념

02

ⓐ에 대한 플라톤의 관점으로 가장 적절한 것은?

	창작의 기원	특징
①	엔투시아스모스	인간의 의식적인 상상력의 산물임.
②	엔투시아스모스	현실 세계와 동일한 내용이 표현됨.
③	엔투시아스모스	인간에게 해로운 영향을 주는 것임.
④	테크네	현실 세계보다 더 낮은 가치를 지님.
⑤	테크네	교감을 통해 얻게 된 신의 메시지임.

03

윗글을 바탕으로 〈보기〉의 A~C에 대해 이해한 내용으로 적절하지 <u>않은</u> 것은?

〈보기〉

① 고대 그리스인들은 A, B, C 모두를 지적 능력의 소산으로 보았겠군.

② 플라톤은 A가 지닌 가치를 B, C가 지닌 가치와 다르게 규정했겠군.

③ 고대 그리스인들은 A, B를 실물을 모방하여 제작한 것으로 여겼겠군.

④ 플라톤은 B, C를 제작하는 과정에서 왜곡이 일어날 수 있다고 보았겠군.

⑤ 플라톤은 C가 A를 모방한 것이기 때문에 C에 대해서 비판적인 관점을 가졌겠군.

구조 트레이닝 ZONE

빈칸에 알맞은 말을 넣어 구조도를 완성하시오.

고대 그리스인

엔투시아스모스

종교적인 행사에서 사제를
통해 (1   )과 교감하는
열광적인 상태

춤 · 시 · (2   )

테크네

신적 존재와 무관한, 인간이
무언가 (3   )할 때
발휘되는 지적 능력

건축 · 회화 · 조각

실물을 (4   )하는 활동

실물을 제작하는 활동 → (5   )을 사용한 모방, 즉 환상의 제작 가능성

엔투시아스모스와 테크네에 대한 고대 그리스인들의 인식이 어떠
했는지를 파악하고, 특히 플라톤은 이 두 개념에 대해 어떤 입장을
취했는지 살펴보아야 합니다. 이 두 개념이 낭만주의와 사실주의에
의해 재평가된 이유가 무엇인지도 파악해 보도록 합니다.

플라톤

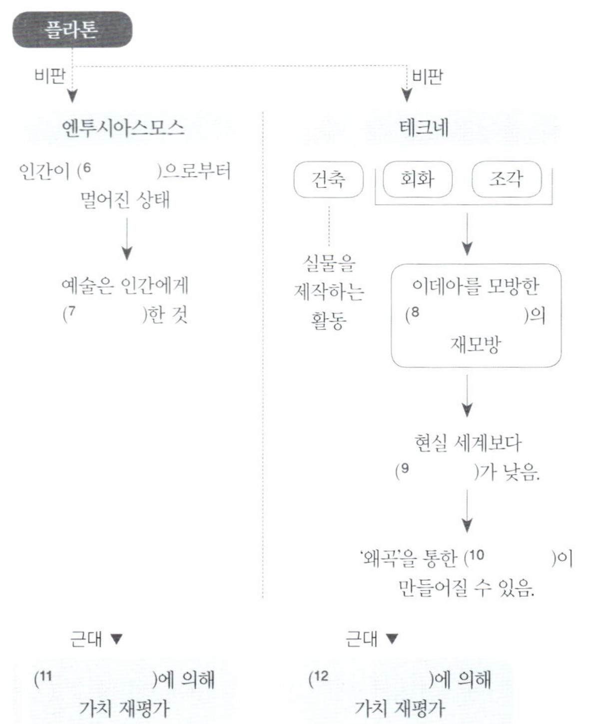

에피스테메와 테크네

소크라테스, 플라톤, 아리스토텔레스는 인간의 지식이나 활동을 에피스테메(episteme)와 테크네로 구분했다. 에피스테메가 사물의 본질과 원리를 밝혀내는 높은 수준의 정신적인 활동을 가리킨 반면, 테크네는 원래 목수가 무언가를 만들고 생산하듯 기예, 기교, 재주가 동반된 실제적이고 전문적인 활동을 가리켰다. 그러나 각각의 중요성은 달랐다. 에피스테메가 인간 삶의 가치와 목적을 제공해 주는 숭고한 것이라면, 테크네는 목적 달성에 필요한 도구를 제공해 주는 물질적이고 실용적인 것으로 인식됐다. 그런 연유로 테크네는 인간의 삶의 목표나 가치 생산에 기여하지 못하거나, 심지어 덕이나 최고선의 추구에 해로운 것으로 간주되기도 했다.

낭만주의 미술

낭만주의는 1800~1850년에 걸쳐, 이성을 중시했던 신고전주의에 반발하여 일어난 사조로, 작가와 화가 모두 이성인 객관주의보다 감성과 직관에 의존하는 것이 특징이다. 낭만주의 미술은 정적이고 질서가 잡힌 구도 가운데 격식에 들어맞는 아름다움을 찾는 고전주의에 대항하여, 동적인 리듬 속에 인간의 감정을 표출하려고 하는 낭만파 화가들의 미술 양식을 말한다. 낭만주의 미술가들은 중세 시대의 공상적인 이야기, 먼 나라의 이국적인 신비로움 그리고 자연에 대한 관심과 사랑을 담아 풍경화를 그렸다. 따라서 미술가의 상상력과 민감한 감수성이 중시되었고, 이성적 판단보다는 열정을 중시했다. 낭만주의 미술 작품에는 전쟁터를 그린 작품들이 많은데, 이는 전쟁터라는 소재가 감동적이며 인상적인 주제를 역동적인 구도로 표현하기에 적합했기 때문이라 할 수 있다.

› 정답과 해설 **87쪽**

[01~03] 다음 글을 읽고 물음에 답하시오.

서양 철학은 ㉠존재에 대한 물음에서 시작되었다. 고대 그리스 철학자 파르메니데스는 있는 것은 있고 없는 것은 없다고 말했다. 그는 어떤 존재가 있다가 없어지고 없다가 있게 되는 일은 불가능하다며 존재의 생성과 변화, 소멸을 부정했다. 그에게 존재는 영원하며 절대적이고 불변성을 가지는 것이었다. 이에 반해 헤라클레이토스는 존재의 생성과 변화를 긍정했다. 그는 존재하는 모든 것이 변화의 과정 중에 있으며 끊임없이 생성과 소멸을 반복하는 것이라고 생각했다. 존재에 대한 두 철학자의 견해는 플라톤의 이데아론에 영향을 주었다. 플라톤은 존재를 끊임없이 변하는 존재와 영원히 변하지 않는 존재로 나누었다. 그는 우리가 경험하는 현실 세계의 존재는 변한다고 생각했다. 그리고 현실 세계에 존재하는 모든 것의 근원을 이데아로 상정하고 이데아를 영원하고 불변하는 존재, 그 자체로 완전한 진리로 여겼다. 반면에 현실 세계의 존재는 이데아를 모방한 것일 뿐 이데아와 달리 불완전하다고 보았다. 또한 감각을 통해 인식할 수 있는 현실 세계의 존재와 달리 이데아는 오직 이성에 의해서만 인식할 수 있다는 이성 중심의 사유를 전개했다. 플라톤의 이러한 철학적 견해는 이후 서양 철학의 주류가 되었다.

그러나 플라톤의 견해를 바탕으로 한 서양 철학의 주류적 입장은 근대에 이르러 니체에 의해 강한 비판을 받았다. 헤라클레이토스의 견해를 받아들인 니체는 영원히 변하지 않는 존재, 절대적이고 영원한 진리는 없다고 주장했다. 또한 우리가 살고 있는 현실 세계가 유일한 세계라면서 '신은 죽었다'라고 선언하며 형이상학적 이원론*이 말하는 진리, 신 중심의 초월적 세계, 합리적 이성 체계 모두를 부정했다. 니체는 형이상학적 이원론이 진리를 영원불변한 것으로 고정하고, 현실 너머의 이상 세계와 초월적 대상을 생명의 근원으로 설정함으로써 인간이 현실의 삶을 부정하도록 만들었다고 보았다. 그래서 생명의 근원과 삶의 의미를 상실한 인간은 허무에 직면하게 되었다는 것이다.

니체는 허무에서 벗어나기 위해서는 생명의 본질을 회복해야 한다고 했다. 그는 인간이 자신의 삶을 지탱할 수 있게 하는 것을 '힘에의 의지'로 보았다. 니체가 말하는 '힘에의 의지'는 주변인이나 사물을 자기 마음대로 지배하고 억압하려는 의지가 아니라 자기 극복을 이끌어 내고 생명의 상승을 지향하는 의지로 이해할 수 있다. 니체는 이러한 '힘에의 의지'가 생성과 변화의 끊임없는 과정 중에서 창조적 생성 작용을 하는데, 그 최고의 형태가 예술이라고 했다. 그는 본능에 내재한 감성을 바탕으로 하는 예술적 충동을 중시하였고, 예술가의 창작 활동을 인간의 삶의 가치 상승을 도와주는 '힘에의 의지'로 보았다. 그는 예술을 통해 생명력을 회복하고 허무를 극복할 수 있음을 강조한 것이다.

이러한 니체의 철학적 견해는 20세기 초의 예술가들에게 많은 영향을 주었는데, 특히 회화에서 독일의 표현주의가 니체의 철학을 수용했다. 표현주의는 전통적인 사실주의 미학을 따르지 않았다. 사실주의 미학은 형이상학적 이원론에 근거하여 존재와 진리의 참모습을 모방하는 것을 예술의 목적으로 받아들이는 재현의 미학이었다. 그러나 니체의 철학적 관점에서 예술을 이해한 표현주의 화가들은 예술의 목적을 대상의 재현이 아니라 인간의 감정과 충동을 표현하는 것으로 생각했다. 그들은 사실주의 미학에서 이성보다 열등한 것이라고 여겼던 감정을 존재의 본질을 드러내는 것으로 보았다. 그들이 생각하는 인간의 감정은 시시각각 변화하며 생성과 소멸을 반복하는 것이었기에 그림을 그리는 동안에도 매순간 변화하는 감정을 중시했다. 그래서 대상의 비례와 고유한 형태를 왜곡하고, 색채도 실제보다 더 강하게 과장해서 그리거나 대비되는 원색을 대담하게 사용하는 등의 방법을 통해 자신의 감정과 충동을 표현했다. 또한 원근법에 얽매이지 않는 화면 구성을 보임으로써 작품에서 드러나는 공간이 현실 공간의 재현이 아니라 화가 자신의 감정을 표현하기 위한 상징과 의미를 생산하는 공간이라는 인식을 드러냈다.

표현주의 화가들은 이성과 합리성의 가치를 추구하던 당시 사회의 분위기에 반발하며 예술가로서의 감정적, 주관적인 표현을 예술이 추구해야 하는 가치로 보았다. 그들은 자유로운 형태와 색채로 자신들이 가지고 있던 내면의 불안, 공포, 고뇌 등을 예술로써 극복하려고 노력하면서 강한 생명력을 보여 주었다. 결국 화가의 내면을 적극적으로 표현했던 표현주의는 니체의 철학을 근거로 예술에 대한 새로운 해석을 보여 주었다고 할 수 있다.

* **형이상학적 이원론**: 세계를 경험의 세계와 경험을 초월한 세계로 나누고, 사물의 본질과 존재의 근본 원리를 사유를 통해 연구하는 이론

01

⊙에 대한 이해로 가장 적절한 것은?

① 헤라클레이토스와 니체는 ⊙이 변화한다고 생각했다.

② 파르메니데스와 플라톤은 ⊙이 불완전하다고 여겼다.

③ 플라톤과 헤라클레이토스는 영원히 변하지 않는 ⊙이 있다고 보았다.

④ 파르메니데스는 헤라클레이토스와 달리 ⊙의 생성을 긍정했다.

⑤ 플라톤은 니체와 달리 ⊙의 근원을 감각을 통해 인식할 수 있다고 보았다.

02

윗글에 나타난 표현주의 화가들 의 생각으로 적절하지 않은 것은?

① 인간의 감정을 존재의 본질을 드러내는 것으로 인식했다.

② 존재와 진리의 참모습을 모방하는 것이 중요하다고 여겼다.

③ 시시각각 변화하며 생성과 소멸을 반복하는 감정을 중시했다.

④ 예술가로서의 주관적 표현을 예술이 추구해야 하는 가치라고 생각했다.

⑤ 작품에서 드러나는 공간을 화가의 감정을 표현하기 위한 공간으로 인식했다.

03

윗글에 나타난 니체의 사상과 연결 지어 〈보기〉의 작품을 감상한 내용으로 가장 적절한 것은?

〈보기〉

독일 표현주의 화가인 키르히너의 〈해바라기와 여인의 얼굴(1906)〉은 창가에 놓인 해바라기 꽃병과 여인의 모습을 그린 작품으로 화가의 내면이 잘 표현되었다는 평가를 받는다. 해바라기는 노란색, 꽃병은 녹색, 배경은 주황색의 화려한 원색으로 그려져 있고, 해바라기 앞의 여인은 슬프고 우울해 보인다. 활짝 핀 해바라기의 윤곽은 빨갛고 두터운 선으로 그려져 해바라기의 노란색과 대비를 이루고 있다. 또한 여인보다 뒤에 있는 해바라기 꽃병이 더 크게 그려진 화면 구성을 보이고 있다.

① 여인을 슬프고 우울해 보이게 그린 것을 보니 인간은 결코 허무를 극복할 수 없다는 니체의 철학과 관련된 것으로 볼 수 있겠군.

② 해바라기를 강조한 화면 구성을 보니 현실 너머의 이상 세계를 생명의 근원이라고 여긴 니체의 견해가 반영된 것으로 볼 수 있겠군.

③ 해바라기의 노란색과 윤곽의 빨간색을 대비한 것을 보니 초월적 세계를 재현한 것이 현실 세계라는 니체의 입장과 관련된 것으로 볼 수 있겠군.

④ 해바라기, 꽃병, 배경 등을 화려한 원색으로 그린 것을 보니 감성을 바탕으로 한 예술적 충동을 중요하게 여겼던 니체의 생각에 영향을 받은 것으로 볼 수 있겠군.

⑤ 해바라기 꽃병과 여인을 원근법에 어긋나게 그린 것을 보니 인간은 자기 주변의 사물을 지배해야 한다는 의지를 강조한 니체의 주장이 수용된 것으로 볼 수 있겠군.

호루라기 관장님의 어휘 트레이닝

공부한 날	월 일 요일
맞은 개수	/ 32

No	뜻	힌트	정답
01	가리켜 보임.	지ㅅ	
02	해로움이 있음.	유ㅎ	
03	관계나 상관이 없다.	ㅁ관하다	
04	어질고 너그러운 성질	덕ㅅ	
05	오래 버티거나 배겨 냄.	ㅈ탱	
06	사물의 생긴 모양이나 상	형ㅅ	
07	다른 것을 본뜨거나 본받음.	ㅁ방	
08	어떤 일에 대한 견해나 생각	관ㄴ	
09	보통의 수준이나 등급보다 낮음.	열ㄷ	
10	서로 접촉하여 따라 움직이는 느낌	교ㄱ	
11	시를 지어 읊으며 여기저기 떠돌아다님.	ㅇ유	
12	사실과 다르게 해석하거나 그릇되게 함.	왜ㄱ	
13	사람이나 사물의 겉모습. 또는 그 됨됨이	면ㅁ	
14	어떤 일이나 사람에 깊이 빠져 마음을 빼앗김.	ㅅ취	
15	이미 있는 대상을 본으로 삼아 그대로 좇아 만들다.	ㅂ뜨ㄷ	
16	너무 기쁘거나 흥분하여 미친 듯이 날뛰는. 또는 그런 것	열ㄱ적	
17	사상이나 감각의 착오로 사실이 아닌 것이 사실로 보이는 환각 현상	ㅎ상	
18	어떤 목표로 뜻이 쏠리어 향함. 또는 그 방향이나 그쪽으로 쏠리는 의지	지ㅎ	
19	현상이나 사물의 옳고 그름을 판단하여 밝히거나 잘못된 점을 지적하는. 또는 그런 것	비ㅍ적	
20	소설이나 희곡 따위에서, 실제로는 없는 사건을 작가의 상상력으로 재창조해 냄. 또는 그런 이야기	ㅎ구	
21	어떠한 한계나 표준, 이해나 자연 따위를 뛰어넘거나 경험과 인식의 범위를 벗어나는. 또는 그런 것	초ㅇ적	
22	모든 색의 기본이 되는 빛깔. 그림물감에서는 자홍, 청록, 노랑을 이른다. 빛에서는 다른 빛깔로 더 분해할 수 없는 빨강, 초록, 파랑을 이른다.	원ㅅ	

No	앞의 어휘를 활용해 문장을 완성하시오.
01	고대 사람들은 ( )적 존재인 신에 의해 우주가 운행된다고 믿었다.
02	혀로 소금의 '짠맛'을 느끼는 것은 인상이고, 머릿속으로 '짠맛'을 떠올리는 것은 ( )이다.
03	사극은 역사적 사건이나 인물을 소재로 다양한 상상력을 발휘하여 만든 ( )적 창작물이다.
04	인간은 효용의 극대화를 위해 자신의 이익만을 추구하는 기회주의적 ( )를 보일 가능성이 높다.
05	( )이란 새로운 행동이나 선천적이지 않은 행동을 관찰하여 행동 그 자체를 복제한다는 의미이다. ㄴ
06	플라톤은 시를 인간에 의한 소산이라기보다는 신과의 ( )에 의해서 얻은 메시지에 가까운 것으로 보았다.
07	요즘 들어 허위·과장 광고가 눈에 띄게 늘고 있다. 매체 이용자들은 광고를 보는 ( )적 안목을 길러야 한다.
08	광각 카메라는 영상이 중심부는 볼록하고 중심부에서 멀수록 더 휘어지는 현상, 즉 렌즈에 의한 상의 ( )이 발생한다.
09	많은 학생들이 디지털 기기는 환경 문제와 ( )하다고 생각하는데 디지털 기기 사용과 지구 온난화는 밀접한 관련이 있다.
10	선 아니면 악, 아름다움 아니면 추함 등 두 가지 극단적인 방향으로만 세상을 판단하는 것은 다양성을 추구하는 사회가 ( ) 할 방식으로 바람직하지 않다.

주제
독해
V
예술

오늘 수능 국어 트레이닝 끝!

빛나는 보물을 모아둔 집과 훈민정음

간송 전형필은 한국의 교육가이자 문화재 수집가이다. 간송은 부친으로부터 논 800만 평이 넘는 거대한 재산을 상속받았는데, 이는 해마다 2만 석의 쌀을 수확할 수 있을 정도의 막대한 재산이었다. 그런데 간송은 막대한 재산을 국내 문화재를 구입하는 데 사용하였다. 조선의 중요한 서화를 수집하면서 안목을 키웠고, 스승 오세창의 지도와 조언을 받아 문화재를 수집하기 위해 노력했다. 인사동에 소재한 한남서림(翰南書林)을 인수하여 경영하며 고서적과 서화, 화첩 등을 수집하였고, 한국의 중요한 문화재가 일본인에게 넘어가는 것을 막았다.

또한 전국의 거간꾼과 국내외 수장가를 찾아다니며 문화재를 구입하였고 경매를 통해 문화적 가치가 높은 다수의 문화재를 수집하였다. 간송은 수집한 문화재를 보존하기 위해 1938년 개인 박물관인 보화각(葆華閣, 현 간송 미술관)을 세웠다. '보화각'은 '빛나는 보물을 모아둔 집'이라는 의미로, 독립운동가 오세창 선생이 지어 선사한 이름이다.

그가 막대한 돈을 들여 수집한 문화재 중에는 1942년 일본인 몰래 안동에서 서울의 기와집 10채를 살 수 있는 거금 11,000원을 주고 구입한『훈민정음(訓民正音)』해례본을 비롯하여 수많은 고서적·고서화·석조물·자기 등이 있는데, 10여 점 이상이 국보로 지정되었다.

간송은 해방 후 보화각으로 조선어학회 간부들을 초대해 해례본의 존재를 공개하고 한글 연구를 위한 영인본(원본을 사진이나 기타의 과학적 방법으로 복제한 인쇄물) 제작을 위해 손수 촬영을 돕기도 했다. 1962년 간송이 서거한 후 같은 해 12월 해례본은 국보 제70호로 지정되었으며, 1997년 10월 유네스코 세계 기록 유산으로 등재되었다.

수능 국어를 시작하는 모두의 기본서

2022 개정 교육과정

수능 국어 트레이닝북 GYM

정답과 해설

3 ZONE
3 TEACHER
3 COACHING

독서

이투스북

01 문장의 구조 파악

독해원리 트레이닝 ZONE p. 15

01 철학자들은		**08** 수직적 공평은 / 원칙이다
02 우리 몸은		**09** 맹자는 / 맞서, 전개하였다
03 정부는		**10** 때문이다
04 현대인은		**11** 수용되어
05 과학자들은		**12** 분해되어, 이동된다
06 보고 / 이를		**13** 사용되었다면, 사용되었다
07 부여하여 / 이를		

워밍-UP p. 16

원리가 읽히는 독해 코칭

02 유추란, 말한다	**13** 이는, 어긋난다
05 어린아이가	**17** 어린아이가, 했다면 / 어린아이가, 것이다
07 떠올리고는, 발견하였다	
10 유추가 판단을 그르치게 한다	**19** 인간은

01 ② **02** ② **03** ①

01 글의 전개 방식 파악

정답 코칭

② 04~09에서 유추의 방법에 대해 설명하고 있으며, 18~20에서 유추의 효용과 유용성을 강조하고 있다.

오답 코칭

① '유추의 활용 사례'는 언급하고 있지만, '유추의 유형'을 소개하고 있지는 않다.

③ 유추의 과정을 설명하고 있을 뿐, 그 학문적 논의의 과정에 대해서는 이야기하고 있지 않다.

④ '유추의 문제점'에 대해 언급하면서도 그 유용성을 강조하고 있으므로 새로운 사고 방법의 필요성을 역설하고 있다고 볼 수 없다.

⑤ '유추의 본질'에 관해 언급하고 있으나 '유추와 여타 사고 방법들과의 차이점'에 대해서는 이야기하고 있지 않다.

02 핵심 내용의 이해

정답 코칭

② 16에서는 ⓐ'유추를 통해 옳은 결론을 내릴 가능성을 높이는 것'의 방법으로 '범위 좁히기'의 과정을 통해 비교할 대상을 선정해야 한다고 설명하고 있다. 이는 공통점이 많은 대상들을 선택하여 비교하는 것을 말하는 것이다. 이를 〈보기〉에 적용해 보면, [가]와 [나]의 공통점인 (B)의 범위가 가장 넓은 대상을 선택할 때 유추를 통해 옳은 결론을 내릴 가능성이 높아진다는 것을 알 수 있다.

03 구체적 상황에 적용

정답 코칭

① 05~06에 비추어 볼 때, 〈보기〉에서 '알고자 하는 대상'과 '알고자 하는 특성'을 확정한다는 것은 '화성에도 생명체가 존재할까?'라는 물음을 가지는 것이다. 이는 '화성과 태양의 거리'를 확인하기 전에 이미 진행된 과정으로 볼 수 있다.

오답 코칭

② 〈보기〉에서는 화성에도 생명체가 존재하는가의 여부를 판단하기 위해 '지구'와 비교할 필요가 있다고 하였다.

③ 〈보기〉에서는 알고자 하는 대상인 화성과 비교할 대상인 지구의 공통점으로 '암석과 물의 존재' 등의 특성이 있음을 확인했다고 하였다.

④ 09에서는 유추에 의한 결론을 내리기 전에 비교할 대상의 특성을 다시 확인하는 과정을 설명하고 있다. 〈보기〉에서는 결론을 내리기 전에 '생명체가 존재한다'는 지구의 특성을 다시 확인하였다.

⑤ 〈보기〉에서는 유추의 최종 결론으로 지구와 같이 화성에도 생명체가 존재할 가능성이 높다는 결론을 내렸다.

02 필수 요소와 보충 요소 찾기

독해원리 트레이닝 ZONE p. 19

01 (몇 가지) 가설들을	**09** 예술가의 독창적인 감정 표현을 중시하는 / 외부 세계에 대한 왜곡된 표현을 허용하는
02 도덕 내재주의를	
03 (인센티브 왜곡) 문제를	**10** 광고 또한 사회적 활동의 일환이라는
04 이자율을 (기준 금리) 수준으로	
05 토대가	**11** 재화나 서비스 제공을 급부 내용으로 하는 다른 계약인
06 개념은 / 역할을 / 한다	
07 그들은 / 결론에 / 도달하였다	**12** 애벌랜치 영역의 반도체 물질을 구성하는
08 보험 가입자들이 / 정보를 / 알려 주지 않는다면 // 보험사는 / 보험료를 / 책정할 수 없다	

워밍-UP p. 20

원리가 읽히는 독해 코칭

01 한국 미술사의 첫 장을 장식하는	**09** 회화
	12 평면에, 섬세한
03 (금강역사상과 같은) 석굴암의 부조상들	**14** 표현하므로, 수반하게 되고, 맺는다
07 형태의 내부를 표면보다 약간 낮게 쪼아 내어	**20** 제작 환경과 제작 목적에 맞게 최적화된 독특한

01 ① **02** ① **03** ⑤

01 글의 전개 방식 파악

정답 코칭

① 10~16에서는 부조의 특성을 설명하면서 그 구체적 사례로 '금강역사상'을 들고 있다(ㄱ). 또한 17에서는 '금강역사상'의 면모를 설명하면서 느낀 인상을 묘사의 방식을 통해 전달하고 있다(ㄴ).

02 세부 정보의 파악

정답 코칭

① 07에서 선조는 선으로만 새긴 것을 말하며, 09에서 선조가 사용된 암각화는 조각이 아니라 회화로 볼 수 있다고 하였다. 회화는 삼차원의 입체감과는 거리가 있으므로, 선조를 입체감을 강조한 조형 양식으로 이해하는 것은 무리가 있다.

오답 코칭

② 07에서 요조는 형태의 내부를 표면보다 약간 낮게 쪼아 내어 형태의 윤곽선을 표현한 것이라고 하였다. 따라서 요조는 표면보다 낮게 표현하는 방식이라고 할 수 있다.

③ 06에서 암각화에는 선조와 요조가 사용되었으며, 09에서 암각화는 조각이 아니라 회화에 가깝다고 하였다.

④ 10~11에서 부조는 벽면 같은 곳에 부착된 형태로 반입체를 만드는 방법으로 조각과 회화의 성격을 모두 띤다고 하였다. 따라서 부조는 공간과 관련을 맺어 조각의 성격을 가지고 있다고 볼 수 있다.

⑤ 18~19에서 부조는 신전의 벽면을 장식하기 위한 목적으로 제작되었으며, 그리스 신전과 이집트 피라미드 등에 부조가 사용되었다고 하였다.

03 다른 정보와의 비교

정답 코칭

⑤ 11과 19에서 금각역사상과 같은 부조는 벽면 같은 곳에 부착된 형태로 표현하는 것임을 알 수 있다. 그런데 09에 의하면, 〈보기〉와 같은 암각화는 돌에 선으로 대상을 표현하는 방식이다. 따라서 〈보기〉는 배경이 되는 면에 붙여서 작품을 제작하는 방식과는 거리가 있다.

오답 코칭

① 12에서 부조는 평면에 밀착된 부분과 평면으로부터 솟아오른 부분 사이에 생기는 그늘이 실재감을 준다고 하였다. 이로 볼 때, 금강역사상이 〈보기〉의 암각화보다 빛에 비춰 봤을 때 실재감이 더 크다고 볼 수 있다.

② 09에서 암각화는 조각이 아니라 회화라고 하였고, 10에서 금강역사상과 같은 부조는 조각과 회화의 성격을 모두 띠고 있다고 하였다. 이로 볼 때, 상대적으로 금강역사상보다 〈보기〉의 암각화가 회화의 특징이 더 두드러진다고 할 수 있다.

③ 11에서 금강역사상과 같은 부조는 벽면 같은 곳에 부착된 형태로 도드라지게 반입체를 만드는 것이라고 하였다. 이는 〈보기〉의 암각화와 달리 형상을 평면보다 돌출시켜 역동성을 보여 준다고 할 수 있다.

④ 20에서 금강역사상과 같은 부조는 이차원적 특성을 가지고 있음을 확인할 수 있다. 09에서 암각화는 선으로 대상을 표현하는 특성이 있다고 설명하고 있는데, 이를 통해 〈보기〉의 암각화는 이차원적 특성을 지녔다고 볼 수 있다.

03 접속어의 기능 파악하기

독해원리 ⚡ 트레이닝 ZONE   p. 23

01	환언	06	그리고
02	인과	07	다시 말해
03	역접	08	또한
04	전환	09	따라서
05	첨가	10	하지만

워밍 - UP   p. 24

원리가 읽히는 독해 코칭

03	인과	09	생존에 필요하고 삶의 원동력이 된다는 점
04	비판적 태도	11	따라서, 그러므로 등
07, 08	감각적 욕구에서 비롯된 기호, 도덕적 욕구에서 비롯된 기호	14	전환

01 ②   02 ④   03 ③   04 ⑤

01 글의 전개 방식 파악

정답 코칭

② 01~03에서 인간의 본성에 관한 주희의 관점을 제시한 뒤, 04에서부터 기존 주희의 관점을 비판하는 정약용의 관점을 소개하고 있다.

오답 코칭

① 인간의 본성에 대해 주희의 관점과 정약용의 관점을 설명하고 있으나, 두 관점이 사회에 미친 영향에 대해서는 설명하지 않았다.

③ 인간의 본성에 대한 주희의 관점과 이를 비판하는 정약용의 관점을 소개하고 있을 뿐, 관점의 타당성 여부를 다양한 입장에서 분석하고 있지는 않다.

④ 인간의 본성에 대한 주희와 정약용의 상반된 관점을 제시하고 있기는 하지만, 두 관점을 절충한 새로운 관점을 제시하거나 그 특징을 밝히고 있지는 않다.

⑤ 인간의 본성에 대한 주희의 사상과 대비되는 관점이 등장하게 된 시대적 배경은 드러나 있지 않다.

02 세부 정보의 파악

정답 코칭

④ 09에 따르면, 정약용은 감각적 욕구에서 비롯된 기호를 제어하지 못할 경우 악한 행위가 나타날 수 있다고 하였을 뿐, 감각적 욕구에서 비롯된 기호를 제거해야 한다고 보지는 않았다.

오답 코칭

① 01~02에 따르면, 주희는 인간의 본성을 '본연지성'과 '기질지성'으로 설명하였는데, 이때 '본연지성'은 인간이 하늘로부터 부여받은 순수하고 선한 본성을 의미한다.

② 03에 따르면, 주희는 인간의 기질이 맑으면 선한 행위를 하고 탁하면 악한 행위를 할 수 있다고 보았다.

③ 14에 따르면, 정약용은 추서에 따라 선한 행위를 실천해야 한다고 강
　조하였다.
⑤ 04를 통해 정약용은 선한 행위와 악한 행위의 원인을 기질이라는 선
　천적인 요인으로 본다면, 행위에 인간의 의지가 개입되지 않으므로
　악한 행위를 한 사람에게 윤리적 책임을 물을 수 없다고 주희의 관점
　을 비판하였음을 알 수 있다.

03 핵심 정보의 파악

정답 코칭

③ 07~08에 따르면, ㉠'감각적 욕구에서 비롯된 기호'는 생명이 있는 모
　든 존재가 지니는 육체의 경향성이며, ㉡'도덕적 욕구에서 비롯된 기
　호'는 인간만이 지니는 영혼의 경향성이다. 따라서 인간만이 지니는
　㉡과 달리 ㉠은 생명이 있는 존재는 모두 지닌다고 할 수 있다.

오답 코칭

① 09~10에 따르면, 정약용은 ㉠을 제어하지 못할 경우 악한 행위가 나
　타날 수 있다고 했으며, 선한 행위를 하거나 악한 행위를 하는 것이
　온전히 인간의 자유 의지에 달려 있다고 보았다. 따라서 ㉠은 인간이
　자유 의지에 따라서 제어할 수 있는 기호라고 판단할 수 있다.
② 09에 따르면, 정약용은 감각적 욕구가 생존에 필요하고 삶의 원동력
　이 된다고 여겼으므로, 생존에 필요한 욕구에서 비롯된 것은 ㉠이라
　고 볼 수 있다.
④ 05에 따르면, 정약용은 생명이 있는 모든 존재는 즐기고 좋아하는 기호
　를 본성으로 갖고 있다고 보았다. ㉠과 ㉡ 역시 기호라고 할 수 있으므
　로, 둘 모두 욕구를 즐기고 좋아하는 경향성이라고 말할 수 있다.
⑤ 타인의 잘못을 덮어 주는 행위는 13에서 설명하고 있는 '용서'와 관련
　된 행위로서, 이는 ㉠이나 ㉡이 아니라 인간의 자유 의지로 선택한
　실천 원리 '서(恕)'와 직결된다고 보는 것이 적절하다.

04 구체적 상황에 적용

정답 코칭

⑤ 13에 따르면, 친구가 거짓말을 했을 때 잘못을 덮어 주는 행위는 '용
　서'이고, 내가 아우의 존중을 받고 싶을 때 내가 먼저 형을 존중하는
　모습을 보여 주는 행위는 '추서'이다. 따라서 A의 거짓말을 덮어 주고
　용인하는 B의 행위는 '추서'가 아니라 '용서'로 봐야 한다.

오답 코칭

① 02에 따르면, 주희는 인간이 하늘로부터 부여받은 순수하고 선한 본
　성을 '본연지성'이라고 하였다. 즉 '본연지성'은 모든 사람에게 부여된
　순수하고 선한 본성이므로, 주희는 A에게도 '본연지성'이 있다고 볼
　것이다.
② 03에 따르면, 주희는 인간의 기질이 맑으면 선한 행위를 하고 탁하면
　악한 행위를 할 수 있다고 보았다. 따라서 성실히 청소를 하는 B와
　청소를 잘 하지 않는 A는 기질이 서로 다르다고 판단할 것이다.
③ 10에 따르면, 정약용은 선한 행위를 하거나 악한 행위를 하는 것이
　온전히 인간의 자유 의지에 달려 있다고 보았다. 따라서 정약용은 A
　가 책임감 있게 청소하게 된 것은 B를 통해 스스로 부끄러움을 느끼
　고, 선한 행위를 하고자 하는 A의 자유 의지에 따른 것이라고 볼 것
　이다.
④ 09에 따르면, 정약용은 도덕적 욕구에서 비롯된 기호를 따를 경우 선

한 행위가 나타난다고 보았다. 그러므로 정약용은 A가 도덕적인 욕구
에서 비롯된 기호를 따랐기 때문에 부끄러움을 느낀 후 책임감을 가
지고 청소를 하는 것과 같은 선한 행위를 하는 행동의 변화가 나타났
다고 볼 것이다.

04 지시어와 기능어 파악하기

독해 원리 ⚖ 트레이닝 ZONE　　　　　　　　p. 27

01　자신이 쌓아온 재물　　　　05　가속도 센서와 자이로스코프
02　자신이 선호하는 것　　　　06　구도
03　보와 기둥을 아주 단단하게　07　효과
　　붙이는 것　　　　　　　　08　환경
04　개별화　　　　　　　　　　09　장점

워밍-UP　　　　　　　　　　　　　　　　　p. 28

원리가 읽히는 독해 코칭

03　특정 재화　　　　　　　10　영국식 경매를 통해 가격을 결
05　특정 재화의 판매자가 한 명　　　정하는 품목
　　인데 구매자가 여러 명인 상황 12　네덜란드식 경매
　　　　　　　　　　　　　　13　내림 경매 방식

01　⑤　　　02　⑤　　　03　②

01 핵심 정보의 추론

정답 코칭

⑤ 11에서 내림 경매 방식인 네덜란드식 경매는 판매자가 높은 가격부터
　제시해 가격을 점점 낮추고, 이에 가장 먼저 응찰한 사람을 낙찰자로
　정한다고 하였다. 따라서 내림 경매 방식은 구매자가 아닌 판매자가
　입찰금액을 제시해 경매가 시작된다.

오답 코칭

① 01에서 경매를 통한 가격 결정 방식은 해당 재화의 가치를 정확히 가
　늠할 수 없을 때 주로 사용된다고 하였다.
② 09에서 오름 경매 방식이라 할 수 있는 영국식 경매는 낮은 가격부터
　시작해서 가장 높은 가격을 제시한 사람이 낙찰자가 되는 방식이라고
　하였다.
③ 01에서 경매를 통한 가격 결정 방식은 수요자들이 해당 재화의 가치
　를 서로 다르게 평가할 때 주로 사용한다고 하였다.
④ 02에서 경매를 통한 가격 결정 방식은 구매자와 판매자의 숫자가 극
　단적으로 불일치할 때 가격을 결정하는 유용한 방법이라고 하였다.

02 핵심 정보의 비교

정답 코칭

⑤ 09 ㉠'영국식 경매'는 낮은 가격부터 시작해서 가장 높은 가격을 제시한 사람이 낙찰자가 된다고 하였다. 11에서 ㉡'네덜란드식 경매'는 판매자가 높은 가격부터 제시해 가격을 점점 낮추면서 가장 먼저 응찰한 사람을 낙찰자로 정한다고 하였다. 이로 볼 때, 가장 먼저 응찰한 사람이 낙찰자가 되는 것은 ㉡뿐이다. ㉠은 가장 마지막에 응찰한 사람이 낙찰자가 된다.

오답 코칭

① 07~08에서 ㉠'영국식 경매'는 누가 어떠한 조건으로 경매에 응하는지를 공개적으로 진행하는 공개 구두 경매 방식이라고 하였다.

② 10에서 최고급 생두의 가격 결정 방식은 ㉠'영국식 경매'로 정한다고 하였다.

③ 11에서 ㉡'네덜란드식 경매'는 판매자가 높은 가격부터 제시해 가격을 점점 낮추면서 진행한다고 하였다. 따라서 ㉡ 방식에서 낙찰 가격은 최초로 제시된 금액보다 높아질 수 없다.

④ 07~08에서 경매에 참여하는 사람을 모두 모아 놓고 공개적으로 진행하는 공개 구두 경매는 ㉠'영국식 경매'와 ㉡'네덜란드식 경매'로 구분된다고 하였다. 따라서 ㉠과 ㉡은 경매에 참여한 모든 사람들이 경매에 나온 재화의 낙찰 가격을 알 수 있다.

03 구체적 상황에 적용

정답 코칭

② 16에서 최고가 밀봉 경매는 응찰자 중 가장 높은 가격을 적어 냈을 때 낙찰되는 것으로 낙찰자는 자신이 적어 낸 금액을 지불한다고 하였다. 따라서 〈보기〉의 상황이 최고가 밀봉 경매라면 가장 높은 금액인 10만 원을 적어 낸 A가 낙찰자가 되며, A는 자신이 적어 낸 금액 10만 원을 지불해야 한다. 17~18에서 차가 밀봉 경매의 낙찰자 결정 방식은 최고가 밀봉 경매와 동일하다고 하였다. 그런데 낙찰자가 지불해야 하는 금액은 응찰자들이 적어 낸 금액 중 두 번째로 높은 금액이라고 하였다. 이로 볼 때, 〈보기〉의 상황이 차가 밀봉 경매라면, 낙찰자는 최고가 밀봉 경매와 동일한 A가 된다. 그리고 A는 응찰자들이 적어 낸 금액 중 두 번째로 높은 8만 원을 지불해야 한다.

05 설명 방법 파악하기 ①

원리가 읽히는 독해 코칭

01	장소기억, 재정위, 경로적분	04	장소기억, 경로적분
02	장소기억, 꿀벌, 곤충, 포유류	05	가령
03	재정위, 예를 들어	06	태양의 위치, 산란된 햇빛

01 ④   02 ③   03 ③

01 세부 정보의 파악

정답 코칭

④ 03에서 재정위는 장소의 기하학적 특징을 활용하여 방향을 다시 찾는 방법이라고 밝힌 뒤, 그 예로 원숭이의 길찾기 과정을 제시하였다. 원숭이는 기본적으로 재정위를 사용하고, 이와 더불어 장소기억 정보도 함께 활용한다고 하였으므로, 재정위 과정에서 기하학적 정보와 장소기억 정보를 모두 활용한다고 할 수 있다.

오답 코칭

① 04에서 곤충은 기본적으로 길찾기 과정에서 경로적분을 활용한다고 하였다.

② 04에서 새는 기본적으로 길찾기 과정에서 경로적분을 활용한다고 하였다.

③ 03에서 흰쥐는 재정위 과정에서 공간적 정보만을 활용하여 먹이를 찾는다고 하였다. 06에 따르면, 산란된 햇빛 정보를 활용하여 집을 찾는 것은 경로적분을 사용하는 사막개미이다.

⑤ 02에서 꿀벌은 특정 장소를 여러 각도가 아닌, 특정 각도에서 본 영상으로 기억해 두었다가 활용한다고 하였다.

02 핵심 정보의 추론

정답 코칭

③ 04에서 사막개미는 장소기억 능력이 있지만 사막에 지형지물이 없기 때문에 경로적분을 활용한다고 하였다. 따라서 지형지물이 많은 곳이라면 사막개미는 장소기억을 활용할 것이다.

오답 코칭

① 06에 따르면, 사막개미는 방향을 결정하는 기준을 정하기 위해 태양의 위치와 산란된 햇빛을 함께 이용한다고 하였다. 따라서 암흑 속에서는 집 방향을 계산하기 어려울 것이다.

② 04에서 경로적분 능력은 타고난다고 하였으며, 사막개미가 경로적분 능력을 활용한다고 하였다. 따라서 사막개미의 경로적분 능력은 학습을 통해 얻어진 것이라 할 수 없다.

④ 04에서 사막개미는 먹이를 찾고 난 후, 왔던 길을 되돌아가는 것이 아니라 집을 향해 거의 일직선으로 돌아온다고 하였다.

⑤ 05에서 사막개미는 매 위치에서 집 방향을 계속하여 다시 계산한다고 하였을 뿐, 집까지의 직선거리를 계산한다고 하지는 않았다.

03 구체적 상황에 적용

정답 코칭

③ 〈보기〉에서 병아리는 재정위 과정에서 기하학적 특징만을 활용한다

고 하였다. 먹이는 A에만 있는데 A의 오른쪽 벽면은 짧고 왼쪽 벽면은 길다는 것이 먹이와 관련된 공간적 정보이다. C도 오른쪽 벽면은 짧고 왼쪽 벽면은 길기 때문에 A와 동일한 공간적 정보를 지닌 곳이라 할 수 있다. 이때 병아리의 방향을 혼란시켰으므로, 병아리는 같은 공간적 정보를 지닌 A와 C를 유사한 정도의 높은 빈도로 탐색하고, B와 D를 낮은 빈도로 탐색할 것이다.

06 설명 방법 파악하기 ②

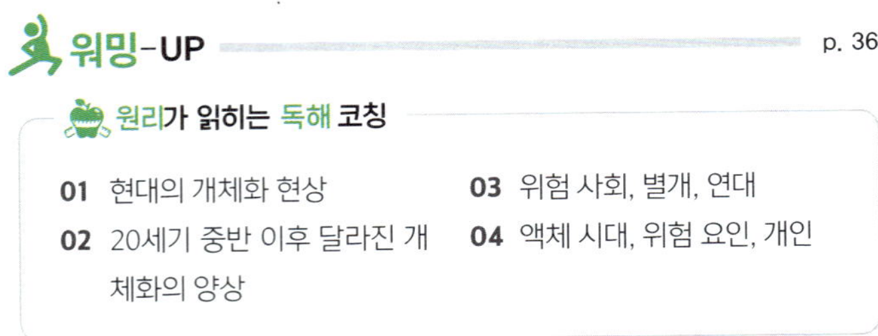

독해 원리⇗ 트레이닝 ZONE　　　　p. 35

01 대조	**06** 대조
02 유추	**07** ㉠ 정의, ㉡ 대조
03 비교	**08** ㉠ 비교, ㉡ 대조
04 비교	**09** 현실성, 인쇄 매체, 사실성
05 유추	

워밍-UP　　　　p. 36

원리가 읽히는 독해 코칭

01 현대의 개체화 현상	**03** 위험 사회, 별개, 연대
02 20세기 중반 이후 달라진 개체화의 양상	**04** 액체 시대, 위험 요인, 개인

01 ③　　**02** ②　　**03** ③　　**04** ①

01 글의 전개 방식 파악

정답 코칭

③ 02에서는 백과 바우만이 개체화 현상의 가속화 추세에 대해서는 인식의 차이를 보이고 있지 않다고 이야기했다. 이후 03부터는 개체화 현상에 대한 두 사람의 서로 다른 시각을 설명했다.

오답 코칭

① 02에서 현대 사회의 개체화 현상이 과거와는 질적으로 달라지고 가속화되고 있다는 내용은 확인할 수 있지만, 개체화 현상의 다양한 양상을 기준에 따라 분류한 내용은 찾을 수 없다.

② 개체화 현상에 대하여 일반적으로 널리 형성된 인식이 어떤 것인지는 02 전체에 걸쳐 제시되어 있는데, 이 통념에 대한 비판이나 그에 대한 새로운 개념은 언급하지 않았다.

④ 01에서는 개체화가 산업화에 따른 사회 분화와 개인의 공동체 이탈 현상을 가리키는 개념이라 제시한 뒤, 02에서는 이 개체화 현상이 20세기 중반 이후부터 어떤 양상을 띠게 되었는지에 대한 내용을 제시했다. 그러나 개체화 현상이 발생하게 된 역사적 기원에 대한 다양한 가설들의 한계나 그 의의를 제시하지는 않았다.

⑤ 01에서 개체화 현상에 대한 정의를 제시하고 있으나, 개체화 현상과 유사한 다른 사회적 개념을 제시하며 비교하지는 않았다.

02 핵심 정보의 추론

정답 코칭

② 02에서 현대의 개체화 현상으로 인해 개인에 대한 국가의 통제력이 현저하게 약화되었다고 했다. 개인의 자율성에 대해서는 언급된 바 없다.

오답 코칭

① 02에서 20세기 중반 이후부터는 개체화 현상이 가속화되면서 분절화된 노동자들이 더 이상 계급적 연대 속에서 이해관계를 공유하지 못하게 되었다고 하였다. 이를 통해 현대의 개체화 현상은 노동자들이 계급적 동질성을 갖지 못하게 만든다는 것을 알 수 있다.

③ 02에서 현대의 개체화 현상의 특징 중의 하나가 핵가족화와 일인 가구의 증가라는 것을 확인할 수 있다. 따라서 현대의 개체화 현상에는 개인의 거주 공간이 가족 공동의 거주 공간에서 분리되는 추세도 포함된다는 것을 알 수 있다.

④ 03에 따르면, 백은 현대의 개체화 현상으로 인해 전 지구적 위험이 초래하는 불안에 대응할 수 있는 연대가 만들어질 가능성이 생겼다고 보고 있다. 따라서 백의 관점에서 현대의 개체화 현상은 현대인들이 새로운 방식의 연대를 모색하게 하는 조건이라 할 수 있다.

⑤ 04에 따르면, 바우만은 현대의 개체화 현상 자체를 위험 요인으로 보았고, 현대인들이 개체화 현상으로 인해 협력의 고리를 찾지 못하고 개인 수준에서 위기에 대처해야 하는 상황에 빠졌다고 보았다. 이를 통해 바우만은 현대의 개체화 현상을 현대인들이 연대하기 어렵게 만드는 위험 요인으로 보고 있음을 알 수 있다.

03 핵심 정보의 비교

정답 코칭

③ 03을 보면, 백은 ㉠'위험 사회'에서 현대인들이 개체화되어 있다는 그 조건으로 인해 오히려 '초계급적, 초국가적으로 연대할 가능성'이 있다고 보았다. 반면, 04를 보면, 바우만은 '액체 시대'에 현대인들은 협력의 고리를 찾지 못하게 됨으로써 개인 수준에서 위기에 대처할 수밖에 없다고 주장했다. 이를 통해 볼 때, 인간관계의 유연한 확장 가능성을 비관적으로 바라보는 개념은 ㉡만이다.

오답 코칭

① 03에서 백은 현대의 위험이 과거와 달리 국가를 초월해서 파괴적인 영향을 미친다는 점에서 현대 사회를 ㉠'위험 사회'라고 규정했음을 확인할 수 있다. 이를 통해 볼 때, ㉠은 위험 요소의 성격이 과거와 달라진 현대 사회의 특성을 드러내기 위한 개념이라고 할 수 있다.

② 04에서 바우만은 현대 사회를 형체는 가변적이고 흐르는 방향은 유동적인 액체와 같아졌다고 보아 ㉡'액체 시대'라고 정의했음을 확인할 수 있다. 이를 통해 볼 때 ㉡은 현대 사회의 불확실성을 강조하기 위해 액체의 속성을 사회에 적용해 유추한 개념임을 알 수 있다.

④ 03을 통해 ㉠'위험 사회'는 위험이 체계적이고도 항시적으로 존재한다는 것을 전제로 만들어진 개념임을 알 수 있다. 04를 통해 ㉡'액체 시대'의 개념 역시 전 지구적 위험 요인이 항상 존재한다는 점을 전제하고 있다는 것을 확인할 수 있다.

⑤ 03에 따르면, 현대 사회를 ㉠'위험 사회'로 규정한 백은 현대의 위험이 국가를 초월하여 영향을 미친다고 보았다. 04에 따르면, 현대 사회를 ㉡'액체 사회'로 규정한 바우만은 전 지구적 위험 요인이 항시적

으로 존재한다고 보았다. 따라서 ㉠과 ㉡은 모두 위험의 공간적 범위가 전 지구적으로 확장되어 있음을 내포하는 개념이라 할 수 있다.

04 어휘의 사전적 의미 파악

① ⓐ'방치'의 사전적 의미는 '내버려 둠.'이다. 따라서 ①은 적절하지 않다.

② ⓑ'연대'의 사전적 의미는 '여럿이 함께 무슨 일을 하거나 함께 책임을 짐.'이다.
③ ⓒ'표출'의 사전적 의미는 '겉으로 나타냄.'이다.
④ ⓓ'전락'의 사전적 의미는 '나쁜 상태나 타락한 상태에 빠짐.'이다.
⑤ ⓔ'몰두'의 사전적 의미는 '어떤 일에 온 정신을 다 기울여 열중함.'이다.

 07 설명 방법 파악하기 ③

01 과정	04 과정
02 인과	05 느려, 빨라, 38.6
03 서사	06 평행, 원형, 선형

워밍-UP　　　　　　p. 40

🍎 원리가 읽히는 독해 코칭

01 종이는 부피가 적으며 보존성, 가독성, 휴대성이 높음.	03 표지나 내지가 한가운데서부터 떨어지는 것을 막을 수 있음.
02 실매기, 판지, 책등, 면지, 홈	04 자동화가 가능해 대량 생산에 적합함., 생산 단가가 낮아 판매 가격을 낮출 수 있음.

　01 ③　　02 ③　　03 ⑤

01 표제와 부제의 파악

③ 이 글은 01에서 제책 기술의 등장 배경을 설명하고, 02~04에서 시간의 흐름에 따라 양장 기술, 철사 사용 기술, 무선철 기술 등의 책 묶기 방식이 어떻게 발전되어 왔는지 제시하고 있다. 따라서 이 글의 표제는 '제책 기술의 등장 배경과 유형', 부제는 '책 묶기 방식의 발전 과정을 중심으로'로 정리할 수 있다.

① 이 글에 제책 기술의 발전에 대한 내용은 제시되어 있으나, 그 한계에 대해서는 언급되어 있지 않다. 또한 부제인 문제점 진단과 보완 방안도 03에서 일부만 제시되었기에 적절하지 않다.
② 04에 화학 접착제가 개발되어 무선철이라는 현대 제책 기술에 대해 소개하고 있지만, 이는 이 글에서 설명하고 있는 제책 기술의 유형 중

하나일 뿐이다. 따라서 '제책 기술의 현대화 경향'을 표제로 삼는 것은 이 글의 전체 내용을 아우르지 못하므로 적절하지 않다.
④ 이 글에 제책 기술의 발전이나 발전하는 데 영향을 준 사회적 상황에 대한 내용은 제시되어 있다. 하지만 부제와 같이 이를 기술 개발의 방향과 문제점을 중심으로 설명하고 있지는 않다.
⑤ 01에서 제책 기술의 필요성에 대해 설명하고, 02에서 책의 내구성 향상에 대해 언급하고 있으나, 이는 일부분의 내용이므로 글 전체의 표제나 부제로 보는 것은 적절하지 않다.

02 자료를 통한 정보 추론

③ 02에 따르면, ㉢은 판지에 천이나 가죽 등의 마감 재료를 접착하여 만든 '표지'이고, ㉣은 내지보다 두껍고 질긴 종이인 '면지'로 표지와 내지 사이에 접착제로 붙여 이어 줌으로써 책의 내구성을 높여 주는 역할을 한다. 이로 볼 때, '표지'와 '면지'는 접착제로 붙이는 것이지 '실매기'로 결합하는 것이 아니다.

① 02에 따르면, ㉠은 책을 매어 놓은 쪽의 표지 부분인 '책등'이고, ㉤은 '내지'이다. 표지와 내지를 결합할 때는 책등과 결합되는 내지 부분에 접착제를 발라 책등에 붙인다고 하였다.
② 02에 따르면, ㉡은 책의 펼침성을 향상시키기 위해 가열한 쇠막대로 표지의 책등 쪽 가까운 부분을 눌러 만든 홈이다.
④ 02에 따르면, ㉣은 '면지'이고, ㉤은 '내지'이다. 내지보다 두껍고 질긴 종이인 면지를 표지와 내지 사이에 접착제로 붙여 이어 줌으로써 책의 내구성을 높였다고 하였다.
⑤ 02에 따르면, ㉤은 '내지'이고 ㉣은 '면지', ㉢은 '표지'이다. 내지는 실매기 방식을 활용해 실로 단단히 묶고, 면지를 표지와 내지 사이에 접착제로 붙여 이어 주었다고 하였다.

03 구체적 상황에 적용

⑤ 〈보기〉에 제시된 올해 문집을 제작할 때 고려해야 할 사항은 100쪽 이상 증가한 분량에 사용할 수 있을 것, 오래도록 보관할 수 있도록 제작할 것, 제작 비용을 절감할 것 등이 있다. 04에서 무선철 방식은 실이나 철사 없이 화학 접착제만으로 책을 묶는 방식으로, 생산 단가가 낮아 판매 가격을 낮출 수 있고 습기경화형 우레탄 핫멜트가 개발되면서 내구성이 더욱 강화된 책을 만들 수 있다고 하였다. 따라서 〈보기〉에 제시된 조건을 모두 만족하는 문집 제작 방식은 무선철 방식이어야 한다. 따라서 무선철 방식에 대한 설명인 ⑤가 적절하다.

① 표지가 쉽게 떨어지지 않게 철침으로 옆을 묶는 것은 옆매기 방식으로, 이 방식은 쉽게 펼치거나 넘길 수 있고 두루마리처럼 말아서 간편하게 휴대할 수 있도록 만든 작년 문집의 제작 방식보다 이전에 사용되던 것이다. 철침으로 옆을 묶게 되면 이전보다 표지가 쉽게 떨어지지는 않겠지만 책장 넘김이 불편해지는 단점을 감수해야 한다.
② 내지와 표지를 별도로 제작한 후 묶는 것은 양장 방식으로, 이 방식으로 문집을 만들면 오래도록 보관하는 것은 가능하나 제작 비용을 절감할 수 없다.

③ 표지와 내지의 결합력을 높이기 위해 철침을 2개에서 4개로 늘려 묶는 것은 중철(가운데매기) 방식으로, 이 방식은 오랜 보관이 필요 없거나 분량이 적은 인쇄물에 사용하므로 오래도록 보관해야 하고 분량이 100쪽 이상 증가한 문집에 사용하기에는 적절하지 않다.

④ 실매기를 한 후 튼튼한 면지를 접착제로 붙이는 것은 양장 방식으로, 이 방식으로 문집을 만들면 오래도록 보관하는 것은 가능하나 제작 비용을 절감할 수 없다.

08 문단의 핵심 파악하기

독해원리쇼 트레이닝 ZONE p. 43

워밍-UP p. 44

원리가 읽히는 독해 코칭

01 한옥 공간
02 '원통', '통'
03 원통 구성, 형성 과정
04 여러 동선이 있어 이동 과정 선택이 가능한 한옥
05 한국인의 가치관을 구현한 한옥

01 ①   02 ①   03 ②

01 표제와 부제의 파악

정답 코칭

① 이 글은 한옥 공간에 관한 것으로, 한옥의 '원통'한 구조가 안팎의 분별을 없애고 어울림을 추구하려는 한국인의 가치를 잘 보여 준다는 내용이다. 따라서 이 글의 표제는 '한옥 공간의 의미', 부제는 '안팎의 분별을 없앤 원통의 공간'으로 정하는 것이 적절하다.

오답 코칭

② 02에서는 한옥이 '원'이라는 것에서 기하학적 형상이 아닌 '통'하는 가능성을 읽었다고 하였다. 이로 볼 때, 이 글을 기하학적 형상을 중심으로 한옥 구조의 특징을 설명하는 것으로 이해하는 것은 적절하지 않다.

③ 한옥의 기능성을 중심으로 주거 형태가 어떻게 변화해 왔는지는 이 글에서 확인할 수 없다.

④ 03에서 한옥의 외파 증식 방식과 서양 건축물의 내파 분할 구성을 비교하고 있으나, 이는 이 글의 부분적인 내용일 뿐이므로, 이를 이 글의 표제와 부제로 정하는 것은 적절하지 않다.

⑤ 02, 04에서 동선 구조에 대해 언급하고 있으나, 이는 부분적인 내용일 뿐이므로 이 글의 표제를 '동선 구조의 효율성'으로 정하는 것은 무리가 있다. '돌아가기와 질러가기'에 대한 내용도 04에서 부분적으로 다루고 있을 뿐이므로, 이를 부제로 삼는 것도 적절하지 않다.

02 핵심 정보의 비교

정답 코칭

① 03에서 ㉠'외파 증식'은 'ㄱ'자형, 'ㄷ'자형, 'ㅁ'자형, 'ㅂ'자형 등 그 꺾임의 방법에 따라 구성 방식이 다양하다고 하였다.

오답 코칭

② 03에서 공간의 윤곽을 먼저 정한 뒤, 내부를 구성하는 것은 ㉠'외파 증식'이 아니라, ㉡'내파 분할'이라고 하였다.

③ 03에서 하나의 기본 공간 단위가 밖으로 증식하면서 분할하는 것은 ㉡'내파 분할'이 아니라 ㉠'외파 증식'이라고 하였다.

④ 03에 의하면, ㉠'외파 증식'과 ㉡'내파 분할' 모두 그 분할의 방식에 따라 건물의 구조는 달라진다.

⑤ 03에 의하면, ㉠'외파 증식'은 하나의 기본 공간 단위가 밖으로 증식하면서 분할하는 방식이고, ㉡'내파 분할'은 안으로 잘라 들어가며 구성하는 방식이다. 따라서 공간이 뻗어 나가는 방향에 따라 동선 구조가 생기는 것은 ㉡이 아니라 ㉠이다.

03 자료를 통한 정보 추론

정답 코칭

② 04에서 한옥 공간에서는 여러 공간을 거쳐 가는 돌아가기와 최단 거리로 가는 질러가기가 모두 가능하다고 하였다. 이로 볼 때, 〈보기〉의 중문에서 안방 1로 가기 위해 안채의 대청에서 안방 2를 통해 가는 것은 질러가기가 아니라 돌아가기에 해당한다.

오답 코칭

① 01에서 한옥은 방과 방 사이에 문이 난 경우에 문을 트면 길이 나게 된다고 하였다. 실제로 〈보기〉의 안방 1과 안방 2 사이의 문을 트면 길이 난다고 볼 수 있다.

③ 02에서 원통한 공간으로 되어 있는 한옥은 둥글어서 통하는 것이 특징이라고 하였다. 실제로 〈보기〉의 사랑방에서 뒷마당으로 나가 사랑채의 대청을 통하면 처음 출발했던 위치로 돌아올 수 있음을 확인할 수 있다.

④ 04에서 한옥은 돌아가는 동선이 여러 개이므로, 이동 과정을 선택할 수 있다고 하였다. 실제로 〈보기〉의 안채 부엌에서 사랑방으로 가고자 한다면 이동하는 사람이 상황에 따라 돌아가기와 질러가기 등 그 이동 과정을 선택할 수 있을 것이다.

⑤ 01에 한옥은 사방으로 적당히 뚫려 있고 적당히 막혀 있는 공간 구조로 되어 있다고 하였다. 실제 〈보기〉의 안방 2는 대청, 안마당, 안방 1 등으로 뚫려 있음을 확인할 수 있다.

09 문단 간의 관계 파악하기

p. 47

01 원리-적용
02 현상-이유
03 나열·열거

04 (1) ❶ 증산 작용, ❷ 농도,
　　❸ 물관, ❹ 기공
　(2) ❶-❷ 종, ❷-❸ 대,
　　❸-❹ 대

워밍-UP

p. 48

원리가 읽히는 **독해** 코칭

01 구독경제
02 화제-상세화
03 대등적 의미 관계
04 대등적 의미 관계
05 비교·대조

01 ③　　**02** ⑤　　**03** ①

01 세부 정보의 파악

정답 코칭

③ 01에서는 소비자가 회원 가입 및 신청을 하면 정기적으로 원하는 상품을 배송받거나, 필요한 서비스를 언제든지 이용할 수 있는 경제 모델을 '구독경제'라고 정의하고 있다. 이로 볼 때 구독경제는 일반적인 소비와는 달리 회원 가입 및 신청의 절차가 필요하다.

오답 코칭

① 04에서는 생산자의 입장에서의 구독경제의 장점으로 상품을 사용하는 고객들의 정보를 수집하고, 이를 통해 개별화된 서비스를 제공하여 고객과의 관계를 지속적으로 유지할 수 있다는 점을 꼽고 있다.

② 04에서 소비자는 구독경제를 이용함으로써 상품 구매 행위에 드는 시간을 줄일 수 있게 되었다고 하였다.

④ 04에서 생산자는 구독경제를 통해 고객에게 개별화된 서비스를 제공할 수 있고, 지속적인 관계를 유지함으로써 안정적인 매출을 올릴 수 있다고 하였다.

⑤ 03에서는 경제학자들이 구독경제의 확산 현상을 '합리적 선택 이론'으로 설명한다고 하였다. 이는 소비자들이 한정된 비용으로 최대한의 만족을 얻기 위해 노력한 결과가 구독경제의 확산으로 이어졌다는 것이다.

02 다른 정보와 비교

정답 코칭

⑤ ㉠'구독경제'와 ㉡'공유경제'는 모두 소비자가 일반적으로 재화나 서비스를 온전하게 구매할 때에 비해 비용적인 부담을 줄일 수 있는 형태이다. 따라서 적은 비용으로 큰 만족을 얻을 수 있는 효용성에 관심을 갖는다고 볼 수 있다.

오답 코칭

① 여러 사람이 서비스를 공유하는 것은 ㉡'공유경제'이다.

② ㉠'구독경제'를 통해 소비자는 상품에 접근할 수 있는 기회가 많아졌

다고 할 수 있으므로 ㉠이 불필요한 소비를 줄인다는 설명은 적절하지 않다. 불필요한 소비를 줄일 수 있어 친환경적인 것은 ㉡'공유경제'와 관련이 있다.

③ ㉡'공유경제'는 협력 소비를 통해 구매 비용을 줄이는 경제 모델이다. 서비스를 주기적으로 제공하는 것은 ㉡이 아니라, ㉠'구독경제'이다.

④ ㉡'공유경제'의 영역이 유형자원에서 무형자원으로 확장된다고 하였을 뿐이므로 ㉠과 ㉡ 모두 유형자원보다 무형자원을 더 많이 활용하는지는 알 수 없다.

03 구체적 사례 찾기

정답 코칭

① 매월 일정 금액을 지불하고 정수기를 사용하는 서비스는 ⓐ'정기 배송 모델'이 아니라, ⓒ'장기 렌털 모델'에 해당한다.

오답 코칭

② ⓐ'정기 배송 모델'은 월 사용료를 지불하면 칫솔, 식품 등의 생필품을 지정 주소로 정기 배송해 주는 것을 말하므로, 일정한 금액을 지불하고 약속된 주기로 식재료를 보내 주는 서비스 또한 이에 해당한다.

③ ⓑ'무제한 이용 모델'은 정액 요금을 내고 영상이나 음원, 각종 서비스 등을 무제한 또는 정해진 횟수만큼 이용할 수 있는 모델이다. 월 구독료를 내고 도서를 무제한으로 읽을 수 있는 스마트폰 앱은 이에 해당한다고 볼 수 있다.

④ ⓑ'무제한 이용 모델'은 정액 요금을 내고 영상이나 음원, 각종 서비스 등을 무제한 또는 정해진 횟수만큼 이용할 수 있는 모델이다. 따라서 일정한 요금을 내고, 일정한 기간 동안 원하는 강좌를 수강할 수 있는 웹사이트는 이에 해당한다고 볼 수 있다.

⑤ ⓒ'장기 렌털 모델'은 구매에 목돈이 들어 경제적 부담이 될 수 있는 자동차 등의 상품을 월 사용료를 지불하고 이용하는 것을 말한다. 따라서 월 단위로 사용료를 내고 정해진 기간 동안 의료 기기를 집에서 사용하는 것은 이에 해당한다고 볼 수 있다.

10 글에 따른 독해 방법 찾기

p. 51

01 정신 / 실용 / 기술
02 (1) ○　(2) ○　(3) ×
03 ㉠ 임시 저장소
　　㉡ 지역 요금소 ETC 서버
　　㉢ 도로공사 요금정산센터의 서버

원리가 읽히는 독해 코칭

01 아리스토텔레스는, 제시한다
02 베이컨 / 스피노자 / 갈릴레이
03 볼로틴 / 우드필드
04 자연물의 물질적 구성 요소를 알면 그것의 본성을 모두 설명할 수 있다.
05 아리스토텔레스의 목적론이 지닌 의의

01 ⑤　　**02** ②　　**03** ③　　**04** ③

01 글의 전개 방식 파악

정답 코칭

⑤ 이 글은 아리스토텔레스의 목적론을 소개하고 그에 대한 근대 학자들의 비판을 제시하고 있다. 일부 현대 학자들의 의견을 빌려 목적론에 대한 근대 학자들의 비판들을 검토하고, 목적론은 자연물이 존재하고 운동하는 원리와 이유를 밝히는 탐구의 출발점임을 언급하며 그 의의를 밝히고 있다.

오답 코칭

① 목적론에 대한 비판이 나타나 있을 뿐 대립되는 이론을 제시하고 있지는 않다.
② 목적론에 대한 상반된 주장이 아니라 목적론에 대한 비판이 나타나 있으며, 절충 방안 또한 드러나 있지 않다.
③ 목적론에 대한 다양한 비판은 나타나 있으나 새로운 이론을 도출하고 있지는 않다.
④ 목적론에 대한 근대 학자들의 비판이 소개되고 있으나, 이 비판들은 시대순으로 제시된 것이 아니다. 또한 글의 마지막 부분에서 목적론이 지닌 긍정적 의미를 강조하고 있다는 점에서 목적론의 부당성을 주장하고 있다는 진술 또한 적절하지 않다.

02 세부 정보의 파악

정답 코칭

② 갈릴레이는 목적론적 설명이 과학적 설명으로 사용될 수 없다고 주장하였으며, 우드필드는 목적론에 대한 근대 학자들의 비판 내용을 지적하면서도 목적론적 설명이 과학적 설명은 아니라는 데는 동의하였다.

오답 코칭

① 갈릴레이는 목적론적 설명이 과학적 설명으로 사용될 수 없다며 목적론을 비판하였다. 그러나 볼로틴은 이러한 비판에 대해 근대 과학이 자연에 목적이 없음을 보이지도 못했고 그렇게 하려는 시도조차 하지 않았다고 지적하였다.
③ 베이컨은 목적론이 과학에 무익하다고 비판하였을 뿐이다. 이에 반해 우드필드는 이러한 비판에 대해 목적론의 옳고 그름을 확인할 수 없기 때문에 목적론이 거짓이라 할 수도 없다고 지적하였다. 우드필드는 베이컨과 같은 근대 학자들의 주장이 교조적 믿음을 의존하여 충분한 근거를 제시하지 못한 점을 지적한 것이다.
④ 스피노자는 목적론이 자연에 대한 이해를 왜곡한다고 비판하였다. 그러나 볼로틴은 이러한 비판에 대해 근대 과학이 자연에 목적이 없음을 보이지도 못했고 그렇게 하려는 시도조차 하지 않았다고 지적하였다.

⑤ 스피노자는 목적론이 인간 이외의 자연물도 이성을 갖는 것으로 의인화한다며 비판하였다. 그러나 우드필드는 이러한 비판에 대해 목적론의 옳고 그름을 확인할 수 없기 때문에 목적론이 거짓이라 할 수도 없다고 지적하였다.

03 세부 정보의 추론

정답 코칭

③ 아리스토텔레스는 자연물이 목적을 실현할 능력도 타고난다고 믿었다. 따라서 아리스토텔레스의 견해에 따르면 본성적 운동의 주체는 본성을 실현할 능력을 갖고 있다고 볼 수 있다.

오답 코칭

① 아리스토텔레스는 자연물을 생물과 무생물로, 생물을 식물·동물·인간으로 나누고, 인간만이 이성을 지닌다고 생각했다. 따라서 아리스토텔레스의 관점에서는 개미의 본성적 운동은 이성에 의한 것이라 할 수 없다.
② 아리스토텔레스는 자연물의 본성적 목적 실현은 운동 주체에 항상 바람직한 결과를 가져온다고 믿었다.
④ 아리스토텔레스는 모든 자연물이 목적을 추구하는 본성을 타고난다고 하였다. 따라서 자연물인 낙엽의 운동은 본성적 목적 개념으로 설명될 수 있다.
⑤ 아리스토텔레스는 자연물은 외적 원인이 아니라 내재적 본성에 따른 운동을 한다고 생각했다. 따라서 자연물의 본성적 운동이 외적 원인에 의해 야기된다고 보지 않는다.

04 다른 정보와의 비교

정답 코칭

③ 생물학자 마이어는 복잡성의 수준이 한 단계씩 오를 때마다 구성 요소에 관한 지식만으로는 예측할 수 없는 특성들이 나타난다는 창발론을 주장했다. 한편 아리스토텔레스는 자연물의 물질적 구성 요소를 알면 그것의 본성을 모두 설명할 수 있다는 엠페도클레스의 견해를 반박했다. 따라서 마이어와 아리스토텔레스는 모두 생명체의 특성들은 구성 요소들에 관한 지식만으로 예측할 수 없다고 볼 것이다.

오답 코칭

① 엠페도클레스의 물질론은 자연물의 물질적 구성 요소를 알면 그것의 본성을 모두 설명할 수 있다는 이론이다. 마이어는 예측할 수 없는 특성들을 들며 물리·화학적 법칙으로 생명체의 본성을 모두 설명할 수 있다고 보지 않았으므로 엠페도클레스의 물질론적 견해가 적절하다고 생각하지 않을 것이다. 한편 아리스토텔레스 또한 엠페도클레스의 물질론적 견해를 반박하였다.
② 마이어는 여전히 생명체가 물질만으로 구성된다고 본다고 했으므로 물질론에 동의한 것으로 볼 수 있다. 그러나 아리스토텔레스는 자연물이 단순히 물질로만 이루어진 것이 아니라고 생각했으므로 물질론에 동의하지 않을 것이다.
④ 마이어와 아리스토텔레스는 모두 모든 자연물이 목적 지향적으로 운동한다고 보았다.
⑤ 아리스토텔레스는 자연물의 본성이 단순히 물리·화학적으로 환원되지 않는다고 주장하였다. 마이어 또한 생명체가 물질만으로 구성된다고 보지만, 물리·화학적 법칙으로 모두 설명되지는 않는다고 보았다.

01 인간의 본성

지문이 읽히는 독해 코칭
p. 56

1	부족함	7	도덕적 판단
2	없음	8	악한
3	선한 본성	9	교육과 학문
4	수양	10	이기적
5	의로운	11	이익
6	불가피	12	부국강병

구조 트레이닝 ZONE
p. 57

1	원인	6	인위적
2	선한 본성	7	왕
3	과욕	8	동기 부여
4	호연지기	9	수단
5	본성	10	법

내용 트레이닝 ZONE
p. 57

01	○	09	X
02	X	10	○
03	○	11	○
04	X	12	X
05	○	13	X
06	X	14	○
07	○	15	X
08	X		

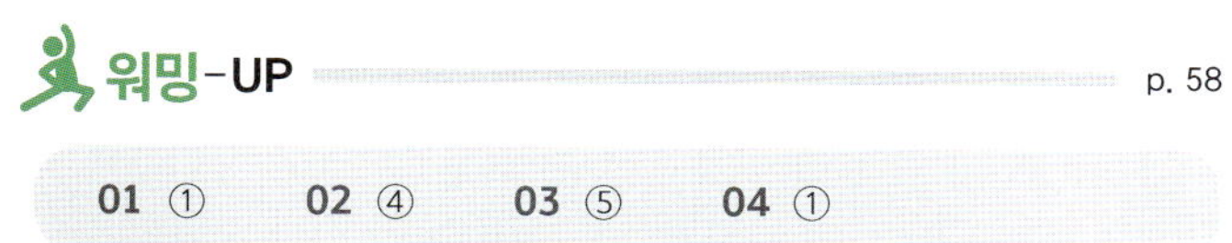

워밍-UP
p. 58

01 ①　　02 ④　　03 ⑤　　04 ①

01 글의 전개 방식 이해

정답 코칭

① 인간의 욕망을 바라보는 관점과 욕망에 대처하는 방안에 관한 맹자, 순자, 한비자의 입장을 비교하고 있다.

오답 코칭

② 일정한 기준에 따라 욕망의 유형을 분류하고 있지는 않다.

③ 욕망에 대한 상반된 견해는 제시되어 있으나, 그것의 현대적 의의는 언급되어 있지 않다.

④ 욕망이 나타나는 구체적인 사례가 제시되거나 욕망 이론의 타당성도 논하고 있지 않다.

⑤ 욕망을 조절하는 다양한 방법을 보여 주고 있지만, 각각의 장단점을 분석하고 있지는 않다.

02 세부 내용 추론

정답 코칭

④ 순자는 맹자가 제시한 개인의 수양만으로는 욕망을 절제하는 것이 힘들기에, 외적 규범인 '예'가 필요하다고 보았다. 따라서 순자의 입장은 맹자보다 한 걸음 더 나아간 금욕주의라 할 수 있다.

오답 코칭

①, ② '과욕'과 '호연지기'는 맹자가 언급한 내용일 뿐, 순자는 맹자가 제시한 '과욕'과 '호연지기'에 대해 언급하지 않았다.

③ 순자는 인간의 욕망을 개인적인 것과 사회적인 것으로 나누지 않았다.

⑤ 맹자와 순자 모두 무엇을 탐하는 마음이 생기는 것이 불가피함을 직시하고, 그것의 조절이 필요함을 강조하였다고 볼 수 있다. 따라서 ⓐ에 대한 이유로는 적합하지 않다.

03 구체적 상황에 적용

정답 코칭

⑤ 맹자는 '과욕'을 강조하며 욕망을 절제할 것을 주장하였다. 이때 '과욕'은 마음의 수양을 통해 욕망을 줄여야 한다는 것을 의미한다. 만약 맹자가 〈보기〉의 사례를 보았다면, A 음식점의 수익까지 욕심내는 B 음식점 주인을 향해 마음의 수양을 통해 욕망을 절제해야 한다고 말할 것이다.

오답 코칭

① 소문의 진위 여부를 확인하지 않은 손님들의 도덕성은 이 글의 내용과 관련이 없다.

② B 음식점 주인의 욕망을 이기적인 본성으로 보고, 사회적인 제재를 주장한 사람은 순자이다.

③ 본성 회복의 의무가 A 음식점 주인에게 있다고 볼 만한 근거는 이 글에서 찾을 수 없다.

④ 맹자는 인간의 본성이 선하다고 보았으므로, B 음식점 주인의 마음이 나쁜 본성에서 비롯되었다는 진술은 맹자의 관점에 부합하지 않는다.

04 관점의 비교

정답 코칭

① 순자와 한비자 모두 인간의 본성이 이기적이라고 보았다(ㄱ). 그리고 순자는 '예'를 통해, 한비자는 '법'을 통해 백성의 욕망을 다스려야 한다고 보았다(ㄴ).

오답 코칭

②, ③, ④, ⑤ 순자는 사회적 규범인 '예'로 인간의 본성을 교화할 수 있다고 본 데 반해, 한비자는 본성을 교화할 수 없다고 보았다(ㄷ). 인간의 욕망을 부국강병과 부귀영화를 이루는 수단으로 본 것은 한비자만의 입장이다(ㄹ).

p. 60

지문이 읽히는 독해 코칭

1	맹자	9	동정심
2	강제적 간섭	10	자력
3	법가	11	외적인
4	무질서	12	부정
5	불가분	13	순치
6	성무성악설	14	강제력
7	자연적	15	예
8	역동성		

01 ②   **02** ①   **03** ③   **04** ②

01 내용 전개 방식 파악

정답 코칭

② 전국 시대의 혼란한 상황 속에서 인성론이 대두하게 된 배경과 고자의 성무선악설, 맹자의 성선설, 순자의 성악설 등 주요 사상가들의 견해가 제시되어 있다.

오답 코칭

① 성무선악설, 성선설, 성악설 등 각각이 갖는 장단점에 대한 비교는 드러나 있지 않다.

③ 인성론의 역사적 의의와 한계는 드러나 있지 않다.

④ 인성론이 등장한 시대적 상황은 언급되어 있으나 구체적 자료는 제시되어 있지 않다.

⑤ 인성론의 두 견해를 절충한 새로운 이론은 소개되어 있지 않다.

02 관점의 비교

정답 코칭

① 순자는 인간의 본성이 이기적이므로 이를 바로 잡을 외부적 강제력의 필요성을 역설하였다. 또한 〈보기〉의 홉스는 이기적 본성으로 인한 혼란을 극복하기 위해 계약에 의한 절대 권력의 필요성을 주장하였다. 즉, 두 사람 모두 사회의 혼란과 무질서는 인간의 이기심에서 비롯된다고 보았다.

오답 코칭

② 순자와 〈보기〉에 제시된 홉스의 주장은 모두 국가 공권력을 정당화할 때 그 논거로 사용될 수 있으므로, 두 사람은 모두 공동의 평화를 위해 국가 권력에 비판적 태도를 취해야 한다는 데 반대할 것이다.

③ 순자나 〈보기〉의 홉스가 통치자의 권력 유지를 위하여 한정된 재화의 균등한 분배에 힘써야 한다고 주장했는지는 확인할 수 없다.

④ 순자나 〈보기〉의 홉스는 인간의 본성이 이기적이고 악하다고 보았다. 이로 인해 사회는 '무질서 상태', '만인의 만인에 대한 투쟁' 상태로 전락할 것이라고 보았다. 따라서 두 사람 모두 인간의 본성이 발현되는 자연 상태로 돌아가는 것에 반대할 것이다.

⑤ 사회의 질서를 유지하기 위한 제도와 규범은 구성원들의 계약에 의해 마련되어야 한다는 주장은 〈보기〉의 홉스가 동의할 만하는 진술이다. 순자는 계약의 필요성에 대해 이야기하지 않았다.

03 핵심 개념의 이해

정답 코칭

③ [A]를 보면, 맹자의 성선설은 호족들과 지주들이 국가 공권력에 저항하기 위한 논거로 사용되었고, 순자의 성악설은 군주가 공권력을 정당화하는 논거로 사용되었다고 하였다. 이처럼 인성론은 집단의 정치적 입장을 정당화하기 위한 이념적 근거로 작용하기도 하였음을 알 수 있다.

04 구체적 상황에 적용

정답 코칭

② 장발장이 은촛대를 훔쳤음에도 불구하고 미리엘 주교가 장발장에게 선물로 준 것이라고 거짓을 말한 것은 맹자가 말한 측은지심에서 비롯된 행위에 가깝다고 볼 수 있다. 이는 ㉠'고자'가 말한 역동적 삶의 의지를 규격화하려는 행위와는 관련이 없다.

오답 코칭

① 3문단에 따르면, ㉠'고자'는 식욕과 같은 자연적 욕구를 본성이라고 보았다. 따라서 ㉠의 입장에서 장발장이 배가 고파 빵을 먹고 싶어 하는 것을 인간의 자연스러운 욕구로 볼 것이다.

③ 4문단에 따르면, ㉡'맹자'는 불쌍한 타인을 볼 때 동정심, 즉 측은지심이 내면 깊은 곳에서 흘러나온다고 보았다. 따라서 ㉡의 입장에서 볼 때 미리엘 주교가 장발장에게 안식처를 제공한 것은 불쌍한 사람을 측은히 여기는 마음에 따른 것으로 이해할 수 있다.

④ 4문단에 따르면, ㉡'맹자'는 인간이 스스로의 노력으로 선한 본성을 실현할 수 있다고 보았다. 따라서 ㉡의 입장에서 장발장이 선행을 베풀며 살아가는 모습은 스스로의 노력으로 선한 본성을 실현하는 것으로 볼 수 있다.

⑤ 5문단에 따르면, ㉢'순자'는 인간의 본성을 교정하고 순치할 수 있는 외적인 강제력의 필요성에 대해 긍정하는 입장임을 알 수 있다. 따라서 ㉢의 입장에서 볼 때 장발장이 체포되어 수감된 것은 본성을 바로 잡기 위한 사회 규범에 의거한 것으로 이해할 수 있다.

구조 트레이닝 ZONE

p. 62

1	간섭	7	인의예지
2	공권력	8	본성
3	무질서	9	수양
4	군주	10	재화
5	식욕	11	무질서
6	선과 악	12	예

01	원천	01	원천
02	불가분	02	결여
03	불가피성	03	발현
04	개조	04	역동
05	견지	05	경계
06	확충	06	견해
07	기상	07	기상
08	역동적	08	확충
09	전락	09	공로
10	공로	10	전략
11	불로소득		
12	발현		
13	인의예지		
14	약육강식		
15	전적		
16	견해		
17	재화		
18	부귀영화		
19	결여		
20	경계		
21	화두		
22	사변적		

02 조선의 성리학

1	절대주의	8	가치
2	상대주의	9	이해
3	성선	10	사물
4	상대주의	11	고증
5	절대성	12	서양
6	다름	13	토대
7	부정		

1	절대적	7	상대적
2	교화	8	관찰
3	양명학	9	관심
4	약화	10	최한기
5	인물성동론	11	상대주의
6	부정		

01	O	09	X
02	X	10	O
03	O	11	O
04	X	12	O
05	O	13	X
06	X	14	X
07	X	15	X
08	X		

01 ②   02 ③   03 ④

01 세부 내용의 파악

정답 코칭

② 1~2문단에서 조선 전기의 성리학자들은 하늘이 인간에게 준 본성이 착하다는 성선을 절대적인 가치관으로 받아들였다고 하였다. 그리고 호론은 성선의 절대성 약화를 우려하였으며, 성선의 회복을 주장하였다고 하였다. 이로 볼 때, 호론의 본성관은 전통 성리학자들의 태도와 일치한다.

오답 코칭

① 1문단에서 불교와 양명학은 성선을 절대적인 가치관으로 삼은 조선 성리학자들의 인간관에 대해 의심을 품었다고 하였다. 이러한 상대주의적 가치관에 대한 대응은 조선 성리학자들에게 중요한 문제였다고 하였으므로, 불교와 양명학에는 상대주의적 가치관이 들어 있다고 볼 수 있다.

③ 2문단에서 호락논쟁은 성리학이 태생적으로 안고 있던 가치 상대주의의 가능성에 대한 심각한 내부적 논쟁이었다고 하였으므로, 호락논쟁은 필연적인 성리학적 과제로부터 비롯하였음을 알 수 있다.

④ 4문단에서 낙론의 주장은 사물에 대한 관심을 불러일으켰고, 이에 따라 추사 김정희와 최한기 등이 사물에 대해 탐구하거나 사물을 합리적으로 이해할 수 있는 서양 학문에 관심을 가졌다고 하였다.

⑤ 5문단에서 조선 성리학자들은 스스로의 노력으로 근대의 상대주의적 가치관이 자리 잡을 수 있는 토대를 마련하였지만, 이러한 노력은 일본의 강점에 의해 더 이상의 발전을 보지 못하고 중단되었다고 하였다.

02 구체적 사례 찾기

정답 코칭

③ ㉠'이것'은 하늘이 인간에게 준 본성이 착하다는 성선의 가치관을 말한다. 따라서 '천성을 회복해야 한다'는 것이 ㉠의 본질을 담고 있는 주장으로 적절하다.

오답 코칭

① 범죄를 저지른 김화를 엄벌하자는 것은 본성이 착하다는 성선의 가치관에 부합하지 않는 주장이다.

②, ④, ⑤ 제도를 정비해야 한다는 것, 백성들이 항상 읽게 하는 것이

좋겠다는 것, 모든 사람들이 알기 쉽게 하자는 것은 모두 성선의 가치관과 관련이 없다.

03 구체적 상황에 적용

④ 〈보기〉에서 당대의 지배층은 청나라를 오랑캐로 규정했다고 하였다. 이는 청인들을 야만인으로 보았다는 것으로, 지배층은 청인들을 성선을 지닌 인간으로 인정하지 않았다고 할 수 있다.

① 〈보기〉의 허생은 청나라를 오랑캐로 규정한 북벌론으로 기득권을 유지하던 지배층을 맹공하였다고 하였으므로, 상대주의적 가치관을 지닌 인물로 평가할 수 있다. 상대주의적 가치관은 인물성동론에 가까우므로, 허생은 인물성동론의 태도로 청인을 인식했다고 볼 수 있다.

② 〈보기〉에서 북벌론은 청나라를 오랑캐로 규정했음을 확인할 수 있다. 호론은 인성과 물성이 서로 다르다는 입장이고, 낙론은 모든 사물마다 고유한 각각의 가치가 있음을 인정하는 입장으로 볼 수 있으므로, 북벌론은 낙론보다는 호론의 입장에 근거한 것이라고 볼 수 있다.

③ 〈보기〉의 북학파는 청나라의 선진 문물을 수용하자는 입장으로, 모든 사물마다 고유한 각각의 가치가 있다는 태도인 낙론에 가깝다. 그리고 지배층은 청나라를 오랑캐로 규정한 북벌론의 입장으로, 인성과 물성이 다르다는 태도인 호론에 가깝다. 따라서 북학파와 지배층은 사회적 문제 해결의 관점이 서로 달랐다고 볼 수 있다.

⑤ 〈보기〉에서 박지원은 「허생전」을 통해 자신의 가치관을 드러내고 있다고 하였다. 「허생전」의 주인공인 허생은 상업 행위로 이룬 거대한 부를 바탕으로 사회적 문제를 해결하였다고 하였으므로, 박지원은 부와 같은 인간의 욕망에 대해 긍정적으로 인식했다고 볼 수 있다.

펌핑-UP

p. 68

지문이 읽히는 독해 코칭

1	한결	8	기
2	원리	9	구분
3	독립적	10	본성
4	반복	11	않음
5	기	12	원리
6	근원	13	문제
7	선천적		

01 ⑤ **02** ① **03** ② **04** ①

01 글의 전개 방식 파악

⑤ 이 글에서는 '이'와 '기'를 어떻게 보는가에 따라 성리학자들이 현실을 해석하고 인식하는 자세가 달라진다고 하며 세 사람의 관점을 소개하고 있다. '이'와 '기'를 하나라고 본 서경덕의 관점, '이'와 '기'는 구분되어야 한다는 이황의 관점, '이'와 '기'는 각각 존재하지만 한 몸처럼 붙어 있다고 본 이이의 관점을 나열하여 설명하고 있다.

① '이'와 '기'라는 철학적 용어를 설명하고 있지만, 이들의 현대적 의미를 재조명하고 있지는 않다.

② 철학적 용어인 '이'와 '기'에 대한 사회적 통념을 비판한 것이 아니라, 그 시대 성리학자들의 다양한 관점을 소개하고 있다.

③ 철학적 용어인 '이'와 '기'의 개념을 드러낸 것은 맞지만 묻고 답하는 문답의 형식은 사용하고 있지 않다.

④ 철학적 용어인 '이'와 '기'의 개념에 대한 학자들의 관점을 제시하고 있지만, 그것의 등장 배경은 설명하고 있지 않다.

02 핵심 내용의 파악

① ㄱ. 서경덕은 '기일원론'을 주장한 학자로, '이'와 '기'는 하나이며 세계에 드러나는 것은 '기'뿐이라고 하였다.
　　ㄴ. 이황은 '이기이원론'을 주장한 학자로 '이'와 '기'는 하나일 수 없으며, 둘은 철저히 구분되어야 한다고 하였다.

② ㄱ. 서경덕은 '이'는 '기' 속에 속해 있으면서 '기'가 작용하는 원리로 존재할 뿐 독립적으로 드러나거나 작용하지 않는다고 보았다.
　　ㄴ. 이 글에서 이황이 '이'와 '기'가 동시에 작용한다고 보았는지를 추론할 근거는 찾을 수 없다.

③ ㄱ. 서경덕은 세계에 드러나는 것은 '기'뿐이라고 하였다.
　　ㄴ. 이황은 '이'가 원리로서만 존재하는 것이 아니라 발동한다고 보았으므로, '이'와 '기' 모두 현실로 나타난다고 보았다.

④ ㄱ. 서경덕은 '이'가 '기' 속에 있다고 하였다.
　　ㄴ. 이 글에서 이황이 '이'가 '기' 속에 포함된 것으로 보았음을 추론할 근거는 찾을 수 없다.

⑤ ㄱ. 서경덕은 '기'를 우주 만물의 근원으로 보았을 뿐, 생체적 욕구와 욕망을 '기'라고 보지 않았다.
　　ㄴ. 이황은 '이'를 우주 만물의 근원이자 변하지 않는 절대적 가치라고 보았고, 인간의 생체적 욕구, 욕망 등을 '기'라고 보았다.

03 구체적 상황에 적용

② 〈보기〉에는 백성들이 군포를 면제받기 위해 편법으로 양반이 되려고 하는 현실의 문제가 제시되어 있다. 이이는 현실에 문제가 있다면 '기'가 잘못된 것이므로 '이'를 회복하기보다는 '기'로 나타난 현실의 모습 자체를 바꿔야 한다고 주장하였다. 따라서 이이는 〈보기〉의 문제 상황에 대해 편법으로 양반이 될 수 있는 현실을 우선적으로 개선해야 한다고 말할 것이다.

① 이황은 현실의 문제 상황은 학문과 수양을 통해 '이'를 회복함으로써 해결될 수 있다고 강조하였다. 즉 〈보기〉의 문제 상황에 대해 학문과 수양을 통해 본성을 회복함으로써 해결해야 한다는 것은 이이가 아니라 이황의 주장이다.

③ 이이는 '이'를 모든 사물의 근원적 원리로 보았다. 그런데 이이는 현실의 모습이 문제를 드러낸다면 이는 '이'가 잘못된 것이 아니라 '기'가 잘못된 것이므로 '기'로 나타난 현실의 모습을 바꾸기 위해 싸워야 한

다고 주장하였다. 따라서 이이가 〈보기〉의 문제 상황에 대해 현실에 내재하는 원리인 '이'를 바꿔야 한다고 말하지는 않을 것이다.

④ 서경덕은 태초에 '기'가 음기와 양기가 되고, 음기와 양기가 모이고 흩어지고를 반복하면서 만물이 만들어졌다고 하였다. 그리고 현실 세계의 모습은 '기'의 움직임에 의한 것이므로, '기'가 다시 움직이면 현실도 변할 수 있을 것이라고 하였다. 따라서 〈보기〉의 문제 상황에 대해 인위적인 노력보다는 음양의 또 다른 작용을 통해 해결되기를 기다려야 한다는 것은 이이가 아니라 서경덕의 주장으로 볼 수 있다.

⑤ 이황은 인간이 '이'를 깨우치고 실행하면 본성을 회복하고, 인간 사회는 천도에 맞는 질서를 확립한다고 보았다. 즉 〈보기〉에 대해 천도에 맞는 질서 확립을 주장할 수 있는 사람은 이이가 아니라 이황이다.

04 어휘의 사전적 의미 파악

① ⓐ'내재(內在)'의 사전적 의미는 '어떤 사물이나 범위의 안에 들어 있음. 또는 그런 존재.'이다. '내부적으로 미리 정함.'은 '내정(內定)'의 사전적 의미에 해당한다.

구조 트레이닝 ZONE p. 70

1	하나	6	타락
2	기	7	각각
3	근원	8	현실
4	기	9	그릇
5	사악	10	현실

호루라기 관장님의 어휘 트레이닝 p. 71

01	사악	01	선천
02	만물	02	작용
03	원리	03	논의
04	단절	04	대두
05	인식	05	상대
06	파기	06	주창
07	근원	07	교화
08	주창	08	파기
09	대두	09	탈피
10	작용	10	공존
11	탈피		
12	선천적		
13	강점		
14	양극단		
15	논의		
16	타락		
17	공존		
18	교화		
19	염연하다		
20	상대		
21	수양		
22	고증		

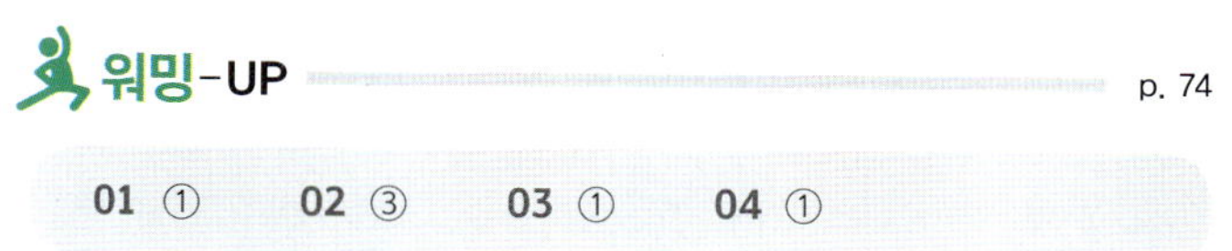

03 우주와 실재

지문이 읽히는 독해 코칭 p. 72

1	다른	8	변화
2	가치	9	유사한
3	더	10	가깝다
4	덜	11	높다
5	이데아	12	가치론
6	현상	13	중세
7	본질		

구조 트레이닝 ZONE p. 73

1	존재론	6	존재
2	가치론	7	관여
3	있음	8	임재
4	완전	9	높은
5	이데아	10	완전성

내용 트레이닝 ZONE p. 73

01	X	08	X
02	○	09	X
03	○	10	○
04	○	11	X
05	○	12	○
06	X	13	○
07	○	14	○

워밍-UP p. 74

01 ①	02 ③	03 ①	04 ①

01 글의 전개 방식 파악

① 이 글은 '있다/없다'와 '좋다/나쁘다'라는 개념, 즉 존재론적 판단과 가치론적 판단의 관계를 중심으로 플라톤이 세계를 어떻게 보았는지 소개하고 있다.

② '있다/없다', '좋다/나쁘다'에 대한 현대인들과 플라톤의 상반된 관점을 제시하고는 있지만, 비교되는 두 대상을 제시하거나 그것을 평가하고 있지는 않다.

③ 플라톤이 세계를 바라보는 관점을 제시하였을 뿐, 문제를 제기하고 있지는 않다.

④ 현대인들과 플라톤이 세계를 바라보는 상반된 관점을 제시하고 있지만, 이는 플라톤의 관점이 현대인들의 관점과 얼마나 다른지를 보여 주기 위한 것으로, 비판을 위한 목적과는 관련이 없다.

⑤ 통념에 대한 의문을 제기하거나 특정 이론의 타당성을 검증하고 있지 않다.

02 핵심 개념의 파악

정답 코칭

③ '관여'는 '모방' 이후에 설정되는 이데아와 현상의 관계에 대한 개념으로, 현상이 이데아의 본질과 유사한 정도이다. 이데아는 현상에 앞서 가장 실재하는 것, 가장 완전한 것을 의미하므로 관여에 의해 생겨난 것이라 볼 수 없다.

오답 코칭

① 2문단에서 이데아는 현실 세계를 초월한 차원에 존재한다고 하였다.
② 2문단에서 플라톤은 '가장 실재한 것, 가장 완전한 것'을 이데아라고 규정했다고 하였다.
④ 3문단에 따르면, 플라톤은 현상이 외부의 이데아를 본으로 삼아 만들었으므로, 이 모방을 통해 현상은 이데아의 본질을 나누어 갖게 된다고 하였다. 이때 현상이 이데아의 본질을 가지고 있는 정도를 '임재'의 정도라고 하였다. 이로 볼 때 이데아는 현상을 모방하는 대상이자 그 임재의 정도가 결정되는 기준이 된다고 할 수 있다.
⑤ 3문단에 따르면, 플라톤은 현상을 만드는 창조자로 '데미우르고스'를 설정하고, 그 창조자가 외부의 이데아를 본으로 삼아 현상을 만들었다고 보았다.

03 관점의 비교

정답 코칭

① 〈보기〉의 Ⓐʹʹ라이프니츠'가 가장 완전한 존재로 여긴 것은 '신'으로, 그는 신이 자신의 형상을 닮은 존재들을 창조했으며 그 존재들은 신의 형상과는 완전히 같지는 않기에 유한한 존재로 보았다. 즉 라이프니츠에게 있어 유한성은 신과 같은 완전함을 지니지 못한 존재들을 규정하는 특징이다. 2문단에서 플라톤에게 '덜 존재한다'라는 것은 그 대상이 덜 완전한 대상이라는 것을 의미하는 것이라고 하였는데, 이로 볼 때 라이프니츠의 유한성은 플라톤의 '덜 존재한다'를 의미하는 것으로 볼 수 있다.

오답 코칭

② 다른 존재들을 창조할 때 자기 외부의 형상을 본으로 삼은 것은 데미우르고스에게만 해당하는 설명이다. Ⓐʹ라이프니츠'가 말한 신은 외부의 형상이 아니라 자신의 형상을 본으로 삼았다.
③ 3문단에 따르면 플라톤은 개개의 현상들이 이데아에 얼마나 '관여'하는가 또는 이데아가 개개의 현상들에 얼마나 '임재'하는가를 중요한 문제로 보았다. 이로 볼 때, 플라톤은 창조자가 아닌 이데아와 현상들 간의 닮은 정도에 주목했다는 것을 알 수 있다.
④ 3문단에 따르면, 플라톤이 말하는 창조자는 이데아를 본으로 삼아 현상을 만드는 존재이다. 플라톤이 창조자를 끊임없이 변화하는 무한한 존재로 보았다는 근거는 찾을 수 없다.
⑤ 2문단에 따르면, 플라톤은 특정한 존재를 판단하는 기준을 '있음'의 '정도'로 보았다. 이때 '있다'는 '가치 있다'라는 측면에서 완전성의 정도를 포함한다고 하였다. 이로 볼 때, 플라톤은 존재의 완전성을 정도의 문제로 파악했음을 알 수 있다. Ⓐʹ라이프니츠'가 존재의 완전성을 정도의 문제로 파악했는지는 〈보기〉만으로 확인할 수 없다.

04 어휘의 사전적 의미 파악

정답 코칭

① '존재 여부에 대한 판단'은 '존재하느냐, 그렇지 않으냐에 대한 판단'이라는 의미로, 이때 '여부'는 '사실 여부를 확인하다.'에서와 같이 '그러함과 그렇지 않음.'을 의미한다. '여부'가 '틀리거나 의심할 여지'를 의미하는 경우는 '그렇고 말고, 여부가 있나'와 같이 쓰이는 경우이다.

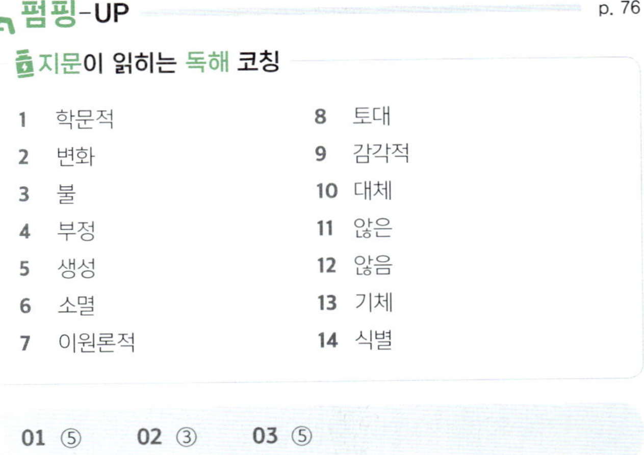

펌핑-UP

p. 76

지문이 읽히는 독해 코칭

1	학문적	8	토대
2	변화	9	감각적
3	불	10	대체
4	부정	11	않은
5	생성	12	않음
6	소멸	13	기체
7	이원론적	14	식별

01 ⑤　　02 ③　　03 ⑤

01 세부 정보의 파악

정답 코칭

⑤ 3문단에서 아리스토텔레스는 변화의 실재에 대한 헤라클레이토스와 파르메니데스의 상반된 견해를 어떤 방식으로든 현실 세계에 적용하려고 노력했다고 하였다. 이로 볼 때, 아리스토텔레스가 변화의 실재에 대한 두 철학자의 견해를 이상 세계에 적용했다는 내용은 적절하지 않다.

02 구체적 상황에 적용

정답 코칭

③ 5문단에서 실체적 변화란 실체의 변화 정도가 커서 기체가 무엇인지 분명하지 않은 변화를 가리킨다고 하였다. ㄴ에서 올챙이가 개구리가 된 것은 실체의 변화 정도가 큰 실체적 변화에 해당한다. 이는 기체가 무엇인지 분명하게 식별되지 않는 변화라고 할 수 있다.

오답 코칭

① 5문단에서 비실체적 변화에는 질적 변화, 양적 변화, 장소 변화가 있다고 하였고, 장소 변화는 이곳에서 저곳으로 장소를 이동하는 것을 말한다고 하였다. 이로 볼 때 변화 전의 개구리가 다른 장소에서 이동해 온 것은 장소 변화가 나타난 것으로 볼 수 있으며, 이는 비실체적 변화에 해당한다.
② 4문단에서 검은색의 머리카락이 흰색으로 변할 때 머리카락의 색깔은 형상에 해당한다고 하였다. 5문단에서는 얼굴이 빨개지는 것은 질적 변화에 해당한다고 하였다. 이로 볼 때, ㄱ에서 변화 전의 개구리의 피부색이 변화 후와 같이 진하게 바뀐 것은 색깔이라는 형상이 대체된 질적 변화가 나타난 것이라 할 수 있다.
④ 5문단에서 비실체적 변화에는 질적 변화, 양적 변화, 장소 변화가 있다고 하였고, 살이 찌거나 빠지는 등의 변화는 양적 변화에 해당한다고 하였다. 이로 볼 때, ㄷ에서 변화 전과 변화 후의 실체의 크기가 양적으로 증가한 것은 양적 변화이며 이는 비실체적 변화에 해당한다.

⑤ 5문단에 따르면, 아리스토텔레스는 모든 변화에서 기체가 유지된다고 보았다. 이로 볼 때, 변화를 보여 주는 ㄱ, ㄴ, ㄷ은 모두 변화 과정에서 기체가 실체의 기저에 깔려 있다는 공통점을 갖고 있다.

03 관점의 비교

⑤ 〈보기〉에서 탈레스는 '물'을 만물의 근원인 '아르케'라고 주장한 그리스 철학자 중 한 명으로, 절대적인 무에서의 생성과 절대적인 무로의 소멸을 인정하지 않았다고 하였다. 5문단에서 아리스토텔레스 역시 파르메니데스와 마찬가지로 무에서의 생성과 무로의 소멸을 인정하지 않았다고 하였다.

구조 트레이닝 ZONE
p. 78

1	생성	7	형상
2	소멸	8	색깔
3	파르메니데스	9	실체적
4	헤라클레이토스	10	기체
5	이원론	11	비실체적
6	기체	12	장소

벌크-UP
p. 79

01 ⑤	02 ③	03 ②	04 ③

01 글의 전개 방식 파악

⑤ 이 글은 아리스토텔레스의 목적론을 소개하고 그에 대한 근대 학자들의 비판을 제시하고 있다. 일부 현대 학자들의 의견을 빌려 목적론에 대한 근대 학자들의 비판들을 검토하고, 목적론은 자연물이 존재하고 운동하는 원리와 이유를 밝히는 탐구의 출발점임을 언급하며 그 의의를 밝히고 있다.

① 목적론에 대한 비판이 나타나 있을 뿐 대립되는 이론을 제시하고 있지는 않다.
② 목적론에 대한 상반된 주장이 아니라 목적론에 대한 비판이 나타나 있으며, 절충 방안 또한 드러나 있지 않다.
③ 목적론에 대한 다양한 비판은 나타나 있으나 새로운 이론을 도출하고 있지는 않다.
④ 목적론에 대한 근대 학자들의 비판이 소개되고 있으나, 이 비판들은 시대순으로 제시된 것은 아니다. 또한 글의 마지막 부분에서 목적론이 지닌 긍정적 의미를 강조하고 있다는 점에서 목적론의 부당성을 주장하고 있다는 진술 또한 적절하지 않다.

02 핵심 정보의 파악

③ 아리스토텔레스는 자연물이 목적을 실현할 능력도 타고난다고 믿었다. 따라서 아리스토텔레스의 견해에 따르면 본성적 운동의 주체는

본성을 실현할 능력을 갖고 있다고 볼 수 있다.

① 아리스토텔레스는 자연물을 생물과 무생물로, 생물을 식물·동물·인간으로 나누고, 인간만이 이성을 지닌다고 생각했다. 따라서 아리스토텔레스의 관점에서는 개미의 본성적 운동은 이성에 의한 것이라 할 수 없다.
② 아리스토텔레스는 자연물의 본성적 목적 실현은 운동 주체에 항상 바람직한 결과를 가져온다고 믿었다.
④ 아리스토텔레스는 모든 자연물이 목적을 추구하는 본성을 타고난다고 하였다. 따라서 자연물인 낙엽의 운동은 본성적 목적 개념으로 설명될 수 있다.
⑤ 아리스토텔레스는 자연물은 외적 원인이 아니라 내재적 본성에 따른 운동을 한다고 생각했다. 따라서 자연물의 본성적 운동이 외적 원인에 의해 야기된다고 보지 않는다.

03 세부 정보의 파악

② 갈릴레이는 목적론적 설명이 과학적 설명으로 사용될 수 없다고 주장하였으며, 우드필드는 목적론에 대한 근대 학자들의 비판 내용을 지적하면서도 목적론적 설명이 과학적 설명은 아니라는 데는 동의하였다.

① 갈릴레이는 목적론적 설명이 과학적 설명으로 사용될 수 없다며 목적론을 비판하였다. 그러나 볼로틴은 이러한 비판에 대해 근대 과학이 자연에 목적이 없음을 보이지도 못했고 그렇게 하려는 시도조차 하지 않았다고 지적하였다.
③ 베이컨은 목적론이 과학에 무익하다고 비판하였을 뿐이다. 이에 반해 우드필드는 이러한 비판에 대해 목적론의 옳고 그름을 확인할 수 없기 때문에 목적론이 거짓이라 할 수도 없다고 지적하였다. 우드필드는 베이컨과 같은 근대 학자들의 주장이 교조적 믿음을 의존하여 충분한 근거를 제시하지 못한 점을 지적한 것이다.
④ 스피노자는 목적론이 자연에 대한 이해를 왜곡한다고 비판하였다. 그러나 볼로틴은 이러한 비판에 대해 근대 과학이 자연에 목적이 없음을 보이지도 못했고 그렇게 하려는 시도조차 하지 않았다고 지적하였다.
⑤ 스피노자는 목적론이 인간 이외의 자연물도 이성을 갖는 것으로 의인화한다며 비판하였다. 그러나 우드필드는 이러한 비판에 대해 목적론의 옳고 그름을 확인할 수 없기 때문에 목적론이 거짓이라 할 수도 없다고 지적하였다.

04 정보 간의 비교

③ 생물학자 마이어가 주장한 창발론은 복잡성의 수준이 한 단계씩 오를 때마다 구성 요소에 관한 지식만으로는 예측할 수 없는 특성들이 나타난다는 이론이다. 또한 아리스토텔레스는 자연물의 물질적 구성 요소를 알면 그것의 본성을 모두 설명할 수 있다는 엠페도클레스의 견해를 반박했다. 따라서 마이어와 아리스토텔레스는 모두 생명체의 특성들은 구성 요소들에 관한 지식만으로 예측할 수 없다고 볼 것이다.

① 엠페도클레스의 물질론은 자연물의 물질적 구성 요소를 알면 그것의 본성을 모두 설명할 수 있다는 이론이다. 마이어는 예측할 수 없는 특성들을 들며 물리·화학적 법칙으로 생명체의 본성을 모두 설명할 수 있다고 보지 않았으므로 엠페도클레스의 물질론적 견해가 적절하다고 생각하지 않을 것이다. 한편, 아리스토텔레스 또한 엠페도클레스의 물질론적 견해를 반박하였다.

② 마이어는 여전히 생명체가 물질만으로 구성된다고 본다고 했으므로 물질론에 동의한 것으로 볼 수 있다. 그러나 아리스토텔레스는 자연물이 단순히 물질로만 이루어진 것이 아니라고 생각했으므로 물질론에 동의하지 않을 것이다.

④ 〈보기〉에서 마이어는 생명체가 단계적으로 점점 더 복잡한 체계를 구성하며, 세포 이상의 단계에서 각 체계의 고유 활동은 미리 정해진 목적을 수행한다고 생각하였으며, 복잡성의 수준이 한 단계씩 오를 때마다 구성 요소에 관한 지식만으로는 예측할 수 없는 특성들이 나타난다는 창발론을 주장하였다고 했다. 반면 아리스토텔레스는 모든 자연물이 목적을 추구하는 본성을 타고나며, 내재적 본성에 따른 운동을 한다는 목적론을 제시하였다고 했다. 즉, 아리스토텔레스는 모든 자연물이 목적 지향적으로 운동한다고 보았다.

⑤ 아리스토텔레스는 자연물의 본성이 단순히 물리·화학적으로 환원되지 않는다고 주장하였다. 마이어 또한 생명체가 물질만으로 구성된다고 보지만, 물리·화학적 법칙으로 모두 설명되지는 않는다고 보았다.

호루라기 관장님의 🥊 어휘 트레이닝
p. 81

01 실체	01 반영	
02 실재	02 함축	
03 소멸	03 본질	
04 식별	04 실체	
05 대체	05 내재	
06 영원불변	06 규명	
07 양자택일	07 기저	
08 제기	08 실재	
09 모방	09 사유	
10 기저	10 토대	
11 규명		
12 왜곡		
13 함축		
14 내재적		
15 반영		
16 사유		
17 본질		
18 이원론		
19 위상		
20 목적론		
21 토대		
22 교조적		

04 진리 탐구

🔑 지문이 읽히는 독해 코칭
p. 82

1	의심	6	숫자
2	지식	7	사람
3	감각	8	확실한
4	감각	9	보장
5	수학	10	영속적

구조 트레이닝 ZONE
p. 83

1	환상	6	의심
2	확실	7	가능
3	감각	8	지금
4	수학	9	5분 전
5	악마		

내용 트레이닝 ZONE
p. 83

01	X	08	○
02	X	09	○
03	○	10	X
04	X	11	○
05	○	12	○
06	○	13	X
07	X		

워밍-UP
p. 84

01 ④   02 ③   03 ④

01 글쓴이의 집필 의도 추리

④ 글쓴이는 데카르트의 회의론에 대해 설명한 후, 데카르트가 찾은 생각하는 존재의 확실성에 대해 '영속적인 나의 존재는 보장될 수 없음'을 들어 그가 '철저한 회의론자'가 되지 못한 한계를 지적하고 있다.

① 이 글에서는 데카르트가 의심했던 지식에 대해 설명하고 있을 뿐, 그것을 다른 학자들과 관련하여 설명하고 있지는 않다.

② 2, 3문단에서 구체적 사례를 언급하고 있지만, 이는 데카르트의 이론을 설명하기 위한 것이다. 하나의 체계화된 이론을 정립하고자 구체적 사례를 언급한 것은 아니다.

③ 1문단에서 상식적 생각과 회의론을 대비하고 있지만, 이는 회의론의 개념을 설명하기 위한 것으로 대립되는 현상을 설명하기 위한 것으로 볼 수 없다.

⑤ 이 글에서는 데카르트의 회의론에 대해 설명한 후 그 한계를 지적하는 흐름으로 논지를 전개하고 있다. 그의 회의론에 대립하는 다른 이론에 대해 설명하고 있지는 않다.

02 관점의 추론

정답 코칭

③ 6문단의 내용으로 볼 때, 생각하는 존재의 영속성을 의심하는 것을 제외하고 데카르트와 철저한 회의론자는 같은 입장이라 할 수 있다. 3문단에서 데카르트는 깨어 있을 때나 꿈속에서나 2 더하기 3은 5라는 수학적 지식은 달라지지 않는다고 언급했음을 확인할 수 있다. 이는 꿈속에서도 수학적 지식이 존재할 수 있음을 전제한다. 이로 볼 때, 데카르트와 철저한 회의론자는 꿈속의 지식 중에는 감각적 지식이 아닌 것도 있다는 진술에 동의할 것이다(ㄱ). 3문단에서 데카르트는 수학적 지식이 의심할 만하다는 사실은 자체적으로 모순되지 않으므로 충분히 상상할 만하다고 주장했다는 점도 확인할 수 있다. 이로 볼 때, 데카르트와 철저한 회의론자는 어떤 지식을 상상만으로 의심할 수 있다면 그 지식은 확실하지 않다는 진술에 동의할 것이다(ㄴ). 4문단에서 데카르트는 의심하는 사람의 존재는 의심할 수 없다고 보았음을 확인할 수 있다. 5문단에 따르면, 철저한 회의론자도 지금 이 순간 생각하는 존재는 의심할 수 없다고 보았다. 이로 볼 때 데카르트와 철저한 회의론자는 모두 의심하기 위해서는 그 시점에 의심하는 주체가 필요하다는 진술에 동의할 것이다(ㄷ).

03 구체적 상황에 적용

정답 코칭

④ 〈보기〉에서는 '통 속의 뇌'에서 나의 경험을 컴퓨터가 조작하는 상황을 설정하고 있다. 이는 3문단에서 데카르트가 말했던 '악마', 즉 사실과 다르게 우리를 속이는 존재와 유사하다. 그러나 이러한 상황에서도 '2 더하기 3이 4이면서 동시에 5'일 수는 없다. 상상하는 데는 아무런 제약이 없지만 자체적으로 모순이 된다면 '통 속의 뇌'를 속일 수 없기 때문이다.

오답 코칭

①, ③ 〈보기〉의 '통 속의 뇌'에서는 컴퓨터가 나의 경험을 조작한다. 이 컴퓨터는 실제 사실과 다르게 우리를 속이는 데카르트의 '악마'에 해당한다. 그리고 이러한 상황은 데카르트의 '체계적으로 의심하는 방법'을 통해 상상할 수 있는 것이라 할 수 있다.

② '통 속의 뇌'의 세계에서 우리가 보고 듣고 느끼는 것은 실재하지 않을 수도 있다. 그것은 컴퓨터에 의해 조작된 경험이기 때문이다.

⑤ 〈보기〉의 상황이라면 우리의 경험이나 생각은 조작된 것일 가능성이 높다. 데카르트에 의하면 이러한 상상은 가능한 것이며, 그에 따라 우리가 그러한 '통 속의 뇌'가 아니라고 확신할 근거는 없다.

펌핑-UP

p. 86

지문이 읽히는 독해 코칭

01 범주	**07** 정신
02 관념	**08** 실체
03 감각	**09** 과학적
04 관념	**10** 가정
05 경험적	**11** 수학적
06 정신	

01 ①   **02** ④   **03** ③   **04** ⑤

01 글의 중심 내용 파악

정답 코칭

① 이 글은 우리가 인식할 수 있는 실재, 즉 지식의 범주에 대한 경험주의의 대표적 철학자인 로크, 버클리, 흄의 견해에 대해 소개하고 있다.

02 세부 정보의 파악

정답 코칭

④ 버클리는 우리가 경험하는 것은 물질로부터 비롯된 감각뿐이며, 이는 정신에 해당한다고 하였다. 버클리는 경험 자체를 부정하지 않았으며 물질의 실재를 인정하지 않았다.

오답 코칭

① 2문단에 따르면, 로크는 물질의 실재를 인정하였다.

② 2문단에 따르면, 로크는 물질에 대한 감각, 관념 등의 사고 과정과 그 과정을 주관하는 정신의 실재도 인정하였다.

③ 3문단에 따르면, 버클리는 우리가 경험적으로 지각하는 것은 물질로부터 비롯된 감각의 다발이며, 이는 정신의 상태로 볼 수 있다고 하였다.

⑤ 4문단에 따르면, 흄은 사고 과정을 주관하는 정신은 실체가 없기 때문에 지각이 대상이 될 수 없다고 하였다.

03 구체적 상황에 적용

정답 코칭

③ 〈보기〉의 ㉮는 개별적 사실로부터 인과 관계를 찾아내어 체계화한 과학적 지식이다. 흄에 의하면, 이러한 과학적 지식은 '자연은 한결같다'는 점을 가정하고 하고 있는데, 이 가정은 우리가 경험하지 않은 미래의 일이므로 알 수 없는 것이 된다. 따라서 흄은 〈보기〉의 ㉮에 대해 알 수 없는 과정으로부터 추론한 결과라고 비판할 것이다.

오답 코칭

① 흄은 〈보기〉의 ㉮와 같은 과학적 지식은 미래의 일이므로 알 수 없다고 주장하였다.

② 흄은 인과 관계나 법칙을 지각할 수 없다고 주장하였다.

④ 흄의 입장에서 관찰과 실험을 통해 얻은 개별적 사실은 겨울에는 날씨가 추웠다는 진술이다. 이로부터 〈보기〉의 ㉮와 같은 과학적 지식을 추론하지만, 이는 알 수 없는 불완전한 지식이라고 주장하였다.

⑤ 흄은 우리가 인과 관계나 법칙을 지각할 수 없고, 다만 특정 사건과 그런 사건의 연속만을 지각할 수 있을 뿐, 〈보기〉의 ㉮와 같은 과학적 지식은 인식할 수 없다고 보았다.

04 어휘의 사전적 의미 파악

정답 코칭

⑤ ㉤'체계화'의 사전적 의미는 '일정한 원리에 따라서 낱낱의 부분이 짜임새 있게 조직되어 통일된 전체로 됨. 또는 그렇게 되게 함.'이라는 뜻이다. '자기의 의견이나 주의를 굳게 내세움.'을 뜻하는 말은 '주장'이다.

1	관념	7	부정
2	정신	8	정신
3	부정	9	지각
4	지각	10	수학
5	정신	11	필연적
6	감각		

벌크-UP　　　　　p. 89

01 ④　　02 ①　　03 ①　　04 ③

01 개괄적 정보의 확인

정답 코칭

④ 1문단에는 후설의 의식 주체가 형이상학적 사고방식을 보여 주는 내용이, 3문단에는 주체에 관한 형이상학적 철학의 입장이 어떤 결과를 낳았는지에 관한 내용이 제시되어 있다. 하지만 무엇을 계기로 이러한 형이상학적 사고방식이 정립되었는지는 이 글에서 확인할 수 없다.

오답 코칭

① 1문단에서 후설은 정신을 그 자체로 완전하고 절대적이며 어떤 상황에서도 변하지 않는 자기 동일성을 지닌 것으로 보았음을 알 수 있다.

② 4문단에서 데리다의 사상은 닫힌 세계에서 열린 세계로 나아가는 계기를 마련해 주며 다원적 사고에 대한 가능성을 제시해 준다는 점에서 그 의의를 찾을 수 있다고 하였다.

③ 1문단에서 의식 주체의 개념은 주체에 의한 객체의 지배를 정당화한다는 문제가 있다고 하였다.

⑤ 4문단에서 데리다는 자기 동일성을 지닌 주체라는 개념이 허구이고 환상이기 때문에 해체해야 한다고 주장하였음을 확인할 수 있다.

02 핵심 개념의 이해

정답 코칭

① 2문단에 따르면, 데리다는 '차연'이라는 개념을 통해 주체란 그 자체로 완전하고 절대적인 의미를 갖고 있는 것이 아니라, 다른 대상들과의 차이에 의해 의미가 드러난다고 설명하였다.

오답 코칭

② 4문단에 따르면, 데리다는 절대적 주체의 부재를 확인하고, 주체가 우월한 대상이 아니라는 것을 강조하였다. 객체가 주체로부터 비롯되고 주체와의 본질적 차이에 의해 의미가 결정된다는 것은 객체에 대한 주체의 우월성을 나타내는 진술이므로 데리다가 주장한 '차연'의 개념과는 거리가 있다.

③ 4문단에 따르면, 데리다는 절대적 주체의 부재를 확인했다고 하였다. 따라서 주체가 지닌 절대적 지위를 인정하는 진술은 데리다가 주장한 '차연'의 개념을 제대로 반영한 진술이라 할 수 없다.

④ 1문단의 내용으로 볼 때, 그 자체로 완전하고 절대적이며 어떤 상황에서도 변하지 않는 것은 '자기 동일성'을 지닌 것이라 할 수 있다. 4문단에 따르면, 데리다는 '차연'의 개념을 통해 자기 동일성을 지닌 주체

는 해체해야 한다고 주장하였다. 이로 볼 때, 주체가 그 자체로 완전해지기 위해서는 어떤 상황에서도 변하지 않아야 한다는 진술은 '차연'을 올바르게 이해한 진술로 볼 수 없다.

⑤ 2문단에서 데리다는 '차연'의 개념을 통해 주체란 다른 대상들과의 차이에 의해 의미가 드러나고 그 의미에 대한 최종 해석은 계속 연기된다는 것을 설명하였다. 이로 볼 때, 주체의 의미를 변별하기 위해 의미의 모호성을 유발하는 요소들을 제거하는 등의 인위적인 노력을 강조하는 것은 '차연'에 대해 올바로 이해한 것이라 볼 수 없다.

03 구체적 상황에 적용

정답 코칭

① 〈보기〉의 식민주의는 세계를 이원 대립적 구도로 파악하여 종주국과 식민국이 우열 관계에 있다고 보는데, 데리다는 이러한 차별적 이데올로기를 해체해야 한다고 주장하였다. 데리다가 말하는 '해체'란 종주국의 절대적 지위라는 것이 허상이라는 것을 인정하고 각 나라들의 다양성을 존중하는 것이다. 이로 볼 때, 식민국이 열등성을 지녔다고 전제하는 것은 이원 대립과 위계의 가치 질서에 입각한 형이상학적 사고 방식이지 데리다의 견해라 할 수 없다.

오답 코칭

② 〈보기〉의 식민주의는 종주국이 식민국을 무력으로 침략하여 약탈하고 지배하는 것을 정당화하는 이데올로기이다. 대상마다 나름의 가치가 있다고 여기는 데리다의 관점에서 〈보기〉의 식민주의는 종주국이 식민국과 대등하지 않다는 것을 근거로 식민 지배를 합리화하는 행위로 비춰질 것이다.

③ 데리다는 형이상학적 전통 철학이 차이와 다양성으로 이루어진 세계를 절대 주체를 중심으로 재편하려는 욕망을 합리화했다고 비판하였다. 데리다의 관점에서 〈보기〉의 식민주의는 종주국을 절대적 주체로 설정하면서 식민국의 가치를 은폐하려는 이데올로기라고 볼 수 있다.

④ 데리다는 형이상학적 전통 철학이 차이와 다양성으로 이루어진 세계를 절대 주체를 중심으로 재편하려는 욕망을 합리화했다고 비판하였다. 데리다의 관점에서 종주국의 무력 침략은 세계를 절대 주체를 중심으로 재편하려는 욕망에 의한 것으로 볼 수 있다.

⑤ 데리다는 이원 대립과 위계의 가치 질서를 만들어 낸 후설의 의식 주체를 비판하였다. 이로 볼 때, 데리다는 상대적 차이를 지닌 나라들의 관계를 위계질서를 지닌 것으로 보는 〈보기〉의 식민주의에 대해 문제가 있다고 지적할 것이다.

04 어휘의 사전적 의미 파악

정답 코칭

③ ⓒ'구별'은 '성질이나 종류에 따라 차이가 남. 또는 성질이나 종류에 따라 갈라 놓음.'의 의미를 지닌다. '사물의 가치나 수준 따위를 평함.'의 뜻을 지닌 단어는 '평가'이다.

01	재편	01	간주
02	현존	02	옹호
03	우열	03	주관
04	고정불변	04	우열
05	옹호	05	범주
06	객체	06	영속
07	관념	07	개진
08	다발	08	정당화
09	영속적	09	모순
10	범주	10	재편
11	지각		
12	주관		
13	간주		
14	주체		
15	다원적		
16	감각		
17	회의론		
18	필연성		
19	체계적		
20	모순		
21	개진		
22	정당화		

인문 05 타당한 논증

지문이 읽히는 독해 코칭   p. 92

1	고전	7	모든
2	모든	8	어떤
3	어느	9	부분 부정
4	어떤	10	부분
5	아니다	11	의미
6	모든	12	해석

구조 트레이닝 ZONE   p. 93

1	모든	6	모든
2	어느	7	어떤
3	부분 긍정	8	부분
4	어떤	9	부분 긍정
5	모든	10	부분 부정

내용 트레이닝 ZONE   p. 93

01	X	08	○
02	○	09	○
03	○	10	X
04	○	11	○
05	○	12	○
06	X	13	X
07	X		

워밍-UP   p. 94

01 ⑤	02 ⑤	03 ③	04 ②

01 미루어 알기

정답 코칭

⑤ 5문단에서 '일상 언어의 문장'은 논리적 의미가 분명하지 못한 것이 많으며, 그것이 이용되는 경우나 내용에 따라서 그 의미가 다르게 이해되어야 할 때가 많다고 하였다. 그것을 사용하는 사람이 자기대로 타당한 이해를 할 수밖에 없으므로 어느 쪽 해석이 옳은가의 문제는 논리학에서 중시하지 않는다고 하였다.

오답 코칭

① 5문단에서 일상 언어를 논리학의 표준 명제로 고치기 위해서는 일상 언어의 문장을 적절하게 해석한 후 그것이 이해되는 뜻에 따라서 그것에 맞는 표준 형식으로 고쳐 주면 된다고 하였다. 따라서 일상 언어를 논리학의 표준 명제로 고칠 수 없다고 보는 것은 적절하지 않다.

② 1문단에 따르면, 고전 논리학에서는 삼단논법에 이용되는 명제가 '전체 긍정 명제', '전체 부정 명제', '부분 긍정 명제', '부분 부정 명제' 중 하나의 형식을 가져야 한다고 하였다. 이로 볼 때, 논리학은 명제의 형식에 관심을 두는 학문으로 볼 수 있다.

③ 5문단에서 일상 언어의 문장은 그것이 어떤 사실을 긍정하는 것일지라도 논리적 의미가 분명치 못한 것이 많다고 하였다. 또한 일상 언어의 문장이 이용되는 경우나 내용에 따라서 의미가 다르게 이해되어야 한다고 하였다. 그러나 이것이 일상 언어의 문장과 논리학의 문장이 본질적으로 다르다는 것을 의미하는 것은 아니다. 만약에 그렇다면 5문단에서 일상 언어의 문장을 표준 형식의 명제로 고치는 방법론을 제시하지 못했을 것이다.

④ 1문단에서 고전 논리학은 기본 명제를 네 가지로 분류하고 있고, 삼단 논법과 같은 논증을 이용하기 위해서는 어떤 것이든 네 가지 기본 명제 중에 하나의 형식을 가져야 한다고 하였다. 그런데 5문단에서 일상 언어의 문장을 표준 형식의 문제로 고칠 때는 먼저 적절한 해석을 해야 한다고 하였다.

02 자료 해석의 적절성 평가

정답 코칭

⑤ "문제의식이 투철한 사람만 참석했다."라는 문장이 하나의 표준 형식이 되려면, 2문단에 표현된 네 가지의 명제 표준 형식에 맞게 수정해야 한다. 수정한다면 "모든 참석한 사람들은 문제의식이 투철한 사람

이다.'로 고칠 수 있다.

① "문제의식이 투철한 사람만 참석했다."라는 문장은 참석한 사람들은 모두 문제의식이 투철한 사람들이었다는 사실만 긍정하므로, '참석한 모든 사람은 문제의식이 투철한 사람이었다.'라는 뜻으로 판단할 수 있다.

② "문제의식이 투철한 사람만 참석했다."라는 문장은 참석한 사람들은 모두 문제의식이 투철한 사람들이었다는 사실만 의미할 뿐이다. 참석자에 한정해서 문제의식이 투철하다는 것이지, '문제의식이 투철한 사람'이 모두 다 참석했음을 의미하지는 않는다. 따라서 '문제의식이 투철한 사람은 누구나 다 참석했다.'는 것을 뜻하지 않는다고 판단할 수 있다.

③ "문제의식이 투철한 사람만 참석했다."라는 문장은 참석한 사람들은 모두 문제의식이 투철한 사람들이었다는 사실만 의미할 뿐이다. 참석한 사람들은 모두 문제의식이 투철한 사람들이었다는 사실만 파악할 수 있으므로, '문제의식이 투철한 사람의 일부분이 참석했다.'라는 것을 긍정하지도 않는다고 판단할 수 있다

④ "문제의식이 투철한 사람만 참석했다."라는 문장은 참석한 사람들은 모두 문제의식이 투철한 사람들이었다는 사실만 의미할 뿐이다. 참석한 사람들은 모두 문제의식이 투철한 사람들이었다는 사실만 긍정하므로, 참석하지 않은 다른 사람들의 문제의식의 투철함에 대해서는 알 수 없다. 따라서 참석한 사람들만이 문제의식이 투철한 사람들인지 아닌지에 대한 긍정은 없다고 볼 수 있다.

03 구체적 상황에 적용

③ '경마에 미친 모든 사람은 경마를 좋아한다.'라고 하면 '경마' 외에 다른 것을 좋아할 수 있다는 경우의 수가 생기게 되므로 원래의 의도에 맞게 오직 '경마'만 좋아한다는 의미의 해석이 필요하다. 따라서 '경마에 미친 사람이 좋아하는 모든 것은 경마이다.'로 고쳐야 한다.

① '원숭이도 나무에서 떨어진다.'에서 '원숭이'는 모든 원숭이가 아니고 '어떤' 원숭이라고 할 수 있다. ㉮는 '어떤 ~는 ~이다.'의 형식으로 부분 긍정의 문장인 '어떤 원숭이는 나무에서 떨어지는 원숭이이다.'로 고쳐야 한다.

② '소수의 사람들만이 특혜를 받았다.'라는 문장은 모든 사람이 아니므로, '어떤' 사람이라고 할 수 있다. 또한 그중 어떤 사람은 특혜를 받은 사람이지만 어떤 사람은 특혜를 받지 못한 사람이 있으므로, 부분 긍정의 표준 형식을 사용하여 ㉯는 '어떤 사람은 특혜를 받은 사람이다.'로 고쳐야 한다.

④ '비가 오는 날이면 언제나 그는 택시를 탄다.'에서 그는 '비 오는 날', '언제나' 택시를 타므로 '비 오는 날'은 '모든 비오는 날'이라고 할 수 있다. 그렇다면 전체 긍정 문장인 '모든 ~는 ~이다.'라는 형식에 맞게 ㉱는 '비가 오는 모든 날은 그가 택시를 타는 날이다.'로 고쳐야 한다.

⑤ '피서지마다'는 '모든 피서지'를 뜻하므로, 전체 긍정 문장인 '모든 ~는 ~이다.'라는 형식에 맞게 ㉲는 '이번 여름의 모든 피서지는 초만원을 이루는 곳이다.'로 고쳐야 한다.

04 어휘의 사전적 의미 파악

② '구체적인 것으로 됨.'의 사전적 의미를 가진 어휘는 '구체화'이다. ⓑ '일반화'의 사전적 의미는 '개별적인 것이나 특수한 것이 일반적인 것으로 됨.'이다.

① ⓐ'보편적'의 사전적 의미는 '모든 것에 두루 미치거나 통하는 것'이므로 적절하다.

③ ⓒ'간주'의 사전적 의미는 '상태, 모양, 성질 따위가 그와 같다고 봄.'이므로 적절하다.

④ ⓓ'검토'의 사전적 의미는 '어떤 사실이나 내용을 분석하여 따짐.'이므로 적절하다.

⑤ ⓔ'타당하다'의 사전적 의미는 '일의 이치로 보아 옳다.'이므로 적절하다.

펌핑-UP

p. 96

지문이 읽히는 독해 코칭

1	관찰	7	반증
2	단칭 언명	8	의미
3	단칭	9	관찰
4	없음	10	가설
5	불가능	11	잠정적
6	거짓		

01 ②   02 ⑤   03 ⑤   04 ④

01 개괄적 정보의 확인

② 4문단에서는 비판적 합리주의가 실제 과학 현실을 정확히 설명하고 있지 못하다는 문제가 있음을 지적하고 있다. 하지만 이 문제는 논리 실증주의자들에 의해 제기된 것이 아니다.

① 3문단을 통해 비판적 합리주의에서는 과학과 과학이 아닌 것을 구분하는 기준으로 반증 가능성을 제시했음을 알 수 있다.

③ 4문단을 통해 비판적 합리주의에서는 과학이 참된 진리에 도달할 수는 없지만 점진적으로 다가갈 수 있다고 주장했음을 알 수 있다. 그들은 과학 이론이 거듭된 반증을 거치며 더 나은 과학 이론으로 나아간다고 보았다.

④ 4문단을 통해 비판적 합리주의에서는 기존 과학 이론으로 설명할 수 없는 사실의 관찰로부터 새로운 과학 이론이 비롯된다고 보았음을 알 수 있다.

⑤ 1문단을 통해 논리 실증주의에서는 객관적 관찰을 통해 참과 거짓으로 확실히 결정될 수 있는 언명이 과학적으로 유의미하다고 보았음을 알 수 있다.

02 구체적 상황에 적용

⑤ 비판적 합리주의에서는 참인 단칭 언명으로 가설이나 과학 이론이 참임을 확실히 나타낼 수는 없지만, 참인 단칭 언명을 통해 그것이 거짓임을 밝히는 것은 가능하다고 본다. 〈보기〉의 아인슈타인의 가설은 기존의 과학 이론으로는 설명할 수 없는 현상을 설명하기 위한 것이라 할 수 있다. 에딩턴의 사진 분석은 이러한 아인슈타인의 가설에 부합하는 사례로서, 아인슈타인의 가설이 참된 진리에 도달했음을 보여 주지는 못하지만, 아인슈타인에 의해 폐기된 기존의 과학 이론이 성립하지 않는다는 것을 나타낸다고 할 수 있다.

① 비판적 합리주의에서는 과학이 참된 진리에 점차 가까워질 수는 있으나 참된 진리에 도달할 수는 없다고 본다. 따라서 비판적 합리주의의 입장에서는 〈보기〉의 아인슈타인의 가설이 반증의 시도로부터 꾸준히 살아남는다 해도 참된 진리는 될 수 없다고 볼 것이다.

② 비판적 합리주의에서는 기존 과학 이론으로 설명할 수 없는 사실이 관찰되면 기존 과학 이론은 폐기된다고 본다. 〈보기〉의 아인슈타인이 기존의 과학 이론으로 설명할 수 없는 현상을 발견하여 제시한 것은 아니므로, 비판적 합리주의의 관점에서 아인슈타인의 가설로 인해 기존의 과학 이론이 폐기된다고는 보지 않을 것이다.

③ 비판적 합리주의에서는 새로운 현상을 설명하기 위해 세운 가설에 대한 반증 사례가 관찰되지 않았을 때 그 가설은 잠정적 과학 이론의 지위를 부여받는다고 본다. 〈보기〉의 아인슈타인이 세운 가설은 일식 때 별빛이 태양에 의해 휘며 진행한다는 것을 설명한다고 할 수 있다. 비판적 합리주의의 관점에서는 일식 때 별빛이 휘지 않고 진행함을 보여 주는 현상, 즉 반증 사례가 발견되면 아인슈타인의 가설은 과학 이론의 지위를 상실한다고 볼 것이다.

④ 비판적 합리주의에서는 반증 가능한 언명은 과학적으로 의미 있는 언명으로 본다. 〈보기〉에서 기존의 과학 이론은 에딩턴의 사진 분석에 의해 반증되었으므로, 이는 비판적 합리주의의 입장에서 과학적으로 유의미한 이론이라 할 수 있을 것이다.

03 미루어 알기

⑤ ⓔ는 어떤 가설을 반증할 수 있는 사례이다. 이러한 사례가 관찰되지 않으면 이 가설은 잠정적 과학 이론의 지위를 부여받는다는 것이다.

① ⓐ는 단칭 언명에 대한 설명이다. 1문단에 의하면, 단칭 언명은 기존 이론의 영향을 받지 않고 오로지 객관적 관찰을 통해 참과 거짓을 결정할 수 있는 사건에 대한 언급이라 할 수 있다.

② ⓑ는 논리 실증주의자들의 생각이다. 1문단에 의하면, 논리 실증주의자들은 단칭 언명이 예외 없이 관찰된다면, 단칭 언명의 누적으로 만들어진 보편 언명이 과학 이론으로 성립될 수 있다고 보았다.

③ ⓒ는 어떤 과학 이론이 앞으로 보편 언명으로서 확실히 참이 될 수 없다는 비판에 대해 논리실증주의자들이 내세운 대안이라 할 수 있다. 이는 어떤 보편 언명이 앞으로도 참이 된다는 것은 알 수 없지만, 단칭 언명이 누적된다면 그 보편 언명이 참으로 결정될 가능성이 커진다는 입장이다.

④ ⓓ는 논리 실증주의가 안고 있는 근본적인 문제점을 말하는 것으로, 단칭 언명을 통해 일반화한 보편 언명이 미래에도 그대로 참이 될 수 있는지는 알 수 없는 문제임을 나타낸다.

04 미루어 알기

④ 4문단에서는 비판적 합리주의의 생각과 달리 실제 과학 현실에서 과학자들은 기존 과학 이론으로 풀이될 수 없는 반증 사례가 발견되어도 기존 과학 이론을 버리지 않고 수정·보완하려는 시도를 빈번히 한다고 지적한다. ㉠은 이와 같은 비판적 합리주의의 문제점을 비판하는 내용이다.

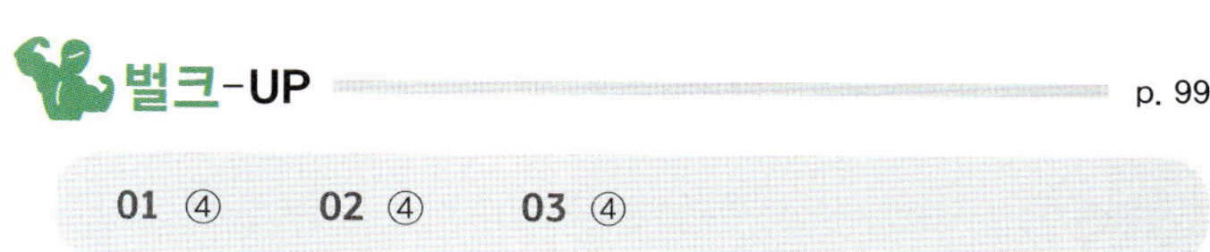

1	관찰	7	반증
2	단칭	8	반증
3	보편	9	가설
4	과학	10	시험
5	참	11	잠정
6	거짓		

벌크-UP   p. 99

01 ④	02 ④	03 ④

01 관점에 따른 추론

④ ⓑ'명제 논리학'에서는 더 이상 분해할 수 없는 명제를 단순 명제라 하여 'p, q, r' 등의 기호로 표시하고, 단순 명제에 논리적 연결사인 '∨, ∧, →, ~' 등을 사용하여 복합 명제를 만들었다고 하였다. 〈보기〉에서 ㄴ의 〈전제 1〉인 '민수는 일하거나 논다.'는 ⓑ에 의해 논리적 연결사인 '∨(또는)'를 사용하여 'p∨q'로 나타낼 수 있고, 〈전제 2〉인 '민수는 일하지 않는다.'는 논리적 연결사인 '~(…가 아니다)'를 사용하여 '~p'로 나타낼 수 있다. 그러므로 ⓑ의 입장에서는 ㄴ의 〈전제 1〉과 〈전제 2〉 모두 복합 명제에 해당한다.

① ⓐ'전통 논리학'에서는 술어가 '걷는다'와 같이 동사인 경우에는 '걷는 존재'와 같은 명사로 나타낼 수 있다고 하였다. 따라서 ⓐ의 입장에서는 ㄱ의 '죽는다'와 같은 동사를 '죽는 존재'와 같이 명사로 나타낼 수 있다.

② ⓐ'전통 논리학'에서는 전제에만 있으면서 전제들을 엮을 수 있도록 하는 개념을 중명사(M)라 하고, 결론의 주어가 되는 개념을 소명사(S)라 한다고 하였다. 따라서 ⓐ의 입장에서는 ㄱ의 '생명체'는 중명사이고, '사람'은 소명사이다.

③ ⓑ'명제 논리학'에서는 단순 명제 'p'와 'q'는 '만약 …이면 …이다.'에 해당하는 논리적 연결사 '→'를 사용하여 'p → q'와 같은 복합 명제로 나타낼 수 있다고 하였다. 따라서 ⓑ의 입장에서 '만약 생명체라면 죽는 존재이다.'의 '생명체이다.'는 단순 명제인 'p'에 해당하고, '죽는 존재이다.'는 단순 명제인 q에 해당한다. 이를 논리적 연결사인 '→(만약

···이면 ···이다)'를 사용하여 연결하면 'p → q'와 같은 복합 명제의 구
조로 나타낼 수 있다.
⑤ ⓑ'명제 논리학'에서는 단순 명제에 논리적 연결사인 'Ⅴ, ∧, →, ∼'
등을 사용하여 복합 명제를 만들었다고 하였다. 〈보기〉에서 ㄴ의 '민
수는 일하거나 논다.'라는 명제는 '민수는 일한다.'와 '민수는 논다.'라
는 단순 명제에 논리적 연결사 'Ⅴ'가 결합된 것이다. 따라서 ⓑ의 입
장에서 '민수는 일하거나 논다.'를 기호화하기 위해서는 명제 논리학
의 'Ⅴ(또는)'에 해당하는 논리적 연결사가 필요하다.

02 구체적 사례 찾기

정답 코칭

④ 중명사(M)는 전제들 사이에서 소명사(S)와 대명사(P)를 연결시키는
역할을 맡기 때문에 전제에 중명사(M)가 없으면 논증을 구성할 수
없다고 하였다. 그리고 전제의 'M, P, S'는 배열이 자유롭기 때문에
'M, P, S'를 조합해서 ㉠'정언 삼단 논증의 네 가지 유형'을 만들 수
있다고 하였다. 이를 바탕으로 볼 때, ㉠에 해당하지 않는 것은 〈전제
2〉에 M이 포함되지 않은 ④이다.

03 구체적 상황에 적용

정답 코칭

④ ㉡'전건 긍정'은 〈전제 2〉가 〈전제 1〉의 선행 조건인 p를 긍정함으로써
〈결론〉인 q가 성립된다고 주장하는 논증이라고 하였다. ④에서 〈전제
1〉은 '교실 청소가 끝나면 집에 갈 수 있다.'이고, 〈전제 2〉는 '교실 청
소가 끝났다.'이다. 여기에서 〈전제 2〉인 '교실 청소가 끝났다.'는 〈전
제 1〉의 '교실 청소가 끝나면 집에 갈 수 있다.'의 선행 조건을 긍정하
며, 이를 통해 〈결론〉인 '그러므로 집에 갈 수 있다.'를 도출하고 있으
므로 이는 ㉡의 사례에 해당한다.

오답 코칭

① 〈전제 1〉은 '차가 달리지 않으면 멈춘다.'이고 〈전제 2〉는 '차가 달린다.'
이다. 〈전제 2〉는 〈전제 1〉의 선행 조건인 '차가 달리지 않는다.'를 부
정하고 있으므로 이는 ㉡(전건 긍정)의 사례가 아니다.
② 〈전제 1〉은 '만약 그것이 생명체라면 죽는다.'이고 〈전제 2〉는 '그것이
죽는다.'이다. 〈전제 1〉의 선행 조건은 '그것은 생명체이다.'이고 후행
조건은 '그것은 죽는다.'이다. 따라서 〈전제 2〉는 〈전제 1〉의 후행 조건
인 '그것은 죽는다.'를 긍정하고 있으므로 이는 ㉡(전건 긍정)의 사례
가 아니다.
③ 〈전제 1〉은 '비가 오면 가뭄이 끝난다.'이고 〈전제2〉는 '아직 가뭄이 끝
나지 않았다.'이다. 〈전제 2〉는 〈전제 1〉의 후행 조건인 '가뭄이 끝난
다.'를 부정하고 있으므로 이는 ㉡(전건 긍정)의 사례가 아니다.
⑤ 〈전제 1〉은 '공부를 하면 성적이 오른다.'이고 〈전제 2〉는 '철수는 공부
를 하지 않았다.'이다. 〈전제 2〉는 〈전제 1〉의 선행 조건인 '공부를 한
다.'를 부정하고 있으므로 이는 ㉡(전건 긍정)의 사례가 아니다.

호루라기 관장님의 어휘 트레이닝   p. 101

01 난점	01 구성
02 선행	02 도출
03 분류	03 분류
04 잠정적	04 모호
05 논증	05 반증
06 타당성	06 일반화
07 도출	07 직면
08 점진적	08 보완
09 전제	09 점진
10 완화	10 선행
11 언명	
12 직면	
13 모호하다	
14 일반화	
15 실증	
16 구성	
17 정언	
18 가설	
19 반증	
20 명제	
21 기원전	
22 염세주의	

06 언어의 이해

지문이 읽히는 독해 코칭   p. 102

1 지시체	7 고유 이름
2 고유	8 주관적
3 뜻	9 의사소통
4 방식	10 객관적
5 구분	11 공적
6 차이	12 허구적

구조 트레이닝 ZONE   p. 103

1 지시체	5 공유
2 뜻	6 뜻
3 지시체	7 주관적
4 한정구	

01	X	08	X
02	○	09	○
03	X	10	○
04	○	11	X
05	X	12	○
06	X	13	X
07	○		

워밍-UP   p. 104

01 ①   **02** ③   **03** ③   **04** ③

01 글의 전개 방식 파악

정답 코칭

① 고유 이름이 의미하는 바를 지시체 자체로 본 기존의 의미지칭이론을 비판하고, 고유 이름이 의미하는 바를 새롭게 설명한 프레게의 이론을 '샛별'과 '개밥바라기', '아리스토텔레스', '유니콘' 등의 예를 통해 설명하고 있으므로 적절하다.

오답 코칭

② 프레게의 이론이 제시되어 있지만, 그 이론의 변천 과정이 나타나 있지는 않다.

③ 고유 이름이 의미하는 바를 지시체 자체로 본 의미지칭이론과 이를 비판하며 고유 이름이 의미하는 바를 새롭게 설명한 프레게의 이론이 제시되어 있지만, 두 이론을 절충한 새로운 이론을 소개하고 있지는 않다.

④ 의미지칭이론과 이를 비판한 프레게의 이론이 제시되어 있지만, 특정 이론에 대한 다양한 관점이 제시되어 있지는 않다.

⑤ 의미지칭이론의 입장을 수용할 경우 발생하는 문제점을 지적한 프레게의 이론이 제시되어 있을 뿐, 프레게가 자신의 이론에 제기된 문제점을 수용하는 과정을 단계별로 밝히고 있지는 않다.

02 구체적 상황에 적용

정답 코칭

③ 5문단에서 프레게는 특정 지시체에 대해 개인이 갖고 있는 관념을 뜻과 혼동해서는 안 된다고 말하며, 관념은 지시체에서 개인이 감각적 경험을 통해 얻게 된 주관적인 내적 이미지이고, 뜻은 의사소통을 위해 언어 공동체가 공유할 수 있는 객관적으로 합의된 것이라고 하였다. 이러한 프레게의 입장에서 〈보기〉의 ⓐ는 가족들이 관찰한 대상이므로 '지시체'에 해당한다. 그리고 ⓑ에서는 가족이 나눈 대화 속 망원경 렌즈에 맺힌 달의 형상이 모두 같았다고 하였으므로 이는 지시체인 달에 대해 언어 공동체가 객관적으로 합의된 '뜻'을 통해 서로 의사소통한 것을 비유했다고 이해할 수 있다. 마지막으로 ⓒ에서는 망막에 맺힌 달은 우리 가족에게 서로 다른 추억으로 기억되고 있다고 하였는데, 이는 지시체인 달에서 개인이 감각적 경험을 얻게 된 주관적인 내적 이미지인 '관념'을 비유한 것으로 이해할 수 있다.

오답 코칭

① 〈보기〉에서 비유적으로 제시된 ⓑ는 가족들이 하나의 렌즈에 맺힌 달의 형상을 보고 이야기를 나누었으므로 '뜻'으로 설명할 수 있다. 또한 〈보기〉에서 비유적으로 제시된 ⓒ는 우리 가족에게 서로 다른 추억으로 기억되고 있다는 것으로 보아 '관념'으로 설명할 수 있다.

② 〈보기〉의 ⓐ는 우리 가족들이 관찰한 대상이므로 '지시체'로 설명할 수 있다. 프레게의 이론에서 '내적 이미지'는 '관념'에 해당하므로 적절하지 않다.

④ 〈보기〉의 ⓐ는 우리 가족들이 관찰한 대상이므로 '지시체'로 설명할 수 있다. 프레게의 이론에서 '내적 이미지'는 '관념'에 해당하므로 적절하지 않다. 또한 〈보기〉에서 비유적으로 제시된 ⓑ는 가족들이 하나의 렌즈에 맺힌 달의 형상을 보고 이야기를 나누었으므로 '뜻'으로 설명할 수 있고, ⓒ는 우리 가족에게 서로 다른 추억으로 기억되고 있다는 것으로 보아 '관념'으로 설명할 수 있다.

⑤ 〈보기〉에서 비유적으로 제시된 ⓑ는 가족들이 하나의 렌즈에 맺힌 달의 형상을 보고 이야기를 나누었으므로 '뜻'으로 설명할 수 있다. 프레게의 이론에서 '내적 이미지'는 '관념'에 해당하므로 적절하지 않다. 또한 〈보기〉에서 비유적으로 제시된 ⓒ는 우리 가족에게 서로 다른 추억으로 기억되고 있다는 것으로 보아 '관념'으로 설명할 수 있다.

03 구체적 상황에 적용

정답 코칭

③ 5문단에서 프레게는, 관념은 지시체에서 개인이 감각적 경험을 통해 얻게 된 주관적 내적 이미지이며, 뜻은 언어 공동체가 공유할 수 있는 객관적으로 합의된 재산으로, 우리가 성공적으로 의사소통할 수 있는 이유는 뜻이 공적인 것이기 때문이라고 하였다. 따라서 이러한 프레게의 입장에서 〈보기〉의 ㉮와 ㉯로 의사소통이 가능한 이유는 ㉰에 대한 개인의 내적 이미지가 일치하기 때문이 아니라, 뜻이 공적인 것이기 때문이다.

오답 코칭

① 3문단과 4문단에서 프레게는 동일한 지시체의 서로 다른 제시 방식들은 다른 뜻을 가진다고 보았음을 알 수 있다. 〈보기〉에서 ㉮와 ㉯의 지시체는 ㉰라고 하였으므로 ㉮와 ㉯는 동일한 지시체인 ㉰를 서로 다른 제시 방식으로 지칭한 고유 이름들이다. 따라서 프레게의 입장에서 ㉮와 ㉯는 동일한 지시체를 지칭하지만 뜻은 서로 다르다고 볼 수 있다.

② 1문단에서 고유 이름은 특정 인물이나 사물 등을 나타낸다고 하였고, 4문단에서 프레게는 오직 하나의 대상만이 만족하는 조건을 몇 개의 단어나 이런저런 기호로 구성한 언어 표현인 한정 기술구도 고유 이름에 포함되어야 한다고 주장하였음을 알 수 있다. 따라서 프레게의 입장에서 ㉮와 ㉯는 몇 개의 단어와 기호로 구성되어 있지만 고유 이름으로 볼 수 있다.

④ 4문단에서 프레게는 오직 하나의 대상만이 만족하는 조건을 몇 개의 단어나 이런저런 기호로 구성한 언어 표현인 한정 기술구도 고유 이름에 포함되어야 한다고 주장하였으며, 동일한 지시체를 서로 다른 제시 방식으로 제시할 수 있다고 보았음을 알 수 있다. 〈보기〉의 그림을 보면 'a와 c의 교점'도 지시체 ㉰를 가리키는 다른 제시 방식이 될 수 있음을 알 수 있으므로, 프레게의 입장에서 ㉰에 대한 제시 방식에는 ㉮와 ㉯뿐만 아니라 'a와 c의 교점'도 포함할 수 있다고 볼 수 있다.

⑤ 3문단에서 프레게는 동어의 반복이기에 정보를 제공하지 않는 문장과 정보를 제공하는 문장을 사람들이 다르게 인식하게 된다고 말하며, 이러한 인식적 차이가 발생하는 이유는 고유 이름이 지시체 그 자체가 아닌 '뜻'을 의미하기 때문이라고 주장하였음을 알 수 있다. 따라서 프레게의 입장에서 'o는 o이다.'라는 문장은 동어의 반복이기에 정보를 제공하지 않는 반면, ㉯는 정보를 제공하기 때문에 두 문장에 인식적 차이가 발생한다고 할 수 있다.

04 구체적 이유 추론

정답 코칭

③ 1문단에서 의미지칭이론에 따르면 고유 이름이 의미하는 바는 그 표현이 지칭하는 것, 즉 지시체 자체라고 하였다. 이러한 의미지칭이론에서는 '유니콘'과 같이 지시체가 존재하지 않는 대상에 대해서는 고유 이름이 의미하는 바를 설명할 수 없다. 따라서 의미지칭이론에서 ㉠을 설명하지 못하는 이유는 고유 이름이 의미하는 바를 지시체 그 자체로 보기 때문이다.

오답 코칭

① 1문단에서 의미지칭이론에 따르면 고유 이름이 의미하는 바는 그 표현이 지칭하는 것, 즉 지시체 자체라고 하였다. 의미지칭이론에서 고유 이름이 다수의 지시체를 의미한다고 본다는 내용은 확인할 수 없다.

② 1문단에서 의미지칭이론에 따르면 고유 이름이 의미하는 바는 그 표현이 지칭하는 것, 즉 지시체 자체라고 하였다. 고유 이름과 지시체가 서로 관련이 없다고 본 것이 아니라, 고유 이름이 의미하는 바가 지시체 그 자체라고 본 것이다

④ 1문단에서 의미지칭이론에 따르면 고유 이름이 의미하는 바는 그 표현이 지칭하는 것, 즉 지시체 자체라고 하였다. 고유 이름과 지시체가 서로 다른 정보를 제공한다고 본 것이 아니라, 고유 이름이 의미하는 바가 지시체 그 자체라고 본 것이다.

⑤ 1문단에서 언어철학에서 고유 이름은 언어와 대상의 관계를 밝히는 데 중요한 역할을 하는 언어 표현이기 때문에 고유 이름이 의미하는 바가 무엇인지에 대한 논의는 언어철학자들의 중요한 관심사였다고 하였다. 의미지칭이론도 이러한 논의 중 하나라고 하였으므로, 고유 이름이 언어와 대상의 관계를 밝히는 데 중요한 역할을 한다고 보았을 것이다.

펌핑-UP
p. 106

지문이 읽히는 독해 코칭

1	형식	8	구성
2	소리	9	사용
3	사회적	10	맥락
4	추상적	11	반응
5	범위	12	활동
6	랑그	13	소통
7	랑그		

01 ④　　02 ③　　03 ④

01 세부 정보의 파악

정답 코칭

④ (가)의 2문단에서 파롤은 랑그에 바탕을 두고 개인이 실현하는 구체적인 발화이며, 소쉬르는 어떤 사람이 어떠한 발화를 하더라도 그 발화의 표현 방식이나 범위는 사실상 그가 사용하는 언어 체계인 랑그에 의해서 지배되거나 제약받는다고 주장한다고 하였다. 즉 소쉬르에 따르면 개인이 실현하는 구체적인 발화인 파롤의 표현 방식은 랑그에 의해서 제약을 받는다.

오답 코칭

① (가)의 3문단에서 소쉬르의 언어학은 언어가 현실 세계를 수동적으로 재현하는 수단이 아니며, 오히려 언어가 현실 세계를 구성한다는 생각을 함축하고 있는 것이라고 하였다. 즉 소쉬르는 언어가 현실 세계를 재현하는 수단이 아니라고 보았으므로 언어가 갖는 추상적인 체계인 랑그 역시 현실 세계를 재현하는 수단이라고 할 수 없다.

② (가)의 2문단에서 랑그란 언어가 갖는 추상적인 체계이고, 파롤은 랑그에 바탕을 두고 개인이 실현하는 구체적인 발화라고 하였다. 즉 언어의 추상적 체계를 지칭하는 것은 파롤이 아니라 랑그이다.

③ (가)의 2문단에서 랑그란 언어가 갖는 추상적인 체계이고, 파롤은 랑그에 바탕을 두고 개인이 실현하는 구체적인 발화라고 하였다. 즉 개인이 실현하는 구체적인 발화는 랑그가 아니라 파롤이다.

⑤ (가)의 3문단에서 소쉬르는 발화의 진정한 주체는 발화자가 아닌 랑그라는 사실을 전제하고 있다고 하였다. 즉 소쉬르는 발화의 주체를 발화자가 아니라 랑그라고 보았음을 알 수 있으므로 랑그가 파롤을 바탕으로 발화자가 주체임을 드러낸다는 것은 적절하지 않다.

02 구체적 상황에 적용

정답 코칭

③ 과제의 글에서 영어권의 외국인들은 대부분 낙지와 문어를 잘 구분하지 못한다고 하였으므로 ㉮에는 '비슷하게'가 들어가는 것이 적절하다. (가)에서 소쉬르는 랑그의 차이에 따라 사람들이 현실 세계를 인식하는 방식이 달라진다고 보았다고 하였고, 소쉬르의 언어학은 언어가 현실 세계를 구성한다는 생각을 함축하고 있다고 하였다. 낙지를 나타내는 일상적인 단어가 없는 영어권의 외국인들이 낙지와 문어를 잘 구분하지 못하는 것은 현실 세계를 그들이 사용하는 랑그에 따라 인식한 것으로, 언어가 현실 세계를 구성한다는 소쉬르의 언어학을 뒷받침하는 사례로 볼 수 있다. 따라서 ㉯에는 '구성한다는'이 들어가는 것이 적절하다. 한편 (나)에서 비트겐슈타인은 사람들의 삶의 양식이 다양한 만큼 언어 역시 다양하다고 보았음을 알 수 있다. 따라서 이러한 비트겐슈타인의 입장에서 영어에 오징어와 문어를 나타내는 단어는 있지만 주꾸미와 낙지를 나타내는 단어는 없는 것은, 영어를 사용하는 사람들이 공유하는 삶의 양식에 따라 영어가 만들어졌다는 것을 의미하므로 ㉰에는 '삶의 양식'이 들어가는 것이 적절하다.

03 관점의 비교

정답 코칭

④ (나)의 3문단에서 비트겐슈타인은 언어란 현실 세계를 재현하는 것이 아니라, 언어를 사용하는 사람들의 소통에 의해서 만들어지는 것이

라고 주장하였음을 알 수 있다. 따라서 비트겐슈타인의 입장은 세계를 재현하기 위해서 언어가 존재한다는 ⓑ의 입장과 유사하지 않다. 또한 비트겐슈타인이 언어가 먼저 있고 절대 불변의 법칙에 따라 세계가 존재한다고 주장하였다는 것도 적절하지 않다.

① (가)의 1문단에서 소쉬르에 따르면 언어는 기호 체계로 기표와 기의로 이루어지는데, 언어의 소리 측면을 지칭하는 기표에 그 소리가 지칭하는 의미를 나타내는 기의가 대응하는 것임을 알 수 있다. 즉 개념이 말소리와 직접적으로 연결된다는 ⓐ의 입장과 유사하게, 소쉬르는 언어가 기표와 기의의 대응을 통해 이루어진다고 주장하고 있다.

② (나)의 1문단에서 비트겐슈타인에게 언어는 삶의 다양한 맥락에 따라 서로 다르게 혹은 유사한 모습으로 존재한다고 하였고, 3문단에서 비트겐슈타인에게 있어 언어란 언어를 사용하는 사람들의 소통에 의해서 만들어지는 것이라고 하였다. 즉 언어는 일정한 의미를 형성하게 된다는 ⓐ의 입장과 달리, 비트겐슈타인은 언어가 사람들의 소통에 의해서 만들어진다고 주장하고 있다.

③ (가)의 1문단에서 소쉬르에 따르면 언어는 자의적인 성격을 지닐 뿐이라고 하였고, 3문단에서 소쉬르의 언어학은 언어가 현실 세계를 수동적으로 재현하는 수단이 아니며, 오히려 언어가 현실 세계를 구성한다는 생각을 함축하고 있다고 하였다. 즉 언어란 현실 세계를 재현하기 위한 수단이라는 ⓑ의 입장과 달리, 소쉬르는 언어가 자의적인 성격을 지닐 뿐이며 현실 세계를 재현하는 것이 아니라고 주장하고 있다.

⑤ (가)의 1문단에서 소쉬르에 따르면 언어는 기호 체계로, 기호를 이루는 기표와 기의의 관계는 필연적이지 않고 자의적이며, 단지 그 기호를 사용하는 사람들의 사회적 약속일 뿐이라고 하였다. 즉 언어에서 사물의 이름은 임의적으로 붙여진 것이 아니라는 ⓒ의 입장과 달리, 소쉬르는 기표와 기의의 관계가 필연적이지 않다고 주장하고 있다.

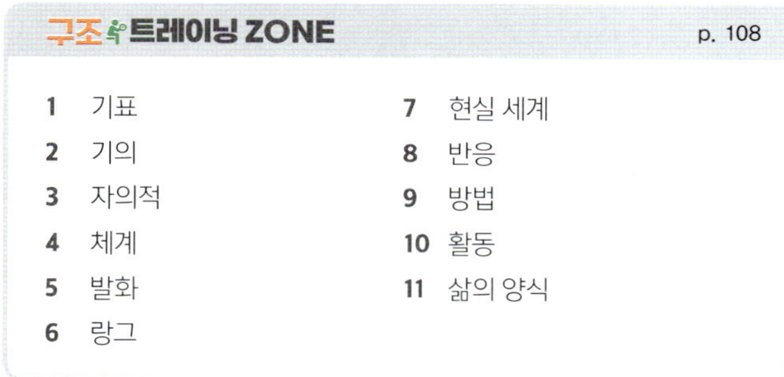

구조 트레이닝 ZONE   p. 108

1	기표	7	현실 세계
2	기의	8	반응
3	자의적	9	방법
4	체계	10	활동
5	발화	11	삶의 양식
6	랑그		

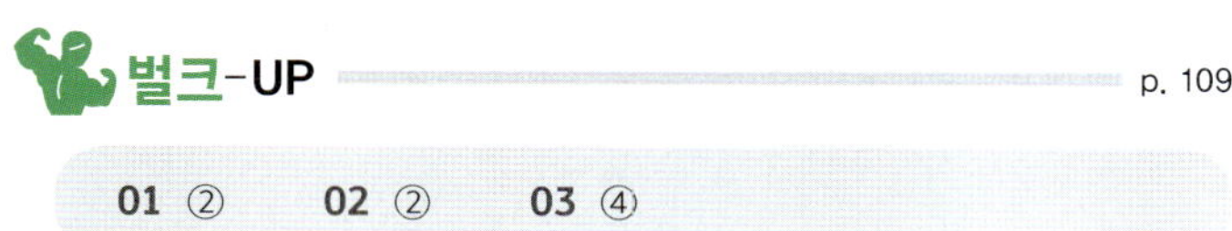

벌크-UP   p. 109

01 ②　　02 ②　　03 ④

01 세부 정보의 파악

② 2문단에서 비트겐슈타인은 전기 철학의 그림 이론을 통해 낱말의 의미는 그 낱말이 지시하는 대상이라고 주장하였음을 알 수 있다. 그런데 낱말의 의미가 문장이 수행하는 기능에 따라 결정된다는 것은 낱말의 의미가 그것의 사용에 있다고 한 비트겐슈타인의 후기 철학에 더 가까운 내용으로 볼 수 있다.

① 2문단에서 비트겐슈타인이 전기 철학의 그림 이론을 통해 낱말의 의미는 그 낱말이 지시하는 대상이라고 주장하였음을 알 수 있다.

③ 5문단에서 비트겐슈타인은 언어의 규칙은 그 언어를 사용하는 사람들이 살아가는 양식 또는 방식이라 할 수 있는 삶의 형식에 기반한 것이기 때문에 공적이라고 하였음을 확인할 수 있다. 따라서 비트겐슈타인이 후기 철학에서 언어 놀이의 규칙이 공적인 성격을 지니고 있다고 보았다는 것은 적절하다.

④ 5문단에서 비트겐슈타인은 사적 언어가 규칙성이 없기 때문에 다른 사람뿐 아니라 자신도 이해할 수 없어 언어 놀이가 불가능하다고 하였음을 확인할 수 있다.

⑤ 6문단에서 비트겐슈타인이 언어 사용 주체들의 삶의 형식의 일치가 언어 규칙이 작동하는 전제가 된다고 보았음을 알 수 있다. 여기서 '삶의 형식의 일치'는 낱말에 대한 정의의 일치는 물론 어떤 것에 반응하고 그것을 바라보는 방식에서의 일치를 포함하는 개념이다.

02 핵심 정보의 이해

② 3문단에서 가족 유사성에는 낱말이 지칭할 수 있는 대상들 모두에 공통되는 성질은 없고, 부분들 간에 수없이 상이한 방식으로 관련되어 있는 관계들이 있다고 하였다. 또한 이 때문에 낱말은 맥락과 규칙에 따라 다양한 의미로 사용된다고 하였다.

① 3문단에서 가족 유사성은 서로 겹치고 교차하는 유사성들의 복잡한 그물을 의미한다고 하였다. 따라서 이것은 언어 표현들 간의 복잡한 관계망을 의미하는 것일 뿐, 유형에 따라 분류하는 기준이 되는 것은 아니다.

③ 4문단에서 언어 놀이들은 공통적 본질을 갖고 있지 않지만 가족 유사성을 형성하며 언어와 그 언어에 연관된 행위로 구성되어 있다고 하였다. 여기서 '가족 유사성'은 '서로 겹치고 교차하는 유사성들의 복잡한 그물'을 의미하므로 언어 놀이의 규칙은 언어 놀이들 간의 유사성과 관련이 있다고 할 수 있다.

④ 4문단에서 언어 놀이들은 공통적 본질을 갖고 있지 않지만 가족 유사성을 형성하며 언어와 그 언어에 연관된 행위로 구성되어 있다고 하였다. 따라서 가족 유사성은 언어 놀이들 간에 관계가 있음을 보여 주는 것이지, 하나의 언어 놀이를 다른 언어 놀이와 구별시켜 주는 변별점이 되는 것은 아니다.

⑤ 3문단에서 가족 유사성을 설명하며, 낱말 전부에 공통적으로 나타나는 성질은 없고 부분들 간에 겹치고 교차하는 성질들이 있을 뿐이라고 하였다.

03 구체적 상황에 적용

④ 삶의 형식의 일치가 이루어졌다는 것은 정의의 일치와 함께 판단에서의 일치가 이루어진 것으로 볼 수 있다. 따라서 토끼나 오리의 형상에 관한 '삶의 형식의 일치'가 이루어진 사람들은 '토끼'나 '오리'에 대한 정의가 일치할 것이며, 그에 따라 '판단에서의 일치'도 이루어질 것이다.

① ㉮를 '오리'라고 함께 이해한 사람들은 삶의 형식이 일치한 것이라고
   보아야 한다. 삶의 형식이 일치하려면 정의의 일치와 판단에서의 일
   치가 모두 이루어져야 한다.
② '토끼' 또는 '오리'로 대상을 보는 방식이 일치한 것은 곧 판단에서의
   일치를 의미하며, 이것은 삶의 형식의 일치를 구성하는 하나의 요소
   이다. 따라서 대상을 보는 방식은 삶의 형식에 영향을 받는다고 볼
   수 있다.
③ 대상을 보는 방식이 일치한다는 것은 곧 판단에서의 일치를 의미한
   다. 언어 사용이 일치하려면 판단에서의 일치와 함께 낱말에 대한 정
   의의 일치도 이루어져야 한다.
⑤ 낱말의 발화가 필연적으로 판단에서의 일치를 가져오는 것은 아니다.
   발화가 곧 의사소통인 것은 아니기 때문이다. 정의의 일치만 이루어
   지거나, 때에 따라서는 정의의 일치도 이루어지지 못할 수도 있다.

호루라기 관장님의 💰 어휘 트레이닝　　　p. 111

01	상이하다	01	유동
02	재현	02	허구
03	명료하다	03	고안
04	발화	04	교차
05	교차	05	기술
06	논고	06	부각
07	고유	07	상이
08	고안	08	고유
09	부각	09	수동
10	유동적	10	추상
11	맥락		
12	궁극적		
13	명명		
14	자의적		
15	해소		
16	허구적		
17	표지		
18	수동적		
19	기술		
20	제재		
21	기호		
22	추상적		

07 도덕적 판단

📖 지문이 읽히는 독해 코칭　　　p. 112

1	기준	6	최선
2	법칙	7	결과
3	행위	8	판단
4	옳은	9	예외
5	행복/쾌락		

구조 트레이닝 ZONE　　　p. 113

1	도덕 법칙	6	행복
2	목적	7	결과
3	의지	8	미래
4	결과	9	충돌
5	보편적	10	판단

내용 트레이닝 ZONE　　　p. 113

01	○	07	○
02	○	08	○
03	X	09	○
04	X	10	X
05	○	11	○
06	○		

🏃 워밍-UP　　　p. 114

01 ③	02 ④	03 ①	04 ②

01 글의 전개 방식 파악

정답 코칭

③ 이 글은 개인 행위의 옳고 그름을 판단하는 기준인 의무론적 관점과
   목적론적 관점의 개념을 구체적인 예를 통해 알기 쉽게 설명하고 있다.

오답 코칭

① 의무론적 관점과 목적론적 관점을 비교하고 있다고 볼 수 있으나, 이
   를 통해 가설을 입증하고 있지는 않다.
② 통념의 문제점을 제시하는 내용은 나타나 있지 않다.
④ 의무론적 관점과 목적론적 관점이 제시되어 있지만, 두 관점을 절충
   하여 결론을 이끌어 내고 있지는 않다.
⑤ 의무론적 관점과 목적론적 관점의 한계를 지적하고 있지만 이에 대한
   대안을 제시하고 있지는 않다.

02 세부 정보의 파악

정답 코칭

④ 4문단에서 목적론적인 관점에서는 어떤 행위를 결정할 때 미래에 있
   을 결과를 고려한다고 하였다. 행위 자체를 바탕으로 어떤 행위를 위
   한 결정을 하는 것은 의무론적인 관점에 해당한다.

① 4문단에서 목적론적 관점에서는 행복이나 쾌락을 인간이 추구해야 할 목적으로 본다고 하였다. 이는 행복이나 쾌락을 가져오는 행위를 바람직하게 여긴다는 의미로도 이해할 수 있다.

② 4문단에서 목적론적 관점에서는 오로지 최선의 결과를 가져오는 행위를 옳은 행위로 본다고 하였다.

③ 4문단에서 목적론적 관점에서의 도덕은 '보다 많은 사람들에게 보다 많은 행복을 가져오는 행위'라고 하였다.

⑤ 5문단에서 목적론적인 관점에 따르는 경우 똑같은 결과라도 사람마다 판단이 달라질 수 있기 때문에 도덕 법칙에 대해 예외를 많이 허용할 우려가 있다고 하였다.

03 관점에 따른 추론

① 2문단에 따르면, 의무론적 관점에서 도덕 법칙은 언제나 타당하고 보편적인 것이기에 '왜'라는 질문이 성립하지 않는다고 하였다. 따라서 '왜?'라는 질문에 답할 수 있게 행동하라는 말은 ㉠'의무론적 관점'에서 할 수 있는 말로 적절하지 않다.

② 2문단에 따르면, 의무론적 관점에서 도덕 법칙은 언제나 타당하고 보편적인 것이라고 하였다. 따라서 ㉠'의무론적 관점'에서는 도덕적 딜레마에 빠진 사람에게 누가 보더라도 옳다고 생각하는 기준에 따라 행동하라고 말할 수 있다.

③ 2문단에 따르면, 의무론적 관점은 도덕 법칙을 지키려는 의지를 의무로 보았으며 결과와 무관하게 행위 자체의 옳고 그름에 주목했다고 하였다. 따라서 ㉠'의무론적 관점'에서는 도덕적 딜레마에 빠진 사람에게 결과보다는 도덕을 지키려는 의지 즉, 마음이 중요하다고 말할 수 있다.

④ 4문단에 따르면, 목적론적 관점은 행복이나 쾌락을 목적으로 보았으며, 어떤 행위를 결정할 때 미래에 있을 결과를 고려했다고 하였다. 따라서 ㉡'목적론적 관점'에서는 도덕적 딜레마로 고민하는 사람에게 선택의 목적, 즉 행복이나 쾌락과 결과를 고려해 행동할 것을 권유할 수 있다.

⑤ 4문단에 따르면, 목적론적 관점에서 도덕은 '보다 많은 사람들에게 보다 많은 행복을 가져오는 행위'라고 하였다. 따라서 ㉡'목적론적 관점'에서는 도덕적 딜레마로 고민하는 사람에게 보다 많은 사람의 쾌락과 행복을 위해 행동하라고 말할 수 있다.

04 어휘의 문맥적 의미 파악

② ⓐ'내리다'는 '판단, 결정을 하거나 결말을 짓다.'라는 의미로 ②의 '내리다' 역시 같은 의미로 사용되었다.

① '타고 있던 물체에서 밖으로 나와 어떤 지점에 이르다.'라는 뜻으로 사용되었다.

③ '가루 따위를 체에 치다.'라는 뜻으로 사용되었다.

④ '어둠, 안개 따위가 짙어지거나 덮여 오다.'라는 뜻으로 사용되었다.

⑤ '눈, 비, 서리, 이슬 따위가 오다.'라는 뜻으로 사용되었다.

펌핑-UP

p. 116

지문이 읽히는 독해 코칭

01	최선의 결과	07	선호
02	선호	08	비중
03	증진	09	이상
04	본래적	10	이상들
05	쾌락	11	최선의 결과
06	선호		

01 ③　　02 ③　　03 ③　　04 ⑤

01 내용 전개 방식 파악

③ '최선의 결과'에 대해 쾌락주의적 공리주의는 2문단에서 쾌락의 증진, 선호 공리주의는 3문단에서 선호의 실현, 이상 공리주의는 4문단에서 이상의 실현으로 본다고 설명하고 있다. 따라서 세 이론은 '최선의 결과'에 대해 서로 다른 관점을 지니고 있음을 알 수 있다. 또한 각각의 공리주의가 가지는 한계를 함께 제시하고 있다.

① 2~4문단에서 세 가지 공리주의가 가지는 한계를 각각 지적하고 있지만, '최선의 결과'에 대한 역사적인 사건은 서술되어 있지 않다.

② 1문단에서 공리주의는 인간이 할 수 있는 행위들 중에서 인간의 최대 이익과 행복이라는 '최선의 결과'를 가져오는 행위를 옳은 행위로 본다는 것을 설명한 후, 2~4문단에서 '최선의 결과'를 무엇으로 보느냐에 따라 공리주의의 관점을 크게 세 개로 나누어 각각의 공리주의를 설명하고 있다. 하지만 각각의 이론을 예시들을 활용하여 구체화하고 있지는 않다.

④ 1문단에서 '최선의 결과'를 무엇으로 보느냐에 따라 공리주의의 관점이 크게 쾌락주의적 공리주의, 선호 공리주의, 이상 공리주의로 나누어진다고 언급한 후, 2~4문단에서 각각의 공리주의를 설명하고 있다. 그리고 각각의 공리주의의 한계 또한 언급하고 있는데, 쾌락주의적 공리주의의 한계를 극복하기 위해 등장한 것이 선호 공리주의이고, 쾌락주의적 공리주의와 선호 공리주의에 대한 대안으로 등장한 것이 이상 공리주의라고 언급하고 있다. 하지만 각각의 이론들이 제기한 문제점이 해결된 사회적 상황을 부각하고 있지는 않다.

⑤ 1문단에서 공리주의는 어떤 행위가 인간의 이익과 행복을 늘리는 데 얼마나 기여하는가에 따라 그 행위의 옳고 그름이 결정된다고 보는 이론임을 언급한 후, 인간의 행위들 중에서 인간의 최대 이익과 행복이라는 '최선의 결과'를 가져오는 행위를 옳은 행위로 본다고 설명하고 있다. 공리주의가 '최선의 결과'에 대한 문제점을 제기하는 이론은 아니며, 이 글에서 새로운 이론을 제안하고 있지도 않다.

02 미루어 알기

③ 〈보기〉에서 학생 2는 사회적 차원에서의 인간 행복을 본래적 가치로 보고, 이를 실현하기 위한 도구를 생명으로 보고 있다. 즉, 생명을 도구적 가치로 본 것이다. 1문단에서 본래적 가치는 그 자체로서 지니는 가치를 의미하고, 이는 다른 어떤 것을 위한 수단으로서의 가치인 도

구적 가치와는 상대된다고 하였다. 그리고 4문단에서 이상 공리주의
에서는 생명을 본래적 가치로 본다고 하였다. 따라서 이상 공리주의
의 관점에서 보면, 생명을 도구적 가치로 여기는 것은 부적절하다.

① 4문단에서 이상 공리주의에서는 자유와 생명 모두를 본래적 가치로
본다고 하였다. 이를 통해 볼 때, 이상 공리주의의 관점에서 생명을
도구적 가치로 여기는 것은 부적절하다. 하지만 〈보기〉에서 학생 2는
생명을, 자유의 실현이 아니라 행복의 실현을 위한 도구적 가치로 보
고 있다.

② 1문단에서 공리주의에서는 인간의 행복을 증진하는 행위를 옳은 것
으로 본다고 하였고, 4문단에서 이상 공리주의에서는 생명을 포함한
여러 이상을 본래적 가치로 본다고 하였다. 이를 통해 볼 때, ②에서
행복을 도구적 가치로 여기는 것을 적절하다고 설명한 것은 이상 공
리주의의 관점에 부합하지 않는다. 또한 〈보기〉에서 학생 2는 사회적
차원에서의 인간 행복을 본래적 가치로 보고, 생명을 이를 실현하기
위한 도구적 가치로 보고 있다. ②는 이를 반대로 설명하고 있다.

④ 4문단에서 이상 공리주의에서는 자유를 본래적 가치로 본다고 하였
다. 이를 통해 볼 때, ④에서 자유를 도구적 가치로 여기는 것을 적절
하다고 설명한 것은 이상 공리주의의 관점에 부합하지 않는다. 또한
〈보기〉에서 학생 2는 사회적 차원에서의 인간 행복을 본래적 가치로
보고, 이를 실현하기 위한 도구적 가치로 자유가 아니라 생명을 제시
하고 있다.

⑤ 4문단에서 이상 공리주의에서는 자유를 본래적 가치로 본다고 하였
다. 이를 통해 볼 때, ⑤에서 자유를 본래적 가치로 여기는 것을 부적
절하다고 설명한 것은 이상 공리주의의 관점에 부합하지 않는다. 또
한 〈보기〉에서 학생 2는 사회적 차원에서의 인간 행복을 도구적 가치
가 아니라 본래적 가치로 보고 있다.

03 세부 정보의 파악

③ 1문단에서 공리주의는 어떤 행위가 인간의 이익과 행복을 늘리는 데
결과적으로 얼마나 기여하는가에 따라 그 행위의 옳고 그름이 결정된
다고 보는 이론임을 알 수 있다. 따라서 공리주의는 행위의 옳고 그름
이 인간의 이익과 행복의 증진과 무관하다고 보지 않는다.

① 4문단에서 이상 공리주의는 쾌락주의적 공리주의와 선호 공리주의에
대한 대안으로 등장하였음을 알 수 있다. 이상 공리주의는 쾌락주의
적 공리주의와 달리 쾌락을 유일한 본래적 가치라고 보지 않으며, 선
호 공리주의와 달리 이상들은 인간의 선호와 무관하게 실현되어야
할 본래적 가치라고 보며 이상의 실현을 최선의 결과로 본다.

② 3문단에서 선호 공리주의는 쾌락뿐만 아니라 쾌락이 아닌 다른 것을
추구하기도 하는 인간의 행위가 개인의 선호를 반영한 것이라고 봄을
알 수 있다. 즉, 선호 공리주의의 관점에서는 쾌락을 추구하는 인간
의 행위에 개인의 선호가 반영되어 있다고 본다.

④ 2문단에서 쾌락주의적 공리주의는 인간이 어떤 행위를 선택할 때 쾌
락만을 추구하는 것이 아니라 다른 것을 추구하기도 한다는 것을 설
명하기 어렵다는 한계를 지님을 알 수 있다. 즉, 쾌락주의적 공리주의
의 관점으로는 인간이 쾌락이 아닌 다른 것을 추구하기도 한다는 것
을 설명하기 어렵다.

⑤ 1문단에서 공리주의는 인간이 자신과 더불어 다른 존재들의 이익과
행복을 공평하게 고려해야 한다는 것을 전제로 함을 알 수 있다.

04 구체적 상황에 적용

⑤ 4문단에서 ⓒ'이상 공리주의'에서는 인간들의 서로 다른 관심과는 무
관하게 실현되어야 할 이상들을 인간이 더 많이 실현하는 것이 최대
이익과 행복이라고 본다고 하였다. 따라서 〈보기〉의 A와 친구들이 책
을 읽고 실현한 배려라는 이상은 그들의 관심과 무관하게 실현되어야
하는 이상으로 볼 수 있다.

① 〈보기〉에서 A가 동아리를 만든 것은, A가 인문학 서적을 읽는 것을
가장 좋아하기 때문에 이를 더 많이 읽기 위해 이루어진 행위이다. 2문단
에서 ㉠'쾌락주의적 공리주의'에서는 인간이 어떤 행위를 선택할 때
인간의 심리적 경험인 쾌락을 추구하며, 이를 증진하는 것을 최선의
결과로 본다는 것을 알 수 있다. 따라서 쾌락주의적 공리주의의 관점
에서 볼 때, 자신이 좋아하는 일을 하고자 한 A의 행위는 쾌락이라는
심리적 경험을 증진하기 위한 것이라고 볼 수 있다.

② 〈보기〉에서 A는 인문학 서적을 읽는 것을 가장 좋아하고, 자신과 같
은 성향을 가진 친구들과 동아리를 만들어 그들과 함께 배려와 관련
된 인문학 서적을 읽었다. 그리고 이 행위를 통해 A와 친구들은 모두
큰 즐거움을 느꼈다. 2문단에서 ㉠'쾌락주의적 공리주의'에서는 자신
뿐 아니라, 그 행위가 영향을 미치는 모든 인간들의 쾌락을 가장 많
이 증진하는 행위를 도덕적으로 옳은 행위로 본다는 것을 알 수 있
다. 따라서 쾌락주의적 공리주의의 관점에서 볼 때, 자신뿐 아니라
동아리 친구들의 쾌락도 증진하였으므로 A의 행위는 도덕적으로 옳
은 행위라고 볼 수 있다.

③ 〈보기〉에서 A와 동아리 친구들은 모두 인문학 서적을 읽는 것을 가
장 좋아하는 성향을 가졌다. 1문단에서 공리주의에서는 인간의 최대
이익과 행복을 가져오는 행위를 옳은 행위로 본다는 것을 알 수 있
고, 3문단에서 ㉡'선호 공리주의'에서는 사람마다 원하는 것 혹은 실
현하고자 하는 것을 선호라고 보며, 이러한 선호를 가장 많이 실현시
키는 행위를 옳은 행위로 본다는 것을 알 수 있다. 따라서 선호 공리
주의의 관점에서 볼 때, 인문학 서적을 읽은 것은 A와 동아리 친구들
이 자신들이 가장 좋아하는 행위를 한 것이므로, 이는 그들의 선호
실현이라는 최대 이익과 행복을 가져오는 행위라고 볼 수 있다.

④ 〈보기〉에서 A는 인문학 서적을 읽는 것을 가장 좋아하여, 인문학 서
적을 더 많이 읽기 위해 자신과 같은 성향을 가진 친구들과 동아리를
만들어 그들과 함께 배려와 관련된 인문학 서적을 읽었다. 그리고 이
행위를 통해 A와 친구들은 모두 큰 즐거움을 느꼈다. 3문단에서 ㉡
'선호 공리주의'에서는 자신뿐 아니라, 그 행위가 영향을 미치는 모든
사람들 각자가 지닌 선호를 가장 많이 실현시키는 행위를 도덕적으로
옳은 행위로 본다는 것을 알 수 있다. 따라서 선호 공리주의의 관점
에서 볼 때, A의 행위는 자신뿐 아니라 동아리 친구들의 선호를 실현
하였으므로 도덕적으로 옳은 행위라고 볼 수 있다.

08 계약

워밍-UP — p. 124

01 ③	02 ②	03 ①	04 ③

01 세부 정보의 파악

정답 코칭

③ 6문단에서 국가가 개인 간의 계약에 개입하는 경우 계약의 자유를 제한하려면 필요한 만큼만 최소 제한해야 한다는 '비례 원칙'이 적용된다고 하였다. 따라서 '단속 법규'로 국가가 개인 간의 계약에 개입할 때에도 비례 원칙이 적용된다고 할 수 있다.

오답 코칭

① '사법'은 원칙적으로 '임의 법규'이고, 당사자들이 사법에 속하는 법률의 규정과 어긋난 내용으로 계약을 체결한 경우에 계약 내용이 우선 적용된다고 할 수 있다.

② 임의 법규는 법률상으로 규정되어 있더라도 당사자가 자유롭게 계약 내용을 정할 수 있는 법률 규정으로, 법률 규정과 어긋난 내용으로 계약을 체결한 경우에 계약 내용이 우선 적용되며 법적 불이익이 없다. 이에 반해 단속 법규는 법률 규정과 어긋난 내용으로 계약을 하면 법적 불이익이 있다. 따라서 임의 법규가 단속 법규에 비해 계약 자유의 원칙에 더 부합한다고 볼 수 있다.

④ 강행 법규는 체결된 계약의 효력 자체도 인정되지 않아 급부 의무가 부정되므로 단속 법규보다 계약의 자유를 더 많이 제한한 것이라고 볼 수 있다. 그런데 국가는 계약의 자유를 제한할 때 필요한 만큼만 최소로 제한해야 한다는 '비례 원칙'에 따라야 하므로 단속 법규로 입법 목적을 달성할 수 있는 계약에 대해 강행 법규로 개입하는 것은 정당화될 수 없다.

⑤ 강행 법규를 위반한 계약일 때 이미 급부를 이행하여 재산적 이익을 넘겨주었다면 '부당 이득 반환 청구권'을 행사할 수 있다. 그러나 급부의 내용이 비도덕적이거나 반사회적인 행동이라면 계약의 효력이 인정되지 않을 뿐 아니라 이미 넘겨준 이익을 돌려받을 권리도 부정된다.

02 구체적 상황에 적용

정답 코칭

② 1문단에서 방충망 파손의 경우 민법전의 법조문에 의하면 건물주에게 수선의 의무가 있다고 하였다. 또한 2문단에서 사법으로 규정한 내용에 대해 당사자들이 계약으로 달리 정하지 않았다면 원칙적으로 법률의 규정이 적용된다고 하였으므로, 수선 의무를 계약에 포함하지 않은 것에 대한 법적 불이익은 누구에게도 없다(ㄱ). 2문단에 따르면, 방충망 수선에 관한 것은 임의 법규에 해당함을 알 수 있다. 사무실의 방충망이 낡아서 파손되었을 경우 민법전의 법조문에 의하면 건물주가 수선할 의무가 있다고 하였다. 그러나 간단한 파손은 세입자가 스스로 해결한다는 내용을 계약서에 포함했다면 계약 내용이 우선 적용되므로 세입자가 수선해야 한다. 또 수선 의무를 계약에 포함하지 않은 것이나, 법률 내용과 달리 세입자가 방충망을 수선한다는 내용으로 계약한 것이 단속 법규나 강행 법규에 해당하는 사항은 아니므로 벌금이나 과태료와 같은 법적 불이익은 없다(ㄷ).

오답 코칭

ㄴ. 1, 2문단에 따르면, 계약서에 방충망 수선에 관한 내용이 없으면 법률 규정에 따라 건물주가 수선할 의무를 질 뿐 수선 의무를 계약에 포함하지 않은 것에 대한 법적 불이익은 받지 않는다.

ㄹ. 2문단에서 사법에 속하는 법률의 규정과 어긋난 내용으로 계약을 체결한 경우에 계약 내용이 우선 적용된다고 하였다. 방충망 수선에 관한 것은 계약 당사자가 자유롭게 계약 내용을 정할 수 있는 임의 법규에 해당하므로, 건물주는 법률 내용과 다르게 계약한 것에 대한 법적 불이익을 받지 않는다.

03 핵심 개념의 비교

정답 코칭

① ㉠은 '단속 법규'의 적용을 받는 계약으로, 계약 당사자인 공인 중개사에게 벌금이 부과되는 법적 불이익이 있다. ㉡은 '강행 법규'의 적용을 받는 계약으로, 법적 불이익이 있을 뿐만 아니라 계약의 효력이 인정되지 않는다. 이를 통해 ㉠과 ㉡의 계약에서는 법적 불이익을 받는 계약 당사자가 있음을 알 수 있다.

오답 코칭

② ㉠의 경우에 계약 자체가 유효하므로 급부를 할 의무가 인정된다. 즉, 공인 중개사는 매물의 소유권을 넘겨주고 고객은 대금을 지급해야 한다. 한편 ㉡의 경우에는 강행 법규에 따라 계약의 효력이 인정되지 않으므로 급부의 의무는 인정되지 않는다.

③ 계약 당사자들의 급부 의무가 인정되지 않고, 계약에 따라 넘어간 재산적 이익을 반환해야 하며, 계약의 효력이 부정되는 것은 ㉡의 경우에만 해당한다.

④ 계약의 효력이 부정되는 것은 ㉡의 경우에만 해당한다. ㉠의 경우에는 벌금이 부과되지만 계약 자체는 유효하다.

⑤ ㉠과 ㉡의 경우 모두 계약 당사자가 계약의 구체적인 내용을 결정할 수 있다. 다만 체결된 계약 내용이 법률에 정해진 내용과 어긋나는 정도에 따라 제한을 받게 된다.

04 구체적 상황에 적용

정답 코칭

③ B에게 벌금을 부과하는 것만으로 끝이 났다면 단속 법규를 적용한 것으로 볼 수 있으나, 계약을 무효로 판결한 것은 강행 법규를 적용한 것으로 볼 수 있다. 즉, 단속 법규만으로는 이 계약의 내용을 규제하는 법률의 입법 목적을 실현하기에 부족하다는 점을 고려하여 강행 법규를 적용한 것이다.

오답 코칭

① 사법은 개인과 개인 사이의 재산 등에 적용되는 법이므로, A와 B가 농지 임대차 계약을 체결할 때에도 사법의 적용을 받는다.

② B에게 벌금을 부과하는 것은 국가가 개인 간의 계약에 개입해 법적 불이익을 준 것으로, 6문단에 따르면, 이는 국가 안보, 사회 질서, 공공복리 등 정당한 입법 목적을 달성하기 위한 것이다. A와 B가 맺은 농지 임대차 계약이 효력이 있음을 인정하지 않았기 때문에 벌금을 부과한 것은 아니다.

④ A가 농지를 빌려 써서 얻은 이익을 B에게 반환하라고 판결한 것은 '부당 이득 반환 청구권'을 인정한 것이 된다. 5문단에 따르면, 급부의 내용이 비도덕적이거나 반사회적인 행동이라면 부당 이득 반환 청구권이 인정되지 않는다.

⑤ 대법원이 B가 A에게서 받은 사용료를 반환하라고 판결한 것은 사용료가 부당 이득에 해당한다고 판단했기 때문이다.

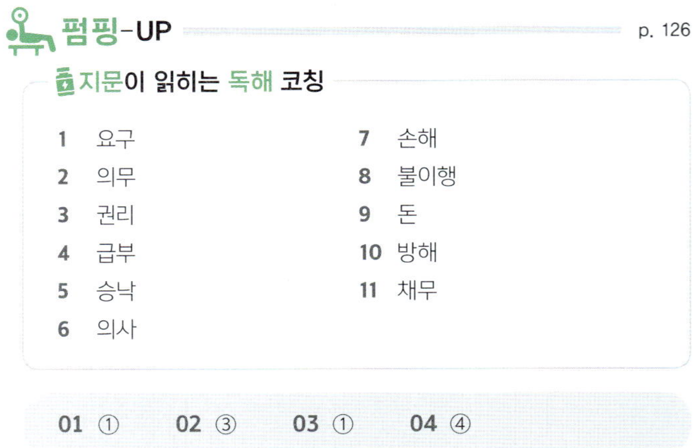

펌핑-UP
p. 126

지문이 읽히는 독해 코칭

1	요구	7	손해
2	의무	8	불이행
3	권리	9	돈
4	급부	10	방해
5	승낙	11	채무
6	의사		

01 ①　　**02** ③　　**03** ①　　**04** ④

01 세부 정보의 파악

정답 코칭

① 5문단에서 누구든 고의나 과실에 의해 타인에게 피해를 끼치는 행위를 하고 그 행위의 위법성이 인정되면 불법 행위 책임이 성립한다고 하였다. 따라서 계약의 당사자 외에도 고의나 과실로 불법 행위를 한

자가 있다면, 그 불법 행위에 대한 책임을 져야 함을 알 수 있다.

오답 코칭

② 1문단에서 채무자가 채권을 가진 이, 즉 채권자에게 급부를 이행하면 채권에 대한 채무는 소멸한다고 하였다.

③ 2문단에서 예약은 '본계약을 성립시킬 수 있는 권리 발생을 목적'으로 한다고 했고, 3문단에서 예약은 두 가지 유형으로 나뉜다고 하였다. 채권을 발생시키는 예약의 경우, 예약상 권리자가 본 계약의 체결을 요청하면 상대방은 이에 응할 의무가 있다고 하였다. 이를 통해 볼 때, 예약상 권리자가 본계약의 체결을 요청하지 않으면 본계약상의 권리는 발생하지 않는다고 할 수 있다. 예약 완결권을 발생시키는 예약의 경우, 예약상 권리자가 본계약을 성립시키겠다는 의사를 표시하는 것만으로 본계약이 성립한다고 하였다. 따라서 예약상 권리자가 본계약 성립에 대한 의사 표시를 하지 않으면 본계약상의 권리는 발생하지 않는다고 볼 수 있다. 정리하면, 예약상 권리자는 본계약상의 권리 발생 여부를 결정할 수 있다.

④ 1문단에서 채권은 다른 사람에게 특정 행위를 요구할 수 있는 권리라고 하였으며, 이 특정 행위를 '급부'라고 하였다. 그리고 급부는 재화나 서비스 제공인 경우가 많지만 그 외의 내용일 수도 있다고 하였다. 이를 정리해 보면, 재화나 서비스 제공을 대상으로 하는 권리 외에 다른 형태의 권리도 존재한다고 이해할 수 있다.

⑤ 1문단에서 채권은 다른 사람에게 특정 행위를 요구할 수 있는 권리라고 하였고, 2문단에서 계약이 성립하면 합의 내용대로 권리 발생 등의 효력이 인정되는 것이 원칙이라고 하였다. 따라서 계약이 성립하면 추가 합의가 없어도 계약상의 채권이 발생하는 것이 원칙이라고 이해할 수 있다.

02 세부 정보의 추론

정답 코칭

③ 2문단에서 당장 필요한 재화나 서비스는 그 제공을 급부로 하는 계약을 성립시켜 확보하면 된다고 하였고, 예약은 이와 다르다고 하였다. ㉠은 '기차 탑승'이라는 필요한 서비스를 그 제공을 급부로 하는 '계약'을 성립시켜 즉시 확보하는 경우로서, 기차 승차권을 미리 구입하는 것은 계약을 성립시키면서 '기차 탑승'이라는 채권의 행사 시점을 미래로 정해 두는 것으로 볼 수 있다.

오답 코칭

① 1문단에서 '채권은 어떤 사람이 다른 사람에게 특정 행위를 요구할 수 있는 권리이다. 이 특정 행위를 급부'라고 하였다. 따라서 기차 탑승은 채권에 해당하지만 이 계약에서 급부는 돈을 지불하는 행위가 아니라 '기차 탑승 서비스의 제공'이다.

② 1문단에서 '채권은 어떤 사람이 다른 사람에게 특정 행위를 요구할 수 있는 권리이다. 이 특정 행위를 급부라 하고, 특정 행위를 해 주어야 할 의무를 채무라 한다.'라고 하였다. 따라서 기차를 탑승하지 않는 것은 승차권 구입으로 발생한 채권에 대응하는 '의무'가 아닌 '권리'를 포기하는 것이 된다.

④ ㉠은 '기차 탑승'이라는 필요한 서비스를 그 제공을 급부로 하는 '계약'을 성립시켜 즉시 확보하는 경우이다. 즉, ㉠은 계약에 해당하므로 계약 없이 법률로 정해진 요건을 충족하여 서비스를 제공받을 권리를 발생시키는 행위가 아니다.

⑤ ㉠은 예약에 해당하지 않는 '계약'이라고 하였다. 따라서 미리 돈을 지불하는 것은 계약을 성립시키면서 채권의 행사 시점을 미래로 정해 두는 것이지, 예약과 같이 계약을 성립시킬 수 있는 권리를 확보하는 것이 아니다.

03 핵심 정보의 이해

정답 코칭

① [A]에 제시된 급식 업체의 사례는 '채권을 발생시키는 예약'의 경우를 보여 주는 것이다. 회사의 급식 업체 공모에 선정되어 예약이 성립했을 때, 예약상 급부의 내용은 예약상 권리자의 본계약 성립 요구에 대해 상대방이 승낙하는 것이라고 하였으므로 ㄱ은 '급식 계약 승낙'이 됨을 알 수 있다. 예약상 권리자의 요청으로 본계약이 성립했을 때, 급식을 제공하는 예약상 권리자가 요구할 수 있는 본계약상 급부는 급식 대금을 지급받는 것이다. 따라서 ㄷ은 '급식 대금 지급'이 된다. 한편, [A]에 제시된 식당 예약의 사례는 '예약 완결권을 발생시키는 예약의 경우를 보여 주는 것이다. 예약 완결권을 발생시키는 예약의 경우, 예약상 권리자가 본계약을 성립시키겠다는 의사를 표시하는 것만으로 본 계약이 성립하므로, 예약상의 급부는 존재하지 않는다. 따라서 ㄴ은 '없음'으로 볼 수 있다.

04 구체적 상황에 적용

정답 코칭

④ ㉮가 발생하는 과정에서 을은 자신에게 고의나 과실이 없음을 증명하지 못하면, 채무 불이행 책임을 지게 되며 이는 갑에 대한 손해 배상 채무로 바뀌게 된다. 한편, 병은 고의로 끼어들어 예약상 권리자인 갑이 가진 권리 실현을 방해함으로써 갑에게 손해를 입혔으므로 손해 배상 채무를 진다. 그런데 이때 병에게는 손해 배상 채무만 있을 뿐 채무 불이행 책임은 없다. 따라서 을과 병 모두 채무 불이행 책임을 지므로 갑에게 손해 배상 채무를 진다는 진술은 적절하지 않다.

오답 코칭

① ㉮가 발생하는 과정에서 을의 과실이 있는 경우, 을의 과실로 급부가 이행되지 않아 갑에게 손해가 발생한 것이므로 을은 갑에 대해 채무 불이행 책임을 져야 한다. 한편, 병은 고의로 끼어들어 예약상 권리자인 갑이 가진 권리 실현을 방해함으로써 갑에게 손해를 끼쳤으므로 갑에 대해 손해 배상 채무가 있다.

② 병은 고의로 끼어들어 예약상 권리자인 갑이 가진 권리 실현을 방해함으로써 갑에게 손해를 입혔으므로 손해 배상 채무가 있고, ㉮가 발생하는 과정에서 을의 고의가 있다면 을은 갑에게 채무 불이행 책임을 지게 되는데 이는 손해 배상 채무로 바뀐다. 그리고 이 경우 급부 내용이 동일하기 때문에 누구라도 손해 배상을 하면 다른 한쪽의 배상 의무도 사라진다.

③ 을에게 고의나 과실이 있는지 없는지 증명되지 않으면 을은 채무 불이행 책임을 지므로 손해 배상 채무가 있으며, 병은 고의로 끼어들어 예약상 권리자인 갑이 가진 권리 실현을 방해함으로써 갑에게 손해를 입혔으므로 갑에 대해 손해 배상 채무가 있다. 따라서 을과 병은 모두 갑에게 채무를 지게 되며, 5문단의 마지막 문장을 참고할 때 이에 따른 급부의 내용은 동일하다.

⑤ 을에게 고의나 과실이 없음이 증명된다면 을은 채무 불이행 책임을 지지 않으므로 손해 배상 채무가 없다. 그러나 병은 고의로 위법성이 있는 행위를 한 것이므로, 갑이 입은 손해에 대해 금전으로 배상할 책임이 있다.

벌크-UP
p. 129

01 ③　　02 ⑤　　03 ①　　04 ③

01 세부 정보의 파악

정답 코칭

③ 2문단에서 의사 표시를 필수적 요소로 하여 법률 효과를 발생시키는 행위들을 법률 행위라 한다고 하였다. 그런데 6문단을 보면 사례의 채무 불이행은 갑이나 을의 의사 표시가 작용한 것이 아니라, 매매 목적물의 소실에 따른 이행 불능으로 말미암은 것이며, 이러한 채무 불이행과 같은 사건을 통해서도 법률 효과가 발생한다고 하였다. 따라서 법률 행위가 없으면 법률 효과가 발생하지 않는다는 진술은 적절하지 않다.

오답 코칭

① 2, 4문단의 내용을 통해 청구권을 내용으로 하는 권리가 채권이고, 이러한 채권의 내용은 민법과 같은 실체법에서 규정하고 있음을 알 수 있다.

② 4문단에서 강제 집행은 국가가 물리적 실력을 행사하여 채권이 실현되도록 하는 제도로서, 채권의 내용을 강제적으로 실현할 수 있도록 민사 소송법이나 민사 집행법 같은 절차법이 갖추어져 있다고 하였다.

④ 3, 4문단에서 사적으로 물리력을 행사하여 해결하는 것은 엄격히 금지되어 있으며, 소를 제기하여 법원에 강제 집행을 신청할 수 있다고 하였다. 이때 강제 집행은 국가가 물리적 실력을 행사하여 채권이 실현되도록 하는 제도라고 하였다.

⑤ 5문단에서 실현 불가능한 내용을 담고 있는 계약은 체결할 때부터 계약 자체가 무효라고 하였다.

02 핵심 개념의 이해

정답 코칭

⑤ 매매 계약에 따라 을은 소유한 그림 A를 갑에게 매도해야 한다. 따라서 ㉠'을의 채무'는 그림 A의 소유권을 갑에게 이전하는 것이다. 동산인 물건의 소유권을 이전하는 방식은 그 물건을 인도하는 것이므로 ㉠에는 물건을 인도할 의무가 있음을 알 수 있다. 이후 을의 과실로 불이 나 그림 A가 타 없어지자 갑은 계약을 해제하였다. 따라서 계약

의 해제로 갑은 원상회복 청구권을 행사할 수 있게 되었다. 그러므로 ㉡'갑의 채권'은 을에게 매매 대금을 반환해 달라고 청구할 수 있는 권리가 되므로, ㉡에는 금전의 지급을 청구할 권리가 있음을 알 수 있다.

오답 코칭

① ㉠에서 을은 매도인에 해당하며, 채무는 채권에 따라 이행을 해야 할 의무를 말한다. 따라서 ㉠은 매도인의 이행으로 소멸한다고 볼 수 있다.

② ㉡은 갑이 계약 해제권을 행사하여 갖게 된 권리이다. 갑이 해제권을 행사하는 데에 을의 승낙은 요건이 되지 않으며, 이러한 법률 행위를 단독 행위라 한다고 하였다.

③ ㉡은 ㉠의 이행이 불가능하게 됨에 따라 계약이 해제되고 갑이 원상회복 청구권을 행사함으로써 갖게 된 권리이다. 따라서 ㉠과 ㉡은 ㉠을 이행하는 것이 불가능하게 된 것의 결과로 ㉡이 발생하는 관계로 보는 것이 타당하다.

④ ㉠은 갑과 을의 매매 계약에서 생긴 효과이며, ㉡은 갑의 계약 해제에 따라 생긴 효과이다. 따라서 동일한 계약의 효과라고 볼 수 없다.

03 세부 정보의 추론

정답 코칭

① 을은 갑으로부터 매매 대금을 받은 뒤 을의 과실로 불이 나 그림 A가 타 없어졌기 때문에 자신의 채무를 이행할 수 없는 상태가 되었다. 따라서 ㉮의 상황은 을의 과실로 이행 불능이 되어 갑의 계약 해제권이 발생한 것으로 보는 것이 적절하다.

오답 코칭

② 5문단에서 채무 이행 불능 상태에서는 소송을 하더라도 불능의 내용을 이행하라는 판결은 나올 수 없다고 하였다. 따라서 갑이 소를 제기하더라도 매매의 목적이 된 그림 A의 소유권을 이전받을 수는 없다.

③ 원상회복 청구권이란 계약이 체결되기 전의 상태로 돌려놓을 것을 청구할 수 있는 권리를 말한다. 따라서 갑이 원상회복 청구권을 행사하는 것은 을에게 매매 대금을 반환해 달라고 청구할 수 있는 것이지, 이를 통해 그림 A의 소유권을 회복할 수 있는 것은 아니다.

④ 을이 그림 A를 넘겨주지 않은 까닭은 갑으로부터 매매 대금을 받은 뒤에 을의 과실로 불이 나 그림 A가 타 없어졌기 때문이라고 하였다. 따라서 갑과 을의 계약 당시에는 그림 A가 존재하는 상태였기 때문에 애초부터 실현 불가능한 내용의 계약을 체결한 것은 아니다.

⑤ 5문단에서 이행 불능이 채무자의 과실 때문에 일어난 것이라면 채무자가 채무 불이행에 대한 책임을 져야 한다고 하였다. 따라서 을은 갑에게 그림 A를 인도할 수는 없지만, 채무자의 과실로 인한 채무 불이행에 대한 책임을 져야 한다.

04 구체적 상황에 적용

오답 코칭

③ 채무자가 채무의 내용대로 이행하여 채권을 소멸시키는 것을 변제라한다. 그런데 증여는 증여자만 이행 의무를 진다는 점이 특징이라고하였다. 즉 증여에서 증여자는 변제의 의무를 져야 한다.

오답 코칭

① 증여는 당사자가 자기의 재산을 무상으로 상대방에게 줄 의사를 표시하고 상대방이 이를 승낙함으로써 성립하는 계약이다. 그리고 유언은

유언자의 의사 표시만으로 유효하게 성립하며 유언자의 사망과 동시에 일정한 법률 효과를 발생시킨다. 매매는 '팔겠다'는 일방의 의사 표시와 '사겠다'는 상대방의 의사 표시가 합치함으로써 성립하는 계약이다. 따라서 증여, 유언, 매매는 모두 법률 행위로서 의사 표시를 요소로 함을 알 수 있다.

② 증여는 법률 효과를 발생시키는 법률 행위의 일종인 계약이며, 유언은 사망과 동시에 일정한 법률 효과를 발생시키려는 것을 목적으로 한다. 따라서 증여와 유언은 법률 효과를 발생시키려는 목적이 있다는 점이 공통됨을 알 수 있다.

④ 매매 계약에서 매도인은 소유권을 이전해야 할 의무와 동시에 매매 대금의 지급을 청구할 권리를 가지며, 매수인은 매도인에게 매매 대금을 지급할 의무가 있고 소유권의 이전을 청구할 권리를 갖는다. 이와 달리 증여는 증여자만 이행 의무를 지므로 매매와 차이가 있음을 알 수 있다.

⑤ 증여는 당사자의 일방이 자기의 재산을 무상으로 상대방에게 줄 의사를 표시하고 상대방이 이를 승낙함으로써 성립한다. 이와 달리 유언은 유언자의 의사 표시만으로 유효하게 성립하고 의사 표시의 상대방이 필요 없다는 점에서 증여와 차이가 있다.

호루라기 관장님의 💰 어휘 트레이닝   p. 131

01 요건	01 이행
02 체결	02 양상
03 파손	03 효력
04 민법전	04 임의
05 매매	05 확보
06 수선	06 체결
07 대금	07 과실
08 효력	08 부과
09 강행	09 채권
10 양상	10 파손
11 확보	
12 이행	
13 부과	
14 급부	
15 임의	
16 배상	
17 위법성	
18 유효	
19 과실	
20 임대인	
21 채권	
22 채무	

09 법 해석

📖 지문이 읽히는 독해 코칭   p. 132

1	강제성	8	형벌
2	결과	9	법률
3	최소	10	유추
4	권리관계	11	48시간
5	지배	12	기소
6	책임	13	심리
7	공공복리		

구조 ✏️ 트레이닝 ZONE   p. 133

1	가족	7	인지
2	사유	8	수사
3	손해	9	48시간
4	형벌	10	48시간
5	죄형법정주의	11	재판
6	소급	12	심리

내용 ✏️ 트레이닝 ZONE   p. 133

01	○	08	○
02	X	09	X
03	X	10	X
04	○	11	X
05	○	12	X
06	X	13	○
07	X	14	X

🏃 워밍-UP   p. 134

01 ⑤	02 ③	03 ④	04 ②

01 핵심 개념의 이해

정답 코칭

⑤ 1문단에서 법의 강제성은 공공의 이익을 실현하기 위해 사회 구성원들이 동의할 때만 발휘될 수 있다고 하였다. 이로 볼 때, 법의 목적이 공익과 무관하다면 사회 구성원의 동의가 있어도 강제성이 발휘될 수 없다.

오답 코칭

① 1문단에서 인간이 집단생활을 할 때 문제가 발생하는 것을 예방하기 위해 규칙이 만드는데, 이 중 사회 구성원들의 합의에 따라 만들어진 강제성을 가진 규칙을 법이라고 하였다.

② 1문단에서 법은 권력자나 국가 기관이 멋대로 권력을 휘두를 수 없게 하여 국민의 자유와 권리를 보호한다고 하였다.

③ 1문단에서 개인이 처리해도 되는 일까지 법이 간섭한다면 사람들은 평온하게 살기 힘들 것이라고 하였다.

④ 1문단에서 법은 다른 사람이 행동을 평가할 수 있고 그 변화도 확인

할 수 있도록 행동의 결과를 중시한다고 하였다.

02 세부 정보의 파악

③ ⊙'민법'에는 다른 사람에게 끼친 손해는 그 행위가 위법이고 동시에 고의나 과실에 의한 경우에만 책임을 진다는 원칙이 있다고 하였다. 따라서 ⊙에서는 위법한 행위가 발생했을 때 의도적으로 잘못을 한 경우뿐 아니라 과실에 의해 손해를 끼친 경우에도 책임을 묻는다는 것을 알 수 있다.

① ⊙'민법'의 원칙들은 경제적 강자가 경제적 약자를 지배하는 수단으로 악용되기도 하여 20세기에 들어 제한이 생겼다고 하였다. 즉 경제적 강자로부터 경제적 약자를 보호하기 위해 원칙이 수정되었음을 알 수 있다.

② ⊙'민법'은 국가 기관이 아닌 사람들 간의 권리관계를 다루는 법률이라고 하였다.

④ 20세기에 들어 개인의 사유 재산에 대한 지배는 공공복리에 적합하도록 행사해야 한다는 것과 같은 수정된 원칙들이 적용되고 있다고 하였다. 즉 ⊙'민법'의 원칙은 공공복리에 적합하지 않을 경우 개인의 재산권도 제한할 수 있게 수정된 것으로 볼 수 있다.

⑤ 근대 사회에서 형성된 ⊙'민법'의 원칙은 국가를 비롯한 단체나 개인은 다른 사람의 사유 재산 행사에 간섭하지 못한다는 것이었다고 하였다.

03 구체적 사례 찾기

④ ⓒ'죄형법정주의'는 범죄의 행위와 그 범죄에 대한 처벌을 미리 법률로 정해 두어야 한다는 뜻이다. 또한 법률이 없다면 발생한 범죄를 처벌할 수 없다는 의미도 포함되어 있다. 그러므로 '법률이 없으면 범죄도 없고 형벌도 없다.'라는 말이 '죄형법정주의'와 가장 관련 있는 말로 적절하다.

① 착한 사람은 법이 없어도 법을 어기지 않고 살아가고, 나쁜 사람은 법이 있어도 법을 어기면서 처벌을 피해 간다는 뜻이다.

② 법이란 이론(= 논리)에 핵심이 있는 것이 아니므로 실제 현실에 걸맞게 적용되어야 한다는 뜻이다

③ 형법은 법을 적용받는 국민에게 이익보다는 해를 끼칠 위험을 안고 있다는 뜻이다.

⑤ 법에 인간 본연의 철학적 이론과 의미가 포함되어 있지 않다면 법학은 의미 있는 결론을 내기 어렵다는 의미이다. 따라서 법학을 연구하기 위해서는 철학적 탐구가 필요하다는 뜻이다.

04 시각 자료를 통한 내용 이해

② [A]에서 '일반적으로 범죄는 수사 기관이 인지하는 것만으로도 수사를 시작할 수 있다.'고 했으므로 명예훼손죄, 폭행죄는 고소가 없어도 수사 기관이 인지하는 것만으로도 수사를 진행할 수 있음을 알 수 있다.

① [A]의 '고소는 피해자가 하는 반면 고발은 제3자가 한다.'라는 부분에서 고소는 범죄의 피해자가 해야 한다는 것을 알 수 있다.

③ [A]의 '만약 범죄를 실행 중인 경우는 구속 영장 없이 체포 가능한데, 이 경우 48시간 이내에 구속 영장을 신청해야 하고, 법원은 신청서가 접수된 시간으로부터 48시간 이내에 구속 영장의 발부 여부를 결정해야 한다.'라는 부분에서, 48시간 이내에 구속 영장을 발부 받는 것이 아니라 신청해야 한다는 것을 알 수 있다.

④ [A]의 '수사 결과 범죄 혐의가 인정되면 검사는 재판을 청구하는데 이를 기소라고 한다. 이때 검사는 피의자의 나이, 환경, 동기 등을 참작하여 기소를 하지 않을 수 있다.'라는 부분에서 반드시 기소하지 않아도 됨을 알 수 있다.

⑤ [A]의 '이때 검사는 피의자의 나이, 환경, 동기 등을 참작하여 기소를 하지 않을 수 있다.'라는 부분을 통해 재판에서 검사가 기소의 여부를 결정한다는 것을 알 수 있다.

펌핑-UP

p. 136

지문이 읽히는 독해 코칭

1	문법적	**8**	존재
2	의사	**9**	유사성
3	의미	**10**	법관
4	탄력적	**11**	정당성
5	적용	**12**	법원리
6	않는	**13**	감정적
7	불합리	**14**	최소화

01 ③　　**02** ①　　**03** ④

01 구체적 사례 찾기

③ 1문단에 따르면, 법문에 사용되고 있는 문자 또는 법률 용어의 의미를 밝히는 것은 ⊙'문리적 해석 방법'에 해당한다. 이로 볼 때, 법률 용어로서의 '선의(善意)'와 '악의(惡意)'를 일반적으로 사용하는 의미와 다르게 해석하는 것은 ⊙의 예로 적절하다.

① 1문단에서 법문에 사용되고 있는 문자 또는 법률 용어의 의미는 일반적으로 사용되고 있는 의미와는 다른 경우가 많다고 하였고, 이와 같은 문자의 의미와 문장의 구조에 대한 해석을 ⊙'문리적 해석 방법'이라고 하였다. 따라서 일반적으로 사용되고 있는 의미와는 다르게 법률상 '사람'의 의미를 해석하는 것은 ⊙의 예로 적절하다.

② 2문단에서 입법 기초 자료를 가지고 입법 당시 입법자의 의사를 확인하고 탐구하여 해석하는 방법을 ⓒ'역사적 해석 방법'이라고 하였다. 따라서 입법 의사를 확인하기 위해 '국회 누리집'을 활용하여 입법 당시에 제출된 서류를 참고하는 것은 ⓒ의 예로 적절하다.

④ 3문단에서 입법의 목적, 입법을 통해서 추구하려는 이념과 가치 등을 고려하여 법규의 의미를 찾는 해석 방법을 ⓒ'목적론적 해석 방법'이라고 하였다. 의료인이 환자의 비밀을 누설하지 못하게 하는 규정은 환자의 개인 정보를 보호하는 데 그 목적이 있다. 따라서 그 입법의

목적과 입법을 통해 추구하려는 이념과 가치 등을 고려하여, 의료인의 비밀 누설 금지 의무 규정을 사망한 환자에게까지 적용하는 것은 ⓒ의 예로 적절하다.

⑤ 3문단에서 입법의 목적을 고려하여 법규의 의미를 찾는 해석 방법을 ⓒ'목적론적 해석 방법'이라고 하였다. 실험실 공장의 설치에 대한 규정은 개인의 창의적 노력을 지원하기 위한 데 그 목적이 있다. 따라서 이 규정의 목적을 고려하여 자연인이 아닌 법인은 실험실 공장을 설치할 수 있는 자에 해당하지 않는다고 해석하는 것은 ⓒ의 예로 적절하다.

02 어휘의 문맥적 의미 파악

정답 코칭

① ⓐ'가지다'는 '생각, 태도, 사상 따위를 마음에 품다.'의 의미로 사용되었고, ⓑ'가지다'는 '앞에 오는 말이 수단이나 방법이 됨을 강조하여 나타낸 말'로 사용되었다. ①의 ⓐ와 ⓑ도 이와 같은 의미로 볼 수 있다.

오답 코칭

② ②의 ⓐ'가지다'는 '거느리거나 모시거나 두다.'라는 의미로, ②의 ⓑ'가지다'는 '관계를 맺다.'라는 의미로 사용되었다.

③ ③의 ⓐ'가지다'는 '생각, 태도, 사상 따위를 마음에 품다.'라는 의미로, ③의 ⓑ'가지다'는 '직업, 자격증 따위를 소유하다.'라는 의미로 사용되었다.

④ ④의 ⓐ'가지다'는 '손이나 몸 따위에 있게 하다.'라는 의미로, ④의 ⓑ'가지다'는 '모임을 치르다.'라는 의미로 쓰였다.

⑤ ⑤의 ⓐ'가지다'는 '자기 것으로 하다.'라는 의미로, ⑤의 ⓑ'가지다'는 '앞에 오는 말이 수단이나 방법이 됨을 강조하여 나타낸 말'로 쓰였다.

03 구체적 상황에 적용

정답 코칭

④ A국과 B국 두 나라의 형법에는 남의 재물을 훔치면 처벌하는 절도죄에 대한 규정이 있었다고 했지만, 전기를 재물로 볼 만한 법 규정은 명백히 존재하지 않았다고 하였다. 이로 볼 때, 타인의 전기를 무단으로 사용한 사건에 대해 A국과 마찬가지로 B국 역시 형법이 제정될 당시에 전기 절도 같은 행위를 예측하여 법으로 규정할 수 없었다고 할 수 있다.

오답 코칭

① 4문단에서 법의 적용 과정에서 해당 사안을 규율할 법 규정이 명백히 존재하지 않는 경우를 '명시적 흠결'이라고 하였다. A국의 법원이 타인의 전기를 무단으로 사용한 자에게 절도죄를 적용하지 못한 것은 전기를 재물로 볼 만한 법 규정이 없었기 때문이므로, 이는 명시적 흠결이 이유로 작용했다고 할 수 있다.

②. ③ 5문단에서 다른 개별적인 규칙을 문제가 되고 있는 사례에 적용하여 판단을 내리는 것을 '유추'라고 하였다. 또한 유추 적용한 법적 판단이 적법하게 이루어지고 그 타당성을 인정받기 위해서는 법적 판단이 요구되는 사안과 유사한 사안을 규율하는 법규가 존재해야만 한다고 하였다. B국의 법원은 타인의 재물을 훔치면 절도죄가 성립한다는 규칙을 타인의 전기를 무단으로 사용한 사건에 적용하여 절도죄로 판단한 것이므로, 이는 유추 적용한 법적 판단으로 볼 수 있다.

B국의 법원은 유추 적용한 법적 판단을 위해 유사한 사안을 규율하는 법의 존재 여부를 확인했을 것임을 추측해 볼 수 있다.

⑤ 6문단에서는 법의 흠결을 보충하는 것은 한계가 있을 수 있으므로 가능한 한, 입법 정책 차원에서 법의 흠결을 최소화하는 것이 중요하다고 하였다. 이로 볼 때 B국은 전기 절도죄를 처벌할 수 있는 특별법을 제정한 A국과 마찬가지로 법의 흠결을 최소화하는 입법 정책을 만들 필요가 있다.

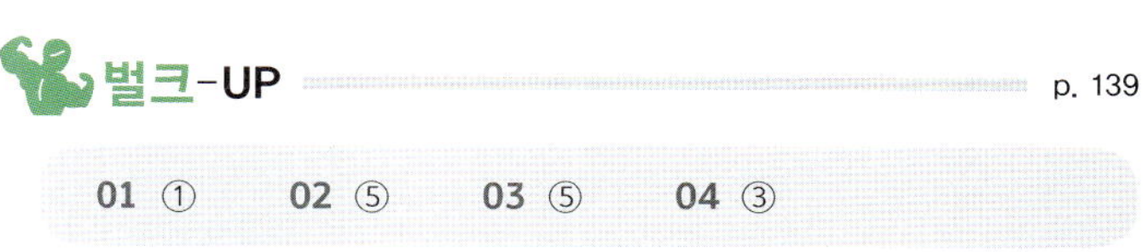

벌크-UP

p. 139

01 ① **02** ⑤ **03** ⑤ **04** ③

01 글의 전개 방식 파악

정답 코칭

① 이 글은 법률 행위의 해석이 법률 행위의 성립과 유효성 여부를 판단하는 데 중요한 역할을 함을 강조하면서 일정한 기준에 따른 각기 다른 세 가지 해석 방법을 제시하고 그 특징에 대해 설명하고 있다. 따라서 법률 행위의 해석의 필요성과 그 의의를 밝히고, 해석 기준과 해석 방법을 설명하고 있다는 진술은 적절하다.

오답 코칭

② 법률 행위의 해석 방법들을 제시하고 있기는 하지만, 각 방법의 장단점을 평가하는 것이 아니라 객관적인 입장에서 각 방법의 해석 기준과 특징을 서술하고 있다. 또한 종합적 결론을 도출하기보다는, 구체적인 사례를 들어 법률 행위의 해석 방법에 대한 설명을 보충하고 있다.

③ 6문단에서 보충적 해석에 대한 설명을 구체화하기 위하여 법률 행위와 관련된 특정한 사례를 소개하고 있기는 하지만, 그 사례에 적용된 해석 방법의 타당성을 검토하고 있다고 볼 수는 없다.

④ 법률 행위의 해석은 표의자와 표시자 간의 의견이 불일치하여 논란의 소지가 있는 경우에 필요하며, 이는 법률 행위의 성립과 유효성 여부를 판단하는 데 중요한 역할을 한다고 서술한 부분에서 법률 행위의 해석이 필요한 이유를 밝히고 있다고 볼 수 있다. 하지만 해석 방법이 사회에 미친 영향을 인과적으로 서술하고 있지는 않다.

⑤ 법률 행위를 해석하는 방법에는 자연적 해석, 규범적 해석, 보충적 해석이 있고, 각각의 방법에는 각기 다른 기준이 적용된다는 내용에서 법률 행위의 해석에 필요한 기준이 서술되고 있다. 하지만 시간의 흐름에 따른 변화 과정이 드러나고 있지는 않으므로, 해석 기준이 발전해 온 과정을 통시적으로 서술하고 있다는 설명은 적절하지 않다.

02 핵심 정보의 파악

⑤ 2문단에서는 법률 행위의 해석이 일정한 기준에 따라 합리적으로 이루어져야 함을 강조하면서, 법률 행위의 해석에 적용될 수 있는 기준들에 대해 나열하고 있다. '법률 행위의 내용은 대체로 그 분야의 관습을 토대로 이루어지는 것이 일반적이라는 점에서, 이를 해석의 기준으로 삼을 수 있다. 관습에 대한 당사자의 의사 표시가 없거나 명확하지 않은 경우에는 관습에 따르지만, 당사자의 의사와 상관없이 강제적으로 적용되는 규범인 강행 규정을 위반하는 관습은 효력이 인정되지 않는다.'라는 부분에서 법률 행위와 관련된 관습이 있을 때 당사자가 그 관습을 따르겠다는 의사 표시가 있어야 기준이 될 수 있는 것이 아니라, 당사자의 의사 표시가 없거나 명확하지 않은 경우에는 관습에 따른다는 것을 알 수 있다.

① '당사자의 의사와 상관없이 강제적으로 적용되는 규범인 강행 규정을 위반하는 관습은 효력이 인정되지 않는다.'라고 서술하고 있으므로 강행 규정에 어긋나는 관습은 법률 행위 해석의 기준이 될 수 없음을 알 수 있다.

② '당사자가 법률 행위로 달성하려고 하는 목적 및 법률 행위 당시의 제반 사정은 우선적으로 고려되는 기준이다.'라고 서술하고 있으므로 법률 행위를 통해 달성하려고 하는 당사자의 목적은 법률 행위 해석의 기준이 될 수 있음을 알 수 있다.

③ '권리의 행사와 의무의 이행은 신의를 좇아 성실히 하여야 한다는 신의 성실의 원칙도 법률 행위의 해석 기준이 될 수 있다.'라고 서술한 부분을 통해 신의 성실의 원칙이 법률 행위 해석의 일정한 기준에 해당함을 알 수 있다.

④ '법률 행위와 관련된 관습이 없고, 당사자가 임의 규정과 다른 의사를 표시하지 않은 경우에는 임의 규정을 법률 행위의 해석 기준으로 삼을 수 있다.'라고 서술한 부분에서 임의 규정이 법률 행위 해석의 기준이 될 수 있음이 드러나 있다.

03 구체적 상황에 적용

⑤ 어떤 계약에서 계약 체결 당시에는 미처 생각하지 못했던 상황이 계약 체결 이후 발생하여 문제가 되었을 때 계약 당시 미처 생각하지 못했던 상황이 법률 행위의 흠결이 된다. [A]에서 계약 당시 미처 생각하지 못했던 상황은 을이 종전의 병원으로 다시 돌아가겠다는 의사를 표시한 것인데, 갑과 을은 계약 당시 상대방이 곧 종전의 병원으로 돌아올 수도 있는 상황을 염두에 두지 않았으므로, 법원은 갑과 을의 계약을 흠결이 있는 법률 행위로 판단하고 보충적 해석을 토대로 판결을 내린 것이다. 따라서 이 상황에서 흠결이 있는 법률 행위에 해당하는 것은 계약 당시 상대방이 곧 종전의 병원으로 돌아올 수도 있는 상황을 염두에 두지 않은 계약을 의미한다고 보는 것이 가장 적절하다.

① 어떤 계약에서 계약 체결 당시에는 미처 생각하지 못했던 상황이 계약 체결 이후에 발생하여 문제가 되었을 때, 그 계약은 흠결이 있는 법률 행위에 해당한다. [A]에서 갑과 을의 계약에는 을이 종전의 병

원으로 다시 돌아가겠다는 의사 표시가 담기지 않았다. 따라서 '을이 종전의 병원으로 다시 돌아가겠다는 의사를 표시한 계약'은 애초에 없었으므로, 이를 흠결이 있는 법률 행위라고 볼 수도 없다.

② [A]에서 글의 내용상 갑과 을이 일정 기간 후에 서로 다시 종전의 병원으로 돌아가기로 합의하였다는 내용은 찾을 수 없다.

③ [A]에서는 을이 계약의 무효를 주장하며 종전의 병원으로 돌아가겠다는 의사를 표시하자, 갑이 교환 계약의 유효 확인을 청구하면서 을이 종전의 병원이나 그 부근에서 개원하는 것을 금지하는 내용을 청구했다고 하였다. 따라서 '갑이 종전의 병원이나 그 부근에서 개원하는 것을 금지하는 내용을 담은 을의 청구'라는 것은 [A]의 내용과 일치하지 않는다.

④ 어떤 계약에서 계약 체결 당시에는 미처 생각하지 못했던 상황이 계약 체결 이후에 발생하여 문제가 되었을 때, 그 계약은 흠결이 있는 법률 행위에 해당한다. 그런데 [A]에서 갑과 을은 계약 당시 상대방이 종전의 병원으로 돌아올 것을 예상하고 일정 기간 복귀하지 않기로 한 합의를 도출하지 않았다. 이러한 합의 자체가 계약에 담기지 않았으므로, 이를 흠결이 있는 법률 행위라고 보는 것은 적절하지 않다.

04 구체적 사례 찾기

③ ㉡'규범적 해석'은 표시 행위의 객관적 의미를 탐구하는 해석으로 제반 사정을 고려하여 적절한 주의를 기울인 합리적인 사람이라는 전제에서 표시 행위를 어떻게 이해할 것인지를 중시하여 법률 행위를 해석하는 방식이다. 규범적 해석의 결과로 도출된 법률 행위의 내용이 표의자의 진의와 다를 경우에는 표의자의 법익이 침해될 수 있으므로 표의자는 법률 행위의 중요한 의사 표시에 착오가 있었다는 것을 입증함으로써 해당 의사 표시를 취소할 수 있지만, 표의자의 중대한 과실로 인한 의사 표시는 취소할 수 없다. 따라서, 〈보기〉에서 표의자인 A와 C에게 중대한 과실이 있다면, 그들의 법익이 침해된 경우라도 의사 표시를 취소할 수 없다.

① ㉠'자연적 해석'에서는 계약의 경우 표의자의 진의와 다른 의사 표시가 있었다 하더라도 표의자와 표시 수령자 간에 의사의 합치가 있다고 한다면, 표시 행위 본래의 목적이 달성된 것으로 보고 표의자의 진의대로 법률 행위의 내용을 확정한다. 따라서 A의 과실로 계약서상에는 매매 대상을 앵두나무로 표기하였더라도 A가 매매 대상을 자두나무라고 주장하고 B 또한 이를 받아들여 표의자와 표시 수령자 간의 의사의 합치가 이루어진다면 A의 진의대로 법률 행위가 성립하여 자두나무를 매매하는 것으로 계약이 이행될 수 있다.

② ㉠'자연적 해석'의 방법으로 법률 행위를 해석할 때는 계약서의 문구가 표의자의 진의와 다르게 표기되었다면, 계약서상의 문구에 얽매이기보다는 제반 사항을 종합하여 표의자의 진의를 해석하려 한다. 따라서 (가)의 앵두나무라는 문구나 (나)의 100돈을 판매하겠다는 C의 말에 얽매이기보다는 종합적인 제반 사항을 통해 판매자, 즉 표의자의 진의를 밝혀야 한다고 볼 것이다.

④ ㉡'규범적 해석'의 결과로 도출된 법률 행위의 내용이 표의자의 진의와 다를 경우, 표의자의 중대한 과실이 존재한다면 이로 인한 의사 표시는 취소할 수 없다. 따라서 ㉡의 경우, (나)의 표의자인 C가 적정

한 값이 아닌 가격에 100돈의 금을 판매하기로 한 말에 중대한 과실이 있다면 해당 의사 표시를 취소할 수 없다고 보는 것이 타당하다.

⑤ ⓒ'규범적 해석'에서는 제반 사정을 고려하여 적절한 주의를 기울인 합리적인 사람이라면 표시 행위를 어떻게 이해했어야 하느냐를 중시하여 법률 행위를 해석한다. 이때, 표시 수령자의 과실로 표의자의 진의를 알지 못했을 경우에는 표의자의 의사를 인정하는 해석이 이루어질 수도 있다. 따라서 (나)의 표의자인 C가 계약 내용이 잘못되었다고 주장하고 표시 수령자인 D가 과실로 C의 진의를 알지 못했다면 C의 진의를 인정하는 해석이 이루어질 수도 있다고 보는 것은 타당하다.

호루라기 관장님의 🏐 어휘 트레이닝   p. 141

01	분쟁	01	분쟁
02	문언	02	합치
03	연혁	03	관습
04	사유	04	악용
05	인지	05	발휘
06	제반	06	모색
07	개시	07	규율
08	흠결	08	배제
09	발의	09	소급
10	발휘	10	제반
11	악용		
12	배제		
13	혐의		
14	선고		
15	소급		
16	합치		
17	공공복리		
18	탄력적		
19	규율		
20	모색		
21	관습		
22	유추		

10 저작권·소유권

🔊 지문이 읽히는 독해 코칭   p. 142

1	허락	7	무료
2	동일	8	자발적
3	장애	9	법적 책임
4	갈등	10	동기
5	시장	11	신설
6	조건		

구조 🏐 트레이닝 ZONE   p. 143

1	제한	7	활성화
2	장애	8	인터넷
3	신설	9	동기
4	이용 허락 조건	10	신설
5	저작권	11	저작물
6	양과 범위	12	이용자들

내용 🏐 트레이닝 ZONE   p. 143

01	O	08	O
02	X	09	O
03	X	10	O
04	O	11	X
05	X	12	O
06	X	13	O
07	X	14	X

🏃 워밍-UP   p. 144

01 ⑤	02 ④	03 ④

01 세부 정보의 파악

정답 코칭

⑤ 4문단에서 저작물의 공유 캠페인을 펼치는 사람들은 기본적으로 자신과 타인의 저작권을 존중한다고 하였다. 또한 이는 저작물을 모두가 공동으로 소유하자는 주장과는 다른 것이라고 하였다. 따라서 저작물이 모두의 소유라는 주장을 저작물의 공유 캠페인의 핵심으로 보는 것은 적절하지 않다.

오답 코칭

① 1문단에서 문화가 발전하려면 저작자의 권리 보호와 저작물의 공정 이용이 균형을 이루어야 한다고 했으므로, 저작자의 권리 보호는 문화 발전의 한 축을 이룬다고 볼 수 있다.

② 1문단에서 우리나라는 디지털 환경 이전에도 공정 이용으로 볼 수 있는 저작권 제한 규정이 있었다고 하였다.

③ 1문단에서 저작물의 공정 이용은 저작권자의 허락이 없어도 저작물을 자유롭게 이용하게 하는 것이라고 하였다.

④ 1문단에서 저작물의 공정 이용은 저작권자의 권리를 일부 제한하는 것이라고 하였다. 따라서 공정 이용의 대상이 되는 저작물도 이 규정에 의해 제한되지 않는 범위에서는 저작권이 인정되리라는 것을 짐작할 수 있다.

02 관점의 추론

④ 5문단에서 ㉠'다른 시각을 가진 사람들'은 저작물의 공유 캠페인이 확산되었을 때 저작물을 창조하려는 사람들의 동기가 크게 감소할 것을 우려한다고 하였다. 이러한 사람들의 견해는 저작물에 대한 대가에 비례하여 창작자의 창작 의욕이 커질 수 있다는 것을 전제한 것이다. 따라서 저작권자가 자신들의 노력에 상응하는 대가를 정당하게 받을수록 창작 의욕이 더 커진다는 진술은 ㉠'다른 시각을 가진 사람들'의 입장으로 볼 수 있다.

① 4문단에서 저작물의 공유 캠페인은 저작권자들이 자신의 저작물에 이용 허락 조건을 표시하는 방식으로 저작물의 이용을 허락하는 것이라고 하였다. 이에 대해 5문단에서 ㉠'다른 시각을 가진 사람들'은 저작물의 공유 캠페인이 창작자의 창작 동기를 크게 감소시킬 것이라고 우려한다고 하였다.

② ㉠'다른 시각을 가진 사람들'은 저작물의 공유 캠페인이 저작권자의 권리를 침해할 수 있다는 점을 문제로 보고 있다고 하였다.

③ 1문단에서 비영리적인 사적 복제를 허용하는 것은 저작물의 공정 이용을 허용하는 사례라고 하였다. 5문단에 따르면, ㉠'다른 시각을 가진 사람들'은 저작물의 공유 캠페인과 저작물의 공정 이용 규정에 대해 부정적인 입장이라 할 수 있다. 따라서 ㉠'다른 시각을 가진 사람들'은 비영리적인 경우라도 저작물의 공정 이용의 영역이 확대되는 것에 동의하지 않을 것이다.

⑤ 5문단에 따르면, ㉠'다른 시각을 가진 사람들'은 저작물을 자유롭게 이용하도록 양보하는 데 목적을 둔 저작물의 공유 캠페인이 저작자의 정당한 권리를 침해하는 것이므로 공익에 도움이 되지 않는다고 본다.

03 구체적 상황에 적용

④ 〈보기〉에서 A는 B의 저작물을 저작자의 동의 없이 사용하였으므로 A는 B의 저작권을 침해한 것으로 볼 수 있다. 이 사례에 따르면, B는 침해된 자신의 저작권을 근거로 A에게 저작권 사용료의 지급을 요구할 수 있다. 그런데 1문단에 따르면, 공정 이용 규정은 저작자의 저작권을 일부 제한하고, 이용자가 저작권자의 허락 없이도 저작물을 이용할 수 있는 규정이다. 따라서 이 규정이 없었다면 B는 아무런 제약 없이 A에게 저작권에 대한 사용료 지불을 요구할 수 있다.

① 4문단에 따르면, 저작물의 공유 캠페인은 저작권자가 자신의 저작물에 이용 허락 조건을 표시하고 이용자들에게 자유롭게 이용하도록 하는 것이다. 〈보기〉에서 A는 자신의 저작물에 '자유 이용 허락' 조건을 표시하고 이용자들이 사용하도록 허용했으므로, 저작물의 공유 캠페인에 참여하는 사람이라 할 수 있다.

② 〈보기〉에서 A는 자신의 미술 평론에 '자유 이용 허락' 조건을 표시하고 이용자가 이를 이용하도록 허용하였다. 따라서 이용자 B가 평소 A의 자료를 이용한 것에 대해 A는 B에게 사용료 지불을 요구할 수 없다.

③ 1문단에 따르면, 저작물의 공정 이용은 저작권자의 허락 없이도 저작물을 자유롭게 이용할 수 있는 것으로, 대표적인 예가 비영리적인 사적 복제의 허용이다. 〈보기〉에서 A의 행위는 비영리적인 사적 복제에 해당되므로, 이것이 공정 이용에 해당한다면 A는 B에게 사용료를 지불하지 않아도 된다.

⑤ 〈보기〉에서 A는 자신의 미술 평론에 '자유 이용 허락' 조건을 표시하고 이용자가 이를 이용하도록 허용하였다. B가 A의 미술 평론의 일부를 편집해 사용하더라도 이는 '자유 이용 허락' 조건을 어긴 것이 아니므로, 별도로 A의 동의를 받을 필요가 없다.

지문이 읽히는 독해 코칭

1	개인	8	결정권
2	기업	9	가치
3	쉬워짐	10	거래 비용
4	부	11	주체
5	주체	12	생성
6	이동권	13	독점화
7	무상		

01 ③　　02 ⑤　　03 ④　　04 ①

01 세부 정보의 파악

③ 3문단에서 우리나라는 데이터에 대해 소유권이 아닌 이동권을 법으로 명문화하고 있다고 하였다.

① 1문단에서 데이터는 물리적 형체가 없고, 복제와 재사용이 수월하다고 하였다.

② 1문단에서 교통 이용 내역과 같은 개인의 데이터가 대량으로 집적·처리되면 특정한 목적으로 활용될 수 있다는 점에서 산업 분야에서 경제적 가치를 지닌다고 하였다.

④ 2문단에서 데이터 소유권의 주체를 개인으로 보는 견해에서는 데이터의 생성 및 유통으로 인한 부가 빅 데이터 보유자인 기업에 집중되는 것은 부당하다고 본다고 하였다.

⑤ 3문단에서 데이터 이동권의 도입으로 정보 주체의 행동 양상과 관련된 부분까지 정보 주체가 자율적으로 통제·관리할 수 있는 범위가 확대되었다고 하였다

02 정보 간의 관계 파악

⑤ 3문단에 의하면, 데이터 이동권은 정보 주체가 본인의 데이터를 보유한 자에게 그 데이터를 본인 혹은 제3자에게 무상으로 전송하게 하는 권리이다. [A]의 입장에서 볼 때, ㉮'정보 주체가 지정하여 데이터

를 전송 받게 된 기업'은 ㉯'정보 주체의 데이터를 보유했던 기업'으로부터 데이터를 받게 되므로 생성 비용과 거래 비용을 줄일 수 있어 경제적 이득을 취할 수 있는 데 반해, ㉯는 ㉮에게 무상으로 데이터를 전송해야 하므로 ㉯가 경제적 이득을 취할 수 있다는 진술은 적절하지 않다.

① [A]에 의하면, ㉮'정보 주체가 지정하여 데이터를 전송받게 된 기업'은 스스로 데이터를 수집할 때보다 ㉯'정보 주체의 데이터를 보유했던 기업'으로부터 전송받은 데이터를 복제 및 재사용하게 되면 생성 비용을 절감할 수 있다.
② 3문단에서 데이터 이동권은 데이터를 본인 혹은 지정한 제3자에게 무상으로 전송하게 하는 권리라고 하였다. [A]에 의하면, 데이터를 전송받은 제3자인 ㉯'데이터 보유량이 적은 신규 기업'은 분쟁 없이 정보 주체의 데이터를 받게 되므로 계약 체결이나 분쟁 해결 등의 과정에서 생기는 거래 비용을 절감할 수 있다.
③ [B]에 의하면, ㉱'데이터가 집중된 기존 기업'이 집적·처리된 데이터를 공유하려 하지 않으면 ㉯'데이터 보유량이 적은 신규 기업'은 스스로 데이터를 수집·개발해야 하므로 생성 비용이 발생하게 된다. 이는 ㉯의 경제적 부담으로 작용하여 시장 진입을 어렵게 만들 수 있다.
④ [B]에 의하면, 정보 주체가 보안의 신뢰성이 높고 데이터 제공에 따른 혜택이 많은 기업으로 데이터를 이동하여 데이터가 ㉯'정보 주체의 데이터를 보유했던 기업'에서 ㉱'데이터가 집중된 기존 기업'으로 집중되면, 데이터의 공유나 유통이 위축될 수 있다.

03 구체적 상황에 적용

④ 3문단에서 빅 데이터 보유자가 수집하여 분석·가공하는 개발 과정을 거쳐 새로운 가치가 생성된 것은 데이터 이동권의 대상에 해당되지 않는다고 하였다. 〈보기〉에 의하면, A 은행은 고객들의 데이터를 수집하고 이를 분석·가공하여 연령별 고객 맞춤형 금융 상품 추천 서비스를 제공했다. 따라서 '연령별 맞춤형 금융 상품 추천 서비스 내역'을 데이터 이동권 행사의 대상이라고 보는 것은 적절하지 않다.

① 3문단에 의하면, 정보 주체는 본인의 데이터를 보유한 자에게 데이터의 이동을 요청할 수 있다. 따라서 갑이 본인의 데이터를 이동 요청하면 A 은행은 갑의 '체크 카드 사용 내역'을 B 은행으로 전송해야 한다. '체크 카드 사용 내역'은 A 은행이 분석·가공하는 개발 과정을 거친 것이 아니므로 데이터 이동권의 대상에 해당한다.
② 3문단에 의하면, 갑의 데이터 이동 요청은 정보 주체가 자신의 정보를 자율적으로 통제·관리할 수 있게 되어 정보 주체의 개인 정보 자기 결정권이 강화되었음을 보여 준다.
③ 2문단에 의하면, 데이터 소유권의 주체를 정보 주체로 보는 견해에서는 정보 생산 주체인 개인에게도 대가가 주어져야 한다고 본다. 이 견해에 따르면, 갑이 A 은행으로부터 받은 포인트는 데이터 제공에 대한 대가이다.
⑤ 3문단에 의하면, 데이터 이동권의 법제화 이전에도 은행 간에 계좌 자동 이체 항목을 이동할 수 있는 서비스는 있었다.

04 어휘의 문맥적 의미 파악

① '용이하다'는 '어렵지 아니하고 매우 쉽다.'라는 뜻이므로 ⓐ'쉽다'와 바꾸어 쓸 수 있다. 또한 '근거하다'는 '어떤 일이나 판단, 주장 따위가 어떤 현상이나 사실에 바탕을 두다.'라는 뜻이므로, '어떤 경우, 사실이나 기준 따위에 의거하다.'라는 의미로 쓰인 ⓑ'따르다'와 바꾸어 쓸 수 있다.

② '유력하다'는 '가능성이 많다.'라는 뜻이므로, ⓐ'쉽다'와 바꾸어 쓸 수 없다. 한편, 근거하다는 '어떤 일이나 판단, 주장 따위가 어떤 현상이나 사실에 바탕을 두다.'라는 뜻이므로, ⓑ'따르다'와 바꾸어 쓸 수 있다.
③ '용이하다'는 '어렵지 아니하고 매우 쉽다.'라는 뜻이므로 ⓐ'쉽다'와 바꾸어 쓸 수 있다. 한편, '의탁하다'는 '어떤 것에 몸이나 마음을 의지하여 맡기다.'라는 뜻이므로 ⓑ'따르다'와 바뀌어 쓸 수 없다.
④ '원활하다'는 '모난 데가 없고 원만하다.'라는 뜻이므로, ⓐ'쉽다'와 바꾸어 쓸 수 없다. 또한, '의탁하다'는 '어떤 것에 몸이나 마음을 의지하여 맡기다.'라는 뜻이므로 ⓑ'따르다'와 바꾸어 쓸 수 없다.
⑤ '유력하다'는 '가능성이 많다.'라는 뜻이므로, ⓐ'쉽다'와 바꾸어 쓸 수 없다. 한편, '기초하다'는 '근거를 두다.'라는 뜻으로 ⓑ'따르다'와 바뀌어 쓸 수 있다.

p. 148

1	개인	7	생성
2	빅데이터	8	감소
3	기업	9	촉진
4	대가	10	보안
5	활성화	11	위축
6	무상		

벌크-UP

p. 149

01 ⑤　　02 ⑤　　03 ③　　04 ⑤

01 세부 정보의 파악

⑤ (나)의 1문단에 따르면, 저작권은 저작물을 일정한 방식으로 이용함으로써 발생하는 재산적 이익을 보호하는 권리인 저작재산권을 포함하고 있다. (나)의 2문단에서 저작자는 자신의 저작물을 원저작물로 하는 2차적 저작물을 작성하여 이용할 권리인 2차적 저작물 작성권을 갖는다고 하였는데, 이는 저작재산권을 구성하는 권리 중 하나라고 하였다. 따라서 2차적 저작물 작성권은 2차적 저작물을 작성하여 이용함으로써 발생하는 재산적 이익을 보호하기 위한 권리라고 말할 수 있다.

① (나)의 1문단에서 저작인격권은 저작자가 자신의 저작물에 대하여 가지는 인격적 권리로, 저작자만이 가질 수 있으며 양도할 수 없고 저작자가 사망하면 소멸한다고 하였다.

② (나)의 3문단에서 2차적 저작물은 독자적인 저작물로서 보호를 받는다고 하였다. 따라서 2차적 저작물의 작성권은 원저작자에게 있지만, 2차적 저작물의 저작권은 2차적 저작물을 만든 사람에게 있다.

③ (가)의 2문단에서 근대 소설을 현대 표기법에 맞도록 수정한 것은 원저작물의 복제물에 가까운 것으로 2차적 저작물로 보기 어렵다고 하였다. 2차적 저작물로 간주되려면 원저작물과의 유사성과 새로운 창작성의 추가라는 요건이 갖추어져야 한다.

④ (가)의 1문단에서 우연히 기존의 저작물과 유사하더라도 베끼지 않고 독자적으로 창작한 것이라면 저작권 보호를 받을 수 있다고 하였다.

02 정보 간의 의미 파악

⑤ (나)의 4문단에서 2차적 저작물을 작성하여 이용하려는 사람은 원저작자의 허락을 받을 필요가 있다고 하였다. 또한 (나)의 5문단에서는 원저작물을 기초로 만들어진 2차적 저작물을 기반으로 하여 또 다른 2차적 저작물을 제작하는 경우라면, 원저작물의 2차적 저작물 작성권을 가진 사람의 허락까지 받을 필요가 있다고 하였다. 따라서 ⓒ과 ⓒ을 작성할 때는 모두 ⓘ의 2차적 저작물 작성권을 가진 사람의 허락을 받을 필요가 있다.

① (나)의 2문단에 따르면, ⓘ의 저작자는 ⓒ을 작성하여 이용할 권리인 2차적 저작물 작성권을 갖는다. (나)의 4문단에 따르면, 2차적 저작물 작성권은 다른 사람에게 양도할 수 있으므로 ⓘ의 저작자와 ⓒ을 작성하여 이용할 수 있는 권리를 가진 사람은 다를 수 있다.

② (가)의 2문단에서 2차적 저작물이 갖추어야 하는 요건이 제시되어 있는데, 2차적 저작물로 인정을 받기 위해서는 원저작물을 기반으로 하는 유사성이 있어야 하고, 원저작물에 새롭게 창작된 요소가 추가되어야 한다고 하였다. 이로 볼 때, ⓒ은 ⓘ을 기반으로 창작된 것이라 할 수 있다.

③ (가)의 3문단에 의하면, 시장적 경쟁 관계에 있다는 것은 어떤 저작물을 구매할 때 원저작물의 수요가 줄어드는 것이다. 이는 구매한 저작물이 원저작물을 대체할 수 있음을 뜻하는 것으로 일반적으로 2차적 저작물은 원저작물과 시장적 경쟁 관계에 있다고 본다. 또 다른 2차적 저작물 역시 2차적 저작물을 원저작물이라 보았을 때, 이와 같은 관계가 성립한다고 볼 수 있다.

④ (가)의 2문단에 따르면, 2차적 저작물은 원저작물과 실질적 유사성이 있어야 한다. (나)의 5문단에 따르면, ⓒ은 ⓘ을 기반으로 창작되었으며 ⓒ을 제작할 때는 ⓘ의 2차적 저작물 작성권을 가진 사람의 허락을 받을 필요가 있다. 이를 통해 ⓒ과 ⓘ의 관계는 원작물과 2차적 저작물의 관계와 유사함을 알 수 있으며 ⓒ은 ⓘ과 실질적 유사성이 있다고 볼 수 있다.

03 미루어 알기

③ (가)의 2문단에 의하면, 2차적 저작물로 인정받기 위해서는 원저작물에 없는 새로운 창작성이 부가되어야만 한다. 저작권법에서 2차적 저작물을 독자적인 저작물로서 보호를 받도록 한 것은 이러한 저작자의 창작을 위한 노력과 권리를 인정해 주기 위함임을 추론할 수 있다.

04 구체적 상황에 적용

⑤ (나)의 2문단에 따르면, 2차적 저작물의 작성권은 원칙적으로 원저작자에게 있는데, A는 원저작자인 B의 허락 없이 기존 가요를 편곡하고 개인 블로그에 게시하였으므로 이는 B의 2차적 저작물 작성권이 침해받은 경우라 볼 수 있다. C가 D의 한글 자막을 무단으로 웹사이트에 올린 행위는 원저작물에 대한 수정이나 가공이 없이 있는 그대로를 올린 것이므로, 이는 2차적 저작물의 작성 행위라 볼 수 없다.

② D는 영어 자막을 한글 자막으로 바꿈으로써 2차적 저작물을 작성한 것이라 볼 수 있다. (나)의 4문단에 따르면, 허락 없이 2차적 저작물을 작성하여 이용하는 것은 원저작자의 권리를 침해하는 것이므로, 원저작자는 자기 허락 없이 만들어진 2차적 저작물을 이용하지 못하도록 금지하거나 손해배상을 청구하는 등 권리를 침해한 사람에게 자신의 권리를 주장할 수 있다. 따라서 영어 자막의 저작자는 D에게 손해배상을 청구할 수 있다.

④ 2차적 저작물 작성권은 원저작자에게 있는데, A는 원저작물을 편곡하여 2차적 저작물을 작성하고 이용하였으므로 그 권리를 침해하였다. 반면에 C는 한글 자막을 있는 그대로 웹사이트에 올린 것이므로 2차적 저작물 작성권을 침해한 경우에 해당하지 않는다. 오히려 영어 자막을 허락 없이 한글 자막으로 번역한 D가 영어 자막의 원저작자의 2차적 저작물 작성권을 침해한 경우에 해당한다.

호루라기 관장님의 어휘 트레이닝　　　　p. 151

01 절감	01 수월
02 집적	02 포괄
03 부가	03 수요
04 확산	04 각색
05 법제화	05 위축
06 신설	06 가늠
07 용이하다	07 확산
08 비영리	08 용이
09 의거	09 의거
10 확장	10 가공
11 수월하다	
12 개작	
13 가늠	
14 위축	
15 수요	
16 저작자	
17 양도	
18 귀속	
19 사상	
20 각색	
21 가공	
22 포괄적	

11 가격과 전략

사회

지문이 읽히는 독해 코칭 p. 152

1	민감	**7**	탄력
2	수요량	**8**	비탄력
3	탄력	**9**	단위탄력
4	비탄력	**10**	증가
5	탄력	**11**	감소
6	탄력	**12**	소비자

구조 트레이닝 ZONE p. 153

1	탄력적	**7**	수요량
2	비탄력적	**8**	가격
3	탄력적	**9**	탄력적
4	비탄력적	**10**	감소
5	탄력적	**11**	비탄력적
6	비탄력적	**12**	증가

내용 트레이닝 ZONE p. 153

01	X	**07**	○
02	○	**08**	X
03	X	**09**	X
04	X	**10**	○
05	X	**11**	X
06	○	**12**	○

워밍-UP p. 154

01 ⑤　　**02** ②　　**03** ④　　**04** ⑤

01 개괄적 정보의 확인

정답 코칭

⑤ 2문단에 따르면 수요의 가격탄력성에 영향을 주는 요인들에는 대체재의 존재 여부, 필요성의 정도, 소득에서 지출이 차지하는 비중 등이 있다. 수요의 가격탄력성에 영향을 주는 요인들은 알 수 있으나, 그 요인들 간의 관계는 이 글에서 찾을 수 없다.

오답 코칭

① 1문단에서 수요의 가격탄력성은 가격이 변할 때 수요량이 변하는 정도를 나타내는 지표라고 하였다.

② 3문단에서 수요의 가격탄력성은 수요량의 변화율을 가격의 변화율로 나눈 값이라고 하였다.

③ 4문단에서 총수입은 상품 판매자의 판매 수입이라고 하였고, 총수입은 상품의 가격에 거래량을 곱한 수치로 산출할 수 있다고 하였다.

④ 2문단에서 대체재가 있으면 수요의 가격탄력성은 탄력적이고, 대체재가 없으면 수요의 가격탄력성은 비탄력적이라고 하였다.

02 구체적 상황에 적용

정답 코칭

② 2문단에서 필수재 수요의 가격탄력성은 대체로 비탄력적인 반면에, 사치재 수요의 가격탄력성은 대체로 탄력적이라고 하였다. 쌀을 주식으로 하는 갑국의 입장에서 쌀은 필수재이다. 그러므로 갑국의 쌀 수요의 가격탄력성은 밀을 주식으로 하는 나라에 비해 '비탄력적'이다. 자동차보다 저렴한 오토바이가 주요 이동 수단인 을국의 입장에서 자동차는 '사치재'이다. 그러므로 을국의 자동차 수요의 가격탄력성은 자동차가 주요 이동 수단인 나라에 비해 '탄력적'이다.

03 미루어 알기

정답 코칭

④ 4문단에서 수요의 가격탄력성은 총수입에 큰 영향을 미친다고 하였다. 일반적으로 수요의 가격탄력성이 비탄력적인 경우 가격이 상승하면 총수입도 증가하지만, 수요의 가격탄력성이 탄력적인 경우 가격이 상승하면 총수입은 감소한다. 그러므로 판매자 입장에서 수요의 가격탄력성을 파악해야 총수입을 예측할 수 있어서 수요의 가격탄력성을 파악하는 것은 판매자에게 매우 중요하다.

04 자료 해석의 적절성 평가

정답 코칭

⑤ [A]에 따르면 수요의 가격탄력성이 비탄력적인지 탄력적인지 알기 위해서는 수요량의 변화율(수요량 변화분/기존 수요량)을 가격의 변화율(가격 변화분/기존 가격)로 나눈 값을 구해야 한다. 김밥 수요의 가격탄력성의 경우 수요량의 변화율인 1/5(20개/100개)을 가격의 변화율인 1/4(500원/2,000원)로 나누면 4/5가 된다. 4/5는 1보다 작으므로 김밥 수요의 가격탄력성은 비탄력적이다. 영화 관람권 수요의 가격탄력성의 경우 수요량의 변화율인 2/5(1,000장/2,500장)를 가격의 변화율인 1/5(2,000원/10,000원)로 나누면 2가 된다. 2는 1보다 크므로 영화 관람권 수요의 가격탄력성은 탄력적이다.

오답 코칭

① 김밥은 가격의 변화율이 1/4이고 수요량의 변화율이 1/5이다. 따라서 가격의 변화율이 수요량의 변화율보다 크다.

② 영화 관람권은 가격의 변화율이 1/5이고 수요량의 변화율이 2/5이다. 따라서 가격의 변화율이 수요량의 변화율보다 작다.

③ 김밥 수요의 가격탄력성은 4/5로 1보다 작지만, 영화 관람권 수요의 가격탄력성은 2이므로 1보다 크다.

④ 가격의 변화율에 대한 수요량의 변화율은 수요의 가격탄력성을 말한다. 김밥 수요의 가격탄력성은 4/5이고 영화 관람권 수요의 가격탄력성은 2이므로 김밥과 영화 관람권은 가격의 변화율에 대한 수요량의 변화율이 다르다.

펌핑-UP

지문이 읽히는 독해 코칭

1	가격	7	높은
2	지배력	8	낮은
3	분리	9	낮은
4	재판매	10	높은
5	선호도	11	증대
6	극대화	12	증가

01 ⑤　　**02** ③　　**03** ①　　**04** ⑤

01 개괄적 정보의 확인

정답 코칭

⑤ 4문단에서 수요의 가격탄력성에 대한 개념을 간략하게 언급하고 있을 뿐, 상품 특성에 따른 수요의 가격탄력성 차이에 대해서는 설명하지 않았다.

오답 코칭

① 1문단에서 시장에서 독점적 지위를 가지고 있는 판매자가 동일한 상품에 대해 소비자에 따라 다른 가격을 책정하여 판매하는 것을 '가격 차별'이라고 설명하였다.

② 2문단에서 가격 차별은 '1급 가격 차별', '2급 가격 차별', '3급 가격 차별'로 나눌 수 있다고 하였다.

③ 1문단에서 가격 차별은 판매자가 시장 지배력을 가지고 있어야 하고, 시장이 분리 가능해야 하며, 시장 간에 상품의 재판매가 불가능해야 한다고 그 성립 조건에 대해 밝히고 있다.

④ 5문단에서 독점 시장에서는 자원 배분의 효율성이 감소하는 문제점이 발생한다고 하였다.

02 구체적 상황에 적용

정답 코칭

③ 4문단에서는 청소년이나 노인 그룹에 일반인보다 할인된 가격을 적용하는 것은 3급 가격 차별이라고 설명하였다. 완전 가격 차별은 1급 가격 차별을 의미한다고 하였으므로, 〈보기〉에서 어른과 어린이의 기본 운임을 다르게 책정하는 것은 완전 가격 차별에 해당한다고 할 수 없다.

오답 코칭

① 〈보기〉는 어른과 어린이의 운임을 다르게 책정하고 있으므로 구매자의 특성에 따라 시장을 어른과 어린이로 분리하여 가격 차별을 하는 것으로 볼 수 있다.

② 가격 차별이 성립하기 위해서는 시장 간에 상품의 재판매가 불가능해야 한다고 하였다. 〈보기〉에서는 어른과 어린이의 기본 운임을 다르게 책정했음을 확인할 수 있는데, 이와 같은 가격 차별을 위해 어린이 승차권을 어른 승차권으로 되팔 수 없도록 할 것이다.

④ 〈보기〉와 같이 어른과 어린이의 기본 운임을 다르게 책정한 것은 3급 가격 차별에 해당한다. 3급 차별은 가격 변동에 따른 수요의 민감도를 나타내는 '수요의 가격탄력성'을 기준으로 나눈 그룹에 서로 다른 가격을 결정하는 것이라고 하였다. 이로 볼 때, 지하철 요금의 변동에 따라 어른 그룹과 어린이 그룹은 수요의 민감도가 다를 것임을 추측해 볼 수 있다.

⑤ 〈보기〉는 어른과 어린이의 기본 운임을 다르게 책정하여 가격 차별을 한 것이다. 가격 차별은 판매자가 시장 가격을 임의의 수준으로 결정할 수 있는 시장 지배력을 가지고 있어야 성립한다고 하였으므로, 지하철 운영자는 시장 지배력을 가지고 있기 때문에 운임을 임의의 수준으로 결정할 수 있음을 알 수 있다.

03 자료 해석의 적절성 평가

정답 코칭

① 〈보기〉처럼 판매자가 가격 차별을 하여 판매한다면 (1,000×1) + (940×5) + (800×10)에 해당하는 면적 만큼을 판매자의 총수입으로 볼 수 있다. 이는 가격을 단일하게 책정했을 때보다 판매자의 총수입이 증가한 것이다. 이로 볼 때, 가격을 다섯 구간으로 더 늘려서 결정한다면 판매자의 총수입은 감소하는 것이 아니라 증가한다는 것을 알 수 있다.

오답 코칭

②, ③ 〈보기〉에서 1개를 구매할 때에는 1,000원, 5개를 구매할 때에는 개당 940원, 10개를 구매할 때에는 개당 800원으로 상품의 수량을 구간 별로 나누어 서로 다른 가격을 제시하고 있음을 확인할 수 있다. 이것은 가격을 차별하여 많은 수량을 구입하는 고객에게 상품 가격을 낮추어 주는 것이라 할 수 있다.

④, ⑤ 〈보기〉처럼 판매자가 가격 차별을 하여 판매한다면 (1,000×1) + (940×5) + (800×10)에 해당하는 면적 만큼을 판매자의 총수입으로 볼 수 있다. 그런데 판매자가 상품 가격을 800원으로 단일하게 책정하면 800×16에 해당하는 면적만이 판매자의 총수입이 되므로 가격 차별을 하여 판매하는 경우보다 면적이 줄어든다.

04 미루어 알기

정답 코칭

⑤ 가격 차별 전략을 사용하지 않는 판매자라면 상품에 무작정 높은 가격을 매겨 놓겠지만, 가격 차별 전략을 활용하고자 하는 판매자는 높은 가격 때문에 상품을 소비하지 않던 소비자 집단에 낮은 가격을 책정하여 판매를 유도하려고 할 것이다. 이로 인해 자연스럽게 생산량을 늘리게 될 것이고, 이는 ㉠의 진술과 같이 생산량이 증대되어 자원 배분의 효율성이 증가하는 효과를 가져올 것이다.

구조 트레이닝 ZONE

p. 158

1	다른	7	총수입
2	지배력	8	선호도
3	분리	9	높은
4	재판매	10	낮은
5	높은	11	낮은
6	낮은	12	높은

01 ④	02 ③	03 ④	04 ⑤

01 글의 전개 방식 파악

정답 코칭

④ 1문단에서 합리적 선택을 하려면 순편익이 가장 큰 대안을 선택해야 함을, 2문단에서 한계편익과 한계비용이 일치할 때 순편익이 가장 커짐을 말하며 합리적인 선택을 하기 위한 방법을 제시하고 있다. 이를 바탕으로 3~4문단에서 기업이 상품을 얼마나 생산하면 이윤을 극대화할 수 있는지, 5~6문단에서 손실 발생과 관련하여 생산의 지속 여부에 관한 기업의 의사 결정에 대해 설명하고 있다.

02 세부 정보의 파악

정답 코칭

③ 5문단에서 한계비용은 총비용 중 가변비용의 영향만을 받는다고 하였다. 가변비용은 생산량에 따라 달라지는 비용으로 각종 재료비, 상품 생산을 늘리기 위해 추가로 고용되는 직원에게 지급되는 보수 등을 가리킨다. 임대료는 생산량에 따라 변하지 않고 일정한 크기를 유지하는 고정비용에 해당한다. 그러므로 임대료는 한계비용에 영향을 주지 않을 것이다.

오답 코칭

① 5문단에서 총비용은 고정비용과 가변비용으로 구분된다고 하였다. 그 이외의 요소는 제시되어 있지 않으므로 총비용에서 고정비용을 제외한 나머지는 모두 가변비용이라는 설명은 적절하다.

② 3문단에서 완전경쟁시장은 다수의 공급자와 수요자로 구성되어 있고 거래되는 상품의 질은 같으므로 개별 공급자나 수요자가 시장 가격에 영향을 미칠 수 없다고 하였다. 그러므로 완전경쟁시장의 개별 소비자는 시장에서 결정된 상품 가격을 주어진 것으로 받아들인다는 설명은 적절하다.

④ 5문단에서 평균비용은 어떤 양의 상품을 생산하는 데 투입된 총비용을 생산량으로 나눈 것이라고 하였다. 이에 따르면 상품 한 단위당 배분되는 비용은 똑같으므로 평균비용은 총비용이 생산된 상품에 똑같이 배분되었을 때 얼마인지를 나타내는 비용이라는 설명은 적절하다.

⑤ 1문단에서 합리적인 선택을 하려면 편익에서 비용을 뺀 순편익이 가장 큰 대안을 선택해야 한다고 하였다. 편익이 같다면 비용이 가장 적게 드는 대안이 순편익이 가장 크다.

03 미루어 알기

정답 코칭

④ 6문단에서 기업이 의도한 생산량에서의 평균비용이 시장 가격보다 낮아야 이윤이 남아서 생산을 계속할 수 있다고 하였다. 즉 상품 가격이 평균비용보다 높아야 이윤이 남아서 생산을 계속할 수 있다. 또한 4문단에서 기업은 한계비용과 한계수입이 일치하도록 생산량을 조절해 이윤을 극대화할 수 있고, 한계비용을 고려해 생산량을 조절하면 이윤을 늘릴 수 있다고 하였다.

① 5문단에서 총비용이 고정비용과 가변비용으로 이루어진다는 것은 알 수 있지만, 평균비용을 통해 고정비용이 얼마인지, 한계비용을 통해 가변비용이 얼마인지는 알 수 없다. 한계비용은 가변비용에만 영향을 받고, 평균비용은 고정비용과 가변비용 모두에 영향을 받는다고 서술했을 뿐이다.

② 4문단에서 기업은 한계비용과 한계수입(= 완전경쟁시장에서의 상품의 시장 가격)의 관계를 살펴보아 생산량을 조절한다고 하였고, 6문단에서 평균비용이 시장 가격보다 낮아야 생산이 계속된다고 했으나, 평균비용과 시장 가격의 상승 간의 관계, 한계비용과 시장 가격의 하락 간의 관계는 알 수가 없다.

③ 6문단에서 상품의 시장 가격이 평균비용보다 낮아지면 손실을 피할 수 없으므로 기업은 생산을 계속할 것인지 고민하게 됨을 알 수 있다. 그러므로 평균비용은 생산을 멈추어야 하는 시기가 언제인지 알아볼 때 유용하게 활용할 수 있다. 한편 1문단에서 암묵적 비용은 어떤 선택으로 인해 포기한 다른 대안의 가치를 말함을 알 수 있고, 2문단에서 한계비용은 어떤 선택에 의해 추가로 발생하는 비용임을 알 수 있다. 그러므로 한계비용을 통해 생산에 드는 암묵적 비용이 얼마인지는 알 수 없다.

⑤ 5문단에서 평균비용은 어떤 양의 상품을 생산하는 데 투입된 총비용을 생산량으로 나눈 것으로, 상품을 한 단위 생산하는 데 드는 평균적인 비용이라고 하였다. 그래서 증가된 생산량과 평균비용을 곱하면 총비용이 얼마나 늘어나는지 알 수는 있지만 이 글을 참고해 추론한 ㉠의 의미와는 상관이 없다. 또한 4문단에 따르면 한계비용과 한계수입(= 완전경쟁시장에서의 상품의 시장 가격)의 비교를 통해 생산량을 조절해 이윤을 극대화할 수 있지만, 한계비용으로 상품 가격 하락으로 인한 판매 수입의 감소 정도를 알 수는 없다. 게다가 이는 이 글을 참고해 추론한 ㉠의 의미와도 상관이 없다.

04 구체적 상황에 적용

정답 코칭

⑤ 3문단에서 완전경쟁시장에서 상품의 시장 가격은 곧 한계수입이라고 하였다. 그러므로 시장 수요의 증가로 가격이 P_2로 오르면 한계수입도 그만큼 올라서 P_2가 된다. 그런데 현재 생산량은 Q_0이므로 〈보기〉의 한계비용곡선에서 한계비용은 P_0임을 알 수 있다. 이 상태에서 한계수입 P_2는 한계비용 P_0보다 높다. 한편, 4문단에서 한계비용과 한계수입을 일치하도록 생산량을 조절해 이윤을 극대화할 수 있다고 하였다. 또한 한계수입이 한계비용보다 큰 경우에는 생산량을 늘려서 이윤을 증가시킬 수 있다고 하였다. 그러므로 한계비용과 한계수입이 일치하는 생산량인 Q_2에 가깝게 생산량을 늘릴수록 이윤이 증가한다.

오답 코칭

① 생산량을 Q_0로 유지하면 한계비용과 한계수입이 일치하여 이윤이 극대화된다. 현재 상품의 시장 가격은 P_0이고 3문단에 따르면 완전경쟁시장에서 상품의 시장 가격은 한계수입이기 때문이다. 이때 평균비용곡선을 보면 평균비용이 한계수입보다 작다. 하지만 이는 이윤이 남아서 생산을 계속할 수 있다는 사실에 대한 근거일 뿐이다. 그러므로 생산량이 Q_0로 유지되는 상황에서 평균비용이 한계수입보다 작다는 사실은 이윤이 극대화된다는 사실과 관련이 없다.

② 생산량을 Q_2로 늘리면 4문단에 따라 한계비용이 한계수입보다 커져서 이윤이 줄어들기는 한다. 하지만 이윤이 남지 않는지 확인하려면 6문단에 따라 평균비용과 시장 가격(= 완전경쟁시장에서 한계수입) 간의 관계를 살펴보아야 한다. 그러므로 한계비용이 한계수입보다 커지므로 이윤이 남지 않는다는 설명은 적절하지 않다.

③ 가격이 P_0로 유지되면 한계비용과 한계수입이 일치하는 생산량 Q_0에서 이윤이 극대화된다. 그러므로 가격이 P_0로 유지된 상태에서 생산량을 Q_1으로 줄이면 이윤 역시 줄어든다.

④ 시장 수요의 감소로 가격이 P_1이 되면 시장 가격이 평균비용곡선의 최저점보다 낮아지게 된다. 6문단에서 시장 가격이 평균비용보다 높아야 이윤이 남는다는 것을 알 수 있다. 그러므로 시장 가격이 평균비용보다 낮은 경우 생산량이 얼마이든 생산을 계속하면 손실이 발생한다.

호루라기 관장님의 어휘 트레이닝   p. 161

01	선호도	01	보수
02	편익	02	책정
03	회수	03	회수
04	배분	04	손실
05	고용	05	차익
06	이윤	06	선호도
07	여부	07	독점
08	책정	08	지표
09	보수	09	명시
10	용의	10	극대화
11	극대화		
12	손실		
13	가계		
14	지표		
15	독점적		
16	대체제		
17	가변		
18	명시적		
19	암묵적		
20	요인		
21	차익		
22	차별		

12 국제 무역

지문이 읽히는 독해 코칭   p. 162

1	작은	5	부존량
2	자동차	6	집약적
3	신발	7	비교 우위
4	재화량	8	변화

구조 트레이닝 ZONE   p. 163

1	기회비용	6	무역
2	100	7	부존량
3	200	8	집약적
4	자동차	9	생산
5	신발	10	변함

내용 트레이닝 ZONE   p. 163

01	O	07	X
02	X	08	O
03	O	09	O
04	O	10	O
05	O	11	O
06	X	12	X

워밍-UP   p. 164

01 ①	02 ③	03 ②	04 ③

01 글의 전개 방식 파악

정답 코칭

① 4문단에서 각국의 비교 우위 산업이 존재하는 이유로 20세기 초의 경제학자 헥셔의 이론을 소개하고 있으나, 단계적인 순서에 따라 이론의 한계를 지적하고 있지는 않다. 헥셔는 국가 간 생산요소 부존량의 상대적 차이가 비교 우위를 낳는다고 보았는데 그의 이론을 사례를 들어 설명하고 있을 뿐이다.

오답 코칭

② 4문단에서 각국의 비교 우위 산업이 존재하는 이유를 20세기 초의 경제학자 헥셔의 견해를 통해 설명하고 있다.

③ 글에서 설명할 화제(무역을 통해 이익이 발생하는 이유, 무역에서 수출입 재화의 결정 방법)에 대해 1문단에서 질문의 형식으로 제시함으로써, 내용 전개에 대한 독자의 관심을 유도하고 있다.

④ 2문단에서 국제 무역의 발생 원인 및 무역으로 인한 이익에 대해 설명하기 위해 필요한 '비교 우위'와 '기회비용'이라는 핵심 개념을 설명하여 독자의 이해를 돕고 있다.

⑤ 1문단에서 A국과 B국에서 자동차와 신발을 생산하는 상황을 가상하여 예로 들고, 2, 3문단에서 이를 분석하면서 무역의 이익과 비교 우위 현상에 대해 설명하고 있다.

02 개괄적 정보의 확인

③ 4문단에서 '재화마다 각 생산요소들이 투입되는 비율이 다르기 마련'이라고 언급하면서 자동차·선박 등은 자본이 집약된 재화이고, 신발·의류 등은 노동이 집약된 재화라고 사례를 들고 있다. 하지만 재화 생산에 투입되는 각 생산요소의 투입 비율이 왜 다른지, 재화마다 재화 생산에 투입되는 각 생산요소의 비율은 어떻게 결정되는지에 대해서는 언급하고 있지 않다.

① 5문단의 '각국의 비교 우위 산업은 국가 간 생산요소 부존량의 상대적 차이가 변화함에 따라 바뀔 수도 있다.'에서 각국의 비교 우위 산업이 변할 수 있는 이유를 거론하고 있다.

② 2문단과 3문단을 보면 국가 간 비교 우위 산업의 차이에 의해서 무역의 이익이 발생할 수 있기 때문에 각국에서는 자발적으로 무역을 하게 된다. 이때 각국은 상대국에 비교 우위를 갖고 있는 재화의 생산에 주력하게 된다.

④ 2문단과 3문단을 보면 자동차 생산에 비교 우위를 갖고 있는 나라는 자동차를 특화해 수출하고 신발 생산에 비교 우위를 갖고 있는 나라는 신발을 특화해 상대국에 수출하면 양국 모두 이익을 얻을 수 있다. 따라서 자발적인 무역이 발생할 경우, 각국의 비교 우위 산업의 재화가 수출품이 되고, 상대적으로 기회비용이 큰 재화는 수입품이 된다.

⑤ 4문단을 보면 헥셔의 견해를 통해 국가 간 생산요소 부존량의 상대적 차이가 비교 우위를 낳는다고 설명하고 있다. 이에 따르면 각국은 타국에 비해 상대적으로 풍부한 생산요소를 집약적으로 사용하는 재화의 생산에 비교 우위를 가진다. 따라서 자국의 비교 우위 산업을 특화해 무역을 함으로써 이익을 얻을 수 있다. 그러므로 국가 간 생산요소 부존량의 상대적 차이는 무역 이익 창출을 위한 국가 간의 자발적인 무역으로 연결된다.

03 미루어 알기

② 2문단에서 ㉠ 앞에 제시된, A국이 자동차 생산에 있어 비교 우위를 갖고 있다는 설명을 바탕으로 적용해 보면 된다. A국이 자동차 생산에 있어 비교 우위를 갖고 있는 것은 A국의 자동차 생산의 기회비용이 B국의 자동차 생산의 기회비용보다 더 작기 때문이다. 이를 B국의 신발 생산에 적용하면, B국이 신발 생산에 있어 비교 우위를 갖기 위해서는 B국의 신발 생산의 기회비용이 A국의 신발 생산의 기회비용보다 작아야 한다. A국의 신발 1켤레 생산의 기회비용은 자동차 1/100(= 10/1,000)대로 0.01이지만, B국의 신발 1켤레 생산의 기회비용은 자동차 1/200(= 3/600)대로 0.005에 해당한다. 이와 같이 B국의 신발 생산의 기회비용이 A국의 신발 생산의 기회비용보다 작으므로 B국은 신발 생산에 있어 비교 우위를 갖는다.

04 구체적 상황에 적용

③ 먼저 연도별 갑국과 을국의 선박 1척 생산의 기회비용을 산출해 보면 1970년에는 선박 생산에 있어 을국이 비교 우위를 갖는다. 갑국의 선박 1척 생산의 기회비용은 가발 12.5(= 50/4)개로 을국의 선박 1척 생산의 기회비용인 가발 5(= 100/20)개보다 크기 때문이다. 2017년에는 선박 생산에 있어 갑국이 비교 우위를 갖는다. 갑국의 선박 1척 생산의 기회비용은 가발 약 3.33(= 100/30)개로 을국의 선박 1척 생산의 기회비용인 가발 6(= 150/25)개보다 작기 때문이다. 선박에 대한 기회비용의 반대값이 가발에 대한 기회비용이므로 1970년에는 가발 생산에 있어 갑국이 비교 우위를 갖고, 2017년에는 을국이 비교 우위를 갖는다. 이를 고려할 때 2017년, 선박 생산의 기회비용은 갑국이 가발 약 3.33(= 100/30)개이고 을국의 선박 1척 생산의 기회비용은 가발 6(= 150/25)개로 을국이 갑국에 비해 크지만 2배 이상은 아니고 2배 이하이다.

① 1970년 갑국이 선박 2척을 더 생산하기 위해 가발 생산을 25개 줄여야 하는지를 판단하기 위해서는 각 재화 생산량의 조합을 나타내는 생산 가능 곡선을 고려해야 한다. 생산 가능 곡선은 한 경제의 이용 가능한 생산요소들을 가장 효율적으로 투입하여 생산할 수 있는 각 재화 생산량의 조합을 나타낸 선이기 때문이다. 갑국이 선박 생산을 늘리기 위해서는 가발 생산을 줄일 수밖에 없는데, 이때 줄어드는 양이 선박 생산의 기회비용이다. 1970년 갑국의 선박 1척 생산의 기회비용은 가발 12.5(= 50/4)개이므로 갑국이 선박 2척을 더 생산하기 위해서는 가발 생산을 25개(선박 1척당 생산의 기회비용 12.5개 × 선박 2척) 줄일 수밖에 없다.

② 1970년 갑국이 을국에 비해 자본보다는 노동이 상대적으로 풍부했는지를 살피기 위해서는 비교 우위를 고려하면 된다. 1970년에 갑국은 을국에 비해 가발 생산에 비교 우위를 지니고 있는데, 가발은 노동 집약재 산업이므로 갑국은 을국에 비해 노동이 상대적으로 풍부했을 것이다.

④ 연도별 갑국과 을국의 선박 1척 생산의 기회비용을 산출해 보면 2017년에는 선박 생산에 있어 갑국이 비교 우위를 갖는다. 갑국의 선박 1척 생산의 기회비용은 가발 약 3.33(= 100/30)개로 을국의 선박 1척 생산의 기회비용 가발 6(= 150/25)개보다 작기 때문이다. 선박에 대한 기회비용의 반대값이 가발에 대한 기회비용이므로 2017년에는 을국이 가발의 생산에 대해 갑국보다 비교 우위를 갖는다. 이때 가발은 노동 집약적 재화이므로 을국이 갑국에 비해 상대적으로 노동의 부존 비율이 클 것이다.

⑤ 국가별로 비교 우위를 지닌 제품을 특화해 수출하면 무역을 하지 않을 때에 비해 양국 모두 이익을 얻을 수 있다. 무역을 통해 양국은 무역 이전에는 생산 혹은 소비할 수 없었던 재화량의 조합을 생산 혹은 소비하는 것과 같은 효과를 갖게 된다. 2017년, 갑국의 선박 1척 생산의 기회비용은 가발 약 3.33개이고, 을국의 선박 1척 생산의 기회비용은 가발 6개이므로 갑국의 선박 1개와 을국의 가발 4개를 교환하면 양쪽 모두 이익이 발생한다. 즉 갑국이 무역을 하게 되면 무역 전 선박 1척을 생산하는 기회비용인 가발 약 3.33개보다 더 많은 가발 4개를 소비할 수 있으므로 무역 이전보다 소비할 수 있는 재화량의 조합은 늘어나게 된다.

지문이 읽히는 독해 코칭

1	감소	9	증가
2	증가	10	감소
3	증가	11	증가
4	감소	12	증가
5	감소	13	감소
6	증가	14	감소
7	증가	15	감소
8	감소		

01 ⑤   02 ②   03 ⑤

01 글의 전개 방식 파악

정답 코칭

⑤ 이 글은 관세를 부과했을 때 국내 경기 및 국제 교역에 미치는 영향에 대해, 시장에서의 수요와 공급의 원리를 적용해 설명하고 있다. 또 이해를 돕기 위해 관세를 부과하기 전과 후에 나타나는 영향을 K국의 밀가루 수입 사례를 들어 설명하고 있다.

오답 코칭

① 이 글에서는 관세 정책에 대해 상반된 두 입장을 제시하고 있지 않을 뿐더러 입장을 절충하는 내용도 제시되어 있지 않다.

② 이 글은 관세가 국내 경기에 미치는 영향을 설명하고 있을 뿐, 어떤 문제 상황이나 그에 대한 해결책을 구체화하고 있지 않다.

③ 관세 문제에 대한 이해를 돕기 위해 시장에서의 수요와 공급 원리에 대한 이론을 제시하고 있으나 그 한계를 제시하고 있지는 않다. 또 그 한계를 단계적인 순서에 따라 설명하고 있지도 않다.

④ 관세 정책에 대한 학설이 나타난 배경이나 그 학문적 성과에 대해 분석하는 내용은 제시되어 있지 않다.

02 미루어 알기

정답 코칭

② 4문단에서 제시된 관세와 사회적 잉여의 관계에 대한 서술을 통해 ㉠의 이유를 추론할 수 있다. 4문단의 마지막 문장인 '증가한 생산자 잉여가 감소한 소비자 잉여보다 작기 때문에(증가한 생산자 잉여<감소한 소비자 잉여) 소비자 잉여와 생산자 잉여의 총합인 사회적 잉여는 ~ 관세를 부과하기 전에 비해 작아지게 된다.'를 통해, 관세가 사회적 잉여를 감소시키는 것은 소비자 잉여 감소분이 생산자 잉여 증가분보다 크기 때문이라는 것을 알 수 있다.

오답 코칭

① 4문단에서 제시되었듯이 소비자 잉여 감소분이 생산자 잉여 증가분보다 크기 때문이다.

③ 4문단에 제시된 내용은 관세가 부과되면 부과된 관세만큼 국내 판매 가격이 올라가므로 국산 제품의 공급량이 늘어 관세를 부과하기 전보다 생산자 잉여가 증가하게 되는 반면에 재화의 가격이 올라가므로 소비자의 수요량은 줄어들어서 소비자 잉여는 감소하게 된다는 것이다. 하지만 증가한 생산자 잉여가 감소한 소비자 잉여보다 작기 때문

에 소비자 잉여와 생산자 잉여의 총합인 사회적 잉여는 관세를 부과하기 전보다 작아지게 된다. 따라서 관세로 인한 소비자 잉여 감소분이 생산자 잉여 증가분보다 크기 때문에 사회적 잉여가 감소하게 된다. 소비자 잉여 증가분이 생산자 잉여 증가분보다 크다는 것과는 관련이 없다.

④ 4문단에 관세를 부과하게 되면 생산자 잉여는 증가하고 소비자 잉여는 감소하는데, 생산자 잉여와 소비자 잉여의 총합인 사회적 잉여는 관세 부과 전에 비해서 작아진다고 제시되어 있다. 따라서 관세가 사회적 잉여를 감소시키는 것은 소비자 잉여 감소분이 생산자 잉여 증가분보다 크기 때문이다.

⑤ 4문단에 제시된 내용을 볼 때 관세를 부과할 경우, 재화의 국내 판매 가격은 올라가게 되므로 국산 생산자는 관세 부과 전보다 오른 가격에 재화를 판매할 수 있다. 이 때문에 관세를 부과하기 전보다 생산자 잉여가 증가하게 된다. 따라서 생산자 잉여 감소분과는 관련이 없다. 반대로 소비자 입장에서는 가격이 올라가면 그만큼 수요량이 줄어들게 되므로 소비자 잉여는 감소하게 된다. 따라서 소비자 잉여 증가분과도 관련이 없다.

03 구체적 상황에 적용

정답 코칭

⑤ 3문단에 제시된 '국내 수요량에서 국내 공급량을 뺀 나머지 부분만큼 밀가루를 수입하게 된다.'라는 내용을 통해 볼 때, 수입량은 국내 수요량에서 국내 공급량을 뺀 수량임을 알 수 있다. 이를 〈보기〉의 그래프에 적용해 보면 관세를 부과하기 전에 수입되는 바나나의 수량은 P국의 국내 수요량인 250톤에서 P국의 국내 공급량인 50톤을 뺀 200톤이 된다. 또한 관세를 부과한 후 수입되는 바나나의 수량은 P국의 국내 수요량 200톤에서 P국의 국내 공급량 100톤을 뺀 100톤이 된다. 따라서 관세를 부과한 결과 수입되는 바나나의 수량은 이전의 200톤에서 100톤으로 100톤이 줄어들게 된다.

오답 코칭

① 1문단에 제시된 균형 가격에 대한 설명을 보면 균형 가격은 수요 곡선과 공급 곡선이 만나는 지점에서 형성된다. 이를 그래프에 적용하면 균형 가격이 형성되는 지점은 수요량과 공급량이 모두 150톤일 때이고, 바나나를 수입하기 전 P국의 바나나 국내 균형 가격은 톤당 1,000만 원이다.

② 3문단에 제시된 국내 수요량에서 국내 공급량을 뺀 나머지 부분만큼 밀가루를 수입하게 된다는 내용을 통해 볼 때, 관세를 부과하기 전의 수입량은 국내 수요량에서 국내 공급량을 뺀 수치이므로 관세를 부과하기 이전 수입되는 바나나의 수량은 P국 수요량 250톤에서 P국의 국내 공급량 50톤을 뺀 200톤이 된다.

③ 관세를 부과하기 전 P국의 바나나 국내 가격은 톤당 500만 원이고, 관세를 부과한 후 P국의 바나나 국내 가격은 톤당 700만 원이다. 관세를 부과하면 관세만큼 가격이 오르게 되므로 P국에서 부과한 관세는 톤당 200만 원임을 알 수 있다.

④ 〈보기〉의 그래프를 확인하면 관세를 부과하기 전 P국의 국내 생산자의 바나나 공급량은 50톤이고 관세를 부과한 후 P국의 국내 생산자의 바나나 공급량은 100톤이다. 따라서 관세를 부과한 결과 P국 생산자는 바나나의 공급량을 50톤에서 100톤으로 늘렸다.

구조 트레이닝 ZONE

p. 168

1	판매	8	증가
2	지불	9	생산자
3	사회적 잉여	10	소비자
4	증가	11	증가
5	감소	12	생산자
6	감소	13	소비자
7	증가	14	감소

벌크-UP

p. 169

01 ③   02 ⑤   03 ②

01 세부 정보의 파악

정답 코칭

③ 2문단에서 상대적 생산비 우위를 차지하려면 노동 소요량을 줄이거나 값싼 노동력으로 임금을 줄여야 한다고 하였다. 두 요소 중 어느 하나만 줄여도 상대적 생산비 우위를 차지할 수 있으므로, 임금을 줄이는 동시에 노동 소요량을 줄여야만 상대적 생산비 우위를 차지할 수 있다는 진술은 적절하지 않다.

오답 코칭

① 2문단에서 생산비는 어떤 제품 1단위 생산에 필요한 노동 시간과 시간당 임금을 곱한 값이라고 하였다. 이로 볼 때 임금이 일정할 때 노동 시간을 줄이면 생산비는 낮아진다.

② 6문단에서 임금이 변해도 한 국가 내에서 가용 가능한 노동량이 바로 변하지는 않는다고 하였다. 이는 노동의 상대적 공급 곡선(RS)이 수직 형태를 띠는 이유이기도 하다고 했다.

④ 5문단에서는 상대국보다 임금이 낮은 국가도 그 나라에서 생산 가능한 제품의 상대적 생산성 우위가 상대적 임금보다 낮다면 상대국에서 해당 제품을 수입하는 것이 이득이 된다고 하였다.

⑤ 3문단에서는 상대국에 대한 자국의 상대적 생산성 우위가 자국의 상대적 임금보다 높은 제품에 생산비 우위를 갖게 된다고 하였다. 여기서 생산비 우위를 갖게 된다는 것은 생산비가 적게 들어 경쟁력을 갖는다는 것을 의미한다. 이로 볼 때, 한 국가의 상대적 임금이 특정 재화의 상대적 생산성 우위보다 낮으면 그 재화의 생산비가 상대국보다 낮다는 것을 알 수 있다.

02 구체적 상황에 적용

정답 코칭

⑤ 3문단에서는 자국의 상대적 생산성 우위가 상대적 임금보다 높은 제품에 생산비 우위를 갖게 된다고 하였다. 〈보기〉에서 X국의 Y국에 대한 상대적 임금은 2이고, Y국의 X국에 대한 상대적 임금은 0.5이다. 따라서 X국의 경우는 상대국에 대한 자국의 상대적 생산성 우위가 상대적 임금인 2보다 큰 과일은 수출하는 것이 유리할 것이다. Y국의 경우는 X국에 대한 자국의 상대적 생산성 우위가 상대적 임금인 0.5보다 큰 과일은 수출하고 0.5보다 작은 과일은 수입하는 것이 유리하다고 판단할 것이다.

오답 코칭

① X국 노동자의 시간당 임금은 2만 원이고, 사과 1kg을 생산하려면 4시간의 노동이 필요하다고 하였으므로, X국에서 사과 1kg을 생산하는 데 8만 원의 생산비가 든다. 한편 Y국 노동자의 시간당 임금은 1만 원이고, 바나나 1kg을 생산하려면 9시간의 노동이 필요하다고 하였으므로, Y국에서 바나나 1kg을 생산하는 데는 9만 원의 생산비가 든다.

② 바나나 생산에 있어서 X국의 Y국에 대한 상대적 생산성 우위는 1.5(9/6)이고, 이는 X국의 상대적 임금 2(2/1)보다 작으므로 바나나는 Y국에서 생산하는 것이 유리하다. 그런데 X국의 노동 시간이 4시간으로 줄어든다면 생산성 우위는 2.25(9/4)가 된다. 이 값이 상대적 임금인 2보다 높아지므로 바나나 생산에 있어서의 생산비 우위는 X국이 차지하게 된다.

③ Y국에서 사과 1kg을 생산하는 데 12시간의 노동 시간이 든다고 하였다. Y국에 대한 X국의 상대적 임금은 2이므로, Y국의 12시간 노동은 X국 입장에서는 6시간에 해당한다.

④ 사과의 생산에 있어서 X국이 Y국에 대해 갖는 상대적 생산성 우위는 3(4/12)이고, 바나나 생산에 있어서 X국이 Y국에 대해 갖는 상대적 생산성 우위는 1.5(9/6)이다.

03 구체적 상황에 적용

정답 코칭

② 현재 을국의 대한 갑국의 상대적 임금은 6으로, 갑국은 쌀과 밀에 생산비 우위를 보이고 있다. RD의 ⓑ와 ⓒ 사이는 수평 구간으로서, 이 구간에서는 제품의 생산에 필요한 노동 수요가 상대국으로 점차 이동한다고 하였다. 이로 볼 때, RS와 RD의 교점이 ⓑ와 ⓒ 사이로 이동할 경우 밀의 생산에 필요한 노동 수요가 을국으로 점차 이동하게 될 것이다.

오답 코칭

① 을국에 대한 갑국의 상대적 임금은 RS와 RD의 교점에서 형성된다고 하였고, 어떤 재화의 상대적 생산성 우위가 상대적 임금보다 높을 때 상대적 생산비 우위를 차지한다고 하였다. RS와 RD의 교점이 ⓐ와 ⓑ 사이로 이동하더라도 쌀의 상대적 생산성 우위는 상대적 임금보다 높으므로 쌀 생산비에 우위를 갖는 국가는 여전히 갑국이 될 것이다.

③ RS와 RD의 교점이 ⓒ에 가까워진다는 것은 상대적 임금이 경사 구간 내에서 상승하게 된다는 것을 의미한다. 경사 구간은 수출 제품의 품목은 그대로이나 상대적 임금의 증가로 인해 제품에 대한 수요만 감소한다고 하였다. 따라서 RS와 RD의 교점이 ⓒ에 가까워질수록 갑국에서 생산하는 밀의 가격은 상승하며, 이로 인해 밀에 대한 을국의 수요량도 줄어들게 될 것이다.

④ RS와 RD의 교점이 ⓓ에 점점 가까워진다는 것은 을국에 대한 갑국의 상대적 임금이 낮아진다는 것을 의미한다. 상대적 임금이 낮아지면 생산비도 낮아지므로, RS와 RD의 교점이 ⓓ에 점점 가까워질수록 갑국이 생산하는 밀의 가격은 현재 대비 상대적으로 낮아지게 될 것이다.

⑤ RS와 RD의 교점이 ⓓ와 ⓔ 사이에서 형성된다는 것은 을국에 대한 갑국의 상대적 임금이 4로 낮아진다는 것이며, 이 값이 수수에 대한 갑국의 상대적 생산성 우위와 같아진다는 것을 의미한다. 따라서 RS와 RD의 교점이 ⓓ와 ⓔ 사이에서 형성될 경우 갑국과 을국 모두에서 수수를 생산하게 될 것이다.

13 통화 정책

지문이 읽히는 독해 코칭   p. 172

1 유동성	9 확대
2 하락	10 활성화
3 감소	11 인상
4 증가	12 감소
5 증가	13 축소
6 감소	14 지속
7 인하	15 확대
8 증가	

구조 트레이닝 ZONE   p. 173

1 인상	7 상승
2 감소	8 하락
3 하락	9 침체
4 하락	10 침체
5 침체	11 지출
6 인하	

내용 트레이닝 ZONE   p. 173

01 ○	09 X
02 X	10 ○
03 ○	11 X
04 ○	12 ○
05 X	13 X
06 X	14 ○
07 ○	15 X
08 X	

워밍-UP   p. 174

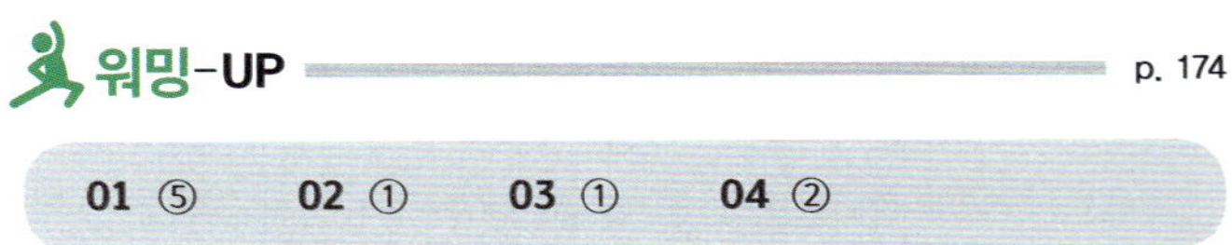

01 ⑤   **02** ①   **03** ①   **04** ②

01 개괄적 정보의 확인

정답 코칭

⑤ 5문단에서 케인스는 경기를 활성화하기 위해 국가에서 정책적으로 유동성을 늘렸음에도 불구하고 경기가 활성화되지 않는 상황을 '유동성 함정'이라고 불렀음을 확인할 수 있다. 케인스가 주장한 것은 이러한 통화 정책의 한계를 극복하기 위해서는 정부가 재정 지출을 통해 소비와 투자를 유도해야 한다는 것이었다. 하지만 케인스 주장의 한계는 이 글에 제시되어 있지 않다.

오답 코칭

① 4문단에서 중앙은행은 금리와 유동성의 관계를 고려하여 기준 금리를 조절하는 통화 정책을 통해 경기를 안정시킨다고 하였다. 이를 바탕으로 중앙은행이 하는 역할을 짐작해 볼 수 있다.

② 2문단의 현금과 같은 화폐는 유동성이 높은 자산인 반면 토지나 건물

과 같은 부동산은 유동성이 낮은 자산이라는 설명을 통해 유동성이 높은 자산의 예를 알 수 있다.

③ 3문단에 따르면, 기준 금리는 국가가 정책적인 차원에서 결정하는 금리로, 한 나라의 금융 및 통화 정책의 주체인 중앙은행에 의해 결정된다. 반면 시중 금리는 기준 금리의 영향을 받아 중앙은행 이외의 시중 은행이 세우는 표준적인 금리로, 가계나 기업의 금융 거래에 영향을 미친다. 이러한 설명을 통해 기준 금리와 시중 금리의 관계를 알 수 있다.

④ 1문단에서 경기가 침체되어 가계의 소비가 줄어들면 시중의 제품이 팔리지 않아 기업은 생산 규모를 축소하게 되는데, 그 결과 실업률이 증가하고 가계의 수입이 감소하면서 소비는 더욱 위축된다고 하였다.

02 미루어 알기

① 중앙은행이 기준 금리를 내리면, 시중 금리가 낮아지므로 예금을 인출하거나 대출을 받는 사람이 늘어나 시중의 유동성은 증가한다. 반면, 유동성이 증가한 만큼 화폐의 가치는 하락하게 된다.

② 금리가 내려가면 유동성이 증가하긴 하지만, 화폐가 흔해진 만큼 화폐의 가치는 하락하게 된다.

③ 중앙은행이 기준 금리를 내리면 시중에 화폐가 많이 풀리므로 유동성은 감소하는 것이 아니라 증가한다. 또한 시중에 풀린 화폐가 많아져 화폐의 가치는 상승하는 것이 아니라 감소한다.

④ 중앙은행이 기준 금리를 올리면 시중의 화폐가 은행으로 몰리고 대출도 줄어들게 되므로 유동성은 증가하는 것이 아니라 감소하게 된다. 또한 유통되는 화폐의 양이 감소하므로 화폐의 가치는 상승한다.

⑤ 중앙은행이 기준 금리를 올리면 유동성이 감소한다. 따라서 시중에 풀린 화폐의 양도 적어지므로 화폐의 가치는 하락하는 것이 아니라 상승한다.

03 핵심 개념의 이해

① 5문단에 따르면, 케인스는 시중에 유동성이 충분히 공급되더라도 심각한 경기 침체로 인해 경제 주체들이 쉽게 소비를 늘리지 못하거나 돈을 손에 쥐고 투자를 결정하지 못해 유동성이 경기 회복으로 이어지지 못하는 상황을 '유동성 함정'이라고 하였다.

② 시중 금리가 상승하여 유동성이 감소하면 화폐의 가치가 올라가므로 물가는 자연스럽게 하락한다. 물가가 너무 높아지면 중앙은행에서는 이를 조절하고 경기를 안정시키기 위해 금리를 높이기도 하지만 이러한 상황은 '유동성 함정'과는 연관이 없다.

③ 기업의 생산과 가계의 소비가 줄어드는 것은 심각한 경기 침체기에 나타나는 현상이다. 경기 침체기에는 유동성이 넘쳐나는 것이 아니라 반대로 줄어들고, 이러한 현상은 '유동성 함정'과는 연관이 없다.

④ 경기가 과열되면 자산 가격이나 물가가 지나치게 오르게 되는데, 이런 상황에서는 유동성 높은 자산, 즉 화폐의 가치가 떨어지게 된다. 따라서 경기 과열로 인해 유동성이 높은 자산에 대한 선호는 줄어든다고 보아야 한다. 이러한 상황은 '유동성 함정'과는 연관이 없다.

⑤ 유동성이 감소한다는 것은 시중의 통화량이 줄어든다는 의미이다. 이는 소비와 투자가 위축되어 경기가 침체기로 바뀌는 상황과 관련이 있다. 경기 회복에 대한 전망이 긍정적일 때는 유동성이 증가할 수 있다.

04 구체적 상황에 적용

② 금리가 오르게 되면, 소비나 투자에 대한 심리가 위축된다. 따라서 일반적인 소비자는 대출이나 구매 계획을 미루려고 할 것이므로 적절하지 않은 반응이다.

① 금리가 오르면 대출에 대한 이자 부담이 커지므로, 대출이 감소하고 소비도 위축되어 부동산의 가격이 하락할 수 있다. 따라서 이러한 상황에서 투자자는 공격적인 투자보다는 시장 상황을 지켜보는 것을 선택할 가능성이 높다.

③ 금리가 오른다는 것은 예금 금리와 대출 금리가 모두 오른다는 것을 의미한다. 즉, 대출을 늘리면 이자에 대한 부담이 증가하므로 기업인은 공장을 확장하는 것과 같은 투자 계획에 대해 소극적인 태도를 취할 것이다.

④ 기준 금리가 오르면 소비나 대출이 위축되므로 시장 경기가 침체될 수 있다. 이러한 상황에서는 공장 부품에 대한 수요 또한 감소할 수 있다.

⑤ 금리가 오르면 부동산이나 주식 등에 대한 투자가 줄어들지만 이자 수익을 기대하여 예금 상품에 대한 수요는 증가하게 된다.

p. 176

지문이 읽히는 **독해** 코칭

1	자연	7	감소
2	악화	8	위축
3	부족	9	하락
4	노동력	10	투자
5	소비	11	민감
6	심화	12	수요팽창정책

01 ①　　**02** ⑤　　**03** ③　　**04** ④

01 세부 정보의 추론

① 1문단에 따르면, '유효수요이론'은 정부가 조세를 감면하고 지출을 늘려 국민 소득과 투자를 증가시키는 인위적인 수요 팽창 정책을 써야 한다는 주장이다. 따라서 유효수요이론에서는 정부의 역할을 중요하게 여긴다고 볼 수 있다.

② 1문단에 따르면, 모든 경제적 흐름이 수요와 공급의 법칙에 따라 자율적으로 조절되므로 경기가 자연적으로 회복될 것이라고 낙관한 것은 고전파 경제학자들이다. 케인스는 경기 회복을 위해 인위적인 수요 팽창 정책을 써야 한다고 주장하였다.

③ 1문단에 따르면, 고전파 경제학자들은 경기의 자연적인 회복에 낙관
   적이었다.
④ 1문단에 따르면, 케인스는 세금을 올리는 것보다 조세를 감면하고 지
   출을 늘리는 것이 국민 소득과 투자를 증가시킨다고 보았다.
⑤ 1문단에 따르면, 인위적인 수요 팽창 정책을 써야 한다고 보았던 것은
   케인스이다. 고전파 경제학자들은 인위적인 시장 개입이 오히려 상황
   을 악화시킬 것이라고 생각했다.

02 세부 정보의 파악

정답 코칭

⑤ 3문단에 따르면, 케인스는 저축의 크기보다 투자의 크기가 작은 상황
   이 지속되면 경기가 만성적인 침체 상태에 빠지게 된다고 보았다. 케
   인스는 투자를 증가시켜야 경기 침체에서 빨리 벗어날 수 있다고 본
   것이라 할 수 있다.

오답 코칭

① 1문단에서 고전파 경제학자들은 모든 경제적 흐름이 수요와 공급의
   법칙에 따라 자율적으로 조절된다고 믿었다고 하였다.
② 4문단에서 고전파 경제학자들은 수요와 공급의 법칙에 따라 이자율
   이 신축적으로 조절되어 저축의 크기와 투자의 크기가 일치하게 된다
   고 보았음을 알 수 있다.
③ 5문단에서 케인스는 저축과 투자는 이자율뿐 아니라 미래의 경기, 정
   치 상황, 기술 개발 등에 더욱 민감하게 반응한다고 주장했음을 확인
   할 수 있다.
④ 3문단에서 케인스는 저축의 크기보다 투자의 크기가 작은 상황이 지
   속되면 경기가 만성적인 침체 상태에 빠지게 된다는 점을 우려했음을
   확인할 수 있다.

03 관점에 따른 비판적 반응

정답 코칭

③ ㉠'소비는 미덕, 저축은 악덕'은 저축이 총수요를 감소시켜 불황을 심
   화시키는 악영향을 미친다고 보는 입장이다. 반면 〈보기〉는 저축이
   경제 불황을 유발하기도 하지만 경제 성장을 이끄는 긍정적 요소로
   작용할 수도 있다는 입장이다. 따라서 〈보기〉의 관점에서는 ㉠이 다
   른 상황이 있을 수 있음을 간과하고 대상을 지나치게 일반화하고 있
   다고 반응할 수 있다.

04 어휘의 사전적 의미 파악

정답 코칭

④ ⓓ'상정'의 사전적 의미는 '어떤 정황을 가정적으로 생각하여 단정함.'
   이다. '여러 사람이 모여 서로 의논함.'은 '협의'의 사전적 의미에 해당
   한다.

오답 코칭

① ⓐ'조절'의 사전적 의미는 '균형이 맞게 바로잡음'이다.
② ⓑ'감면'의 사전적 의미는 '매겨야 할 부담 따위를 덜어 주거나 면제함'
   이다.
③ ⓒ'주창'의 사전적 의미는 '주의나 사상을 앞장서서 주장함'이다.
⑤ ⓔ'지속'의 사전적 의미는 '어떤 상태가 오래 계속됨'이다.

1	자율적	5	수요
2	이자율	6	소득
3	투자	7	생산
4	=	8	유효 수요 이론

벌크-UP   p. 179

01 ①   02 ④   03 ①   04 ④

01 개괄적 정보의 확인

정답 코칭

① 이 글은 경기 안정을 위한 확장적 정책을 중심으로 통화주의와 케인
   스주의의 입장 차이와 적절한 정책 활용의 필요성에 대해 설명하고
   있다. 이 글에서 정부의 재정 적자를 해소하는 방법은 언급하고 있지
   않다.

오답 코칭

② 1문단에서 경기 상황에 따라 다르게 활용되는 정책으로 확장적 정책
   과 긴축적 정책이 제시되어 있다. 확장적 정책은 경기가 좋지 않을
   때, 긴축적 정책은 경기 과열이 우려될 때 활용된다고 설명하고 있다.
③ 3문단에서 케인스주의는 통화정책을 통해 통화량을 늘리고 이자율을
   낮추면 투기적 화폐 수요가 늘어나 화폐가 시중에 돌지 않기 때문에
   투자 수요가 거의 증가하지 않는다고 보았다고 설명하고 있다.
④ 2문단에서 통화주의는 불경기에 정부 지출을 증가시키는 재정정책을
   펼치면 국민 소득이 증가함에 따라 화폐 수요가 크게 증가한다고 보았
   음을 알 수 있고, 3문단에서 케인스주의는 확장적 재정정책을 시행하
   여 정부 지출이 증가하면 국민 소득이 증가한다고 보았음을 알 수 있
   다. 이를 통해 정부 지출이 증가하면 국민 소득이 증가함을 알 수 있다.
⑤ 1문단에서 경기 안정 정책으로 정부는 정부 지출과 조세 등을 조절하
   는 재정정책을, 중앙은행은 통화량과 이자율을 조정하는 통화정책을
   활용한다고 제시하고 있다.

02 핵심 정보의 비교

정답 코칭

④ 4문단에서 ㉡'구축 효과'는 정부가 세금으로 충당하기 어려운 재정정
   책을 펼치기 위해 국채를 활용하는 과정에서 이자율이 올라가고 이
   로 인해 민간의 소비나 투자가 줄어들게 되는 것을 의미함을 알 수
   있다. 반면에 ㉠'승수 효과'는 정부의 재정 지출이 지출의 몇 배나 되
   는 국민 소득의 증가로 이어지면서 소비와 투자가 촉진되는 것을 의
   미함을 알 수 있다. 따라서 ㉠이 투자 수요가 줄어들 것이라는 주장
   의 근거가 된다는 설명은 적절하지 않다.

오답 코칭

① 4문단에서 ㉠'승수 효과'는 정부의 재정 지출이 그것의 몇 배나 되는
   국민 소득의 증가로 이어지면서 소비와 투자가 촉진되는 것을 의미한
   다고 하였으므로 적절한 설명이다.
② 4문단에서 ㉡'구축 효과'는 정부가 세금으로 충당하기 어려운 재정정
   책을 펼치기 위해 국채를 발행하여 활용하는 과정에서 나타나는 현

상이라고 하였다. 국채 발행으로 시중의 돈이 정부로 흘러 들어가면 시중의 돈이 줄어드는 상황이 된다.

③ 정부가 확장적 재정정책을 펼치기 위해 활용하는 정부 지출이 정부의 의도만큼 효과를 거두지 못할 것이라는 주장은 통화주의의 입장이다. 이때 국채를 활용하는 과정에서 이자율이 올라가고 이로 인해 민간의 소비나 투자를 줄어들게 한다는 ⓒ'구축 효과'는 확장적 재정정책의 효과가 기대보다 낮을 것이라는 주장의 근거가 될 수 있다.

⑤ 4문단에서 확장적 재정정책의 효과는 승수 효과와 구축 효과가 나타나는 정도에 따라 달리 볼 수 있다고 하였다. 확장적 재정정책은 1문단에서 알 수 있듯이 정부 지출을 늘리거나 조세를 감면하는 방법이다.

03 미루어 알기

① A에 들어갈 말은 〈보기〉에 제시된 국내 사정으로 정부가 긴축적 재정정책을 사용하는 것을 통해 '과열'임을 알 수 있다. B는 긴축적 재정정책을 사용함에 따라 시중 통화량이 '감소'할 것으로 추론할 수 있다. 긴축적 재정정책을 사용할 경우 정부는 지출을 줄이거나 세금을 올리는데 이로 인해 시중의 통화량이 감소할 것이기 때문이다. 한편 이러한 정책을 통해 경기가 안정되었지만 대외 경제 상황을 고려하여 중앙은행이 통화량을 줄이는 정책을 시행한다고 했는데, 이는 긴축적 통화정책에 해당하는 내용임을 알 수 있다. 이러한 긴축적 통화정책은 1문단에서 경기 과열이 우려될 때에 활용되는 정책이라고 했으므로 C에는 '과열'이 적절하다. 또한 1문단을 통해 긴축적 통화정책에서는 이자율을 올린다는 것을 알 수 있으므로 D에는 '올려'가 적절하다.

04 시각적 자료의 해석

④ 〈보기〉에서 총생산의 증가는 소득이 증가한 것이라고 가정한다고 했으므로 국민 소득 변화에 따른 화폐 수요의 변화는 총생산의 변화에 따른 화폐 수요의 변화임을 알 수 있다. 총생산에 따른 화폐 수요 곡선의 기울기가 (가)에 비해 (나)가 완만한 것으로 보아 화폐 수요의 변화가 (가)보다 (나)가 더 작다는 것을 알 수 있다. 이는 확장적 재정정책을 펼쳤을 때 총생산값의 증가, 즉 소득의 증가가 화폐 수요에 미치는 영향이 상대적으로 작다는 것이다. 3문단에서 케인스주의는 확장적 재정정책을 시행하여 정부 지출이 증가하면 국민 소득은 증가하지만, 소득의 변화가 화폐 수요에 미치는 영향이 작기 때문에 화폐 수요는 작게 증가할 것이라고 보았으므로 (나)는 '케인스주의'의 입장을 나타낸 그래프로 볼 수 있다.

① 〈보기〉에서 제시된 조건인 정부 지출을 통해 총생산이 증가됨을 고려할 때, 그래프에서 (가)가 (나)보다 총생산 증가에 따른 화폐 수요가 더 크게 변화하고 있다. 이에 따라 이자율의 변화도 큰 것을 알 수 있다. 그리고 이자율의 변화에 따른 투자 수요의 기울기가 (가)가 (나)보다 커 투자 수요의 변화가 큰 것도 알 수 있다. 2문단에서 통화주의는 정부 지출을 증가시키는 확장적 재정정책을 펼쳤을 때 정부 지출이 늘면 국민 소득(총생산)이 증가함에 따라 화폐 수요가 크게 증가하고 이에 영향을 받아 이자율이 매우 높게 상승한다고 보았고, 이에 따라 투자 수요는 급격히 감소한다고 보았다. 따라서 이 조건을 만족

시키는 (가)는 '통화주의'의 그래프로 볼 수 있다.

② 〈보기〉의 제시 조건인 정부 지출을 통해 총생산이 증가됨을 고려할 때, 그래프에서 (가)가 (나)보다 총생산 증가에 따른 화폐 수요가 더 크게 변화하고 이에 따라 이자율의 변화도 크다.

③ 〈보기〉의 제시 조건인 정부 지출을 통해 총생산이 증가됨을 고려할 때, 그래프에서 (가)가 (나)보다 총생산 증가에 따른 화폐 수요가 더 크게 변화하고 이에 따라 이자율의 변화도 큰 것을 알 수 있다. 그리고 이자율의 변화에 따른 투자 수요의 기울기가 (가)가 (나)보다 커 투자 수요의 변화가 큰 것도 알 수 있다. 즉 (나)는 (가)에 비해 확장적 재정정책 활용 후 투자 수요의 변화가 작으므로 '케인스주의'의 그래프임을 알 수 있다. 3문단에서 케인스주의는 확장적 재정 정책을 시행하여 정부 지출이 증가하면 국민 소득은 증가하지만, 소득의 변화가 화폐 수요에 미치는 영향이 작기 때문에 통화주의보다 화폐 수요가 작게 증가하고 이에 따라 이자율이 낮게 상승하여 투자 수요가 작게 감소할 것이라고 보았기 때문이다.

⑤ 〈보기〉에서 (가)의 ⓑ와 (나)의 ⓒ가 정책 활용 이후의 결과를 나타낸 것이고, G는 이자율의 변화를 고려하지 않고 정부 지출을 통해 총생산이 증가될 것으로 예상된 지점임을 알 수 있다. 따라서 정책 활용 결과에서 도출된 총생산값과 예상된 총생산값을 비교해 보려면, (가)의 ⓑ와 G, (나)의 ⓒ와 G의 총생산값을 비교해 보면 된다. 그래프를 보면 (나)의 ⓒ의 총생산값이 (가)의 ⓑ의 총생산값보다 G에 대한 감소 폭이 상대적으로 작음을 알 수 있다. 따라서 (나)의 그래프는 확장적 재정정책의 효과가 (가)보다 크다. 이를 통해 (나)가 확장적 재정정책을 지지한 '케인스주의'의 그래프임을 알 수 있다.

호루라기 관장님의 💰 어휘 트레이닝   p. 181

01 감쇄	01 충당
02 과열	02 차용
03 전망	03 침체
04 충당	04 시중
05 심화	05 심화
06 차용	06 축소
07 편의	07 전망
08 긴축적	08 감면
09 축소	09 역설
10 역설	10 주류
11 주류	
12 감면	
13 통화	
14 승수	
15 침체	
16 시중	
17 유동성	
18 만성적	
19 구축	
20 팽창	
21 조세	
22 재정	

14 환율

지문이 읽히는 독해 코칭　p. 182

1	국제 거래	**8**	상승
2	비율	**9**	증가
3	하락	**10**	감소
4	상승	**11**	활성화
5	하락	**12**	감소
6	하락	**13**	증가
7	상승	**14**	침체

구조 트레이닝 ZONE　p. 183

1	교환	**8**	2
2	1,000원/달러	**9**	하락
3	하락	**10**	하락
4	상승	**11**	침체
5	재화	**12**	상승
6	명목	**13**	상승
7	1/2	**14**	활성화

내용 트레이닝 ZONE　p. 183

01 ○		**08** X	
02 ○		**09** ○	
03 X		**10** ○	
04 X		**11** X	
05 ○		**12** ○	
06 ○		**13** X	
07 ○		**14** ○	

워밍-UP　p. 184

01 ④　**02** ②　**03** ⑤　**04** ②

01 글의 전개 방식 파악

정답 코칭

④ 이 글은 국제 가격 중 대표적인 것으로 명목환율과 실질환율을 들고 그 개념을 구체적인 예를 들어 설명하고 있다.

오답 코칭

① 이 글은 대표적인 국제 가격 중 명목환율과 실질환율에 대해 소개하고 있다. 명목환율은 한 나라의 통화가 가지는 대외적 가치를 보여 주며, 실질환율은 한 나라 상품의 국제적인 가격경쟁력을 측정할 수 있다는 점을 들어 각각의 특성을 설명하고 있다. 하지만 이러한 특성을 설명하면서 다양한 관점을 제시하지는 않았다.

② 이 글의 설명 대상인 명목환율은 한 나라의 통화가 가지는 대외적 가치를 보여 준다는 점에서 유용하고, 실질환율 또한 외국 통화에 대한 자국 통화의 상대적인 구매력이 반영된 것이므로 한 나라 상품의 국제적인 가격경쟁력을 측정하는 데 널리 이용된다는 장점을 확인할 수

있다. 그러나 단점을 언급하지는 않았으며, 장단점을 비교하여 설명하지도 않았다.

③ 이 글에서 주로 설명하고 있는 명목환율과 실질환율을 잘 알려진 대상으로 단정할 수 없으며, 이 글에서는 대상의 개념을 제시하고 있을 뿐 대상에 새로운 의미를 부여하고 있지는 않다.

⑤ 이 글에서는 설명 대상인 명목환율과 실질환율에 대해 개념과 특성을 예를 들어 가며 설명하고 있을 뿐, 대상의 변화 과정을 제시하거나 이유를 분석하고 있지는 않다.

02 세부 정보의 파악

정답 코칭

② 2문단에서 명목환율은 한 나라의 통화와 다른 나라 통화 사이의 교환 비율로, 한 나라의 통화가 가지는 대외적 가치를 보여 주기에 유용하다고 하였다. 또한 3문단에서 실질환율은 두 나라 사이의 재화나 서비스 교환 비율로, 외국 통화에 대한 자국 통화의 상대적인 구매력이 반영된 것이므로 한 나라 상품의 국제적인 가격경쟁력을 측정하는 데 널리 이용된다고 하였다. 이렇게 설명 대상들 각각의 적용 분야를 언급했을 뿐, 둘 사이의 관련성을 언급하거나 대체 관계를 기술하고 있지는 않다.

오답 코칭

① 2문단에서 명목환율은 한 나라의 통화와 다른 나라 통화 사이의 교환 비율이라고 하였다.

③ 4문단에서 우리나라의 실질환율이 하락하면 우리나라 제품의 값이 외국 제품에 비해 더 비싸져 수출이 감소하고 수입이 증대한다고 하였다.

④ 1문단에서 대표적인 국제 가격인 명목환율과 실질환율이 국제 거래에서 수요자와 공급자들의 의사 결정을 조절하는 역할을 한다고 하였다.

⑤ 3문단 마지막 문장에서 실질환율은 외국 통화에 대한 자국 통화의 상대적인 구매력이 반영된 것이라고 하였다.

03 구체적 상황에 적용

정답 코칭

⑤ 3문단에서 제시된 계산법에 따라 '원/달러 실질환율'을 계산하여 그 값을 비교하면 된다. '원/달러 실질환율'은 '원/달러 명목환율 $\left[\dfrac{원}{달러}\right]$'과 '각 나라의 통화 단위로 표시된 두 나라 물건 값 $\left[\dfrac{미국\ 가격}{우리나라\ 가격}\right]$'의 곱으로 구하므로, A 상품의 1월 원/달러 실질환율은 $\dfrac{1,000원}{1달러} \times \dfrac{3달러}{3,000원} = 1$로 계산할 수 있다. 또 A 상품의 7월 원/달러 실질환율은 $\dfrac{1,100원}{1달러} \times \dfrac{4달러}{8,800원} = \dfrac{1}{2}$로 계산할 수 있다. 이처럼 원/달러 실질환율 계산값이 1월은 1이고 7월은 0.5이므로, 원/달러 실질환율은 상승한 것이 아니라 하락한 것이다.

오답 코칭

① 2문단에서 명목환율은 한 나라의 통화와 다른 나라 통화 사이의 교환 비율인데, '미국의 달러화가 기축통화이기 때문에 많은 나라에서 1달러와 교환되는 자국 화폐 단위를 표시하는 방법을 채택하는 경향

이 있다'고 하였다. 〈보기〉에서 명목 환율은 1달러와 교환되는 우리나라 원화를 나타내고 있으므로 달러화를 기준으로 삼고 있다고 할 수 있다.

② 1월에 표시된 '원/달러 명목환율'은 '1,000원/달러'이지만 7월에는 '1,100원/달러'로 변화되었다. 이는 1달러와 교환되는 원화가 1,100원이 되어 원/달러 명목환율이 상승한 것으로, 상대적으로 원화의 가치가 하락한 것이라 할 수 있다.

③ 두 나라의 A 상품에 대한 상대적인 구매력을 확인하기 위해서는 실질 환율을 확인해야 한다. '원/달러 실질환율'은 '원/달러 명목환율 $\left[\dfrac{\text{원}}{\text{달러}}\right]$'과 '각 나라의 통화 단위로 표시된 두 나라 물건 값 $\left[\dfrac{\text{미국 가격}}{\text{우리나라 가격}}\right]$'의 곱으로 구하므로 A 상품의 1월 원/달러 실질환율은 $\dfrac{1,000\text{원}}{1\text{달러}} \times \dfrac{3\text{달러}}{3,000\text{원}} = 1$이다. 이는 미국 A 상품 1kg당 우리나라 A 상품 1kg이 교환된다는 의미이므로 두 나라의 A 상품에 대한 상대적인 구매력은 같다고 볼 수 있다.

④ '원/달러 실질환율'은 '원/달러 명목환율 $\left[\dfrac{\text{원}}{\text{달러}}\right]$'과 '각 나라의 통화 단위로 표시된 두 나라 물건 값 $\left[\dfrac{\text{미국 가격}}{\text{우리나라 가격}}\right]$'의 곱으로 구하므로 A 상품의 7월 원/달러 실질환율은 $\dfrac{1,100\text{원}}{1\text{달러}} \times \dfrac{4\text{달러}}{8,800\text{원}} = \dfrac{1}{2}$로 계산할 수 있다. 이는 미국 A 상품 1kg당 우리나라 A 상품 0.5kg이 교환된다는 의미이므로 우리나라 A 상품이 미국 A 상품보다 2배 비싼 것이다.

04 어휘의 사전적 의미 파악

정답 코칭

② ㉡'경향'은 '현상이나 사상, 행동 따위가 어떤 방향으로 기울어짐.'이라는 의미를 지닌다. '어떤 일이나 현상을 앞장서서 이끌거나 안내함.'의 의미를 지닌 어휘는 '선도'이다.

펌핑-UP

p. 186

지문이 읽히는 독해 코칭

1	중단	9	매입
2	위축	10	교차
3	과잉	11	과잉
4	붕괴	12	감당
5	금	13	정지
6	자동적	14	붕괴
7	달러화	15	기축 통화
8	맞교환	16	절감

01 ②　　**02** ⑤　　**03** ⑤　　**04** ④

01 개괄적 정보의 확인

정답 코칭

② 1문단에서 트리핀 교수가 브레턴우즈 체제에서의 기축 통화인 달러화의 구조적 모순을 지적했다는 점을 알 수 있으나, 브레턴우즈 체제 붕괴 이후의 세계 경제 위축에 대한 트리핀의 전망은 이 글에서 확인할 수 없다.

오답 코칭

① 4문단에서 기축 통화를 중심으로 외환 거래를 하면 비용을 절감하고 규모의 경제를 달성할 수 있으므로, 브레턴우즈 체제가 붕괴된 이후에도 계속해서 달러화가 기축 통화의 역할을 담당하게 되었다고 하였다.

③ 2문단에서는 브레턴우즈 체제에서 미국 중앙은행은 '금 태환 조항'에 따라 금 1온스와 35달러를 언제나 맞교환해 주어야 한다는 의무를 지게 되었다고 하였다.

④ 2문단을 통해 브레턴우즈 체제에서 금과 달러화가 국제 유동성 역할을 했다는 점을 확인할 수 있다.

⑤ 3문단에서는 브레턴우즈 체제에서 미국은 경상 수지 적자가 누적되어 달러화가 과잉 공급되었다고 하였다. 1문단의 트리핀 교수의 말에 따르면, 적자 상태가 지속돼 달러화가 과잉 공급되면 준비 자산으로서의 달러의 신뢰도가 저하된다고 하였다.

02 세부 정보의 추론

정답 코칭

⑤ 3문단을 통해 평가 절상은 자국 통화의 대외 가치를 높이는 것임을 알 수 있다. 따라서 마르크화가 달러화에 대해 평가 절상되면, 같은 금액의 마르크화로 바꿀 수 있는 달러화가 증가하게 된다. 브레턴우즈 체제에서는 금 1온스와 35달러를 언제나 맞교환해 주어야 하므로, 마르크화가 달러화에 대해 평가 절상되면 같은 금액의 마르크화로 바꿀 수 있는 금의 양은 증가할 것임을 추론할 수 있다.

오답 코칭

① 3문단을 통해 브레턴우즈 체제하에서 달러화의 평가 절하는 규정상 불가능했다는 것과, 미국이 1971년 닉슨 쇼크를 단행하며 브레턴우즈 체제가 붕괴되었다는 것을 확인할 수 있다. 여기서 닉슨 쇼크가 단행되고 브레턴우즈 체제가 붕괴되었다는 것은 달러화의 고평가 문제를 해결할 수 있는 달러화의 평가 절하가 가능해졌음을 의미한다.

② 3문단에서는 미국이 경상 수지 적자가 누적되자 이를 해결하기 위해 여타국 통화의 환율을 하락시키는 평가 절상을 시도했다고 하였다. 독일, 일본 등의 의도와는 다르게 마르크화와 엔화의 평가 절상이 이루어질 것이 예상되자 이에 대한 투기적 수요가 늘어나게 되었다고 하였다.

③ 트리핀 딜레마는 국제 유동성을 확보하려면 달러화의 신뢰도 하락을 감수해야 하는 상황을 가리킨다. 브레턴우즈 체제에서는 금과 달러화가 모두 국제 유동성의 역할을 했으므로, 금의 생산량이 증가하면 달러화의 공급을 줄여도 문제가 발생하지 않는다. 따라서 금의 생산량 증가를 통한 국제 유동성 공급량을 증가시키는 것은 트리핀 딜레마 상황을 완화하는 방법이 될 수 있다.

④ 1문단의 트리핀 교수의 지적을 통해 트리핀 딜레마는 국제 유동성 공급을 중단할 수도 없고 공급량을 무한정 늘릴 수도 없는 상황을 말하는 것임을 추론할 수 있다.

정답 코칭

⑤ 2문단에서 브레턴우즈 체제에서는 교차 환율은 기축 통화인 달러화를 제외한 다른 통화들 간 환율이라 하였으며, 4문단에서 어떠한 기축 통화도 없이 각각 다른 통화가 사용되는 경우 두 국가를 짝짓는 경우의 수만큼 환율의 가짓수가 생긴다고 하였다. 따라서 ㉡에서 교차 환율의 가짓수는 달러화를 사용하는 미국을 제외한 두 국가의 교차 환율의 가짓수인 1개이며, ㉢에서 생기는 환율의 가짓수는 세 국가를 두 국가씩 짝짓는 경우의 수인 3개이다. 즉 ㉡에서 교차 환율의 가짓수는 ㉢에서 생기는 환율의 가짓수보다 적음을 알 수 있다.

오답 코칭

① 2문단에서 금 본위 체제에서는 각 국가의 통화 가치는 정해진 양의 금의 가치에 고정되어 있다고 하였다. 따라서 ㉠에서 자동적으로 결정되는 환율의 가짓수와 금에 자국 통화 가치를 고정한 국가 수는 모두 3개로 동일하다.

② 2문단에서 브레턴우즈 체제에서는 기축 통화인 달러화를 제외한 다른 통화들 간 환율인 교차 환율은 자동적으로 결정된다고 하였다. 따라서 ㉡이 붕괴된 이후 달러화가 기축 통화일 때의 교차 환율의 가짓수와 ㉡일 때의 교차 환율의 가짓수는 모두 1개이므로, ㉡에 비해 교차 환율의 가짓수가 적어진다는 것은 적절하지 않다.

③ 4문단에서 어떠한 기축 통화도 없이 각각 다른 통화가 사용되는 경우 두 국가를 짝짓는 경우의 수만큼 환율의 가짓수가 생긴다고 하였다. 만약 ㉢의 상황에서 국가 수가 3개에서 4개로 늘어나면 환율의 가짓수는 3개가 더 늘어나게 되고, 국가 수가 4개에서 5개로 늘어나면 환율의 가짓수는 4개가 더 늘어나게 된다. 따라서 ㉢에서 국가 수가 하나씩 증가할 때마다 환율의 전체 가짓수가 하나씩 증가한다는 것은 적절하지 않다.

④ 2문단에서 금 본위 체제에서는 각 국가의 통화 가치는 정해진 양의 금의 가치에 고정되어 있다고 하였고, 브레턴우즈 체제에서는 기축 통화인 달러화에 대한 자국 통화의 가치를 고정하며 이로 인해 교차 환율이 자동으로 결정된다고 하였다. 따라서 ㉠에서 자동적으로 결정되는 환율의 가짓수는 국가 수에 해당하는 3개이며, ㉡에서 자동적으로 결정되는 환율의 가짓수는 미국을 제외한 두 국가 간의 환율에 해당하는 1개이다. 그러므로 ㉠에서 ㉡으로 바뀌면 자동적으로 결정되는 환율의 가짓수가 많아진다는 것은 적절하지 않다.

04 구체적 상황에 적용

정답 코칭

④ 〈보기〉에서 기축 통화인 A국 통화에 대한 B국 통화의 환율은 50% 하락하고 A국 통화에 대한 C국 통화의 환율은 30% 하락하였으므로, B국 통화에 대한 C국 통화의 환율은 기존보다 상승하였다고 볼 수 있다. 다른 모든 조건이 변하지 않았다면, C국은 B국에 대한 수출로 인한 수익이 늘어나게 될 것이다. 1문단에서 경상 수지는 수입이 수출을 초과하면 적자, 수출이 수입을 초과하면 흑자라고 하였으므로, B국에 대한 C국의 경상 수지는 개선될 수 있다.

오답 코칭

① 1문단에서 달러화가 과잉 공급되면 준비 자산으로서의 신뢰도가 저하된다고 하였다. 〈보기〉에서는 A국의 금리가 인상되었고 통화 공급이 감소되었다고 하였으므로, A국의 통화 공급 감소로 인해 A국 통화의 신뢰도가 낮아졌다는 것은 적절하지 않다. 또한 〈보기〉의 A국에서는 높은 금리로 인해 외국 자본이 유입된 것이지 외국 자본의 대량 유입 때문에 금리 인상이 이루어진 것은 아니다.

② 〈보기〉에서 A국 통화에 대한 B국 통화의 환율이 하락했다는 것은 A국 통화에 대한 B국 통화의 가치가 상승했음을 의미한다.

③ 1문단에서 기축 통화는 환율 결정에 기준이 되는 통화라고 하였다. A국 통화에 대한 B국 통화의 환율은 50% 하락하고 A국 통화에 대한 C국 통화의 환율은 30% 하락하였으므로, 같은 금액의 C국 통화로 교환 가능한 B국 통화는 감소한다. 이는 B국 통화에 대한 C국 통화의 환율이 상승했음을 의미한다.

⑤ 〈보기〉에서는 A국 정부의 소득세 감면과 군비 증대가 A국의 금리를 인상시켰다고 하였다. 또한 금리 인상으로 대량의 외국 자본이 유입되었다고 하였다. 결과적으로 A국은 금리 인상으로 통화 가치가 올라가고 유입된 외국 자본에 대한 이자 지급 비용이 늘어날 수 있다. 따라서 A국은 경상 수지가 악화될 것이라고 추론해 볼 수 있다. A국이 경상 수지 악화를 개선할 수 있는 방안은 A국 통화에 대한 B국 통화의 가치를 평가 절상, 즉 B국 통화의 환율을 하락시키는 것이다.

구조 트레이닝 ZONE   p. 188

1	환율	**7**	적자
2	달러	**8**	과잉
3	금 태환	**9**	투기적
4	고정	**10**	달러
5	금	**11**	쇼크
6	교차		

15 자극 반응

지문이 읽히는 독해 코칭　　p.192

1	전기	7	축삭
2	역방향	8	토리
3	밀집	9	과거
4	후각 수용체	10	비교
5	냄새 분자	11	정보
6	활성화	12	냄새

구조 트레이닝 ZONE　　p.193

1	후각	6	토리
2	미각	7	전기
3	전압	8	겉질
4	축삭	9	편도체
5	패턴	10	해마

내용 트레이닝 ZONE　　p.193

01	X	08	○
02	○	09	X
03	X	10	○
04	X	11	○
05	X	12	○
06	○	13	X
07	X	14	X

워밍-UP　　p. 194

01 ⑤	02 ④	03 ④	04 ④

01 개괄적 정보의 확인

정답 코칭

⑤ 5문단에 따르면, 후각 겉질에 도달한 냄새 정보는 기억을 담당하는 해마로 보내지는데, 이로 인해 순식간에 과거의 기억이 떠오를 수 있다고 하였다.

02 핵심 정보의 추론

정답 코칭

④ 3문단에 따르면, 한 개의 후각 신경 세포에는 한 종류의 후각 수용체만 존재하고, 4문단에 따르면, 후각 신경 세포에서 만들어진 전기 신호는 후각 신경 세포에서 뻗어 나온 긴 돌기인 축삭을 통해 후각 망울에 있는 토리로 전달된다. 따라서 서로 다른 종류의 후각 수용체가 활성화되어 발생한 전기 신호가 한 개의 축삭에 모여 후각 망울로 전달된다는 것은 적절하지 않다.

오답 코칭

① 3문단에서 후각 상피에는 후각 신경 세포 수백만 개가 밀집해 있고,

그 세포의 말단에는 섬모들이 뻗어 나와 점액질층에 잠겨 있다고 하였다. 또한 냄새 분자는 점액질층을 통과하여 섬모 표면에 박혀 있는 후각 수용체와 결합한다고 하였으므로, 후각 상피에서 냄새 분자가 섬모에 닿으려면 먼저 점액질층을 통과해야 한다.

② 3~4문단에서 후각 상피에 존재하는 후각 수용체는 몇 종류의 분자와 선택적으로 결합하여 활성화된다고 하였고, 이로 인해 후각 신경 세포에서 전기 신호가 발생한다고 하였다.

③ 5문단에서 후각 망울의 토리에서 만들어진 패턴은 신경 세포인 승모 세포를 통해 전기 신호가 강화되어 대뇌의 후각 겉질로 전달된다고 하였다.

⑤ 3~4문단에서 후각 상피에 있는 후각 신경 세포에서 전기 신호가 발생하며, 이는 후각 망울에 있는 토리로 전달되어 패턴을 만든다고 하였다. 이때 전기 신호의 세기도 패턴에 반영된다고 하였다.

03 다른 상황에 적용

정답 코칭

④ 〈보기〉에서는 전자 코의 나노 금 입자와 단백질이 결합할 때 결합 여부 및 정도에 따라 빛의 세기가 달라지므로 나노 금 입자는 단백질에 관한 정보를 보여 주는 기능을 한다고 볼 수 있다. 5문단에 따르면, 승모 세포는 토리가 만든 패턴의 전기 신호를 강화하여 대뇌로 전달한다고 하였으므로, '나노 금 입자'와는 그 기능이 다르다고 볼 수 있다.

오답 코칭

① 4문단에서는 토리에서 만드는 고유한 냄새 패턴 지도를 통해 냄새를 구별할 수 있게 된다고 하였다. 〈보기〉에서는 전자 코의 나노 금 입자가 단백질과 결합하여 빛을 내는데, 이러한 빛의 분포는 단백질마다 다른 고유한 특징이라고 하였다. 이로 볼 때, '토리에서 만들어진 패턴'과 '빛의 분포'는 대상마다 다르게 나타나는 고유한 특징이라는 점에서 유사하다고 볼 수 있다.

② 3문단에서 후각 수용체는 특정한 몇 종류의 분자와 선택적으로 결합한다고 하였다. 〈보기〉의 전자 코에서 나노 금 입자는 단백질과 선택적으로 결합한다고 하였다. 이로 볼 때, '후각 수용체'와 '단백질과 결합하는 물질들'은 대상과 선택적으로 결합한다는 점에서 유사하다고 볼 수 있다.

③ 5문단에서 대뇌의 후각 겉질에는 과거에 맡았던 냄새 정보가 저장되어 있어 새로운 냄새의 정보를 기존의 것과 비교한다고 하였다. 〈보기〉의 컴퓨터도 단백질마다 다른 빛의 분포를 기존의 데이터와 비교하여 단백질의 종류를 파악한다고 하였다.

⑤ 3, 4문단에서는 냄새 분자가 후각 수용체와 결합하면 후각 수용체가 활성화되어 전기 신호가 발생한다고 하였다. 〈보기〉의 전자 코 역시 나노 금 입자와 단백질이 결합하면 빛을 낸다고 하였다. 이로 볼 때, '전기 신호'와 '빛'은 두 대상의 결합으로 발생한다는 점에서 유사하다고 볼 수 있다.

04 어휘의 문맥적 의미 파악

정답 코칭

④ ⓐ '떠오르다'와 ④의 '떠오르다'는 '기억이 되살아나거나 잘 구상되지 않던 생각이 나다.'의 의미로 사용되었다.

오답 코칭

①, ② '떠오르다'가 '솟아서 위로 오르다.'의 의미로 쓰였다.

③ '떠오르다'는 '얼굴에 어떠한 표정이 나타나다.'의 의미로 쓰였다.

⑤ '떠오르다'는 '관심의 대상이 되어 나타나다.'의 의미로 쓰였다.

펌핑-UP

p. 196

지문이 읽히는 독해 코칭

1	적응	8	AMPA
2	통각	9	시상
3	짧은	10	민감도
4	빠름	11	서브스턴스 P
5	둔한	12	NK 수용체
6	느림	13	엔도르핀
7	글루탐산	14	억제

01 ⑤   02 ①   03 ④   04 ①

01 세부 정보의 파악

정답 코칭

⑤ 1문단에서 통각 수용기에는 지속적인 자극에 대해 수용기의 반응이 감소되는 감각 적응 현상이 거의 일어나지 않는다고 하였다.

오답 코칭

① 2문단에서 Aδ 섬유는 직경이 크고 전도 속도가 빠르며, C 섬유는 직경이 작고 전도 속도가 느리다고 하였다.

② 1문단에서 통각 수용기가 많은 피부에 통증이 발생하면 통증 위치를 확인하기 쉬운 반면, 통각 수용기가 많지 않은 내장 부위에 통증이 발생하면 위치를 정확히 확인하기 어렵다고 하였다.

③ 5문단에서 망상체에서 1차 신경 섬유의 말단으로 뻗어 있는 신경 섬유 말단에서는 엔도르핀, 엔케팔린, 다이노르핀 같은 진통 신경 전달 물질을 분비한다고 하였다.

④ 2문단에서 Aδ 섬유와 C 섬유에는 기계적 자극이나 높은 온도 자극에 반응하는 통각 수용기가 분포되어 있다고 하였다.

02 핵심 정보의 이해

정답 코칭

① 2문단에서 C 섬유를 따라 전도된 통증 신호가 대뇌 피질로 전달되면, 대뇌 피질에서는 욱신거리고 둔한 지연 통증을 느낀다고 하였다.

오답 코칭

② 3문단에서 1차 신경 섬유와 2차 신경 섬유는 척수에서 서로 시냅스를 이루고 있다고 하였다.

③ 2문단에서 Aδ 섬유를 따라 전도된 통증 신호가 대뇌 피질로 전달되면, 대뇌 피질에서는 날카롭고 쑤시는 듯한 짧은 초기 통증을 느낀다고 하였고, C 섬유를 따라 전도된 통증 신호가 대뇌 피질로 전달되면, 대뇌 피질에서는 욱신거리고 둔한 지연 통증을 느낀다고 하였다.

④ 4문단에서 통증 신호가 대뇌변연계로 전달되면 자율 신경과 내분비계를 자극하여 통증으로 인한 행동이나 감정 반응을 일으킨다고 하였다.

⑤ 3문단에서 글루탐산은 1차 신경 섬유 말단에서 분비된다고 하였고, 4문단에서 서브스턴스 P 역시 1차 신경 섬유 말단에서 분비된다고 하였다.

03 핵심 정보의 비교

④ 3문단에서 NMDA 수용체가 활성화되면 나트륨 이온뿐 만아니라 칼슘 이온도 유입되는데, 이 경우 칼슘 이온으로 인해 대뇌 피질로 통증 신호의 전달은 일어나지 않는다고 하였다.

① 3문단에서 AMPA 수용체와 NMDA 수용체는 모두 2차 신경 섬유에 있다고 하였다.
② 3문단에서 글루탐산은 1차 신경 섬유 말단에서 분비되어 AMPA 수용체와 결합하여 수용체를 활성화시킨다고 하였다.
③ 3문단에서 NMDA 수용체는 AMPA 수용체에 의해 나트륨 이온이 유입되기 전까지 마그네슘 이온에 의해 억제되어 있다고 하였다.
⑤ 3문단에서 AMPA 수용체가 글루탐산과 결합하여 활성화되면 나트륨 이온이 유입된다고 했고, AMPA 수용체에 의해 나트륨 이온이 유입되면 뒤이어 NMDA 수용체도 활성화된다고 하였다.

04 구체적 상황에 적용

① 〈보기〉에서 아스피린은 통각 수용기가 활성화되는 데 필요한 역치를 낮추는 프로스타글란딘의 생성을 억제한다고 하였다. 이를 통해 아스피린은 통각 수용기의 활성화를 어렵게 하여 자극을 잘 받아들이지 못하게 한다는 것을 알 수 있다. 한편 5문단에서 엔도르핀과 같은 진통 신경 전달 물질은 1차 신경 섬유의 말단에 있는 아편 수용체와 결합함으로써 통증 신호가 2차 신경 섬유로 전달되지 못하도록 한다고 하였다. 〈보기〉에서 모르핀은 엔도르핀의 분자 구조와 유사하다고 했으므로 모르핀은 아편 수용체와 결합하여 통증 신호의 전달을 억제한다고 할 수 있다.

② 〈보기〉에서 아스피린은 손상된 세포에서 생성되는 프로스타글란딘의 생성을 억제한다고 하였다. 한편 모르핀은 엔도르핀의 분자 구조와 유사하여 그와 비슷한 기능을 한다고 하였을 뿐, 엔도르핀의 분비를 활성화시킨다고 하지는 않았다.
③ 〈보기〉에서 아스피린은 통증을 잘 느끼게 하는 프로스타글란딘의 생성을 억제한다고 하였다. 따라서 아스피린은 통증 자극의 세기를 줄여 통각 수용기의 반응을 감소시킨다고 할 수 있다. 한편 모르핀은 엔도르핀이 아닌 아편 수용체와 결합하여 통증 신호가 2차 신경 섬유로 전달되지 못하도록 한다고 하였다.
④ 〈보기〉에서 아스피린은 통각 수용기가 활성화되는 데 필요한 역치를 낮추는 프로스타글란딘의 생성을 억제하여 통증을 완화시킨다고 하였다. 이로 볼 때, 아스피린은 통각 수용기가 민감하게 되는 것을 막는다고 할 수 있으나 자극을 전기적 신호로 변환하지 못하게 하는지는 알 수 없다. 한편 〈보기〉에서 모르핀은 엔도르핀의 분자 구조와 유사하여 아편 수용체와 잘 결합한다고 하였으므로, 모르핀은 진통 신경 전달 물질인 엔도르핀과 유사한 기능을 한다는 것을 추측해 볼

수 있다. 따라서 모르핀은 서브스턴스 P가 분비되는 것을 억제할 것이다.
⑤ 〈보기〉에서 아스피린은 손상된 세포에서 생성되는 프로스타글란딘의 생성을 억제한다고 하였지, 아스피린이 손상된 세포를 회복시킨다고 하지는 않았다. 한편 모르핀은 엔도르핀과 분자 구조가 유사하다고 하였으므로 진통 신경 전달 물질과 유사한 역할을 하며, 이는 서브스턴스 P가 분비되는 것을 억제한다고 할 수 있다.

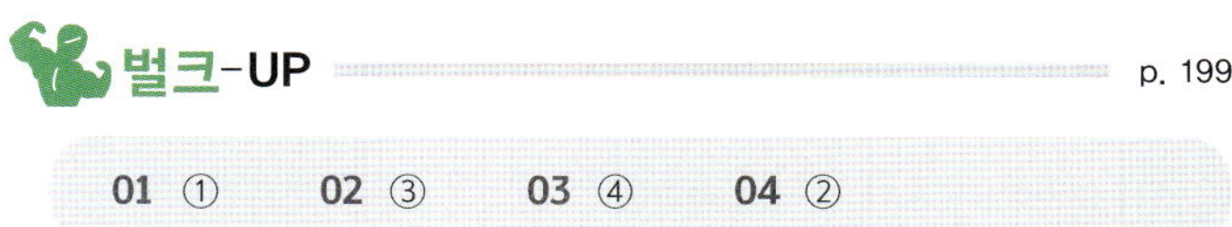

1	적응	7	나트륨
2	크고	8	민감도
3	화학적	9	NK
4	통각 수용기	10	대뇌 피질
5	글루탐산	11	대뇌 변연계
6	AMPA		

벌크-UP   p. 199

01 ①	02 ③	03 ④	04 ②

01 중심 화제 파악

① 1문단에서 식욕이 식욕 중추의 영향을 받는다는 점을 밝힌 뒤 2문단에서 식욕 중추가 몸속 영양분의 상태에 따라 식욕을 조절하는 과정을 설명하고, 3문단과 4문단에서 취향이나 기분에 따라 식욕을 조절하는 전두 연합 영역의 기능과 작용 원리의 사례를 제시하였다.

② 이 글에 식욕의 개념과 특성이 나오기는 하지만, 이는 1문단에만 해당되는 내용이고, 영양소의 종류와 역할도 2문단에만 나오는 내용이기 때문에 글 전체를 아우르는 표제와 부제가 될 수 없다.
③ 식욕이 생기는 이유는 1, 2문단에 국한된 내용이고, 2문단에서 탄수화물과 지방의 작용에 대해 설명하고 있지만 둘 사이의 영향 관계는 언급하지 않았다.
④ 전두 연합 영역의 특성은 3문단에, 디저트의 섭취와 소화 과정은 4문단에 국한된 내용이다.
⑤ 전두 연합 영역의 여러 기능에 대한 내용은 3문단에만 나타나는 내용이고, 그것을 포도당과 지방산의 작용 관계를 중심으로 설명하지도 않았다.

02 세부 정보의 파악

③ 4문단에서 전두 연합 영역의 신경 세포가 '맛있다'와 같은 신호를 섭식 중추로 보내면 거기에서 오렉신이 나온다고 하였다. 따라서 오렉신은 전두 연합 영역이 아니라 섭식 중추에서 분비되는 것임을 알 수 있다.

① 1문단에서 식욕은 음식을 먹고 싶어 하는 욕망으로, 인간이 살아가는 데 필요한 영양분을 얻기 위해 반드시 필요하다고 하였다.
② 1문단에서 식욕은 뇌의 시상 하부에 있는 식욕 중추의 영향을 받는다

고 하였다.

④ 4문단에서 사람들이 '이젠 더 이상 못 먹겠다.'고 생각하는 이유는 실제로 배가 찼기 때문일 수도 있고, 배가 차지는 않았지만 특정한 맛에 질렸기 때문일 수도 있다고 하였다.

⑤ 3문단에서 전두 연합 영역은 본래 정신적이고 지적인 활동을 담당하는 곳이지만 식욕에도 큰 영향을 미친다고 하였다.

03 미루어 알기

정답 코칭

④ ⓑ는 실제로 배가 찬 상황으로, 2문단에 의하면 영양분을 섭취하면 포만 중추의 작용은 촉진되고 섭식 중추의 작용은 억제된다. 그리고 포만 중추와 섭식 중추의 작용 원리에 따라 식욕이 자연스럽게 조절된다고 하였다. 이에 따르면 포만 중추가 활발히 작용하고 섭식 중추의 작용이 억제되면 더 이상 영양분을 섭취하지 않는 것이 자연스럽다. 따라서 실제로 배가 차면 포만 중추의 작용이 활발한데 더 이상 못 먹겠다고 생각하면서 디저트를 먹는 것은 모순적이다.

오답 코칭

① 배불리 먹어 섭식 중추의 작용이 억제되는 상황에서 음식을 더 섭취하는 현상이므로 ⓐ는 모순적이다.

② ⓐ는 섭식 중추의 작용이 억제되는 상황이다.

③ ⓐ는 포만 중추의 작용이 촉진되는 상황이다.

⑤ ⓐ는 섭식 중추의 작용은 억제되고 포만 중추의 작용은 촉진되는 상황이므로 ⓐ는 모순적이다.

04 구체적 상황에 적용

정답 코칭

② 3문단에서 전두 연합 영역이 음식의 맛, 냄새 등 음식에 관한 다양한 감각 정보를 정리해 종합적으로 기억한다고 하였다.

오답 코칭

① 4문단에서 전두 연합 영역이 '맛있다'와 같은 신호를 섭식 중추로 보내면 오렉신이 분비되어 위의 내용물을 밀어내고 음식이 들어갈 공간을 마련한다고 하였다.

③ 3문단에서 영양분의 섭취와 상관없이 취향이나 기분에 좌우되는 식욕이 전두 연합 영역에서 조절된다고 하였다. B가 배부르지만 자신이 좋아하는 떡볶이라서 더 먹어야겠다고 생각한 것은 이 경우에 해당한다.

④ 3문단에서 전두 연합 영역은 맛이 없어도 건강을 위해 음식을 섭취하는 것과 같이, 먹는 행동을 이성적으로 조절하는 일도 담당한다고 하였다.

⑤ 디저트를 둘러보기 전의 A와 B는 음식을 많이 먹어서 배가 부르다고 하였다. 2문단에서 식사를 한 후에는 포도당과 인슐린이 포만 중추의 작용은 촉진하고 섭식 중추의 작용은 억제한다고 하였으므로, A와 B는 디저트를 둘러보기 전까지는 섭식 중추의 작용이 억제되고 있었을 것이다.

01	경로	01	촉진
02	말단	02	온전
03	기존	03	매개체
04	촉진	04	대응
05	온전하다	05	정서
06	통각	06	유입
07	지연	07	분포
08	분포	08	분비
09	좌우되다	09	경로
10	매개체	10	직경
11	전환		
12	전도		
13	변환		
14	정서		
15	유입		
16	섭취		
17	대응		
18	억제		
19	분비		
20	분자		
21	직경		
22	수용체		

과학 16 면역 반응

🔖 지문이 읽히는 독해 코칭　　p. 202

1	종류	7	혈관
2	표적	8	호중구
3	대식 세포	9	감염
4	히스타민	10	고름
5	혈관	11	히스타민
6	백혈구		

구조 트레이닝 ZONE　　p. 203

1	면역	6	히스타민
2	백혈구	7	혈관
3	종류	8	단핵구
4	수용체	9	호중구
5	병원체	10	감염

01	X	09	○
02	○	10	X
03	○	11	○
04	X	12	○
05	X	13	X
06	X	14	○
07	X	15	X
08	○		

워밍-UP　　　　p. 204

01 ④　　02 ③　　03 ⑤　　04 ②

01 개괄적 정보의 확인

정답 코칭

④ 병원체가 우리 몸에서 퍼져 나가는 과정에 대해서는 언급하고 있지 않다.

오답 코칭

① 3문단에서 대식 세포 표면의 수용체는 병원체 표면의 특징적인 분자들을 인식해 병원체와 결합하게 한다고 하였다.

② 5문단에서 히스타민에 의해 혈관이 확장되면서 상처 부위가 부어올라 신경을 물리적으로 누르면 통증이 나타나기도 한다고 하였다.

③ 4문단에서는 염증 반응에 관여하는 백혈구로 단핵구와 호중구에 대해 이야기하였다.

⑤ 2문단에서 체내로 들어오는 특정 병원체를 표적으로 하는 다른 면역 반응과 달리 염증 반응은 병원체의 종류를 가리지 않고 나타난다는 특징이 있다고 하였다.

02 자료 해석의 적절성 평가

정답 코칭

③ 4문단에서 케모카인을 분비하는 것은 ⓒ'호중구'가 아니라 ⓓ'단핵구'가 분화한 ⓑ'대식 세포'라고 하였다.

오답 코칭

① 3, 4문단에서 ⓐ'비만 세포'가 분비한 히스타민이 혈관을 확장시키면 백혈구의 일종인 ⓓ'단핵구'가 감염 부위로 들어오게 된다고 하였다.

② 4문단에서 단핵구가 분화한 대식 세포는 케모카인이라는 단백질을 분비하여 혈관 벽에 붙은 ⓒ'호중구'가 혈관 벽 내피세포로 빠져나와 감염 부위로 이동할 수 있도록 유도하는 역할을 한다고 하였다.

④ 4문단에서 감염 부위로 이동한 ⓒ'호중구'는 대식 세포와 같은 방법으로 병원체를 삼킨다고 하였다. 5문단에서는 병원체를 파괴하는 과정에서 죽거나 죽어 가는 세포, 병원체 등은 고름의 주성분이 되며, 고름은 ⓑ'대식세포'에 의해 점차 제거되거나 밖으로 나온다고 하였다.

⑤ 4문단에서 ⓓ'단핵구'가 분화한 ⓑ'대식 세포'는 병원체를 포식하게 되는데, 이와 함께 사이토카인과 케모카인을 분비하여 또 다른 백혈구의 일종인 호중구가 혈관 벽을 빠져나와 감염 부위로 이동할 수 있게 함으로써 병원체를 파괴하게도 한다고 하였다.

03 구체적 상황에 적용

정답 코칭

⑤ 사이토카인은 염증 반응의 과정 상에서 내피세포들 사이가 벌어진 틈으로 들어온 단핵구가 분화한 대식 세포에서 분비되는 것이다. 만약 혈관을 수축시키는 약물을 사용하면 단핵구가 혈관 벽을 통과하기 어렵게 될 것이다. 따라서 단핵구가 분화한 대식 세포가 줄어들 것이므로 사이토카인과 같은 단백질의 작용이 이전보다 원활하지 않게 되어 염증 반응이 진정될 것이다.

오답 코칭

① 호중구가 혈관 벽에 달라붙는 것은 염증 반응이 일어나는 과정 중 하나이다. 약물을 사용하기 전은 염증 반응이 과도하게 일어나는 상태이기 때문에, 호중구가 혈관 벽에 달라붙는 현상이 일어났을 것이다.

② 단핵구가 혈관 벽을 통과하는 것은 염증 반응이 일어나는 과정 중 하나이다. 약물을 사용하기 전은 염증 반응이 과도하게 일어나는 상태이기 때문에, 단핵구가 혈관 벽을 통과하였을 것이다.

③ 염증 반응에 관여하는 백혈구가 감염 부위로 이동하는 것은 염증 반응이 일어나는 과정에 해당한다. 약물을 사용하여 이러한 염증 반응을 가라앉히면 이전보다 백혈구가 감염 부위로 이동하는 일이 줄어들 것이다.

④ 염증 반응의 과정에서는 혈관의 내피세포들의 사이가 벌어져 혈장 단백질, 백혈구 등의 혈액 성분들이 혈관에서 쉽게 빠져나오게 된다. 약물은 혈관을 수축시키는 역할을 한다고 하였으므로 약물을 사용한 후에는 혈관의 내피세포들의 사이가 좁혀질 것이다.

04 핵심 정보의 정리

정답 코칭

② 5문단에서 염증 반응에 의해 상처 부위는 혈장으로 채워진다고 하였다. 그리고 염증 반응에서 병원체를 삼키는 과정에서 죽은 세포나 병원체 등은 고름의 주성분이 된다고 하였다.

펌핑-UP　　　　p. 206

지문이 읽히는 독해 코칭

1	핵산	9	숙주 세포
2	숙주	10	짧은
3	캡시드	11	질병
4	핵산	12	오랜
5	효소	13	회피
6	단백질	14	재활성화
7	캡시드	15	감염성
8	피막	16	점진적

01 ③　　02 ④　　03 ②

01 자료 해석의 적절성 평가

정답 코칭

③ 바이러스가 숙주 세포 내부로 침투할 때 캡시드로부터 분리되어 빠져나오는 것은 효소가 아니라 바이러스의 핵산이다. 바이러스의 핵산

이 캡시드로부터 분리되어 숙주 세포 내부로 빠져나오는 것은 ⓐ에 해당하며, 이후 핵산은 효소를 이용하여 복제된다. 핵산은 mRNA를 통해 단백질을 합성하고, 합성된 단백질의 일부는 ⓒ에서 캡시드가 된다.

① 바이러스는 바이러스 피막의 부착 단백질을 이용해 숙주 세포 수용체에 달라붙는데, 이 과정이 있어야만 이후에 바이러스의 핵산이 숙주 세포 내부로 빠져나올 수 있다

② 핵산이 효소를 이용하여 복제되는 것은 ⓑ에 해당한다. 이때 핵산이 DNA라면 숙주 세포에 있는 효소를 그대로 이용하고, RNA라면 숙주 세포에 있는 효소를 이용해 자신에 맞는 효소를 합성한다. 1문단에서 핵산은 DNA와 RNA 중 하나로만 구성된다고 하였으므로, 숙주 세포의 효소를 그대로 이용하지 않는다면, 이 바이러스의 핵산은 RNA이다.

④ ⓒ에서는 합성된 단백질 일부가 캡시드가 되어 복제된 핵산을 둘러싸고, ⓓ에서는 합성된 단백질의 다른 일부가 숙주 세포막에 부착된 후, 이 세포막이 캡시드를 감싸 피막이 된다. 이때 합성된 단백질은 핵산이 mRNA라는 전달 물질을 통해서 합성한 것이다.

⑤ ⓓ에서는 합성된 단백질의 일부가 숙주 세포막에 부착된 후, 이 세포막이 캡시드를 감싸 피막이 되면서 증식된 바이러스가 숙주 세포 밖으로 배출된다. 즉 배출되는 바이러스의 피막은 숙주 세포의 구성 요소인 세포막을 이용해 만들어진 것이다.

02 핵심 정보의 비교

④ 3문단에서 ⓛ'지속감염'은 ㉠'급성감염'에 비해 상대적으로 오랜 기간 동안 바이러스가 체내에 잔류한다고 하였다.

① 3문단에서 ㉠'급성감염'이 일어나면 시간이 흐르면서 체내의 방어 체계에 의해 바이러스가 제거되어 체내에는 더 이상 바이러스가 남아 있지 않게 된다고 하였다. 4문단에서 체내에서 감염성 바이러스의 수가 점진적으로 증가하는 것은 ⓛ'지속감염' 중 지연감염에 해당함을 알 수 있다.

② 3문단에서 바이러스가 체내의 방어 체계를 더 오랫동안 회피하며 생존하는 경우는 ㉠'급성감염'이 아니라 ⓛ'지속감염'임을 알 수 있다.

③ 3문단에서 ㉠'급성감염'은 바이러스가 감염된 숙주 세포를 증식 과정에서 죽이고, ⓛ'지속감염'에서는 바이러스가 장기간 숙주 세포를 파괴하지 않으면서도 체내의 방어 체계를 회피하며 생존한다고 하였다.

⑤ 3문단에서 ㉠'급성감염'과 ⓛ'지속감염'은 감염이 지속되는 시간과 바이러스의 숙주 세포 파괴 여부에 따라 구분됨을 알 수 있다. 질병 발현 여부로는 이 둘을 구분할 수 없다.

03 구체적 상황에 적용

② 〈보기〉의 'VZV'에 의한 감염은 잠복감염, 'HCV'에 의한 감염은 만성감염이다. 'VZV'를 가진 사람의 피부에 통증과 수포가 발생하는 것은 신체의 면역력 저하라는 특정 조건에서 바이러스가 재활성화되어 나타나는 증상이다.

① 4문단에서 잠복감염은 질병이 재발하기까지 바이러스가 감염성을 띠지 않고 프로바이러스의 상태로 잠복하게 된다고 하였다. 따라서 수두를 앓다가 나은 사람은 대상포진이 발병하지 않았을 때, 'VZV' 프로바이러스를 갖고 있는 것이다.

③ 4문단에서 만성감염은 감염성 바이러스가 숙주로부터 계속 배출되어 항상 검출되고 다른 사람에게 옮길 수 있는 감염 상태지만, 사람에 따라서 질병이 발현되거나 발현되지 않기도 한다고 하였다. 'HCV'에 감염된 환자의 약 80%는 증세가 나타나지 않는다는 점을 통해 'HCV'에 의한 감염은 만성감염에 해당함을 알 수 있다. 따라서 'HCV'에 감염된 사람은 간 염증을 앓고 있지 않더라도 타인에게 바이러스를 옮길 수 있다.

④ 4문단에서 만성감염은 사람에 따라서 질병이 발현되거나 되지 않기도 하며 때로는 뒤늦게 발현될 수도 있다고 하였다.

⑤ 잠복감염인 'VZV'에 의한 감염이나 만성감염인 'HCV'에 의한 감염은 모두 지속감염에 해당한다. 3문단에서 지속감염은 바이러스가 상대적으로 오랜 기간 동안 체내에 잔류한다고 하였다. 4문단에서 잠복감염은 질병이 재발하기까지 바이러스가 감염성을 띠지 않고 잠복한다고 하였으므로 질병이 재발하면 바이러스가 감염성을 띠게 됨을 알 수 있고, 만성감염은 감염성 바이러스가 숙주로부터 계속 배출되어 항상 검출되고 다른 사람에게 옮길 수 있는 감염 상태라고 하였다. 따라서 'VZV'나 'HCV'에 의한 질병이 발현된 상황이라면, 모두 체내에 잔류한 바이러스가 주변 세포를 감염시키고 있다고 볼 수 있다.

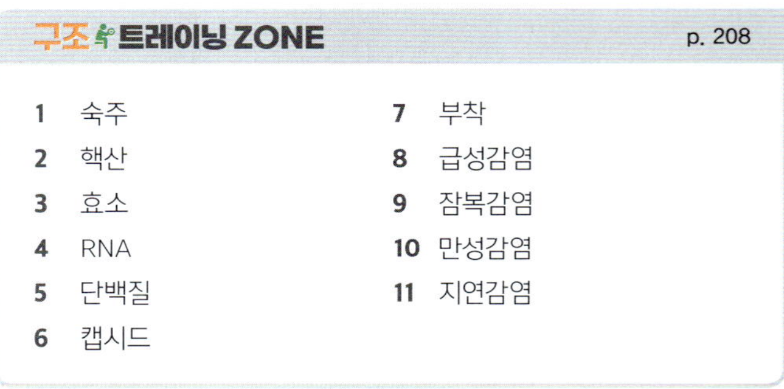

1	숙주	7	부착
2	핵산	8	급성감염
3	효소	9	잠복감염
4	RNA	10	만성감염
5	단백질	11	지연감염
6	캡시드		

01 글의 전개 방식 파악

② 1문단에서 면역 반응이 활발하여 외부 물질이 완벽하게 제거되는 상태가 건강하다고 보는 통념이 있음을 제시한 뒤, 2~3문단에서 면역계 과민 반응이 나타나는 원인을 위생가설을 통해 설명하고 있다. 그리고 4~7문단에서 외부 물질인 장내미생물이 조절T세포를 통해 면역 반응의 강약을 조절한다는 사실이 밝혀지면서 면역 반응과 외부 물질에 대한 인식의 전환이 일어났음을 설명하고 있다.

① 5문단에서 면역 반응이 일어나는 과정을 제시하고 있지만, 이를 통해 가설 수정이 필요함을 제안한 것은 아니다.

③ 1문단에서 면역 반응이 질병으로부터 인체를 보호한다는 관점을, 2문단에서 면역 반응이 지나치면 인체에 해가 된다는 관점을 소개하고 있으나 각각의 관점이 지닌 한계를 설명하는 내용은 확인할 수 없다.

④ 7문단에서 조절T세포로 면역계 과민 반응의 증상을 완화할 수 있음을 제시하고 있지만 이에 대한 예상되는 반론을 반박하는 내용은 확인할 수 없다.

⑤ 5문단에서 면역 반응에 중추적 역할을 하는 면역세포로 수지상세포와 T세포를 제시하고 각각의 역할을 설명하고 있으나 수지상세포와 T세포가 생성되는 위치의 차이는 확인할 수 없다.

02 세부 정보의 파악

① 4문단에서 외부 물질이 면역 반응에 제동을 걸어 면역계의 균형을 유지하게 한다고 하였다. 이와 같은 외부 물질의 도움 없이 면역계가 과도한 면역 반응을 스스로 조절한다는 내용은 확인할 수 없다.

② 2문단에서 인체의 면역 반응이 지나치게 활발하면 오히려 인체에 해가 됨을 지적하고 4, 7문단에서 인체의 면역계가 외부 물질과의 공존 속에서 면역 반응의 강약을 조절하여 균형을 찾을 수 있다고 하였다. 이러한 내용을 바탕으로 인체가 건강하다는 것은 외부 물질과 공존하면서 면역 반응의 강약을 조절하여 균형을 찾는 것을 의미함을 알 수 있다.

③ 1문단에서 감염이나 질병의 원인이 되는 세균, 바이러스, 기생충은 인체에 유해한 외부 물질임을 확인할 수 있고, 7문단에서 장내미생물은 면역계 과민 반응으로 인한 질병을 치료하는 조절T세포가 만들어지는 데 중요한 역할을 하므로 인체에 유해하지 않은 외부 물질임을 확인할 수 있다.

④ 3문단에서 현대 의학의 발달과 환경 개선으로 바이러스 등이 줄어들자 면역 반응이 지나치게 된 것이라는 위생가설을 확인할 수 있다.

⑤ 6문단에서 장내미생물이 공격을 피하기 위해, 즉 면역 반응을 억제하기 위해 수지상세포에 영향을 미쳐 그 성격을 바꾼다는 것을 확인할 수 있다.

03 자료 해석의 적절성 평가

⑤ (가)는 면역세포가 인체에 유입된 외부 물질을 인지하고 이를 제거하는 면역 반응을 일으키는 과정을 나타낸 것이므로 (가)의 작용은 외부 물질의 유입으로부터 인체를 보호하기 위해 일어난다고 할 수 있다. 그러나 (나)는 장내미생물의 영향으로 수지상세포가 조절수지상세포로 변화되어 일어난 작용을 나타낸 것으로 인체로 들어온 외부 물질이 생존하기 위해 인체의 면역 반응을 억제하는 것이다.

① 5문단에서 (가)의 수지상세포는 인체에 침입한 외부 물질을 인지하여 미성숙T세포를 외부 침입 이물질을 제거하는 조력T세포와 세포독성T세포로 분화시킨다는 것을 확인할 수 있다. 그리고 이와 달리 6문단에서 (나)의 조절수지상세포는 미성숙T세포를 조절T세포로 성숙시켜 면역 반응을 억제하도록 함을 알 수 있다.

② 5문단에서 (가)의 T세포는 조력T세포와 세포독성T세포로 몸 안에 침입한 이물질을 없애는 역할을 함을 확인할 수 있고, 6문단에서 (나)의 T세포는 조절T 세포로 면역 반응을 억제함을 확인할 수 있다.

③ 5문단에서 (가)의 미성숙T세포는 조력T세포와 세포독성T세포 두 가지로 분화됨을 알 수 있고, 6문단에서 (나)의 미성숙T세포는 조절T세포 한 가지로 성숙됨을 확인할 수 있다.

④ 7문단에서 (나)의 조절T세포가 과민 면역 반응으로 인해 발생한 염증을 억제하는 역할을 함을 확인할 수 있다.

04 구체적 상황에 적용

① 〈보기〉는 면역계 과민 반응과 연관이 있는 질병을 외부 물질인 기생충을 이용하여 치료한 사례이다. 이는 7문단에서 외부 물질인 장내미생물이 조절 T세포를 통해 자신의 생존을 꾀하지만 그 결과 인체의 면역계는 면역 반응의 강약을 조절하게 되고, 조절T세포는 면역계 과민 반응으로 인한 질병을 치료하는 역할을 담당하게 된 것이라는 내용과 관련된다. 따라서 이를 외부 물질과 공존하여 면역 반응이 균형을 이루게 됨을 보여 주는 사례로 활용하는 것은 적절하다.

② 3문단에서 〈보기〉의 기생충과 같은 외부 물질은 인체의 면역 반응을 억제하도록 진화했다고 하였다. 따라서 〈보기〉를 외부 물질이 면역 반응을 활발하게 하는 역할을 함을 뒷받침하는 사례로 활용하는 것은 적절하지 않다.

③ 3문단에서 인체는 무균 지대나 청정 지대가 아니라 세균과 바이러스, 기생충 등과 함께 진화해 왔다고 하였다. 그리고 위생가설에 따르면 현대 의학의 발달과 환경 개선으로 바이러스 등이 줄어들게 되자 면역 반응이 지나치게 된 것이라고 하였다. 〈보기〉는 면역계 과민 반응과 연관된 질병의 치료와 관련된 사례이므로 인체가 무균 지대나 청정 지대에서 진화를 거듭해 왔음을 드러내는 사례로 활용하는 것은 적절하지 않다.

④ 3문단에서 위생가설에 따르면 현대 의학의 발달과 환경 개선으로 바이러스 등이 줄어들게 되자 면역 반응이 과민해진 것이며 깨끗한 환경이 오히려 질병의 원인이 된다고 하였다. 즉 면역계가 환경의 발전에 따라 지속적으로 적응하며 변화하지 못하여 면역 과민 반응이 나타난 것임을 알 수 있다. 〈보기〉는 면역계 과민 반응과 연관된 질병의 치료와 관련된 사례이므로 면역계가 환경의 발전에 따라 지속적으로 적응하며 변화하고 있음을 설명하는 사례로 활용하는 것은 적절하지 않다.

⑤ 〈보기〉는 면역계의 과도한 면역 반응을 외부 물질인 기생충을 이용하여 치료한 사례이므로 외부 물질을 제거하는 면역계의 중요성을 설명하는 사례로 활용하는 것은 적절하지 않다.

호루라기 관장님의 💰 어휘 트레이닝

p. 211

01	급증	01	회피
02	잔류	02	일종
03	일종	03	급증
04	포식	04	유도
05	병원체	05	추세
06	상주	06	동반
07	생장	07	기생
08	회피	08	유발
09	활발하다	09	과민
10	복제	10	검출
11	동반		
12	유발		
13	과민		
14	추세		
15	유도		
16	대항		
17	저항		
18	증식		
19	감염		
20	경보		
21	검출		
22	기생		

🏋 17 천체 관측

📖 지문이 읽히는 독해 코칭

p. 212

1	밝기	7	겉보기
2	100	8	광도
3	2.5	9	비례
4	총량	10	절대 등급
5	밝게	11	덞
6	반비례	12	0

구조 🏋 트레이닝 ZONE

p. 213

1	2.5	7	에너지
2	100	8	비례
3	복사 플러스	9	표면적
4	반비례	10	절대 등급
5	반비례	11	10
6	겉보기		

내용 🏋 트레이닝 ZONE

p. 213

01	○	08	X
02	X	09	○
03	X	10	○
04	X	11	○
05	○	12	X
06	○	13	○
07	X	14	X

🏃 워밍-UP

p. 214

01	⑤	02	③

01 세부 정보의 파악

정답 코칭

⑤ 1문단에 의하면, 별의 겉보기 등급이 한 등급 차이가 나면 그 밝기가 약 2.5배 차이가 난다. 겉보기 등급이 −1인 별과 겉보기 등급이 1인 별의 겉보기 등급 차는 2등급이므로, 별의 밝기는 2.5X2.5배 차이가 난다고 할 수 있다.

오답 코칭

① 2문단에서 별의 복사 플러스 값은 빛이 도달되는 거리의 제곱에 반비례한다고 하였다. 따라서 별빛이 도달되는 거리가 3배가 되면 복사 플러스 값은 1/9배가 된다.

② 1문단에서 히파르코스는 별의 겉보기 등급을 1~6등급으로 나누었는데, 망원경이나 관측 기술이 발달하면서 1~6등급 범위를 벗어나 그 값이 확장되었다고 하였다. 이로 보아 망원경으로 관측한 별 중에 히파르코스의 등급 범위를 벗어난 것이 있다는 것을 알 수 있다.

③ 3문단에서 절대 등급은 별이 지구로부터 10파섹(약 32.6광년)의 거리에 있다고 가정했을 때 그 별의 겉보기 등급이라고 하였다. 이는 절대 등급이 겉보기 등급과 같다고 할 때, 별과 지구의 거리 10파섹, 즉 32.6광년의 거리에 있다는 것을 의미한다.

④ 4문단에 따르면, 거리 지수가 0보다 작으면, 그 별과 지구 사이의 거리는 10파섹 미만이라고 볼 수 있다.

02 구체적 상황에 적용

정답 코칭

③ A의 반지름이 1이고, B의 반지름이 0.1이므로, 반지름만 고려하면 광도는 A가 B보다 100배가 크기 때문에 실제 밝기도 100배가 밝다고 볼 수 있다. 그런데, A의 표면 온도는 1이고, B의 표면 온도는 10이므로, 온도만 고려하면 광도는 B가 A보다 10,000배 크다. 따라서 표면 온도의 조건만 놓고 보면 실제 밝기는 B가 A보다 10,000배 밝다고 할 수 있다. 종합적으로 B는 A보다 100배 밝다고 볼 수 있다.

오답 코칭

① 별 A의 반지름은 1이고 표면 온도는 1, 별 B의 반지름은 0.1이고 표면 온도는 10이므로 별 A는 1^2과 1^4에 비례하고, 별 B는 0.1^2과 10^4에 비례하므로 별 B의 광도 값이 더 크다.

② 리겔의 절대 등급은 −6.8인 데 반해, 별 A의 절대 등급은 −1로, 리겔

의 절대 등급 값이 더 작으므로 '리겔'이 더 밝은 별이 된다.

④ 별 B의 겉보기 등급에서 절대 등급을 뺀 거리 지수가 7이다. 따라서 별 B는 거리 지수가 5.6인 북극성보다 먼 거리에 있음을 알 수 있다. 북극성은 지구에서 133파섹 떨어져 있다고 하였으므로, 별 B는 이보다 더 떨어져 있다고 추론해 볼 수 있다.

⑤ 북극성의 겉보기 등급은 2이고 별 B의 겉보기 등급은 1이므로, 지구에서 볼 때 별 B가 북극성보다 더 밝게 보인다.

펌핑-UP
p. 216

지문이 읽히는 독해 코칭

1	관측자	8	이각
2	금성	9	합
3	태양	10	이각
4	행성	11	줄어듦
5	동쪽	12	보름달
6	서쪽	13	커짐
7	위치	14	반달

01 ③　　**02** ⑤

01 미루어 알기

정답 코칭

③ 그래프에서 ⓛ은 서방 이각이 가장 큰 때이므로 '서방 최대 이각'임을 알 수 있다. 2문단에서 서방 최대 이각은 금성이 태양보다 서쪽에 있는 경우라고 하였다. 또한 3문단에서는 금성이 동방 이각에 위치하면서 관측자의 지평선 위에 있다면, 관측자는 금성을 초저녁 서쪽 하늘에서 관측할 수 있다고 하였다. 동방 이각일 경우와 서방 이각일 경우는 정반대의 상황이므로, 금성이 서방 이각에 위치하면서 관측자의 지평선 위에 있다면 관측자는 금성을 새벽 동쪽 하늘에서 관측할 수 있을 것이다. 서방 이각에서 관측자가 금성을 볼 수 있는 것이 새벽 동쪽 하늘에서라면, 초저녁에는 금성이 관측자의 지평선 아래에 위치하게 됨으로써 관측이 불가능하게 될 것이라는 점도 추론해 볼 수 있다.

02 핵심 정보의 비교

정답 코칭

⑤ 3문단에서 이각이 클수록 각거리가 커지며 오래 관찰할 수 있다고 하였다. 또한 4문단에서 금성이 지구로 가까워질수록 초승달 또는 그믐달에 가까운 형태로 관측된다고 하였다. 이로 볼 때, 성의 위치가 동방 최대 이각(ⓐ)에서 내합(ⓜ)으로 변할수록 지구로 가까워지므로 초승달 또는 그믐달의 형태로 관측된다는 것을 알 수 있다. 하지만 이각과 각거리가 작아짐에 따라 금성을 볼 수 있는 시간은 짧아지게 된다.

오답 코칭

① 3문단에서 이각이 클수록 각거리가 커지며 오래 관찰할 수 있다고 하였다. 금성의 위치가 내합(㉠)에서 서방 최대 이각(ⓛ)으로 이동하며 이각이 커지므로 각거리도 커진다고 할 수 있으며, 이에 따라 금성은 더 오래 관측될 것임을 알 수 있다.

② 3문단에서는 이각이 클수록 각거리가 커진다고 하였으며, 또한 4문단에서는 금성이 지구에서 멀어질수록 보름달과 같은 형태로 관측된다

고 하였다. 금성의 위치가 서방 최대 이각(ⓛ)에서 외합(ⓔ)으로 변할수록 이각이 작아지므로 관측되는 시간은 짧아진다고 할 수 있다. 금성의 위치가 지구에서 멀어지고 있으므로 점점 보름달에 가까운 형태로 관측될 것임을 알 수 있다.

③ 3문단에서 이각이 클수록 각거리가 커지며 오래 관찰할 수 있다고 하였다. 또한 4문단에서는 금성이 최대 이각에 위치해 있을 때 반달에 가까운 형태로 관측된다고 하였다. 금성의 위치가 외합(ⓔ)에서 동방 최대 이각(ⓐ)으로 변할수록 이각이 커지므로 관측되는 시간은 길어진다고 할 수 있으며, 최대 이각에 위치하게 됨에 따라 반달에 가까운 형태로 관측될 것임을 알 수 있다.

④ 3문단에서 이각이 클수록 각거리도 커진다고 하였으며, 4문단에서 금성이 지구로 가까워질수록 초승달 또는 그믐달에 가까운 형태로 관측된다고 하였다. 이로 볼 때, 금성의 위치가 동방 최대 이각(ⓐ)에서 내합(ⓜ)으로 변할수록 이각은 작아지므로 각거리는 작아진다고 할 수 있다. 또한 금성이 내합에 위치하게 됨에 따라 초승달 또는 그믐달의 형태로 관측될 것임을 알 수 있다.

구조 트레이닝 ZONE
p. 218

1	동방 최대	7	이각
2	서방 최대	8	비례
3	동방	9	비례
4	초저녁	10	보름달
5	서방	11	반달
6	새벽		

호루라기 관장님의 어휘 트레이닝
p. 219

01	천문학자	01	자전
02	일직선	02	일정
03	천체	03	비례
04	도달	04	확장
05	개편	05	정의
06	확장	06	천체
07	거리 지수	07	도달
08	탐구	08	관측
09	방출	09	개편
10	자전	10	방출
11	정의		
12	지평선		
13	중위도		
14	일정		
15	반비례		
16	맨눈		
17	복사		
18	비례		
19	관측		
20	초승달		
21	광년		
22	그믐달		

18 역학 에너지

지문이 읽히는 독해 코칭

1	모두	6	방출
2	에너지	7	같은
3	열린계	8	내부 에너지
4	반비례	9	과정
5	$+Q$		

구조 트레이닝 ZONE

1	증가	6	P_2
2	감소	7	증가
3	변수들	8	T_2
4	증가	9	과정
5	P_1		

내용 트레이닝 ZONE

01	○	07	○
02	○	08	○
03	X	09	X
04	○	10	○
05	X	11	○
06	○	12	X

워밍-UP

01 ③　　02 ①　　03 ⑤　　04 ①

01 세부 정보의 파악

정답 코칭

③ 1문단에서 열린계는 주위와 물질 및 에너지 교환이 모두 일어나는 계라고 설명하고 있다. 따라서 주위와 물질 교환 없이 에너지 교환만이 일어나는 계는 열린계가 아니라 닫힌계이다.

오답 코칭

① 3문단에서 열역학적 변수들이 같은 계들은 같은 '상태'에 있다고 하였다.

② 2문단에서 열역학 제1법칙에 따르면 우주의 에너지 총량은 일정하므로, 계와 주위의 에너지 합 또한 일정하다고 하였다.

④ 5문단에 어떤 계의 변화가 일어나는 경로는 초기 상태에서 최종 상태로 진행하면서 거치는 일련의 상태들로 이루어져 있으며, 이 두 상태를 연결하는 경로는 무한히 많다고 하였다. 이를 통해 어떤 계가 초기 상태에서 최종 상태로 진행하면서 거칠 수 있는 경로는 무한히 많음을 알 수 있다.

⑤ 2문단에서 계와 주위 사이에 에너지 교환이 있다면, 계의 에너지가 감소할 때 주위의 에너지는 증가하며, 계의 에너지가 증가할 때 주위의 에너지는 감소하게 된다고 하였다.

02 구체적 상황에 적용

정답 코칭

① 2문단에서 계와 주위 사이에 에너지 교환이 일어날 때, 계가 열을 방출하는 과정은 발열 과정이라고 하는데, 발열 과정에 관련된 열은 $-Q$로 나타낼 수 있다고 밝히고 있다. 한편, 〈보기〉에서 비커의 물에 진한 황산을 넣어서 묽은 황산 용액을 만들면, 묽은 황산 용액은 물론 비커 주위의 수조 속 물의 온도까지 높아지는데, 이는 황산이 이온으로 되면서 열이 방출되었기 때문이라고 설명하고 있다. 따라서 묽은 황산 용액이 만들어지는 과정은 발열 과정으로 볼 수 있으며, 이 과정과 관련된 열은 $-Q$로 표시할 것이다.

오답 코칭

② 비커의 물에 진한 황산을 넣었으며, 그로 인해 만들어진 묽은 황산 용액에서 열이 방출되었으므로, 물질 및 에너지 교환이 일어났다고 할 수 있다. 1문단에 따르면 이는 물질 및 에너지 교환이 모두 일어나는 열린계이다. 고립계는 주위와 에너지 및 물질의 교환이 모두 일어나지 않는 계이다.

③ 황산이 이온으로 되면서 방출한 열로 비커 속 물의 온도가 높아졌으며, 이 열이 수조 속 물에도 전달되었으므로, 비커 속 물의 에너지나 수조 속 물의 에너지가 모두 증가했다고 할 수 있다.

④ 황산이 이온으로 되면서 열이 방출되고, 이 열이 수조 속 물에도 전달되었다고 하였다. 따라서 수조 속의 물은 묽은 황산 용액으로부터 에너지를 흡수했으며, 묽은 황산 용액은 수조 속의 물에 에너지를 방출했다고 할 수 있다.

⑤ 1문단에서 계와 주위 사이를 경계라고 하였으므로, 비커 속의 물이나 수조 속의 물은 경계라고 하기 어렵다.

03 자료 해석의 적절성 평가

정답 코칭

⑤ [가]에 따르면, A는 T_1, P_1인 초기 상태에서 T_2, P_1인 최종 상태가 되었고, B는 T_1, P_1인 초기 상태에서 T_2, P_2인 상태를 거쳐 T_2, P_1인 최종 상태가 되었다. A와 B는 최종 상태가 T_2, P_1인 같은 상태에 있으므로, A와 B의 실린더 속 기체의 내부 에너지는 서로 같다고 할 수 있다. 한편, 그래프에서 ⓒ는 A 경우와 B 경우의 최종 상태로, 같은 상태이다. 따라서 이때 실린더 속 기체의 에너지는 서로 같을 것이다.

오답 코칭

① [가]에 따르면 A는 기체의 압력을 일정하게 한 경우로, 실린더를 가열하여 실린더 속 기체의 온도가 T_1에서 T_2가 되도록 하면 온도가 높아짐에 따라 실린더 속 기체의 부피는 증가하게 된다. 따라서 A의 경우 ⓐ 상태에서 ⓒ 상태가 되는 경로에서 실린더 속 기체의 부피는 증가할 것이다.

② [가]에 따르면 B는 피스톤을 고정하여 기체의 부피를 일정하게 한 경우로, 실린더를 가열하면 실린더 속 기체의 온도가 T_1에서 T_2가 되는 동안 실린더 속 기체의 압력이 P_1에서 P_2로 증가한다. 따라서 B의 경우 ⓐ 상태에서 ⓑ 상태가 되는 경로에서 온도가 점차 높아질 것이다.

③ [가]에 따르면 B의 경우 온도가 T_2인 상태를 유지하면서 고정시켰던 피스톤을 풀면 실린더 속 기체의 압력이 P_1이 될 때까지 기체의 부피는 증가하게 된다. 따라서 B의 경우 ⓑ 상태에서 ⓒ 상태가 되는 경로에서 실린더 속 기체의 부피가 증가할 것이다.

④ [가]에서 두 계라 할 수 있는 A와 B가 같은 상태에 있으면, A와 B의
실린더 속 기체의 내부 에너지는 서로 같다고 하였다. 이에 따르면 ⓐ
상태는 A와 B의 열역학적 변수가 같은 상황이므로 이때 실린더 속
기체의 내부 에너지는 A의 경우와 B의 경우가 같을 것이다.

04 어휘의 문맥적 의미 파악

① ㉠'같다'는 문맥상 '서로 다르지 않고 하나이다.'라는 의미이다. 따라서
'어떤 것과 비교하여 똑같다.'라는 의미의 '동일하다'와 같은 문맥적 의
미를 지닌다.

② '동반하다'는 '일을 하거나 길을 가는 따위의 행동을 할 때 함께 짝을
하다.' 혹은 '어떤 사물이나 현상이 함께 생기다.'라는 의미이다.
③ '동화하다'는 '성질, 양식(樣式), 사상 따위가 다르던 것이 서로 같아지
다.'라는 의미이다.
④ '균일하다'는 '한결같이 고르다.'라는 의미이다.
⑤ '유일하다'는 '오직 그 하나만 있다.'라는 의미이다.

펌핑-UP

p. 224

지문이 읽히는 **독해** 코칭

1	열	08	보존
2	낮은	09	칼로릭
3	고온	10	저온
04	저온	11	고온
05	열효율	12	방향성
06	등가성	13	엔트로피
07	일정		

01 ⑤　　**02** ②　　**03** ⑤　　**04** ④

01 세부 정보의 파악

⑤ 4문단에 따르면, 열의 실체가 칼로릭이라는 칼로릭 이론은 톰슨에 의
해 오류가 밝혀졌다. 그러나 칼로릭 이론에 기반하여 열기관의 열효
율은 두 작동 온도에만 관계된다고 주장한 카르노 이론은 클라우지
우스의 증명으로 유지되었다.

① 2문단에서는 열기관이 고온에서 흡수한 열을 저온으로 방출하며 일
을 하는 기관이라고 하였다.
② 2문단에 따르면, 카르노는 수력 기관에서 물이 높은 곳에서 낮은 곳
으로 흐르면서 일을 할 때 물의 양과 한 일의 양의 비는 물의 온도 차
이가 아니라 높이 차이에만 좌우된다는 것에 주목하였다.
③ 칼로릭 이론에 따르면, 차가운 쇠구슬이 뜨거워지는 것은 주위의 뜨
거운 물체에서 칼로릭이 이동했기 때문이다. 1문단에서 칼로릭은 질
량이 없다고 하였으므로, 칼로릭 이론에서는 차가운 쇠구슬이 뜨거
워지더라도 쇠구슬의 질량에는 아무런 영향을 미치지 않는다고 볼 것
이다.

④ 1문단의 칼로릭 이론에 따르면, 칼로릭은 온도가 높은 쪽에서 낮은 쪽
으로 흐르는 성질을 갖는다.

02 미루어 알기

② 줄의 에너지 보존 법칙에 의하면, 열과 일이 상호 전환될 때 열과 일
의 에너지를 합한 양은 일정하게 보존된다. 그러나 칼로릭 이론을 바
탕으로 한 카르노의 열기관에 대한 설명은 열기관이 열을 일로 전환
하는 것이 아니라 열을 방출하면서 일을 한다는 것이다. 이는 열기관
이 한 일을 설명할 수 없다는 오류가 있다.

03 생략된 정보의 추론

⑤ 줄은 실험을 통해 열과 일의 등가성을 입증하였으므로 흡수한 열의
양(A)과 열기관으로부터 얻어진 일의 양(B)을 측정하여 B/A로 열의
일당량을 구하면 1이 나올 것이다. 그러나 줄의 실험과 달리 열효율
이 100%가 될 수 없다는 상호 전환 방향에 관한 비대칭성이 있으므
로 열기관이 흡수한 열의 양(A)이 열기관으로부터 얻어진 일의 양(B)
보다 커서 열의 일당량을 구하면 1보다 작은 값이 나올 것이다. 따라
서 실제 열의 일당량은 열기관이 흡수한 열의 양이나 두 작동 온도에
상관없이 줄이 구한 열의 일당량보다 작다.

① 줄의 에너지 보존 법칙은 열기관의 두 작동 온도와는 상관없이 에너
지가 전환될 때 그 총량은 변하지 않는다는 것이다. 실제 열기관의
열효율은 열손실이 발생하므로 줄이 구한 열의 일당량보다 작을 수
밖에 없다.
② 줄의 에너지 보존 법칙은 열기관이 열을 흡수할 때의 온도와는 상관
없이 에너지가 전환될 때 그 총량은 변하지 않는다는 것이다. 실제 열
기관의 열효율은 열손실이 발생하므로 줄이 구한 열의 일당량보다
작을 수밖에 없다.
③ 줄의 에너지 보존 법칙에 따르면, 열기관이 흡수한 열의 양은 열기관
이 한 일의 양으로 그대로 전환된다. 이에 의하면, 열기관이 흡수한
열의 양이 많을수록 열기관이 한 일의 양 역시 많아진다고 할 수 있
다. 실제 열기관의 열효율은 열손실이 발생하므로, 열기관이 흡수한
열의 양이 많다고 하더라도 줄이 구한 열의 일당량보다 작을 수밖에
없다.
④ 줄의 에너지 보존 법칙은 열기관의 두 작동 온도와는 상관없이 에너
지가 전환될 때 그 총량은 변하지 않는다는 것이다. 그리고 실제 열
기관의 열효율은 열손실이 일어나게 되어 줄이 구한 열의 일당량보다
작을 수밖에 없다.

04 어휘의 문맥적 의미 파악

④ ㉣과 ④의 '어긋나다'는 모두 '기대에 맞지 아니하거나 일정한 기준에
서 벗어나다.'의 의미로 사용되었다.

① ㉠'부르다'는 '무엇이라고 가리켜 말하거나 이름을 붙이다.'의 의미로

사용되었으나. ⊙의 '부르다'는 '어떤 행동이나 말이 관련된 다른 일이나 상황을 초래하다.'의 의미로 사용되었다.

② ⓒ'다루다'는 '어떤 것을 소재나 대상으로 삼다.'의 의미로 사용되었으나. ②의 '다루다'는 '기계나 기구 따위를 사용하다.'의 의미로 사용되었다.

③ ⓒ'흐르다'는 '액체 따위가 낮은 곳으로 내려가거나 넘쳐서 떨어지다.'의 의미로 사용되었으나. ③의 '흐르다'는 '어떤 한 방향으로 치우쳐 쏠리다.'의 의미로 사용되었다.

⑤ ⓜ'생기다'는 '어떤 일이 일어나다.'의 의미로 사용되었으나. ⑤의 '생기다'는 '일의 상태가 부정적인 어떤 지경에 이르게 되다.'의 의미로 사용되었다.

구조 트레이닝 ZONE　　　　p. 226

1	흡수	7	등가성
2	높이	8	보존
3	칼로릭	9	방출
4	온도	10	카르노
5	일당량	11	비대칭성
6	날개바퀴	12	엔트로피

호루라기 관장님의 어휘 트레이닝　　　　p. 227

01	접촉	01	상호
02	변수	02	흡사
03	흡사하다	03	변수
04	보존	04	입각
05	상호	05	보존
06	주목	06	입증
07	재검토	07	주목
08	입증	08	전자, 후자
09	다루다	09	위배
10	실체	10	정밀
11	성질		
12	방출		
13	위배		
14	정밀		
15	등가성		
16	부피		
17	입각		
18	열효율		
19	전자		
20	후자		
21	흡수		
22	기체		

19 핵분열과 핵융합

과학

지문이 읽히는 독해 코칭　　　　p. 228

1	흑점	6	핵분열
2	노란	7	질량 결손
3	온도	8	중성미자
4	낮아져야	9	상승
5	에너지원	10	하강

구조 트레이닝 ZONE　　　　p. 229

1	수소	7	하락
2	헬륨	8	감소
3	결손	9	하락
4	중성미자	10	중력
5	태양빛	11	핵융합
6	상승		

내용 트레이닝 ZONE　　　　p. 229

01	○	08	X
02	X	09	X
03	X	10	○
04	X	11	○
05	○	12	○
06	X	13	○
07	○	14	X

워밍-UP　　　　p. 230

01 ①	02 ⑤	03 ③	04 ④

01 세부 정보의 파악

정답 코칭

① 2문단에서 16세기 이전까지는 태양을 포함한 별들이 불변의 '제5원소'로 이루어졌다고 생각했지만, 신성이 별 가운데 하나라는 사실이 알려지면서 별이 불변의 '제5원소'로 이루어졌다는 통념이 무너졌다고 하였다.

오답 코칭

② 2문단에서 태양의 흑점 활동이 관측되면서 태양이 불덩어리일 수도 있음을 추측하기 시작했다고 하였다.

③ 3문단에서 사람들은 과거에 태양의 온도가 훨씬 높았어야 했고, 지구의 바다가 펄펄 끓어야 했을 것이라고 생각했지만 실제로는 그렇지 않았다고 하였다.

④ 4문단에서 20세기 초에는 핵분열 에너지가 태양의 에너지원이라고 생각했지만, 태양빛의 스펙트럼을 분석한 결과 이러한 추측은 잘못된 것임이 밝혀졌다고 하였다.

⑤ 5문단에서 태양빛이 핵융합을 통해 나온다는 사실은 태양으로부터 온 중성미자가 관측됨으로써 더 확실해졌다고 하였다.

02 판단의 근거 추리

⑤ ㉤은 온도가 낮아지면 압력이 낮아지고, 태양 내부의 중력이 원자핵들의 반발력보다 높아진다는 것을 전제한 진술이다. 따라서 온도가 일정하다는 가정은 ㉤과는 아무런 관련이 없다.

① '섭씨 5,500도로 가열된 물체에서는 노란색 빛이 나온다.'라는 것은 뜨거운 물체는 온도에 따라 주로 내는 빛의 색이 다르다는 것을 전제한 진술이다.

② '새로운 에너지 공급이 없다면 태양의 온도는 낮아져야 한다.'라는 것은 열을 내는 물체는 에너지 공급이 없을 때 온도가 내려간다는 것을 전제한 진술이다.

③ '질량 결손'은 핵자들이 결합하여 원자핵이 되면서 질량이 줄어든 것을 말한다. '질량 결손으로 인해 핵융합 에너지가 발생한다.'라는 것은 물체의 질량은 다른 에너지로 변환이 가능하다는 것을 전제한 진술이다.

④ '원자핵들이 반발력을 극복하고 융합된다.'라는 것은 융합되기 전까지 원자핵들 사이에는 반발력이 존재한다는 것을 전제한 진술이다.

03 구체적 상황에 적용

③ 5~6문단에서 태양은 엄청난 양의 수소 기체가 중력에 의해 뭉쳐진 것으로, 그 힘에 의해 수소가 중심부로 들어오게 되면 중심부의 밀도와 온도가 높아짐에 따라 태양의 핵융합 에너지가 높아진다고 하였다. 이로 볼 때, 〈보기〉의 핵융합 장치에는 수소 원자핵을 중심부로 모아 압력과 온도를 높일 수 있도록 하는 태양의 중력과 같은 기능을 하는 힘이 필요할 것이다.

① 5문단에서 원자핵의 핵융합은 천만 도 이상의 온도를 유지하는 중심부에서만 일어난다고 하였다. 따라서 온도가 낮아도 원자핵들이 핵융합을 할 수 있을 것이라는 이해는 적절하지 않다.

② 4문단에 따르면, 방사능 물질은 핵분열에 사용되는 물질이다. 〈보기〉의 '핵융합 장치'는 수소 원자핵을 이용해 핵융합 에너지를 만드는 장치이다.

④ 5문단에 따르면, 태양의 에너지원은 수소 원자핵이 분열하는 것이 아니라 융합하는 과정에서 생겨난다.

⑤ 6문단에서 태양이 오랫동안 안정적으로 빛을 낼 수 있는 것은 태양 내부에서 중력과 핵융합 반응의 평형 상태가 유지되기 때문이라고 하였다. 따라서 〈보기〉의 '핵융합장치'를 활용해 지속적으로 에너지를 얻기 위해서는 중력과 핵융합 반응의 평형 상태를 유지할 수 있어야 한다.

04 어휘의 용법 파악

④ 명사 '발열'은 '하다'와 결합해도 목적어가 필요하지 않으므로 자동사로 쓰이며, '되다'와 결합했을 때도 목적어가 필요하지 않으므로 자동사로 쓰인다.

펌핑-UP

p. 232

지문이 읽히는 독해 코칭

1	양성자	7	큰
2	작은	8	중성자
3	큰	9	큰
4	줄어든	10	중성자
5	질량수	11	감속재
6	작은	12	중성자

01 ①　　02 ①

01 핵심 정보의 파악

① 4문단에 따르면, 우라늄 원자핵에 중성자를 흡수시키면 질량수가 작고 핵자당 결합 에너지가 큰 원자핵들로 분열된다. 이때 방출된 중성자가 다른 우라늄 원자핵에 흡수되어 연쇄 반응을 일으키고 이 과정에서 질량 결손으로 인해 전환되는 에너지를 발전에 이용하는 것이 ㉠'우라늄-235 원자핵을 사용하는 핵분열 발전'이다. 따라서 원자핵에 전자를 흡수시켜 핵분열을 일으킨다는 진술은 적절하지 않다.

② 5문단에 따르면, 핵분열 과정에서 방출된 중성자는 속도가 매우 빠르기 때문에 이를 느리게 해야 연쇄 반응을 일으킬 수 있다. 그래서 물이나 흑연을 감속재로 사용하여 중성자의 속도를 느리게 만든다고 하였다.

③ 5문단에 따르면, 연쇄 반응이 급격하게 일어나면 과도한 에너지가 발생하여 폭발이 일어날 수 있기 때문에 중성자를 흡수하는 제어봉을 사용한다고 하였다.

④ 1문단에서 질량수가 큰 하나의 원자핵이 질량수가 작은 두 개의 원자핵으로 쪼개지는 것을 핵분열이라고 정의하였다. 또한 4문단에서 우라늄-235 원자핵에 중성자를 흡수시키면 그보다 질량수가 작은 원자핵들로 분열된다고 하였다.

⑤ 5문단에 따르면, 핵분열 과정에서 방출된 중성자는 속도가 매우 빠르다. 중성자가 너무 빠르게 움직이면 원자핵에 흡수될 확률이 낮기 때문에 이를 제어해야 연쇄 반응을 일으킬 수 있다고 하였다.

02 구체적 상황에 적용

① 〈보기〉에서 철 원자핵보다 질량수가 작은 원자핵은 핵융합을 통해 핵자당 결합 에너지가 크고 안정된 원자핵이 된다고 하였다. 헬륨-4 원자핵은 철 원자핵보다 질량수가 작으므로 핵융합을 통해 안정된 상태를 이루고 핵자당 에너지가 높은 원자핵이 될 것이라고 짐작할 수 있다.

③ 2문단에서 원자핵의 결합 에너지를 질량수로 나눈 것을 핵자당 결합 에너지라고 하였다. 따라서 원자핵의 결합 에너지는 핵자당 결합 에너지에 질량수를 곱하면 알 수 있다. 그러므로 철 원자책의 결합 에너지는 철의 핵자당 결합 에너지에 질량수 56을 곱한 값임을 알 수 있다.

④ 〈보기〉에서 철 원자핵은 모든 원자핵 중에서 핵자당 결합 에너지가 가장 크다고 하였다. 따라서 우라늄-235 원자핵의 핵분열로 생성된 원자핵들은 핵자당 결합 에너지가 철 원자핵보다 작아야 한다. 주어진 〈보기〉의 자료를 보면, 철 원자핵의 핵자당 결합 에너지는 9MeV보다 조금 낮으므로, 우라늄-235 원자핵의 핵분열로 생성된 원자핵들의 핵자당 결합 에너지는 9MeV보다 작은 값을 가질 것임을 알 수 있다.

구조 트레이닝 ZONE p. 234

1	작은	6	중성자
2	큰	7	중성자
3	안정	8	연쇄
4	강력	9	감속재
5	결합	10	제어봉

호루라기 관장님의 어휘 트레이닝 p. 235

01	유사	01	불변
02	근접	02	분리
03	반발력	03	전환
04	통념	04	연쇄
05	막대하다	05	밀도
06	확립	06	방지
07	원소	07	근접
08	밀도	08	막대
09	전환	09	통념
10	불변	10	반발력
11	급격하다		
12	분리		
13	결손		
14	방지		
15	감속재		
16	연쇄		
17	결합		
18	분석		
19	분열		
20	광속		
21	융합		
22	평형		

20 원자의 실체

지문이 읽히는 독해 코칭 p. 236

1	화학적 친화력	6	전기적
2	인력	7	껍질
3	친화력표	8	이온
4	전기적	9	공유
5	같은		

구조 트레이닝 ZONE p. 237

1	결합	6	같은 전하
2	인력	7	최외각
3	B, D	8	이온화
4	금속	9	공유
5	전기력		

내용 트레이닝 ZONE p. 237

01	○	08	X
02	X	09	○
03	X	10	X
04	X	11	○
05	X	12	X
06	○	13	X
07	○		

워밍-UP p. 238

01 ④	02 ②	03 ⑤

01 글의 전개 방식 파악

정답 코칭

④ 이 글은 18세기 베리만의 연구 방법, 19세기 베르셀리우스의 연구 방법, 20세기 화학의 관점을 제시하며 화학적 친화력에 대한 화학자들의 연구 과정을 시대 순으로 설명하고 있다.

02 구체적 상황에 적용

정답 코칭

② 실험 1의 산화철과 칼륨의 반응을 통해 산화칼륨이 생성되었다는 것은 산소에 대한 친화력이 철보다 칼륨이 높다는 것을 의미한다. 실험 2의 산화철과 은의 반응에서 아무런 변화가 일어나지 않았다는 것은 산소에 대한 친화력은 철이 은보다 높다는 것을 의미한다. 이를 통해 산소에 대한 친화력은 칼륨, 철, 은 순으로 높다는 것을 추론할 수 있다.

03 구체적 상황에 적용

정답 코칭

⑤ (가)에서는 Na와 Cl이 이온화된 뒤 전기적 인력에 의해 결합하는 이온 결합을 보여 준다. (나)에서는 최외각에 전자가 하나 모자라는 Cl 원자가 다른 Cl 원자와 전자를 공유하는 결합을 보여 준다. 이로 볼 때, (가)에서는 Cl이 전자를 얻는 결합을 한다고 볼 수 있다. 하지만 (나)에서는 Cl이 전자를 얻는 결합을 하는 것이 아니라 공유 결합을 한다고 이해하는 것이 적절하다.

오답 코칭

① (가)에서는 Na가 최외각 전자를 버리고 이온화되었음을 확인할 수 있다.

② 3문단에 따르면, 베르셀리우스는 (−)전하를 가진 원자는 전기력에 의해 (+)전하를 가진 원자와 결합한다고 주장하였다. (가)에서는 Na^+와 Cl^-이 전기적 인력에 의해 결합하여 NaCl이 되는 것을 보여 주므로, 베르셀리우스의 주장을 설명하는 자료로 활용할 수 있다.

③ (나)에서는 최외각에 전자가 모자라는 원자끼리 전자를 공유하여 결합하였음을 확인할 수 있다.

④ 3문단에 따르면, 베르셀리우스의 이론은 같은 전하를 가진 원소끼리 더 강하게 결합하는 것을 설명하지 못하는 한계를 가지고 있다. (나)에서는 같은 성질을 가진 원자 Cl이 서로 결합함을 보여 주고 있다.

펌핑-UP
p. 240

지문이 읽히는 독해 코칭

1	양성자	6	공전
2	전자	7	핵
3	형태	8	양성자
4	라듐	9	중성자
5	원자핵	10	핵력

01 ②   02 ①   03 ①

01 개괄적 정보의 확인

정답 코칭

② 이 글에는 원자를 구성하는 입자인 전자, 양성자, 중성자 각각의 내부 구조가 제시되어 있는 게 아니라 원자의 내부 구조와 관련된 여러 가설들이 제시되어 있다.

오답 코칭

① 2문단에서 전자가 세 입자 중 가장 작고 가볍다고 하였고, 3문단에서 양성자는 전자보다 대략 2,000배 정도 무겁다고 하였다. 그리고 4문단에서 중성자는 질량이 양성자와 비슷하다고 하였다.

③ 2문단에서 전자는 음전기를 띠고 있다고 하였고, 3문단에서 양성자는 양전기를 띠고 있다고 하였다. 4문단에서 중성자는 전기적으로 중성이라고 하였다.

④ 2문단에서 1897년 톰슨이 전자를 발견했다고 하였고, 4문단에서 1919년에 러더퍼드가 양성자를 확인했다고 하였으며, 1932년에 채드윅이 중성자를 발견했다고 하였다.

⑤ 3문단에서는 양성자가 모여 있는 원자핵이 전자를 잡아당기는 인력에 대해 언급했고, 4문단에서는 중성자와 양성자 사이에 작용하는 힘에 대해 제시하였다.

02 세부 정보의 파악

정답 코칭

① 3문단에서 1898년 마리 퀴리가 천연 광물에서 라듐을 발견한 이후 새로운 실험이 가능해졌다고 하였고, 러더퍼드는 라듐에서 방출되는 양전기를 띤 알파 입자를 얇은 금박에 충돌시키는 실험을 통해 양전기가 아주 좁은 구역인 원자핵에 모여 있다는 것을 알게 되었다고 하였다. 따라서 라듐이 발견됨으로써 러더퍼드가 원자핵을 발견하게 된 실험을 할 수 있었다고 볼 수 있다.

오답 코칭

② 질소 충돌 실험을 통해 유카와 히데키의 가설이 입증되었다는 진술이 참이려면 유카와 히데키의 가설에 비해 질소 충돌 실험이 시간적으로 뒤에 이루어진 일이어야 한다. 하지만 질소 충돌 실험으로 양성자가 발견된 것은 1919년의 일이고 유카와 히데키가 가설을 제기한 것은 1935년이다. 또한 양성자의 발견으로 인해 유카와 히데키가 중성자가 양성자를 잡아당기는 원리에 대해 제기한 가설이 입증되었다는 내용은 찾아볼 수 없다.

③ 4문단에서 채드윅은 전기적으로 중성이며 질량이 양성자와 비슷한 입자인 중성자를 발견했다고 하였다. 양성자가 핵 안에서 흩어지지 않는 이유를 설명하는 가설을 제안한 것은 유카와 히데키이다.

④ 2문단에 따르면, 19세기 말 톰슨은 전자를 발견하였다. 톰슨은 전자끼리 흩어지지 않고 원자의 형태를 유지하는 이유를 설명하기 위해 '건포도빵 모형'을 제안하였다. 3문단에서는 러더퍼드가 실험을 통해 양전기가 빵 반죽처럼 원자 전체에 퍼져 있는 것(건포도빵 모형)이 아니라 아주 좁은 구역에만 모여 있다는 것을 알게 되었고, 이 실험 결과를 바탕으로 '태양계 모형'을 제안하였다. 즉, 원자모형은 20세기 초에 원자핵이 발견됨으로써 '건포도빵' 모형에서 '태양계 모형'으로 수정되었다.

⑤ 3문단에 따르면, 러더퍼드의 실험에서 알파 입자는 금박의 일부 지점들을 통과하지 못하고 튕겨 나갔는데, 러더퍼드는 이 실험을 통해서 양전기가 원자 전체에 퍼져 있는 것이 아니라 아주 좁은 일부 구역에만 모여 있다는 것을 알게 되었다고 하였다.

03 어휘의 문맥적 의미 파악

정답 코칭

① ㉠'고르다'는 '여럿이 다 높낮이, 크기, 양 따위의 차이가 없이 한결같다.'의 의미로 사용되었다. ①의 '고르다' 역시 이와 유사한 의미로 쓰였다.

오답 코칭

② ㉠'고르다'는 '여럿이 다 높낮이, 크기, 양 따위의 차이가 없이 한결같다.'의 의미로 사용되었다. ②의 '고르다'는 '여럿 중에서 가려내거나 뽑다.'의 의미로 쓰였다.

③ ㉠'고르다'는 '여럿이 다 높낮이, 크기, 양 따위의 차이가 없이 한결같다.'의 의미로 사용되었다. ③의 '고르다'는 '붓이나 악기의 줄 따위가 제 기능을 발휘하도록 다듬거나 손질하다.'의 의미로 사용되었다.

④ ㉠'고르다'는 '여럿이 다 높낮이, 크기, 양 따위의 차이가 없이 한결같다.'의 의미로 사용되었다. ④의 '고르다'는 '울퉁불퉁한 것을 평평하게

⑤ ㉠'고르다'는 '여럿이 다 높낮이, 크기, 양 따위의 차이가 없이 한결같다.'의 의미로 사용되었다. ⑤의 '고르다'는 '상태가 정상적으로 순조롭다.'의 의미로 사용되었다.

구조 트레이닝 ZONE
p. 242

1	양전기	8	수소
2	전자	9	양성자
3	통과	10	중성자
4	원자핵	11	중성
5	공전	12	중간자
6	스펙트럼	13	핵력
7	핵 주위		

호루라기 관장님의 어휘 트레이닝
p. 243

01	전극	01	고르
02	수용	02	가열
03	가열	03	근원
04	원자	04	정교
05	전하	05	반발
06	근원	06	실체, 실체
07	입자	07	규명
08	규명	08	수용
09	정교하다	09	공유
10	제안	10	제안
11	반발		
12	실체		
13	인력		
14	친화력		
15	공유		
16	고르다		
17	화합물		
18	스펙트럼		
19	가설		
20	속박		
21	전지		
22	궤도		

21 데이터 전송 기술

지문이 읽히는 독해 코칭
p. 246

1	전송	8	나머지
2	패리티	9	0
3	동시	10	1
4	위치	11	작은
5	2차원	12	오류 검출
6	짝수	13	동일한
7	생성 부호		

구조 트레이닝 ZONE
p. 247

1	패리티 비트	8	모듈로-2
2	짝수	9	작은
3	위치	10	오류 검출
4	2차원	11	뒤
5	위치	12	생성 부호
6	짝수	13	오류
7	생성 부호		

내용 트레이닝 ZONE
p. 247

1	X	8	X
2	X	9	○
3	X	10	X
4	○	11	○
5	○	12	X
6	○	13	X
7	○		

워밍-UP
p. 248

01 ②	02 ④	03 ④

01 핵심 정보의 비교

정답 코칭

② 1문단에 따르면, 컴퓨터 네트워크에서 데이터가 전송될 때 수신된 데이터상에 오류를 검출하기 위해 송신기는 오류 검출 부호를 포함한 데이터를 전송하고 수신기는 수신한 데이터를 검사하여 오류가 있으면 재전송을 요청한다고 하였다. 즉, ㉠'패리티 검사'와 ㉡'CRC 방식' 모두 송신기에서는 오류 검출 부호를 포함한 데이터를 전송하고, 수신기에서 오류를 검사하는 것이다.

오답 코칭

① ㉠'패리티 검사'는 데이터에 포함된 1의 개수가 짝수나 홀수가 되도록 오류 검출 부호인 패리티 비트를 생성하고 이를 통해 오류를 검사한다. 하지만 ㉡'CRC 방식'은 모듈로-2 연산을 통해 오류 검출 부호를 생성한다.

③ 1문단에서 송신기는 오류 검출 부호를 포함한 데이터를 전송하는 역할을 하고, 수신기는 수신한 데이터를 검사하여 오류가 있는지 판단하고 오류가 있으면 재전송을 요청한다고 하였다.

④ ㉠'패리티 검사'는 전송할 데이터에 패리티 비트라는 오류 검출 부호를 추가하는 방법이고, ㉡'CRC 방식'은 전송할 데이터를 미리 선택된 생성 부호로 나누어서 오류 검출 부호를 생성하는 방식이라고 하였으므로, 두 경우 모두 데이터를 전송하기 전에 오류 검출 부호를 생성해야 함을 알 수 있다.

⑤ ㉠'패리티 검사'는 짝수 패리티인지 홀수 패리티인지에 따라, ㉡'CRC 방식'은 생성 부호가 무엇이냐에 따라 전송할 데이터가 같더라도 오류 검출 부호가 달라질 수 있다.

02 구체적 상황에 적용

④ 〈보기〉에서 홀수 패리티를 활용했다고 하였으므로, 각 행과 열에서 1의 개수가 홀수라면 수신기는 데이터에 오류가 없다고 판단할 것이고, 1의 개수가 짝수라면 수신기는 데이터에 오류가 있다고 판단할 것이다. 만약에 ⓑ가 0으로 바뀌어서 수신되었다면 두 번째 행은 1의 개수가 5개로 홀수가 되므로 오류가 없다고 판단할 것이지만, 일곱 번째 열은 1의 개수가 2개로 짝수가 되므로 오류가 있다고 판단할 것이다. 따라서 수신한 데이터에서 ⓑ가 0으로 바뀌어서 수신되었더라도 오류의 발생 여부를 검출할 수 있다.

① 첫 번째 행은 패리티 비트를 포함한 데이터의 1의 개수가 3개로, 홀수이다. 홀수 패리티를 활용한 것이므로 수신기는 오류가 없다고 판단했을 것이다.

② 여섯 번째 열은 패리티 비트를 포함한 데이터의 1의 개수가 1개로 홀수이므로, 홀수 패리티를 활용하였을 때 오류가 없다고 판단했을 것이다.

③ ⓐ가 포함된 행과 열을 볼 때, 패리티 비트를 포함한 데이터의 1의 개수는 행에서 6개, 열에서 2개로 모두 짝수이다. 홀수 패리티를 활용하였을 때 1의 개수가 짝수라는 것은 오류가 발생했음을 의미하므로, 수신기는 1의 개수가 짝수인 두 번째 행과 세 번째 열의 교차점인 ⓐ에서 오류가 발생했다고 판단했을 것이다.

⑤ 짝수 패리티를 활용했다면, 송신기는 ⓒ를 각 행과 열에서 1의 개수가 짝수가 되도록 생성해야 한다. 이때 패리티 비트는 전송할 데이터를 기준으로 만들게 되는데, 〈보기〉의 데이터에서 ⓐ는 오류가 있으므로 3열의 1의 개수는 홀수가 되어야 한다. 따라서 이를 고려하면 ⓒ는 1010110이 될 것이다.

03 구체적 상황에 적용

④ 수신기가 오류 여부를 판단하는 기준은 모듈로-2 연산의 몫이 아니라 나머지가 0인지의 여부이다. ⓒ은 오류 검출 부호를 포함한 데이터 값이다. 이를 송신기와 동일한 생성 부호로 나눈다면 수신한 데이터는 전송할 데이터에 나머지를 추가했으므로 오류가 없을 경우 나머지가 0이 된다. 따라서 수신기가 연산한 몫이 송신기가 전송한 데이터와 동일하기 때문에 오류가 없다고 판단한다는 것은 적절하지 않다.

① 5문단에 따르면, 수신기는 수신한 데이터를 송신기와 동일한 생성 부호로 나눈다고 하였으므로 〈보기〉에서 생성 부호에 해당하는 것은 '1011'이다. 〈보기〉의 데이터 오류 검사 방식은 CRC 방식을 활용한 것이므로 해당 식은 모듈로-2 연산임을 알 수 있다.

② 5문단에서 송신기는 전송할 데이터의 오른쪽 끝에 생성 부호의 비트 수보다 하나 작은 비트 수만큼 0을 추가한 후 이를 생성 부호로 나누고 그 나머지가 오류 검출 부호가 된다고 하였다. 송신기는 오류 검출 부호를 포함한 데이터를 전송하는데, 〈보기〉에서는 수신기가 수신한 데이터의 끝 3자리가 송신기에서 생성한 오류 검출 부호임을 알 수 있다.

③ 5문단에 따르면, 송신기가 모듈로-2 연산을 할 때는 전송할 데이터의 오른쪽 끝에 생성 부호의 비트수보다 하나 작은 비트수만큼 0을 추가한 후 이를 생성 부호로 나누게 된다. 하지만 수신기가 모듈로-2 연산을 할 때는 수신한 데이터를 송신기와 같은 생성 부호로 나누기만 하면 된다.

⑤ 5문단에 따르면, 수신기는 수신한 데이터를 송신기와 동일한 생성 부호로 나누는데, 나머지가 0이 아니면 수신한 데이터에 오류가 있다고 판단한다. 1문단에서는 수신기는 수신한 데이터를 검사하여 오류를 발견하면 재전송을 요청한다고 하였다.

펌핑-UP

p. 250

지문이 읽히는 독해 코칭

1	기호들	**7**	잉여 정보
2	크기	**8**	0
3	최댓값	**9**	1
4	부호	**10**	유지
5	엔트로피	**11**	변화
6	많은		

01 ② **02** ② **03** ⑤ **04** ④

01 세부 정보의 파악

② 2문단에서 전송된 부호를 수신기에서 원래의 기호로 복원하려면 부호들의 평균 비트 수가 기호 집합의 엔트로피보다 크거나 같아야 한다고 하였다. 따라서 수신기에는 전송된 부호를 기호로 복원하는 기능이 있음을 알 수 있다.

① 1문단을 통해 영상, 문자 등은 기호 집합에 있는 기호들의 조합인 데이터임을 알 수 있다. 그리고 2문단에서 소스 부호화는 데이터를 압축하기 위해 기호를 부호로 변환하는 과정이라고 하였다. 따라서 영상 데이터는 채널 부호화가 아니라 소스 부호화 과정에서 압축되는 것이다.

③ 3문단에서 채널의 잡음으로 인해 오류가 발생하는 문제를 해결하기 위해 잉여 정보를 추가한다고 하였다. 따라서 잉여 정보는 데이터를 압축하기 위해 추가한 정보가 아니라 오류 문제를 해결하기 위해 추가한 정보이다.

④ 3문단에서 송신기에서 부호를 전송하면 채널의 잡음으로 인해 오류가 발생한다고 하였다. 또 1문단에서 영상, 문자 등인 데이터는 부호화 과정을 거쳐 전송된다고 하였다. 따라서 영상을 전송할 때도 잡음으로 인한 오류가 발생할 수 있음을 알 수 있다.

⑤ 2문단에서 소스 부호화는 데이터를 압축하기 위해 기호를 0과 1로 이루어진 부호로 변환하는 과정이라고 하였고, 3문단에서 채널 부호화는 오류를 검출하고 정정하기 위해 부호에 잉여 정보를 추가하는 과정이라고 하였다. 따라서 전송할 기호에 잉여 정보를 추가하여 오류를 검출하고 정정하기 위한 과정은 소스 부호화가 아니라 채널 부호화이다.

02 세부 정보의 추론

② 기호 집합의 평균 정보량을 기호 집합의 엔트로피라고 하는데, 모든 기호들이 동일한 발생 확률을 가질 때 그 기호 집합의 엔트로피는 최댓값을 갖는다고 하였다. 즉, 기호 집합에서는 기호들의 발생 확률이 모두 같을 때 평균 정보량이 최댓값이 된다. 따라서 기호들의 발생 확률이 각각 1/4, 3/4으로 서로 다를 경우에는 평균 정보량이 최댓값이 될 수 없다.

① 기호 집합에서 특정 기호의 발생 확률이 높으면 그 기호의 정보량은 적고, 발생 확률이 낮으면 그 기호의 정보량은 많다고 하였다. 따라서 기호들의 발생 확률이 모두 1/2인 경우, 각 기호의 정보량은 동일할 것이다.

③ 기호 집합에서 특정 기호의 발생 확률이 높으면 그 기호의 정보량은 적고, 발생 확률이 낮으면 그 기호의 정보량은 많다고 하였다. 따라서 기호들의 발생 확률이 각각 1/4, 3/4인 경우, 발생 확률이 1/4인 기호가 발생 확률이 3/4인 기호보다 기호의 정보량이 더 많음을 알 수 있다.

④ 1문단에서 모든 기호들이 동일한 발생 확률을 가질 때 그 기호 집합의 엔트로피는 최댓값을 갖는다고 하였다. 그리고 2문단에서 기호 집합의 엔트로피는 기호 집합에 있는 기호를 부호로 표현하는 데 필요한 평균 비트 수의 최솟값이라고 하였다. 따라서 기호들의 발생 확률이 모두 1/2로 같을 때, 기호를 부호화하는 데 필요한 평균 비트 수의 최솟값(기호 집합의 엔트로피)이 최대가 됨을 알 수 있다.

⑤ 기호 집합의 평균 정보량을 기호 집합의 엔트로피라고 하였는데, 평균 정보량은 각 기호의 발생 확률과 정보량을 서로 곱하여 모두 더한 것이라고 하였다. 또 기호 집합에서 특정 기호의 발생 확률이 높으면 그 기호의 정보량은 적고, 발생 확률이 낮으면 그 기호의 정보량은 많다고 하였으므로, 기호의 발생 확률과 정보량은 반비례함을 알 수 있다. 따라서 기호들의 발생 확률이 각각 1/4, 3/4인 기호 집합의 엔트로피는 기호들의 발생 확률이 각각 3/4, 1/4인 기호 집합의 엔트로피와 같다고 할 수 있다.

03 세부 내용 추론

⑤ 삼중 반복 부호화는 3개의 비트 중 0이 과반수인 경우에는 0으로 판단하고, 1이 과반수인 경우에는 1로 판단한다. 그래서 하나의 비트에서 오류가 생길 경우에는 여전히 2개의 비트가 과반을 차지하므로 오

류가 정정될 수 있다. 그러나 두 개의 비트에 오류가 있다면 오류는 정정되지 않는다.

① 부호를 전기 신호로 변환하는 선 부호화는 송신기에서 이루어진다. 수신기에서는 송신기와 동일한 기준 신호를 사용하여 전기 신호를 원래의 부호로 변환한다.

② 특정 기호의 발생 확률과 그 기호의 정보량은 반비례한다. 따라서 기호의 정보량이 많으면 그 기호의 발생 확률은 낮다고 할 수 있다. 허프만 부호화에서는 기호의 발생 확률이 낮은 기호에는 비트 수가 많은 부호를 할당한다. 따라서 허프만 부호화에서는 정보량이 많은 기호에 상대적으로 비트 수가 많은 부호를 할당한다고 할 수 있다.

③ 채널 부호화에서는 오류를 검출하고 정정하기 위해 부호에 잉여 정보를 덧붙여 전송한다. 채널 부호화를 거친 부호들은 부호들을 전기 신호로 변환하는 선 부호화 과정을 거치게 되는데, 이때 잉여 정보를 제거하면 채널의 잡음으로 인한 오류를 정정할 수 없게 된다.

④ 부호율은 채널 부호화를 하기 전 부호의 비트 수를 채널 부호화를 한 후 부호의 비트 수로 나눈 것이다. 따라서 채널 부호화 과정에서 부호에 일정 수준 이상의 잉여 정보를 추가하면 부호율은 1보다 작아진다.

04 구체적 상황에 적용

④ '비'의 부호는 '10'이므로 이를 삼중 반복 부호화하면 '111000'이 된다. 차동 부호화는 부호의 비트가 0이면 전압을 유지하고 1이면 전압을 변화시킨다고 하였으므로 기준 신호가 양의 전압이면 '111000'은 '음, 양, 음, 음, 음, 음'의 전압을 갖는 전기 신호로 변환된다.

① 기호 집합의 엔트로피는 기호 집합에 있는 기호를 부호로 표현하는 데 필요한 평균 비트 수의 최솟값이라고 하였다. 기호 집합 '맑음, 흐림, 비, 눈'에 있는 기호를 부호로 나타내면 00, 01, 10, 11과 같이 모두 2비트의 부호로 표시된다. 따라서 평균 비트 수의 최솟값, 즉 기호 집합의 엔트로피는 2라고 할 수 있다. 기호 집합의 모든 기호들이 동일한 발생 확률을 가질 때, 기호 집합의 엔트로피는 최댓값을 갖게 된다고 하였는데, 4가지 날씨의 발생 확률이 모두 같다고 하였으므로, 이 기호 집합의 엔트로피는 최댓값을 갖게 된다는 것을 알 수 있다. 앞에서 이 기호 집합의 엔트로피가 2라고 하였으므로, 2가 엔트로피의 최댓값이라 할 수 있다. 따라서 기호 집합 맑음, 흐림, 비, 눈의 엔트로피가 2보다 크다고 진술하는 것은 적절하지 않다.

② 엔트로피 부호화를 통해 4일 동안의 날씨 데이터 '흐림비맑음흐림'은 '01100001'로 바뀐다.

③ 삼중 반복 부호화로 부호화한 경우 수신기에서는 수신한 부호에 0이 과반수인 경우에는 0으로 판단하고, 1이 과반수인 경우에는 1로 판단한다. 따라서 특정 날씨의 부호가 '110001'인 것은 '10'으로, '101100'도 '10'으로 판단할 것이다.

⑤ 기준 신호가 양의 전압일 경우 수신기에서 '음, 음, 음, 양, 양, 양'을 수신했다면 이는 '100100'을 전기 신호로 변환한 것이다. 이를 다시 삼중 반복 부호화에 대입하면 '00'이 되므로 '맑음'으로 판단해야 적절하다.

p. 252

1	압축	**7**	0
2	기호 집합	**8**	1
3	적은	**9**	전압
4	많은	**10**	기준
5	잉여	**11**	유지
6	000	**12**	변화

벌크-UP

p. 253

01 ④	**02** ①	**03** ④	**04** ①

01 세부 정보의 파악

정답 코칭

④ 2문단에서 00, 11의 2진수 수치의 차이는 3이라고 하였다. 한편 00과 11의 해밍 거리는 2라고 하였다. 따라서 00과 11의 2진수 수치 차이와 해밍 거리는 같은 값이라 할 수 없다.

오답 코칭

① 2문단에서 데이터 간의 거리는 수치의 차로 표현할 수 있다고 하였다.

② 1문단에서 거리는 추상적인 성질이나 가치에 대한 차이를 나타내는 척도로도 사용될 수 있다고 하였다.

③ 1문단에서 거리는 두 개의 지점이 공간적으로 떨어진 정도를 나타내는 물리적 개념이라고 하였다.

⑤ 2문단에서 데이터가 표현하려는 정보에 따라 측정 방법이 다르다고 하였다.

02 핵심 정보의 이해

정답 코칭

① 3문단에서 통신이나 저장 과정에서 발생하는 오류를 검출하여 수정하기 위해 송신자는 고정된 원시 부호에 확인 부호를 덧붙인다고 하였다. 5문단에서는 원시 부호에 확인 부호를 충분히 덧붙일수록 전송 부호들 간의 최소 해밍 거리도 함께 멀어지며, 이에 따라 보내야 하는 데이터의 양이 늘어난다고 하였다.

오답 코칭

② 1비트의 원시 부호 0과 1로 송수신한다고 할 때, 두 부호 간의 최소 해밍 거리는 1이다. 3문단에서는 이때 송신자가 어떤 데이터를 보냈는지를 알 수 없으므로 오류가 발생하더라도 오류가 있는지 알 수 없다고 하였다.

③ 해밍 거리는 두 부호의 같은 자리에 있는 서로 다른 문자의 개수로 나타낸다고 하였다. 따라서 두 전송 부호의 같은 자리에 같은 문자의 개수가 많을수록 해밍 거리는 가까워진다.

④ 덧붙이는 부호가 많아지면 전송 부호의 길이가 길어지므로 전송 부호들 간의 최대 해밍 거리도 멀어진다.

⑤ 일반적으로 전송 부호들 간의 최소 해밍 거리가 가까워질수록 원시 부호에 덧붙는 확인 부호는 줄어든다. 확인 부호가 줄어든다는 것은 보내야 하는 데이터의 양이 줄어드는 것을 의미하므로 전송 효율은 높아진다고 할 수 있다.

03 구체적 상황에 적용

정답 코칭

④ 확인 부호(p, q)는 원시 부호(x)에 대하여 1의 개수가 짝수가 되어야 한다는 규칙에 따라 송신자가 보내려는 데이터는 000이거나 111이라는 것을 알 수 있다. 그런데 수신자가 011을 수신했다면 원시 부호(x)에 오류가 발생했거나 혹은 확인 부호(p, q)에 오류가 발생한 것으로 볼 수 있다. 만약 확인 부호(p, q)에 오류가 발생했다면, 한 자리의 오류만 있다고 가정한 [A]에 어긋나게 되므로 오류는 원시 부호(x) 한 자리에서 발생한 것으로 보아야 한다.

오답 코칭

① 해밍 거리는 두 부호의 같은 자리에 있는 서로 다른 문자의 개수로 나타낸다고 하였다. [A]와 〈보기〉에서 송신자가 보내려는 데이터는, 원시 부호(x)에 확인 부호 p와 q를 덧붙인 3비트 단위의 전송 부호로써 000 또는 111이다. 두 부호의 해밍 거리는 3이다.

② 확인 부호(p, q)는 원시 부호(x)에 대하여 1의 개수가 짝수가 되어야 한다는 규칙에 따라, 수신자는 수신한 데이터 010의 p에 오류가 있으므로, p자리 를 1로 표현하여 000으로 판단할 것이다.

③ 확인 부호(p, q)는 원시 부호(x)에 대하여 1의 개수가 짝수가 되어야 한다는 규칙에 따라, 수신자가 수신한 데이터 110이나 101은 0을 1로 수정하여 모두 11로 판단할 것이다.

⑤ 확인 부호(p, q)는 원시 부호(x)에 대하여 1의 개수가 짝수가 되어야 한다는 규칙에 따라, 수신자는 수신한 데이터 111의 p와 q에 오류가 없으므로 p자리 와 q자리 를 0으로 표현할 것이다.

04 어휘의 문맥적 의미 파악

정답 코칭

① ⓐ'떨어지다'와 ①의 '떨어지다'는 모두 '일정한 거리를 두고 있다.'라는 의미로 쓰였다.

오답 코칭

② '해나 달이 서쪽으로 지다.'의 의미로 쓰였다.

③ '다른 것보다 수준이 처지거나 못하다.'의 의미로 쓰였다.

④ '갈라지거나 떼어지다.'의 의미로 쓰였다.

⑤ '이익이 남다.'의 의미로 쓰였다.

01 생성		01 과반수	
02 과반수		02 확률	
03 복원		03 전송	
04 할당		04 수신	
05 통신		05 생성	
06 효율		06 배열	
07 척도		07 오류	
08 물리적		08 할당	
09 배열		09 부호	
10 연산		10 추상	
11 정정			
12 원시			
13 부호			
14 전송			
15 수신			
16 확률			
17 부호화			
18 전압			
19 송신			
20 검출			
21 추상적			
22 오류			

기술 22 측정 기술

🔊 **지문**이 읽히는 **독해** 코칭　　　p. 256

1 좁은		8 가속
2 적외선		9 궤도
3 파장 가변성		10 방사광
4 반비례		11 전자
5 저장링		12 파장
6 광전효과		13 진공
7 전기적		14 내부

구조 **트레이닝 ZONE**　　　p. 257

1 접선		8 직선
2 파장 가변성		9 방향
3 휘도		10 에너지
4 가속		11 파장
5 광전효과		12 진공 자외선
6 전기적		13 X선
7 모서리			

내용 **트레이닝 ZONE**　　　p. 257

01 ○		09 ○
02 X		10 ○
03 X		11 X
04 X		12 X
05 ○		13 ○
06 X		14 ○
07 X		15 X
08 ○			

🏃 워밍-UP　　　p. 258

01 ⑤　　02 ②　　03 ③　　04 ⑤

01 세부 정보의 파악

정답 코칭

⑤ 3문단에서 전자총은 고유한 파장을 가진 금속에 그 파장보다 짧은 파장의 빛을 가하면 전자가 방출되는 광전효과를 활용한다고 하였다. 따라서 금속의 고유한 파장보다 긴 파장의 빛을 금속에 쏘면 전자를 방출시킬 수 있다는 것은 적절하지 않다.

오답 코칭

① 5문단에서 빔라인은 실험 목적에 맞도록 방사광에서 원하는 파장을 분리시켜 실험에 이용하는 장치로, 크게 진공 자외선 빔라인과 X선 빔라인으로 나눌 수 있다고 하였다.

② 4문단에서 저장링은 일반적으로 n각형 모양으로 설계하여 n개의 직선 부분과 n개의 모서리 부분으로 이루어져 있으며, 저장링의 모서리 부분에는 휨전자석을 설치한다고 하였다. 즉 휨전자석은 저장링의 모서리 부분에 설치되므로, 휨전자석의 개수는 저장링에 모양에 따라 달라질 수 있다.

③ 2문단에서 휘도란 빛의 집중 정도를 나타내는 것으로, 빛의 세기가 크면 클수록, 그리고 빛의 퍼짐이 작으면 작을수록 높은 휘도 값을 갖는다고 하였다.

④ 3문단에서 선형가속기에서는 음(−)전하를 띤 전자가 양(+)전하를 띤 양극 쪽으로 움직이려는 전기적인 힘의 원리를 활용한다고 하였다. 따라서 전자는 양전하를 띤 양극 쪽으로 움직이려는 전기적인 힘이 있음을 알 수 있다.

02 핵심 정보의 파악

정답 코칭

② 1문단에서 방사광이란 빛의 속도에 가깝게 빠른 속도로 운동하는 전자가 방향을 바꿀 때, 바뀐 운동 궤도 곡선의 접선 방향으로 방출되는 좁은 퍼짐의 전자기파를 가리킨다고 하였다. 또한 3문단에서 방사광은 연구에 활용하기 위해 방사광가속기를 사용해 인위적으로 만드는데, 선형가속기에서는 전자가 양(+) 전하를 띤 양극 쪽으로 움직이려는 전기적인 힘의 원리를 활용하여 전자를 가속시킨다고 하였다. 따라서 방사광가속기에서 가속시키는 것은 전자기파인 방사광이 아니라 전자이다.

① 2문단에서 방사광은 실험 목적에 따라 파장을 선택하여 사용할 수 있는 파장 가변성을 지닌다고 하였다.

③ 3문단에서 방사광은 자연에서는 별이 수명을 다해 폭발할 때 발생하기도 하지만, 이를 연구에 활용하는 것은 어려우므로 고성능 슈퍼 현미경이라고도 불리는 방사광가속기를 사용해 인위적으로 만들어 사용한다고 하였다.

④ 2문단에서 방사광은 휘도가 높은 빛이며, 방사광에서 실험을 위해 선택된 X선은, 기존에 쓰던 X선보다 휘도가 수만 배 이상이라서 이를 활용하면 물질의 정보를 보다 자세하게 얻을 수 있다고 하였다.

⑤ 1문단에서 방사광은 빛의 속도에 가깝게 빠른 속도로 운동하는 전자가 방향을 바꿀 때, 바뀐 운동 궤도 곡선의 접선 방향으로 방출되는 좁은 퍼짐의 전자기파를 가리킨다고 하였다.

03 자료를 활용한 내용 이해

③ 4문단에서 ⑩에서 중첩되어 진폭이 커진 방사광은, ⑪에서 방출된 방사광보다 큰 에너지를 지닌 더 밝은 방사광이 된다고 하였으므로 적절하지 않다.

① 3문단에서 ⑭는 광전효과를 활용하여 지속적으로 전자를 방출시키는데, 이때 방출되는 전자는 상대적으로 속도가 느려 높은 에너지를 가지지 못하므로, ⑮에서 전자를 가속시켜 전자가 빛의 속도에 근접하게 된다고 하였다.

② 4문단에서 ⑪를 설치하여 전자가 지속적으로 궤도를 따라 회전할 수 있도록 하고, 전자는 ⑪를 지나면서 궤도를 따라 지속적으로 회전하게 된다고 하였다.

④ 4문단에서 ⑪와 ⑩를 통과하며 방사광을 방출한 전자는 에너지를 잃게 되고, ⑯는 이러한 전자에 에너지를 보충하여 전자가 계속 궤도를 돌게 한다고 하였다.

⑤ 5문단에서 빔라인은 실험 목적에 맞도록 방사광에서 원하는 파장을 분리시켜 실험에 이용하는 장치로, ⑰와 X선 빔라인으로 나눌 수 있다고 하였다.

04 어휘의 문맥적 의미 파악

⑤ ⓐ와 ⑤에서 '지니다'는 '바탕으로 갖추고 있다.'라는 의미로 사용되었다.

① '지니다'가 '몸에 간직하여 가지다.'라는 의미로 사용되었다.

② '지니다'가 '어떠한 일 따위를 맡아 가지다.'라는 의미로 사용되었다.

③ '지니다'가 '본래의 모양을 그대로 간직하다.'라는 의미로 사용되었다.

④ '지니다'가 '기억하여 잊지 않고 새겨 두다.'라는 의미로 사용되었다.

지문이 읽히는 독해 코칭

1	영상화	7	동시검출응답선
2	분포	8	동시
3	몸속	9	불가능
4	비정상세포	10	최대
5	양전자	11	산란계수
6	감마선	12	랜덤계수

01 ③   **02** ②   **03** ⑤   **04** ④

01 세부 정보의 파악

③ 4문단에 따르면, PET 스캐너는 감마선을 방출하는 것이 아니라 검출하는 장비이다.

① 1문단에서 PET는 세포의 대사량 등 인체의 정보를 확인하기 위해 몸속에 주입한 특정 물질과 비정상 세포의 반응을 이용한다고 하였다.

② 4문단에 따르면, 180도로 방출된 한 쌍의 감마선은 각각의 진행 방향에 있는 검출기에 도달하게 하는데, 한 쌍의 감마선이 도달한 검출기의 두 지점을 잇는 직선이 동시검출응답선이다.

④ 1문단에서 PET는 세포의 대사량 등 인체에 대한 정보를 확인하기 위해 몸속에 특정 물질을 주입하여 그 물질의 분포를 영상화하는 기술이라고 하였다.

⑤ 4문단에서 PET 스캐너는 수많은 검출기가 검사 대상을 원형으로 둘러싸고 있는 구조라고 하였다.

02 핵심 정보의 파악

② 2문단에서 방사성추적자는 대사량이 높아서 많은 에너지원을 필요로 하는 비정상 세포에 다량 흡수된다고 하였다. 세포의 대사량을 평소보다 높이는 기능을 하는지는 알 수 없다.

① 2문단에서 방사성추적자는 대사량이 높아서 많은 에너지원을 필요로 하는 비정상 세포에 다량 흡수된다고 하였다.

③ 2문단에서 방사성추적자는 일반 포도당과 유사해 비정상 세포에 다량 흡수되지만 세포의 에너지원으로 사용되지는 않는다고 하였다.

④ 2문단에서 일반적으로 PET에 사용되는 방사성추적자는 방사성 동위원소를 결합한 포도당 성분의 특정 물질로, 이는 특정한 원소 또는 물질의 이동 양상을 알아내기 위해 쓰인다고 하였다.

⑤ 2문단에서 방사성 추적자는 방사성 동위원소를 결합한 성분이라고 하였고, 또한 3문단에서 그 방사성 동위원소는 세포 내에서 붕괴되면서 양전자를 방출한다고 하였다.

03 미루어 알기

⑤ 4문단에서 한 쌍의 감마선이 각각의 검출기에 도달하는 시간에는 미

세한 차이가 발생하는데, 이는 몸의 어느 지점에서 감마선이 방출되었는지에 따라 검출기까지의 거리가 달라지기 때문이라고 하였다. 즉 감마선의 방출 지점에 따라 한 쌍의 감마선이 각각의 검출기까지 이동하는 거리가 서로 다르다고 할 수 있고, 이로 인해 한 쌍의 감마선이 검출기에 동시에 도달하기 어렵다고 보는 것이다.

오답 코칭

① 방출된 감마선이 180도 방향으로 진행하는 것은 한 쌍의 감마선이 완전히 동시에 도달하는 것이 불가능한 직접적인 이유로 적절하지 않다.

② 양전자와 전자의 질량이 에너지로 바뀌는 것은 감마선이 방출되는 원인에 해당하므로, 한 쌍의 감마선이 검출기에 도달하는 데 발생하는 시간 차와는 무관하다.

③ 감마선이 PET 영상의 유효한 성분이 되기 위해서는 한 지점에서 방출된 한 쌍의 감마선이 PET 스캐너의 검출기로 동시에 도달해야 하는데 이 경우를 동시계수라고 하였다. 한 쌍의 감마선이 검출기에 완전히 동시에 도달하면 동시계수로 인정은 되겠지만, 그것은 현실적으로 불가능하다고 하였다. 문제에서는 동시계수가 불가능한 이유를 묻고 있는데, 그 이유를 동시계수 때문이라고 보는 것은 적절하지 않다.

④ 한 지점에서 방출된 한 쌍의 감마선이 아무런 방해를 받지 않고 동시계수 시간폭 내에 도달하는 참계수만이 유효한 영상 성분이 된다고 하였다. 따라서 한 쌍의 감마선 중 하나의 감마선으로는 PET 영상의 유효한 성분이 될 수 없다.

04 구체적 상황에 적용

정답 코칭

④ A는 검사 대상에서 방출된 감마선이 아무런 방해를 받지 않고 동시계수시간폭 안에 검출기에 도달한 경우이므로 참계수에 해당한다. B는 검사 대상에서 방출된 감마선 중 하나가 주변 물질과의 상호 작용으로 인해 진행 방향이 바뀌면서 검출기에 도달하는 시간이 달라졌지만, 동시계수시간폭 이내에 들었으므로 산란계수에 해당한다. 동시계수시간폭이 8ns이었더라도 B는 동시계수시간폭 내에 도달할 수 있으므로 산란계수로 볼 수 있다.

오답 코칭

① 한 지점에서 방출된 한 쌍의 감마선이 아무런 방해를 받지 않고 동시계수시간폭 내에 도달하는 것을 참계수라고 하는데, 〈보기〉에서 A는 인체에서 방출된 한 쌍의 감마선이 진행 방향이 바뀌지 않고 바로 검출기에 도달하고 있으므로, 참계수에 해당한다.

② 〈보기〉에서 B의 경우는 한 쌍의 감마선 중 하나가 중간에 진행 방향이 바뀌긴 하였지만, 검출기에 도달한 두 감마선의 시간 차는 7ns로 동시계수시간폭인 12ns 이내에 있다.

③ 〈보기〉에서 C의 경우는 각기 다른 두 점에서 방출된 감마선이 하나씩만 검출기에 도달하였음에도 불구하고 검출기에 도달한 두 감마선의 시간 차가 동시계수시간폭 이내이기 때문에 PET 영상에 유효한 성분이 될 수 없는 랜덤계수라고 할 수 있다.

⑤ 동시검출응답선은 한 쌍의 감마선이 도달한 검출기의 두 지점을 잇는 직선으로, B와 C의 경우는 실제 감마선의 방출 지점이 동시검출응답선 위에 존재하지 않는다. 〈보기〉에서 B는 산란계수, C는 랜덤계수에 해당한다.

벌크-UP   p. 263

01 ②   02 ③   03 ①   04 ⑤

01 세부 정보의 파악

정답 코칭

② 4문단에서 초고진공을 얻기 위해서 스퍼터 이온 펌프가 널리 쓰인다고 하였다.

오답 코칭

① 2문단에서 진공이란 기체 압력이 대기압보다 낮은 상태이며, 기체 압력이 낮을수록 진공도가 높다고 하였다. 따라서 진공은 대기압보다 진공도가 높은 상태이다.

③ 2문단에서 용이한 관찰을 위해 STM을 활용한 실험에서는 관찰하려고 하는 시료와 기체 분자의 접촉을 최대한 차단할 필요가 있다고 하였다. 그런데 3문단에서 단분자층 형성 시간은 시료의 표면과 충돌한 기체 분자들이 표면에 달라붙을 확률이 클수록, 단위 면적당 기체 분자의 충돌 빈도가 높을수록 짧다고 하였다. 따라서 STM을 이용한 관찰이 용이하기 위해서는 단분자층 형성 시간이 길수록 좋다.

④ 2문단에서 진공 통 내부의 온도가 일정하고 한 종류의 기체 분자만 존재할 경우, 기체 분자의 종류와 상관없이 통 내부의 기체 압력은 단위 부피당 떠돌아다니는 기체 분자의 수에 비례한다고 하였다. 따라서 기체 분자의 수는 기체 압력에 비례함을 알 수 있다.

⑤ 3문단에서 단분자층 형성 시간은 시료의 표면과 충돌한 기체 분자들이 표면에 달라붙을 확률이 클수록 짧다고 하였다.

02 핵심 정보의 파악

정답 코칭

③ 주사 터널링 현미경(STM)에서는 용이한 관찰을 위해 관찰하려고 하는 시료와 기체 분자의 접촉을 최대한 차단할 필요가 있으므로 진공 상태가 요구된다. 이때 진공이란 기체 압력이 대기압보다 낮은 상태를 통칭하며 기체 압력이 낮을수록 진공도가 높다. 따라서 시료의 관찰 가능 시간을 늘리려면 진공 통 안의 기체 압력을 낮추어야 한다.

오답 코칭

① 1문단에서 STM에서는 탐침과 시료 표면 간의 거리가 원자 단위 크기에서 변하더라도 전류의 크기가 민감하게 달라지게 되는데, 이 점을 이용하면 시료 표면의 높낮이를 원자 단위에서 측정할 수 있다고 하였다.

② 1문단에서 전류가 흐를 수 없는 시료의 표면 상태는 STM을 이용하여 관찰할 수 없다고 하였다.

④ 3문단에서 진공 통 내부에서 떠돌아다니던 기체 분자들이 관찰하려

는 시료의 표면에 달라붙어 한 층의 막을 형성하기까지 걸리는 시간을 단분자층 형성 시간이라고 하였다. 단분자층이 형성되면 시료 표면의 관찰이 어려워진다.

⑤ 1문단에서 탐침과 시료의 거리가 매우 가까우면 양자 역학적 터널링 효과에 의해 둘이 접촉하지 않아도 전류가 흐른다고 하였다.

03 세부 정보의 추론

① 4문단에 따르면, 자기장은 자석 때문에 생기는 것이므로, 고전압과 전자의 상호 작용으로 자기장을 만든다는 설명은 적절하지 않다.

② 4문단에서 양이온이 음극에 충돌하면서 떨어져 나온 타이타늄은 높은 화학 반응성 때문에 여러 기체 분자와 쉽게 반응하여, 떠돌아다니던 기체 분자를 흡착한다고 하였다.

③ 기체 분자에서 분리되는 과정에서 생긴 양이온은 전기력에 의해 음극으로 당겨진다고 하였다.

④ 기체 분자에서 분리되는 과정에서 생긴 양이온은 전기력에 의해 음극으로 당겨져 음극에 박히게 되어 이동 불가능한 상태가 된다고 하였다.

⑤ 4문단에서 음극에서 방출된 전자는 주변의 기체 분자와 충돌하여 기체 분자를 그것의 구성 요소인 양이온과 전자로 분리시킨다고 하였다.

04 구체적 상황에 적용

⑤ 3문단에 따르면, 시료의 표면과 충돌한 기체 분자들이 표면에 달라붙을 확률이 작을수록, 단위 면적당 기체 분자의 충돌 빈도가 낮을수록 단분자층 형성 시간은 길다. 그런데 〈보기〉에서는 기체 분자가 규소 표면과 충돌하여 달라붙을 확률은 기체의 종류와 관계없이 일정하다고 하였으므로, 단분자층 형성 시간이 길다면, 단위 면적당 기체 분자의 충돌 빈도가 낮다고 볼 수 있다. 또 기체 분자의 질량이 클수록 단분자층 형성 시간은 길어진다고 하였으므로, 기체 분자의 질량이 큰 E가 D에 비해 단분자층 형성 시간이 길다고 할 수 있다. 따라서 단분자층 형성 시간이 긴 E가 D보다 기체 분자의 충돌 빈도는 더 낮다는 것을 알 수 있다.

① A의 내부에 있는 기체는 질소로서 내부 온도 20℃, 기체 압력 10^{-9}토르이므로 3문단의 내용에 따라 단분자층 형성 시간이 대략 2,500초임을 알 수 있다.

② 2문단에서 기체 분자의 종류와 상관없이 통 내부의 기체 압력은 단위 부피당 떠돌아다니는 기체 분자의 수에 비례한다고 하였다. B의 단위 부피당 기체 분자 수는 A보다 적으므로 B 내부의 기체 압력은 A 내부의 기체 압력인 10^{-9}토르보다 낮을 것임을 알 수 있다.

③ 2문단에서 기체 압력이 낮을수록 진공도가 높으며 기체 분자의 종류와 상관없이 통 내부의 기체 압력은 단위 부피당 떠돌아다니는 기체 분자의 수에 비례한다고 하였다. 따라서 C의 단위 부피당 기체 분자 수가 B보다 많으므로 기체 압력도 높아서 C 내부의 진공도가 B 내부의 진공도보다 낮을 것임을 알 수 있다.

④ 3문단에서 고정된 온도에서 기체 분자의 질량이 크거나 기체의 압력이 낮을수록 단분자층 형성 시간이 길다고 하였다. D 내부의 기체인 산소가 A 내부 기체인 질소보다 분자의 질량이 크므로 D 내부에서의 단분자층 형성 시간은 A의 경우보다 길 것임을 알 수 있다.

p. 265

01 다량	01 수명
02 첨예하다	02 시료
03 유효	03 보충
04 수명	04 미세
05 보충	05 주입
06 중첩	06 활용
07 주입	07 유효
08 도달	08 양상
09 양상	09 파장, 파장
10 분포	10 가변성
11 미세	
12 가변성	
13 활용	
14 시료	
15 탐침	
16 휘도	
17 곡선	
18 파장	
19 도체	
20 주기적	
21 접선	
22 대사	

23 딥러닝

지문이 읽히는 독해 코칭
p. 266

1	퍼셉트론	8	정답
2	0	9	1
3	1	10	0
4	입력	11	출력값
5	입력값	12	오차
6	수치화	13	가중치
7	하나	14	0

구조 트레이닝 ZONE
p. 267

1	가중합	6	입력 단자
2	0	7	오차값
3	1	8	가중치들
4	입력층	9	0
5	출력층	10	판정 단계

내용 트레이닝 ZONE
p. 267

01	X	08	X
02	○	09	○
03	X	10	○
04	X	11	○
05	○	12	X
06	X	13	○
07	○	14	X

워밍-UP
p. 268

01 ③	02 ⑤	03 ③	04 ③

01 정보 간의 의미 관계 파악

정답 코칭

③ ⓔ'임계치'는 고정된 값이라고 하였으므로 ⓓ'가중치'가 변한다고 해서 변하는 값이 아니다.

오답 코칭

① 1문단에서 ⓐ'인공 신경망'에서는 뉴런의 기능을 수학적으로 모델링한 ⓑ'퍼셉트론'을 기본 단위로 사용한다고 하였다.

② 2문단에서 퍼셉트론은 여러 개의 입력 단자, 이 값을 처리하는 부분, 한 개의 출력 단자로 구성되어 있다고 하였다. 따라서 ⓒ'입력 단자'는 ⓑ'퍼셉트론'을 구성하는 요소 중 하나라고 할 수 있다.

④ 가중합이 고정된 임계치보다 작으면 0, 그렇지 않으면 1과 같은 방식으로 출력값을 내보내므로 ⓔ'임계치'는 ⓕ'출력값'을 결정하는 기준이 된다고 할 수 있다.

⑤ 인공 신경망은 학습하는 과정에서 출력값을 구한 뒤 정답에 해당하는 값에서 출력값을 뺀 값인 오차 값을 구하는데, 이것이 가중치들에

더해지는 방식으로 갱신된다고 하였다. 따라서 ⓕ'출력값'은 ⓓ'가중치'의 변화에 영향을 미친다고 볼 수 있다.

02 세부 정보의 파악

정답 코칭

⑤ 5문단에서 가중치의 갱신은 출력층의 출력 단자에서 입력층의 입력 단자 방향으로 되돌아가면서 이루어진다고 하였다.

오답 코칭

① 2문단에서 퍼셉트론은 여러 개의 입력 단자와 한 개의 출력 단자로 구성되어 있다고 하였다.

② 5문단에서 제공된 정답에 해당하는 값에서 출력값을 뺀 값이 오차 값이라고 하였으므로 출력층의 출력값이 정답에 해당하는 값과 같으면 오차 값은 0이다.

③ 3문단에서는 퍼셉트론의 한 계층에서 출력된 신호가 다음 계층에 있는 퍼셉트론의 입력 단자에 입력값으로 입력된다고 하였다.

④ 1문단에서 퍼셉트론은 인간 신경 조직의 기본 단위인 뉴런의 기능을 수학적으로 모델링한 것이라고 하였다.

03 세부 정보의 추론

정답 코칭

③ 4문단에서 사과 사진에 나타난 특징인 색깔과 형태를 수치화하여 인공 신경망에 제공할 때에는 하나의 학습 데이터로 묶어서 제공해야 한다고 하였다.

오답 코칭

① 5문단에서 판정의 오류를 줄이기 위해서는 학습 단계에서 대상들의 변별적 특징이 잘 반영되어 있는 서로 다른 학습 데이터를 사용하는 것이 좋다고 하였다.

② 4문단에서 같은 범주에 속하는 입력값은 동일한 입력 단자를 통해 들어가도록 해야 한다고 하였으므로 색깔과 형태라는 두 범주를 입력하기 위해서는 두 개의 입력 단자를 사용해야 한다.

04 구체적 상황에 적용

정답 코칭

③ 5문단에서 학습 단계에서는 출력값과 정답에 해당하는 값의 차이가 줄어들도록 가중치들이 갱신되는데, 즉 오차 값의 일부가 출력층의 출력 단자에서 입력층의 입력 단자 방향으로 되돌아가면서 각 계층의 퍼셉트론별로 출력 신호를 만드는 데 관여한 모든 가중치들에 더해지는 방식으로 가중치들이 갱신되는 것이라고 하였다. 따라서 [B]로 한 번 학습시키고 나면 가중치 W_a, W_b, W_c가 모두 늘어나 있을 것이다.

오답 코칭

① 5문단에서 판정 단계는 학습 단계를 마친 뒤에 전환한다고 하였다. 따라서 판정 단계를 먼저 거쳐야 한다는 설명은 적절하지 않다.

② 〈보기〉에서 가중합이 임계치 1보다 작으면 0을, 그렇지 않으면 1을 출력한다고 하였다. 따라서 퍼셉트론이 1을 출력한다면 가중합이 1보다 작지 않다고 볼 수 있다.

④ 여러 차례 반복해서 학습시키면 가중치들이 갱신되어 오차 값이 줄어들게 되므로 출력값은 정답 값인 1에 수렴할 것이다.

⑤ [B]의 학습 데이터를 한 번 입력하면 가중치를 입력값에 곱한 값들을 모두 합한 가중합은 '(0.5X1)+(0.5X0)+(0.1X1)=0.6'이 된다. 이는 임계치인 1보다 작으므로 출력값은 0이 된다.

펌핑-UP

p. 270

지문이 읽히는 독해 코칭

1	높은	**8**	객체
2	인공신경망	**9**	가짓수
3	중심점	**10**	경계
4	폭	**11**	동일한
5	높이	**12**	낮은
6	확률값	**13**	다른
7	특정	**14**	모두

01 ②　　**02** ④

01 구체적 상황에 적용

정답 코칭

② 3문단에서 P_c와 C의 곱으로 나타내는 신뢰도 점수는 해당 경계 상자에 특정 객체가 존재할 확률값이며, 경계 상자의 위치와 객체의 판별이 얼마나 정확한지를 나타낸다고 하였다. 〈보기〉에서 입력된 이미지는 단일 객체라고 했으므로 〈보기〉의 경계 상자 데이터에서 P_c와 C의 곱인 신뢰도 점수가 가장 높은 것은 C_4임을 알 수 있다. 그리고 그 값이 경계 상자 1보다 경계 상자 2가 더 크므로 경계 상자 2가 더 정확하게 객체를 탐지했다고 볼 수 있다.

오답 코칭

① 2문단에서 P_c는 해당 경계 상자에서 어떤 객체가 존재할 확률이고, C는 그 객체가 특정 객체일 확률값이라고 하였다. 3문단에서는 이 두 값을 곱하여 신뢰도 점수를 구한다고 하였다. 그리고 이 신뢰도 점수가 가장 큰 값을 가지는 객체가 해당 경계 상자에서 탐지된 객체가 된다고 하였다. 이로 볼 때 〈보기〉에서 신뢰도 점수가 가장 높은 것은 C_4이며, 이를 통해 입력된 이미지에서 탐지된 객체는 '고양이'일 가능성이 가장 높다고 볼 수 있다.

③ 2문단에서 YOLO는 입력된 이미지를 SXS개의 영역으로 나누고, 하나의 영역을 기준으로 경계 상자 N개를 표시한다고 하였다. 〈보기〉에서 S는 3이고, 경계 상자의 수 N은 2라고 하였으므로, 입력된 이미지의 전체 영역에 표시되는 경계 상자는 모두 18개라고 할 수 있다.

④ 2문단에서 미리 학습된 객체의 가짓수에 따라 판별할 수 있는 객체의 가짓수가 결정된다고 하였다. 이로 볼 때, 〈보기〉에서 미리 학습된 객체 데이터의 개수가 5개이므로, 입력된 이미지에서 탐지할 수 있는 객체의 종류는 모두 다섯 가지라고 할 수 있다.

⑤ 2문단에서는 하나의 이미지에서 출력되는 데이터는 총 'SXSXN(5+m)'개라고 하였다. 〈보기〉의 경우에 S는 3, N은 2, m은 5이므로, YOLO 모델이 이미지를 분석하여 출력하는 데이터는 모두 3X3X2(5+5)=180개가 된다.

02 구체적 사례에 적용

정답 코칭

④ ⓓ의 과정은 IoU 값이 설정된 임곗값보다 작아서 지워지지 않고 남겨진 경계 상자 중에서 가장 높은 신뢰도 점수를 가진 경계 상자를 다음 기준으로 정하여 동일한 과정을 반복하는 단계이다. 결국 이렇게 해서 이미지 속의 각 대상별로 가장 높는 신뢰도 점수를 가진 경계 상자 하나씩만 남게 된다고 하였으므로, ⓓ의 과정은 하나의 특정 대상에 중복되어 표시된 여러 개의 경계 상자가 하나만 남을 때까지 반복된다고 할 수 있다.

오답 코칭

① ⓐ에 언급된 경계 상자의 신뢰도 점수는 해당 경계 상자에 특정 객체가 존재할 확률이므로, 이미지에 따라 달라진다고 할 수 있다.

② ⓑ에 언급된 IoU 값은 두 경계 상자의 교집합을 합집합으로 나눈 값으로, 1에 가까워질수록 두 경계 상자의 위치가 일치한다고 하였다. 따라서 IoU 값이 0에 가깝다면, 두 상자의 중복되는 부분이 적다고 볼 수 있다.

③ ⓒ의 과정은 IoU 값을 활용하여 두 경계 상자가 동일한 대상에 표시된 것인지를 판별하는 작업이다. 만약 IoU 값이 임계값보다 크다면 두 경계 상자 중 신뢰도 점수가 낮은 상자를 삭제하고, 임계값보다 작다면 두 경계 상자를 그대로 남겨 두게 된다. 따라서 ⓒ의 과정에서 경계 상자가 삭제되지 않았다면 두 상자는 서로 다른 대상에 표시된 경계 상자로 판단되었다고 볼 수 있다.

⑤ ⓐ~ⓓ는 한 가지 종류의 객체를 기준으로 NMS 과정을 진행하는 단계라고 할 수 있고, ⓔ는 나머지 종류의 객체를 기준으로 NMS 과정이 진행되는 단계라고 할 수 있다. 따라서 ⓔ에서 새로운 기준이 되는 경계 상자는 이전 객체의 기준이 되었던 경계 상자와 동일한 대상에 그려진 것이라 말할 수 없다.

구조 트레이닝 ZONE

p. 272

1	YOLO	**7**	탐지
2	SXS	**8**	하나
3	경계 상자	**9**	교집합
4	존재	**10**	합집합
5	학습	**11**	클
6	P_cXC	**12**	작을

01	근접	01	반영
02	할당	02	탐지
03	수치	03	성능
04	기반	04	집중
05	설정	05	기반
06	객체	06	갱신
07	오차	07	구현
08	성능	08	수치
09	변별	09	근접
10	구현	10	오차
11	반영		
12	임계		
13	판별		
14	집중적		
15	가중치		
16	갱신		
17	좌표		
18	모델		
19	탐지		
20	단자		
21	출력		
22	수렴		

24 예술사

지문이 읽히는 독해 코칭   p. 276

1	매력	7	실물
2	아이	8	카메라
3	똑같이	9	유년기
4	소재	10	발전
5	순수	11	의지들
6	사실적	12	표현

구조 트레이닝 ZONE   p. 277

1	재현	6	근원
2	닮게	7	표현
3	아이들	8	미숙함
4	유일한	9	예술 의지
5	카메라		

내용 트레이닝 ZONE   p. 277

01	X	08	X
02	○	09	X
03	○	10	X
04	X	11	○
05	○	12	X
06	X	13	○
07	○		

워밍-UP   p. 278

01 ③	02 ②	03 ⑤

01 세부 정보의 파악

정답 코칭

③ 2문단에서 르네상스 회화는 대상을 눈에 보이는 것과 똑같이 재현하는 것을 중시했다고 하였다.

오답 코칭

① 1문단에서 중세 회화에 등장하는 아이들은 아이 특유의 신체적 특징이 고려되지 않고, 그저 어른을 작게 그린 모습으로 묘사되었다고 하였다.

② 2문단에서 아이가 그린 그림은 아주 오랫동안 서구 회화에 등장하지 않다가 16세기 초 카로토의 작품에서 소재로 쓰였다고 하였다.

④ 3문단에서는 카메라가 발명된 19세기 이전에, 이미 르네상스를 거치면서 실물을 꼭 닮게 그리는 기술이 거의 완성 단계에 이르렀다고 하였다.

⑤ 3문단에서는 재현 기술의 발전으로 현대 화가들이 위기에 처했으며, 이에 대한 대안으로 사회화를 겪지 않은 아동의 표현 방식을 따르는 유년기의 화풍을 추구했다고 하였다.

02 구체적 상황에 적용

② 미술사를 ⊙'사실적 재현 기술의 발전 과정으로 보는 사람들'은, 유년기의 화풍을 미숙함의 산물로 보았다고 하였다. 〈보기〉의 작품은 화가가 자신의 어린 시절 기억을 유년기의 화풍으로 표현한 것이므로, ⊙은 〈보기〉의 작품을 보이는 대로 재현하는 기법을 강조한 것으로 볼 것이다.

① 미술사를 ⊙'사실적 재현 기술의 발전 과정으로 보는 사람들'은 현대 화가들이 유년기의 화풍으로 돌아가려 했던 것을 미숙함의 산물로 보았다고 하였다. 〈보기〉는 유년기의 화풍으로 그린 작품이므로, ⊙은 〈보기〉의 작품을 미숙하다고 평가할 것이다.

③ 미술사를 ⊙'상이한 '표현 의지'들이 교차하는 장으로 보는 사람들'은 유년기의 화풍을 어른의 것과는 다른 예술 의지의 표현으로 보았다고 하였다. 그리고 이는 내면을 '표현'하고자 하는 변화와 관련이 있다고 하였다. 〈보기〉는 유년기의 화풍으로 그린 작품이므로, ⊙은 〈보기〉의 작품을 화자의 내면을 표현한 것으로 볼 것이다.

④ 미술사를 ⊙'상이한 '표현 의지'들이 교차하는 장으로 보는 사람들'은 유년기의 화풍을 의지의 표현으로 본다고 하였다. 〈보기〉는 '느끼는 대로' 그린 유년기의 화풍을 보여 주는 것으로, ⊙은 '느끼는 대로' 그린 화가의 표현 의지가 〈보기〉의 작품에 드러나 있는지에 주목할 것이다.

⑤ 미술사를 ⊙'상이한 '표현 의지'들이 교차하는 장으로 보는 사람들'은 유년기의 화풍을 의지의 표현으로 본다고 하였으며, 이 의지의 표현은 순수함과 솔직함에서 비롯된다고 하였다. 〈보기〉는 유년기의 화풍으로 그린 작품이므로, ⊙은 '재현' 능력이 아니라 내면의 '표현'과 관련하여 〈보기〉의 작품에 화가 내면의 순수함과 솔직함이 나타나는지에 주목할 것이다.

03 어휘의 문맥적 의미 파악

⑤ ⓐ'돌아가다'는 '원래의 있던 곳으로 다시 가거나 다시 그 상태가 되다.'의 의미로 사용되었다. ⑤의 '돌아가다' 역시 유사한 의미로 사용되었다.

① '돌아가다'가 '기능이 제대로 작동하다.'의 의미로 사용되었다.

② '돌아가다'가 '물체가 일정한 축을 중심으로 원을 그리면서 움직여 가다.'의 의미로 사용되었다.

③ '돌아가다'가 '차례대로 순번을 옮겨 가다.'의 의미로 사용되었다.

④ '돌아가다'가 '일이나 형편이 어떤 상태로 진행되어 가다.'의 의미로 사용되었다.

펌핑-UP

p. 280

지문이 읽히는 독해 코칭

1	그림	**7**	인위적
2	지적	**8**	조화
3	미	**9**	영웅
4	소재	**10**	이상적
5	압축	**11**	기하학적
6	배제	**12**	의식적

01 ③　　**02** ④　　**03** ④

01 세부 정보의 파악

③ 1문단에서 푸생은 그림을 통해 경험적인 차원 그 너머에 있는 영원불변한 본질과 이상적인 아름다움을 나타내고자 했다고 하였으므로, 푸생이 그림을 통해 경험적 차원의 아름다움을 강조했다는 진술은 적절하지 않다.

① 3문단에서 푸생은 역사 속 영웅적 인물의 삶을 작품의 소재로 삼았다고 하였다.

② 1문단에서 푸생은 고대 그리스·로마의 예술이 이성에 바탕을 둔 것이므로 고대 예술이 모든 시대에 적용될 수 있는 보편적 원리를 제공해 줄 수 있음을 믿었다고 하였다.

④ 3문단에 따르면, 푸생의 작품 속 풍경에는 특별히 선택된 건축물이 등장하는데, 이러한 고대의 건축물은 배경의 일부로서 이상적인 아름다움을 보여 주기 위해 사용했다고 하였다.

⑤ 3문단에서 푸생은 전경에서 후경으로의 점진적인 공간 이행 등을 사용함으로써 자연에 엄격한 질서와 조화를 부여했다고 하였다.

02 구체적 상황에 적용

④ 2문단에서 푸생은 작품의 구성에 있어 균형과 대칭, 기하학적 공간 구성의 원리를 적용하여 짜임새 있는 안정적인 구도를 갖추려고 했으며, 이는 자연의 영원불변한 본질을 조화와 질서라고 생각하여 이를 그림에서 구현하고자 한 것이라고 하였다. 이로 볼 때 〈보기〉에서 푸생이 작품을 제작할 때 전체적인 구도를 잡고 배치와 재배치를 반복한 것은, 짜임새 있는 구도를 통해 주제를 구현하려 한 것으로 볼 수 있다.

① 1문단에서 푸생은 우연성과 변화무쌍함을 멀리했다고 하였다. 이로 볼 때, 푸생이 '주제'를 먼저 정한 것이 대상의 변화무쌍함을 반영하기 위한 작업이라고 보는 것은 무리가 있다.

② 4문단에서 감상자들이 푸생의 작품을 통해 느끼게 되는 미적 즐거움은 감각적이라기보다는 지적이고 정신적인 것에 가깝다고 하였다.

③ 1문단에서 푸생은 경험적인 차원 그 너머에 있는 영원불변한 본질과 이상적인 아름다움을 나타내고자 했다고 하였다. 따라서 대상을 현실적이고 생동감 있게 형상화하려는 것은 푸생의 의도와는 맞지 않다.

⑤ 3문단에서 푸생의 작품 속 풍경은 사실적인 자연의 모습이 아니라 푸생이 생각하는 가장 이상적이고 본질적인 자연의 이미지라고 하였다.

03 구체적 상황에 적용

④ 1문단에서 푸생은 바로크 미술이 주로 작가의 즉흥적인 감정을 형상화했다는 점에서 그것을 지적인 사고가 결여된 예술 활동으로 규정했다고 하였다. 즉, 푸생은 그림에서 작가의 즉흥적인 감정을 형상화하는 것에 반감을 갖고 있었으므로, 〈보기〉의 작품 속 인물들의 '머리에 쓰고 있는 것'과 '옷차림'이 작가의 즉흥적인 감정을 형상화하기 위한 것이라고 보는 것은 적절하지 않다.

① 2문단에서 푸생은 작품의 구성에 있어 이성의 법칙에 입각한 균형과 대칭 등을 적용하여 짜임새 있는 안정적인 구도를 갖추려고 했다고 하였다. 따라서 〈보기〉의 그림에서 양쪽에 '아기'를 배치한 것은 대칭을 통해 안정적인 구도를 갖추려 한 것으로 볼 수 있다.

② 2문단에서 푸생은 작품의 구성에 있어 선이나 도형을 활용한 기하학적 공간 구성의 원리 등을 적용하여 짜임새 있는 안정적인 구도를 갖추려고 했다고 하였다. 〈보기〉의 그림에서 '석상'과 '기둥'은 모두 수직선을 활용하고 있으므로, 기하학적 공간 구성의 원리를 적용한 것으로 볼 수 있다.

③ 1문단에서 푸생은 그림을 통해 영원불변한 본질을 나타내고자 했다고 하였다. 〈보기〉의 그림은 '봄·여름·가을·겨울'을 상징하는 인물들이 춤을 추는 모습을 통해 계절이 순환되는 자연의 본질을 강조했다고 하였으므로, 푸생은 자연의 순환이라는 영원불변한 본질을 그림에 구현하고자 한 것으로 볼 수 있다.

⑤ 2문단에서 푸생은 신화나 역사 혹은 성서 속 이야기들을 그림의 소재로 삼아 절제되고 압축된 표현을 사용했다고 하였다. 〈보기〉의 그림은 신화에 등장하는 시간의 신과 젊음과 늙음의 두 얼굴을 가진 야누스를 선택하여 계절이 순환되는 자연의 본질을 강조했다고 하였으므로, 시간의 흐름을 압축적으로 표현했다고 볼 수 있다.

p. 282

1	영원불변	7	기하학적
2	지적인	8	영웅
3	미	9	자연 배경
4	성서	10	고대 건축물
5	시	11	구분
6	조각상	12	질서

벌크-UP

p. 283

01 ⑤　　**02** ④　　**03** ③　　**04** ⑤

01 세부 정보의 파악

⑤ 2문단에서 데카르트는 의심할 수 없는 것을 찾기 위해 직관을 통해 더 나눌 수 없는 단순 본성을 찾았다고 하였다. 따라서 데카르트에게

지대한 영향을 받은 근대 철학이 단순 본성을 분절했다는 설명은 적절하지 않다.

① 1문단에서 근대 과학은 자연 세계에 대하여 수학적 관점의 선험적 태도를 취하였고, 이런 태도는 근대 철학의 이성론에 많은 영향을 주었다고 하였다.

② 1문단에서 케플러는 우주가 기하학적인 원리에 의해 만들어졌다는 수학적 관점의 선험적 태도를 바탕으로 자연을 이해하려 했다고 하였다.

③ 1문단에서 고대 과학이 사물 변화의 질적인 부분에 주목했던 것과 달리 근대 과학은 양적으로 수치화할 수 있는 것을 과학으로 간주했다고 하였다.

④ 6문단에서 고전주의는 인물화 속에 인물의 위대함이나 교훈을 담으려고 했으며, 그림 속 풍경은 인간과 인간 행위의 배경에 불과하게 여겼다고 하였다.

02 구체적 상황에 적용

④ 베르그송은 공감과 통합이 지속되는 시간에서 이루어진다고 보았으며, 이때 이 시간은 개인 체험이 반영된 질적인 시간이라고 주장하였다. 〈보기〉에서 글쓴이는 얼음이 녹는 시간은 '나'의 경험된 시간의 어떤 부분과 합치되고 있으며, 이는 나의 체험이 반영된 질적인 시간이라고 하였다. 이로 볼 때, 베르그송은 〈보기〉의 글쓴이가 얼음이 녹는 현상과 자신의 기다림을 통합하는 체험을 통해 질적인 시간의 의미를 드러냈다고 평가할 것이다.

① 데카르트와 같은 근대 철학의 이성론자들은 시간을 분절하여 공간 안에 정지된 상태로 보았다고 하였다. 이로 볼 때, 데카르트는 〈보기〉의 글쓴이가 얼음이 녹는 시간에 대해 언급한 것에 대해 정지된 시간 속의 경험을 설명한 것이라 평가할 것이다. 다만, 얼음이 녹는 현상을 교훈이 아니라, 양적이고 분절된 직관을 중심으로 이해하려고 할 것이다.

② 데카르트와 같은 근대 철학의 이성론자들은 시간을 분절하여 공간 안에 정지된 상태로 보았다고 하였다. 이로 볼 때, 데카르트는 〈보기〉의 글쓴이가 얼음이 녹는 시간에 대해 언급한 것에 대해 세계를 분절된 것으로 파악하여 알게 된 것이라 평가할 것이다.

③ 베르그송은 시간은 계속해서 흐르기 때문에 오히려 공간적인 것이 시간적인 것에서 영향을 받아 생긴다고 주장하였다.

⑤ 베르그송은 시간이 양적인 변화를 담은 시간이 아니라 개인 체험이 반영된 질적인 시간이라고 주장하였다. 따라서 〈보기〉의 글쓴이가 얼음이 녹기를 기다리는 시간에 대해 언급한 것을 두고 수(數)로 개념화된 시간 체험을 보여 준 것이라 보는 것은 적절하지 않다.

03 핵심 정보의 비교

③ 데카르트는 ㉠'직관'을 '순수한 정신의 의심할 여지없는 파악'이며, '이성의 빛에서 유래하는 것'이라고 정의하였다. 이에 반해 베르그송은 직관을 이성에 대립된 개념으로 사용하였다. 이로 볼 때, ㉡과 달리 ㉠은 순수한 이성을 통해 얻는다고 할 수 있다.

정답 코칭

⑤ 인상주의 회화는 각각의 색이 지닌 이질성을 살리면서 감상자의 눈에 의해 분절됨이 없이 지속적으로 섞여 들어가도록 표현한 것이 특징이라고 하였다. 〈보기〉의 작품은 인상주의 회화이므로, 이 작품에 쓰인 색들이 감상자의 눈에서 섞이지 않도록 만들었다는 것은 인상주의 회화의 특징에 부합하지 않는 진술이다.

오답 코칭

① 인상주의 회화 중에는 대상에게 받은 인상에 집중시키기 위해 배경이 존재하지 않는 경우도 있었다고 하였다. 〈보기〉의 작품은 인상주의 회화로, 이 작품에 풍경을 그리지 않은 것은 대상에게 받은 인상에 집중시키기 위함임을 알 수 있다.

② 인상주의 회화는 3차원적 입체감을 갖도록 개발한 원근법과 같은 기법을 자제했다고 하였다. 〈보기〉의 작품은 인상주의 회화로, 이 작품이 최소한의 그림자만으로 작품을 표현한 것은 입체감을 보여 주는 원근법 같은 기법에 크게 구애받지 않았음을 보여 주는 것이다.

③ 인상주의 회화는 서로 다른 색들을 합치는 대신 각각의 이질성을 살렸다고 하였다. 〈보기〉의 작품은 인상주의 회화로, 이 작품이 중간색을 사용하지 않은 것은 각 색들의 특징을 그대로 표현하기 위함임을 알 수 있다.

④ 고전주의는 지성을 통해 포착된 인물의 위대함이나 교훈을 인물화 속에 담으려는 특징이 있었다고 하였다. 〈보기〉의 작품은 인상주의 회화로, 이 작품이 색채의 미적 효과를 중심으로 대상의 인상을 드러내는 데 집중한 것은 인물화 속에 인물의 위대함이나 교훈을 담으려는 고전주의의 흐름에서 벗어난 것으로 볼 수 있다.

호루라기 관장님의 어휘 트레이닝
p. 285

01 도처		01 도처
02 유일		02 역행
03 서사		03 주목
04 순수		04 분절
05 이질적		05 유일
06 실물		06 특유
07 화풍		07 서사
08 퇴화		08 사조
09 재현		09 경향
10 사조		10 이질
11 변화무쌍		
12 특유		
13 분절		
14 주목		
15 역행		
16 중시		
17 경향		
18 사회화		
19 회화		
20 묘사		
21 선험적		
22 차원		

25 미학

지문이 읽히는 독해 코칭
p. 286

1	이성	8	저급
2	관념	9	절제력
3	이데아계	10	질료
4	감각	11	형상
5	형상	12	사물
6	외적	13	허구
7	내적	14	카타르시스

구조 트레이닝 ZONE
p. 287

1	형상	7	저급
2	이성	8	비이성적
3	그림자	9	질료
4	지각	10	실현
5	모방	11	보편자
6	허구	12	개별자

내용 트레이닝 ZONE
p. 287

01	○	08	X
02	○	09	○
03	○	10	○
04	X	11	X
05	○	12	X
06	X	13	○
07	X		

워밍-UP
p. 288

01 ④　　02 ④　　03 ②

01 세부 정보의 파악

정답 코칭

④ (가)의 2문단에 따르면, 플라톤은 예술을 사물이 지각되는 현상계의 현상을 모방한 것으로 여겼다. 그는 형상이 사물 안이 아니라 이데아계에 존재한다고 보았으며, 예술은 형상을 모방한 현상계의 사물을 또 다시 모방한 것에 불과하다고 보았다. 따라서 플라톤이 예술의 표현 대상을 형상으로 보았다는 진술은 적절하지 않다. 참고로, 예술의 표현 대상을 사물 안에 존재하는 형상으로 본 인물은 (나)에서 설명한 아리스토텔레스이다.

오답 코칭

① (가)의 2문단을 보면, 플라톤은 예술이 보편자에서 두 단계 떨어져 있는 열등한 것이며, 형상에 대한 참된 인식을 방해하는 허구의 허구에 불과하다고 여겼다.

② (가)의 1문단에 따르면, 플라톤은 영원불변의 이데아계는 현상계에 나타난 모든 사물의 근본이 되는 보편자, 즉 형상이 존재하는 곳으로

이성으로만 인식될 수 있는 관념의 세계라고 보았다. 즉 플라톤은 이성을 감각보다 우월한 것으로 보고, 이데아계는 이성으로만 인식되는 고차원적인 세계라고 여긴 것이다.

③ (가)의 2문단에 따르면, 플라톤은 이데아계의 형상을 모방하여 생겨난 것을 현상으로, 현상을 다시 모방한 것을 예술로 보았다. 결과적으로 플라톤에게 예술은 형상보다 두 단계 열등한 것이다.

⑤ (가)의 1문단에 따르면, 플라톤은 영원불변의 이데아계를 현상계에 나타난 모든 사물의 근본이 되는 보편자, 즉 형상이 존재하는 곳으로 보았다.

02 핵심 정보의 파악

정답 코칭

④ (나)의 1문단에 따르면, 아리스토텔레스는 질료, 곧 가능태에 형상이 내재한다고 보았다. 그가 형상을 실현시킬 수 있는 힘을 가능태라고 하고, 그것에 형상이 실현된 어떤 상태를 현실태라고 정의한 것으로 볼 때, 현실태는 가능태에 내재한다고 볼 수 없다. 따라서 형상과 질료 사이의 관계가 현실태와 가능태 사이의 관계와 같다고 보는 것은 적절하지 않다.

오답 코칭

① (나)의 1문단에 따르면, 아리스토텔레스는 형상이 항상 사물의 생성과 변화의 바탕이 되는 질료에 내재한다고 보았다. 이로 볼 때, 아리스토텔레스는 형상이 질료와 분리되어 존재할 수 없다고 보았을 것임을 알 수 있다.

② (나)의 1문단에 따르면, 아리스토텔레스는 가능태란 형상을 실현시킬 수 있는 가능적 힘이자 질료를 의미한다고 하였으므로, 가능태는 곧, 질료라고 말할 수 있다. 따라서 질료는 형상을 실현시킬 수 있는 가능적 힘이라는 진술도 적절하다.

③ (나)의 1문단에 따르면, 아리스토텔레스는 형상이 항상 사물의 생성과 변화의 바탕이 되는 질료에 내재한다고 보았다. 또한 질료, 즉 가능태에 있는 형상이 완전 현실태를 향한 나아가는 운동의 원인은 가능태 자체에 내재한다고 하였다.

⑤ (나)의 1문단에 따르면, 아리스토텔레스는 생성·변화하는 모든 것이 목적을 향해 움직이므로 가능태에 있는 것은 형상이 완전히 실현된 상태인 '완전 현실태'를 향해 나아간다고 보았다.

03 구체적 상황에 적용

정답 코칭

② (가)의 4문단에 따르면, 플라톤은 음유시인이 덕성을 갖춘 인간이 아닌 저급한 인간의 면모를 모방할 수밖에 없다고 비판하였다. 따라서 플라톤의 관점에서 볼 때, 음유시인이 오이디푸스의 덕성을 연기하는 것은 불가능하며 그의 저급한 면모 밖에는 표현하지 못할 것이다.

오답 코칭

① (가)의 3문단을 보면, 플라톤은 음유시인이 허구의 허구인 서사시나 비극을 창작하고, 이를 작품 속 등장인물의 성격에 어울리는 말투, 몸짓 같은 감각 가능한 현상으로 연기함으로써 다시 허구를 만들어 낸다고 보았다.

③ (가)의 3문단을 보면, 플라톤은 음유시인의 연기가 감각 가능한 외적 특성을 모방해 감각으로 파악될 수 없는 내적 특성, 즉 인물을 성격

을 드러낸다고 보았다.

④ (나)의 2문단을 보면, 아리스토텔레스는 비극시 속 이야기는 음유시인이 경험 세계의 개별자들 속에서 보편자를 인식해 내어, 그것을 다시 허구의 개별자로 표현한 결과물이라고 보았다.

⑤ (나)의 2문단을 보면, 아리스토텔레스는 관객이 음유시인의 연기를 통해 앎의 쾌감을 느낄 수 있을 뿐 아니라 감정이 고조되었다가 해소되는 과정에서 카타르시스의 쾌감을 경험한다고 보았다.

펌핑-UP

p. 290

지문이 읽히는 독해 코칭

1	리듬	7	멀어진
2	시	8	시
3	제작	9	합리성
4	환상	10	무의식
5	모방	11	현실
6	두	12	이미지

01 ①　　02 ③　　03 ③

01 주요 개념의 이해

정답 코칭

① 1문단에서 고대 그리스인들에게 엔투시아스모스는 종교적인 행사에서 사제가 신의 메시지를 얻기 위해 신과 교감하는 열광적인 상태를 의미한다고 하였다. 이로 볼 때, 고대 그리스인들이 엔투시아스모스를 사제를 제외한 참가자들이 겪는 열광적인 상태를 의미하는 말로 여겼다는 진술은 적절하지 않다.

오답 코칭

② 2문단에서 고대 그리스인들에게 테크네는 정해진 규칙 체계를 준수해 가면 수행되는 의식적인 지적 제작 능력을 지시하는 말이었다고 하였다.

③ 3문단에서 플라톤은 엔투시아스모스를 인간이 이성으로부터 멀어진 상태로 보았다고 하였다.

④ 4문단에서 낭만주의는 예술에서 인간의 합리성을 거부하고 감정의 표현을 중시했기 때문에 엔투시아스모스의 가치를 높게 평가했다고 하였다.

⑤ 4문단에서 사실주의는 현실 세계의 정확한 모방을 추구했기 때문에 정확한 이미지의 제작을 가능하게 하는 테크네의 가치를 중시했다고 하였다.

02 특정 대상에 대한 관점 파악

정답 코칭

③ 3문단에서 플라톤은 엔투시아스모스를 인간이 이성으로부터 멀어진 상태로 보았기 때문에 여기에서 비롯된 예술을 인간에게 유해한 것으로 규정했다고 하였다. 특히 ⓐ'시'는 신과의 교감에 의해서 얻은 메시지에 가까운 것이므로, 인간의 이성과 더 멀어진 것이라고 생각하여 강하게 비판했다고 하였다. 이로 볼 때, 플라톤은 ⓐ의 창작의 기원을 엔투시아스모스로 보고 있으며, 이는 인간에게 해로운 영향을 주는 것으로 인식했음을 알 수 있다.

03 시각 자료를 통한 이해

정답 코칭

③ 2문단에서 고대 그리스인들은 건축을 '실물을 제작하는 활동'이라고 여겼던 반면, 회화와 조각은 '실물을 모방하는 활동'이라고 여겼다고 하였다. 따라서 고대 그리스인들이 실물을 모방하여 제작했다고 생각한 것은 A'건축'이 아니라 B'조각'과 C'회화'이다.

오답 코칭

① 2문단에서 고대 그리스인들에게 테크네는 정해진 규칙 체계를 준수해 가며 수행되는 의식적인 지적 제작 능력을 지시하는 말이었다고 하였다. 그리고 이러한 테크네를 발휘해서 나올 수 있는 것이 건축, 회화, 조각이라고 생각했다고 하였다. 이로 볼 때, 고대 그리스인들은 A'건축', B'조각', C'회화' 모두 지적 능력인 테크네의 소산으로 보았다고 할 수 있다.

② 3문단에서 플라톤은 건축을 현실 세계의 실물이라고 여긴 데 반해 회화나 조각은 이데아를 모방한 현실 세계를 한 번 더 모방한 대상이므로 현실 세계 그 자체보다도 더 낮은 가치를 지닌 것으로 보았다고 하였다. 이를 통해 플라톤은 A'건축'의 가치보다 B'조각'과 C'회화'의 가치를 더 낮게 평가했음을 알 수 있다.

④ 3문단에서 두 번째 모방의 과정에서 왜곡을 통한 환상이 만들어질 수 있다는 점은 C'회화'와 B'조각'에 대한 플라톤의 비판적 관점의 중요한 근거가 된다고 하였다.

⑤ 3문단에서 플라톤은 건축을 현실 세계의 실물로 여겼으며, 회화나 조각은 현실 세계를 한 번 더 모방한 대상이므로 현실 세계 그 자체보다 더 낮은 가치를 지닌 것으로 평가했다고 하였다. 이로 볼 때, 플라톤은 C'A를 보고 그린 회화'가 A'건축'을 모방한 것이기 때문에 C에 대해 비판적 관점을 가졌다고 볼 수 있다.

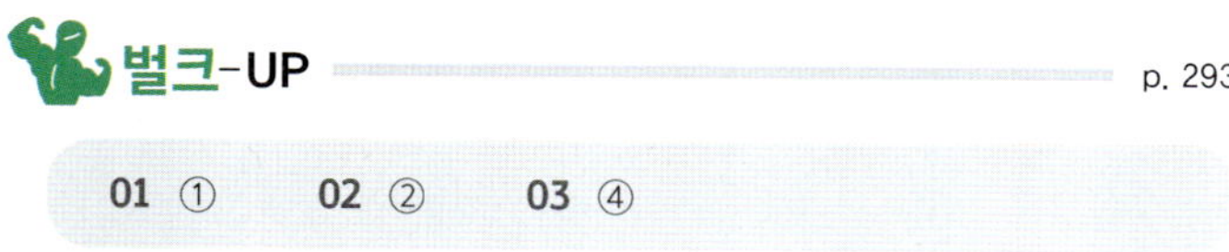

1	신	7	유해
2	음악	8	현실 세계
3	제작	9	가치
4	모방	10	환상
5	왜곡	11	낭만주의
6	이성	12	사실주의

벌크-UP
p. 293

01 ①   02 ②   03 ④

01 핵심 정보의 파악

정답 코칭

① 1문단에서 헤라클레이토스는 존재의 생성과 변화를 긍정했다고 하였다. 2문단에 따르면 니체 역시 헤라클레이토스의 견해를 받아들여, 영원히 변하지 않는 절대적인 존재는 없다고 보았다. 즉, 헤라클레이토스와 니체는 존재가 변화한다고 생각했다는 설명은 적절하다.

오답 코칭

② 1문단에 따르면, 파르메니데스는 존재는 영원하며 절대적이고 불변성을 가지는 것이라고 하였고, 플라톤은 존재를 변하는 것과 변하지 않

는 것으로 이원화하였다. 따라서 파르메니데스와 플라톤이 존재를 불완전하다고 여겼다는 진술은 적절하지 않다.

③ 1문단에 따르면, 헤라클레이토스는 영원히 변하지 않는 존재는 없다고 보았다. 플라톤과 같이 영원히 변하지 않는 존재가 있다고 본 철학자는 파르메니데스이다.

④ 1문단에서 파르메니데스는 어떤 존재가 있다가 없어지고 없다가 있게 되는 일은 불가능하다며 존재의 생성과 변화, 소멸을 부정했다고 하였다.

⑤ 1문단에 따르면, 플라톤은 존재의 근원을 이데아로 상정하고, 이는 영원 불변의 완전한 존재로서 감각을 통해서가 아니라 이성에 의해서만 인식할 수 있다고 보았다.

02 관점의 이해

정답 코칭

② 4문단에서 표현주의 화가들은 존재의 진리와 참모습을 모방하는 것을 목적으로 하는 기존의 사실주의와 달리 인간의 존재의 본질을 드러내는 감정과 충동을 표현하는 것을 중요하게 여겼다고 하였다. 따라서 존재와 진리의 참모습을 모방하는 것이 중요하다고 여기는 것은 표현주의 화가들의 생각으로 볼 수 없다.

오답 코칭

① 4문단을 보면, 사실주의 미학에서는 이성보다 감정을 열등한 것으로 여겼지만 표현주의 화가들은 예술의 목적을 감정의 표현으로 보고, 감정을 존재의 본질을 드러내는 것으로 인식했음을 알 수 있다.

③ 4문단을 보면, 표현주의 화가들은 인간의 감정을 시시각각 변화하며 생성과 소멸을 반복하는 것으로 여기고 그림을 그리는 동안에도 매 순간 변화하는 감정을 중시했음을 알 수 있다.

④ 5문단에서 표현주의 화가들은 이성과 합리성의 가치를 추구하던 당시 사회의 분위기에 반발하며 예술가로서의 감정적, 주관적인 표현을 예술이 추구해야 하는 가치로 보았다고 하였다.

⑤ 4문단을 보면, 표현주의 화가들은 작품에서 드러나는 공간이 현실 공간의 재현이 아니라 화가 자신의 감정을 표현하기 위한 상징과 의미를 생산하는 공간으로 인식했음을 알 수 있다.

03 구체적 상황에 적용

정답 코칭

④ 3문단에서 니체는 본능에 내재한 감성을 바탕으로 하는 예술적 충동을 중시했다고 하였다. 4문단에서는 니체의 철학을 수용한 표현주의 화가들이 인간의 감정과 충동을 표현하는 것을 예술의 목적으로 여겼으며, 이를 위해 대상의 비례와 형태를 왜곡하고 색채를 과장해서 그리거나 대비되는 원색을 대담하게 사용했음을 확인할 수 있다. 이로 볼 때 〈보기〉의 키르히너가 해바라기, 꽃병, 배경 등을 화려한 원색으로 그린 것은 예술적 충동을 중시한 니체의 생각에 영향을 받은 것으로 볼 수 있다.

오답 코칭

① 3문단에 따르면 니체는 예술을 통해 생명력을 회복하고 허무를 극복할 수 있다고 하였으므로, 인간이 허무를 극복할 수 없다고 보는 것은 니체의 철학이라 할 수 없다.

② 현실 너머의 이상 세계를 생명의 근원이라고 여기고 이성을 중시하는 것은 형이상학적 이원론. 즉 기존 서양 철학의 주류를 이루고 있던 플라톤의 이데아 사상과 관련된 것으로. 니체는 이를 비판하였다.

③ 2문단에 따르면. 니체는 초월적 세계 자체를 부정하였다. 4문단의 내용으로 볼 때, 대비되는 원색을 대담하게 사용한 것은 표현주의 화가들의 방식으로. 본능에 내재한 감성을 바탕으로 하는 예술적 충동을 중시한 니체의 입장과 관련된 것으로 볼 수 있다.

⑤ 3문단에 따르면. 니체는 인간이 자신의 삶을 지탱할 수 있게 하는 것을 '힘에의 의지'로 보았는데. 이는 주변인이나 사물을 자기 마음대로 지배하고 억압하려는 의지가 아니라 자기 극복을 이끌어 내고 생명의 상승을 지향하는 의지로 이해할 수 있다. 따라서 인간이 자기 주변의 사물을 지배해야 한다는 의지를 강조했다는 것은 니체의 주장과는 어울리지 않는다. 4문단에 따르면. 원근법에 얽매이지 않는 화면 구성은 화가 자신의 감정을 표현하기 위한 상징과 의미를 생산하는 공간이라는 표현주의 화가들의 인식이 수용된 것이라고 볼 수 있다.

호루라기 관장님의 어휘 트레이닝   p. 295

01 지시	01 초월
02 유해	02 관념
03 무관하다	03 허구
04 덕성	04 면모
05 지탱	05 모방
06 형상	06 교감
07 모방	07 비판
08 관념	08 왜곡
09 열등	09 무관
10 교감	10 지향
11 음유	
12 왜곡	
13 면모	
14 심취	
15 본뜨다	
16 열광적	
17 환상	
18 지향	
19 비판적	
20 허구	
21 초월적	
22 원색	

수능 국어 트레이닝북

GYM 독서

정답과 해설

양만 많은 문제집 푸느라 부족한 시간과
눈 뜨고 있어요
수능 D-100

오?
20XX 입시 전략
매번 바뀌는 출제 경향에 생기는 혼란

험난한 수능 코스
1등급
난 늘 제자리걸음..

이렇게 된 이상 아삽에 모든 걸 건다!!!
최신 수능 경향 매년 ASAP 반영
3/6/9 모의고사 & 수능 대비 전략적 시즌제 콘텐츠
오답률 높은 문항으로 취약 유형 대비
코칭 선생님께 학습 관리 받는 느낌이 들 정도로 체계적이라 대만족이었습니다!
깔끔한 구성에 좋은 문항들이네요!

수험생 무사 입시 완봉 기원!
아삽부흥회
수능 대박
가보 자고
수능 1등급
마삽 E
영어
마삽 M
수학
아삽
수능 실전 연습 풀 모의고사
국어 | 수학 | 영어 | 사탐 | 과탐

핵심만 뽑은 효율 甲 모의고사
아삽